Ludger Kenning

Bahn-Nostalgie Deutschland

Verlag Kenning

Inhalt

- 4 Museumslokomotiven der DB AG
- 12 Schleswig-Holstein / Hamburg
- 26 Niedersachsen / Bremen
- 70 Mecklenburg-Vorpommern
- 82 Sachsen-Anhalt
- 106 Berlin / Brandenburg
- 134 Sachsen
- 180 Thüringen
- 196 Nordrhein-Westfalen
- 252 Rheinland-Pfalz / Saarland
- 274 Hessen
- 298 Bayern
- 336 Baden-Württemberg

Verlag Kenning

Dipl.-Ing. Ludger Kenning, Borkener Hof 1, D-48527 Nordhorn
Tel. 05921 76996, Fax 77958
ludger.kenning@web.de
www.verlag-kenning.de

ISBN 3-933613-66-3

Copyright 2004 by Verlag Kenning (Nordhorn). Alle Rechte, auch das Recht des auszugsweisen Nachdrucks, der fotomechanischen Reproduktion (Foto- oder Mikrokopie), der Übersetzung und der (auch teilweisen) Verwendung im Internet vorbehalten.

Titelfoto: Mit einer Festwoche eröffnete die IG Preßnitztalbahn im August 2000 die Verlängerung bis Steinbach. Neben den Gastlokomotiven waren für die Fotografen vor allem die authentischen Zugkompositionen interessant (Forellenhof, 24.8.2000).
Seite 1: In der Schrebergartenkolonie zwischen dem Frankfurter Feldbahnmuseum und dem Römerpark ist Schrittgeschwindigkeit angesagt. Die Lok 1 (hier am 30.5.1999) ist eine der wenigen erhalten gebliebenen Lokomotiven der Maschinenbau-Gesellschaft Heilbronn.
Rückseite oben: Die Lok „Hannover 7521" (ex 74 231) der Museumseisenbahn Minden präsentiert sich etwa im Zustand der Länderbahnzeit. Am 28.7.2002 fuhr sie nach Kleinenbremen (hier bei Wülpke).
Rückseite unten: Am Ufer des Baldeneysees war die Lok 5 der Hespertalbahn am 7.5.2000 von Essen-Kupferdreh nach Haus Scheppen unterwegs.

Fotos: Ludger Kenning

Vorwort

In den vier Jahren seit dem Erscheinen der letzten Ausgabe des Handbuches „Bahnnostalgie Deutschland" hat sich in der Szene der deutschen Schienenverkehrsnostalgie viel getan. Enthielt die 1999er Ausgabe noch 432 Betriebe, so waren es im Jahr 2000 bereits 462. Obwohl hiervon 34 aus verschiedenen Gründen nicht mehr berücksichtigt wurden, führt das vorliegende Buch immerhin 553 Museumsbahnen, Bahnmuseen und sonstige Fahrzeugsammlungen auf. Die tatsächliche Zahl liegt allerdings noch höher, denn manche Vereine oder Sammler verzichteten auf eine Veröffentlichung, waren nicht erreichbar oder lieferten keine Informationen. Neu aufgenommen wurden auch einige weitere grenznahe Museumsbahnen mit deutschstämmigen Lokomotiven im benachbarten Ausland.

Den Recherchen kam maßgeblich entgegen, daß die meisten Betriebe, Museen, Vereine und Sammler mittlerweile über eine Homepage verfügen, wenn auch mit unterschiedlichem Informationsgehalt oder in einigen Fällen mangelhafter Aktualität. Sehr aufschlußreich waren unter anderem auch die Internetseiten bahn-express.de, privatbahn.de, utecht.de/bahn, achristo.bei.t-online.de und blickpunkt-strassenbahn.de sowie die Ergänzungen von Hartmut Brandt. Fast alle Betriebe ergänzten den vorgelegten Textentwurf und sorgten so dafür, daß ein fundiertes Nachschlagewerk bzw. ein nützlicher Reisebegleiter zustande gekommen ist. Allen, die mir mit Informationen, Hinweisen oder Fotos behilflich waren, danke ich hiermit ganz herzlich.

Viele Museumsbahnen bieten Ausflugsfahrten mit ehemaligen DB-Schienenbussen an, die sich durch gute Rundumsicht auszeichnen und ein Stück vergangene Reisekultur vermitteln. Am 2.8.2003 befuhr der 796 739 mit dem 996 701 des Deutschen Dampflokmuseums Neuenmarkt-Wirsberg die Schnaittachtalbahn Neunkirchen am Sand – Simmelsdorf-Hüttenbach (hier zwischen Schnaittach und Rollhofen nahe der Ruine Rothenberg).   *Foto: Stephan Herrmann*

Museumslokomotiven der DB AG

Verzeichnis von Triebfahrzeugen des DB-Museums (außer Verkehrsmuseum Dresden) sowie einiger im Nostalgieverkehr eingesetzten Lokomotiven von DB-Nostalgiereisen, DB Reise & Tourismus, der Dampf-Plus GmbH und von einzelnen privaten Eigentümern.

Dampflokomotiven

Adler	Aw Kaiserslautern 1935, in Nürnberg Hbf bzw. im DB-Museum Nürnberg, btf.
Saxonia	Raw Halle/Saale 1987-90, bei BSW-Gruppe „Hist. Fahrzeuge" (Leipzig Hbf Süd), abg.
Die Pfalz	Raw Weiden 1924, Leihgabe an DGEG-Museum Neustadt/Weinstraße, abg.
01 005	Borsig 11997/1926, im Traditionsbahnbetriebswerk Staßfurt, abg.
01 137	Henschel 22579/1935, bei IG Bw Dresden-Altstadt, abg.
01 150	Henschel 22698/1935, im Bw Nürnberg Hbf, abg.
01 531	Henschel 22706/1935, Leihgabe an IG Traditionslok 01 1513 (Arnstadt), abg.
01 1056	BMAG 11312/1939, Leihgabe an Eisenbahnmuseum Darmstadt-Kranichstein, abg.
012 100	BMAG 11356/1940, bei BSW-Gruppe ARGET-Nord (Neumünster), btf.
03 001	Borsig 12251/1930, bei IG Bw Dresden-Altstadt, abg.
03 188	BMAG 10329/1935, Denkmal in Kirchheim/Teck
03 1010	Borsig 14921/1940, im DB-Museum Halle/Saale, btf.
03 1090	Krauss-Maffei 15842/1940, bei BSW-Gruppe Schwerin, abg.
18 201	Henschel 23515/1938, vermietet an Dampf-Plus GmbH (Standort DB-Museum Halle), btf.
18 323	Maffei 5109/1920, Denkmal in Offenburg
23 105	Jung 13112/1959, im Bw Nürnberg Hbf, abg.
23 1113	LKM 123113/1959, Leihgabe an Eisenbahnmuseum Bayerischer Bahnhof (Leipzig), i.A.
38 205	Hartmann 3387/1910, Leihgabe an Eisenbahnmuseum Chemnitz-Hilbersdorf, abg.
38 1182	BMAG 4485/1910, bei Förderverein Bw Arnstadt (hist.), abg.
39 230	MBG 2308/1925, Leihgabe an Dampflokmuseum Neuenmarkt-Wirsberg, abg.
41 1185	O&K 13177/1939, im DB-Museum Halle/Saale, abg.
41 241	Borsig 14820/1939, bei Dampflokarbeitsgemeinschaft Oberhausen-Osterfeld, btf.
41 360	Jung 9318/1941, bei Dampflokarbeitsgemeinschaft Oberhausen-Osterfeld, btf.
44 508	Krauss-Maffei 16113/1941, bei Westerwälder Eisenbahnfreunde (Westerburg), i.A.
44 1093	Floridsdorf 9449/1942, bei Förderverein Bw Arnstadt (hist.), abg.
50 622	Henschel 25841/1940, im Bw Nürnberg Hbf, abg.
50 849	Krauss-Maffei 16058/1940, bei BSW-Gruppe Zwickau, abg. in Glauchau
50 2404	Krauss-Maffei 16279/1942, abg. in Gelsenkirchen-Bismarck
50 3688	Skoda 1175/1941, bei Förderverein Bw Arnstadt (hist.), abg.
50 3694	Krupp 2180/1940, bei BSW-Gruppe ARGET-Nord (Neumünster), btf.
52 6666	Skoda 1492/1943, Leihgabe an Dampflokfreunde Berlin, abg.
52 8079	Schichau 3937/1943, Eigentum Dampf-Plus GmbH, untergebracht in Adorf/Vogtland, btf.
52 9900	MBA 13970/1943, Kohlenstaublok, im DB-Museum Halle/Saale, abg.
57 3088	Rheinmetall 550/1922, Leihgabe an Eisenbahnfreunde Betzdorf (Siegen), abg.
58 3047	LHW 2027/1920, Leihgabe an IG Dampflok 58 3047 (Glauchau), abg.
62 015	Henschel 20858/1928, bei IG Bw Dresden-Altstadt, abg.
64 007	1'C1'h2t, Borsig 11963/1928, bei Mecklenburgische Eisenbahnfreunde (Schwerin), abg.
64 344	Krauss-Maffei 15501/1934, Leihgabe an Hist. Eisenbahnverein Plattling, abg.
64 446	Krauss-Maffei 15625/1938, bei BSW-Gruppe ARGET-Nord Neumünster, abg.
65 1049	LKM 121049/1956, bei Förderverein Bw Arnstadt (hist.), btf.
74 1230	Borsig 9523/1916, Leihgabe an Dampflokfreunde Berlin, abg. in Grunewald
74 1231	Union 1602/1908, Leihgabe an Museumseisenbahn Minden, btf. („Hannover 7512")

82 008	Krupp 2884/1951, bei BSW-Gruppe ARGET-Nord (Neumünster), abg.
85 007	Henschel 22116/1932, Denkmal in Freiburg/Breisgau
86 001	Karlsruhe 2356/1928, Leihgabe an Eisenbahnmuseum Chemnitz-Hilbersdorf, abg.
86 457	DWM Posen 442/1942, im Bw Nürnberg Hbf, abg.
89 1004	Breslau 359/1906, im DB-Museum Halle/Saale, abg.
89 6009	Humboldt 135/1902, bei IG Bw Dresden-Altstadt, btf.
92 739	Union 2126/1914, Leihgabe an DGEG-Museum Neustadt/Weinstraße, abg.
94 1292	Henschel 18885/1922, bei Dampfbahnfreunden Mittlerer Rennsteig (Ilmenau), btf.
94 1692	BMAG 8396/1924, bei BSW-Gruppe ARGET-Nord (Neumünster), abg.
98 307	Krauss 5911/1908, Leihgabe an Dampflokmuseum Neuenmarkt-Wirsberg, abg.
99 564	Hartmann 3217/1909, Leihgabe an DB-Services (Radebeul Ost), btf.
99 713	Hartmann 4670/1927, Leihgabe an DB-Services (Radebeul Ost), abg.
99 716	Hartmann 4673/1927, Leihgabe an Öchsle-Museumsbahn (Ochsenhausen), btf.

Der „Glaskasten" 98 307 ist im Dampflokmuseum Neuenmarkt-Wirsberg untergebracht und mitunter an Tagen der offenen Tür im Freien zu sehen (11.6.2000).
Foto: Ludger Kenning

Elektrolokomotiven

E 03 001	Henschel/SSW 30715/1965, im Bh Frankfurt/Main, btf.
E 03 002	Henschel/SSW 30716/1065, Leihgabe an Dampflokmuseum Neuenmarkt-Wirsberg, abg.
E 03 004	Henschel/SSW 30718/1965, bei BSW-Gruppe Lichtenfels, abg.
103 101	Krauss-Maffei/SSW 19461/1970, Eigentum DB R&T, im Museum Darmstadt-Kranichstein, abg.
103 132	Krupp/AEG 5089/1971, Eigentum DB R&T, in Garmisch-Partenkirchen, abg.
103 167	Krauss-Maffei/SSW 19508/1971, Leihgabe an Deutsches Museum München, abg.
103 184	Krauss-Maffei/SSW 19549/1971, im DB-Museum Koblenz, abg.
103 220	Krauss-Maffei/SSW 19633/1972, Leihgabe an DGEG-Museum Neustadt/Weinstraße, abg.
103 224	Krauss-Maffei/SSW 19637/1973, Leihgabe an Dampflokmuseum Neuenmarkt-Wirsberg, abg. in Lichtenfels
103 226	Krauss-Maffei/SSW 19639/1973, Leihgabe an Lokomotivclub 103 e.V. (Wuppertal), abg. in Siegen

103 233	RTH/BBC 31780/1973, im Einsatz für DB-Nostalgiereisen (Dortmund), btf.
103 245	RTH/SSW 31792/1974, im Bh München, btf.
E 04 01	AEG 4681/1932, bei BSW-Gruppe „Historische Ellok" (Leipzig West), abg.
E 04 20	AEG 4844/1934, Denkmal vor DB-Zentrale Frankfurt/Main
E 10 002	Krupp/BBC 2527/1952, bei BSW-Gruppe Lichtenfels, abg.
E 10 005	Henschel 28467/1952, Leihgabe an Bayerisches Eisenbahnmuseum Nördlingen, abg.
E 10 121	Henschel/SSW 29101/1958, im Bh Köln-Deutzerfeld, btf.
110 228	Krauss-Maffei/SSW 18708/1961, bei BSW-Gruppe „Stuttgarter Rössle" (Stuttgart), btf.
110 348	Krauss-Maffei/SSW 19053/1964, im Bh Frankfurt/Main, btf.
E 11 001	LEW 8958/1960, im DB-Museum Halle/Saale, abg.
E 11 049	LEW 13134/1970, Leihgabe an Thüringer Eisenbahnverein (Weimar), abg.
109 061	LEW 14176/1974, bei BSW-Gruppe Rostock, abg.
113 311	Krauss-Maffei/SSW 19028/1964, im DB-Museum Koblenz, abg.
E 16 03	Krauss-Maffei/BBC 8168/1927, im DB-Museum Koblenz, abg.
E 16 08	Krauss-Maffei/BBC 8173/1927, Leihgabe an Eisenbahnmuseum Darmstadt-Kranichstein, abg.
E 16 09	Krauss-Maffei/BBC 8174/1927, Eigentum Evelyn Erhard, in Garmisch-Partenkirchen, abg.
E 17 103	AEG 3992/1929, bei BSW-Gruppe Lichtenfels, abg.
E 18 03	AEG 4876/1935, im DB-Museum Koblenz, abg.
E 18 08	AEG 4901/1936, bei BSW-Gruppe E 18 (Garmisch-Partenkirchen), abg.
E 18 19	AEG 4937/1936, Leihgabe an Dampflokmuseum Neuenmarkt-Wirsberg, abg. in Lichtenfels
E 18 31	AEG 5003/1937, im DB-Museum Halle/Saale, abg.
E 18 047	AEG 5161/1939, bis 2003 im Aw Opladen, in Aufarbeitung in Meiningen
120 003	Krupp/BBC 5447/1979, bei BSW-Gruppe E 18 (Garmisch-Partenkirchen), abg.
E 40 128	Krauss-Maffei 28539/1959, im Bh Seelze, btf.
E 41 001	Henschel/BBC 29073/1956, im DB-Museum Koblenz, abg.
141 055	Henschel/BBC 2968/1958, im DB-Museum Koblenz, abg. Ersatzteilspender
E 41 228	Henschel 30431/1962, Eigentum DB Regio, im Museum Darmstadt-Kranichstein, btf.
141 248	Henschel 30451/1963, Leihgabe an Eisenbahnfreunde Betzdorf (Siegen), abg.
E 42 001	LEW 9892/1962, Leihgabe an IG Traditionslok 58 3047 (Glauchau), btf.
242 002	LEW 9893/1962, Leihgabe an Eisenbahnmuseum Chemnitz-Hilbersdorf
E 44 001	SSW 2744/1930, Leihgabe an Dampflokmuseum Neuenmarkt-Wirsberg, abg.
E 44 002	Henschel/SSW 22132/1933, im DB-Museum Koblenz, abg.
E 44 044	Krauss-Maffei/SSW 15547/1936, beim Förderverein „Hist. Elektr. Lokomotiven" (Dessau), btf.
E 44 046	Krauss-Maffei 15549/1936, bei BSW-Gruppe „Historische Ellok" (Leipzig West), abg.
144 059	Krauss-Maffei/SSW 15569/1936, Leihgabe an Pfalzbahn GmbH (Worms), Ersatzteilspender
144 084	Krauss-Maffei/SSW 15650/1938, Leihgabe an Pfalzbahn GmbH (Worms), Ersatzteilspender
E 44 103	Henschel/SSW 24279/1940, bei BSW-Gruppe Rostock
E 44 119	Floridsdorf 3229/1941, bei BSW-Gruppe Lichtenfels, abg.
E 44 150	Henschel/SSW 25391/1942, Leihgabe an DGEG-Museum Neustadt/Weinstraße, abg.
E 44 1170	Henschel/SSW 25575/1944, Leihgabe an Eisenbahnfreunde Betzdorf (Siegen), abg.
E 44 1180	Henschel/SSW 25585/1947, Leihgabe an Pfalzbahn GmbH (Worms), abg.
144 507	AEG 4803/1934, Leihgabe an Thüringer Eisenbahnverein (Weimar), abg.
E 44 508	AEG 4803/1934, abgestellt im ehemaligen Lokbahnhof Selb Stadt
150 091	Krupp/AEG 4432/1963, im DB-Museum Koblenz, abg.
151 049	Krauss-Maffei 19668/1974, im Bw Nürnberg Hbf, btf.
E 60 10	AEG 4706/1932, im DB-Museum Koblenz, abg.
163 001	AEG 1935, Denkmal vor Bh Stuttgart-Rosenstein
E 63 05	Krauss-Maffei/BBC 15496/1936, bei BSW-Gruppe E 63 (Garmisch-Partenkirchen), abg.
E 63 08	AEG 5056/1940, bei BSW-Gruppe E 63 (Garmisch-Partenkirchen), abg.
E 69 02	Krauss-Maffei/SSW 8086/1909, bei BSW-Gruppe E 69 (Garmisch-Partenkirchen), abg.
E 69 03	Krauss 8106/1912, Leihgabe an Bayerisches Eisenbahnmuseum Nördlingen, btf.
E 25 1012	LEW 10427/1965, Eigentum DB-Cargo, Leihgabe an Thüringer Eisenbahnverein (Weimar), abg.

Die vom Förderverein „Historische Elektrische Lokomotiven" in Dessau betriebsfähig unterhaltene E 44 044 erreichte am Abend des 27.4.2002 mit einem Fotozug nach Bitterfeld den Bahnhof Königsborn.   Foto: Stephan Herrmann
Unten: Die jetzt dem DB-Museum Koblenz zugeteilte E 41 001 war am 13.12.2002, als sie im Nürnberger Hauptbahnhof stand, noch betriebsfähig.   Foto: Rainer Vormweg

181 001	Krupp/AEG 4839/1967, im DB-Museum Koblenz, abg.
182 001	Krupp/AEG 3778/1960, im DB-Museum Koblenz, abg.
184 003	Krupp/AEG 4886/1968, im DB-Museum Koblenz, abg.
E 91 99	AEG 2696/1929, bei BSW-Gruppe E 18 (Garmisch-Partenkirchen), abg.
E 93 07	AEG 4961/1937, bei BSW-Gruppe „IG Deutsches Krokodil" (Kornwestheim), abg.
E 94 056	AEG 5335/1942, Leihgabe an Engelsdorfer Eisenbahnfreunde (Leipzig West), abg.
E 94 158	AEG 5865/1945, Eigentum AG Historische Eisenbahnfahrzeuge (bisher Krefeld), btf.
E 94 279	Krauss-Maffei 18191/1955, bei BSW-Gruppe „IG Deutsches Krokodil" (Kornwestheim), btf.
E 94 281	Krauss-Maffei 18193/1955, bei BSW-Gruppe „IG Deutsches Krokodil" (Kornwestheim), abg.
E 95 02	AEG 3011+3012/1927, im DB-Museum Halle/Saale, i.A.

Lokparade am 13.6.2002 im Betriebshof Nürnberg-Gostenhof, dem ehemaligen Bw Nürnberg Hbf (u. a. mit E 03 001, E 41 001, 184 003 und 110 002).

Foto: Rainer Vormweg

Diesellokomotiven

102 125	LKM 262025/1970, Leihgabe an Thüringer Eisenbahnverein (Weimar), abg.
110 025	LEW 11234/1967, Leihgabe an Eisenbahnmuseum Chemnitz-Hilbersdorf
110 819	LEW 15091/1975, bei Förderverein Bw Arnstadt (hist.), btf.
V 100 1023	MaK 1000041/1961, im Bw Nürnberg Hbf, abg.
212 001	MaK 1000025/1959, Leihgabe an „Freunde der 212 001-2" (Darmstadt-Kranichstein), abg.
212 062	MaK 1000198/1963, Leihgabe an „Freunde der 212 001-2" (Darmstadt-Kranichstein), abg.
V 160 003	Krupp 4046/1960, bei BSW-Gruppe „V 200 007" (Lübeck), btf.
215 049	MaK 2000054/1970, Eigentum DB-Nostalgiereisen, in Oberhausen, btf.
215 122	Krauss-Maffei 19492/1970, Eigentum DB-Nostalgiereisen, in Oberhausen, btf.
118 005	LKM 275005/1963, beim Förderverein Bw Arnstadt (hist.), abg.
V 180 118	LKM 275105/1965, bei BSW-Gruppe Modellbahn Warnemünde, abg.
V 180 314	LKM 280118/1968, bisher BSW-Gruppe Krefeld, abg.
118 683	LKM 280083/1967, Leihgabe an Ostsächsische Eisenbahnfreunde (Löbau), abg.
118 692	LKM 280092/1968, Leihgabe an Dampflokfreunde Salzwedel, abg.

Am 16.5.1996 führte die Museumslok V 80 002 einen Sonderzug durch das Brexbachtal von Siershahn nach Engers (hier unterhalb der Burg Sayn). Foto: Rainer Vormweg

118 776	LKM 280185/1969, Leihgabe an Eisenbahnmuseum Schwarzenberg, abg.
119 003	„23. August" Bukarest 23586/1978, Leihgabe an Eisenbahnmuseum Chemnitz-Hilbersdorf
119 158	„23. August" Bukarest 24664/1983, Leihgabe an Dampflokfreunde Berlin, btf.
199 188	„23. August" Bukarest 24941/1984, Leihgabe an Thüringer Eisenbahnverein (Weimar), abg.
V 200 001	Lugansk 0113/1966, Leihgabe an Mecklenburgische Eisenbahnfreunde (Schwerin), abg.
V 200 002	Krauss-Maffei 17901/1954, im Bw Nürnberg Hbf, btf.
V 200 007	MaK 2000007/1956, Eigentum DB Nostalgiereisen, bei BSW-Gruppe Lübeck, btf.
V 200 116	Krauss-Maffei 18996/1963, bei Dampflokarbeitsgemeinschaft Oberhausen, btf.
120 198	Lugansk 0800/1969, Leihgabe an Thüringer Eisenbahnverein (Weimar), abg.
120 274	Lugansk 0676/1973, bei Förderverein Bw Arnstadt (hist.), abg.
131 072	LTS Lugansk 0186/1973, bei Förderverein Bw Arnstadt (hist.), abg.
234 304	LTS Lugansk 0517/1975, Leihgabe an IG Dampflok Nossen, abg.
V 20 036	Deutz 39655/1943, bei BSW-Gruppe ARGET-Nord (Neumünster), abg.
V 20 051	DWK 731/1943, Leihgabe an Eisenbahnfreunde Kraichgau (Sinsheim), abg.
V 36 027	Deutz 36627/1943, Leihgabe an Mecklenburgische Eisenbahnfreunde (Schwerin), abg.
V 36 107	BMAG 11216/1940, Denkmal im Aw Bremen-Sebaldsbrück
V 36 108	BMAG 11218/1940, bei BSW-Gruppe Lichtenfels, abg.

V 36 123	BMAG 11382/1940, bei Dampfbahn Fränkische Schweiz (Ebermannstadt), btf.
V 45 009	Grafenstaden 10046/1956, Leihgabe an Dampflokmuseum Neuenmarkt-Wirsberg, abg.
106 100	LKM 270102/1963, bei Förderverein Bw Arnstadt (hist.), abg.
V 60 150	MaK 600071/1957, im Bw Nürnberg Hbf, abg.
360 303	Deutz 56706/1957, bei BSW-Gruppe ARGET-Nord (Neumünster), btf.
V 65 011	MaK 600014/1956, Leihgabe an Eisenbahnmuseum Bochum-Dahlhausen, abg.
V 80 002	Krauss-Maffei 17717/1952, betreut von BSW-Gruppe Nürnberg West, btf.
Kö 0225	Windhoff 308/1936, Leihgabe an Eisenbahnfreunde Walburg (Hessisch Lichtenau), abg.
Kö 0258	Gmeinder 1619/1936, Leihgabe an Eisenbahnfreunde Walburg (Hessisch Lichtenau), abg.
Kö 0278	Windhoff 312/1936, im Aw Krefeld-Oppum
Kö 0278	Gmeinder 2006/1937, Denkmal in Neustadt an der Aisch
Ks 4071	AEG 4800/1932, Denkmal im ehemaligen Aw Limburg/Lahn
Kö 4858	BMAG 10505/1935, bei BSW-Gruppe Rostock
Ks 4862	Windhoff/SSW 344/3138/1936, in Köln-Deutzerfeld, btf.
Köe 6042	Henschel/SSW 23890/1938, bei BSW-Gruppe „V 200 007" (Lübeck), abg.
Köf 6124	Gmeinder 4673/1951, Leihgabe an Eisenbahnfreunde Walburg (Hessisch Lichtenau), abg.
312 001	LKM 262026/1967, im DB-Museum Halle/Saale, abg.
323 274	O&K 26055/1960, bei Dampflokarbeitsgemeinschaft Oberhausen
323 617	Gmeinder 5006/1957, Eigentum AG Historische Eisenbahnfahrzeuge (bisher Krefeld), btf.
323 852	Jung 13220/1960, im DB-Museum Koblenz, abg.
323 903	Krauss-Maffei 15406/1933, Leihgabe an Oberhessische Eisenbahnfreunde (Gießen), abg.
324 044	Gmeinder 4668/1951, bei Dampflokarbeitsgemeinschaft Oberhausen
332 262	Jung 13907/1965, bei BSW-Gruppe Lichtenfels, btf.
333 068	Gmeinder 5464/1969, im DB-Museum Koblenz, btf.

Mit 21 Jahren ist die 119 158 – das „U-Boot" – eine der jüngsten Lokomotiven des DB-Museums. Am 26.7.2003 überquerte sie mit einem Sonderzug von Kulmbach nach Berlin die Saale bei Bad Kösen.   Foto: Stephan Herrmann

Elektrotriebwagen

ET 25 015	Esslingen 18906/18907/1935, bei BSW „Historische Schienenfahrzeuge" (Haltingen), i.A.
ET 26 002	Wegmann 3802/1941, Leihgabe an Museum Peenemünde
ET 30 014	Düwag 27189/1958 und 27190/1958, im DB-Museum Koblenz, abg.
ET 65 006	Esslingen 18801/1933, im Bh Frankfurt/Main, abg.
471 139	LHB/BBC 1942, ex Hamburger S-Bahn, beim VVM Schönbergerstrand, abg.
491 001	Fuchs/AEG 1935, bei BSW-Gruppe ET 491 „Gläserner Zug" (Garmisch-Partenkirchen), i.A.
517 001	Wegmann 918/1952, bei BSW-Gruppe Lichtenfels, abg.
AT 589/590	Wumag/BEW/AFA 1927, Leihgabe an Thüringer Eisenbahnverein (Weimar), abg.

Dieseltriebwagen

VT 18.16.07	Görlitz 20400-B7/1968, bei BSW-Gruppe „VT 18.16" (Berlin-Lichtenberg), abg.
175 015	Görlitz 20400-A8/1968, bei BSW-Gruppe „SVT 175015/016" (Berlin-Lichtenberg), abg.
175 016	Görlitz 20410-B8/1968, bei BSW-Gruppe „SVT 175015/016" (Berlin-Lichtenberg), abg.
VT 18.16.10	Görlitz 20410-BA10/1968, bei BSW-Gruppe „VT 18.16" (Berlin-Lichtenberg), abg.
601 008	MAN 143487/1957, zuletzt bei BSW-Gruppe „V 200 007" Lübeck, in Aufarbeitung
601 013	MAN 143492/1957, ex Jelka (Liechtenstein), abg.
601 014	MAN 143493/1957, zuletzt bei BSW-Gruppe „V 200 007" Lübeck, in Aufarbeitung
601 018	MAN 143497/1957, ex Jelka (Liechtenstein, abg.
601 019	MAN 143498/1957, zuletzt bei BSW-Gruppe „V 200 007" Lübeck, in Aufarbeitung
186 257	Bautzen 1935, im Traditionsbahnbetriebswerk Staßfurt, abg.
186 258	Rathgeber 1937, im DB-Museum Halle/Saale, btf.
188 203	Görlitz 1968, Leihgabe an Eisenbahnmuseum Chemnitz-Hilbersdorf, abg.
VT 08 503	MAN 140550/1952, bei BSW-Gruppe VT 08 (Braunschweig), btf.
VT 08 520	MAN 140973/1954, bei BSW-Gruppe VT 08 (Braunschweig), btf.
612 506	Rathgeber 10.3/1957, bei BSW-Gruppe „Stuttgarter Rössle" (Stuttgart), btf.
612 507	Rathgeber 10.5/1957, bei BSW-Gruppe „Stuttgarter Rössle" (Stuttgart), btf.
VT 137 099	Westwaggon 126976/1933, bei BSW-Gruppe Schwerin, abg.
SVT 137 225	Wumag 1935, Denkmal Leipzig Hbf
SVT 137 851	Bauart „Köln", LHB 1937, in Konstanz
724 001	Uerdingen 56752/1950 (ex VT 95 906), abg. in Worms
VT 92 501	MAN 140522/1951, bei BSW-Gruppe „V 200 007" (Lübeck), abg.
172 001	Bautzen 1964, Leihgabe an Hafenbahn Neustrelitz e.V., btf.
VT 95 9240	Uerdingen 57621/1952, bei BSW-Gruppe „V 200 007" (Lübeck), abg.
798 516	Uerdingen 60256/1955, bei BSW-Gruppe ARGET-Nord (Neumünster), abg.
798 652	Uerdingen 66538/1959, Eigentum DB-Nostalgiereisen, bei Schienenbusfreunden Ulm, btf.
798 653	Uerdingen 66539/1959, Eigentum DB-Nostalgiereisen, bei Schienenbusfreunden Ulm, btf.
798 777	Donauwörth 1369/1960, bei BSW-Gruppe ARGET-Nord (Neumünster), abg.
798 818	MAN 146600/1962, Leihgabe an Pfalzbahn GmbH (Frankenthal/Worms), btf.

Nebenfahrzeuge

Klv 51-8770	bei BSW-Gruppe Lichtenfels, abg.
Klv 51-9219	IWK Lübeck 61051-47/1964, bei BSW-Gruppe ARGET-Nord (Neumünster), btf.
Klv 53-0302	Robel 530302/1973, Leihgabe an Nassauische Touristikbahn (Wiesbaden)
Klv 53-0663	Robel 1977, bei Dampflokarbeitsgemeinschaft Oberhausen-Osterfeld
Skl 3506	Gbm Brandenburg, im DB-Museum Halle/Saale, i.A.
Kdl 91 0006	Schöma 2123/1958, Leihgabe an Eisenbahnfreunde Walburg, abg.

Schleswig-Holstein / Hamburg

Freunde des Schienenverkehrs Flensburg (FSF), Kappeln

Der 1972 gegründete Verein FSF führte anfangs Sonderfahrten in Dänemark sowie zwischen Niebüll und Dagebüll durch. Er beschaffte eigene Fahrzeuge und etablierte sich 1979 schließlich auf der Strecke Kappeln – Süderbrarup (14,6 km) der Schleswiger Kreisbahn, wo er im Kappelner Lokschuppen sein Domizil fand und für die Betriebsführung die Angeln-Bahn GmbH gründete.
Fahrbetrieb: 11.4., 2.5., 20.5., 30.5., 27.6., 11.7., 18.7., 1.8., 8.8., 15.8., 29.8., 5.9., 26.9., 10.10. und 12.12.2004 (jeweils Kappeln 11.00 – Süderbrarup 11.40/12.00 – Kappeln 12.40/14.00 – Süderbrarup 14.40/15.00 – Kappeln 15.40 Uhr)
Nach Sonderfahrplan: 22./23.5. (Kappelner Heringstage), 31.5. (Jazz-Zug), 25.7., 8.8. und 22.8. (Kombitour mit Dampfer „Alexandra" Flensburg – Sonderburg) und 14.8.2004 (Sonderfahrt nach Schönberger Strand)
Info: Freunde des Schienenverkehrs Flensburg e.V., Postfach 1617, 24906 Flensburg, info@angeln-bahn.de
Internet: www.angeln-bahn.de
Triebfahrzeuge (1.435 mm):
Dl: B 1266, 2'Ch2, Motala 554/1915, 1981 ex Schwedische Staatsbahn (B 1266), abg.
Dl: F 654, Cn2t, Frichs 358/1949, 1977 ex Dänische Staatsbahn (F 654), btf.
Dl: S1 1916, 1'C2'h2t, NOHAB 2217/1952, 1990 ex Museum Kalmar, urspr. Schwedische Staatsbahn (S1 1916), btf.
Vl: DL 1, B-dh, Henschel 29776/1959, 240 PS, 1988 ex Zuckerfabrik Schleswig (1), abg.
Vl: DL 2, D-dh, LEW 15632/1978, 650 PS, 1993 ex Siemens-Kabelwerk Schwerin, btf.
Vl: DL 3, D-dh, LEW 15373/1976, 650 PS, 1994 ex Kieswerk Langhagen, abg.
Vl: 120 027, Co'Co', LTS 0161/1967, 2.000 PS, 1997 ex DB/DR (220 027 / 120 027 / V 200 027), abg.
Vl: DL 4 „Bello", B-dm, Diema 2351/1960, 28 PS, 1997 ex Papierfabrik Stora, urspr. Feldmühle AG Flensburg, btf.
Vt: Mo 1835, 3'Bo', Frichs 496/1953, 2 x 250 PS, 1983 ex Dänische Staatsbahn (Mo 1835), btf.

Freizeitpark Tolk-Schau, Tolk (bei Schleswig)

Mit dem Märchenwald Tolk, heute ein großer Freizeitpark, ging 1969 auch eine heute 2,5 km lange Parkbahn in Betrieb. Als Denkmal wurde die ex DB-Lok 50 794 (Henschel 25878/1941) aufgestellt. Die seit 1990 aufgebaute Sammlung Winkenwerder umfaßt 18 Lokomotiven und 65 Loren. 1998 zog sie in den Freizeitpark Tolk um, wo ein Feldbahnmuseum entstand. Mittlerweile ist die aus 500 m Abstellgleisen, 15 Weichen und einer Schiebebühne bestehende Anlage mit der Parkbahn verbunden.
Geöffnet: Täglich bis 3.10.2004 (10-18 Uhr)
Info: Freizeitpark Tolk-Schau, 24894 Tolk, Tel. 04622 922, Fax 923, info@tolk-schau.de
Oder: Karl-Heinz Winkenwerder, Muggesfelder Str. 20, 23813 Nehms, Tel. 04557 551
Internet: www.tolk-schau.de
Lokomotiven des Freizeitparks (600 mm):
Dl: Bn2t, Henschel 24121/1939, Typ Riesa, ex Kieswerk Sievers in Lürschau (4), btf.
Dl: Annie, B1'n2t, Watson & Ledgerwood 1922/1990, Nachbau einer 1911 in England gebauten Maschine, 1999 ex Australien, btf.
Vl: 2 Stück, B-dh, westernartiger Neuaufbau Schwingel (Leverkusen) 1985 auf Basis einer Schöma-Lok, 55 PS, 1989 ex Bavaria-Traumland Bottrop, btf.
Lokomotiven der Sammlung Winkenwerder (600 mm):
Vl: 1, B-dm, O&K 10451/1940, 9 PS), ex Baufirma Brandt (Rendsburg), btf.
Vl: 2, B-dm, O&K 8748/1938, 14 PS, ex K. Schröder (Rendsburg), abg.
Vl: 3 „Claas", B-dm, O&K 25463/1953, 18 PS, ex Baufirma Brandt (Rendsburg), btf.

Vl: 4, B-dm, O&K 5291/1934, 20 PS, ex Dachziegelwerk bei Hildesheim, btf.
Vl: 5, B-dm, O&K 25108/1951, 15 PS, MV 0, ex Torfwerk Schülp, btf.
Vl: 6, B-dm, O&K 25492/1953, 30 PS, MD 2b, ex Baufirma Greve (Flensburg), btf.
Vl: 7, B-dm, O&K 25773/1959, 30 PS, MV 2, ex Tongrube in Mechernich, btf.
Vl: 8, B-dm, O&K 9395/1938, 22 PS, urspr. Reichsarbeitsdienst Hermagor/Kärnten, btf.
Vl: 9, B-dm, O&K 25025/1950, 30 PS, MD 2b, ex Tolk-Schau, zuvor Baufirma Greve (Flensburg), btf.
Vl: 10, B-dm, O&K 25099/1951, 15 PS, MV 0, ex Torfwerk in Vörden, btf.
Vl: 11, B-dm, O&K 8714/1938, 14 PS, ex Pohlmann (Borna), urspr. Reichsarbeitsdienst, btf.
Vl: 12, B-dm, O&K 6757/1936, 11 PS, ex M. Rohwer (Rendsburg), btf.
Vl: 13, B-dm, O&K 25304/1954, 15 PS, MV 0, ex Baufirma Klint (Flensburg), btf.
Vl: 14, 15 und 17, B-dm, O&K, 40 PS (btf.), 20 PS (abg.) bzw. 15 PS (25095/1953, btf.)
Vl: 16, B-dm, O&K, 20 PS, ex A. Hamm (Hamburg), btf.
Vl: 17, B-dm, O&K 25095/1951, 15 PS, MV 0, 2000 ex Baufirma Brandt (Flensburg), btf.
Vl: 18, B-dm, O&K Nordhausen 2983/1928, 7,5 PS, M, 2003 ex Wedeler Feldbahn (Fredenbeck), bis 2001 Händler Eilers (Hamburg), bis 1983 i.E. bei Hamburger Wasserwerken, neu geliefert über Händler Dubick & Stehr (Hamburg) an Wasserwerke Hamburg-Curslack, btf.

Verein Verkehrsamateure und Museumsbahnen (VVM), Schönbergerstrand

Der VVM pachtete 1976 den Abschnitt Schönberg – Schönberger Strand (4 km) der Kiel-Schönberger Eisenbahn, kaufte 1982 gemeinsam mit der Gemeinde Schönberg die Strecke und erlangte 1989 die Konzession für den Betrieb der Museumszüge „Hein Schönberg". Seit 1998 sind die meisten Straßenbahn- und Eisenbahnfahrzeuge in einer neuen Halle im Museumsbahnhof Schönberger Strand untergebracht. Ab Mitte der 60er Jahre sammelten Hamburger VVM-Mitglieder auch Straßenbahnwagen, doch erst 30 Jahre später konnten sie einen Fahrbetrieb aufziehen, nachdem der größte Teil der Sammlung schon 1977/78 nach Schönberger Strand gekommen war. 1990-93 entstand die teils dreischienige Straßenbahnstrecke mit 1.200 m Gleislänge und zwei Wendeschleifen.
Fahrbetrieb: Schönberg – Schönberger Strand jeweils samstags und sonntags vom 29.5. bis 12.9. 2004 sowie am 12.4. und 31.5.2004 (Schönbergerstrand ab 10.30, 12, 14 und 17 Uhr, Schönberg ab 11.05, 12.35, 14.30, 16 und 17.30 Uhr)
Kiel – Schönberg: Samstags vom 5.7. bis 13.9.2004 (Schö. Strand 8.00 – Kiel Hbf 9.00/10.00 – Schö. Strand 11.00/12.20 – Kiel Hbf 13.20/14.00 – Schö. Strand 15.00/18.00 – Kiel Hbf 19.00/19.20 – Schö. Strand 20.17 Uhr, erster und letzter Zug mit Diesellok, alle anderen mit Dampflok)
Info: VVM-Bahnhof, Am Schierbek 1, 24217 Schönberger Strand, Tel. 04344 2323, info@vvm-museumsbahn.de
Eisenbahn: Hans-Jürgen Kämpf, Billhorner Deich 79, 22539 Hamburg, Tel. 040 7892116, hansjuergenkaempf@t-online.de
Straßenbahn: Holger Ebeling, Neukoppel 17c, 22415 Hamburg, holger_ebeling@hamburg.de
Internet: www.vvm-museumsbahn.de
Eisenbahn-Triebfahrzeuge (1.435 mm):
Dl: 2, Bn2t, Hanomag 9268/1920, 1971 ex Kali-Chemie AG Ronnenberg, i.A.
Dl: 3, Cn2t, Henschel 18038/1920, Typ Thüringen, 1975 ex Kali-Chemie Ronnenberg, urspr. Bergbau Teutonia, btf.
Dl: 131-060, 1'C1'h2t, Resita (Rumänien) 1942, Privateigentum (Lüdersdorf), 2003 ex CFR Rumänien (131-060), btf.
Vl: 5 / V 85, D-dh, MaK 1000012/1959, 860 PS, 1991 ex Hafen- und Verkehrsbetriebe Kiel (V 5), bis 1970 MaK-Leihlok, btf.
Vl: V 11, B-dm, DWK 572/1935, 175 PS, 1948-73 bei Eisenbahn Altona-Kaltenkirchen-Neumünster (V 2.011 / V 11), bis 1945 Ost- und Westprignitzer Kreiskleinbahnen (5-320), bis 1938 Freienwalde – Zehden, btf.
Vl: V 20 039, B-dh, Deutz 39659/1943, 216 PS, WR200 B13, 1979 ex DB (270 039 / V 20 039), urspr. Beschaffungsstelle für Flughafenbau (Berlin), btf.
Vl: Köf 6372, B-dh, Deutz 57012/1959, 128 PS, 1989 ex DB (323 102 / Köf 6372), btf.
Vl: V 40, C-dh, MaK 400019/1958, 400 PS, 1990 ex Stahlhandel Peine-Salzgitter GmbH in Gladbeck (403), urspr. Ilseder Hütte (3), abg.

Vt: 2 / 00509, AA-bm, Wismar 20258/1936, 2 x 45 PS, 1965 ex Osthannoversche Eisenbahnen (DT 0509), urspr. Bleckeder Kleinbahn (SK 2), i.A.

Vt: T 24, A1-dm, v.d. Zypen & Charlier 145450/1925, 135 PS, 1989 ex Hessencourrier Kassel, bis 1977 SWEG Kaiserstuhlbahn (T 24), urspr. SEG Worms – Offstein bzw. SEG Kaiserstuhlbahn, i.A.

El: E 4, Bo, SSW 4775/1943, 2 x 103 kW, 1980 ex Wolff Walsrode in Bomlitz (4), abg.

Et: 471 139 + 871 039 + 471 439, Bo'2' + 2'2' + Bo'Bo', LHB/BBC 1942, Eigentum DB-Museum, bis 1988 DB (Hamburger Gleichstrom-S-Bahn), Ausstellungszug

Straßenbahntriebwagen (1.435 mm):

Et: 140, Bo, Herbrand 1900, 2 x 60 kW, 1.100 mm, 1985 ex Kiel (Atw 351 / Tw 140), i.A.

Et: 195, Bo, Düwag 1950, 2 x 60 kW, Verbandstyp 2, 1.100 mm, bis 1985 Kiel (195), bis 1959 Lübeck (246), abg.

Et: 196, Bo, Düwag 1950, 2 x 60 kW, Verbandstyp 2, 1.100 mm, bis 1985 Kiel (196), bis 1959 Lübeck (247), btf.

Et: 202, Bo, HaWa 1928, 2 x 46 kW, 1975 ex Hannover (202), btf.

Et: 241, Bo'2', Düwag 1957, 2 x 60 kW, 1.100 mm, 1989 ex Kiel (ex 241), btf.

Nf: 354, Bo, Falkenried 1908, 2 x 60 kW, 1.100 mm, Kurvenschmierwagen, 1985 ex Kiel (Atw 354 / Tw 160), btf.

Et: 656, Bo, Falkenried 1894, 2 x 35 kW, 1967 ex Hamburger Hochbahn (Museumswagen), bis 1954 Hamburg (656 / 2300 / 2392 / 1588 / 656), btf.

Et: 2734, Bo, Falkenried 1926, 2 x 37 kW, 1965 ex Hamburg (2734), abg.

Et: 2970, Bo'Bo', Falkenried 1937, 4 x 28 kW, 1967 ex Hamburg (2970), i.A.

Et: 685, (A1)'(1A)', HaWa 1915, Umbau Neuaubing 1944, 2 x 45 kW, 1977 ex München (2977), abg.

Et: 3006, Bo'Bo', Falkenried 1928, 4 x 30 kW, 1969 ex Hamburg (2930 / 3006), i.A.

Et: 3060, Bo'Bo', La Brugeoise et Nicaise & Delcuve (Brügge/Belgien) 1951, 4 x 40 kW, derzeit verliehen an Straßenbahnmuseum Skjoldenaesholm (Dänemark), 1994 ex Brüssel (7000), bis 1958 Kopenhagen (3060), bis 1957 Hamburg (3060), btf.

Et: 3361, Bo'Bo', LHB Salzgitter 1957, 4 x 50 kW, 1977 ex Hamburg (3361 / 3411), abg.

Et: 3487, Bo, LHL/AEG 1929/36, 2 x 45 kW, 1973 ex Berlin W (3487), abg.

Et: 3495, Bo, LHL/AEG 1929/36, 2 x 45 kW, 1973 ex Berlin W (3495), abg.

Et: 3644, Bo'Bo', Falkenried 1952, 4 x 50 kW, 1978 ex Hamburg (3044 / 3106 / 3644), abg.

Et: 3999, Bo'Bo', Falkenried 1955, 4 x 50 kW, Schul-Tw, 1978 ex Hamburg (2001 / 3999), abg.

Nf: 4, Bo, Falkenried 1929, 2 x 25 kW, Typ W2, Verschubwagen, 1978 ex Hamburg (4 „Esel"), btf.

Bis zur Wiederinbetriebnahme der Dampflok 2 bzw. des Wismarers T 2 werden die Museumszüge zwischen Schönbergerstrand und Schönberg mit Diesellok bespannt, wie hier mit der Köf 6372 (Stakendorf, 19.6.1999).   *Foto: Ludger Kenning*

Rendsburger Eisenbahnfreunde (REF), Neumünster

Dampflokfreunde aus Rendsburg erwarben 1978 die 042 271, reaktivierten sie und setzten die in den Bestand des VM Nürnberg aufgenommene Lok vor Sonderzügen in Norddeutschland ein. Nach dem Umzug von Rendsburg ins Bw Neumünster gründeten die Berufseisenbahner des Vereins eine BSW-Gruppe, die ARGET-Nord (Arbeitsgemeinschaft Eisenbahntraditionspflege in der Region Nord).
Info: Rendsburger Eisenbahnfreunde (REF), Brückenstr. 2, 24537 Neumünster, Tel. 04321 965974, Fax -73, info@Rendsburger-Eisenbahnfreunde.de
Internet: www.rendsburger-eisenbahnfreunde.de
Lokomotiven (1.435 mm):
- Dl: 012 100, 2'C1'h3, BMAG 11356/1940, Eigentum DB-Museum (ex 012 100 / 01 1100), btf.
- Dl: 042 271, 1'D1'h2, Borsig 14850/1940, Vereinseigentum, 1978 ex DB (042 271 / 41 271), abg.
- Dl: 50 3694, 1'Eh2, Krupp 2180/1940, Eigentum DB-Museum, ex Denkmal Hamburg, bis 1991 DR (50 3694 / 50 405), btf.
- Dl: 64 446, 1'C1'h2t, Krauss-Maffei 15625/1938, Eigentum DB-Museum, bis 2001 bei BSW Glückstadt, bis 1972 DB (064 446 / 64 446), abg.
- Dl: 82 008, Eh2t, Krupp 2884/1951, Eigentum DB-Museum, 1994-2003 Denkmal Lingen, bis 1972 DB (082 008 / 82 008), abg.
- Dl: 94 1692, Eh2t, BMAG 8396/1924, Eigentum DB-Museum, 2002 ex FdE-Museum Hamburg-Wilhelmsburg, bis 1983 Denkmal Lingen, bis 1972 DB (94 1692), abg.
- Vl: 360 303, C-dh, Deutz 56706/1957, Eigentum DB-Museum, 2003 ex DB (360 303 / 260 303 / V 60 303), btf.
- Vl: V 20 036, B-dh, Deutz 39655/1943, 200 PS, WR200 B14, Eigentum DB-Museum, bis 2001 bei BSW-Gruppe Glückstadt, bis 1989 DB (270 036 / V 20 036), urspr. Beschaffungsstelle für Flughafenbau Berlin (für Dannenberg – Lüchow), abg.
- Vl: 323 525 Sieglinde, B-dh, Gmeinder 4797/1954, 107 PS, Köf II, 1993 ex DB (323 525 / Köf 6168), btf.
- Vt: 798 516, AA-dm, Uerdingen 60256/1955, 2 x 150 PS, Eigentum DB AG (798 516 / VT 98 9516), abg.
- Vt: 798 777, AA-dm, Donauwörth 1369/1960, 2 x 150 PS, Eigentum DB AG (798 777 / VT 98 9777), abg.
- Nf: Skl 53-0220, A1-dm, Waggonunion Berlin 16731/1971, btf.
- Nf: Klv 51-9219, A1-dm, IWK Lübeck 61051-47/1964, 2001 ex BSW-Gruppe Glückstadt, bis 1996 DB (Klv 51-9219), btf.

Bad Bramstedter Waldbahn (BWB)

Von 1930 bis 1977 beförderte eine Feldbahn das für die Rheumaklinik Bad Bramstedt notwendige Bade- und Packungsmoor zu den Badehäusern. Seit 1977 wird das Moor per Pipeline von der Aufbereitung zur Heilstätte gepumpt. Feldbahnfreunde erwarben 1998 die Reststrecke, gründeten den Wald- und Moorbahn Bad Bramstedt e.V. (WuM) und nahmen im Oktober 1999 auf einer 700 m (jetzt 1,2 km) langen Strecke den Museumsverkehr auf. Vorhanden sind etwa 55 Loren und drei Personenwagen (ex Bundesmarine Laboe). Seit 2002 kümmert sich der Förderverein Deutsche Feldbahn um den Betrieb.
Fahrbetrieb: Im Sommer jeweils an einem Wochenende monatlich
Info: Tourismusbüro, Bleeck 17-19, 24576 Bad Bramstedt, Tel. 04192 50627
Oder: Thomas Rath, Am Uelkenberg 5, 23619 Zarpen, Tel. 04533 5614, thomasrath@freenet.de
Lokomotiven (600 mm):
- Vl: B-dm, Jung ?/1939, 11 PS, EL 105, 1999 ex privat, zuvor Torfwerk Ehlers, zuvor evtl. Luftmuna-Flugplatz Boostedt, abg.
- Vl: B-dm, Jung 8771/1939, 11 PS, EL 110, 1998 ex Rheumaklinik Bad Bramstedt, zuvor Baufirma B. Meyn (Lübeck), btf.
- Vl: B-dm, Jung 11353/1950, 11 PS, EL 110, 1998 ex Rheumaklinik Bad Bramstedt, zuvor Baufirma B. Meyn (Lübeck), btf.
- Vl: B-dm, Jung 12423/1963, 11 PS, EL 110, 1998 ex Rheumaklinik Bad Bramstedt, btf.
- Vl: B-dm, Diema, 11 PS, DL 6, 2002 ex Torfwerk A.-G. Meiners (Westerhorn), abg.

Am 20.9.2003 wurde im DB-Museum Neumünster, im Aw Neumünster, im ICE-Werk Hamburg-Eidelstedt und im Hamburger Hbf der „Bahntag 2003" abgehalten. Zwischen den vier Standorten verkehrten nach dem Motto „Die Bahn verbindet" Sonderzüge, so auch mit der 012 100, die soeben im Bw Neumünster ihren Dienst antritt.

Foto: Thomas Boldt

Eisenbahnfreunde Mittelholstein (EFMH), Kleinkummerfeld

Der 1985 gegründete Verein EFMH übernahm das Empfangsgebäude und einen Teil des Geländes des Bahnhofs Kleinkummerfeld und richtete ein Museum mit einem Modell der Strecke nach Rickling ein. Im Außenbereich befinden sich ein Signalgarten und auf dem wiederverlegten Gleis 1 (ohne Verbindung zur DB-Strecke) eine Diesellok, eine Draisine und zwei Bauzugwagen.
Info: Eisenbahnfreunde Mittelholstein e.V., Zum Sportplatz 17, 24613 Aukrug-Bünzen, lieske-aukrug@t-online.de
Internet: www.efm-ev.de
Lokomotiven (1.435 mm):
Vl: 1, B-dm, DWK 601/1937, 110 PS, 1947-88 bei Heizkraftwerk der Stadtwerke Neumünster, bis 1945 Fliegerhorst Kiel-Friedrichsort, ä.r.
Vl: Olivia, B-dm, LKM 49819/1952, 87 PS, Eigentum Göttsche (Bark), 2000 ex Stärkefabrik Golßen, zuvor Schwermaschinenbau Lauchhammer, btf.
Nf: Klv 10 4001, Hansa-Waggon D10730/1952, 72 PS, 1987 ex DB (Bereisungswagen der BD Hamburg, Klv 10 4001), ä.r.

Marineeisenbahn Wehrtechnische Studiensammlung (MEB WTS), Lübeck

In einem Lübecker Gewerbegebiet entsteht derzeit ein Marine-Transportmuseum mit militärischem Eisenbahnmaterial der Bundeswehr, Bundesmarine und alliierten Besatzer. Auf einer kurzen Demonstrationsstrecke sollen die Fahrzeuge vorgeführt werden können. Neben dem u.g. Bestand sind etwa 100 Wagen und Loren vorhanden, während andernorts weitere ehemals militärische Lokomotiven untergebracht sind.

Info: Marineeisenbahn Wehrtechnische Studiensammlung, Postfach 140151, 23516 Lübeck, Tel. 0160 4329707

Lokomotiven (600 mm):

Vl: B-dm, Diema 1384/1949, 45 PS, DS 30, 2002 ex Ziegelwerk Eickhoff (Hagen-Harmonie bei Bremen), zuvor E. Höfler, urspr. französische Armee (Kendringen/Baden), btf.

Vl: B-dh, Diema 2175/1958, 75 PS, DS 60, bis 2004 in Bad Bramstedt, 1998 ex Denkmal Kiel, zuvor Marine-Munitionsdepot 1 (Laboe), zuvor Baufirma in München, urspr. Marine-Munitionsdepot 4 (Schweinebrück bei Aurich), btf.

Vl: B-dh, Diema 2176/1958, 72 PS, DS 60, 2000 ex Schrotthandel bei Hamburg, zuvor Reparaturwerft Zersen (Kiel), urspr. Marine-Munitionsdepot 1 (Laboe), abg.

Vl: B-dh, Diema ?/1960, 75 PS, DS 90, 2003 ex Marine-Munitionsdepot 1 (Laboe), btf.

Vl: B-dh, Diema 2350/1960, 75 PS, DS 90, 1999 ex Heidepark Soltau, zuvor Marine-Munitionsdepot 1 (Laboe), btf.

Vl: B-dh, Diema 2495/1962, 8 PS, DL 6, bis 2004 in Bad Bramstadt, 1998 ex Torfwerk Quickborn, zuvor Eisenbahn-Lehr- und Versuchskompanie des Heeres in Krailing (bei München), abg.

Vl: B-dh, Diema 2730/1964, 75 PS, DS 90, 2002 ex Marine-Munitionsdepot 1 (Laboe), btf.

Vl: B-dm, Diema 1984, 24/26 PS, DFL 10, 2001 ex Torfwerk Teufelsmoor (Neu St. Jürgen), zuvor NATO Norwegen, btf.

Vl: B-dm, O&K 1957, 55 PS, MV 2a, 2003 ex Schrotthandel in Wilhelmshaven, bis 1958 Marine-Erprobungsstelle Wilhelmshaven, abg.

Vl: B-dm, Deutz/Spoorijzer 6009/?, 90 PS, A4L 514S, 2001 ex Kleinbahnverein Adenau, zuvor Kieswerk Wissel bei Kalkar, abg.

Vl: vier Leihlokomotiven eines Bauunternehmers: Schöma Lo 45, Schöma DS 90 (ex Marine), Schöma DS 40 (ex Marine) und Jung DL 233 (ex Turku/Finnland), jeweils B-dm und abg.

Vl: B-dh, Diema, 45 PS, DVL 30.1-1, 1.435 mm, 2002 ex Deuka Tiernahrungs-GmbH & Co. KG (Düsseldorf), btf.

Vl: B-dm, O&K 26143/1961, 160 PS, MV 6a, 1.435 mm, 2002 ex Lagerhaus Ströh (Hamburg), zuvor Britische Rheinarmee, abg.

Ein „schwerer Brocken" ist die Diema-Lok vom Typ DS 60 der Wehrtechnischen Studiensammlung Lübeck. Am 8.4.2001 konnte man auf der Moorbahn Bad Bramstedt in ihrem Führerstand mitfahren. Foto: Ludger Kenning

In den Diakonischen Heimen im Lübecker Stadtteil Vorwerk sind zahlreiche Behinderte zuhause bzw. beschäftigt. Das Gelände kann mit einer Parkbahn erfahren werden, wie hier mit der Lok „Hase" am 28.8.1999. Foto: Ludger Kenning

Vorwerker Kleinbahn, Lübeck-Vorwerk

Im Lübecker Stadtteil Vorwerk ging 1992 in den diakonischen Heimen eine 2 km lange Parkbahn in Betrieb. Sie dient u. a. für Fahrten der Heimbewohner und Gäste, für Besichtigungstouren und Feierlichkeiten. Zum Wagenpark gehören u. a. die vierachsigen Personenwagen „Max", „Moritz" und „Lastesel", ein „Mitropa-Speisewagen", ein Kiosk- und ein Werkstattwagen sowie einige Loren.
Fahrbetrieb: An Sommer-Samstagen (16 und 16.30 Uhr), auf Bestellung auch ganzjährig
Info: Vorwerker Heime (Herr Iken), Triftstr. 139-143, 23554 Lübeck, Tel. 0451 4002-187, oea.iken@vorwerker-diakonie.de
Lokomotiven (600 mm):
Vl: Hase, B-dm, Diema 5197/1992, DFL 30/2, btf.
Vl: Igel, B-dm, O&K 26150/1961, MV2a, 1993 ex privat, bis 1986 Ziegelei Basedow (Lauenburg), btf.

Verein Lübecker Verkehrsfreunde (VLV)

Der 1975 gegründete VLV unterhält einen zweiteiligen Doppelstockwagen der Lübeck-Büchener Eisenbahn und führt mit ihm u. a. Sonderfahrten für Eisenbahnfreunde durch. Der DW 8 (Breslau 1937) gehörte zu einer Serie von acht Wagen, die anfangs hinter Stromlinien-Tenderloks (später BR 60) im Städteschnellverkehr von Lübeck nach Hamburg und Travemünde als Wendezüge liefen.
Termine: 28.4.-5.5.2004 (Lübeck – Augsburg, mit Tagesfahrten u. a. zur Außerfernbahn und nach Mühldorf), im Juni (Tagesfahrt ab Lübeck), 5.9. (zum Dampflokfest Osnabrück) und 27.11.2004 (Adventssonderfahrt ab Lübeck)
Info: Verein Lübecker Verkehrsfreunde, Rauher Dorn 2, 23556 Lübeck, Tel. 0451 384490-00, Fax -01, info@vlv-luebeck.de
Internet: www.vlv-luebeck.de

BSW-Gruppe Lübeck / V 200 007 Historische Fahrzeuge

Anfang 1984 fanden sich Mitarbeiter des Bw Lübeck zusammen, um eine V200er zu retten. Die 220 007 erhielt ihr altes Aussehen zurück und steht für Sonderfahrten bereit. 1986 kamen drei DB-Eilzugwagen hinzu. 1995 bildete sich der Verein „BSW-Gruppe Lübeck, V 200 007 Historische Fahrzeuge" und erwarb weitere Fahrzeuge, doch Ende 2004 will das DB-Museum den Standort Lübeck auflösen.
Info: Rolf Harder, Kahlhorststr. 28, 23562 Lübeck, Tel. 0451 861483, bswgruppe.luebeck@v200007.de
Internet: www.v200007.de
Lokomotiven (1.435 mm):
- Vl: V 200 007, B'B'dh, MaK 2000007/1956, 2 x 1.100 PS, Eigentum DB Nostalgieverkehr, bis 1984 DB (220 007 / V 200 007), btf.
- Vl: V 160 003, B'B'dh, Krupp 4046/1960, 1.900 PS, leihweise ex DB-Museum, bis 1984 DB (216 003 / V 160 003), btf.
- Vl: Köe 6042, Bo, Henschel/SSW 23890/1938, 110 PS, Eigentum DB-Museum, bis 2001 in Glückstadt, bis 1989 DB-Werklok Aw Oldenburg (805.80 / Köe 6042), urspr. Heeresamt Münster (DEL 110), abg.
- Vl: Köf 6268, B-dh, Gmeinder 4898/1956, 128 PS, Köf II, Vereinseigentum, ex DB (323 585 / Köf 6268), btf.
- Vt: VT 92 501 „Kartoffelkäfer", B'2'dh, MAN 140522/1951, 1.000 PS, Prototyp des VT 08[5], Eigentum DB-Museum, bis 2001 BEM Nördlingen, ex DB (692 501 / VT 92 501), abg.
- Vt: VT 95 9240, A1-dm, Uerdingen 57621/1952, 150 PS, Eigentum DB-Museum, zuvor BSW-Gruppe Rhein-Neckar (Frankenthal), bis 1979 DB (795 240 / VT 95 9240), abg. (mit VB 142 019)

Kleinloksammlung Göttsche, Bark

Eigentlich sammelten Petra Knaak (sie verunglückte am 1.9.2003 tödlich) und Burkhardt Göttsche alte Lkw, doch wurden sie 1996 vom Kleinlokfieber gepackt. Auf einem Gleis von 85 m Länge können die Maschinen vorgeführt werden.
Info: Burkhardt Göttsche, Dorfstr. 2, 23826 Bark, Tel. 04558 999811
Lokomotiven (1.435 mm):
- Vl: Kdl 01-12 Emmy, B-dm, Schöma 2129/1958, 22 PS, 1996 ex Delmenhorst-Harpstedter Eisenbahnfreunde, bis 1993 Thyssen-Schulte (Bremen-Huchting), bis 1976 DB (KDL 01-12), btf.
- Vl: 100 326 Gertrud, B-dm, BMAG 10225/1934, 80 PS, 1997 ex DB/DR (100 326 / Kb 4326), btf.
- Vl: 310 324 Elsie, B-dm, BMAG 10223/1934, 80 PS, 1997 ex DB/DR (310 324 / 100 324 / Kb 4324), btf.
- Vl: 100 703 Jannika, B-dm, Jung 6971/1936, 80 PS, 1999 ex DB/DR (100 703 / Kö 4900), btf.
- Vl: B-dm, Jung 6513/1935, EL 105, 600 mm, i.A.

Feldbahn Floggensee, Neritz

Im Neritzer Ortsteil Floggensee besteht auf einem landwirtschaftlichen Anwesen eine 300 m lange Privatfeldbahn, die nur noch selten betrieben wird, aber nach Voranmeldung besichtigt werden kann.
Info: Carsten Möller, Floggensee 19, 23843 Neritz, Tel. 04531 886571, feldbahn@eiermoeller.de
Internet: home.t-online.de/Moeller.Carsten
Lokomotiven (600 mm):
- Vl: 1, B-dm, Jung 5726/1934, EL 110, 12 PS, 1988 leihweise (1995 per Kauf) ex Baufirma Steinwärder (Ahrensburg), urspr. Hayser & Eggers (Hamburg), btf.
- Vl: 3, B-dm, LKM 47050/1953, Ns1b, 11 PS, 1996 ex privat (Treuchtlingen), zuvor Ostsee-Ziegelei (Saal), btf.
- Al: B, Hawé Elektro-Traktie 40/03 1975, Typ 1100/4, 2002 ex Decauville Spoorweg-Museum (Harskamp/NL), ehem. 700 mm, i.A.

Schienenbusse der AKN Eisenbahn AG, Kaltenkirchen

Die AKN Eisenbahn AG stellte zwar in den letzten Jahren ihren Personenverkehr auf moderne Triebwagen um, unterhält aber für Ausflugsfahrten noch Schienenbusse, die in den Zustand der EBOE-Zeit zurückversetzt wurden.
Info: AKN Info-Service, Rudolf-Diesel-Str. 2, 24568 Kaltenkirchen, Tel. 04191 933933
Triebwagen (1.435 mm):
Vt: 3.07, AA-dm, MAN 146595/1962, 300 PS, 1999 ex DB (Indusi-Prüfwagen 728 001), 1984 umgebaut aus 798 813 / VT 98 9813, btf. (für Signalprüf- und Inbetriebnahmefahrten)
Vt: 3.08, A1-dm, Uerdingen 68640/1961, 150 PS, 1981 ex Elmshorn-Barmstedt-Oldesloer Eisenbahn EBOE (VT 3.08 / 28), mit Theke, btf.
Vt: 3.09, A1-dm, Uerdingen 72837/1967, 150 PS, 1981 ex EBOE (VT 3.09), btf.

TÜV Norderstedt

Der Technische Überwachungsverein in Norderstedt unterhält eine Dampflok und zwei Personenloren. Die in einem gläsernen Schuppen untergebrachte Lok wird sporadisch angeheizt, um Besucher über den Rundkurs auf dem TÜV-Gelände zu befördern, und ist mitunter auf anderen Feldbahnen zu Gast.
Info: TÜV Nord Straßenverkehr GmbH, Hans-Böckler-Ring 10, 22851 Norderstedt
Dampflok (600 mm): Bn2t, Henschel 20925/1928, Typ Monta, zuvor privat (Meezen), bis 1984 Bekkema (Heede/Niederlande), neu geliefert über Terwindt & Arntz an Steenfabriek de Ooy (Erlecom/NL), btf.

Eisenbahnfreunde Elmshorn

Die Elmshorner Eisenbahnfreunde besitzen einen Post-/Packwagen sowie als Vereinsheim drei 3yg-Umbauwagen. Im Jahr 2000 übernahmen sie einen der letzten erhalten gebliebenen Credé-Triebwagen. Inzwischen ist die Restaurierung aber zum Erliegen gekommen und das Fahrzeug steht zum Verkauf.
Info: Eisenbahnfreunde Elmshorn e.V., Lars Nietmann, Jürgenstr. 16, 25335 Elmshorn, 04121 261361, Fax 069 13304457289, lars.nietmann@arcor.de
Triebwagen (1.435 mm): T 4, B'2'dh, Credé 30952/1951, 2000 ex FdE-Museum Hamburg-Wilhelmsburg, zuvor VVM, bis 1970 Elmshorn-Barmstedt-Oldesloe (VT 3.04 bzw. T 4), abg.

Von der Kleinbahn Altrahlstedt – Volksdorf – Wohldorf stammt der Triebwagen K 3, der in der Nähe des U-Bahnhofs Volksdorf als Denkmal steht. Foto (27.4.02): Ludger Kenning

Dampflok-IG Glückstadt

Die von der BSW-Gruppe Glückstadt betreute Kleinloksammlung wurde 2000 aufgelöst und verstreut. Nur die Lok 2 „Wiebke" (B-dh, Deutz 47120/1950, 1992 ex Zuckerfabrik St. Michaelisdonn) blieb in Glückstadt, wo sie von einer Behindertenwerkstätte betreut wird.

Eisenbahnfreunde Uetersen-Tornesch (EFUe), Uetersen

Der 1989 gegründete Verein EFUe befaßt sich neben der Modellbahn auch mit dem Maßstab 1:1. Mit dem Einsatz einiger Loren in einem VVM-Zug begann 1996 die Sparte Feldbahn, zu der heute ein 150 m langes „fliegendes" und ein 100 m langes „festes" Gleis, vier Wagen und eine Diema-Lok zählen. Daneben verfügt der Verein über einige Normalspurfahrzeuge (z. B. eine Handhebel-, eine Motor- und zwei Fahrraddraisinen, ein Kleinwagen und eine Köf), die auf den Gleisen der von der Norddeutschen Eisenbahn (NEG) betriebenen Uetersener Eisenbahn stationiert sind.
Termin: 21.8.2004 (Stora-Enso-Jubiläum in Uetersen)
Info: Eisenbahnfreunde Uetersen-Tornesch e.V., Ingo Vagt, Am Mühlenteich 28, 25436 Uetersen, Tel. 04122 44878, info@eisenbahnfreunde-uetersen.de
Internet: www.eisenbahnfreunde-uetersen.de
Lokomotiven:
Vl: B-dm, Diema 1953/1956, 10 PS, DS 14, 600 mm, ex Denkmal Stora (Uetersen), bis 1979 i.E. bei Stora bzw. Norddeutsche Papierwerke Uetersen, btf.
Vl: 2, B-dh, Gmeinder 4905/1955, 130 PS, Köf II, 1.435 mm, 2000 ex Norddeutsche Eisenbahn (NEG 05), bis 1996 Uetersener Eisenbahn (2), bis 1977 Esso-Raffinerie Hamburg-Harburg (4), btf.
Nf: Klv 12-4861, A1-bm, Industriewerke Karlsruhe (Werk Lübeck) 1958, 28 PS, 1.435 mm, 1995 ex Alsen-Breitenburger Zementwerk, urspr. DB / Bm Münster (Klv 12-4861), btf.
Nf: Klv 51-8842, A1-dm, Robel 1958, 72 PS, 1.435 mm, 1995 ex WAB (Dortmund), urspr. DB (Klv 51-8842), abg.

Kleinbahn-Museum Wohldorf

Vom Bahnhof Altrahlstedt der Lübeck-Büchener Eisenbahn ausgehend wurde 1904 eine elektrische Kleinbahn eröffnet, die 1907 von Volksdorf über Ohlstedt nach Wohldorf verlängert wurde. Erste Einbußen erfuhr sie durch den Bau der Walddörferbahn der Hamburger Hochbahn AG von Barmbek über Volksdorf nach Großhansdorf bzw. Ohlstedt (heute der östliche Ast der U1), so daß der Personenverkehr Altrahlstedt – Ohlstedt bereits 1923/25 zu Ende ging. Der Güterverkehr hielt sich bis 1934, danach gab es nur noch Personenverkehr auf dem Reststück Ohlstedt – Wohldorf, das ab 1953 als „Walddörfer-Straßenbahn" bezeichnet und im Januar 1961 eingestellt wurde.

Ein 1958 gebildeter Kleinbahnverein konnte sein Museumsbahnprojekt nicht verwirklichen, aber viele Utensilien und einige Fahrzeuge retten. Der 1972 wiedergegründete Verein eröffnete 1999 im ehemaligen Endbahnhof Wohldorf ein Kleinbahnmuseum (geöffnet sonntags 13-16 Uhr) und plant, die Endstation originalgetreu wiederherzustellen.
Museum: Kleinbahn-Museum Wohldorf, Schleusenredder 10, 22397 Hamburg
Info: Kleinbahn-Verein Wohldorf e.V., Gerald Hein, Hamborner Stieg 9, 22419 Hamburg, Tel. 040 5276320, Fax 5273586 oder Tel. 6014008 (Kähler)
Internet: www.fremo.org/wohldorf
Triebwagen (1.435 mm):
Et: K 1, Bo'Bo', Falkenried 1926, aufgestellt am Bahnhof Wohldorf, ehem. HHA (3015 bzw. 3029)
Et: K 3, Bo, Baujahr 1905, seit 1990 Denkmal in Volksdorf (nahe U-Bahnhof), ehem. K 5, bis 1954 Tw 5, bis 1934 Tw 3

Nostalgie bei der Hamburger Hochbahn (HHA)

Ein erstes Museumsfahrzeug nahm die HHA bereits 1972 in Betrieb, ein zweites folgte 1987. Inzwischen bemüht sich der Förderverein zur Erhaltung historischer U-Bahn-Wagen e.V. darum, für die Nachwelt einen repräsentativen Querschnitt des Wagenparks der HHA zu erhalten. Fahrtermine sind stets nur kurzfristig bekannt und selten öffentlich, da die Fahrzeuge vorwiegend für Charterfahrten genutzt werden.
Info: Hamburger Hochbahn AG, Steinstr. 20, 20095 Hamburg, Tel. 040 3288-2824 (Häger)
Internet: www.hochbahn.com
Triebwagen (1.435 mm):
Et: 11, Bo'Bo', Falkenried 1912, seit 1987 Htw, bis 1970 im Liniendienst, btf.
Et: 18, Bo'Bo', Falkenried 1912, Typ T1, unzugänglich hinterstellt
Et: 220, Bo'Bo', Falkenried 1920, seit 1972 Htw, bis 1970 im Liniendienst, btf.
Et: 8762, Bo'Bo', Umbau aus 392 (Bj. 1928/29), Typ TU2, unzugänglich hinterstellt
Et: 8838, Bo'Bo', Umbau aus 324 (Bj. 1927), Typ TU1, unzugänglich hinterstellt
Et: 9030+9031, (Bo'Bo')(Bo'Bo'), Uerdingen 1959, 584 kW, Typ DT1, seit 1997 Htw, i.A.

Historische S-Bahn Hamburg

Der letzte S-Bahn-Zug der Baureihe 471 (ex ET 171, Bj. 1939-58) wurde im Oktober 2001 abgestellt und für die Baureihe 470 (ET 170, 1959-69) kam im Dezember 2002 das Aus. Die Bemühungen vieler Bahnfreunde hatten 1999 Erfolg, als die S-Bahn Hamburg GmbH der Restaurierung eines ET/EM 171 zustimmte. Im Werk Ohlsdorf erhält jetzt ein Zug dieser Baureihe wieder sein Aussehen von Ende der 40er Jahre. Gewartet wird er weiterhin von der S-Bahn, doch Vermarktung und Einsatz obliegen dem 1999 gegründeten Verein, der die Triebzüge 470 128 und 129 erwarb. Für Sonderfahrten steht bis Dezember 2004 noch der 471 062 bereit.
Termine: 12.4. (Fahrten nach Aumühle), 20.5. (Pendelzüge Blankenese – Wedel), 7.8. (Abendfahrt über Hamburgs Eisenbahnbrücken), 29.8. (Fahrt über das Gesamtnetz), 31.10. (Verkehrshistorischer Tag in Hamburg), 13.11. (Abendfahrt) und 4.12.2004 (Nikolaus)
Info: Verein Historische S-Bahn Hamburg e.V., c/o S-Bahn Hamburg GmbH, Steinstr. 12, 20095 Hamburg, Fax 040 3918-2202, Geschaeftsstelle@historische-s-bahn.de
Internet: www.historische-s-bahn.de
Triebzug (1.435 mm): ET 171 047a (Bj. 1958, ex 471 182 / 171 082a), EM 171 074 (1955, ex 871 074) und ET 171 047b (1958, ex 471 482 / 171 082b), Eigentum S-Bahn Hamburg GmbH, btf.

Stiftung Hamburg Maritim

Eine 2001 von der Hamburgischen Landesbank gegründete Stiftung befaßt sich mit der Hafen- und Schiffahrtsgeschichte und will der entstehenden Hafen-City einen „maritimen Flair" verleihen. Der Dampfer „Schaarhörn" (1908), der Hochseekutter „Landrath Küster" (1899) und die Segelyachten „Artemis" (1900) und „Heti" (1912) sind bereits restauriert, der Sandtorhafen wird zum Traditionshafen ausgestaltet und zudem werden die „50er-Schuppen" (Hamburgs letzte Kaischuppen aus der Kaiserzeit) und die HAPAG-Auswandererhalle (1900-08) saniert. Vom Museum Hamburg-Wilhelmsburg der Freunde der Eisenbahn (FdE) übernahm die Stiftung vier Lokomotiven, um im Projekt „50er Schuppen" den Frachtumschlag darzustellen.
Info: Stiftung Hamburg Maritim, Australiastraße Schuppen 51a, 20457 Hamburg, Tel. 040 781048-49, Fax -50, info@stiftung-hamburg-maritim.de
Internet: www.stiftung-hamburg-martitim.de
Lokomotiven (1.435 mm):
Dl: „Holbum 1", Bn2t, Henschel 23485/1937, 1971 ex Harburger Metallwerke (1)
Dl: „Sanella 2", B-fl, Jung 7041/1937, 1977 ex Union Deutsche Lebensmittelwerke (Hamburg)
Dl: „Tiefstack", B-fl, Jung 10798/1950, 1992 ex HEW-Kraftwerk Tiefstack (1)
Vl: 221, B-dh, O&K 26261/1963, 158 PS, 1997 ex Hamburger Hafenbahn (221), btf.

Feldbahn „Georgswerder Kreisbahn" (GKB), Hamburg-Wilhelmsburg

Im Hamburger Stadtteil Georgswerder auf der Elbinsel Wilhelmsburg entstand ab 1997 auf einem Grundstück, das sich auf dem Gelände einer ehemaligen Dampfziegelei befindet, eine kreisförmige 500-mm-Feldbahn mit ca. 56 m Gleislänge. Gefahren wird für die Gartenarbeit und bei Besuchen von Feldbahnfreunden (Voranmeldung erbeten). Vorhanden sind u. a. einige Plattform- bzw. Sitzbank-Lorenwagen, Kesselwagen und Muldenkipper.
Info: Thomas Koppermann, Niedergeorgswerder Deich 184, 21109 Hamburg, Tel. 040 7509000, Fax 0721 151342683, Webmaster@Feldbahn-Fan.de
Internet: www.Georgswerder-Kreisbahn.de
Akkulok (500 mm): Nr. 1 „Stromer", Bo, Eigenbau 2003, E-Motor mit 0,68 kW, umgebaut aus 2000 selbst gebauter Benzinlok, btf.

Zu den besonderen Unikaten des VVM-Museums Aumühle gehört die Ruhrthaler-Lok V 8 (hinten die DWK-Lok V 10). Foto (29.8.99): Ludger Kenning

Verein Verkehrsamateure und Museumsbahnen (VVM), Aumühle

Bereits 1952 hatte sich der Kleinbahnverein Wohldorf vergeblich um den Erhalt der Kleinbahn Alt Rahlstedt – Volksdorf – Wohldorf bemüht. 1968 schloß sich die Gruppe dem 1964 gegründeten Verein Hamburger Verkehrsamateure an, der viele Hamburger Straßenbahnwagen gerettet und 1965 sein erstes Eisenbahnfahrzeug, einen OHE-Schienenbus, beschafft hatte. 1971 fand man eine Bleibe im Lokschuppen des im Sachsenwald an der Strecke Hamburg – Berlin gelegenen Bw Aumühle, wo inzwischen ein Eisenbahnmuseum und eine Feldbahn entstanden sind.
Geöffnet: Sonntags 11-17 Uhr, Sonderausstellungstage am 12.4., 2.5., 5.9. und 3.10.2004
Info: Claus-Jürgen Wincke, Ratiborstr. 24, 22043 Hamburg, Tel. 040 6531875, info@vvm-museumsbahn.de
Internet: www.vvm-museumsbahn.de
Triebfahrzeuge:
Dl: ELE 14, 1'C1'h2t, Henschel 21341/1928, 1.435 mm, 1973 ex Farge-Vesgesacker Eisenbahn (223), bis 1970 Teutoburger Wald-Eisenbahn (223), bis 1946 DRB (75 634), bis 1941 Eutin-Lübecker Eisenbahn (14), abg.
Dl: Bn2t, Heilbronn 581/1912, 700 mm, 1993 ex Spielplatz Obertshausen, bis 1968 Ph. Holzmann Tongrube Frankfurt-Gehspitz (Rbl 201), abg.

Dl: PK3, Cn2t, Freudenstein 89/1902, 2001 ex FdE-Museum Hamburg-Wilhelmsburg, bis 1967 Metallhütte Lübeck (5), bis 1935 Prenzlauer Kreisbahn (3), abg.
Vl: V 6, B-dm, Strüver 60547/1963, 6 PS, Schienenkuli, 600 mm, 1986 ex Betonwerk im Weserbergland, btf.
Vl: V 8, B-dm, Ruhrthaler 1952, 1.435 mm, 80 PS, 1987 ex Norderwerft (Hamburg), btf.
Vl: V 10, B-dm, DWK 1936, 80 PS, 1.435 mm, 1980 ex Stadtwerke Itzehoe, abg.
Vl: V 12, B-dm, Ruhrthaler 1922, 1.435 mm, 50 PS, 1975 ex Kohlenhandel Glückauf (Hamburg-Altona), abg.
Vl: V 14, B-dm, Gmeinder 4276/1946, 20 PS, 600 mm, 1989 ex Dyckerhoff & Widmann (Hamburg), btf.
Vl: V 23, B-dm, Diema 2191/1958, 9 PS, 600 mm, 1992 ex Torfwerk Meiners (Westerhorn), btf.
Vl: V 28, B-dm, Deutz 18305/1937, 15 PS, 600 mm, 1982-84 i.E. beim Kieswerk Segrahner Berg (Gudow), i.A.
Vl: B-dh, Deutz 17264/1937, 24 PS, 2002 ex FdE-Museum Hamburg-Wilhelmsburg, bis 1981 Zipperling Kessler & Co. (Ahrensburg), bis 1969 Gesellschaft für Lagerhausbetriebe (Hamburg), urspr. Wehrmacht, btf.
Vb: VT 137 137, Dessau 1935, 2002 ex FdE-Museum Hamburg-Wilhelmsburg, bis 1995 DB (Lehrstellwerkswagen 51147 Neumünster), zuvor Bahnhofswagen 75693 „Saarbrücken", bis 1957 Eisenbahnen des Saarlandes, urspr. DRG VT 137 137, motorlos
Vt: VT 2.09, A1-dm, MAN 143407/1957, 150 PS, 1976 ex AKN (VT 2.09), bis 1975 Peine-Ilseder Eisenbahn (VT 2), i.A.
Et: ET 99 1624a+b, Bo'1'+1'2', Wumag 1927, 1974 ex DB (Bauzug, ex Hamburger Wechselstrom-S-Bahn), motorloser Ausstellungszug

Arbeitsgemeinschaft Geesthachter Eisenbahn (GE), Geesthacht

1976 nahm die GE auf der einstigen Stammstrecke der Bergedorf-Geesthachter Eisenbahn (12,7 km) einen Museumsbahnverkehr auf, den sie 1990 auf die Industriebahn Geesthacht – Krümmel (3,7 km) ausweitete. Die Fahrzeuge sind im Geesthachter Lokschuppen, dem Vereinsdomizil, untergebracht.

Die Lok Q 350 „Karoline" der Arbeitsgemeinschaft Geesthachter Eisenbahn (GE) hat im Bahnhof Geesthacht einen Zwischenhalt eingelegt und fährt jetzt nach Bergedorf weiter (28.4.2002). Foto: Ludger Kenning

Fahrbetrieb: 24./25.4., 1./2.5., 5./6.6., 11./12.9., 2./3.10. und 18./19.12.2004 (Geesthacht 10.30 – Bergedorf Süd 11.05/11.20 – Krümmel 12.10/12.35 – Geesthacht 12.50/13.30 – Bergedorf Süd 14.05/14.20 – Krümmel 15.10/15.35 – Bergedorf Süd 16.25/16.40 – Geesthacht 17.15/18.10 – Bergedorf Süd 18.45/19.00 – Geesthacht 19.35 Uhr; am 18./19.12. entfällt das letzte Zugpaar, Dampfbetrieb vsl. nur bis 2. Mai)
Weitere Termine: 6.6. und 3.10. 2004 Gemeinschaftsbetrieb Bergedorf – Winsen mit AV Lüneburg (Bergedorf ab 11.20, 14.20 und 16.40, Winsen ab 11.38, 13.38 und 16.38 Uhr; mit Bustransfer Geesthacht – Niedermarschacht)
Info: Arge Geesthachter Eisenbahn (GE), Postfach 1341, 21495 Geesthacht, Tel. 04152 77899, knut.wiese@gkss.de
Internet: www.eisenbahn-geesthacht.de
Triebfahrzeuge (1.435 mm):
Dl: 1, Cn2t, Henschel 13075/1918, Typ Bismarck, 1976 ex EBV-Grube Erin, bis 1972 Zeche „Lothringen-Graf Schwerin" in Castrop-Rauxel (5), i.A.
Dl: Q 350 Karoline, Dn2t, Frichs 344/1945, 1981 ex Dänischen Staatsbahn (Litra Q 350), btf.
Dl: B-fl, O&K 4959/1911, 2003 ex HEW-Museum Elektrum (Hamburg), bis 1985 Kraftwerk Alt-Garge, bis 1948 Kraftwerk Schulau, bis 1931 Kaliberwerk „Gewerkschaft Ilberfeld" Staßfurt-Leopoldshall, abg.
Vl: V 1, B-dm, Deutz 55158/1951, 55 PS, A4L 514, 1977 ex Petro-Nord (Hamburg, Hohe Schaar), bis 1966 Bahnpostamt Freiburg, btf.
Vl: V 2, B-dh, Deutz 56744/1957, 130 PS, A8L 614, 1990 ex Union Deutsche Lebensmittelwerke Hamburg-Bahrenfeld, btf.
Vt: VT 3, B'2'dh, Esslingen 23384/1951, 300 PS, 1986 ex Regentalbahn (VT 4), bis 1963 Eisenbahn Altona-Kaltenkirchen-Neumünster (VT 9), bis 1953 Bergedorf-Geesthachter Eisenbahn (VT 3), abg.

*Betriebspause bei der Buchhorster Waldbahn: Die O&K 26112 (MV4a) und die LKM 262003 (Ns2f) vor dem Lokschuppen.
Foto: Gerd Köpke*

Buchhorster Waldbahn (BWB), Buchhorst bei Lauenburg/Elbe

1986/87 übernahmen einige Feldbahnfreunde die Überreste (Gelände, Lokschuppen, Fahrzeuge) der aus den 20er Jahren stammenden Feldbahn, die den Bahnhof Lauenburg mit einer Ziegelei und einer Zündholzfabrik verband und nur noch 1 km lang ist.
Info: Gerd Köpke, Friedrichsruher Ring 22, 21465 Wentorf, Tel. 0175 5984383
Lokomotiven (600 mm):
Vl: B-dm, O&K 25639/1956, 40 PS, MV 2a, 1986 ex Ziegelei T. Basedow (Lauenburg), btf.
Vl: B-dm, O&K 26112/1960, 75 PS, MV 4a, 1986 ex Ziegelei T. Basedow (Lauenburg), btf.
Vl: B-dm, Schöma 2723/1964, 14 PS, CHL 14, ex Dampfziegelei Jacobi & Heecks (Bargteheide), btf.
Vl: B-dm, LKM 262047/1958, 37 PS, Ns2f, ex Ziegelei Malliß
Vl: B-dm, LKM 262003/1958, 37 PS, Ns2f, ex Ziegelei Bobitz (Dalliendorf), btf.

Niedersachsen / Bremen

Ameisenbär-Ausflüge des Verkehrsvereins Soltau

Erste Fahrten mit dem „Ameisenbär" durch den Verkehrsverein Soltau gab es schon 1973. Heute sind die beliebten Fahrten mit OHE-Triebwagen zwischen Soltau Süd und Döhle ein fester Bestandteil im Tourismusangebot der Lüneburger Heide.
Termine: Sonntags von Juli bis September (Soltau ab 10.00 und 13.30 Uhr; Döhle ab 15.00 und 17.40 Uhr)
Info: Soltau Touristik, Bornemannstr. 7, 29614 Soltau, Tel. 05191 8282-82, Fax -99, info@soltau-touristik.de
Internet: www.soltau-touristik.de
OHE-Triebwagen (1.435 mm):
Vt: VT 0508, AA-bm, Wismar 20299/1937, 2 x 50 PS, urspr. Kleinbahn Winsen – Hützel (T 3), btf.
Vt: DT 0511, 1A-dm, Wismar 20235/1934, 115 PS, urspr. Kleinbahn Lüneburg – Soltau (SK 2), btf.

Arbeitsgemeinschaft Verkehrfreunde Lüneburg (AVL)

Die Fahrzeuge der 1981 gegründeten AVL sind in Lüneburg und Amelinghausen-Sottorf untergebracht. In Lüneburg befinden sich im historischen Wärterstellwerk „Lnw" (Zugang vom Lüner Damm) eine funktionsfähige Jüdel-Hebelbank sowie das Archiv über die regionale Eisenbahngeschichte. Betrieben wird der Heide-Express von der seit 1997 bestehenden AVL-Tochter Touristik-Eisenbahn Lüneburger Heide GmbH (TEL).
Termine: 12.4. (Lüneburg Süd – Schafstall), 20.5. (Celle DB – Müden und Walsrode – Altenboitzen/Bomlitz), 23.5. und 8.8. (Lüneburg DB – Bleckede), 29.5. (Winsen Süd – Egestorf), 6.6. und 3.10. (Winsen Süd – Niedermarschacht, Busanschluß nach Geesthacht zur GE), 12./13.6. (Rundfahrten mit Dampf durch den Hamburger Hafen zusammen mit VVM), 27.6. (Lüneburg Süd – Soltau und Celle DB – Wittingen), 15.8. (Winsen Süd – Amelinghausen), 22.8. (Lüneburg Süd – Egestorf und Celle DB – Wittingen), 12.9. (Lüneburg Süd – Hützel, Celle DB – Müden und Walsrode – Altenboitzen/Bomlitz), 19.9. und 4.12. (Winsen Süd – Salzhausen), 26.9. (Lüneburg Süd – Schwindebeck), 27./28.11. (Lüneburg Süd – Amelinghausen), 5.12. (Winsen Süd – Niedermarschacht und Soltau DB – Hützel) und 12.12.2004 (Celle DB – Groß Oesingen)

Die Geestrandbahn Lüneburg – Bleckede – Waldfrieden steht wieder im Fahrplan der AVL. Hier ist die ehemalige Wehrmachtslok DL 0601 bei Neetze in Richtung Lüneburg unterwegs.   *Foto: Leo Demuth*

Info: Tourist-Info Amelinghausen, Tel. 04132 9209-18, Fax -16
Oder: AVL / Touristikeisenbahn Lüneburger Heide, Theodor-Haubach-Str. 3, 21337 Lüneburg, Tel. 04131/58136, Fax 50289, heide-express@freenet.de
Internet: www.heide-express.de
Triebfahrzeuge (1.435 mm):
Vl: V 46-01, D-dh, MaK 500013/1955, 600 PS, 1988 ex Wilstedt – Zeven – Tostedt (DL 280), bis 1967 Voldagsen – Delligsen (V 46-01), btf.
Vl: DL 0601, B-dh, BMAG 11399/1941, 200 PS, WR200 B14, 1992 ex Neukölln-Mittenwalder Eisenbahn (ML 00601), bis 1953 OHE (DL 0601), bis 1945 Heeresmunitionsanstalt Munster-Lager, btf.
Vl: 1, B-dm, Deutz 7038/1926, 50 PS, 1996 ex Kieselgurwerke Kliefoth (Uelzen), Denkmal
Vl: 2, B-dm, Deutz 57675/1963, 55 PS, 1997 ex DASA Finkenwerder, abg.
Vl: 5, B-dh, Linke-Hofmann 3087/1963, 250 PS, 1997 ex Emsland-Stärke Wietzendorf, bis 1989 Norddeutsche Chemische Werke Melbeck-Embsen (5), abg.
Vt: DT 0504, A1-dm, Gotha 1933, 70 PS, 1991 ex Museum Buurt Spoorweg in Haaksbergen/-Niederlande (22), bis 1973 Osthannoversche Eisenbahnen (DT 0504), bis 1944 Kleinbahn Wittingen – Oebisfelde (T 1), i.A.
Vt: GDT 0515, (1A)'(A1)'dh, MaK 508/1954, 440 PS, 2000 ex Azienda Consorziale Transporti ACT (Reggio-Emilia/Italien, Aln 2462), bis 1977 OHE (GDT 0515), abg.
Vt: GDT 0518, (1A)'(A1)'dh, MaK 511/1955, 440 PS, ex ACT Aln 2459, ex OHE GDT 0518, i.A.
Nf: Skl 51-02, B-dm, Sollinger Hütte K1093/1961, 72 PS, 1998 ex OHE, bis etwa 1979 DB, btf.
Nf: Klv 12-4927, A1-bm, FKF 12633/1961, 30 PS, 1993 ex Bulfone (Udine), bis 1990 DB, i.A.
Nf: Draisine, A1-vm, MAV Rt 1960, 8 PS, bis 1996 Ungarische Staatsbahn (Pft-P 534), btf.

Deutsches Erdölmuseum, Wietze bei Celle

Wietze wurde durch eine der ersten fündigen Erdölbohrungen weltweit berühmt, denn 1858 war man hier beim Erforschen der Herkunft des „Theers in den Kuhlen von Wietze" auf Erdöl gestoßen. Der Ölboom im Raum Wietze-Nienhagen dauerte bis 1963, wobei das Erdöl auch bergmännisch – nämlich untertage in 330 m Tiefe – gefördert wurde. Auf einem Freigelände von 2 ha mit 54 m hohem Förderturm als Wahrzeichen werden die vielfältigen Ölbohr- und Fördergeräte der letzten 100 Jahre gezeigt. Die Feldbahn fährt bei Veranstaltungen über das Gelände.

Geöffnet: März – Mai und September – November (Di-So 10-17 Uhr), Juni – August (Di-So 10-18 Uhr)
Info: Deutsches Erdölmuseum, Schwarzer Weg 7-9, 29323 Wietze, Tel. 05146 92340, Fax 92342, erdoelmuseum@t-online.de
Internet: www.erdoelmuseum.de
Lokomotiven:
Vl: 20 „Dicke Berta", B-dm, Schöma 1653/1955, 45 PS, 900 mm, bis 1990 Deutsche Schachtbau (Ölfeld Rühlermoor/Emsland), btf.
Vl: „Emma", B-dm, Esco 1940, 20 PS, 600 mm, 1989 ex Preussag AG, btf.
Vl: „Feldbahn", B-dm, Wintershall 1950, 5 PS, Schienenkuli, 600 mm, bis 1991 Wintershall, btf.

Moorbahn Tiste-Burgsittensen

Das 570 ha große Tister Bauernmoor, in dem von 1931 bis 1999 gewerblich Torf abgebaut wurde, steht seit 2001 unter Naturschutz. Die Feldbahn des Torfwerks Stoph ist für den Besucherverkehr erhalten geblieben. Dort, wo früher südlich der Hauptstraße der Torf verladen wurde, starten jetzt die Personenzüge.

Info: Moorbahn Burgsittensen e.V., Burgsittensen 1, 27419 Tiste
Internet: www.moorbahn.de/neu
Lokomotiven (600 mm):
Vl: B-dm, Diema 1807/1955, DL 8, ex Torfwerk E. Stoph (Tiste), urspr. G. Meiners (Oldenburg i.O.)
Vl: zwei Stück, B-dm, Diema bzw. Schöma

Der „Moorexpress" der EVB hat sich auf der früheren Bremervörde-Osterholzer Eisenbahn etabliert, doch ist die Strecke teilweise einstellungsbedroht. Hier hat er von Osterholz-Scharmbeck kommend gleich das Künstlerdorf Worpswede erreicht (2.8.2002).
Foto: Ludger Kenning

Eisenbahnfreunde der WZTE, Zeven

Der 1982 gegründete EF der WZTE e.V. pflegt den T 170 (EVB) und den Bw 406 (ex Salzburg), doch kann er angesichts der drohenden Streckenstillegung keine planmäßigen Fahrten, sondern nur bestellte Sonderfahrten anbieten. In Ostereistedt besteht neben einer Fahrzeughalle für Kleinfahrzeuge auch für museale Zwecke ein Holzgebäude mit Dienst- und Warteraum und mit zahlreichen historischen Eisenbahnutensilien. Zur 300 m langen Feldbahn im Außenbereich gehören eine Motordraisine (Klv 11), zwei Handhebeldraisinen und ein Schienenfahrrad. In einem DB-Behelfspackwagen baut der Verein eine 18 m lange Modellbahn auf.
Info: Karl Hillmer, Gaußweg 7, 27404 Zeven, Tel. 04281 4591, Fax 951165
Lokomotiven:
Vl: B-dm, LKM 247259/1955, 13 PS, Ns1, 600 mm, 1997 ex H. Behrens (Teufelsmoor), btf.
Nf: Skl 53-0019, A1-dm, Schöma 2881/1965, 77 PS, 1.435 mm, 1996 ex DB (Skl 53-0019), btf.

Freilichtmuseum „Ziegelei Bevern", Bremervörde-Bevern

Die 1974 eingestellte, inzwischen museal hergerichtete Ziegelei Pape in Bevern ist seit 2002 öffentlich zugänglich und wurde 2003 zum Industriedenkmal erhoben. Sehenswert sind der Hoffmannsche Ringofen von 1911/12, das Maschinenhaus, der lange Trockenschuppen und die über 100 Jahre alten, noch betriebsfähigen Maschinen. Für die 2003 neu aufgebaute Feldbahn steht eine Diema-Lok mit zwei Sitzloren bereit.
Geöffnet: Sonntags vom Mai bis September (14-17 Uhr) sowie nach Absprache
Info: Förderverein Ziegelei Pape Bevern e.V., Günther Ropers, Malstedter Str. 38, 27432 Bremervörde-Bevern, Tel. 04767 261, karsten@ziegelei-bevern.de
Oder: Uwe Hildebrandt, Im Ziegelfeld 22, 27432 Bremervörde-Bevern, Tel. 04767 361, Fax 484
Internet: www.ziegelei-bevern.de
Diesellok (600 mm): 1, B-dm, Diema 1974/1956, 7,5 PS, DL 6, 2002 ex ESTE-Druckmaschinen R. Czapiewski (Lengenbostel), bis 1999 W. Karau (Zeven), bis 1997 Gebr. Schoeller (Gollhofen/ Uffenheim), neu geliefert über Dolberg, Glaser & Pflaum (München), btf.

„Moorexpress" Osterholz-Scharmbeck – Bremervörde – Stade

Der T 164 der ehemaligen Bremervörde-Osterholzer Eisenbahn, heute Eisenbahn und Verkehrsbetriebe Elbe-Weser (EVB), steht in Bremervörde für Gesellschaftsfahrten, die 1999 zu einer dauerhaften Einrichtung wurden, zur Verfügung. Der 2001 gegründete BOEF e.V. kümmert sich um die Erhaltung des VT 164 und des Gnarrenburger Lokschuppens sowie um die Dokumentation der Bahngeschichte.
Termine: Samstags, sonn- und feiertags vom 1.5. bis 3.10.2004 (Osterholz-Scharmbeck ab 10.00, 12.00, 15.55 und 18.55 Uhr; Stade ab 9.25 und 16.40 Uhr)
Info: Gäste-Information, Bergstr. 13, 27726 Worpswede, Tel. 04792 935820, Fax 950123, info@worpswede.de
Oder: EVB-Reisebüro, Am Bahnhof 1, 27432 Bremervörde, Tel. 04761 993116, Fax 71900, reise-brv@evb-elbe-weser.de
Oder: Bremervörde-Osterholzer Eisenbahnfreunde e.v., Richard-Oelze-Ring 2, 27726 Worpswede, Tel. 04792 950821, Fax 950820, BOEFev@web.de
Internet: www.elbe-weser-bahn.de/boef und www.moorexpress.net
Triebwagen (1.435 mm):
Vt: VT 164, (1A)'(A1)'dh, Talbot 97213/1955, 2 x 145 PS, ex BOE (VT 164), btf.
Vt: VT 166, AA-dm, Donauwörth 1307/1960, 2 x 150 PS, 1992 ex DB (796 767 / VT 98 9767), abg.
Vt: VT 168, AA-dm, MAN 146608/1962, 2 x 150 PS, 1992 ex DB (796 826 / VT 98 9826), btf.
Vt: T 170, B'2'dh, LHW Breslau 1959/1935, 2 x 145 PS, bis 1981 BOE (T 170), bis 1956 DB (VT 51 104), urspr. DRG (VT 137 116), btf. in Zeven

Privatfeldbahn „Hammetalbahn", Holste-Paddewisch

Im Jahr 2002 pachtete Helge Behrens in der Nähe von Gnarrenburg ein Haus mit Restaurant, um eine Museumskneipe einzurichten. Vom Biergarten aus führt ein Feldbahn-Rundkurs über das 10.000 m^2 große Gelände. Die derzeitige Streckenlänge von 200 m soll noch auf 900 m erweitert werden. Die Eröffnung ist für Sommer 2004 vorgesehen. Neben der Diesellok sind ein privater Schienenkuli und einige Loren vorhanden.
Info: Helge Behrens, Dorfstr. 15, 27729 Holste-Paddewisch, Tel. 04748 947324
Diesellok (600 mm): B-dm, Gmeinder 4351/1948, 10/12 PS, 1998 ex Oste-Deichbau Gnarrenburg der Baufirma Herdejürgen (Bremen), btf.

Privatfeldbahn Karau, Zeven

1990 begann Wolfgang Karau mit dem Bau einer Feldbahn mit 250 m Gleislänge, sechs Weichen, drei Abstellgleisen, einem Rampengleis, einer Schiebebühne und einem Schuppengleis für die Lokomotiven. U.a. sind 40 Loren bzw. Feldbahnwagen, ein GGw (5 t, ex MPSB) und sechs Schienenfahrräder vorhanden.
Info: Wolfgang Karau, Tel. 0171 5206747, wolfgang.karau@t-online.de
Lokomotiven (600 mm):
Vl: 1, B-dm, Diema 2335/1960, 8 PS, 1990 ex Torfwerk Ahrens (Sauensiek/Hagen), zuvor Ziegelei Fiene (Steinheim/Westf.), urspr. Nagel (Westscheid bei Löhne), btf.
Vl: 2, B-dm, Diema 1802/1955, 5,5 PS, 1993 ex Sägewerk Hartmann (Fulda-Horas), urspr. Holzwerke Otto (Bad Hersfeld), btf.
Vl: 3, B-dm, Henschel 2149/1950, 1994 ex Land- und Wasserwirtschaft Heide / Bauhof Neuer Meldorferhafen (10), abg.
Vl: 4, B-dm, Diema 764/1936, 10 PS, 1994 ex Torfwerk Wübbeler (Goldenstedt), urspr. Ziegelei Blohme (Hagen bei Etelsen), abg.
Vl: 5, Bayernwerk 1929, 12 PS, 1995 ex Bayernwerk AG (Teichgut Birkenhof), btf.
Vl: 6, B-dm, Deutz 8439/1928, 7 PS, 1998 ex Torfwerk Meiners (Gnarrenburg), bis 1929 Schröder (Bremen), abg.
Vl: 7, B-dm, Kröhnke 288/1956, 6 PS, Lorenknecht, 1999 ex Baufirma König (Stade), urspr. H. Köster (Stade), btf.

Feldbahn der ArGe Bevertalbahn, Brest-Aspe

1988 begann in der Nachbarschaft des Bahnhofs Brest-Aspe der Strecke Bremervörde – Hollenstedt der Aufbau einer heute 300 m langen Feldbahn. Für verschiedene Anlässe steht eine mobile Feldbahn bereit. Vorhanden sind u. a. 14 Muldenkipper, Torf-, Drehschemel- und Spezialwagen, ein Gleisbiegegerät auf Schienen, ein Betonrundkipper und ein Personenwagen (ex Torfwerk Meiners in Gnarrenburg). Hervorzuheben sind mehrere militärische Flach- und Munitionswagen, ein Personenwagen (13 Sitzplätze, ex DKB Mühlenstroth), zwei gedeckte Güterwagen (750 mm, ex Osterode-Kreiensen 42) und der frühere Prignitzer Wagen 97-52-70 (Wismar 1915).
Info: Roland Prinz, Brester Str. 20, 27449 Kutenholz-Aspe, Tel. 0178 2375918
Lokomotiven (600 mm):
Vl: B-dm, Deutz 25828/1940, 24 PS, OMZ 117F, 1977 ex Feldbahnmuseum Deinste (17), bis 1977 Christiani & Nielsen in Hamburg (104/2), urspr. F. Cetto (Bremen) für Stehmeyer & Bischoff (Osterholz-Scharmbeck), abg.
Vl: 19, B-dm, Kröhnke 288/1956, 6 PS, Lorenknecht LK2, 1988 ex Ziegelei Pape (Bevern), urspr. Hoch- und Tiefbau H. Köster (Stade), btf.
Vl: 21, B-dm, O&K 10617/1939, 14 PS, 1998 ex Firma Jenssen (Oevenum/Föhr), btf.
Vl: B-dm, LKM 262080/1959, 46 PS, Ns2h, 2000 ex Denkmal bei Baustoffhandlung Thies in Lauenburg („Jockel 006"), bis 1996 Ziegel- und Klinkerwerk Hambergen AG (Hambergen bei Bremen), zuvor Eiko Reins Ziegelei in Grimmen (006), zuvor VEB Klinkerwerk Grimmen, urspr. VEB Ziegelwerk Putbus (Ketelshagen), i.A.

Buxtehude-Harsefelder Eisenbahnfreunde (BHEF), Harsefeld

Der 1979 gegründete Verein BHEF restaurierte den VT 175 der Buxtehude-Harsefelder Eisenbahn (BHE) und gab ihm weitgehend sein Aussehen der DRG-Zeit zurück. Ab 1980 kam der Triebwagen weit herum, doch jetzt beschränkt sich sein Einsatz auf die BHE-Strecke. Im Harsefelder Lokschuppen wurde ein Museum eingerichtet.
Termine: 9.5., 13.6., 11.7., 8.8. du 12.9.2004 (jeweils Harsefeld ab 9.58, 11.58, 13.58 und 15.58 Uhr; Buxtehude ab 10.30, 12.30, 14.30 und 16.30 Uhr)
Info: Buxtehude-Harsefelder Eisenbahnfreunde, Postfach 1141, 21694 Harsefeld, Tel. 04164 4281, Fax 88396, bhef@gmx.de
Internet: www.harsefeld.de
Triebfahrzeuge (1.435 mm):
Vt: VT 175, (1A)'(A1)'dm, Wumag 761/1926, 270 PS, Eigentum EVB, bis 1956 DB (VT 66 904), urspr. DRG (VT 761), btf.
Vl: 223, B-dm, Deutz 1703/1916, 90 PS, 1984 ex BHE (223), bis 1965 Niederweserbahn (223), bis 1955 Butjadinger Bahn (223), bis 1954 Ankum – Bersenbrück, urspr. Kaiserliches Garnisons-Maschinenbauamt Wilhelmshaven, ausgestellt im Technik- und Verkehrsmuseum (Freiburger Str. 60, 21682 Stade)
Vl: 224, B-dm, Deutz 55534/1953, 28 PS, A2L 514R, ex BHE (224), bis 1975 Verkehrsbetriebe Peine-Salzgitter (016), abg.
Nf: Sk-1, A1-bm, Opel 1954, Olympia-Caravan, ex BHE (Sk-1), bis 1971 OHE (Kl-14), btf.

Naturerlebnis-Bahn „Moorkieker", Drochtersen-Aschhorn

Seit Juni 1999 kann man während einer zwei- bis dreistündigen Fahrt auf dem 4 km langen Rundkurs die Landschaftsentwicklung im Kehdinger Moor erleben.
Fahrbetrieb: Jeden 1. Sonntag der Monate April bis Oktober (10-13 Uhr)
Info: Verein zur Förderung von Naturerlebnissen, Am Sande 4, 21682 Stade, Tel. 04141 12561, Fax 2563, verein-naturerlebnisse@landkreis-stade.de
Internet: www.moorkiekerbahn.de
Diesellok (600 mm): B-dm, Diema 2491/1962, 22 PS, DS 11/2, 1999 ex Euflor-Humuswerke Drochtersen-Aschhorn, bis 1974 Firma Reimer (Furth im Wald), neu geliefert über Händler Schotter (München), btf.

Festung Grauerort, Stade-Abbenfleth

1869-79 errichteten die Preußen an der Elbe die Festung Grauerort, um den Hamburger Hafen vor Angriffen durch feindliche Schiffe zu schützen. Ein 1997 gegründeter Förderverein versetzt das Hochwallfort wieder in seinen Ursprungszustand und richtet darin ein modernes Museum ein, das auch für kulturelle Veranstaltungen genutzt wird.
Geöffnet: Sonntags von April bis Oktober (10.30 – 18.00 Uhr)
Info: Förderverein Festung Grauerort e.V., Hans-Hermann Ott, Schanzenstr. 13, 21683 Stade-Bützfleth, Tel. 04146 929701, Fax 929702, info@grauerort.de
Internet: www.grauerort.de und www.festung-grauerort.de
Lokomotiven (600 mm):
Vl: B-dm, Deutz 22792/1939, OMZ 117F, 2000 ex Feldbahnmuseum Rheine, zuvor Spielplatz Worpswede, urspr. Firma F. Cetto (Bremen) für Vechta-Falkenrott, btf.
Vl: B-dm, Diema 2605/1963, 42 PS, DS 30, Eigentum Wedeler Feldbahn (Fredenbeck), 2002 ex Klinkerziegelei Uhlhorn (Bockhorn-Grabstede), bis 1977 G. Seifert (Bremen), btf.

Deutsches Feld- und Kleinbahnmuseum (DFKM), Deinste

1978 eröffnete der Verein DFKM zwischen Lütjenkamp und dem Bahnhof Deinste der Strecke Bremervörde – Stade eine 1,2 km lange Feldbahn. Er stellt den Fahrbetrieb einer ländlichen Kleinbahn im Stil der 30er Jahre dar, wobei in der Station Hagel Zugkreuzungen möglich sind. Während am Kleinbahnhof Deinste ein Bahnhofsgebäude und ein zweigleisiger Lokschuppen bestehen, befindet sich am Endpunkt Lütjenkamp eine Ausstellung von Feldbahnfahrzeugen, wie sie einst in der Landwirtschaft und der Industrie üblich waren.
Termine: 9.4. bis 3.10.2004 samstags, sonn- und feiertags (10-17 Uhr, Abfahrt je nach Bedarf); Dampfbetrieb mit Norderstedter TÜV-Lok am 11./12.4., 30./31.5., 2./3.10. und 4./5.12.2004; Dreizugbetrieb am 11.12.4., 1./2.5., 30./31.5., 5./6.6., 3./4.7., 1.8., 7./8.8., 4./5.9. (Elektrobetriebstage) und 2./3.10.2004 (Dampfmodelltreffen)
Info: Deutsches Feld- und Kleinbahnmuseum e.V., Bahnhofstr., 21717 Deinste, Tel. 04149 931565 und 0175 3264548 (Hollander), KlbDeinste@t-online.de
Internet: www.klbdeinste.bei.t-online.de
Lokomotiven (600 mm):
Vl: 1, B-dm, Schöma, 28 PS, CDL 28, 2003 ex Torfwerk Meiners (Steinau), btf.
Vt: 1, 1A-dm, Eigenbau-Triebwagen, 1979 ex Torfwerk (Neudorf-Platendorf), btf.
El: 3, Bo Eigenbau ca. 1902, 5 kW, 1970 ex Sand- und Tonwerke Dörentrup, btf.
Vl: 3, B-dm, Schöma, 20 PS, LO 12, 2003 ex Torfwerk Meiners (Steinau), btf.
Vl: 4, B-dm, Schöma, 20 PS, CDL 20, 2003 ex Torfwerk Meiners (Steinau), btf.
Al: 6, Bo, Bartz, 25/30 kW, GA05 (EL8a), 2001 ex Muttenthalbahn, zuvor Ruhrkohle AG, btf.
Vl: 10, B-dm, Diema, 7 PS, DL 6, 2003 ex Wedeler Feldbahn (Fredenbeck), btf.
Vl: 11, B-dm, LKM 247443/1957, Ns1, 1994 ex privat (Zeven), bis 1993 Werk Brietz der Ziegelwerke Magdeburg, urspr. Tiefbau Neubrandenburg, i.A.
Vl: 12, B-dm, Jung, 28 PS, ZL 105, 2003 gekauft, i.A.
Vl: 14, B-dm, Deutz 23227/1938, 40 PS, 1979 ex M. Möller (Worpswede), btf.
Vl: 16, B-dm, Jung 12258/1956, 44 PS, 1972 ex Norddeutsche Affinerie (Hamburg), i.A.
Vl: 18, B-dm, Unio 1325/1979, 1993 ex Mecklenburg-Vorpommern, i.A.
Vl: 19, B-dm, Deutz 12553/1934, 24 PS, 1979 ex M. Möller (Worpswede), btf.
Vl: 20, B-dm, LKM 248514/1954, 30 PS, Ns2f, 2003 ex Arbeitsgruppe Feldbahn Osterode (zuvor in Clausthal-Zellerfeld untergebracht), bis 1993 Sodawerke Staßfurt GmbH, urspr. VEB Vereinigte Sodawerke Bernburg (Staßfurt), btf.
Vl: 22, B-dm, Schöma 284/1837, 1990 ex ASB Erdenwerke (Lührsbockel), bis 1972 Tappe (Diepholz), urspr. Wegener, btf.
Vl: 23, B-dm, Diema DS 28, 28 PS, aus Belgien, btf.
Vl: 24, B-dm, Gmeinder 4269/1944, 50 PS, HF50B, 1981 ex Baufirma Siemer & Müller in Bremen (DL 24), urspr. Heeresfeldbahn (nach Windhoff verlagert), btf.
Vl: 27, B-dm, Schöma 3207/1970, 72 PS, CHL 60G, ex Affinerie Hamburg (15), btf.
Vl: 33, B-dm, Strüver 60457/1959, 6 PS, 1982 ex Siemer & Müller (Bremen), btf.
Vl: 34, B-dm, Ruhrthaler 2418/1943, 50 PS, 1981 ex Siemer & Müller (Bremen), i.A.

Die Diema-Lok 2480, hier bei der ersten Ausfahrt des Jahres 2004 mit Dieter Resinger und seiner Frau, bestand 1998, als sie zur Wedeler Feldbahn kam, nur aus Rahmen und Haube. Alle weiteren Teile mußten mühsam hinzubeschafft oder angefertigt werden.
Foto: Christian Resinger

Wedeler Feldbahn, Fredenbeck-Wedel

Die ab 1994 aufgebaute Wedeler Feldbahn umfaßt etwa 1.000 m Gleislänge, ein Oval, eine Stichstrecke (mit zwei Kehrschleifen um vier Teiche), einige Drehscheiben, drei Lokschuppen, 13 Weichen, 20 Kipploren, fünf Sitz-, zwei Drehschemel- und diverse Flachwagen, ein Schienenfahrrad sowie eine mobile Feldbahn (ca. 400 m).
Info: Dieter Resinger, Eichenhain 9, 21717 Fredenbeck-Wedel, Telefon 04149 382, info@wedeler-feldbahn.de
Internet: www.wedeler-feldbahn.de
Lokomotiven (600 mm):
Vl: B-dm, Kröhnke 318/1960, 6 PS, Lorenknecht, 1994 ex Schrotthandel Schmidt (Hamburg), neu über Baumaschinen Puls & Bauer (Hamburg) an Baufirma G. Dittmer (Hamburg), btf.
Vl: B-dm, Kröhnke 333/1963, 6 PS, Lorenknecht, 2000 ex privat (Duppach), zuvor privat (Emmer-Compascuum/Niederlande), zuvor privat (Doccum/NL), zuvor Werk Twist der Emsmoor Düngetorf GmbH, urspr. H. Schulwerstraat (Schepenkaßen/NL), btf.
Vl: B-dm, Strüver 1343/1937, 5 PS, Schienenkuli, 2000 ex Torfwerk Rohenkohl (Wehrbleck-Strange), abg.
Vl: B-dm, Strüver 2396/1939, 5 PS, Schienenkuli, 1998 ex Schrotthandel Pichl (Freiburg/Breisgau), urspr. Baufirma W. Tröndle (Freiburg), btf.
Vl: B-dm, Strüver 910861/1943, 5 PS, Schienenkuli, 2003 ex privat (Tampere/Finnland), bis 1985 Torfwerk Kahalansuo (Kahalansuo/Finnland), neu geliefert über Grönblom (Helsinki/Finnland) an Torfwerk Serlachius (Mänttä/Finnland), btf.
Vl: B-dm, Strüver 60233/1948, 5 PS, Schienenkuli, 1999 ex Baufirma W. Lemkemeier (Lübbecke), urspr. Messe Hannover, btf.
Vl: B-dm, Hatlapa 7359/1954, 6 PS, Junior II, 2001 ex Turba Erden- und Humuswerk (Worpswede), zuvor privat (Worpswede), bis 1983 privat (Holzgerlingen), neu über O&K und Lübecker Maschinenbau an Ziegelei Gugel (Neuhausen/Filder), btf.
Vl: B-dm, Diema 881/1938, 12 PS, DS 12, 2002 ex Torfwerk Warmsen (Warmsen), bis 1987 Spielplatz (Senne), zuvor Schrotthandel, urspr. H. Windel GmbH (Windelsbleiche), abg.
Vl: B-dm, Diema 937/1939, 12 PS, DS 12, 2002 ex Feldbahn Floggensee in Neritz (2), bis 1992 privat (Aumühle), bis 1989 privat (Hüll bei Hamburg), bis 1980 Dyckerhoff & Widmann (Hamburg), zuvor Siemens-Bauunion (Hamburg/München), urspr. Firma A. Lücking (Paderborn), abg.
Vl: B-dm, Diema 1541/1953, 14 PS, DS 12, 1999 ex privat (St. Michaelisdonn), urspr. Bauhof Neuer Meldorfer Hafen des Amtes für Land- und Wasserwirtschaft in Heide (9), btf.
Vl: B-dm, Diema 1816/1955, 5,5 PS, DL 6, 2002 ex Humuswerke F. Meiners in Gnarrenburg (11), i.A.

Vl: B-dm, Diema 1931/1956, 7,5 PS, DL 6, 2002 ex H. Kühnhackl in Wolfhagen-Viesebeck (5), bis 1978 Ziegelwerk K. Laudenbach (Rauschenberg), urspr. H. Schmerer (Neustadt bei Marburg), btf.
Vl: B-dm, Diema 2356/1960, 8 PS, DL 6, 2000 ex Amt für Land- und Wasserwirtschaft Heide (13), btf.
Vl: B-dm, Diema 2480/1962, 8 PS, DL 6, 1999 ex Amt für Land- und Wasserwirtschaft Heide (12), neu geliefert über Feld- und Eisenbahnmaterial Eilers (Hamburg), btf.
Vl: B-dm, Diema 2486/1962, 8 PS, DL 6, 2000 ex Amt für Land- und Wasserwirtschaft Heide (5), neu geliefert über Eilers (Hamburg), btf.
Vl: B-dm, Diema 2575/1962, 22 PS, DS 20, 2002 ex Torfwerk D. Meiners in Steinau (9), bis 1987 Wasser- und Schiffahrtsamt Cuxhaven (Lok I der Inselbahn Neuwerk), neu geliefert über Krupp & Dollberg (Hamburg), btf.
Vl: B-dm, Diema 2605/1963, 45 PS, DS 30, 2002 ex Klinkerziegelei Uhlhorn (Grabstede), urspr. G. Seifert (Bremen), btf.
Vl: B-dm, Diema 2623/1963, 8 PS, DL 6, 2003 ex Torfwerk Stoph (Tiste), urspr. Himly, Holscher & Co. (Nienburg/Weser), abg.
Vl: B-dm, Diema 2997/1968, 8,5 PS, DL 6/3, 1996 ex BHS-Humuswerke Drochtersen-Aschhornermoor (7), urspr. Torfwerk Königsmoor L. Willenborg (Engelschoff-Neuland), btf.
Vl: B-dm, Diema 3074/1969, 11 PS, DS 11/3, 2003 ex Stauch-Natursteine (Hatten/Frankreich), zuvor Sägewerk Holz-Hertel (Rastatt), neu geliefert über M. Hohl (Stuttgart) an Ziegelwerk Hubele (Bönnigheim), btf.
Vl: B-dm, Diema 4717/1984, 22 PS, DFL 10/1.6, 2003 ex Humuswerke Gnarrenburg (Gnarrenburg), urspr. Torfwerk Andoytorf (Dverberg/Norwegen), btf.
Vl: B-dm, Schöma 1729/1955, 14 PS, CDL 20, 2003 ex Torfwerk D. Meiners in Steinau (6 bzw. 3), urspr. Torfwerk C.F. Wirsing (Oldenburg), btf.
Vl: B-dm, Schöma 2253/1959, 10 PS, KDL 10, 2002 ex Kurklinik Bad Eilsen, btf.
Vl: B-dm, Schöma 2729/1964, 10 PS, KDL 10, 2004 ex Torfwerk Gramoflor (Vechta), zuvor Torfwerk B. Wübbeler (Goldenstedt-Arkeburg), urspr. W. Auerbach (Dortmund) für Ziegelei Oberbergheim der Bockum-Dolff'schen Gutsverwaltung (Oberbergheim bei Soest), btf.
Vl: B-dm, Deutz 13837/1935, 12 PS, OME 117F, 2003 ex Freizeitpark Tolk-Schau (Tolk), zuvor Erlebnispark Ziegenhagen (Witzenhausen), zuvor Möbelwerk Seinfeld & Sohn (Witzenhausen), neu über Dubick & Stehr (Hamburg) an Rohwer & Brammer (Lohbrügge bei Bergedorf), btf.
Vl: B-dm, Deutz 14765/1935, 12 PS, OME 117F, 2003 ex Feld- und Kleinbahnmuseum Deinste (21), bis 1979 Baufirma M. Möller (Worpswede), btf.
Vl: B-dm, Deutz 18303/1937, 9 PS, MLH 714F, 2000 ex Baufirma Cohrs (Elstorf bei Harburg), neu geliefert über Maschinenbau R. Kröhnke (Buxtehude), btf.
Vl: B-dm, O&K Nordhausen 10224/1939, 10 PS, RL1c, 2001 ex privat (Regen), zuvor Ziegelei Trost (Altenmarkt-Osterhofen), urspr. Baufirma M. Streicher (Deggendorf), i.A.
Vl: B-dm, O&K Dortmund 25337/1954, 20 PS, MV0a, 2003 ex Gemeinde Mildstedt bei Husum, bis 1987 Feld- und Eisenmaterial Eilers (Hamburg), urspr. Holzimport J.H. Havemann (Lübeck), btf.
Vl: B-dm, Jung 10195/1941, 11/12 PS, EL 105, 1999 ex privat (Hüttenbusch), zuvor privat (Weitzmühlen), zuvor Ziegelwerk Kruse (Großhutbergen bei Verden/Aller), neu über Klingermann & Krebs (Hannover) an Dampfziegelei Nöpke (Hagen bei Hannover), btf.
Vl: B-dm, Henschel 2153/1950, 15 PS, DG 13, 2000 ex Baustelle Neuer Meldorfer Hafen des Amtes für Land- und Wasserwirtschaft Heide (11), abg.
Vl: B-dm, Eigenbau 1/2002, 5 PS, Herkules, btf.

Museumsbahn Bremerhaven – Bederkesa (MBB)

Bereits 1977 begannen Bestrebungen, die Strecke Bremerhaven – Bad Bederkesa (19 km) als Museumsbahn zu erhalten. 1989 kaufte die Gemeinde Bederkesa das Bahnhofsgelände samt Empfangsgebäude, das mittlerweile museal ausgestaltet worden ist. Der Verein MBB baut eine Nebenbahn im Stil der 50er Jahre auf.

Termine: 9. und 23.5., 13. und 27.6., 11. und 25.7., 8. und 22.8., 12. und 26.9.2004 (Bremerhaven Hbf ab 9.00 – Bederkesa 9.54/10.14 – Bremerhaven Fischereihafen 11.35/56 – Bederkesa 12.54/14.14 – Bremerhaven Fischereihafen 15.35/55 – Bederkesa 16.54/17.14 – Bremerhaven Hbf 18.07 Uhr)

Info: Museumsbahn Bremerhaven-Bederkesa e.V., Bahnhofstr. 18, 27625 Bad Bederkesa, Tel. 04745 7169, Fax 931387, webmaster@museumsbahn-bremerhaven-bederkesa.de
Internet: www.museumsbahn-bremerhaven-bederkesa.de
Lokomotiven (1.435 mm):
Vl: V 36 134, C-dh, BMAG 11697/1943, 410 PS, WR360 C14, 1992 ex IVG-Tanklager Oberhausen/Donau (Lok 3 bzw. 34), urspr. Wehrmacht (Tanklager Neuburg/Donau), btf.
Vl: V 36 276, C-dh, BMAG 11449/1941, 360 PS, WR360 C14, 2003 ex EVB Bremervörde (276), zuvor Buxtehude – Harsefeld (276), bis 1961 J.G. Eikens (Bremen), zuvor Deutsch-Überseeische Petroleum AG (Hamburg, D 8), 1952-57 Hafenbahn Frankfurt/Main (D8), urspr. Dynamit AG, abg.
Vl: Köf 6114, B-dh, Deutz 46999/1949, 107 PS, Köf II, 1992 ex IVG-Tanklager Oberhausen/Donau (Lok 2), bis 1979 Siemens-Plania-Werke / Sigri-Elektrographit (Meitingen), btf.
Vl: Lukas, C-dh, O&K 26579/1962, 350 PS, 1994 ex DOW Chemical Bützfleth (1), bis 1980 Dortmunder Eisenbahn (362), zuvor Hoesch AG Dortmund (362 / 31), abg.
Vl: Kö 1010, B-dm, Windhoff 499/1939, 1995 ex Felten & Guillaume (Nordenham), urspr. Weser-Flugzeugbau Bremen-Oslebshausen, i.A.
Nf: Klv 51-8842, A1-dm, Robel 2111RC18/1959, 72 PS, 1998 ex EVB/BHE, zuvor DB, i.A.
Vl: B-dm, Schöma 1574/1954, 20 PS, 600 mm, 1991 ex Töllner & Söhne (Nordholz), btf.
Vl: B-dm, Deutz 15612/1936, 40 PS, 600 mm, 1993 ex Siemer & Müller (Bremerhaven), btf.
Vt: VT 20, AA-dm, MAN 143409/1957, 175 PS, 2003 ex Niederrheinische Verkehrsbetriebe (VT 20), bis 1978 Verkehrsbetriebe Hornburg (VT 22), bis 1969 Peine-Ilseder Eisenbahn, i.A.
Vt: VT 21, AA-dm, MAN 143410/1957, 175 PS, 2003 ex Niederrheinische Verkehrsbetriebe (VT 21), bis 1978 Verkehrsbetriebe Hornburg (VT 21), bis 1969 Peine-Ilseder Eisenbahn, i.A.

Butjadingen

In Erinnerung an die Butjadinger Bahn Nordenham – Eckwarderhörne stellte der Bahnhofswirt Kogel am Bahnhof Stollhamm neben einem „Salonwagen" (ex OHE-Packwagen 0136) eine Diesellok auf (B-dm, Henschel D2276/1952, 1.435 mm, DG 26, 1996 ex Verein Braunschweiger Verkehrsfreunde, bis 1984 Preußen-Elektra Hemfurth/Edersee). Am ehemaligen Bahnhof Burhave verlegte 1992 der Bahnhofswirt Siewert ein 100 m langes Gleis, um im Sommer eine Diesellok einzusetzen (B-dh, Deutz 57816/1964, 55 PS, 1992 ex Gutehoffnungshütte Blexen).

Udo Schröder erbaute 1992-96 am Gasthaus „De Waddenser Butjenter" in Waddens eine 400 m lange Feldbahn mit Lokschuppen, Bahnsteig, zwei Drehscheiben und fünf Schleppweichen. Zu Udos Feldbahn-Objekt (UFO) gehören fünf überdachte Personenloren sowie ein Güterzug aus drei Kipploren, einer Kran-, einer Torf- und einer Langholzlore. Nach dem Tod von Udo Schröder im März 2000 betreibt seine Familie die zum Verkauf stehende Bahn nur noch sporadisch und auf Anfrage.
Info: De Waddenser Butjenter GmbH, 26969 Butjadingen, Tel. 04733 1634
Lokomotiven (600 mm):
Vl: I und II, B-dm, Jung 1937 und 1938, 18 PS, 1992 ex Torfwerk Smit (Kayhauserfeld), btf.
Vl: III, B-dm, Schöma 1707/1955, 10 PS, 1995 ex Torfwerk Koch in Ramsloh (8), btf.

Pferdebahn Spiekeroog

64 Jahre lang stellte auf Spiekeroog eine Pferdebahn die Verbindung zwischen Dorf und Anleger her, doch ab 1949 kamen Motorlokomotiven zum Einsatz. Auf einem 1,3 km langen Abschnitt bestand von 1981 bis 1996 ein Pferdebahnbetrieb, der 1999 zu neuem Leben erweckt wurde. Mit dem auf die Insel zurückgekehrten Pferdebahnwagen 21, den der Spiekerooger Museumsverein inzwischen gekauft hat, und einem neuen Pferd wickelt der Pforzheimer Unternehmer Roll den Betrieb ab.
Fahrbetrieb: Ostern – Oktober 2004, täglich außer Montag (jeweils 14, 15 und 17 Uhr ab Bahnhof)
Info: Hans Wiethorn, Gartenweg 5, 26474 Spiekeroog, Tel. 04976 910120

Borkumer Kleinbahn und Dampfschiffahrt

Seit 1990 pflegt die Borkumer Kleinbahn intensiv alte Traditionen. Der aus zehn vierachsigen Reisezugwagen bestehende historische Zug wird geführt von einer in Meiningen reaktivierten Dampflok. Zudem wurden in eigener Werkstatt der Schienenbus T 1, der „Kaiserwagen" 38 (Bj. 1906) und ein Gesellschaftswagen von 1922 restauriert, während der Jugend in Arbeit Hamburg e.V. gemeinsam mit dem Museum für Hamburgische Geschichte und dem Verein FdE die winzigen Personenwagen 2 (Bj. 1914, ex Marine bzw. Görlitz) und 17 (Bj. 1889, ex Kyffhäuser Kleinbahn) originalgetreu wiederaufbaute.
Dampfzüge: 10./11.4., 17.4., 24.4., 1.5., 8.5., 15.5., 20.5., 22.5., 29./30.5., 5.6., 12.6., 19.6., 26.6., 3.7., 10.7., 17.7., 20.7., 22.7., 24.7., 25.7., 27.7., 29.9., 1.8., 7./8.8., 10.8., 12.8., 14./15.8., 17.8., 19.8., 21./22.8., 24.8., 26.8., 28.8., 2.9., 4./5.9., 11./12.9., 18.9., 25.9., 2.10., 9.10., 16.10., 23.10., 30.10., 29.12. und 31.12.2004
Dampflok mit Nostalgiewagen: 14.4., 28.4., 12.5., 19.5., 26.5., 9.6., 16.6., 23.6., 30.6., 14.7., 21.7., 28.7., 11.8., 18.8., 25.8., 1.9., 15.9., 22.9., 29.9., 13.10., 20.10. und 27.10.2004
Info: Borkumer Kleinbahn, Georg-Schütte-Platz 8, 26757 Borkum, Tel. 04922 309-0, Fax -34, info@borkumer-kleinbahn.de
Internet: www.ag-ems.de
Triebfahrzeuge (900 mm):
Dl: Borkum (urspr. „Dollart"), Bh2t, O&K 13571/1940, 110 PS, Ölfeuerung, btf.
Vl: Leer, B-dm, DWK D551/1935, 55 PS, 1948 ex Marine Borkum, btf.
Vt: VT 1, AA-dm, Wismar 21145/1940, 2 x 72 PS, 1997 ex DGEG (zuletzt Viernheim, bis 1989 Viernheim), bis 1977 Borkum, btf.

Museumseisenbahn Küstenbahn Ostfriesland (MKO), Norden

Die 1987 gegründete MKO nahm auf dem 17 km langen Westabschnitt der einstigen Küstenbahn Norden – Sande einen Museumsverkehr auf. Ihr Betriebsmittelpunkt ist das frühere Bw Norden, wo sie die Ruine des 1911/12 erbauten vierständigen Rundlokschuppens anmietete und sanierte. Die MKO eröffnete 1998 im Nebentrakt ein Museum, baute das abgetragene Stellwerk Norden „m" samt Hebelbank wieder auf, erwarb das Gebäude der ehemaligen Signalmeisterei und der DB-Tischlerei und nahm den neu aufgebauten Hp Westerende wieder in Betrieb.
Geöffnet: 16.5 (internationaler Museumstag, 10-12 und 14-17 Uhr), 3.7. bis 25.9. (samstags 15-17 Uhr), 12.9. (Tag des offenen Baudenkmals, 10-18 Uhr)
Fahrbetrieb: 11.4, 1.5., 20.5., 31.5. und sonntags vom 30.5. bis 24.10.2004 (jeweils Norden ab 10.25, 12.25, 14.25 und 16.25 Uhr; Dornum ab 11.25, 13.25, 15.25 und 17.25 Uhr)
Weiter Termine: 12.4. (Ostereiersuchen), 21.5. („Maischollen-Essen"), 23.5. (Tag des Eisenbahnfreundes, mit Fahrbetrieb), 23.7. und 20.8. (Abendfahrten mit Grillen), 27./28.11. und 4./5.12. (Nikolauszüge ab Norden) und 1.12.2004 (Nikolauszüge ab Dornum)
Info: MKO e.V., Postfach 100246, 26492 Norden, Tel. 04931 1690-30, Fax -65, info@mkoev.de
Internet: www.mkoev.de
Lokomotiven (1.435 mm):
Vl: 1 „Helga", B-dm, Gmeinder 4781/1953, 118 PS, Köf II, 1989 ex Nordferro Eisenschwammwerke Emden, bis 1981 DB (322 041 / Köf 6152), btf.
Vl: 2 „Dornum", B-dm, Deutz 55880/1954, 225 PS, KS 230B, 1991 ex Britische Rheinarmee / Royal Corps of Transportation (Militärflugplatz Gütersloh), btf.
Vl: 3 „Norden", B-dm, Deutz 56999/1959, 200 PS, KS 200B, 1997 ex Marine-Munitionsdepot Dietrichsfeld bei Aurich / Bundesmarine Wilhelmshaven, btf.
Vl: 4 „V 60", C-dm, La Brugeoise et Nivelles (BN) 1963, 2003 ex NMBS/SNCB Reeks (8062), i.A.
Vl: EHUG 1, B-dm, Krupp 1691/1939, 93,5 PS, B730(?), 1989 ex Hafenumschlagsgesellschaft Emden (1), ä.r.
Vl: B-dm, Deutz 42845/1943, 75 PS, A4M 420, 2001 ex Werft „Nordseewerke" der Thyssen-Krupp AG (Emden), bis 1973 Volkswagen AG (Emden), bis 1965 VW Kassel, urspr. VW Wolfsburg, ä.r.

Vl: B-dm, Diema 2630/1963, DS 30, 600 mm, 1997 ex Baufirma Gebr. Neumann (Norden/Hage), urspr. G. Seifert (Bremen), ä.r.
Dl: 1, C-fl, Raw Meiningen 03160/1987, 1995 ex Berentzen AG, urspr. Likörfabrik Zahna/Wittenberg, ä.r.
Nf: Kl 1, A1-bm, Sollinger Hütte 11345/1963, 34 PS, ex Gleisbau Steinbrecher (Wittmund) bzw. Hafenumschlagsgesellschaft Emden, bis 1967 Inselbahn Wangerooge, ä.r.
Nf: Klv 2, A1-dm, Robel 54-13-5-RW/1975, 116 PS, 1998 ex DB (053 0539), mit Ladekran, btf.

Torf- und Siedlungsmuseum Wiesmoor

In Wiesmoor wird die Zeit der Kultivierung des Moores nacherlebbar gemacht. Auf einem 1 km langen Feldbahn-Rundkurs werden die Gäste mit drei Personenwagen von der Blumenhalle durch den Park zum ab 1988 aufgebauten Museum gefahren (geöffnet: Täglich 11-18 Uhr).
Info: Hermann Schreiber, Mohnblumenweg 22, 26639 Wiesmoor, Tel. 04944 2922, tourist-info@wiesmoor.de
Internet: www.torf-und-siedlungsmuseum.de
Lokomotiven (600 mm):
Vl: B-dm, Schöma 1750/1955, 20 PS, CDL 20, ex Torfwerk H. Warfsmann (Wiesmoor), bis 1982 Ziegelei E. Reins (Jemgum), btf.
Vl: B-dm, Schöma 573/1940, 12 PS, Lo 10, ex Moormuseum Münkeboe (Sodbrookmerland-Münkeboe), bis ca. 1997 Ziegelei Kaufmann (Westerholt bei Wittmund), urspr. Maschmann (Hamburg), Denkmal

Museumseisenbahn Ammerland-Saterland (MAS), Ocholt

Die MAS nahm 1996 zwischen Westerstede und Sedelsberg (34 km) einen Schienenbusverkehr auf, der sich inzwischen auf die Strecke Ocholt – Sedelsberg beschränkt. Für die Unterhaltung der Fahrzeuge steht der Ocholter Lokschuppen zur Verfügung, der 1994 in den Besitz der Stadt Westerstede überging. Sehenswert ist das vom Freunde des Bahnhofs Westerstede e.V. renovierte Westersteder Empfangsgebäude im GOE-Stil. Die DWK-Lok wird voraussichtlich an die Stadt Friesoythe abgegeben, welche die Strecke Cloppenburg – Friesoythe übernommen hat und neben dem Güter- auch einen Ausflugsverkehr aufnehmen will. Die Köf III soll ab 2004 mit einem Donnerbüchsen-Zug zum Einsatz kommen.
Termine: 8.5., 15.8., 5.6., 19.6., 3.7., 17.7., 7.8., 21.8., 4.9. und 18.9.2004 (Ocholt 14.00 – Sedelsberg 15.30/17.10 – Ocholt 18.45 Uhr), Nikolausfahrt am 11.12.2004, Kohlfahrten am 17.1., 7.2., 21.2. und 6.3.2005
Info: Erwin Nappe, Burnhörn 31, 26655 Westerstede-Ocholt, Tel./Fax 04499 91588 (Kirchner), webmaster@mas-ocholt.de
Internet: www.mas-ocholt.de
Triebfahrzeuge (1.435 mm):
Vl: B-dm, DWK 660/1939, 110 PS, 1996 ex „IG 41 096" Salzgitter, bis 1986 Torfwerk Raubling, bis 1964 Industriebahn Düsseldorf-Oberkassel, btf.
Vl: B-dh, Diema 2265/1959, 16 PS, DVL 60, 2000 ex Zeche Zollverein (Essen-Katernberg), zuvor M. Pagenstecher (Kruft), i.A.
Vl: „Barßeler Jan", B-dh, Jung 13901/1965, 240 PS, Köf III, 2002 ex DB (332 256 / Köf 11256), btf.
Vt: T 1, (1A)'(A1)'dm, DWK 82/1926, 145 PS, Privateigentum, 1994 ex AHE Bodenburg, bis 1978 Verkehrsbetriebe Grafschaft Hoya (T 4), bis 1965 Steinhuder Meer-Bahn (T 52), bis 1957 Butjadinger Bahn (T 152 / T 1), i.A.
Vt: VT 0507, AA-dm, Wismar 20207/1933, nur Aufbau vorhanden, 1990 ex Gartenlaube in Bleckede, bis 1965 OHE (VT 0507), urspr. Kleinbahn Winsen – Evendorf – Hützel (SK 2), i.A.
Vt: 796 699, AA-dm, Uerdingen 66603/1960, 2 x 150 PS, 1997 ex DB (798 699 / VT 98 9699), btf.

Moor- und Fehnmuseum Elisabethfehn

Am Bahnhof Elisabethfehn der Nebenbahn Ocholt – Sedelsberg besteht bei den „Dreibrücken" in einem alten Kanalwärterhaus von 1896 ein Moormuseum. Im Außenbereich fallen viele Torfgroßgeräte, das Schiff (Museumstjalk) „Jantina" sowie die Feldbahnfahrzeuge auf.
Geöffnet: Täglich außer montags (10-18 Uhr)
Info: Moormuseum, Oldenburger Str. 1, 26676 Elisabethfehn, Tel. 04499 2222, Fax 74477, moor-u.fehnmuseum@t-online.de
Internet: www.fehnmuseum.de
Lokomotiven (600 mm):
Dl: Katharina, Bn2t, O&K 5179/1911, ex Firma Vocke (Aurich), urspr. Mierig (Emden)
Vl: B-dm, Deutz 19686/1937, 1989 ex Deilmann (Börgermoor), urspr. Buddenhorn (Holzminden)
Vl: B-dm, Schöma(?), ex Firma Coners (Barßel), zuvor Maschinenbau Mühle (Edewecht)

Feldbahn des Torfwerks Koch, Ramsloh

Der in Ramsloh abgebaute Weiß- und Schwarztorf wird auf einem Feldbahnnetz mit 30 km Gleislänge, 400 Loren und 30 Lokomotiven ins Werk gefahren. Auf Voranmeldung oder im Anschluß an die MAS-Züge sind von April bis Oktober in offenen Personenwagen Moorfahrten mit dem Titel „Seelter Foonkieker – Führungen mit der Moorbahn durch das Saterländer Westermoor" möglich. Die Züge sind an beiden Enden mit je einer Lok des Torfwerks bespannt.
Fahrbetrieb: Mai – September nach Anmeldung, Sonderfahrten dienstags und freitags vom 27.7. bis 27.8.2004 (jeweils ab 16.30 Uhr)
Info: Moorkultur Ramsloh, Torfwerk W. Koch GmbH & Co. KG, Moorgutstr., 26683 Saterland-Ramsloh
Oder: Ludger Thedering, Tulpenstr. 8, 26683 Saterland-Ramsloh, Tel. 04498 2371, ludger.thedering@ewetel.net
Internet: www.moorfahrten.de

In den Moorkolonien Ostgroningens fährt die von der Wittlager Kreisbahn stammende MaK-Lok 12 in den Sommermonaten zwischen Veendam, Stadskanaal und Musselkanaal (Veendam, 10.5.2001). *Foto: Ludger Kenning*

Museumspoorlijn Stichting Stadskanaal Rail (STAR)
Stadskanaal (Niederlande)

Die 1992 gegründete STAR sanierte die 1990 stillgelegte Strecke Veendam – Stadskanaal – Musselkanaal (26 km) und fährt seit 1994 durch die Moorkolonien von Ostgroningen. Der Betriebsmittelpunkt ist Stadskanaal, wo ein neues Bahnhofsgebäude in altem Stil entstand. Zum Wagenpark gehören u. a. vier Spanten- (ex ÖBB), ein Bi- (ex DR) und ein Pwg-Wagen (ex DB).
Plan 1: 12.4., 2.5., 5.5., 21./22.7., 28./29.7., 4./5.8., 11./12.8., 18./19.8., 17.10., 21.10. und 24.10.2004 (mit Diesel: Stadskanaal 10.20 – Veendam 11.00/30 – Stadskanaal 12.10 Uhr. Mit Dampf: Stadskanaal 13.30 – Veendam 14.10/40 – Stadskanaal 15.20/50 – Veendam 16.30/17.00 – Stadskanaal 17.40 Uhr)
Plan 2: 20.5. (mit zwei Dampfloks) und sonntags vom 4.7. bis 12.9.2004 (mit Dampf: Stadskanaal 10.20 – Veendam 11.00/30 – Stadskanaal 12.10/13.30 – Veendam 14.10/40 – Stadskanaal 15.20/50 – Musselkanaal 16.20/40 – Stadskanaal 17.10 Uhr. Mit Diesel: Stadskanaal 11.30 – Musselkanaal 12.00/20 – Stadskanaal 12.50/13.50 – Musselkanaal 14.20/40 – Stadskanaal 15.10/50 – Veendam 16.30/17.00 – Stadskanaal 17.40 Uhr)
Sonderfahrplan: 30./31.5. (Tag der offenen Tür), 18./19.9. (Fahrplanverdichtung Stadskanaal – Musselkanaal), 28.11., 19.12. und 29./30.12.2004
Info: STAR, Stationsstraat 3, NL-9503 AD Stadskanaal, Tel. 0031 599 651890, Fax 653003
Internet: www.stadskanaalrail.nl/deutsch
Lokomotiven deutscher Herkunft (1.435 mm):
Dl: 1 „Emma", Cn2t, KrM 15585/1936, Typ Hannibal, 1994 ex VEHE Dollnstein (2), bis 1988 Bayr. Zellstoffwerke Kelheim (2), urspr. Vereinigte Aluminiumwerke (Lautertal), btf.
Dl: 2 „Anna", Cn2t, Krupp 3075/1953, 1994 ex VEHE Dollnstein (11 Anna), bis 1985 EBV-Grube Anna in Alsdorf (11), btf.
Dl: 52 8082 „Agnes", 1'Eh2, Krenau 1199/1943, 1996 ex Pfalzbahn (Worms), bis 1994 DR (52 8082 / 52 5190), abg.
Vl: D 10, B-dh, Deutz 46539/1941, 128 PS, 1996 ex Bentheimer Eisenbahn (D 10), bis 1979 DB (323 036 / KÖF 5057), btf.
Vl: 12, C-dh, MaK 400005/1955, 400 PS, 1999 ex Museumseisenbahn Minden, zuvor Wittlager Kreisbahn (DL 1), btf.
Nf: VD 221-55, A1-bm, Bj. 1985, Nachbau einer KPEV-Motordraisine

Moormuseum 't Veenpark, Barger-Compascuum (Niederlande)

Das in der Nähe des Grenzübergangs Schöningsdorf seit 1966 bestehende Freilichtmuseum beschreibt das Leben in einer Moorkolonie im 19. Jahrhundert. Seit 1972 kann man per Feldbahn durchs Hochmoor fahren und sich den Torfabbau, wobei mitunter auch Dampfmaschinen im Einsatz stehen, erläutern lassen. Die Rundfahrten werden mit Diesellok im Zweizugbetrieb bzw. Halbstundentakt abgewickelt. Sehenswert ist auch die 1987 eröffnete Strecke, die das Museumsdorf umrundet, über Formsignale, Drehbrücke, Hochbahnsteig und Wasserturm verfügt und halbstündlich mit Dampf befahren wird. Die Dampfloks und stationären Dampfmaschinen werden von der Eersten Drentse Vereniging van Stoomliefhebbers (EDS) betreut.
Geöffnet: 12.4. bis 26.10.2004 (10-17 Uhr, Juli – August bis 18 Uhr)
Info: Veenpark, Berkenrode 4, NL-7884 TR Barger Compascuum, Tel. 0031 591 324444
Internet: www.veenpark.nl
Lokomotiven deutscher Herkunft (700 mm):
Dl: Hoogeveen, Bn2t, O&K 11648/1928, 1984 ex Dolfinarium Harderwijk, bis 1973 Steenfabriek de Bouwkamp (Erlecom), bis 1955 Gemeentewerken Arnhem, btf.
Dl: Yvonne, Bn2t, O&K 12246/1932, 1984 ex Dolfinarium Harderwijk, bis 1972 Steenfabriek de Roodvoet (Rijswijk), urspr. Spoorijzer (Delft), btf.
Vl: 2 Stück, B-dm, Diema 1556 bzw. 1558/1953, DS 28, 1982 ex Amsterdamse Aannemer
Vl: 2 Stück, B-dm, Diema 2067/1957 (DL 8) bzw. 2502/1962 (DL 6), 1972 ex Klazinaveen
Vl: B-dm, Schöma 2062/1957, CDL10, 1975 ex Sikkema (Groningen), bis 1964 Ovink

Das Schmalspurmuseum Erica ist stolz auf die in der Uetersener Firma Hatlapa gebaute Lok 14. Das Unikat mit auffallender Schwungscheibe erregt unter Feldbahnfans Aufsehen (19.5.2002). Foto: Ludger Kenning

Industrieel Smalspoor Museum (ISM), Erica (Niederlande)

Westlich von Meppen befindet sich am Dommerskanaal auf niederländischer Seite dicht an der Grenze ein auch für deutsche Feldbahnfreunde sehr interessantes Museum. Nach einer Fahrt über die Hochmoorstrecke gelangt man zur Torfstoifabrik, wo im vierspurigen Abstellbahnhof von 1910 sich die Werkstatt und Remise befinden, die 2004 restauriert werden.

Geöffnet: Donnerstags, samstags und sonntags vom 6.5. bis 19.9., vom 16. bis 29.10. sowie am 31.5.2004 (Do/Sa 10-16 Uhr, sonst 12-17 Uhr), Sonderveranstaltungen am 29.-31.5. und 28./29.8., Abendfahrten am 22.5., 19.6., 10.7., 21.8., 18.9. und 9.10.2004

Info: ISM, Griendtsveenstraat 150, NL-7877 TK Erica, Tel. 0031591 303061, info@smalspoorcentrum.nl

Internet: www.smalspoorcentrum.nl

Lokomotiven deutscher Herkunft:
- Vl: 3, B-dm, Diema 2341/1960, 14 PS, DS 14, 900 mm, 1984 ex Griendtsveen (Erica), btf.
- Vl: 4, B-dm, Deutz 23418/1939, 12 PS, OME 114, 900 mm, 1984 ex Griendtsveen (Erica), btf.
- Vl: 5, B-dm, Diema 1618/1953, 14 PS, DS 12, 900 mm, 1984 ex Griendtsveen (Erica), btf.
- Vl: 9, B-dm, Schöma 1457/1953, 25 PS, LO-25, 900 mm, 1988 ex Ölwerk bzw. Firma Dues (Twist), abg.
- Vl: 10, B-dm, Schöma 1891/1956, 28 PS, LO-25, 900 mm, 1988 ex Ölwerk bzw. Firma Dues (Twist), abg.
- Vl: 11, B-dm, Diema 2509(?)/1962, 28 PS, DS 28, 900 mm, 1989 ex Herwaarden (Hillegom), btf.
- Vl: 12, B-dm, Diema 2499/1962, 28 PS, DS 28, 900 mm, 1989 ex Herwaarden (Hillegom), btf.
- Vl: 13, B-dm, Diema 2005/1957, 7,5 PS, DL 6, 900 mm, 1993 ex ter Windt (Vriezenveen), btf.
- Vl: 14, B-dm, Hatlapa 7260/1954, 9 PS, 900 mm, 1994 ex Holzindustrie und Furnierwerke Pfleiderer (Aulendorf), abg.
- Vl: 15, B-dm, O&K 25956/1960, 30 PS, MV0a, 900 mm, ex Pfleiderer (Neumarkt), btf.

Vl: 16, B-dm, Schöma 2139/1958, 20 PS, CDL 28, 900 mm, 1997 ex Ölwerk (Twist), btf.
Vl: 17, B-dm, Jung 11532/1953, 24 PS, ZL 114, 900 mm, 1993 ex Heembeton (Hasselt), abg.
Vl: 18, B-dm, Jung 11531/1953, 24 PS, ZL 114, 900 mm, 1993 ex ODS Heembeton (Hasselt), btf.
Vl: 19, B-dm, Jung 11358/1950, 12 PS, EL 110, 900 mm, 1988 ex ODS, btf.
Vl: 20, B-dm, Schöma 2854/1965, 11 PS, KDL 10, 700/900 mm, 1987 ex ODS, abg.
Vl: 21, B-dm, Diema 2010/1957, 7,5 PS, DL 6, 700 mm, 1985 ex Klazinaveen Mij., btf.
Vl: 22, B-dm, O&K 8122/1937, 14 PS, RL1c, 700 mm, 1987 ex HP Staal (Wilnis/NL), abg.
Vl: 23, B-dm, Spoorijzer 178/1957, 8 PS, RT8, 700 mm, 1987 ex Veltmann (Erica), zuvor Spieker (Schoonebeek), btf.
Vl: 27, B-dm, Jung 5700/1934, 12 PS, EL 105, 700 mm, 1988 ex ODS Heembeton (Hasselt), btf.
Vl: 29, B-dm, Jung 10542/1945, 24 PS, ZL 114, 700 mm, 1988 ex Heembeton (Hasselt), abg.
Vl: 30, B-dm, Spoorijzer, 11 PS, RT 11, 700 mm, 1988 ex ODS Heembeton (Hasselt), btf.
Vl: 31, B-dm, Diema 1656/1956, 12 PS, DS 12, 700 mm, 1988 gekauft, abg.
Vl: 33, B-dm, O&K, 14 PS, RL1c, 700 mm, 1989 ex Nijverheid (Azewijn), abg.
Vl: 36, B-dm, Diema 1913/1956, 30 PS, DS 30, 700 mm, 1989 ex Luneburgerwaard (Wijk), abg.
Vl: 37, B-dm, Diema 194?, 24 PS, DS 28, 700 mm, 1991 ex van Hapert (Wijk), abg.
Vl: 38, B-dm, Henschel 2183/1951, 13 PS, DG 13, 700 mm, 1992 ex Ziegelei Appingedam, abg.
Vl: 39, B-dm, Deutz 11550/1933, 42 PS, OMZ 122, 700 mm, 1992 ex Bosscherwarden (Wijk), btf.
Vl: 40, B-dm, Deutz/Spoorijzer, 35 PS, OMD 117, 700 mm, 1992 ex Ziegelei Ochten, abg.
Vl: 41, B-dm, Diema 1528/1953, DS 12, 600 mm, 1986 ex Veltkamp (Schoonebeek), abg.
Vl: 42, B-dm, Diema 1490/1953, 12 PS, DL 6, 600 mm, 1986 ex Veltkamp (Schoonebeek), abg.
Vl: 43, B-dm, Diema 2727/1964, 7,5 PS, DL 6, 600 mm, 1986 ex Veltkamp (Schoonebeek), abg.
Vl: 44, B-dm, Diema ?/1950, DS 12, 600 mm, 1986 ex Veltkamp (Schoonebeek), abg.
Vl: 45, B-dm, Spoorijzer, 8 PS, RT8, 600 mm, 1989 ex Hollandsteen (Lobith), i.A.
El: 46, Bo, Siemens & Halske 1925, 600 mm, 1988 über DKB Mühlenstroth ex Teutonia-Zementwerk Misburg, abg.
Vl: 47, B-dm, O&K 10780/1940, 24 PS, MD2, 600 mm, 1989 ex Ziegelei Olburgen, abg.
Vl: 48, B-dm, O&K 25531/1955, MV2A, 600 mm, 1989 ex Ziegelei Olburgen, abg.
Vl: 49, B-dm, Deutz 23361/1938, 17 PS, OME 117, 600 mm, 1989 ex Heijnen (Tilburg), abg.
Vl: 50, B-dm, Deutz 33424/1940, 24 PS, OMZ 117, 600 mm, 1990 ex Ziegelei Laumanns (Venlo), abg.
Vl: 51, B-dm, Deutz 21205/1937, 24 PS, OMZ 117, 600 mm, 1990 ex Ziegelei Laumanns (Venlo), abg.
Vl: 52, B-dm, Deutz 21206/1937, 24 PS, OMZ 117, 600 mm, 1990 ex Ziegelei Laumanns (Venlo), abg.
Vl: 56, B-dm, Diema 3507/1974, 47 PS, GT10/2, 600 mm, 1994 ex Ziegelei Quirijenen/B., abg.
Vl: 58, B-dm, Diema 1464/1951, 10 PS, DL 8, 600/700 mm, 1994 ex Purit (Klazinaveen), abg.
Vl: 61, B-dm, O&K/Eigenbau 193?, 9 PS, 500 mm, 1989 ex Huisman (Milsbeek), abg.
Vl: 62, B-dm, O&K/Eigenbau 193?, 22 PS, 500 mm, 1989 ex Huisman (Milsbeek), abg.
Vl: 63, B-dm, Diema 1740/1955, 68 PS, DS 40, 700 mm, 1992 ex Ziegelei Bosscherwarden, abg.
Vl: 64, B-dm, Diema 1997/1959, 8 PS, DL 6, 700 mm, 1993 ex Purit (Klazinaveen), abg.
Vl: 65, B-dm, Diema 1578/1953, 18 PS, DS 16, 700 mm, 1994 ex Purit (Klazinaveen), abg.
Vl: 69, B-dm, Diema 2097/1957, 14 PS, DS 14, 700 mm, 1996 ex Bell (Groningen), btf.
Vl: 71, B-dm, Diema ?/1957, 14 PS, DS 14, 700 mm, 1996 ex Bell (Groningen), btf.
Vl: 72, B-dm, Diema 1447/1951, 8 PS, DL 8, 700mm, 1996 ex Bell (Groningen), btf.
Vl: 75, B-dm, O&K 4220/1933, RL1c, 700 mm, 1998 ex Heibedrijf Dordrecht, btf.
Vl: 76, B-dm, Diema 2093/1957, 28 PS, DS 28, 700/900 mm, 1998 ex Heibedrijf Dordrecht, btf.
Vl: 77, B-dm, O&K 25346/1954, MD1, 700 mm, 1998 ex Heibedrijf Dordrecht, btf.
Vl: 78, B-dm, Diema 195?, 28 PS, 700 mm, 1997 ex Flevohof Biddinghuizen, i.A.
Vl: 79 Henderik, B-dm, Diema 1705/1954, 22 PS, DS 28, 700 mm, 1999 ex ter Siepe (Wijhe), btf.
Vl: 101, B-dm, Schöma 394/1938, 16 PS, LO 16, 900 mm, 1999 ex Griendtsveen Esterwegen, i.A.
Vl: 102, B-dh, Schöma 3850/1974, 26 PS, CHL 20G, 900 mm, 1999 ex Key & Kramer Maassluis, btf.
Vl: 103, B-dh, Schöma 2645/1963, 14 PS, CHL 14G, 900 mm, 1999 ex Schok-Industrie Zwijndrecht, btf.
Vl: 104, B-dh, Schöma 2803/1964, 14 PS, CHL 14G, 900 mm, 1999 ex Schok-Industrie Zwijndrecht, btf.
Vl: 105, B-dm, Diema 1252/1948, 40 PS, DS 40, 900 mm, 1999 ex Klasmann Hesepe (10), btf.
Vl: 106, B-dm, Diema 981/1937, 26 PS, DS 30, 900 mm, 1999 ex Klasmann Hesepe (18), btf.

Museumseisenbahn Hümmlinger Kreisbahn, Werlte

Der VT 1 der ehemaligen Hümmlinger Kreisbahn Lathen – Werlte fährt alljährlich zur Werlter Woche und auf Bestellung. Der 2000 unter Beteiligung der Anrainergemeinden gegründete Verein Museumseisenbahn Hümmlinger Kreisbahn erkundet nun Möglichkeiten eines regelmäßigen Museumsverkehrs.
Termine: 15., 16. und 19. Mai („Werlter Woche"; Werlte ab 13 und 18 Uhr, Lathen ab 14.05 und 19.05 Uhr) sowie am 15.8., 5. und 26.9.2004 nach Sonderfahrplan
Info: Museumseisenbahn Hümmlinger Kreisbahn e.V., Marktstr. 1, 49757 Werlte, Tel. 05951 20140
Triebwagen (1.435 mm):
Vt: VT 1, A1-dm, Talbot 95135/1957, 145 PS, Eigentum Emsländische Eisenbahn, ex Hümmlinger Kreisbahn (VT 1), btf.
Vt: VT 2, AA-dm, Uerdingen 60254/1955, 2 x 150 PS, 2000 ex Dürener Kreisbahn (VT 203), bis 1992 DB (798 514 / VT 98 9514), i.A.

Eisenbahnfreunde Hasetal-Haselünne (EHH), Haselünne

Der 1988 gegründete Verein EHH nahm 1988 auf der Meppen-Haselünner Eisenbahn (MHE) einen Museumsverkehr auf, der sich heute im Ausflugsverkehr im Hasetal großer Beliebtheit erfreut. Der Standort der Fahrzeuge ist der Bahnhof Haselünne.
Termine: 1.5., 20.5., 29.5., 5.6., 19.6., 3.7., 17.7., 31.7., 14.8., 28.8., 11.9., 25.9. und 9.10. (Triebwagen: Meppen 9.55 – Haselünne 10.35 Uhr; Dampfzug: Haselünne 11.00 – Quakenbrück 13.43/ 14.00 – Haselünne 15.50/16.30 – Meppen 17.15/17.30 – Haselünne 18.15 Uhr), Sonderfahrplan am 12.9. und 12.12.2004
Info: Eisenbahnfreunde Hasetal e.V., Kettelerstr. 12, 49740 Haselünne, Tel. 05961 6865, Fax 955556, webmaster@eisenbahnfreunde-hasetal.de
Internet: www.eisenbahnfreunde-hasetal.de

An der östlichen Ausfahrt des Bahnhofs Löningen besteht noch diese Handschranke. Im September 1998 fuhr die EHH-Lok „Niedersachsen" weiter nach Quakenbrück.
Foto: Ludger Kenning

Triebfahrzeuge (1.435 mm):
Dl: „Niedersachsen", Cn2t, Henschel 19248/1922, Typ Bismarck, 1987 ex Dampfeisenbahn Weserbergland (3), bis 1973 Gemeinschaftswerk Hattingen (1), btf.
Vl: V 40-1, C-dh, Deutz 56733/1957, 400 PS, 2001 ex Emsländische Eisenbahn / Hümmlinger Kreisbahn (L 3), i.A.
Vt: VT 01, AA-dm, MAN 146578/1961, 2 x 150 PS, 1994 ex EVB Bremervörde (VT 167), bis 1992 DB (796 796 / 798 796 / VT 98 9796), btf. (mit VS 01, MAN 1960, ex DB 996 784 / VS 98 184)
Vl: Klv 1, A1-dm, Sollinger Hütte K1098/1961, 72 PS, Bauart Klv 45M, 1997 ex Emsländische Eisenbahn / MHE (Klv 1), bis 1979 DB, btf.

Feldbahnsammlung Meppen (FSM)

In der Nähe des Emshafens begann Holger Jansen 1987 mit dem Aufbau einer Feldbahn mit 400 m Gleislänge, elf Weichen, Drehscheibe, Schiebebühne sowie etwa 50 Feldbahn- und Grubenbahnwagen (Besichtigung nach Absprache mit Holger Jansen, Schützenstr. 22, 49716 Meppen).
Lokomotiven (600 mm):
Al: 1, Bo, LEW 9090/1960, 9 kW, EL 9, 1991 ex privat, urspr. Schachtbau Nordhausen, btf.
Vl: 2, B-dm, LKM 247359/1956, 10 PS, Ns1, 1992 ex privat, urspr. Ziegelwerke Zehdenick, btf.
Vl: 3, B-dm, Eigenbau 1994, 6 PS, Schienenkuli, abg.
Vl: 4, B-dm, Deutz 22647/1938, 12 PS, OME 117, bis 1994 DFKM Deinste (20), bis 1979 Firma Möller (Worpswede), urspr. Firma Schreiber (Bremen), i.A.
Vl: 5, B-dm, Diema 2102/1958, 15 PS, DS 14, 1997 ex Hylkema (Kampen/Niederlande), zuvor Ziegelei Industria in Emmerich (dort 700 mm), btf.
Vl: 6, B-dm, Schöma 1756/1955, 28 PS, CDL 20, 1997 ex Torfwerk Weener (Esterwegen), bis 1976 Kiesgrube Onken (Veenhusen), i.A.

Emsland-Moormuseum Groß Hesepe

Seit 1983 besteht in Groß Hesepe direkt neben der Autobahn A31 ein Moormuseum (geöffnet: Di-So 10-18 Uhr). Über den Freibereich, wo neben einem beachtlichen Maschinenpark auch einige Feldbahnfahrzeuge zu sehen sind, sowie durch das Hochmoor führt seit 2000 eine 3 km lange Besucherfeldbahn.
Info: Emsland-Moormuseum, Geestmoor 6, 49744 Groß Hesepe, Tel. 05937 1866, Fax 2358, info@moormuseum.de
Internet: www.moormuseum.de
Lokomotiven:
Dl: Cn2t, Jung 3396/1922, 900 mm, 1972-98 Denkmal Groß Hesepe, ex Klasmann-Werke Groß Hesepe (9), i.A.
Vl: B-dm, Deutz, MLH 714F, 8 PS, in Ausstellungshalle
Vl: B-dm, Deutz 21280/1938, OMZ 117F, 900 mm, vor 1981 ex Kulturbauleitung Hoogstede der Klingemann & Krebs GmbH (Hannover)
Vl: B-dm, Diema 753/1935, 10 PS, DS 10, ex Torfwerk Klasmann (Groß Hesepe), urspr. Steinsetzmeister August Donnerberg (Lingen)
Vl: B-dm, Diema 1047/1940, 40 PS, DS 40, ex Klasmann-Werke Meppen (1), bis 1981 ex Kieswerk Haddorf (Uelzen), neu geliefert über H. Blencke (Berlin)
Vl: B-dm, Diema 1646/1954, 10 PS, DL 8, 600 mm, Eigentum MFM Rheine (13), bis 1998 Gemeinde Neuenkirchen bei Bramsche, urspr. T. Sellmann (Neuenkirchen bei Bramsche), btf.
Vl: B-dm, Diema 2140/1958, 90 PS, DS 90, 900 mm, ex Klasmann-Werke Groß Hesepe (11)
Vl: B-dm, Diema 2592/1963, 8 PS, DL 6, 600 mm, Eigentum Harm Koopmann (Barger-Oosterveld), bis 1999 Torfwerk H. Wulfes (Lüder), bis 1986 Torfwerk H. Geraets (Fehndorf, Kreis Meppen)
Vl: B-dm, Schöma 1419/1952, 28 PS, CDL 25, ex Klasmann Werke Groß Hesepe (31 bzw. 16/6325), urspr. Westdeutsche Erdölleitungs-GmbH (Hannover)
Vl: B-dm, Schöma 2720/1964 (CFL 45DC) oder 2024/1957 (CFL 40D), 600 mm, Eigentum MFM Rheine, ex Klinkerwerk Kuhfuß (Coesfeld), btf.

Grafschafter Modelleisenbahnclub (GrafMEC), Nordhorn/Neuenhaus

Nach Aufgabe des Personenverkehrs verblieb bei der Bentheimer Eisenbahn der ehemalige BC4i 201 (Wismar 1928), der jetzt als Salonwagen für offizielle Gesellschaftsfahrten dient. Der 1969 gegründete GrafMEC betreut die 1977 aus Apeldoorn heimgeholten Wagen 202 (ex BC4i) und 101 (ex PwPost4i, Wismar 1928) sowie den Pw2i 152 (1943) und setzt sie u. a. im Nikolausverkehr ein. 1999 erwarb der Verein die „Halberstädter" 205 und 206. Im Bw Neuenhaus richtete er im Rundlokschuppen ein Museum ein und nutzt die Werkstatt zur Unterhaltung der Wagen.
Nikolauszüge: 28.11. (Emlichheim), 4./5.12. (Nordhorn), 11.12. (Bad Bentheim) und 12.12.2004 (Neuenhaus)
Info: GrafMEC / Peter Lindenau, Postfach 1251, 48502 Nordhorn, Tel. 05921 4732, graf-mec@graf-mec.de
Internet: www.graf-mec.de
Lokomotiven (1.435 mm):
Dl: Cn2t, O&K 5333/1912, Typ 100 PS, 1983-2000 Denkmal am Bf Nordhorn, bis 1978 Schwelmer Eisenwerke (1), zuvor Stahlwerk Völklingen (900 mm) bzw. Baufirma Asprion (Jünkerath), abg.
Vl: D 10, B-dm, LKM 251162 oder 251199/1958, 90 PS, N4, 2001 ex Nordstärke GmbH Loitz (1), urspr. Stärkefabrik/Dübelwerke Loitz (1), btf.
Vl: D 11, C-dh, MaK 220030/1955, 240 PS, 2000 ex Steinhuder Meer-Bahn (DL 33), bis 1985 Museumseisenbahn Paderborn, bis 1984 Schleswiger Kreisbahn (V 33), abg.
Vl: D 12, B-dh, MaK 220023/1954, 240 PS, 2000 ex Steinhuder Meer-Bahn (DL 263), bis 1979 Werk Grasleben der Dörentruper Sand- und Thonwerke (36), bis 1965 Fasbender Siepmann & Co., bis 1961 Dortmunder Eisenbahn (D 1), btf.
Vl: D 13, B-dh, O&K 20975/1937, 128 PS, Köf II, 2001 ex Bentheimer Eisenbahn (D 13), bis 1981 DB (323 970 / 321 234 / Kö 4930), i.A.
Nf: 701, B-dm, Dr. Alpers 11096/1963, 72 PS, Klv 51, ex ESK bzw. DB, i.A.

Am 13.3.2000 trafen von der Steinhuder Meer-Bahn zwei kleine MaK-Stangenloks im Neuenhauser Museum des Grafschafter Modelleisenbahnclubs (GrafMEC) ein.
Foto: Ludger Kenning

Moorbahn Dues, Georgsdorf

In Georgsdorf, zwischen Nordhorn und Meppen gelegen, bietet die Familie Dues für Ausflügler Arrangements an, die neben lukullischen Spezialitäten, Moorrundgängen und der Erlangung des Torfstecherdiploms stets auch eine Fahrt mit der Moorbahn vorsehen. Zum Einsatz kommt auf der 900-mm-Bahn eine dampflokartig umgestaltete Diema-Lok.
Info: Moorhof Dues, Wietmarscher Twist 9, 49835 Wietmarschen-Georgsdorf, Tel./Fax 05946 1289

Osnabrücker Dampflokfreunde (ODF), Osnabrück-Piesberg

Die 1986 gegründeten ODF haben im Zechenbahnhof Piesberg ihr Domizil. Sehenswert ist das Fachwerkstellwerk, das aus Georgsmarienhütte hierher umgesetzt wurde. Ein Pendelverkehr mit Donnerbüchsen findet seit 1996 statt.
Termine: Pendel-Dampfzüge Zechenbahnhof – Osnabrück Hbf am 1.5., 20.6. und 5.9.2004 (Dampflokfest), Sonderzüge am 6.6. (zum Spargelhof Tonnenheide), 24.7. (zum Hafenfest Coevorden) und 8.8.2004 (nach Minden Oberstadt)
Vereinsgelände: Zechenbahnhof Piesberg, Süberweg 60e, 49090 Osnabrück-Pye, Tel. 0541 1208808, Fax 05451 998441, webmaster@osnabruecker-dampflokfreunde.de
Info: Albert Merseburger, Am Friedhof 6, 49477 Ibbenbüren, Tel. 05451 13162 (ab 20 Uhr)
Oder: Michael Becker, Rotdornweg 30, 49479 Ibbenbüren, Tel. 05451 504870
Internet: www.osnabruecker-dampflokfreunde.de
Lokomotiven (1.435 mm):
Dl: 042 052, 1'D1'h2, Henschel 24354/1939, 2001 ex Denkmal Osnabrück-Schinkel, bis 1979 DB (042 052), ab 1960 mit Neubaukessel und Ölhauptfeuerung, abg.
Vl: V 65 001, D-dh, MaK 600004/1956, 650 PS, 1996 ex Emsländische Eisenbahn / Meppen-Haselünner Eisenbahn (D 02), bis 1979 DB (265 001 / V 65 001), btf.
Vl: „Goliath", B-dm, Diema 1324/1949, 22 PS, 1988 ex Klöckner (Georgsmarienhütte), 1968 umgebaut von 600 auf 1.435 mm, urspr. Kalksandsteinwerk Holperdorf, btf.
Vl: 2 „Karmann", B-dh, Deutz 33208/1941, 124 PS, 1993 ex Karmann-Werke Osnabrück (2), bis 1950 Eisenwerk Velbert, btf.
Vl: 3, B-dm, LKM 252359/1962, 100 PS, V10b, 1993 ex BEFER-Betonwerk Halberstadt, btf.
Vl: 4, B-dh, Deutz 57699/1964, 130 PS, KK 140B, 2002 ex KM Europa Metal Osnabrück (OKD 2), btf.
Vl: 22, B-dh, Deutz 55872/1954, 1907 ex Klöckner Georgsmarienhütte, i.A.
Vl: B-dm, Henschel 2130/1949, 26 PS, DG 26 IV, 1997 ex Werk Georgsmarienhütte der Klöckner-Wilhelmsburger GmbH (70), bis 1982 Hütte Bremen der Klöckner AG, Denkmal
Dl: 2, B-fl, Henschel 28394/1946, 1989 ex Papierfabrik Schoeller in Osnabrück (2), bis 1963 Preußag Ibbenbüren, abg.

Museum für feldspurige Industriebahnen, Ostercappeln-Hitzhausen

Angefangen hatte alles 1986 mit einer Kipplore und 5 m Gleis aus einem Torfwerk. Auf einem Grundstück am Südrand des Wiehengebirges entstand ein beachtliches Feldbahnmuseum mit u. a. 100 Wagen und 1 km Fahrstrecke. Als Lokschuppen und Werkstatt dient ein umgebauter Stall.
Termine: 5.9. (Osnabrücker Dampflokfest), 26.9.2004 (Tag der offenen Tür)
Info: Dirk Boknecht, Schillerstr. 5, 32361 Preußisch Oldendorf, Tel. 0170 6969898 (Boknecht) und 0171 2683152 (Sprengelmeyer), dkw-sprengelmeyer@t-online.de
Internet: www.feldspur.de
Lokomotiven (600 mm):
Dl: Bn2t, Hanomag 4942/1907, 830 mm, 1998 ex Spielplatz Hankenberge, bis ca. 1980 Klöckner Georgsmarienhütte (11), Denkmal
Vl: 1, B-dm, Schöma 150/1935, 10 PS, Lo 10, 1988 ex Torfwerk A. Bode (Barnstorf), btf.
Al: 2, Bo, LEW 11563/1966, 9 kW, EL 9, 1990 ex Schachtbau Nordhausen, btf.
Vl: 3, B-dm, LKM 248479/1954, 30 PS, Ns2f, 1990 ex Ziegelwerk Sömmerda (615), btf.

„Goliath" nennen die Osnabrücker Dampflokfreunde ihre von 600 auf 1.435 mm Spurweite umgebaute Diema-Lok (Mettingen 1989).
Unten: Die Jenbacher Werke bauten etwa 2.400 Lokomotiven mit 8, 15 oder 20 PS für Feld- und Grubenbahnen, lieferten davon aber nur wenige nach Deutschland. Die Lok 11 in Ostercappeln (hier am 27.6.1999) ist eine von drei hierzulande museal erhaltenen JW-Feldbahnloks. *Fotos: Ludger Kenning*

Vl: 4, B-dm, Ruhrthaler/Deutz 2538/55367/1946, 9 PS, KML 8G / MAH 914G (gebaut von Ruhrthaler für Deutz als Kriegsmotorlok), 2003 ex Schieferbergwerk Teichmann (Lotharteil), zuvor BHG Peißenberg, i.A.
Vl: 5, B-dm, Strüver 60568/1965, 6 PS, Schienenkuli, 1992 ex Straßenbau Dieckmann (Osnabrück), btf.
Vl: 6, B-dm, Deutz 55324/1952, 30 PS, A2M 517F, 1991 ex Klöckner-Werke Georgsmarienhütte (bis 1989 im Hochofen- und Adjustagebereich, bis 1967 im Kalksteinbruch Holperdorf), btf.
Vt: 7, (1A)'(A1)'dh, Diema 4282/1979, 29 PS, Güter-Tw GT 5/6, 1993 ex Olfry-Ziegelwerke der Frydag GmbH (Hagen bei Vechta), btf.
Vl: 8, B-dm, Schöma 969/1948, 28 PS, Lo 28, 1996 ex Gewerkschaft Torfwerk Uchte, urspr. Nordwestdeutsche Kraftwerke AG Oldenburg i.O. für Wiesmoor (17), btf.
Vl: 9, B-dm, Schöma 1599/1954, 20 PS, CDL 20, ex Kalksandsteinwerk Schnepper (Holdorf), btf.
Vl: 10, B-dm, Jung 11544/1951, 12 PS, EL 110, 1992 ex privat (Ilmenau), bis 1991 Betonwerk Treffurt, urspr. Firma Dethlefs (Rumfleth), btf.
Vl: 11, B-dm, Jenbach ca. 1960, 15 PS, JW 15, 1997 ex Torfwerk Haskamp & Lange (Lohne i.O.), urspr. Tongrube in Österreich, btf.
Vl: 12, B-dh, Deutz 57157/1960, 66 PS, A4M 517/2030, 2003 ex Feld- und Grubenbahnmuseum „Zeche Theresia" (Witten), zuvor EBV-Grube „Emil Mayrisch" Aldenhofen, btf.
Vl: 13, B-dm, Diema 1648/1954, 12 PS, DS 12, 1999 ex Winkenwerder (Nehms), bis 1993 Feldbahnmuseum Rheine, bis 1990 Ziegelei M.F. Tapken (Bockhorn), btf.
Vl: 14, B-dm, Deutz 36566/1941, 24 PS, OMZ 117, 1999 ex privat, zuvor Torfwerk Schwegermoor in Hunteburg (1), abg.
Vl: 15, B-dm, Schöma 734/1950, 28 PS, Lo 25, 1999 leihweise ex DKB Mühlenstroth (V 15 „Wilhelmine"), bis 1972 Kalksandsteinwerk Surmann (Ascheloh bei Halle/Westf.), btf.
Vl: 16, B-dm, Rensmann/Deutz 47088/1950, 30 PS, A2M 517 / GZ 30B, 2000 ex Zeche Gneisenau (Lünen), umgebaut 1980 durch Rensmann in GZ 30B, i.A.
Vl: 17, B-dm, Schöma 334/1938, 40 PS, Lo 40, 2001 ex privat (Hüttenbusch), zuvor Baufirma Herdejürgen & Harmsen in Bremen (210), btf.
Vl: 18, B-dm, Diema 2584/1963, 28 PS, DS 20, 2003 ex privat, zuvor Torfwerk Klasmann-Deilmann (Rehden), btf.
Vl: 19, B-dm, Ruhrthaler 2756/1948, 42 PS, DGL 42/S2, 2003 ex Deutsch-Französischer Garten (Saarbrücken), zuvor Grube Luisental bzw. Victoria der Saarbergwerke, abg.

Naturschutz- und Informationszentrum (NIZ) Goldenstedter Moor

Das „Haus im Moor", das Moorbioskopion (ein dreigeschossiger Holzturm), der Erlebnispfad und der Skulpturenpfad des NIZ sind sehenswert. Mit einer Feldbahn werden die Besucher in offenen Personenwagen sachkundig durch das Moor geführt. Die Fahrt geht über die Gleise des Fördervereins Goldenstedter Moor und des Torfwerks Böske, Brandenburg & Wübbeler.
Fahrbetrieb: Sonn- und feiertags von März bis Oktober (15 Uhr), in den Sommerferien täglich
Info: NIZ Goldenstedter Moor, Arkeburger Str. 20, 49424 Goldenstedt, Tel. 04444 2786 und 2694, Fax 1827, info@goldenstedter-moor.de
Internet: www.goldenstedter-moor.de
Lokomotiven (600 mm):
Vl: I, B-dm, Diema 2611/1963, 11 PS, ex Torfwerk Evers (Vechta), zuvor Ziegelei Schmidt in Uttum (Ostfriesland), btf.
Vl: II, B-dm, Diema 2967/1967, 8 PS, 1998 ex Torfwerk Brandenburg (Goldenstedt), btf.
Vl: III, B-dm, Eigenbau um 1955, 11 PS, abg.

Delmenhorst-Harpstedter Eisenbahnfreunde (DHEF)

Der 1976 gegründete Verein DHEF veranstaltet als „Historische Kleinbahn Jan Harpstedt" regelmäßig Fahrten auf der Delmenhorst-Harpstedter Eisenbahn (22,5 km) und seit 1995 auch auf der Strecke nach Lemwerder. Zur Unterhaltung der Fahrzeuge besitzt er seit 1989 in Harpstedt eine Halle.

Fahrten auf DHE: 1., 20. und 30. Mai, 20. Juni (Mehrzugbetrieb nach Sonderfahrplan), 4. und 18. Juli, 5. und 19. September (jeweils Harpstedt 9.00 – Delmenhorst Süd 10.02/20 – Harpstedt 11.30/13.00 – Delmenhorst 14.10/25 – Harpstedt 15.35/17.30 – Delmenhorst 18.33/55 – Harpstedt 19.50 Uhr)
Fahrten nach Lemwerder: 6. Juni (Hafenfest), 15. August (Drachenfest) und 10. Oktober (Kartoffelfest) (jeweils Harpstedt 9.00 – Lemwerder 10.52/11.15 – Harpstedt 13.06/16.00 – Lemwerder 17.52/18.15 – Harpstedt 20.06 Uhr)
Zusätzlich: 5. Juli (Dampfzugfahrten für Kinder), Dezember (Nikolausfahrten)
Info: DHEF, Postfach 1236, 27732 Delmenhorst, Tel. 04244 2380, info@dhef.de
Internet: www.jan-harpstedt.de
Triebfahrzeuge (1.435 mm):
Dl: 1, Cn2t, Krupp 2824/1951, Typ Knapsack, 1990 ex VVM Schönberger Strand (1), bis 1974 Kali-Chemie Nienburg / Sehnde, abg.
Dl: 2, Cn2t, Krupp 3437/1955, Typ Hannibal, 1999 ex Fränkische Museumseisenbahn Nürnberg (80 2001), bis 1987 EBV-Grube „Anna" Alsdorf („Anna N.4"), bis 1974 Zeche Mevissen (1), bis 1966 Zeche Rosenblumendelle in Mülheim a.d. Ruhr (3) bzw. Steinkohle-Bergwerke M. Stinnes (Essen), btf.
Vl: 6, C-dh, Henschel 28638/1956, 360 PS, 1995 ex DHE (V 273 / Lok 6), bis 1958 als Henschel-Leihlok u. a. bei Marburger Kreisbahn und Dänische Staatsbahn, abg.
Vl: 7, B-dm, O&K 25394/1954, 75 PS, 1991 ex MBB Lemwerder / VFW Fokker, 1974 über O&K ex Westfalenhütte Dortmund, btf.
Vl: 222, B-dm, Deutz 13674/1935, 65 PS, 1994 ex Stadt Hamburg (Denkmal Wilhelmsburg), bis 1987 Rethe-Speicher (Hamburg), 1964 über Schöma ex Ankum-Bersenbrücker Eisenbahn, bis 1954 DHE (222), urspr. Wehrmacht (Luftmuna Harpstedt in Dünsen), abg.
Vt: T 121, AA-dh, Wumag 71004/1940, 290 PS, DHE-Eigentum, bis 1957 Butjadinger Bahn (T 2 / T 121), btf.
Nf: Klv 202, A1-bm, 1985 ex DHE, bis etwa 50er Jahre DB, i.A.
Nf: Klv 203, A1-bm, Beilhack 2063/1947, 10 PS, 1994 ex Teutoburger Wald-Eisenbahn, abg.
Nf: Klv 316 431, 1A-bm, Beilhack 2533/1949, 28 PS, 1996 ex DHE (Klv 316 431), bis 1962 DB (Klv 31 6431), btf.

Der 64-jährige T 121 hat den Haltepunkt Hasporter Damm hinter sich gelassen und unterquert gleich auf dem Weg nach Harpstedt die Delmenhorster Umgehungsstraße (7.7.1985). *Foto: Ludger Kenning*

Die Schöma-Lok 1 der Kleinbahn Leeste wartet im Bahnhof Bremen-Kirchhuchting mit dem „Pingelheini" auf die Abfahrt nach Thedinghausen (10.8.2003).

Foto: Gordon Doyen

Kleinbahn Leeste (KBL), Leeste

Seit 1993 verkehrt der „Pingelheini" im Ausflugsverkehr auf der Bremen-Thedinghauser Eisenbahn (BTE). Zwar setzt der Verein vorwiegend historische Fahrzeuge ein, doch sieht er sich nicht als Museumsbahn im üblichen Sinn.
Termine: 1.5., 20.5., 31.5., 27.6. und 29.8.2004 (Kirchhuchting 10.00 – Thedinghausen 11.25/45 – Kirchh. 12.50/13.00 – Thed. 14.25/17.00 – Kirchhuchting 18.05 Uhr), 18.7. und 8.8.2004 (Leeste 9.00 – Thed. 9.45/10.00 – Kirchh. 11.05/20 – Thed. 12.45/13.00 – Leeste 13.38/17.00 – Thed. 17.45/18.00 – Kirchh. 19.05 Uhr), weitere Fahrten am 18./19.9. (Thänhuser Markt) und 28.11.2004 (Nikolaus)
Info: Kleinbahn Leeste e.V., Mary-Astell-Str. 7, 28359 Bremen, Tel. 0179 6634899, info@pingelheini.de
Internet: www.pingelheini.de
Diesellok (1.435 mm):
1, B-dm, Schöma 1849/1957, 225 PS, 1999 ex Nordzucker AG Uelzen (2), btf.

Straßenbahn Bremen

Der 1989 gegründete Verein Freunde der Bremer Straßenbahn e.V. (FdBS) pflegt die im Betriebshof Sebaldsbrück untergebrachten Museumswagen, dokumentiert die Geschichte des Bremer Nahverkehrs, restaurierte den Großraumzug Tw 701, führte 1990 eine Stadtrundfahrtlinie sowie 1993 eine historische Ringlinie ein und eröffnete im Dezember 2003 die Dauerausstellung „Das Depot" (Schloßparkstr. 45), die an jedem zweiten Sonntag des Monats zugänglich ist (10-17 Uhr).
Termine: Stadtrundfahrt Linie 15 am 18.4., 16.5., 20.6., 18.7., 15.8. und 19.9.2004 (jeweils 11, 14 und 16 Uhr ab Hbf), Stadtrundfahrt Linie 16 am 2.5., 6.6., 4.7., 1.8., 5.9. und 3.10.2004 (jeweils 10.30, 11.30, 13.30, 14.30 und 15.30 Uhr ab Hbf über Neustadtring sowie 11, 12, 14, 15 und 16 Uhr ab Hbf über Altstadtring)
Info: Freunde der Bremer Straßenbahn e.V., Schloßparkstr. 45, 28309 Bremen, Tel. 0421 55967615, info@fdbs.net
Internet: www.strassenbahnfreunde-bremen.de und www.fdbs.net

Trieb- und Beiwagen (1.435 mm):
- Et: 49 „Molly", Bo, Eigenbau 1900, 2 x 37,5 kW, 1992 ex Tw 149, seit 1962 Htw, zuvor Reklamewagen, bis 1954 im Liniendienst (Tw 49), btf.
- Et: 134, Bo, Eigenbau 1904, 2 x 37,5 kW, seit 1992 Htw, zuvor Fahrschul-Tw LW 1 „Grüne Minna", bis 1954 im Liniendienst (Tw 192, bis 1946 Tw 134), btf.
- Et: 445, Bo'Bo', Hansa 1967, 4 x 60 kW, Kurzgelenkwagen, bis 2001 Kultourbahn, bis 1997 im Liniendienst (Tw 3445, bis 1992 Tw 445), btf., mit Bw 1458 (Hansa 1967)
- Et: 701, Bo, Bremer Dock und Maschinenbau 1947, 2 x 60 kW, seit 1985 Htw, restauriert 1991-2001, zuvor Rangier-Tw Atw 886, bis 1970 im Liniendienst (Tw 886 bzw. 701), btf.
- Eb: 1727, Bremer Dock 1947, ex Tw 722, abg.
- Et: 811 „Alte Zehn", Bo'Bo', Hansa 1954, 4 x 60 kW, Einrichtungs-Großraumzug, 1992 ex Tw 481, bis 1990 im Liniendienst (Tw 481, bis 1988 Tw 811), btf., mit Bw 1806 (Hansa 1954)
- Et: 827, Bo'Bo', Hansa 1954, 4 x 60 kW, baugleich mit Tw 811, bis 1990 im Liniendienst (Tw 487, bis 1988 Tw 827), abg.
- Et: 917 „Ackerwagen", Bo'1', Eigenbau/Hansa 1957, 2 x 76 kW, Dreiachsgelenkwagen, 1992 ex Tw 846, bis 1980 Partywagen, bis 1977 im Liniendienst (Tw 846, bis 1970 Tw 917), btf.
- Et: SS1, Bo, Bremer Dock 1949, 2 x 60 kW, Schleifwagen, 1999 ex BSAG, bis 1970 Tw 722, abg.

Verdener Eisenbahnfreunde (VEF), Stemmen

1991 nahm der Verein VEF auf dem Abschnitt Verden – Stemmen (12 km) der Verden-Walsroder Eisenbahn (VWE) den Museumsverkehr auf. In ihrem Domizil in Stemmen nutzen sie neben dem Güter- auch den Lokschuppen, der aber noch keinen Gleisanschluß hat. So müssen die Fahrzeuge im Freien stehen.
Termine: 12.4., 1.5., 20.5., 30.5., 13.6., 11.7., 1.8., 15.8., 5.9. und 11./12.12.2004 (jeweils Stemmen ab 10.00, 13.25, und 16.25 Uhr; Verden DB ab 11.00, 14.30 und 17.20 Uhr)
Info: Verdener Eisenbahnfreunde e.V., Postfach 1408, 27264 Verden, Tel. 04231 301113 (Mahnke) und 04238 622, vef@personenzug.de
Internet: www.personenzug.de
Triebfahrzeuge (1.435 mm):
- Vl: V 11, B-dm, Deutz 23081/1939, 145 PS, 1990 ex Dampfeisenbahn Weserbergland, bis 1981 Steinhuder Meer-Bahn (V 241), bis 1957 Werklok Jung (Jungenthal) bzw. Dolberg (Dortmund), bis 1953 VWE (V 2 / V 241), abg.
- Vl: V 20, B-dh, Gmeinder 4275/1947, 180 PS, 1999 ex VWE (V 2), bis 1956 Esso (Hamburg), btf.
- Vl: V 22 „Magdeburger", B-dh, LKM 2625612/1975, 220 PS, 1991 ex Agro-Chemie Wolmirstedt (1), abg.
- Vl: Effem, B-dh, Deutz 47327/1944, 128 PS, Kö II, 1989 ex VWE (5), bis 1987 Firma Effem (Verden), bis 1979 DB (323 049 / Köf 5231), abg.
- Vl: Hermann, B-dm, Krauss-Maffei 15464/1934, 90 PS, Kö I, 1991 ex VEB Teltomat Berlin, bis 1964 Osthafen Berlin (BEHALA), bis 1945 Wehrmacht (Rehagen-Klausdorf), urspr. DRG (Kö 4731), abg.
- Vt: VT 1, A1-dm, Talbot 28007/1934, 120 PS, 1995 ex Hespertalbahn (VT 6), bis 1969 OHE (DT 0502), bis 1944 Celle – Soltau – Munster (T 22), abg.

Deutscher Eisenbahn-Verein (DEV), Bruchhausen-Vilsen

Der 1964 gegründete Deutsche Kleinbahn-Verein eröffnete 1966 auf dem Abschnitt Bruchhausen-Vilsen – Asendorf (8 km) der ehemaligen Hoya-Syke-Asendorfer Eisenbahn (HSA) die erste Museumsbahn auf dem europäischen Festland. Nach seiner Umbenennung in „Deutscher Eisenbahn-Verein" e.V. (DEV) errichtete er in Bruchhausen-Vilsen eine Fahrzeughalle mit Werkstatt. 1973 kauften die Anliegergemeinden die Museumsstrecke und verpachteten sie an den DEV, der 1983 die Betriebsführung übernahm. Ab 1994 wurde der Bahnhof Bruchhausen-Vilsen grundlegend umgebaut. Die Gleisanlagen sind jetzt dreischienig und nach dem Bau einer Umladehalle und einer Rollbockgrube wurde das Empfangsgebäude in seinen Ursprungszustand zurückversetzt.

Die V 29, die ehemalige V 29 952 der DB, fuhr ursprünglich zwischen Ludwigshafen und Meckenheim, später u. a. auf dem Altensteigerle. Seit 2002 ist sie beim DEV wieder betriebsfähig (Heiligenberg, 3.8.2002). Foto: Ludger Kenning
Unten: Der von der Kleinbahn Niebüll – Dagebüll stammende Esslinger T 2 pendelt gelegentlich zwischen Eystrup und Heiligenfelde. Am 26.8.2001 hatte er bei Hoyerhagen den Brokser Heiratsmarkt zum Ziel. Foto: Stephan Herrmann

1985 richtete der DEV zwischen Eystrup und Syke (inzwischen lediglich noch Bruchhausen-Vilsen – Eystrup) einen Zubringerverkehr ein. Zusammen mit den Verkehrsbetrieben Grafschaft Hoya (VGH) baute er 2000 in Hoya eine Fahrzeughalle für die normalspurigen Fahrzeuge.

Harald Kindermann errichtete in der Nähe des ehemaligen Haltepunkts Wiehe Kurpark sein Wohnhaus, den „Bahnhof Vilsen Ort". An Betriebstagen der Museumsbahn fertigt er in zünftiger Uniform die Züge ab, verkauft am originalgetreuen Fahrkartenschalter Billets und befördert auf der 130 m langen Feldbahn Stückgüter mit einem Lorenknecht (B-dm, Kröhnke 94/1942, 6 PS, 500 mm, 1986 ex Firma W. Mint in Hamburg-Kirchwerder, urspr. Ziegelei Jonny Bösch in Horneburg).

Fahrbetrieb Schmalspurbahn: Samstags, sonn- und feiertags vom 1.5. bis 3.10.2004
Samstags: Bruchhausen-Vilsen ab 14.00, 16.15 und 18.00 Uhr; Asendorf ab 15.00, 17.00 und 19.00 Uhr
Sonntags: Bruchhausen-Vilsen ab 11.15, 14.00 und 16.15 Uhr; Asendorf ab 12.15, 15.00 und 17.00 Uhr
Normalspur: 1.5., 4.7. und 7./8.8.2004 (jeweils Eystrup 10.15 – Bruchh.-V. 11.00/16.55 – Eystrup 17.40 Uhr)
Weitere Termine: 11./12.4. (Osterfahrten Bruchhausen-Vilsen – Hoya, Zweistundentakt), 1.5. (Saisoneröffnung Schmal- und Normalspur), 22.5. (Spargelexpress), 30./31.5. (Mit der Kleinbahn ins Grüne), 3.7. (Schlemmerexpress), 4.7. (historischer Tag, Schmal- und Normalspur), 7./8.8. (Tage des Eisenbahnfreundes, Schmal- und Normalspur), 27.-31.8. (Brokser Heiratsmarkt, Normalspur), 4.9. (Kartoffelexpress), 12.9. (Tag des offenen Denkmals), 2.10. (Neptunexpress), 3.10. (Saisonabschluß), 27./28.11., 4./5., 11./12.12. und 18./19.12.2004 (Nikolauszüge)
Info: Deutscher Eisenbahn-Verein, Postfach 1106, 27300 Bruchhausen-Vilsen, Tel. 04252 9300-0, Fax -12, info@museumseisenbahn.de
Internet: www.museumseisenbahn.de

Triebfahrzeuge (1.000 mm):
Dl: Bruchhausen, Cn2t, Hanomag 3344/1899, 1966 ex VGH (33), bis 1963 HSA (33 „Bruchhausen"), seit 1971 Denkmal am Bf Bruchhausen-Vilsen
Dl: Hoya, Cn2t, Hanomag 3341/1899, 1967 ex VGH (31), bis 1963 HSA (31 „Hoya"), i.A.
Dl: Hermann, Cn2t, Hohenzollern 2798/1911, 1978 ex privat (Bruchhausen-Vilsen), bis 1967 Kreis Altenaer Eisenbahn (15 „Hermann"), btf.
Dl: Plettenberg, Bh2t, Henschel 20822/1927, 1968 ex Plettenberger Kleinbahn (3), btf.
Dl: Franzburg, Bn2t, Vulcan 1363/1894, 1980 ex Denkmal Freizeitpark Minidomm (Breitscheid bei Düsseldorf), bis 1973 DR Barth (99 5605), bis 1949 Pommersche Landesbahnen (PLB 122N 2206), bis 1939 Franzburger Kreisbahn (FKB 4i), btf.
Dl: Spreewald, 1'Cn2t, Jung 2519/1917, 1971 ex DR (99 5633 / 99 5631), 1947-49 Spreewaldbahn AG (27), bis 1945 Schloßberger bzw. (bis 1938) Pillkaller Kleinbahnen der Ostdeutschen Eisenbahn-Gesellschaft (OEG bzw. PKB 23), btf.
Dl: Mallet, B'B'n4vt, Karlsruhe 1478/1897, 1995 ex Denkmal am Rheinstrandbad Rappenwörth, bis 1967 Albtalbahn von Lenz & Co. bzw. der Badischen Lokaleisenbahn AG bzw. DEBG (7s), i.A.
Vl: V 1, B-dh, Krupp 2446/1941, 108 PS, 1978 ex Rendsburger Kreisbahn (RK 1 / RK 11), 1957-80 normalspurig, btf.
Vl: V 2, B-dm, Schöma 2005/1957, 80 PS, 2000 ex Inselbahn Spiekeroog (4), dort 1981 abgestellt, i.A.
Vl: V 3, B-dh, Deutz 55735/1954, 120 PS, 1980 ex VGH (V 122), 1971 abgestellt, bis 1966 Euskirchener Kreisbahnen (EKB 21), btf.
Vl: V 4 Emden, Bo, Henschel 25955/1942, 80 PS, 1988 ex Borkumer Kleinbahn („Emden", dort 900 mm), bis 1947 Marine-Artilleriezeugamt Borkum (1), btf.
Vl: V 29, B'B'dh, Jung 11464/1952, 290 PS, 1997 ex DGEG (ab 1981 Viernheim, ab 1989 im Betonwerk Bruchhausen-Vilsen, bis 1981 SWEG Schwarzach (V 29-01, bis 1971 MEG V 29.01), bis 1967 DB Nagold-Altensteig (V 29 952), bis 1956 DB Ludwigshafen-Meckenheim, btf.
Vt: T 41, AA-bm, Wismar 20202/1933, 2 x 50 PS, Bauart Hannover, 1966 ex Steinhuder Meer-Bahn (T 41 / SK-1), btf.
Vt: T 42, (1A)'(A1)'dm, Dessau 3214/1939, 120 PS, 1974 ex DR (187 101 / VT 137 532), bis 1950 Franzburger Kreisbahnen (1142 / T 2), btf.
Vt: T 43, B'2'dm, AEG 1925, 120 PS, 1981 ex Selfkantbahn (T 23), bis 1971 Sylter Inselbahn (T 23), bis 1957 Rendsburger Kreisbahn (T 1), abg.

Vt: T 44, (1A)'(A1)'dm, Talbot 94429/1950, 135 PS, Typ Eifel I, 1982 ex Juister Inselbahn (T 2), bis 1959 Euskirchener Kreisbahnen (T 1), btf.
Vt: T 45, B'2'dh, Wismar 20222/1933, 126 PS, 1996 ex DB Wangerooge (699 101, bis 1992: 699 001), bis 1981 Inselbahn Spiekeroog (T 5), bis 1963 Kreisbahn Emden-Pewsum-Greetsiel (T 61 / T 1), abg.
Vt: T 46, Bo, Oerlikon 1144/1931, 50 PS, 1979 ex Meiringen-Innertkirchen-Bahn/Schweiz (Tw 3 „Trudi"), btf.
Nf: SKL 1 Friedhelm, B-dm, Sollinger Hütte K1208/1964, 72 PS, 1989 ex DB Oberhausen (Klv 51-9244, dort 1.435 mm), btf.
Nf: 182, FKF-Werke 12017/1948, 1970 ex Steinhuder Meer-Bahn (D 1), btf.
Triebfahrzeuge (1.435 mm):
Vl: V 241, B-dh, Gmeinder 5121/1959, 240 PS, 1997 ex DB (332 002 / Köf 11002), btf.
Vl: V 36 005, C-dh, Deutz 47179/1944, 360 PS, WR360 C14K, 1998 ex VGH (V 36 005), bis 1976 DB Altenbeken (236 237 / V 36 237), urspr. Wirtschaftliche Forschungsgesellschaft Berlin (8), btf.
Vt: T 1, A1-dm, Gotha 2550/1936, 88 PS, Eigentum VGH, bis 1963 Hoyaer Eisenbahngesellschaft (HEG T 1), btf.
Vt: T 2, (1A)'(A1)'dh, Esslingen 24846/1956, 2 x 145 PS, 1992 ex Nordfriesische Verkehrsbetriebe / Kleinbahn Niebüll-Dagebüll (T 2), btf., mit TA 4 (Esslingen 1957), btf.

Historische Eisenbahn Grafschaft Hoya

Nachdem das Vorhaben des 1998 gegründeten Vereins zur Erhaltung der Eisenbahn im Hoyaer Land e.V. (VHL), den Hoyaer Lokschuppen zu erhalten, gescheitert war, fand man auf dem Gelände der Nienburger Glasfabrik ein Quartier und plant jetzt einen Museumsverkehr auf der Strecke nach Liebenau. Zum Wagenpark gehören auch ein GmP aus Wagen der BOE und der Niederweserbahn sowie drei B3yg-Umbauwagen. Seit 2001 trägt der Verein seinen heutigen Namen.
Info: Jörg Harm, Zum Vorberg 15, 27318 Hoyerhagen, Tel. 0172 5118208, fink@primedia.de
Internet: www.heg-ev.org
Triebfahrzeuge (1.435 mm):
Vl: V 1, B-dm, Deutz 56847/1958, 55 PS, 1999 ex Delmenhorst-Harpstedter Eisenbahnfreunde, bis 1995 Umweltschutz Nord, bis 1989 K. Groß in Liebenau (Weser), urspr. Maizena-Werke (Krefeld-Linn), btf.
Vl: 323 322, B-dh, Deutz 57902/1965, Köf II / A6M 617R, 2004 ex Werk Wahlstedt der Nienburger Glas AG („Emma"), bis 1995 DB (323 322 / Köf 6802), btf.
Vt: T 2, Bo-dm, Hansa 1953, Privatbesitz, 1996 ex Kleinbahn Leeste e.V., bis 1984 DEV Bruchhausen-Vilsen, bis 1978 VGH Hoya (T 2), i.A.

Jahrelang war der Triebwagenverkehr Rahden – Uchte eine „Filiale" der Museumseisenbahn Minden, doch seit 2003 wird er vom Museumseisenbahn Rahden-Uchte e.V. eigenständig abgewickelt. Am 20.7.2003 verließ der Zug 798 823 / 998 / 864 / 998 874 den Bahnhof Rahden. Foto: Stephan Herrmann

Besucherfeldbahn der Diakonie Freistatt

Vom stillgelegten Torfwerk Freistatt blieb die 6 km lange Feldbahn für Gesellschaftsfahrten der Diakonie erhalten. Die Strecke beginnt an der „Alten Bäckerei", unterquert die Strecke Diepholz – Sulingen, passiert das Torfwerk (mit Lokschuppen), verläuft dann durch eine Moorlandschaft und endet im Park des Altenheims Heimstatt. Neben drei vierachsigen Personenwagen sind auch einige Draisinen und Torfloren noch vorhanden (Fahrbetrieb nach Absprache).
Info: Diakonie Freistatt, v.-Lepel-Str. 27, 27259 Freistatt, Tel. 05448 88264, Fax 88599
Lokomotiven (600 mm):
Vl: B-dm, Schöma 165/1935, 20 PS, Neulieferung, btf.
Vl: 3 Stück, B-dm, Schöma 731/1943, 854/1946 und 863/1947, 25 PS, ex Gasgeneratorlok, btf.
Vl: B-dm, Schöma 1474/1953, 42 PS, urspr. Ziegelwerke Rethel (Bielefeld), btf.

Museumseisenbahn Rahden – Uchte

Ab 1988 bemühten sich zwei Eisenbahner um den Erhalt der stillgelegten Strecke Rahden – Uchte (25,4 km). Sie richteten im Rahdener Lokschuppen eine Werkstatt ein und schlossen sich 1989 der MEM an. Nach Überarbeitung der Bahnanlagen begann 1991 der Fahrbetrieb. Die Strecke gehört seit 1999 den Kreisen Minden-Lübbecke und Nienburg sowie den Gemeinden Rahden und Uchte. Seit 2003 wickelt der Museumseisenbahn Rahden-Uchte e.V. den Fahrbetrieb in Eigenregie ab.
Fahrbetrieb: 20.5., 20.6., 18.7., 22.8., 12.9. und 10.10.2004 (Rahden ab 8.45, 11.00 und 15.50 Uhr
Info: MEM-Gruppe Rahden, Postfach 331, 32364 Rahden, Tel. 05771 3177, Fax 6886, info@meb-rahden-uchte.de
Internet: www.meb-rahden-uchte.de
Triebfahrzeuge (1.435 mm):
Vt: T 2, A1-dm, Uerdingen / Moerser Kreisbahn 1953 (Umbau aus VB), 130 PS, 1984 ex BFS Lüdenscheid, bis 1981 Niederrhein. Verkehrsbetriebe (T 22), urspr. Moerser Kreisbahn, btf.
Vt: 798 823, AA-dm, MAN 146605/1962, 2 x 150 PS, 1996 ex DB (798 823 / VT 98 9823), btf. (mit 998 864 [Donauwörth 1396/1959] und 998 874 [Donauwörth 1406/1959])
Vl: V 6, B-dh, Deutz 55774/1954, 225 PS, T4M 525R, 1993 ex Eisengießerei Meier (Rahden), bis 1992 Karmann (Rheine), bis 1986 Westfälische Landeseisenbahn (VL 0601), bis 1976 Ruhr-Lippe Eisenbahn (D 53), abg.
Vl: V 7, B-dh, Deutz 57340/1960, 128 PS, Köf II, 1995 ex Werklok Bw Osnabrück, bis 1983 DB (323 237 / Köf 6482), btf.

Museumseisenbahn Minden (MEM), Preußisch Oldendorf

Seit ihrer Gründung im Jahr 1977 setzt die MEM auf der ehemaligen Wittlager Kreisbahn Sonderzüge ein. Inzwischen verkehren die Museumszüge, die in einer neuen Halle in Preußisch Oldendorf untergebracht sind, nur noch zwischen Preußisch Oldendorf und Bohmte, da die Abschnitte nach Schwegermoor und Holzhausen-Heddinghausen gesperrt sind.
Fahrbetrieb: 18.4., 16.5., 20.6., 18.7., 15.8., 19.9. und 17.10.2004, jeweils Preuß. Oldendorf 10.15 – Bohmte 10.57/11.20 – Preuß. Oldendorf 12.05/13.30 – Bohmte 14.12/14.45 – Preuß. Oldendorf 15.25/16.00 – Bohmte 16.42/17.00 – Preuß. Oldendorf 17.43 Uhr
Info: Museumseisenbahn Minden, Postfach 110131, 32404 Minden, Tel. 0571 58300, Fax 53040
Internet: www.vereine.minden.de/mem
Triebfahrzeuge (1.435 mm):
Dl: 86 744, 1'D1'h2t, O&K 13759/1942, 1991 ex Kokerei „August Bebel" Zwickau (26), bis 1982 Industriebahn Erfurt (2), bis 1974 DR (86 744), abg.
Dl: 89 6237, Cn2t, Breslau 2936/1924, 1981 ex Raw Dresden (WL 5), zuvor DR (89 6237), bis 1949 Erfurt-Nottleben (251), urspr. Kleinbahn Ellrich-Zorge (3), btf.
Dl: Alice Heye, Bn2t, Hohenzollern 2469/1910, 1977 ex Glashütte Düsseldorf-Gerresheim, abg.
Vl: DL 2, C-dh, MaK 220034/1958, 240 PS, 1997 ex VLO / Wittlager Kreisbahn (DL 2), abg.
Vl: V 2, B-dh, BMAG 10781/1938, 110 PS, 1985 ex Erzgrube Kleinenbremen, btf.

Vl: V 4, B-dh, Jung 5477/1934, 128 PS, Köf II, 1994 ex Miele (Gütersloh), bis 1978 DB (323 004 / Köf 4140 / Kö 4140), btf.
Vt: T 3, A1-dm, Busch 1935, 110 PS, Eigentum VLO, 1949 ex Georgsmarienhütte-Eisenbahn, bis 1947 DR (VT 135 060 / VT 775), i.A.

Dampfeisenbahn Weserbergland (DEW), Rinteln

Die Hausstrecke der 1972 gegründeten DEW ist die Rinteln-Stadthagener Eisenbahn (20 km). Weil der Verein Mühe hatte, den rasch angewachsenen Fahrzeugpark zu pflegen, gab er viele Fahrzeuge wieder ab. Inzwischen ist der Dampfzugverkehr, den die DEW seit 1999 auch zwischen Rinteln, Hameln und Vorwohle abwickelt, eine besondere Attraktion für den Fremdenverkehr im Weserbergland.
Termine: 12.4., 2.5., 20.5., 6.6., 4.7., 1.8., 5.9. und 3.10.2004 (jeweils Rinteln Nord 9.30 – Stadthagen 10.20/45 – Rinteln Nord 11.35/13.30 – Stadthagen 14.20/45 – Rinteln Nord 15.35 Uhr), am 2.5., 6.6., 4.7., 1.8. und 5.9.2004 zusätzlich Rinteln Nord 17.00 – Löhne 17.50/18.10 – Minden 18.35/40 – Stadthagen 19.15/35 – Rinteln Nord 20.25 Uhr)
Info: Dampfeisenbahn Weserbergland, Postfach 110245, 31729 Rinteln, Tel. 05751 5213, dampfeisenbahn@t-online.de
Oder: Karl-Heinz Damke, Brunnenstr. 11, 30453 Hannover, Tel. 0511 2102223 und 0177 6806039
Internet: www.shg-web.de/dew/
Lokomotiven (1.435 mm):
Dl: 6 „Graf Bismarck XVI", Dn2t, Henschel 25724/1949, 1979 ex RAG-Zeche Graf Bismarck, abg.
Dl: 52 8038, 1'Eh2, Krenau 1289/1943, bis 1992 DR (52 8038 / 52 5274), btf.
Vl: V 7, D-dh, LEW 11347/1967, 650 PS, 1993 ex Chemiewerk Salzwedel (1), btf.
Vl: V 8, C-dh, Henschel 28637/1956, 360 PS, bis 1984 VKSF Schleswig (V 34), abg.
Vl: V 9, D-dh, LKM 270160/1963, 650 PS, 1993 ex Chemiewerk Salzwedel (2), btf.
Vl: V 12, B-dm, Gmeinder 4165/1940, 120 PS, 1982 ex Varta Hannover, zuvor Opel Rüsselsheim, btf.
Vl: V 14, B-dh, Gmeinder 5185/1960, 128 PS, Eigentum Glasfabrik Obernkirchen, bis 1993 Glaswerk Freital (1), bis 1991 DB (323 751 / Köf 6551), abg.
Vl: V 16, B-dh, Deutz 57903/1965, 128 PS, 1998 ex DB (323 323 / Köf 6803), btf.

Steinhuder Meer-Bahn e.V., Wunstorf

1898 ging in der „Seeprovinz" zwischen Wunstorf, Steinhude, Bad Rehburg, Stolzenau und Uchte die meterspurige Steinhuder Meer-Bahn (52,7 km) in Betrieb. 1905 kam die anfangs dreischienige Stichstrecke zum Kaliwerk Mesmerode hinzu. Bereits 1935 wurde der Abschnitt Rehburg Stadt – Uchte eingestellt und 1970 endete am Steinhuder Meer die Schmalspurzeit. Nur die heutige OHE-Strecke Wunstorf – Mesmerode blieb erhalten. Der 2001 gegründete Steinhuder Meer-Bahn e.V. will die StMB-Geschichte dokumentieren, Relikte sammeln, Fahrzeuge restaurieren und 2005 einen Museumsbetrieb aufnehmen. Ein vierachsiger StMB-Personenwagen (Bj. 1898), der 1937 nach Langeoog verkauft und 1995 nach Wunstorf zurückgeholt worden war, wird derzeit in seinen Ursprungszustand zurückversetzt.
Termine: Meerbahntag am 2.10.2004
Info: Steinhuder Meer-Bahn e.V., Postfach 1125, 31515 Wunstorf, Tel. 05033 3900243, Fax 390196, info@stmb-ev.de
Internet: www.stmb-ev.de
Triebfahrzeuge (1.435 mm):
Vl: Emma, B-dm, Deutz 47065/1951, 50 PS, A4L 514, 2003 leihweise ex Holzhandel/Baustoffe Pflüger (Wunstorf), bis 1990 Nordzement Wunstorf, btf.
Vt: T 101, A1-dm, Gotha 26052/1934, 2004 ex DHEF Harpstedt, bis 1998 MBS Haaksbergen/Niederlande (M 21), bis 1966 Ahaus-Enscheder Eisenbahn (T 10), bis 1962 Ankum-Bersenbrücker Eisenbahn (T 101), bis 1959 Bremervörde-Osterholzer Eisenbahn (T 1 / T 101, Umbau 1956), abg.

Besucherbergwerk Klosterstollen, Barsinghausen

Nach der Schließung des Steinkohlenbergbaues am Deister (1957) und dem Abbau der Bergwerksanlagen begannen um 1985 der Förderverein Besucherbergwerk Barsinghausen und die Alte Zeche Betriebs-GmbH mit der Wiederherrichtung des Klosterstollens und dem Umbau des Zechensaals in ein Museum. Mit einer 1,3 km langen Grubenbahn fahren die Besucher zu den Abbaustellen, wo ihnen mit altem Gerät der typische Deister-Bergbau vorgeführt wird.
Info: „Alte Zeche", Hinterkampstr. 6, 30890 Barsinghausen, Tel. 05105 514187 und 0175 3491783
Internet: www.besucherbergwerk-klosterstollen.de
Lokomotiven (600 mm):
Al: Bo, LEW, EL 9, 1992 ex privat (Hildesheim), bis 1991 Drei Kronen & Ehrt (Elbingerode), btf.
Al: Bo, LEW, EL 9, 1992 ex privat (Hildesheim), bis 1991 Drei Kronen & Ehrt (Elbingerode), btf.
El: 54, Bo, AEG, 750 mm, ex Schacht Conrad (Salzgitter), Denkmal

Straßenbahn Hannover

In Hannover wurden 1956 mit den Tw 168 und 130 sowie dem Pferdebahnwagen 84 erstmals Straßenbahnwagen museal erhalten. In der Wagenhalle Döhren entstand eine „Historische Ecke" mit Fahrzeugen, Fahrschaltern, Lyrabügeln und Modellen. Mehrmals mußte die auf über 20 Fahrzeuge angewachsene Sammlung umziehen, heute ist sie im Btf Buchholz zuhause. Ab 1985 fuhren sporadisch wieder nostalgische Straßenbahnen, doch ist dies aufgrund der heutigen Hochbahnsteige und Kehranlagen nicht mehr möglich.
Info: Hannoversche IG ÖPNV e.V., Hinter dem Hagen 1c, 30989 Gehrden
Triebfahrzeuge (1.435 mm):
Et: 129, Bo, Nordwaggon/Bergmann 1927, 1991 restauriert, zuvor Atw 830 bzw. Tw 130, btf.
Et: 130, Bo, v.d.Zypen/S&H 1900, 36,8 kW (2. Wagenserie nach Elektrifizierung), abg.
Et: 168, A1, Jacobi/S&H 1896, 18,4 kW (1. Wagenserie bei Elektrifizierung), btf.
Et: 178, Bo, HaWa/Bergmann 1928, 46 kW, Ganzstahlwagen, btf.
Et: 239, Bo, Düwag/AEG 1950, 2 x 46 kW, Aufbauwagen, btf.
Et: 336, Bo'Bo', Düwag/LHB/AEG 1955, 2 x 100 kW, Großraumwagen, abg.
Et: 478, Bo'2', Düwag/LHB/AEG 1959, 2 x 55 kW, Großraum-/Breitraumwagen (ex Tw 438), btf.
Et: 514, Bo'2'Bo', Düwag 1962, 1998 ex Üstra, Vereinsheim, abg.
Et: 522, Bo'2'Bo', Düwag 1962, 4 x 55 kW, Üstra-Museumswagen, abg.
Et: 710, Bo'Bo', Uerdingen 1927, ex Tw 210 („Roter Wagen" der Hildesheimer Linie), Einsatz als Bw
Et: Atw 801, Bo, HaWa 1928, Kurvenschmierwagen, ehem. B 801 bzw. Stückgut-Tw 801, abg.
Et: Atw 804, Bo, HaWa 1928, Schneepflug, u. a. ehem. Stückgut-Tw
Et: Atw 809, Bo, Schörling 1948, Schleifwagen, u. a. ehem. Stückgut-Tw
El: B 374, Bo, Üstra/SSW 1907, Umbau aus Güter-Tw 347 (v.d.Zypen/Siemens 1899)

Hannoversches Straßenbahn-Museum (HSM), Sehnde-Wehmingen

An verschiedenen Standorten im Raum Hannover sammelte das Deutsche Straßenbahn-Museum (DSM) ab 1971 Fahrzeuge von Straßenbahnbetrieben, die ihren Wagenpark erneuert oder ihren Betrieb eingestellt hatten. 1973 wurde die Sammlung auf dem Gelände des stillgelegten Kaliwerks Hohenfels in Sehnde-Wehmingen zusammengezogen. Das Übermaß von mittlerweile etwa 350 Straßenbahnwagen sowie zahlreichen Bussen trug 1986 maßgeblich zum Konkurs des DSM bei. Der 1987 gegründete Verein Hannoversches Straßenbahn-Museum e.V. (HSM) machte einen Neuanfang, mußte jedoch die Konkursmasse komplett erwerben. Durch die Zerlegung oder den Verkauf vieler Wagen (auch fast aller Busse) halbierte sich der Bestand, mit dem das HSM jetzt die deutsche Straßenbahngeschichte anhand von Originalen exemplarisch darstellen will. Auch ein möglichst authentischer Fahrbetrieb gehört zum Konzept. Etwa 15 Wagen (vorwiegend aufgearbeitet) sind in festen Hallen, 40 weitere in einer Zelthalle oder im Freien zu sehen. Alle 20 Minuten können die Besucher gratis mit einem Oldtimer in den Süden des Geländes fahren. Die reizvolle Strecke wird 2004 auf 1,5 km Länge erweitert.

Geöffnet: April bis 3.10.2004 (sonn- und feiertags 11-17 Uhr)
Weitere Termine: 10./11.7. (Europäisches Straßenbahnfest), 15.8. (Oldtimertag), 12.9. („Entdeckertag", mit Tramparade um 15 Uhr) und 3.10.2004 (alle paar Minuten fahren west- und ostdeutsche Wagen gemeinsam)
Museum: Hannoversches Straßenbahn-Museum, Hohenfelser Str. 16, 31319 Sehnde-Wehmingen, Tel. 0511 6463312
Info: HSM e.V., Kirchröder Str. 5, 30625 Hannover, Tel./Fax 0511 6463312, menz@wehmingen.de
Internet: www.wehmingen.de

Triebfahrzeuge:
- El: RL 1, Bo, HW Walle 1932, 1932 ex Tw (Bj. 1902), 1981 ex Bremen (RL 1), abg.
- El: 2, Bo'Bo', Trelenberg 1924, 170 kW, 1980 ex Filderbahn Stuttgart (E 2), btf.
- Et: 2, B'B', Esslingen 1961, 240 kW, 1978 ex Neunkirchen (Tw 2), btf.
- Vt: LT 4, (1A)2'dm, Borgward 1953, 90 PS, 1.000 mm, 1978 ex IHS Schierwaldenrath, bis 1971 Sylter Inselbahn (LT 4), abg.
- Et: 8, Bo, v.d.Zypen 1902, 78 kW, 1974 ex Straßenbahn Bonn (Atw 8 / Tw 8), bis 1906 meterspurig, abg.
- Et: 8, Bo'Bo', Esslingen 1929, 222 kW, 1.000 mm, 1980 ex Esslingen – Nellingen – Denkendorf (Tw 8), abg.
- Et: 11, Bo, Fuchs/S&H 1902, 53 kW, 1.000 mm, 1981 ex Heidelberg (Tw 11), abg.
- Et: 12, Bo'Bo', Ganz 1895, U-Bahnwagen, 1981 ex Budapest (Tw 12), ä.r.
- Et: 15, Bo, Soc. Genérale 1927, 2 x 60 kW, 1978 ex Neunkirchen (Atw 15 / Tw 15), abg.
- Et: 21, Bo, Herbrand 1912, 60 kW, 1.000 mm, 1971 ex Reutlingen (Tw 21), abg.
- Et: 24, Bo'Bo', Rathgeber 1912, 2 x 33 kW, Wanderbücherei, 1973 ex München (Atw 24), abg.
- Et: 27, Bo'Bo', Fuchs 1928, 2 x 53 kW, 1.000 mm, 1976 ex Oberrheinische Eisenbahn-Gesellschaft (Tw 27), abg. (mit ES 28)
- Et: 29, (A1)'(1A)', v.d.Zypen 1925, 126 kW, 1984 ex Siegburger und Siebengebirgsbahn (Atw 29 / Tw 29), abg.
- Et: A31, A'1'A', Herbrand 1911, 2 x 60 kW, 1978 ex Straßenbahn Bonn (Atw A31 / Tw 313), bis 1969 Bonn – Godesberg – Mehlem (Tw 13, bis 1950 Bw 33), abg.
- Et: 34, Bo, MAN 1909, 50 kW, 1.000 mm, 1973 ex Freiburg (Tw 34), i.A.
- Et: 35, Bo, Gotha 1957, 2 x 60 kW, 1993 ex Dessau (Tw 35), bis 1989 Dresden (Tw 213 107 / Tw 1577), btf. (mit Bw 126, (Gotha 1960)
- Et: 38, (A1)'(1A)', Fuchs 1913, 2 x 45 kW, 1.000 mm, 1974 ex Heidelberg (Tw 38), abg. (mit Bw 153, Bj. 1928)
- Et: 46, Bo'Bo', Schlieren 1902, 2 x 37 kW, 1981 ex Neuchatel/Schweiz (Tw 46), abg. (mit Bw 113)
- Et: 56, v.d.Zypen 1912, 50 kW, Schwebebahn-Nebenwagen, 1974 ex Wuppertal, abg.
- Et: 68, A'1'A', Westwaggon 1952, 2 x 60 kW, 1982 ex Bremerhaven (Tw 68), bis 1955 RWE-Strecke Opladen – Ohligs (Tw 22), abg.
- Et: 76, Bo, DWM 1956, 2 x 60 kW, 1982 ex Bremerhaven (Tw 76), bis 1963 Bahnen der Stadt Monheim (Tw 6), abg.
- Et: 79, Bo'Bo', Düwag 1957, 2 x 100 kW, 1982 ex Bremerhaven (Tw 79), bis 1967 Offenbach (Tw 013), mit Bw 216
- Et: 100, Bo, O&K 1925, 118 kW, 1981 ex Kassel (Atw 100 / Tw 120), abg.
- Et: 102, Bo'2'Bo', Rathgeber 1960, 4 x 50 kW, 1976 ex München (Tw 102), abg.
- Et: 119, Bo'Bo', Weyer 1920, Sprengwagen, 1980 ex Duisburg (Tw 119), i.A.
- Et: 160, Bo, Schlieren 1920, 109 kW, ex Basel (Tw 160), abg. (mit Bw 1130, Bj. 1912)
- Et: 181, Bo, HaWa 1928, 2 x 46 kW, 1975 ex Üstra (Tw 181), btf. (mit Bw 1007, Bj. 1929)
- Et: 191, Bo, HaWa 1928, 2 x 46 kW, 1976 ex Üstra (Tw 191), abg. (mit Bw 1033, Bj. 1929)
- Et: 218, Bo, Credé 1936, 2 x 60 kW, 1981 ex Kassel (Tw 216), abg. (mit Bw 501, Bj. 1934)
- Et: 227, Bo, Credé 1943, 2 x 46 kW, 1975 ex Üstra (Tw 227), i.A. (mit Bw 1122, Bj. 1951)
- Et: 236, Bo, Düwag 1950, 2 x 46 kW, 1982 ex Üstra (Tw 236), btf. (mit Bw 1072, Bj. 1947)
- Et: 252, Bo, Nordwaggon 1908, 1982 ex Bremerhaven (Tw 252), abg.
- Et: 253, Bo, Schörling 1941, Saugwagen, 1982 ex Bremerhaven (Atw 253), abg.
- Et: 254, Bo, Schörling 1948, Schleifwagen, 1982 ex Bremerhaven (Atw 254), btf.

Et: 257, Bo, Düwag 1937, 2 x 74 kW, 1975 ex Düsseldorf (Tw 257), i.A. (mit Bw 320, Bj. 1941)
Et: 315, A'1'A', Westwaggon 1953, 2 x 60 kW, 1978 ex Straßenbahn Bonn (Tw 315), bis 1969 Bonn – Godesberg – Mehlem (Tw 15), i.A.
Et: 328, Bo'Bo', Düwag 1955, 2 x 100 kW, 1982 ex Üstra (Tw 328), abg. (mit Bw 1301, Bj. 1951)
Et: 334, A'1'A', Westwaggon 1959, 2 x 60 kW, 1977 ex Straßenbahn Bonn (Tw 334), bis 1969 Bonn – Godesberg – Mehlem (Tw 34), i.A.
Et: 341, Bo'Bo', Düwag 1951, 2 x 100 kW, 1982 ex Üstra (Tw 341 / Tw 715), abg. (mit Bw 1341)
Et: 350, Bo, Herbrand 1900, 59 kW, 1.100 mm, Fahrschulwagen, 1981 ex Kiel (Atw 350 / Tw 130 / Tw 93), ä.r.
Et: 358, A'1'A', Westwaggon 1959, 2 x 60 kW, 1976 ex Straßenbahn Bonn (Tw 358), bis 1969 Bonn – Godesberg – Mehlem (Tw 59), i.A.
Et: 427, Bo'2', Düwag 1956, 110 kW, Breitraumwagen, 1985 ex Üstra (Tw 427 / Tw 447), btf.
Et: 503, Bo'2'Bo', Düwag 1962, 220 kW, 1997 ex Üstra (Tw 503), btf.
Et: 722, Bo, v.d.Zypen 1898, 2 x 34 kW, 1975 ex Kassel (Atw 722 / Tw 14), btf.
Vl: 811, B-dm, Diema 1962, 40 PS, 1981 ex Üstra (811), btf.
Et: 820, Bo, MAN 1926, 100 kW, 1981 ex Nürnberg (Tw 820), abg.
Et: 827, Bo, HaWa 1927, 92 kW, 1977 ex Üstra (Atw 827 / Tw 105), abg.
Et: 1002, Bo'Bo', Talbot 1956, 2 x 100 kW, 1.000 mm, 1977 ex Aachen (Tw 1002), abg.
Et: 1160, Bo'2', Düwag 1959 (Umbau aus Tw 168, Bj. 1925), 2 x 60 kW, 1986 ex Duisburg (Tw 1160), abg.
Et: 1216, Bo'2', Düwag 1957 (Umbau aus Tw 216, Bj. 1950), 2 x 60 kW, 1978 ex Duisburg (Tw 1216), i.A.
Et: 1350, Bo'2', Westwaggon 1956, 115 kW, 1980 ex Köln (Tw 1350), abg.
Et: 2304, Bo'2'Bo', Düwag 1957, 2 x 100 kW, 1995 ex Düsseldorf (Tw 2304), btf.
Et: 3011, Bo, Schöneweide 1969, 2 x 60 kW, Rekowagen, 1996 ex Berlin (Tw 3011 / Tw 223 011 / Tw 5136), btf.
Et: 3363, Bo'Bo', LHB 1957, 2 x 100 kW, 1978 ex Hamburg (Tw 3363 / Tw 3413), abg. (mit Bw 4384)
Et: 3571, Bo'Bo', LHB 1951, 2 x 100 kW, 1978 ex Hamburg (Tw 3571 / Tw 3121 / Tw 3144), abg.
Et: 4037, Bo, Simmering 1928, 92 kW, 2003 ex EMA Amsterdam, bis 1984 Wien (MH 6314 / Tw 4037)
Et: 5103, Bo'Bo', Düwag 1955, 182 kW, Fahrschulwagen, 2003 ex Düsseldorf (Tw 5103), bis 1971 Neuss (36)
Et: 5289, Bo, Düwag 1951, 2 x 75 kW, Aufbauwagen, 1999 ex Düsseldorf (Tw 5289), btf.
Et: 5964, Bo, Bj. 1925, 2 x 60 kW, 1974 ex Karlsruhe (BuGa), bis 1967 Berlin (5964), abg.

Zwei Aufbauwagen im Dienst des Straßenbahnmuseums Sehnde: Vorn der Tw 236 (ex Üstra) und dahinter der Atw 5289 (ex Rheinbahn), aufgenommen am 14.5.2000 am damaligen Streckenende.   *Foto: Ludger Kenning*

Feldbahnmuseum Hildesheim

Seit 1984 beschäftigen sich Werner und Andreas Voß am Kennedydamm in Hildesheim mit dem Aufbau einer Sammlung über das Feldbahnwesen im Hildesheimer Land. Raritäten sind die 1998 geborgenen „Rübenwagen" und der dazugehörige Bereisungswagen des Gutsherrn. Ein weiterer Schwerpunkt sind Loks mit 10-14 PS der Firma Diema. Zum Feldbahn-Bw gehören zwei Lokschuppen mit 27 Stellplätzen. Vorhanden sind u. a. Wagen für den Handverschub, Muldenkipploren, Kesselwagen und Holzkastenkipper sowie zur Vorführung der Fahrzeuge ein Rundkurs mit 300 m Streckenlänge.
Termine: 30./31.5. (Jubiläum mit Gastfahrzeugen), 27.6., 25.7., 15.8. und 12.9.2004
Info: Werner und Andreas Voß, Osterstr. 57, 31134 Hildesheim, Tel. 05121 38708 (Mo-Fr 10-18 Uhr) und 23901, info@feldbahnmuseum-hildesheim.de
Internet: www.feldbahnmuseum-hildesheim.de
Lokomotiven (600 mm):
Vl: 1, B-dm, Diema 969/1938, 12 PS, DS 12, 1983 ex Ziegelei Albert (Algermissen), btf.
Vl: 2, B-dm, Gmeinder 2115/1940, 10/12 PS, 1983 ex Ziegelei Albert (Algermissen), abg.
Vl: 3, B-dm, Diema 1536/1954, 15 PS, DS 14, 1983 ex Ziegelei Albert (Algermissen), urspr. Tonwaren Westerfröhlke (Westbarthausen), btf.
Vl: 4, B-dm, Diema 1905/1955, 14 PS, DS 14, 1983 ex Ziegelei Albert (Algermissen), abg.
Vl: 5, B-dm, Diema 2343/1960, 14 PS, DS 14, 1983 ex Ziegelei Albert (Algermissen), btf.
Vl: 6, B-dm, Diema 2431/1961, 16 PS, DS 14, 1983 ex Ziegelei Albert (Algermissen), btf.
Vl: 7, B-dm, Jung 12424/1963, 12 PS, EL 110, 1990 ex Baufirma Mölders (Hildesheim), btf.
Vl: 8, B-dm, O&K 5814/1935, 11 PS, RL1, 1985 ex Ziegelei Voß (Scharmbeck), zuvor Ziegelei Brackel, urspr. Leipziger Messe, ä.r.
Vl: 9, B-dm, O&K 25279/1953, 15 PS, MV0, 1985 ex Ziegelei Voß (Scharmbeck), urspr. Kieselgurwerk Grünzweig & Hartmann (Hützel), ä.r.
Vl: 10, B-dm, Diema 708/1934, 10 PS, DS 10, 1985 ex Ziegelei Voß (Scharmbeck), bis 1935 J. Rogge (Lüneburg), ä.r.
Vl: 11, B-dm, Schöma 1442/1953, 14 PS, CDL 14, 1985 ex Ziegelei Voß (Scharmbeck), bis 1959 Kieselgurwerk Grünzweig & Hartmann (Hützel), ä.r.
Vl: 12, B-dm, Schöma 898/1948, 16 PS, Lo 12, 1992 ex Ziegelei Krone (Asel), zuvor Tonindustrie Niedersachsen (Brunkensen), ä.r.

Andreas Voß führt mit der Lok 3 (Diema 1954) einige Besucher über das unterhalb einer Hochstraße geschützt gelegene Gelände des Hildesheimer Feldbahnmuseums (14.5.2000).   *Foto: Ludger Kenning*

Vl: 13, B-dm, Jung 6698/1936, 12 PS, EL 105, 1990 ex Baufirma Mölders (Hildesheim), urspr. Engelking (Garbsen), btf.
Vl: 14, B-dm, Strüver 60525/1961, 6 PS, 1986 ex Klinkerwerk de Cousser (Bramloge), btf.
Vl: 15, B-dm, O&K 5085/1933, 11 PS, RL 1, 1986 ex Baufirma Puhlmann (Marne), ä.r.
Vl: 16, B-dm, O&K 7338/1936, 7 PS, MD 1, 1986 ex Baufirma Puhlmann (Marne), urspr. Eidelstedter Sand- und Kieswerke (Hamburg-Eidelstedt), i.A.
Vl: 17, B-dm, LKM 248659/1955, 36 PS, Ns2f, 1992 ex WSG Walter Spannbetonwerk (Güsen), vorm. VEB Industriebeton Magdeburg (Güsen), btf.
Vl: 18, B-dm, Jung 6683/1936, 16 PS, EL 105, 1987 ex privat, zuvor Schrotthandel Hennies (Hildesheim), urspr. Südharzer Cementwarenfabrik (Wulften), btf.
Vl: 19, B-dm, Eigenbau Wulfes 1923, 10 PS, 1987 ex Torfwerk Wulfes (Neudorf-Platendorf), btf.
Vl: 20, B-dm, Deutz 33597/1941, 23 PS, OMZ 117, 1988 ex Baufirma Puhlmann (Marne), zuvor Baufirma Behrens (Munster-Lager), ä.r.
Vl: 21, B-dm, Gmeinder 2884/1940, 10/12 PS, 1988 ex Ziegelei Bergmeier (Gretenberg), urspr. Zuckerfabrik Sehnde, btf.
Vl: 22, B-dm, Deutz 22878/1938, 8 PS, MLH 714, 1988 ex Ziegelei Bergmeier (Gretenberg), zuvor Bielefeld & Gottschalk (Gifhorn), ä.r.
Vl: 23, B-dm, Kröhnke 277/1954, 10 PS, LK 2, 1994 ex Besucherbergwerk Klosterstollen (Barsinghausen), bis 1993 privat, zuvor Dyckerhoff-Torfwerk (Poggenhagen), btf.
Vl: 24, B-dm, Diema 360/1927, 10 PS, 1993 ex Ziegelei de Cousser (Bramloge), originale Diema-Glühkopf-Motorlok, i.A.
V1: 25, B-dm, Schöma 644/1942, Gas BB, 2000 ex privat (Hildesheim), btf.
V1: 26, B-dm, Deutz 46585/1942, OMZ 122, 2003 ex Buchhorster Waldbahn (Lauenburg), bis 1988 Kieswerk F.W. von Bülow KG (Segrahner Berg, Gudow), i.A.
V1: B-dm, CKD 2431/1953, BND 30, 2003 ex Bergbaumuseum Lautenthal, abg.

Dampfzug-Betriebsgemeinschaft Hildesheim

Die in Loburg ansässige DBG veranstaltet Sonderfahrten auf der Strecke Hameln – Voldagsen – Salzhemmendorf. Zum Einsatz kommen Fahrzeuge aus dem Loburger Bestand.
Termine: 11.7., 12.9. und 10.10.2004 (Hameln ab 9.35, 12.35 und 15.35 Uhr; Salzhemmendorf an/ab 10.31/11.15, 13.31/14.15 und 16.31/17.15 Uhr; Hameln an 12, 15 und 18 Uhr)
Info: Dampfzug-Betriebs-Gemeinschaft e.V., Postfach 100327, 31103 Hildesheim, Tel. 039245 2042, Fax 91056, dampfzug-betriebs-gemeinschaft@yahoo.de
Internet: www.dbg-ev.de

Arbeitsgemeinschaft Historische Eisenbahn (AHE), Almstedt-Segeste

Die 1972 gegründete AHE kaufte einen 5 km langen Abschnitt der DB-Strecke Elze – Gronau – Bodenburg und richtete einen Museumsverkehr ein. In Almstedt-Segeste versetzte und restaurierte sie das Fachwerk-Empfangsgebäude und baute einen aus Bad Grund stammenden Fachwerklokschuppen auf. Nachdem die Almetalbahn 1992 wegen Oberbauschäden gesperrt worden war, wurde ein 600 m langer Abschnitt grundlegend saniert und im Mai 2002 reaktiviert, so daß die betriebsfähigen Museumsfahrzeuge jetzt wieder den Bahnhofsbereich verlassen können. Im Sommer 2004 soll die Dampflok 16 wieder zum Einsatz kommen.
Bahnhofsfeste: 15./16.5., 14./15.8. und 2./3.10.2004 (jeweils 10-18 Uhr)
Info: Museumsbahnbetrieb Almetalbahn, Schwarze Heide 44, 31199 Diekholzen, Tel. 05121 261388, Fax 05382 6495
Internet: www.almetalbahn-online.de
Triebfahrzeuge (1.435 mm):
Dl: 16, Cn2t, Hanomag 3653/1901, 1974 ex Zuckerfabrik Pfeiffer & Langen in Euskirchen (2), bis 1954 Grube „Zukunft" (Weißweiler), 1948-49 Grube „Düren" (Konzendorf bei Aachen), bis 1945 Werklok in Castrop-Rauxel, bis 1943 Thüringische Zellwolle AG (Schwarza/Saale), bis 1939 Bahnbedarf Klöckner & Co. (Duisburg), bis 1937 Zuckerfabrik Walschleben (Thüringen), bis 1930 Braunschweigische Landeseisenbahn (16 „Schunter"), vsl. ab 2004 btf.

Seit Mai 2002 sind auf der Almetalbahn in Almstedt-Segeste nach zehn Jahren wieder Streckenaufnahmen möglich. Am 28.7.2002 war die V 20 022 unterwegs.
Unten: Der VBV verwendet für seine Sonderfahrten vorwiegend die Lok 102 „Braunschweig". Am 14.5.2000 beförderte sie einen gut besetzten Zug nach Bad Harzburg, hier bei der Einfahrt in Wolfenbüttel. *Fotos: Ludger Kenning*

Vl: VL 1, B-dm, Windhoff 330/1935, 20 PS, LN 20s III, 1987 ex Zuckerfabrik Emmerthal (1), i.a.
Vl: VL 2, B-dm, Deutz 55197/1952, 50 PS, A4L 514R, 1987 ex Zuckerfabrik Emmerthal (2), btf.
Vl: VL 3, B-dm, O&K 21394/1942, 50 PS, Typ 2 D, 1978 ex DKB Mühlenstroth, bis 1973 Ruhenstroth GmbH / Wirus-Werke (Gütersloh), urspr. evtl. Flüssiggaslok der Bergwerksgesellschaft Hibernia, btf.
Vl: VL 4, B-dm, Gmeinder 2002/1937, 50 PS, Kö I, 1977 ex DB (311 274 / Kö 0274), i.A.
Vl: VL 5 „Pluto", B-dm, O&K Nordhausen 2984/1928, 35 PS, Typ H2, 1976 ex Gaskokerei Grasbrook der Hamburger Gaswerke, bis 1954 Benzollok, urspr. schmalspurig, abg.
Vl: V 20 022 / VL 6, B-dm, Jung 9585/1941, 216 PS, WR200 B14, 1980 ex Zuckerfabrik Dinklar, bis 1962 DB (V 20 022), urspr. Wehrmacht (Heeresverpflegungsamt Darmstadt), btf.
Vl: VL 8, B-dm, BMAG 10635/1937, 128 PS, Köf II, 1999 ex privat (bereits 1995 leihweise an AHE), bis 1992 Schrotthandel Ludwig (Hannover-Leinhausen), bis 1977 DB (322 609 / Köf 6007 / bis 1965 Kö 6007), urspr. Reichsluftfahrtministerium (für Nordholz, ab 1942 Pulverhof Rastow), btf.
Vl: VL 9, B-dm, O&K Nordhausen 1639/1922, 113 PS, Typ H2, 1995 ex Zuckerfabrik Östrum (2), bis 70er Jahre Benzollok, btf.
Vl: VL 10, B-dm, Windhoff 916/1944-47, 130 PS, Kö II, 1996 ex Kali+Salz (zuvor Burbach Kaliwerke) Schacht „Siegfried Giesen" bei Hildesheim (4), 1947-60 Wintershall AG (Salzbergen) und Erölwerk Emlichheim, urspr. vorgesehen als Kb 5138, btf.
Vl: VL 11, C-dh, MaK 400054/1964, 450 PS, DH450C, 1997 ex Kali+Salz Bad Salzdetfurth (3), btf.
Vl: V 20 261 / VL 12, B-dh, BMAG 11395/1941, 200 PS, WR200 B14, 2003 ex Braunschweiger Verkehrsfreunde (205), bis 1980 Lüchow-Schmarsauer Eisenbahn (DL 261), bis 1961 Bremervörde-Osterholzer Eisenbahn (DL 261), urspr. Wehrmacht (Heeres-Muna Zeven), abg.
Nf: DF 64, A1-dm, FKF 12392/1957, 70 PS, Klv 51, 1977 ex DB /Bm Derneburg (Klv 51-8796), btf.
Nf: DF 75, A1-bm, Eigenbau 2001, 8 PS, umgebaut aus einer Lore ex Ilmebahn, btf.

Braunschweiger Interessengemeinschaft Nahverkehr

Mitarbeiter des Verkehrsbetriebs und einige Verkehrsfreunde riefen 1995 den Braunschweiger IG Nahverkehr e.V. ins Leben, um u. a. Straßenbahnfahrzeuge und Busse zu erhalten. Derzeit bemüht man sich um Sponsoren, um die Tw 15 (Bj. 1968, ex 6953) und Tw 82 (Bj. 1927, ex Atw 418) betriebsfähig zu erhalten.
Termine: u. a. 11.12.2004 (Nikolausrundfahrt)
Info: Christoph Heine, Postfach 2414, 38014 Braunschweig, Tel 0531 861767
Internet: www.bin-bs.de.vu
Triebwagen (1.100 mm):
Et: Tw 113, Bo, Credé 1940, 2 x 55 kW, seit 1977 Htw, ex Tw 1, Atw 413 bzw. Tw 113, btf.
Et: Tw 35, Bo'2'Bo', Düwag 1962, 4 x 60 kW, seit 1998 Htw, ex Tw 6267 bzw. 35, btf.
Et: Tw 103, Bo, Herbrand 1900, 1992 ex HSM Sehnde, bis 1984 Kiel (Atw 352 / Tw 146 / Tw 91), btf.

Verein Braunschweiger Verkehrsfreunde (VBV)

Bei der Geburt des VBV im Jahr 1949 galt das Hauptinteresse dem Braunschweiger Stadtverkehr. Etwa 20 Jahre später wandte man sich mehr der Museumsbahn zu, die ersten Fahrzeuge wurden beschafft und einige Sonderfahrten fanden statt. Nach der Verhängung des Dampflokverbots bei der DB bekam der VBV ab 1978 auf OHE-Gleisen ein neues Einsatzfeld. Vereinsdomizil ist der siebengleisige Anheizschuppen West des ehem. Aw Braunschweig an der Borsigstraße, wo eine Werkstatt zur Wartung und Aufarbeitung der Fahrzeuge besteht. Zusammen mit den Seesener Eisenbahnfreunden rief der VBV 1994 die Braunschweigische Landes-Museums-Eisenbahn (BLME) ins Leben. Verschiedene Auflagen der DB AG und der Konkurs der SEF führten 1998 zur Auflösung der BLME und zur Bildung der Landes-Eisenbahn Braunschweig gGmbH, die den Museumszugverkehr abwickelt.

Geöffnet: Museumsgelände an der Borsigstraße am letzten Samstag je Monat (10-16 Uhr)
Termine: 20.5., 11.9. und 5.12.2004 (Asse-Bummler Braunschweig – Wittmar)
Info: VBV, Borsigstr. 2a, 38126 Braunschweig, Tel. 0531 2640340 und 7043535
Internet: www.vbv-bs.de
Triebfahrzeuge (1.435 mm):
Dl: 101 „Triangel", Bn2t, Hanomag 6358/1912, 1969 ex Norddeutsche Torfmoorgesellschaft Triangel (1 „Triangel", dort ab 1925), abg.
Dl: 102 „Braunschweig", Cn2t, Jung 3736/1925, 1979 ex Hafen Braunschweig (2), bis 1933 Bergedorf – Geesthacht (21), btf.
Dl: 103 „Cöln 1857", C1'n2t, Raw Meiningen 1992, Neubau aus Fahrwerk der Frankfurt-Königsteiner Lok 44 sowie Teilen einer 1972 gekauften T 9^1 der EBV-Grube Carl Alexander in Baesweiler (bis 1915 KPEV „Cöln 1857", Hohenzollern 850/1895), abg.
Dl: 106 „Hohenzollern", Dn2t, Hohenzollern 4531/1925, 1980 ex Saarbergwerke (38), bis 1961 Dortmunder Hafenbahn (12), abg.
Dl: 107 „Oschersleben", Cn2t, Hanomag 3126/1898, 1984 ex Zuckerfabrik Warburg, bis 1930 Oschersleben – Schöningen (2b), i.A.
Vl: 201 „MIAG", B-dm, Deutz 33013/1940, 42 PS, OMZ 122, 1977 ex Böhler-MIAG (Braunschweig), i.A.
Vl: 202 / V 36 225, C-dh, Deutz 47154/1944, 360 PS, WR360 C14, 1978 ex DB (236 225 / V 36 225), urspr. Reichsluftwaffe RLM (47154), abg.
Vl: 203 / V 20 035, B-dh, Deutz 39654/1943, 200 PS, WR200 B14, 1982 ex DB (270 035 / V 20 035), urspr. Reichsluftwaffe RLM (39654), abg.
Vl: 204 „Rheinmetall", B-dm, Ruhrthaler 1337/1935, 170 PS, 170 NDLIS6, 1980 ex Rheinmetall (Unterlüß), abg.
Vl: 206 / V 22 009, B-dm, DWK 733/1943, 200 PS, WR220 B15, 1981 leihweise ex Hafengesellschaft Hildesheim (5), bis 1963 DB (V 20 058 / vor Umbau V 22 009), zuvor Fliegerhorst Katerbach bei Ansbach, urspr. Reichsluftwaffe (WL 255), abg.
Vl: 207 / V 36 311, C-dm, DWK 688/1940, 360 PS, WR360 C14, 1982 ex Mindener Kreisbahnen (V 9), bis 1955 DB (V 36 311), urspr. RLM für Lufthauptmuna Oberdachstetten bei Ansbach (WL 317 / 36302), abg.
Vl: 209 / Köf 4375, B-dh, O&K 20352/1934, 128 PS, 1988 ex DB (322 106 / Köf 4375), i.A.
Vl: 212, B-dh, BMAG 11207/1940, 128 PS, bis 1994 Seesener EF, bis 1987 Ruhr-Stickstoff AG Langelsheim, urspr. Werk Embsen, abg.
Vl: 213, B-dh, Deutz 42981/1943, 128 PS, 1994 ex Seesener EF (2), bis 1990 Norsk Hydro AG / Ruhr-Stickstoff Melbeck-Embsen (2), abg.
Vl: 214, B-dm, Deutz 33090/1940, 1993 ex Homann in Herzberg (1), urspr. Deutsche Sprengchemie Berlin, abg.
Vl: 211 / V 45 211, C-dh, Deutz 56586/1957, 450 PS, V6M 536R, 1998 ex VW-Werk Fallersleben (878 329), btf.
Vl: C-dh, Deutz 56047/1958, 450 PS, V6M 536R, 1998 ex VW Wolfsburg (878 407), abg.
Vl: VEE 02, D-dh, MaK 600415/1962, 650 PS, Eigentum VEE, 1995 ex Ilmebahn (V 65.02), btf.
Vl: V 65, D-dh, MaK 500004/1954, 580 PS, 600D13, 2000 ex EF Einbeck, bis 1995 Ilmebahn (V 60.03), bis 1986 Altona-Kaltenkirchen-Neumünster (V 2.004), abg.
Vl: „Nordzucker", O&K 25821/1958, 140 PS, MV 6b, 2000 ex Nordzucker AG Königslutter, i.A.
Vt: GDT 0521, (1A)'(A1)'dh, MaK 514/1959, 2 x 200 PS, 1995 ex Albtalbahn (VT 451), bis 1994 SWEG (VT 0521), bis 1976 Osthannoversche Eisenbahnen (GDT 0521), i.A.

BSW-Freizeitgruppe VT 08, Braunschweig

Termine: vsl. 24.4.-8.5. (Hannover – Nürnberg), 4.-6.6. (ab Wolfenbüttel), 30.6. (Braunschweig Rbf), 27.8. (Braunschweig – Münster), 20.-29.9. (Hannover – Bodenmais), 7./8.10. (Hannover – Essen), 27./28.11. (Braunschweig – Nürnberg) und 3.12.2004 (ab Celle)
Info: Marcell Pillot, Ackerstr. 56, 38126 Braunschweig, marcell.pillot@vt08.de
Internet: www.vt08.de
Triebwagen (1.435 mm):
Vt: VT 08 503, B'2'dh, MAN 140550/1952, 1.000 PS, Eigentum DB-Museum, bis 1985 DB (613 603 / VT 08 503), btf.
Vt: VT 08 520, B'2'dh, MAN 140973/1954, 1.000 PS, Eigentum DB-Museum, bis 1985 DB (613 620 / VT 08 520), btf.
Vb: VM 08 510 (Donauwörth 113/1952), VM 08 512 (Donauwörth 115/1952) und VS 08 503 (Rathgeber 1952, abg. in Lübeck)

Die ölgefeuerte 41 096 war namensgebend für die Dampflokgemeinschaft 41 096, die in Salzgitter-Klein Mahner ihr Domizil hat. Am 15./16.10.1977 zeigte sie auf der Innerstetalbahn nach Altenau ihr Leistungsvermögen. Foto: Michael Siffert

Dampflokgemeinschaft 41 096, Salzgitter-Klein Mahner

Die 1978 gegründete DG 41 096 unterhält nicht nur die 41er, sondern sammelt viele weitere Fahrzeuge und veranstaltet Sonderfahrten. Ihre Hausstrecke ist seit 1986 die Warnetalbahn Salzgitter Bad – Klein Mahner – Börßum (15 km) und ihr Domizil der Bahnhof Klein Mahner, wo die Fahrzeuge untergebracht sind.
Termine: 10.4. und 4./5.12. (Klein Mahner 10.25 – Salzgitter Bad 10.45/11.00 – Börßum 11.46/12.00 – Salzgitter Bad 13.40/14.00 – Börßum 14.46/15.00 – Salzgitter Bad 16.40/55 – Klein Mahner 17.10 Uhr), 27.6. (mit 41 096 nach Holzminden), 9.5., 15.8. (Tag der offenen Tür) und 10.10.2004 (Klein Mahner 10.25 – Salzgitter Bad 10.45/11.00 – Börßum 11.46/12.00 – Salzgitter Bad 13.40 Uhr)
Info: Dampflokgemeinschaft 41 096 e.V., Postfach 511380, 38243 Salzgitter (bzgl. Fahrtermine der 41 096 auf DB-Gleisen: Tel. 05383 1744 oder 05346 920198)
Oder: Kai Edelmann, Am Hang 6, 38729 Neuwallmoden, Tel. 05383 245, edelmann@dg41096.de
Internet: www.dg41096.de
Triebfahrzeuge (1.435 mm):
- Dl: 41 096, 1'D1'h2, Krupp 1918/1939, 1977 ex DB (042 096 / 41 096), btf.
- Dl: 52 8064, 1'Eh2, BMAG 12452/1943, 1995 ex privat (Wanfried), bis 1992 DR (52 8064 / 52 6011), abg.
- Dl: „Kelheim", Cn2t, Henschel 25013/1954, Typ C400, 1989 ex Zellstoffwerke Kelheim (1), btf.
- Dl: 37, Dh2t, Krauss Maffei 17576/1949, 1982 ex Saarbergwerke (37), abg.
- Vl: Kö 0255, B-dm, Gmeinder 1616/1937, 50 PS, 1992 ex Schwellenwerk Stewing in Langelsheim (1), bis 1968 Beton- und Monierbau Langelsheim, bis 1962 DB (Kö 0255), abg.
- Vl: V 31, C-dh, MBA 21461/1941, 360 PS, WR360 C14, 1982 ex Rinteln-Stadthagener Eisenbahn (V 31), bis 1953 Kleinbahn Kassel-Naumburg (V 31), urspr. Luftwaffe, abg.
- Vl: B-dm, Deutz 22936/1937, 110 PS, F6M 517, 1991 ex SMAG Salzgitter, btf.
- Vl: 15, B-dm, Deutz 55533/1952, A2L 514R, 1986 ex Verkehrsbetriebe Peine-Salzgitter (015), i.A.
- Vl: B-dh, BMAG 10771/1938, LDFE 110, 1985 ex Walter Wagner / ehem. Wilke-Werke (Braunschweig), abg.
- Vl: B-dh, Henschel 30342/1961, 1996 ex Zuckerfabrik Schladen, abg.
- Vl: B-dh, Henschel 31121/1965, 240 PS, 1996 ex Zuckerfabrik Schladen (zuvor Oestrum), abg.
- Vl: C-dh, Deutz 57186/1961, MS 430, 1998 ex VW AG Beddingen (878622), btf.
- Vl: B-dh, LHB Salzgitter 3138/1965, 250Bex, 1999 ex VBS/VPS (210), bis 1990 Kokerei Ilsede der Preußag AG, abg.
- Vt: VT 1, A1-dm, MAN 143406/1957, 150 PS, 1986 ex Verkehrsbetriebe Peine-Salzgitter (VT 4), bis 1971 Peine-Ilseder Eisenbahn (VT 1), btf.
- Nf: Klv 12-4740 „Otto", B-dm, btf.
- Nf: Skl 53 729, Sollinger Hütte 7845/1979, 1998 ex DB AG, btf.

Werksmuseum Alstom, Salzgitter-Lebenstedt

Anfang der 70er Jahre baute die Firma Linke-Hofmann-Busch (heute Alstom) zur Präsentation einiger Fahrzeuge aus ihrer Firmengeschichte eine Ausstellungshalle. Hervorzuheben sind u. a. der Kaiserwagen, die Dampfloks P8 und P10, ein Verbrennungs-Schnelltriebwagen, einige Güterwagen und zwei Straßenbahntriebwagen. Die Halle ist nicht öffentlich zugänglich.
Info: Linke-Hofmann-Busch, Gottfried-Linke-Str. 101, 38239 Salzgitter, Tel. 05341 2105
Triebfahrzeuge (1.435 mm):
- Dl: Hannover 2412, 2'Ch2, LHW 963/1913, ex DB (38 1444), urspr. preuß. P 8 „Hannover 2412"
- Dl: 39 184, 1'D1'h3, LHB 2922/1924, ex DB (39 184 / Kessel von 39 130 / Tender von 19 023)
- Dl: Bn2t, LHB 2539/1922, ex Hafenbahn Wilhelmshaven, zuvor Gelsenkirchener Bergwerks-AG (Dortmund)
- Dl: Bn2t, LHB 2617/1926, 750 mm, 1966 ex Gewerkschaft „Humboldt" Thüste-Wallensen (5 bzw. 3)
- Al: Bo, Busch/SSW 1103/1916, 1983 ex Historischer Verein Cöln-Mindener Eisenbahn, zuvor Bremer Lagerhausgesellschaft
- Vt: SVT 137 277 a/c, (2'Bo')(Bo'2'), LHB 1939, 2 x 600 PS, 1962 ex DB (VT 06 104a/b), urspr. DRB (SVT 137 277a/b/c), beschriftet als „137 851abc", ohne Mittelteil

Et: LHB, ex Berliner S-Bahn (Baureihe 16 / BVB-Baureihe 275)
Et: 471 144, (Bo'Bo')(Bo'Bo'), LHB 1943, 1.160 kW, 1992 ex DB S-Bahn Hamburg (471 144 / ET 171 044), ohne Mittelteil
Et: 3325, Bo, LHB 1928, 1967 ex Straßenbahn Berlin (Tw 3325)
Et: 3564, Bo'Bo', LHB 1952, 2 x 100 kW, 1978 ex Straßenbahn Hamburg (Tw 1958 / Tw 3139 / Tw 3114)

Museum Schloß Salder, Salzgitter

Im aus dem Jahr 1608 stammenden Renaissance-Schloß Salder befindet sich seit 1962 das Städtische Museum. Die Abteilung „Museum der Industrie, Technik, Arbeit und Mobilität" zeigt die wirtschaftliche Entwicklung Salzgitters der letzten zwei Jahrhunderte. Hier sind neben zwei Dampfmaschinen, einigen Feuerwehrfahrzeugen und VW-Oldtimern auch Eisenbahnfahrzeuge zu sehen.
Geöffnet: Di-Sa 10-17 Uhr, sonntags 11-17 Uhr
Info: Städtisches Museum Schloß Salder, Museumsstr. 34, 38229 Salzgitter, Tel. 05341 83946-11
Lokomotiven:
Dl: Vr-1 Nr. 670, Cn2t, Hanomag 10265/1923, 2003 ex Denkmal Imatra (Finnland)
Vl: C-dm, Deutz 56252/1957, A8M 517R, 1.435 mm, vor 1999 ex IG Dampflok 41 096 (Salzgitter), bis ca. 1990 Schwellenwerk Stewing (Langelsheim), bis 1975 Verkehrsbetriebe Peine-Salzgitter (151), bis 1968 Luitpoldhütte Amberg
Vl: Bo-el, SSW 3606/1942, Typ NG 401, Grubenbahnzug

Eisenbahnmuseum Vienenburg

Im aus dem Jahr 1840 stammenden, seit 1985 städtischen Vienenburger Empfangsgebäude befindet sich seit 1988 ein sehenswertes Museum über die regionale Eisenbahngeschichte. Der Verein VEV betreut neben dem Museum und der Modellbahn auch die Fahrzeugsammlung im Außenbereich, zu der u. a. 19 Reisezug-, Güter- und Bahndienstwagen gehören.
Geöffnet: Dienstags, donnerstags, samstags und sonntags (15-17 Uhr), außen ständig offen
Info: Verein zur Förderung des Eisenbahnmuseums Vienenburg (VEV), Bahnhofstr. 8, 38690 Vienenburg, Tel. 05324 1777, tramp-astfeld@t-online.de
Internet: www.eisenbahnmuseum-vienenburg.de
Lokomotiven (1.435 mm):
Dl: 52 360, 1'Eh2, Borsig 15457/1943, Eigentum Stadt Vienenburg, 1989 ex DR (52 1360 / 52 360), btf.
Vl: Kö 1001, B-dm, Deutz 22972/1938, OMZ 122R, 1990 ex Luther-Werke Braunschweig, urspr. MIAG (Braunschweig), btf.
Vl: 323 710, B-dh, Gmeinder 5144/1959, 128 PS, Köf II, 1997 ex DB (323 710 / Köf 6510), abg.
Vl: 332 095, B-dh, O&K 26333/1963, 240 PS, Köf III, ex DB (332 095 / Köf 11095)

Besucherbergwerk und Bergbaumuseum „Der Rammelsberg", Goslar

Der Rammelsberg bei Goslar war einst das weltweit größte zusammenhängende Kupfer-, Blei- und Zinkerzlager. Das 1988 nach über 1.000 Jahren stillgelegte Erzbergwerk ist nun ein UNESCO-Weltkulturerbe. Zur Sammlung des Bergbaumuseums gehören etwa 30 Grubenloks aus den 20er bis 70er Jahren. Bei der Führung B „Mit der Grubenbahn vor Ort – Moderner Bergbau" fährt man per Grubenbahn (mit Akku-Lok von 1978) tief in den Berg hinein, um sich Maschinen sowie die Erzabbau- und Fördertechniken des 20. Jahrhunderts demonstrieren zu lassen.
Geöffnet: Täglich 9-18 Uhr, letzte Führung 16.30 Uhr
Info: Der Rammelsberg, Bergtal 19, 38640 Goslar, Tel. 05321 750-0, Fax -130, info@rammelsberg.de
Internet: www.rammelsberg.de

Besucherbergwerk „Lautenthals Glück", Langelsheim-Lautenthal

An einer alten Silbererzgrube wurde 1974 ein Bergbaumuseum mit Besucherbergwerk eröffnet. Gezeigt werden u. a. etwa 30 Gruben- und Feldbahnloks sowie allerlei Wagen für Personen- und Materialverkehr. Mit der Grubenbahn (mit Diesel- oder Akkulok, künftig auch mit Pferd) fahren die Besucher ein. Eine Attraktion ist die untertägige Erzschiffahrt. Im Aufbau ist das Eisenbahnerlebnis „Lautenthals Glück" mit Feldbahnstrecke und Fahrzeugschau.

Geöffnet: Täglich (für Gruppen 9-18 Uhr, für Einzelpersonen 10-17 Uhr)
Info: Historische Silbergrube Lautenthals Glück, Wildemanner Str. 11-21, 38685 Lautenthal, Tel. 05325 4490, Fax 6979, info@lautenthals-glueck.de
Internet: www.lautenthals-glueck.de

Lokomotiven:
- Vl: B-dm, Deutz 9252/1929, 14 PS, 500 mm, 1980 ex Barytwerk Bad Lauterberg
- Vl: B-dm, Deutz 19956/1939, 14 PS, 500 mm, 1980 ex Barytwerk Bad Lauterberg
- Vl: B-dm, Deutz 56281/1958, 18 PS, 1.080 mm, 1988 ex Stewing-Werke (Langelsheim)
- Vl: B-dm, O&K 5205/1943, 600 mm, 1982 ex Bau-Kieswerke Drege (Göttingen)
- Vl: B-dm, LKM 251165/1957, 90 PS, 1.435 mm, 1991 ex Werk Sömmerda der Thüringer Ziegelwerke Erfurt
- Vl: B-dm, Strüver 1949, 9 PS, 500 mm, Schienenkuli, 500 mm, 1985 ex Tonwerke (Belgien)
- Vl: Köf 6796, B-dh, Jung 13234/1960, 55 PS, 1.435 mm, 1990 ex Museum Geis (Altenau)
- Vl: B-dm, Deutz 56299/1958, 90 PS, 1.435 mm, 1990 ex Hilgers AG (Rheinbrohl)
- Vl: B-dm, Deutz 1956, 26 PS, 500 mm, 1989 ex Schweiz
- Vl: B-dm, Jung, 600 mm, 1984 ex Ziegelei (Schleswig-Holstein)
- Vl: B-dm, LKM 1953, 26 PS, 600 mm, 1990 ex Thüringische Ziegelwerke Sömmerda
- Vl: B-dm, Ruhrthaler, 600 mm, 1993 ex Ruhrkohle AG
- Al: Bo, SSW 4442/1942, 600 mm, 1990 ex Preußag-Bergwerk Goslar-Rammelsberg (5)
- Al: Bo'Bo', BBA Aue 758/1988, 42 kW, 600 mm, 1991 ex Spatgrube Straßberg
- Al: Bo'Bo', BBA Aue 1988, 42 kW, 600 mm, 1990 ex Spatgrube Rottleberode
- Al: Acht Stück, BBA Aue 1978-85, 42 kW, 500/600 mm, 1990/91 ex Spatgrube Rottleberode
- El: Vier Stück, Bo, AEG 1943, 47 kW, 750 mm, ex Bergbau Haverlahwiese, Schacht Konrad (Salzgitter)

Eine der vier E-Loks des Besucherbergwerks Lautenthal am 17.9.1999 im Grubenbahnhof. Der große Bügel auf dem Vorbau ist die Halterung für den Stromabnehmer.
Foto: Ludger Kenning

Tagesförderbahn am Bergbaumuseum Ottiliaeschacht, Clausthal-Zellerfeld

Eine Arbeitsgruppe des Oberharzer Geschichts- und Museumsvereins, die Arge Ottiliaeschacht, restaurierte ab 1985 die obertägigen Schachtanlagen und verlegte wieder Gleise auf der 2,2 km langen Trasse der einstigen Tagesförderbahn zwischen dem Ottiliaeschacht und dem ehem. Bahnhof Clausthal-Zellerfeld der Innerstetalbahn. Die 1993 vollendete Feldbahn dient nun dem Besucherverkehr.
Geöffnet: Täglich 9-17 Uhr, Fahrbetrieb samstags, sonn- und feiertags Mai-Oktober (Alter Bahnhof ab 11.00 und 14.30 Uhr)
Info: Oberharzer Bergwerksmuseum, Bornhardtstr. 16, 38678 Clausthal-Zellerfeld, Tel. 05323 9895-0, Fax -69, info@OberharzerBergwerksmuseum.de
Internet: region.tu-clausthal.de/obwm/touren.html#ottiliae
Lokomotiven (600 mm):
Vl: 40, B-dm, Deutz 46950/1949, 28 PS, ex EBV Ahlen (9), urspr. Zeche Robert (Hamm), btf.
Vl: 41, B-dm, Deutz 55467/1952, 28 PS, ex EBV Ahlen (10), urspr. Zeche Robert (Hamm), btf.
Vl: B-dm, Ruhrthaler 3361/1955, 45 PS, 1990 ex EBV-Zeche Westfalen in Ahlen (3), abg.
Al: Bo'Bo', BBA Aue 1988, 8,4 kW, 1990 ex Spatwerke Rottleberode (10+11), abg.
Al: Bo, SSW 6372/1972, 1993 ex Erzbergwerk „Hilfe Gottes" Bad Grund („Eichelberg"), Denkmal
El: 1, Bo, SSW 2482/1928, 1986 ex Preußag Ibbenbüren, abg.
Pl: B-pr, Jung, Preßluftlok, 1987 ex RAG-Zeche Consolidation in Gelsenkirchen-Schalke, abg.

Arbeitsgruppe Feldbahn Osterode des Pro Dampf e.V., Osterode am Harz

Aus der Arbeitsgemeinschaft Ottiliaeschacht (Tagesförderbahn, TFB) lösten sich einige Mitglieder und traten dem 1993 gegründeten Pro Dampf e.V. bei. Da ihr Vorhaben, in Clausthal-Zellerfeld ein Feld- und Grubenbahnmuseum aufzubauen, keine Zustimmung fand, lagerten sie ihre Materialien nach Osterode aus, wo sie eine Halle als Werkstatt und Abstellplatz herrichteten. Die Fahrzeuge kommen gelegentlich auf mobilen Gleisen bei verschiedenen Anlässen (z. B. Schulfeste, Oldtimerausstellungen) zum Einsatz.
Info: Ulrich Funke, Arnikaweg 12, 38678 Clausthal-Zellerfeld, Tel. 0571 8291914, Fax 3932147
Lokomotiven (600 mm):
Dl: Bn2t, O&K 1629/1905, 40 PS, 1992 ex Kindergarten Wolfsburg, zuvor Firma K. Epple, urspr. Ph. Holzmann (Frankfurt/Main), i.A.
Dl: Cn2, O&K 1844/1906, 30 PS, 1992 ex Zuckerfabrik San Martin del Tabacal/Argentinien, urspr. Firma Hanko (RA), i.A.
Vl: B-dm, Diema 1995/1956, 6 PS, DL6, 1985 ex Torfwerk Veldkamp (Meppen-Versen), btf.
Vl: B-dm, Jung 5705/1934, 11/12 PS, EL 105, 1985 ex Torfwerk Brauße (Neudorf-Platendorf), i.A.
Vl: B-dm, Jung 6491/1935, 11/12 PS, EL 110, 1990 ex privat, zuvor E. Mattern (Heidenheim), urspr. Firma Heinle (Stuttgart), abg.
Vl: B-dm, Jung 6725/1935, 11/12 PS, EL 110, 1987 ex Baufirma Greve (Winsen/Aller), btf.
Vl: B-dm, LKM, 30 PS, Ns2f, 1993 ex Sodawerk Staßfurt, abg.
Vl: B-dm, O&K Montania S1554/1947, 14 PS, RL 1s, 1992 ex Oswald-Steam (Samstagern/CH), btf.
Vl: B-dm, Jenbach, 8 PS, „Pony", 1994 ex Montan- und Werksbahnmuseum Graz, btf.
Vl: B-dm, Strüver ca. 1939, 6 PS, Schienenkuli, 1994 ex Kalkwerk Klettenberg, btf.
El: Zwei Stück, Bo, Eigenbau, 11 bzw. 14 kW, 1993 ex Dörentruper Sand- und Thonwerke, btf.
El: 1A, Dörentrup 1924, 6 kW, Motorlore, 1993 ex Dörentruper Sand- und Thonwerke, abg.
Vl: Drei Benzol-Grubenloks, B-bm, Deutz (u. a. 1093/1912 und 1476/1914), 12 PS, Typ XII, 1993 ex Kali+Salz Friedrichssegen bei Lehrte, abg.
Al: Bo, SDAG Wismut 271/1977, Metallist, 1990 ex Fluß- und Schwerspatwerk Straßberg, abg. (in Clausthal-Zellerfeld)
El: Bo, Schöma 1715/1956, 2 x 11 kW, 2003 ex DFKM Deinste (E2 bzw. 15), bis 1973 Dörentruper Sand- und Thonwerke (Bornhausen), btf.

Feldbahn „Zorger Willem", Zorge

1907 wurde im Südharz die normalspurige Kleinbahn Ellrich – Zorge (7,5 km) eröffnet, doch endete der Betrieb bereits im April 1945. Auf niedersächsischer Seite lagen die Gleise bis 1967, doch östlich der Landesgrenze liegen sie noch bis zum Ellricher Stadtbahnhof. Bis Januar 2004 versuchte man vergeblich, die Aktiengesellschaft wiederzubeleben. So entsteht jetzt auf der alten Trasse eine Feldbahn als Touristenattraktion und als Zubringer einer Erlebniswerkstatt im ehemaligen Kurhaus Zorge. Dort soll der Weg des Eisens vom Gestein zum Guß sowie die Weiterverarbeitung erlebt werden können. Der Besucher kann „Erz" sammeln und ein Modell selbst gießen oder aber selbst mit einer Lok fahren. Einige Räume werden wie die alten Kleinbahnwagen eingerichtet. In Ellrich ist ein Jugendbahnhof geplant. Das Feldbahnmaterial stammt von der Handeloher Feldbahn „Wilde Erika". Interessant sind die Personenwagen: Drei (Weyer 1894) von der Witkowoer (Gnesener) bzw. Zniner Kleinbahn (i.A.), einer (HF 1918) von der Ortelsburger Kleinbahn (btf.) und einer (HaWa 1919) von der JVA Hamburg.

Fahrbetrieb: Samstags, sonn- und feiertags voraussichtlich von Pfingsten bis 3.10.2004 sowie am 6./7.12. und 31.12.2004 (jeweils 14.33 und 15.35 Uhr ab Zorge Gbf)
Info: FKBG / Carsten Recht, Postfach 2001, 21239 Buchholz, Tel. 04187 32005 und ab Mai 05568 8008120, fkbg@freenet.de
Internet: www.wilde-erika.de und www.zorgerwillem.de
Lokomotiven (600 mm):
Vl: 10101, B-dm, Deutz 11885/1935, 50 PS, OMZ 122F, Eigentum FKBG, bis 2002 „Wilde Erika" Handeloh, 1998 ex privat (Bremervörde), bis 1993 Eilers (Hamburg), bis 1992 F. Turm (Lauenburg), bis 1988 Kieswerke v. Bülow in Gudow (1981 abg.), urspr. M. Kollmann (Mannheim), btf.
Vl: 10102, B-dm, LKM 248474/1954, 30 PS, Ns2f, 2000 ex Arge Bevertalbahn (20), 1992 ex Ziegelei Brietz/Altmark, btf.
Vl: 10122, B-dm, Deutz 56986/1958, 55 PS, A4L 514F, ex Dampfkleinbahn Mühlenstroth, zuvor Kieswerk Schulte & Bruns in Kalkar-Wissel (22), i.A.

Von einem Spielplatz in Sulzbach-Rosenberg kam im Jahr 2000 dieser B-Kuppler nach Emmerthal-Lüntorf. Zum Zeitpunkt der Aufnahme (Sommer 2003) war die Restaurierung schon weit fortgeschritten. Foto: Peter Grützmacher

Förderverein Kleinbahn VDD, Duingen

Die zwischen 1896 und 1901 schrittweise eröffnete Kleinbahn Voldagsen – Duingen – Delligsen (VDD) lebte vorwiegend vom Güterverkehr. Nach der Liquidation der VDD im Jahr 1967 und dem Abbau des Abschnitts Duingen – Delligsen wurde die Strecke Voldagsen – Duingen (15,9 km) noch bis 2001 als Anschlußbahn der Klöckner AG (Steinbruch Salzhemmendorf) und der Firma Bock & Co. (Sandgrube Duingen) betrieben. Von 1977 bis 2000 fuhren hier auch Sonderzüge der DBG Hildesheim. Ein im März 2001 gegründeter, im Bahnhof Duingen ansässiger Förderverein bemüht sich jetzt um die Instandsetzung der Strecke als lebendiges Freilichtmuseum.
Info: Förderverein Kleinbahn VDD, Wolfgang Wahrhausen, Am Bahnhof 1, 31089 Duingen, Tel./Fax 05185 6777
Internet: www.kleinbahn.duingen.de
Lokomotiven (1.435 mm):
Vl: 1, B-dh, Deutz 57444/1962, KK 130 B, 2002 leihweise ex Deutsches Werkbahnmuseum Hannover, bis 2002 ex Kali + Salz Bad Salzdetfurth (1), bis 1982 VW-Werk Wolfsburg (878617), abg.
Vl: 323 594, B-dh, Gmeinder 4977/1957, Köf II, 2003 ex Chemische Fabrik Honeywell / Riedel de Haen (Seelze), bis 1987 DB Gremberg (323 594 / Köf 6277), abg.

Feldbahn „Mühlenanger", Stadtoldendorf

Mit der Anlegung eines Bürgerparks auf dem Angerhof am Mühlenanger entstand in Erinnerung an die zahlreichen Lorenbahnen der Umgebung eine Museumsfeldbahn. Der MBC Holzminden stellte Fahrzeuge und Gleise bereit, eine Scheune wurde als Werkstatt hergerichtet, der städtische Bauhof trassierte die Strecke und 1991 ging die (heute 700 m lange) Strecke in Betrieb. Das Empfangsgebäude ist das frühere Pförtnerhäuschen der Weberei Kübler. Der Gleisplan zeigt zwei parallele, durch Spitzkehren miteinander verbundene Strecken.
Fahrbetrieb: 1.5. und 12.9. 2004 (Tag des offenen Denkmals) und nach Absprache
Info: Helmut Walter, Deenser Str. 34, 37627 Stadtoldendorf, Tel. 05532 4255
Internet: www.stadtmuseum-stadtoldendorf.de/Muehlenanger/Gipsbahn%20Feldbahn/gipsbahnfeldbahn.htm
Lokomotiven (600 mm):
Vl: 1, B-dm, Schöma 759/1946, 12,5 PS, 1985 ex Firma Hatting in Klostermoor bei Leer, bis 1980 Torfwerk Weener bei Leer, urspr. Torfverwertung Geestmoor bei Minden, btf.
Vl: 2, B-dm, LKM 248792/1956, 30 PS, Ns2f, 1990 ex Dachsteinwerk Voigtstedt, btf.
Vl: 3, B-dm, LKM 248692/1956, 30 PS, Ns2f, 1995 ex privat, bis 1992 Kieswerk Finsterwalde, btf.

Dampfloksammlung Grützmacher, Emmerthal-Lüntorf

In der Nähe von Hameln befindet sich eine private Loksammlung. Seit 2001 gehört hierzu auch der DR-Wagen 970-807 (750 mm, zuletzt Burger Netz, 1896 gebaut für Schlawer Kleinbahn) und seit 2000 ein Behälterwagen des Mansfeld-Kombinats (Bj. 1880).
Lokomotiven:
Dl: 3, Bn2t, Hanomag 3427/1899, 1.435 mm, 1983 ex Spielplatz Wunstorf, bis 1965 Saline Egestorffhall (Hannover-Badenstedt), ä.r.
Dl: 10, Bn2t, Kessel: Fleischmann & Sohn (Nürnberg) 1422/1939, 750 mm, 2000 ex Sportplatz am Hammer (Sulzbach-Rosenberg), bis 1967 Maxhütte Sulzbach-Rosenberg, ä.r.
Dl: 89 7538, Cn2t, Hanomag 7311/1914, 1.435 mm, 1997 ex BLME Braunschweig (104 / 89 7538), bis 1972 DB (89 7538), bis 1938 Braunschweigische Landes-Eisenbahn (26 „Ehmen"), ähnlich preuß. T3, ä.r.

Mecklenburg-Vorpommern

Straßenbahn Schwerin

Die Schweriner Straßenbahn unterhält den 2001-03 umfassend überarbeiteten Museumswagen Tw 26 und eine nicht öffentlich zugängliche Ausstellung zur Betriebsgeschichte. Originalgetreu restauriert wurde 1997/98 der letzte jemals gebaute T3D-/B3D-Zug (Tw 417, 418 und Bw 359). Mit der Geschichte des Schweriner Nahverkehrs befaßt sich eingehend der Modellbauverein Nahverkehr Schwerin (MBV).
Info: Nahverkehr Schwerin GmbH, Ludwigsluster Chaussee 72, 19061 Schwerin, Tel. 0385 3990-0, Fax 3976153, info@nahverkehr-schwerin.de
Oder: MBV / Lothar Matzkeit, Barlower Weg 14, 19061 Schwerin, Tel. 0385 616545, mail@lothar-matzkeit.de
Internet: www.nahverkehr-schwerin.mvnet.de oder www.mbv-nahverkehr-schwerin.de oder www.aaurich.privat.t-online.de
Triebwagen (1.435 mm):
Et: 21, Bo, Gotha/LEW 1959, 2 x 60 kW, T59 ER, 2003 ex Leipzig (Atw 5041), bis 1990 Tw 1327, bis 1970 ZR Berlin (3903), btf.
Et: 26, Bo, Wismar/SSW 1926, 1954 neuer Wagenkasten und LEW-Motoren, 2 x 60 kW, seit 1981 Htw, zuvor Atw A1, bis 1977 Atw 4, bis 1972 Tw 4, bis 1946 Tw 16, bis 1938 Tw 26, btf.
Et: 417 und 418, jeweils Bo'Bo', CKD 1988, 4 x 43 kW, zusammen mit Bw 359 (CKD 1988) ab 2005 als Htw/Hbw vorgesehen, btf.

Mecklenburgische Eisenbahnfreunde Schwerin (MEFS)

Der 1991 gegründete Verein MEFS e.V. wirkte zusammen mit der BSW-Freizeitgruppe Schwerin maßgeblich bei der Reaktivierung der 91 134 mit, nahm weitere DB-Fahrzeuge in Pflege, besitzt eine große eisenbahngeschichtliche Sammlung und organisiert vielerlei Bahnveranstaltungen.
Termine: vsl. Anfang Mai und Anfang Dezember (Aktionstag), Juni (Bahntag Rostock-Seehafen) und 1.-3.10.2004 (100 Jahre BSW)
Info: Mecklenburgische Eisenbahnfreunde Schwerin e.V., Postfach 111020, 19010 Schwerin, Tel. 0173 9110259, mefs@nexgo.de
Internet: www.mef-schwerin.de.vu
Lokomotiven (1.435 mm):
Dl: 03 1090, 2'C1'h3, Krauss-Maffei 15842/1940, Eigentum DB-Museum, bis 2001 BSW-Gruppe Stralsund, 1993 ex DR (03 0090 / 03 1090), abg.
Dl: 64 007, 1'C1'h2t, Borsig 11963/1928, Eigentum DB-Museum, bis 1971 DR (64 007), abg.
Dl: 89 008, Ch2t, Henschel 23583/1938, 1992 ex VM Dresden (1968 bei DR ausgemustert), abg.
Dl: 91 134, 1'Cn2t, Grafenstaden 4843/1898, Eigentum VM Dresden, ex DR, bis 1938 Braunschweigische Landeseisenbahn, bis 1929 DRG (91 048 / „Trier 7128"), urspr. „Saarbrücken 1858", abg.
Vl: V 100 143, B'B'dh, LEW 12444/1969, 1.000 PS, 1995 ex DB/DR (201 143 / 110 143 / V 100 143), abg.
Vl: V 180 118, B'B'dh, LKM 275105/1965, 2 x 1.000 PS, betreut von BSW-Gruppe Modellbahn Warnemünde, bis 1992 DR (228 118 / 118 118 / V 180 118), abg.
Vl: V 200 001, Co'Co', LTS Lugansk 0113/1966, 2.000 PS, 2001 ex Dieringhausen, bis 1994 DB/DR (220 001 / 120 001 / V 200 001), abg.
Vl: V 36 027, C-dh, Deutz 36627/1943, 300 PS, WR360 C14, Eigentum DB-Museum, seit 1983 Museumslok Bw Hagenow Land (ex DR 103 027 / V 36 027), bis 1949 Sowjetarmee, urspr. Wehrmacht (Heer), abg.
Vl: Kö 5752, B-dm, DWK 634/1938, 125 PS, 1993 ex DR (100 952 / Kö 5752), urspr. Prenzlauer Kreisbahn (1), abg.

Vl: V 23 082, B-dh, LKM 262131/1968, 220 PS, V22B, 1996 ex Stadtwerke Güstrow, urspr. VEB Minol Schwerin (Tanklager Güstrow), abg.
Vl: Kö 4001, B-dm, LKM 251192/1957, 90 PS, N4b, bis 2001 Industrie- und Hafenbahn Schwerin, urspr. Schiffswerft Neptun (Rostock), abg.
Vl: B-dm, LKM 252310/1962, 102 PS, V10B, 2001 ex Industrie- und Hafenbahn Schwerin, abg.
Vt: VT 137 099, 2'Bo', Westwaggon 126976/1933, 410 PS, Eigentum DB-Museum, bis 2001 BSW-Gruppe Stralsund, ex DR (185 254 / VT 137 099), ehem. Präsidententriebwagen der Rbd Greifswald, mit VB 147 052(947 052) (Wumag 1934), abg. seit 1998

Klützer Ostsee-Eisenbahn (KOE), Klütz

Die der EBG Altenbeken unterstehende KOE bietet seit 1997 auf der Strecke Grevesmühlen – Klütz (15 km) Ausflüge zum Schloß und Park Bothmer in Klütz, zu den Ostseestränden um Boltenhagen oder als Kaffeefahrt ins Grüne an, verkehr jedoch fortan nur noch auf Bestellung.
Info: Klützer Ostsee-Eisenbahn GmbH, Bahnhofstr. 4, 23948 Klütz, Tel. 05255 9840-0, Fax -50
Triebwagen (1.435 mm): EBG VT 1, AA-dm, Donauwörth 1300/1960, 2 x 150 PS, 1997 ex DB (796 760 / 798 760 / VT 98 9760, btf.

Eisenbahnfreunde Wismar

Der im Jahr 2000 gegründete Eisenbahnfreunde Wismar e.V. will die Geschichte der Waggonfabrik Wismar dokumentieren, ein Museum hierüber aufbauen (mit originalen Wismarer Fahrzeugen) sowie für Westmecklenburg typische Fahrzeuge sammeln, aufarbeiten und vorerst auf der Wismarer Hafenbahn als „Hafenrundfahrt auf Schienen" einsetzen.
Info: Eisenbahnfreunde Wismar e.V., Andreas Nielsen, Fischkaten 16, 23970 Wismar, Tel. 03841 211405, ef-wismar@arcor.de und andreas.nielsen@t-online.de
Internet: home.arcor.de/mathias.happke/efwismar
Triebfahrzeuge (1.435 mm):
Vt: VT 133 010, A1-bm, Wismar 20210/1933, Typ Hannover B, 2002 ex Wochenendhaus am Edersee, bis 1951 DB (VT 133 010 / VT 89 900), bis 1948 DR (VT 133 010), bis 1935 Eisenbahndirektion Saarbahn EL (72), i.A.
Vl: B-dm, LKM 251148/1957, 102 PS, N4b, 2001 ex Dienstleistungs- und Handelsgesellschaft DHG (Brüel), zuvor Agrochemisches Zentrum Brüel, bis 1976 Werk Milmersdorf des VEB Betonwerk Nord Götschendorf, abg.
Vl: B-dh, LKM 262500/1974, 220 PS, V22B, 2000 ex Kies- und Betonwerk Ventschow des Industriebaukombinats Schwerin, i.A.
Vl: Kö 4009, B-dm, RAW Dessau 4009/1961, 102 PS, Kö II, 2000 ex DB/DR Neustrelitz (310 109 / 100 109 / Kö 4009), i.A.
Nf: Skl 3774, B-dm, Raw Schöneweide, 38 PS, Bauart Schöneweide, 2000, abg.

Mecklenburgische Bäderbahn „Molli" Bad Doberan – Kühlungsborn

Nach der Wende war die Zukunft der Schmalspurbahn Bad Doberan – Kühlungsborn (15,4 km) lange Zeit ungewiß, bis der Landkreis Bad Doberan im Oktober 1995 die Anlagen und Fahrzeuge von der DB AG in regionale Trägerschaft übernahm, die Betriebsführung der Mecklenburgischen Bäderbahn Molli GmbH & Co. KG übertrug und damit auch den Dampflokeinsatz langfristig sicherte. Neben günstigen Tarifen locken viele touristische Angebote neue Fahrgäste an, wie z. B. Salon- und Buffetwagen, Gruppensonderfahrten, Pauschalangebote mit Übernachtung, Mitfahrten auf der Dampflok, Ausbildung zum Ehrenlokführer oder Ehrenbahnhofsvorsteher. Die im Mai 1991 gegründete IG Bäderbahn e.V. (seit Mai 1999: Verein zur Traditionspflege Molli e.V.) restauriert historische Reisezug-, Gepäck- und Güterwagen des „Molli" und richtete im Bahnhof Kühlungsborn West ein Museum ein. Auf dem früheren Güterbo-

den sind interessante Exponate und Dokumente der Bäderbahn zu sehen, während außen eine alte Bekohlungsanlage entstanden ist.
Info: Mecklenburgische Bäderbahn Molli GmbH & Co. KG, Am Bahnhof, 18209 Bad Doberan, Tel. 038203 415-0, Fax -12, molli-bahn@t-online.de
Internet: www.molli-bahn.de
Lokomotiven (900 mm):
- Dl: 99 2321, 1'D1'h2t, O&K 12400/1932, 1995 ex DB/DR (099 901 / 99 2321 / 99 321), btf.
- Dl: 99 2322, 1'D1'h2t, O&K 12401/1932, 1995 ex DB/DR (099 902 / 99 2322 / 99 322), btf.
- Dl: 99 2323, 1'D1'h2t, O&K 12402/1932, 1995 ex DB/DR (099 903 / 99 2323 / 99 323), btf.
- Dl: 99 2331, Dh2t, LKM 30011/1951, 1995 ex DB/DR (099 904 / 99 2331 / 99 331), bis 1959 Wismut, btf.
- Dl: 99 2332, Dh2t, LKM 30013/1951, 1995 ex DB/DR (099 905 / 99 2332 / 99 332), bis 1959 SDAG Wismut, 1996 abg., Denkmal in Kühlungsborn West
- Vl: 101-04, C-dm, LKM 250284/1962, 102 PS, V10C, 12/1999 ex LMBV-Tagebau Meuro (Senftenberg), zuvor BKW Senftenberg in Brieske Ost (222), btf.
- Vl: 7, C-dm, LKM 250287/1962, 102 PS, V10C, 2000 ex Tagebau Zwenkau des BKW Borna (Di 007-016-A3), urspr. Braunkohlenkombinat Espenhain, btf.
- Vl: 8, C-dm, LKM 250288/1962, 102 PS, V10C, 2000 ex Tagebau Zwenkau des BKW Borna (Di 008-016-A3), btf.
- Vl: 52, C-dm, LKM 250292/1962, 100 PS, V10C, Vereinseigentum, 2000 ex Tagebau Zwenkau des BKW Borna (Di 440-016-A3/52), i.A.
- Vl: B-dm, LKM 247336/1956, Ns1, 600 mm, 1999 ex Torf und Düngestoffe GmbH Gubkow (3), Denkmal Kühlungsborn West

Laut bimmelnd durchfuhr die 99 2323 am 27.8.1999 die Bad Doberaner Mollistraße, die zu DDR-Zeiten „Ernst-Thälmann-Straße" und vorher „Alexandrinenstraße" hieß.
Foto: Ludger Kenning

Wenn die Rostocker Straßenbahn im Mai 2004 das 100-jährige Bestehen ihres elektrischen Betriebs feiert, wird der Tw 26 eine Hauptattraktion sein (Btf Hamburger Straße, 27.8.1999). Foto: Ludger Kenning

Straßenbahn Rostock

Die Rostocker Traditionswagen fahren vorwiegend auf Bestellung. Unter dem Dach der Rostocker Straßenbahn AG (RSAG) erforschen die Nahverkehrsfreunde (RNF) die Unternehmensgeschichte und bauen im Straßenbahndepot Marienehe eine Verkehrsausstellung auf.
Termine: 17.4. (Eröffnung der Verkehrsausstellung), 15.5. („100 Jahre elektrische Straßenbahn Rostock" in den Btf Hamburger Straße und Marienehe), 5.6. und 14.8. (Historischer Fahrbetrieb) sowie 17.7., 5.9. und 5.12.2004 (Öffnungstage der Ausstellung)
Info: Rostocker Nahverkehrsfreunde, Hamburger Str. 115, 18069 Rostock, Tel. 0381 802-1900 (Serviceline) oder -1890, Fax -2000, info.rnf@rsag-online.de
Internet: www.rsag-online.de
Triebwagen (1.435 mm):
Et: 26, Bo, Wismar/AEG 1926, 2 x 50 kW, seit 1981 im Ursprungszustand, ex Atw 432 bzw. Tw 26, btf.
Et: 1, Bo'2', Gotha/LEW 1961, 2 x 60 kW, Gelenk-Tw, seit 1994 Htw, 1995-98 restauriert, 1987 Umbau aus Mittel- und B-Teil (ex Tw 703), zuvor Tw 701 bzw. Tw 1, btf. (mit Bw 156, Gotha/LEW 1956)
Et: 46, Bo, Werdau/LEW 1955, 2 x 60 kW, 1993-95 restauriert, 1992 ex Gera (Atw 101 / Atw 130), bis 1975 Rostock (Tw 46), btf.

Parkbahn „Moorblitz" des Salzmuseums Bad Sülze

Im ehemaligen Salzamt, dem 1759 erbauten Direktionshaus der alten Sülzer Saline (Produktion bis 1906), befindet sich seit 1971 das Salzmuseum, dessen Hauptthemen die Salinen- und Kurgeschichte der Stadt Bad Sülze sind. Zum Museumsinventar gehört auch die Feldbahn, die bis 1993 dem Transport des Heilmoores vom Moorstich zur Moorküche des 1822 erbauten Sanatoriums diente. Inzwischen umgerüstet für den Personenverkehr befährt sie zu besonderen Anlässen einen etwa 375 m langen Rundkurs im Kurpark.

Geöffnet: Mai bis Oktober (Di-Fr 10-12 und 14-16.30 Uhr, Sa/So 14-16 Uhr), November bis April (Di-Fr und sonntags 14-16 Uhr)
Info: Kultur- und Heimatverein / Salzmuseum, Saline 9, 18334 Bad Sülze, Tel. 038229 806-80, Fax -77, Martin-Wulfert@telcomm-net.de und sven.thurow@imnet.de
Lokomotiven (600 mm):
Vl: 01 „Emma", B-dm, LKM 247161/1954, 24 PS, Ns1, bis 1993 Moorbad Bad Sülze (1), bis 1985 Torfwerk Gubkow, bis 1973 Baustoffkombinat Rostock, bis 1971 Plattenwerk Greifswald, urspr. Bauunion Neubrandenburg, btf.
Vl: 02 „Moni", B-dm, LKM 247278/1955, 10 PS, Ns1, 1993 ex Moorbad Bad Sülze (2), bis 1987 Torfwerk Horst bzw. Moorbad Bad Wilsnack (2), bis 1986 Moorbad Bad Düben (513), btf.
Vl: AFKB 1 „Moppel", B-dm, LKM 247193/1955, 30 PS, Ns1, 2002 leihweise ex privat, zuvor MPSB Schwichtenberg (30), bis 1995 Eisengießerei „Hans Ammon" Britz, btf.
Vl: MKB 1 „Bobby", B-dm, LKM 260086/1958, 24 PS, Ns1b, 2004 leihweise ex privat, bis 2003 Muggerkuhler Kleinbahn (1), bis 1994 Ziegelei Muggerkuhl, btf.

Rügensche Kleinbahn (RüKB) Putbus – Göhren

Seit der Rückgabe der Schmalspurbahn Putbus – Göhren (24,4 km) an den Landkreis sowie der Übernahme der Betriebsführung durch die Rügensche Kleinbahn GmbH (1995/96) hat sich viel geändert. Familienfreundliche Tarife, Fahrradwagen, Sonderzüge, touristische Themenfahrten, Souvenirverkauf, mietbare Wagen bzw. Züge, Ehrenlokführerausbildung, ein Traditionszug im Stil der Kleinbahnzeit, Restaurierung der Stationsgebäude u.v.m. haben die RüKB noch populärer gemacht. Im Mai 1999 ging die dritte Schiene im Normalspurgleis Putbus – Lauterbach (2,6 km) in Betrieb, so daß die Schmalspurzüge im Sommer bis zur Mole durchlaufen. Mangels Umsetzmöglichkeit in Lauterbach Mole werden die Züge an beiden Enden mit je einer Lok bespannt.
Termin: 15.5.2004 (Eröffnung des sanierten Kleinbahnhofs Binz)

Die Lok 52^{Mh} sieht wieder so aus, wie in der Frühzeit der Rügenschen Kleinbahn AG. Am 30.7.2000 verließ sie den Bahnhof Putbus auf dem Dreischienengleis in Richtung Lauterbach Mole. *Foto: Thomas Kunsch*

Info: Rügensche Kleinbahn GmbH, Binzer Str. 12, 18581 Putbus, Tel. 038301 801-13 (Bahnsen), Fax -15, info@rasender-roland.de
Internet: www.rasender-roland.de
Lokomotiven (750 mm):
Dl: 99 782, 1'E1'h2t, LKM 32023/1953, 1996 ex DB/DR (099 746 / 99 1782 / 99 782), 1984 ex Oberwiesenthal, btf.
Dl: 99 783, 1'E1'h2t, LKM 32024/1953, 1999 ex DB/DR (099 747 / 99 1783 / 99 783), 1999 ex Freital, btf.
Dl: 99 784, 1'E1'h2t, LKM 32025/1953, 1996 ex DB/DR (099 748 / 99 1784 / 99 784), 1983 ex Freital, btf.
Dl: 99 4801, 1'Dh2t, Henschel 24367/1938, 1996 ex DB/DR (099 780 / 99 4801), seit 1965 auf Rügen, bis 1949 Kleinbahnen des Kreises Jerichow I / KJI (20), btf.
Dl: 99 4802, 1'Dh2t, Henschel 24368/1938, 1996 ex DB/DR (099 781 / 99 4802), seit 1965 auf Rügen, bis 1949 KJI (21), btf.
Dl: 52^{Mh}, Dh2t, Vulcan 2951/1914, 1996 ex DB/DR (099 770 / 99 4632), bis 1949 Rügensche Kleinbahnen bzw. Pommersche Landesbahnen (52^{Mh}), btf.
Dl: 53^{Mh}, Dh2t, Vulcan 3851/1925, 1996 ex DB/DR (099 771 / 99 4633), bis 1949 Rügensche Kleinbahnen bzw. Pommersche Landesbahnen (53^{Mh}), btf.
Vl: V 51 901, B'B'dh, Gmeinder 5327/1964, 2 x 240 PS, 1998 ex Steiermärkische Landesbahnen Kapfenberg/Steiermark (VL 21), bis 1971 DB (251 901 / V 51 901), btf.
Vl: Köf 6003, C-dh, Gmeinder 4205/1944, 130 PS, HF130C, 1996 ex DB/DR (310 901 / 199 002 / 100 902 / Köf 6003), bis 1949 Jüterbog-Luckenwalder Kreiskleinbahnen, urspr. Wehrmacht, btf.
Dl: Nicki+Frank S, Ch2, Henschel 25982/1941, Privateigentum (bis 1990 Jagsttal „Nicki S", bis 1984 DKB Mühlenstroth), bis 1980 privat, bis 1972 ÖBB (798.101), urspr. Heeresfeldbahn (25982), btf.
Dl: Aquarius C, En2, Borsig 14806/1939, Privateigentum (bis 1996 MVT Berlin, bis 1991 Jagsttal), bis 1980 Eurovapor (Bregenzerwaldbahn), bis 1974 Zillertalbahn (4 „Castle Caerinion"), bis 1958 Salzkammergut-Lokalbahn (22), urspr. Heeresfeldbahn (191), btf.

Förderverein Rügensche Kleinbahnen (FövRüKB), Putbus

Der 1991 gegründete Förderverein zur Erhaltung der Rügenschen Kleinbahnen e.V. hatte großen Anteil am Fortbestand des „Rasenden Rolands". Er kümmert sich um die Erhaltung von Exponaten aus der Kleinbahnzeit, um den Aufbau eines Pommerschen Kleinbahnmuseums in Putbus (im Dreieck zwischen Schmal- und Normalspur) sowie um die Traditionspflege, wie z. B. die Restaurierung und Wartung eines vereinseigenen Museumszugs der ersten Kleinbahnepoche. Das Museum stellt einen typischen Kleinbahnhof mit Feldbahnanschluß dar, wobei die 750-mm-Spur bisher aus drei Gleisen mit 1.000 m Gesamtlänge und elf Weichen besteht. An einer Seitenladerampe und einer Ladestraße schließt die Feldbahn mit 600 m Gleislänge und drei Schleppweichen an.
Info: Förderverein RüKB, Bahnhofstr. 14, 18581 Putbus, Tel. 038301 88475, info@ruegensche-kleinbahnen.de
Internet: www.ruegensche-kleinbahnen.de
Lokomotiven:
Dl: 99 4652, Cn2, Henschel 25983/1941, 750 mm, Eigentum Landkreis Rügen, 1999 ex privat (Bielefeld), bis 1990 im Jagsttal („Frank S"), bis 1982 DKB Mühlenstroth, bis 1974 DR Putbus (99 4652), bis 1949 Jüterbog-Luckenwalder Kreiskleinbahnen (1), urspr. Heeresfeldbahn, abg.
Vl: Köf 6001, C-dh, Gmeinder 4236/1946, 130 PS, HF130C, 750 mm, Privateigentum (Köln), bis 2000 in Rittersgrün untergebracht, 1991 ex Stollenbauhändler Schlatter (Schweiz), zuvor Rheinregulierungsgesellschaft Dornbirn/Lustenau („Falknis"), urspr. Händler Breidenbach (Mannheim), abg.
Vl: 1, B-dm, LKM 1954, 10 PS, Ns1, 600 mm, Privateigentum (Köln), ex Südhumus Chemnitz-Hartmannsdorf, i.A.
Vl: 2, B-dm, LKM 248493/1954, 15 PS, Ns2f, 600 mm, 1994 ex Reins-Ziegel Ketelshagen/Rügen, btf.
Vl: B-dm, Unio 1162/1977, 40 PS, 600 mm, 1994 ex Reins-Ziegel Ketelshagen/Rügen, abg.

Eisenbahn & Technik Museum Rügen, Prora

Die EBG Altenbeken eröffnete 1994 in Prora bei Binz auf einem ehemaligen Militärgelände mit 6.000 m² Freifläche und 4.000 m² großer Halle ein Eisenbahnmuseum und zeigt neben Triebfahrzeugen auch viele Nutzfahrzeuge und Pkw-Oldtimer. Bis April 2001 entstand eine weitere 4.000 m² große Halle.
Geöffnet: täglich 1.4. bis 31.10.2004
Info: Eisenbahn & Technik Museum Rügen, Am Bahnhof 3, 18609 Prora, Tel. 038393 2366, Fax 2349, info@etm-ruegen.de
Internet: www.etm-ruegen.de
Triebfahrzeuge (1.435 mm, falls nicht anders angegeben):
- Dl: P36-0123, 2'D2', Kolomna 10290/1955, 2000 ex Eisenbahnmuseum St. Petersburg, zuvor SZD (P36-1023)
- Dl: 03 002, 2'C1'h2, Borsig 12252/1930, 1994 ex Heizlok im Werk Hayna des BKK Bitterfeld, zuvor DR Güsten (03 2002 / 03 002), mit Stromlinienverkleidung seit 2001
- Dl: 23 1021, 1'C1'h2, LKM 123021/1958, 1992 ex Heizlok Zittau, urspr. DR (25 1021 / 23 1021)
- Dl: 44 2397, 1'Eh3, Henschel 26006/1941, 1992 ex DR (44 2397 / 44 0397 / 44 397)
- Dl: 50 3703, 1'Eh2, Krauss-Maffei 16087/1941, 1991 ex Gebäudewirtschaft Aschersleben, urspr. DR (50 499)
- Dl: 52 8190, 1'Eh2, Henschel 28244/1944, 1992 ex DR 52 8190 / 52 2887
- Dl: 99 4631, Dh2t, Vulcan 2896/1913, 750 mm, 2002 ex Denkmal Lehrte, bis 1984 DR Putbus (99 4631), bis 1949 Rügensche Kleinbahnen (RüKB 51^Mh), bis 1927 Naßdampf, abg.
- Dl: 99 584, B'B'n4vt, Hartmann 3595/1912, 750 mm, Eigentum Döllnitzbahn, bis 1993 DB/DR (099 709 / 99 1584 / 99 584), urspr. sächs. IVk 173, unzugänglich abg.
- Dl: SBS 04, Bn2t, Floridsdorf 17326/1944, bis 1988 Schoeller-Bleckmann-Sahlwerke Ternitz (Österreich)
- Dl: 1, Bn2t, Krauss 1912, 600 mm, ex Neuenkirchner Eisenwerke
- Dl: „Windel 1", B-fl, Henschel 17761/1928, 1993 ex Windel Textilwerke in Bielefeld (1)
- Dl: „Windel 2", B-fl, Esslingen 3845/1917, 1991 ex Windel Bielefeld (2)
- Dl: 8 „Helene", Cn2t, Henschel 16426/1919, 2003 ex DGEG (für Jagsttalbahn Möckmühl – Dörzbach), bis 1969 Barytwerk Bad Lauterberg, bis 1934 Jüterbog-Luckenwalder Kreiskleinbahnen (8 „Techow"), abg.
- Dl: HF 1138, Dn2t, Henschel 16020/1918, 600 mm, Brigadelok, Privateigentum, 2000 ex Bulgarien, urspr. Heeresfeldbahn (HF 1138), btf. (unzugänglich)
- Dl: 7, Dh2t, O&K 12348/1931, 750 mm, 2002 ex MaLoWa, zuvor Mansfeld-Kombinat (7), btf.
- Dl: 9, Dh2t, O&K 12350/1931, 750 mm, 2002 ex MaLoWa, zuvor Mansfeld-Kombinat (9), i.A.
- Vl: V 200 009, B'B'dh, MaK 2000009/1957, 2000 ex VM Nürnberg, bis 1999 Museum Gemünden, bis 1985 DB (220 009 / V 200 009)
- Vl: V 16 03, B-dm, DWK 715/1941, 160 PS, 2000 ex Klützer Ostsee-Eisenbahn (Kö 16.03), bis 1997 N. Kerberg (Krefeld), bis 1995 Verkehrsmuseum Krefeld, bis 1993 OnRail Moers, bis 1988 MaK Moers („Sprotte"), bis 1978 Hafenbahn Kiel (4), abg.
- Vl: KOE Kö 5750, B-dh, DWK 655/1939, Köf II, 2000 ex Klützer Ostsee-Eisenbahn (V 3), 1992 ex DR Nordhausen (310 950 / 110 950 / Kö 5750), urspr. H. Bachstein für Weimar-Berka-Blankenhainer Eisenbahn (6), btf.
- Vl: Kö 0099, B-dm, Gmeinder 1041/1934, Kö I, bis 1986 Altwaren Weinand (Bad Kreuznach), bis 1963 DB (Kö 0099)
- Vl: 311 227, B-dm, Windhoff 310/1935, Kö I, bis 1987 Spinnerei Lampertsmühle, bis 1978 DB Saarbrücken (311 227 / Kö 0227)
- Vl: Kö 4430, B-dm, Jung 5632/1934, 1992 ex DR (310 430 / 100 430 / Kö 4430)
- Vl: Kö 5067, B-dm, Deutz 46549/1943, 80 PS, 1992 ex DR (310 867 / 100 867 / Kö 5067), als Wegweiser
- Vl: Kö 5068, B-dm, Deutz 46550/1943, 1992 ex DR (310 868 / 100 868 / Kö 5068), Wegweiser in Karow/Rügen
- Vl: Kö 5736, B-dm, Jung 7868/1938, ex VEB Kohlenhandel Halle/S (1), bis 1980 DR (100 936 / Kö 5736), urspr. Neuhaldensleber Eisenbahn (KÖ 5)
- Vl: Köf 5002, B-dm, BMAG 11501/1942, Köf II, 1992 ex DB/DR (310 802 / 100 802 / Köf 5002)
- Vl: B-dm, LKM 252085/1959, V10B, 1994 ex Dübel- und Holzwerk Loitz, Denkmal am Museumseingang
- Vl: B-dm, LKM 252469/1966, V10B, ex Heizwerk Aschersleben, als Wegweiser in Samtens
- Vl: 1, B-dm, O&K 25762/1957, MV 6b, 1992 ex MFB Hattingen, zuvor Estel-Rohrwerk Hoesch in Dortmund-Barop (141), zuvor Hoesch-Westfalenhütte Dortmund (54)

Vl: 2 „Lokki", B-dm, Deutz 16288/1936, 12 PS, OME 117R, 1997 leihweise ex Verein Lübecker Verkehrsfreunde, bis 1988 Schwartauer Werke AG Bad Schwartau (1)
Vl: 1, B-dh, Deutz 57531/1962, 1992 ex Bundeswehr Enge-Sande
Vl: 2, B-dm, Deutz 10047/1928, 26 PS, MLH 332R, 1986 ex Klöckner-Stahlhandel Köln-Braunsfeld, urspr. Deutsche Benzin- und Petroleum-GmbH Berlin (Dresden)
Vl: 3, C-dm, LKM 250197/1960, V10C, 900 mm, 1994 ex Kreidewerk Rügen in Klementelvitz (3)
Vl: DL 1, B-dm, O&K 21104/1938, 3D, 1971 ex Siepmann-Werke in Warstein-Belecke (1)
Vl: „Rügen 4", B-dh, Kaluga 048/1978, 250 PS, TGK2-E1, 1994 ex Kreidewerk Rügen in Klementelvitz (4)
Vl: B-dm, LKM 260139/1960, Ns1b, ehemals 600 mm, 1994 ex Dübel- und Holzwerk Loitz
Vl: B-dm, Diema 3008/1968, DL 6, 600 mm, 1988 ex Ziegelei Schmid (Bönnigheim), urspr. über Feldbahnfabrik Breidenbach (Mannheim) 610-mm-spurig an Ziegelei Biberach (Kreis Heilbronn) der Firma Dörr & Eggensperger
Vl: 399 101, C-dh, Gmeinder 4378/1952, 139 PS, ähnlich HF130C, 2002 ex DB Wangerooge (399 101 / 329 501 / V 11 901), unzugänglich abg.
Vl: 399 102, C-dh, Gmeinder 5038/1957, 139 PS, 2002 ex DB Wangerooge (399 1012 / 329 502 / V 11 902), unzugänglich abg.
Vl: 399 103, C-dh, Gmeinder 5039/1957, 139 PS, 2002 ex DB Wangerooge (399 103 / 329 503 / V 11 903), unzugänglich abg.
Vl: 399 104, C-dh, Deutz 46841/1950, 120 PS, 2002 ex DB Wangerooge (399 104 / 329 504), 1952-71 Juister Inselbahn („Heinrich"), unzugänglich abg.
Vt: VT 2, B'B'dm, Talbot 96939/1954, 2 x 145 PS, bis 2000 in Mügeln, bis 1992 in Ochsenhausen, bis 1985 Zillertalbahn Jenbach – Mayrhofen (VT 2), bis 1968 Kreisbahn Osterode-Kreiensen (T 2), unzugänglich abg.
El: E 18 204, 1'Do1', Floridsdorf 3128/1940, 2001 ex Österr. Gesellschaft für Eisenbahngeschichte, bis 1998 Vorheizanlage 011.05, bis 1993 ÖBB (1018 004 / 1018.04), urspr. DRB (E 18 204)
El: E 44 139, Bo'Bo', Henschel/SSW 25380/1942, 1992 ex DR (144 139 / 244 139)
El: L 12, Bo, AEG 1892/1916, 1995 ex Industriebahn Berlin-Oberschöneweide (L 12), urspr. Berliner Straßenbahn
Al: 3, Bo'Bo', AEG 1731/1914, 1994 ex Museumsbahn Plettenberg, bis 1989 Accumulatorenfabrik AG Hagen / Varta Hagen (3)
Et: 475 057, Bo'Bo', Wumag 1928, 1997 ex Berliner S-Bahn (2417 / 3341 / ET 165 269 / 275 429 / 475 057)

Diese 90-jährige Akkulok gehörte bis 1989 dem Hagener Varta-Werk. Dahinter steht die nur zwei Jahre jüngere, neu an die Berliner Straßenbahn gelieferte E-Lok L 12 (Prora, 26.8.1999).   *Foto: Ludger Kenning*

Straßenbahntriebwagen:
Et: 48, Bo, MAN/SSW 1926, 68 kW, 1998 ex privat, bis 1973 Plauen (48)
Et: 218 036, Bo'Bo', Gotha/LEW 1962, 1995 ex Berlin (218 036 / 8037), zuvor Dresden (1733)
Et: 3015, Bo, Raw Schöneweide/LEW 1969, 120 kW, 1992 ex Berlin (Tw 5140 / 223 015 / 3015)
Et: 729 035, Bo, Raw Schöneweide/LEW 1972, 120 kW, Schlepp-Tw, ex Berlin (217 044)
Nf: 729 036, Bo, Raw Schöneweide 1972, Vorspannschneefräse, ex Berlin (729 036)
Et: Atw 9, Bo, Johannisthal/AEG 1952, 176 kW, 1997 ex Woltersdorf (Atw 9)
Et: Atw 11, Bo, O&K/AEG 1913, 79 kW, 1998 ex Woltersdorf (Atw 11), bis 1963 Berlin 5617

Usedomer Eisenbahnfreunde, Karnin

Der Bahnhof Karnin war auf Usedomer Seite die erste Station der von 1876 bis 1945 existierenden Hauptbahn Ducherow – Swinemünde. Berühmtheit erlangte er durch die 1932/33 errichtete, jedoch im April 1945 gesprengte stählerne Hubbrücke über den Peenestrom. Das mächtige Hubgerüst steht jetzt unter Denkmalschutz. Der Usedomer Eisenbahnfreunde e.V., der sich um die Dokumentation der Eisenbahngeschichte der Insel bemüht, erwarb und restaurierte das Karniner Empfangsgebäude und eröffnete 1999 ein sehenswertes Infocenter. Zur Präsentation der Fahrzeuge (u. a. ein KPEV-Durchgangswagen Ci von 1890) liegen seit 2000 wieder zwei Gleise im Bahnhofsbereich. Bereits 1992 hatte der Verein einige Eisenbahnwagen nach Ahlbeck geholt, so auch den 1907 in Breslau gebauten Herrengefolgewagen des Hofzuges von Kaiser Wilhelm II. Neben einem KPEV-Abteilwagen (Breslau 1902) befindet er sich inzwischen unter der Obhut der Usedomer Bäderbahn in Heringsdorf.
Info: Denkmalensemble Karnin, Dorfstr. 12, 17406 Karnin, Tel. 038372 71446, Fax 76138, webmaster@usedomer-eisenbahnfreunde.de
Internet: www.denkmalensemble-karnin.de und www.usedomer-eisenbahnfreunde.de
Diesellok (1.435 mm):
V 15, B-dm, LKM 252288/1962, 100 PS, V10B, 2001 ex Peenewerft Wolgast, btf.

Mecklenburg-Pommersche Schmalspurbahnfreunde, Schwichtenberg

Nach dem Abbau der letzten Gleise des MPSB-Netzes blieben in Friedland der Ringlokschuppen, das Empfangsgebäude, eine Lok und einige Wagen erhalten. Seit 1994 sind die Exponate in einem neuen Museum zu sehen. Ein 1996 gegründeter Verein versuchte vergeblich, den Friedländer Lokschuppen zu übernehmen, und so begann er mit dem Wiederaufbau des Abschnitts Schwichtenberg – Uhlenhorst. Im Sommer 1999 war ein erster, 600 m langer Abschnitt zusammen mit einer Bahnhofsanlage vollendet und zum Jahresende war die Gesamtstrecke (1,5 km) befahrbar.
Museum Friedland: Führungen für Gruppen ab zehn Personen nach Voranmeldung (Mo-Fr 9-15 Uhr), Info für Einzelpersonen beim Heimatmuseum Friedland, Mühlenstr. 1
Fahrbetrieb: Samstags und Sonntags vom 1.5. bis 3.10.2004 sowie am 11./12.4., 20.5., 31.5. und 3.10.2003 (jeweils Schwichtenberg ab 14, 15, 16 und 17 Uhr, am 18.9. zusätzlich 18, 19, 20 und 21 Uhr)
Info: MPSB-Freunde e.V., Zur Kleinbahn 8, 17099 Schwichtenberg, Tel. 039607 20239, Fax 20390, info@mpsb.de
Internet: www.mpsb.de
Lokomotiven (600 mm):
Dl: 99 3352, C1'n2, Jung 1138/1907, Eigentum VM Dresden, bis 1994 Denkmal Friedland, bis 1969 DR (99 3352), bis 1947 MPSB (4 „Kayser"), im Museum Friedland
Vl: 31, B-dm, LKM 260133/1960, 10 PS, Ns1, bis 1992 DR, bis 1972 Werklok WA Friedland, btf.
Vl: 32, B-dm, Deutz 27216/1939, 45 PS, OMZ 122, 1997 leihweise ex EBG Prora, urspr. Baufirma Herdejürgen (Bremen), btf.
Vl: 33, B-dm, LKM 248575/1956, Ns2f, ex Industriemineralwerk Friedland, btf.
Vl: B-dm, LKM 248818/1956, 37 PS, Ns2f, 2002 ex Buchhorster Waldbahn (Lauenburg), zuvor Ziegelei Malliß, abg.
Nf: Dr1, A1-bm, Glbm Brandenburg, 26 PS, btf.

Kommunalgemeinschaft Pomerania, Pasewalk

Die 1992 gegründete Kommunalgemeinschaft Pomerania, eine Trägerin von ABM-Projekten, mietete für den Aufbau einer „Rollenden Jugendherberge" aus Waggons des DDR-Regierungszuges, für die optische Aufarbeitung zweier Dampfloks und vor allem zur Ausgestaltung zum kulturellen Zentrum den Pasewalker Rundlokschuppen an und restaurierte den Wasserturm. Für Nostalgiefahrten dient ein zweiachsiger Beiwagen (Wegmann 1932, bis 1940 Dampftriebwagen).
Info: Kommunalgemeinschaft Pomerania e.V., Speicherstr. 14, 17309 Pasewalk, Tel. 03973 216326, Fax 216423, lokschuppen@pomerania.net
Internet: www.pomerania.net/lokschuppen/index.html
Lokomotiven (1.435 mm):
Dl: 050 527, 1'Eh2, Henschel 26281/1941, 1994 ex DR (50 3527 / 50 1471), ä.r.
Dl: 065 008, 1'D2'h2t, LKM 121006/1955, 1994 ex DR (65 1008), ä.r.
Dl: C-fl, LKM 146232/1961, FLC, 2001 ex Papierfabrik Schwedt
Vl: B-dm, LKM 252066/1959, 102 PS, V10B, 2000 ex Getreidewirtschaft Strasburg (Uckermark), btf.
Vl: B-dh, LKM 262403/1972, 220 PS, V22B, ex Getreidewirtschaft Pasewalk
Nf: ASF 45, Bo, LEW 1971, 14 kW, btf.
Nf: Kl 4049, B-dm, Glbm Brandenburg, Typ Skl 24, ex DR
Nf: 25.1.4282, B-dm, FEW, Skl 25/1 LK, ex DB
Nf: B-dm, FEW 1986, MZA, ex DR

In der DDR sicherten die Leichttriebwagen – scherzhaft auch „Ferkeltaxe" oder „Blutblase" genannt – so mancher Nebenbahn (vorerst) das Überleben. Der Hafenbahn Neustrelitz e.V. setzt den 172 001 des DB-Museums vor allem im Bereich der Mecklenburgischen Seenplatte ein (Neubrandenburg, 29.9.2003).
Foto:
Thomas Kunsch

Hafenbahn Neustrelitz

Die 1927 durch die Mecklenburgische Friedrich-Wilhelm-Eisenbahn (MFWE) erbaute Neustrelitzer Hafenbahn diente bis 1994 ausschließlich dem Güterverkehr der zwölf Anschließer, doch ging das Aufkommen nach der Wende zurück. Von den ursprünglichen 5,6 km sind seit 1998 noch 4,6 km vorhanden. Der im Februar 2000 ins Leben gerufene Hafenbahn Neustrelitz e.V. (HBN) übernahm die Infrastruktur und erhielt im Mai 2001 die Betriebsgenehmigung der Anschlußbahn. Im Dezember 2002 pachtete er den Ringlokschuppen samt Drehscheibe des ehemaligen Bw Neustrelitz und am 6.6.2003 fand die Betriebsaufnahme der Anschlußbahn „Hafenbahn Neustrelitz e.V. – Ringlokschuppen" statt.
Info: Gerhard Kort, Am Radelandweg 36, 17235 Neustrelitz, Tel. 03981 444145 und 203001
Triebwagen (1.435 mm): 172 001, AA-dm, Bautzen 1964, 180 PS, Eigentum DB-Museum, ex DR (772 001 / 172 001 / LVT 2.09.101), btf. (mit VS 172 601, Bautzen 1964)

Warener Eisenbahnfreunde (WEF), Kargow

Der 1988 zunächst als Arbeitsgemeinschaft des DMV und 1990 als „e.V." gegründete Verein WEF befaßt sich mit der Geschichte der Mecklenburgischen Südbahn und sammelt Exponate, wie Signale, Fahrkartendrucker und Fahrzeuge. Zwei bereits aufgearbeitete Formhauptsignale stehen vor dem Vereinsheim in Kargow.
Termin: 20.5.2004 (Sonderfahrt Waren – Rheinsberg)
Info: Günther Neumann, Am Bahnhof 13, 17192 Kargow, Tel. 03991 670202, Fax 674961, info@wef-online.de
Internet: www.wef-online.de
Lokomotiven (1.435 mm):
Vl: V 22 1286, B-dh, LKM 262286/1971, 220 PS, 1994 ex Wellpappenwerk Waren (WL 1), abg.
Nf: Skl 3769, B-dm, Gleisbau Brandenburg 10823/1973, Typ „Schöneweide", 1995 ex DB AG (Bm Waren), urspr. DR (Skl 3769), btf.

Hei-Na-Ganzlin – Eisenbahnverein, Röbel (Müritz)

Der 1991 gegründete Verein Hei-Na-Ganzlin, ein Teilhaber der Röbel/Müritz Eisenbahn GmbH (RME), will im Bahnhof Röbel ein Eisenbahnmuseum aufbauen, den touristischen Verkehr auf der Strecke Röbel – Ganzlin langfristig sichern sowie mit seinem Fuhrpark bundesweit Sonderfahrten durchführen.
Info: Eisenbahnverein HeiNa Ganzlin, Am Bahnhof 4, 17207 Röbel, Tel. 039931 52550, Fax: 039931-52556, webmaster@Hei-Na-Ganzlin.de und webmaster@bahnhof-roebel.de
Lokomotiven (1.435 mm):
Dl: 41 1303, 1'D1'h2, Jung 8692/1939, 1993 ex DB/DR (41 1303 / 41 303), abg.
Dl: 50 3522, 1'Eh2, Borsig 15083/1941, 1994 ex DB/DR (50 3522 / 1958 ex 50 1368), btf.
Dl: 50 3638, 1'Eh2, Henschel 26247/1941, 1994 ex DB/DR (50 3638 / 1960 ex 50 1437), abg.
Dl: 52 8029, 1'Eh2, O&K 14103/1944, Eigentum RME, 1994 ex DB/DR (52 8029 / ex 52 5018), btf.
Dl: 135, C-fl, Raw Meiningen 03135/1986, FLC, 1993 ex Firma Plasta (Erkner)
Dl: C-fl, LKM 146718/1961, FLC, 1995 ex Heizkraftwerk Brieskow-Finkenheerd der Energiewirtschaft Oder-Spree (3)
Dl: 6, B-fl, Hohenzollern 3936/1919, Typ Wildling, 1996 ex BASF Ludwigshafen (6, ex 48)
Vl: 110 019, B'B'dh, LEW 11228/1967, V100.1, 1995 ex DB/DR (201 019 / 110 019 / V 100 019)
Vl: 310 929, B-dh, DWK 636/1939, 80 PS, Köf II, Eigentum RME, 1993 ex DB/DR (310 929 / 100 929 / Köf 5729)
Vl: 311 012, B-dh, LKM 253013/1960, 1993 ex DB/DR (311 012 / 101 012 / V 15 1012)
Vl: 310 228 „Wilde Hilde", B-dm, Deutz 10921/1939, 80 PS, Kö II, 1995 ex DB/DR (310 228 / 100 228 / Köf 4228), btf.
Vl: 310 927 „Luise", B-dh, BMAG 10521/1936, 80 PS, Köf II, 1994 ex DB/DR (310 927 / 100 927 / Köf 5727), btf.
Vl: 101 004, B-dh, LKM 253005/1959, 150 PS, V15, ex DB/DR (311 004)
Vl: 101 012, B-dh, LKM 253013/1960, 150 PS, V15, ex DB/DR (311 012)
Vl: KWO 2, B-dm, LKM 252340/1962, 102 PS, V10B, 1993 ex Kabelwerk Oberspree in Oberschöneweide (2)
Vl: KWO 3, B-dm, LKM 252395/1963, 102 PS, V10B, 1993 ex Kabelwerk Oberspree in Oberschöneweide (3)
Vl: KWO 4, B-dm, LKM 252506/1968, 102 PS, V10B, Eigentum RME, 1993 ex Kabelwerk Oberspree in Oberschöneweide (4)
Vl: KWK 1, B-dm, LKM 252121/1960, 102 PS, V10B, 1993 ex Kabelwerk Berlin-Köpenick (1)
Vl: KWK 2, B-dm, LKM 252530/1960, 102 PS, V10B, 1993 ex Kabelwerk Berlin-Köpenick (2)
Vl: TRO 2, B-dm, LKM 252193/1961, 102 PS, V10B, 1994 ex AEG-Trafowerk Oberschöneweide (2)
Vl: 609, D-dh, LEW 10874/1964, V60D, 1994 ex Industrie-Transportgesellschaft Brandenburg, zuvor VEB Stahl- und Stahlwerke Brandenburg
Vl: 1, B-dh, LKM 262291/1973, 220 PS, V22, ex Mineralwerke Lübz, btf.
Vl: 9, B-dh, LEW 15369/1976, V60D, Privatbesitz, ex Zementwerk Rüdersdorf, btf.
Nf: zwei Klv (u. a. 3198), Gleisbau Brandenburg, Skl 24, ex DR

Vorbei an der Windmühle des Agrarhistorischen Museums drehte eine Babelsberger Ns2f der Alt Schweriner Rübenbahn (ARSB) am 25.4.2000 eine Runde.
Foto: Ludger Kenning

Alt Schweriner Rübenbahn (ASRB)

Das Agrarhistorische Museum des Landkreises Müritz veranschaulicht 5.000 Jahre Landnutzungs-, Produktions- und Sozialgeschichte. Im Freigelände sind u. a. ein Gutsdorf mit Herrenhaus, Dorfkirche, Brennerei, Verwaltergebäude, Holländer Windmühle, Freigehege und Gärten zu besichtigen. Erschlossen wird es seit 1995 durch eine 1 km langen Feldbahnrundkurs mit Sägewerksanschluß, Drehscheiben und stilvollem Lokschuppen (ex Demminer Kleinbahn West).
Geöffnet: Mo-So von Mai bis September sowie Di-So von April bis Oktober (10-18 Uhr), Feldbahntage am 31.7.-1.8.2004
Info: Agrarhistorisches Museum, Dorfstr. 21, 17214 Alt Schwerin, Tel. 039932 49918, Fax 49917, museumaltschwerin@t-online.de
Internet: home.t-online.de/home/museumaltschwerin
Lokomotiven (600 mm):

Vl: B-dm, LKM 248471/1954, 30 PS, Ns2f, 1994 ex Werk Blankenberg der Ziegelwerke Plau (913), btf.
Vl: B-dm, LKM 248731/1956, 36 PS, Ns2f, 1994 ex Werk Blankenberg der Ziegelwerke Plau (75), btf.
Vl: B-dm, CKD Lucenec 105/1966, BN15R, 1994 ex Ziegelwerk Hagenow, btf.
Vl: B-dm, LKM 247472/1957, 10 PS, Ns1b, 1994 ex Ziegelwerk Blankenberg
Vl: B-dm, Unio (Rumänien) 1166/1977, 45 PS, LD 45N, 1998 ex Werk Neukalen II der Ziegelwerke Neubrandenburg

Sachsen-Anhalt

BSW-Gruppe Förderverein Berlin-Anhaltische Eisenbahn, Lutherstadt Wittenberg

Im Hinblick auf das Jubiläum „150 Jahre Berlin Anhalter Bahnhof – Köthen" und zur Erhaltung des historisch wertvollen Wittenberger Empfangsgebäudes gründete sich 1991 ein Förderverein. Sein Stolz ist die DB-Museumslok V 100 003, die sich wieder wie fabrikneu (grün/weiß) präsentiert.
Termine: 28./29.8.2004 (Fahrzeugschau Bw Wittenberg)
Info: Michael Jungfer, Wittenberger Str. 27, 06901 Kemberg, Tel. 034921 21119 und 0172 9476750, mjungfer@t-online.de
Internet: www.eisenbahnverein-wittenberg.de
Lokomotiven (1.435 mm):
Dl: 52 8041, 1'Eh2, Krenau 1252/1943, 1992 ex DR (52 8041 / bis 1962: 52 5243), 1989-92 Heizlok in Wittenberg, abg.
Vl: 102 004, B-dh, LKM 262038/1968, 220 PS, V22B, 1998 ex DB/DR (312 004 / 102 004 / V 23 004
Vl: V 100 003, B'B'dh, LEW 9891/1965, 1.000 PS, 1994 ex DB/DR (201 003 / 110 003 / V 100 003), restauriert im 1966 auf der Leipziger Messe gezeigten Zustand, btf.

Ferropolis Bergbau- und Erlebnisbahn (FBE), Gräfenhainichen

Das Grubenbahnnetz um Gräfenhainichen, Zschornewitz und Vockerode diente bis 1995 der Mitteldeutschen Braunkohlen-AG (MIBRAG) bzw. dem Braunkohlenkombinat (BKK) Bitterfeld für die Kohleabfuhr. Durch die Flutung des Tagebauloches Golpa-Nord entstand eine Halbinsel mit der „Stadt aus Eisen" (Ferropolis), in der fünf Tagebaugroßgeräte eine Veranstaltungsarena für 25.000 Zuschauer einrahmen. An der B 107 zwischen Gräfenhainichen und Jüdenberg am Eingang zur Baggerstadt Ferropolis hat der Bergbau- und Erlebnisbahnverein ein Ausstellungsgelände für Fahrzeuge der Gruben- und Industriebahnen aufgebaut und präsentiert derzeit fast 200 Lokomotiven, Wagen und Hilfsfahrzeuge (1.435 und 900 mm). Von April bis Oktober bietet der FBE Fahrten mit Fahrraddraisinen auf dem Streckennetz an und im Sommerhalbjahr finden Nachtfahrten mit „Russenzug" (Salonwagen und Weitstreckenschlafwagen) statt.
Geöffnet: Wochentags 10-15 Uhr, an Wochenenden 10-17 Uhr, im Winter bis 16 Uhr
Info: Ferropolis Bergbau- und Erlebnisbahn e.V., Schloßstr. 1, 06773 Gräfenhainichen, Tel. 034953 25891, Fax 39686, info@fbe-bahn.de
Internet: www.fbe-bahn.de
Triebfahrzeuge (1.435 mm):
Dl: F161-36-B3, C-fl, LKM 146626/1957, 1993 ex MIBRAG, zuvor BKK Bitterfeld / Brikettfabrik Holzweißig (161), urspr. Farbenfabrik Wolfen (15)
Vl: Di 233-106-B4, D-dh, LEW 10927/1965, 650 PS, V60D, bis 1993 MIBRAG, zuvor BKW Geiseltal (21)
Vl: Di 422-65-B4, D-dh, LEW 13860/1974, 650 PS, V60D, bis 1993 MIBRAG, zuvor BKW Geiseltal (27)
Vl: Di 454-65-B4, D-dh, LEW 15131/1976, 650 PS, V60D, bis 1993 MIBRAG, zuvor BKK Delitzsch
Vl: Di 383-60-B4, D-dh, LEW 11036/1965, 650 PS, V60D, ex MIBRAG, zuvor BKK Bitterfeld
Vl: Di 431-65-B4, D-dh, LEW 14530/1974, 650 PS, V60D, ex MIBRAG, zuvor BKK Bitterfeld
Vl: Di 461-65-B4, D-dh, LEW 15195/1976, 650 PS, V60D, ex MIBRAG, zuvor BKK Bitterfeld
Vl: 215, B-dh, LKM 261403/1964, 180 PS, V18B, 1995 ex MIBRAG Gräfenhainichen
Vl: Di 229-18-B2, B-dh, LKM 261450/1965, 180 PS, V18B, 1995 ex MIBRAG (BKW Mulde Nord)

Vl: 1 und 2, jeweils C-dm, LKM 250234/1961, 250243/1961 oder 250280/1962, 102 PS, V10C, 900 mm, 1997 ex LMBV Tagebau Nachterstedt, urspr. BKW „Gustav Sobottka" Nachterstedt, btf.
Vl: 2, B-dh, Kaluga 093/1981, 250 PS, TGK 2E1, ex Tonwerk Haselbach der Steinzeugwerke Schmiedeberg (2)
Vl: 3, C-dm, LKM 250398/1965, 900 mm, 102 PS, V10C, 750 mm, 1993/95 ex MIBRAG (Di 10-3-A3), zuvor Tagebau Großkayna des BKW Geiseltal (3)
El: 3-191, Bo, SSW 3770/1942, 1995 ex MIBRAG, zuvor BKK Bitterfeld
El: 4-11 und 4-115, Bo'Bo', LEW 6764/1952 und ?/1954, 740 kW, 1995 ex BKW Geiseltal
El: 4-407, Bo'Bo', LEW 8184/1958, 740 kW, 900 mm, EL 3, ex MIBRAG Schleenhain, zuvor BKW Borna (21)
El: 4-844, Bo'Bo', LEW 10690/1964, 740 kW, vor 1997 ex BKK Bitterfeld (Goitsche)
El: 4-499, Bo'Bo', LEW 8536/1959, 740 kW, EL 2, 1995 ex MIBRAG, zuvor BKK Geiseltal (Muldenstein)
El: 4-516, Bo'Bo', LEW 8552/1959, 740 kW, 1995 ex MIBRAG, zuvor BKK Geiseltal / BKW Spreetal
El: 4-697, Bo'Bo', LEW 10001/1962, 740 kW, 1995 ex MIBRAG, zuvor BKW Geiseltal bzw. BKW Mücheln
El: 4-738, Bo'Bo', LEW 10042/1962, 740 kW, 1995 ex MIBRAG / BKK Bitterfeld (BKW Mulde Nord Golpa)
El: 4-1126, Bo'Bo', LEW 16307/1980, 740 kW, 1995 ex BKW Bitterfeld
El: 4-1208, Bo'Bo', LEW 18635/1985, 740 kW, 1995 ex BKW Bitterfeld / Tagebau Gröbern
El: 4-1213, Bo'Bo', LEW 18643/1985, 740 kW, 1995 ex BKW Bitterfeld / Tagebau Gröbern
El: 4-1215, Bo'Bo', LEW 9941/1963, 2.920 kW, 1995 ex BKK Bitterfeld, bis 1988 DR (211 030 / E 11 030)
El: 1-1122, Co'Co', AEG 5337/1942, 3.000 kW, 1995 ex BKK Bitterfeld, bis 1979 DR (254 058 / E 94 058)
Al: 51, Bo'Bo', Henschel/SSW 25101/1950, bis 1990 Preußen Elektra Borken/Hessen (51)
Al: Bo, LEW 18137/1986, 1995 ex BKK Bitterfeld (Schwellenplatz Mühlau)
Al: „Ferropoline", Bo, LEW 18861/1987, 1995 erworben
Nf: KL 5, B-dm, Schöneweide/Robur, 44 PS, Skl 24, vor 1997 ex MIBRAG, zuvor BKK Bitterfeld / Gräfenhainichen

Technikmuseum „Hugo Junkers", Dessau

Unterstützt von einem 1992 gegründeten Förderverein entsteht am alten Junkers-Flugplatz eine Begegnungsstätte für technikgeschichtlich Interessierte. Der Schwerpunkt liegt zwar in der Luftfahrt und im Wirken von Hugo Junkers, doch sind im Außenbereich auch zwei Lokomotiven zu sehen (geöffnet tgl. 10-17 Uhr).
Info: Technikmuseum Hugo Junkers, Kühnauer Str. 161a, 06846 Dessau, Tel. 0340 6611-982, Fax -193, Technikmuseum-Dessau@t-online.de
Internet: www.technikmuseum-dessau.de
Lokomotiven (1.435 mm):
Vl: B-dm, LKM 251168/1957, N4, ex Gasgeräte Dessau GmbH, zuvor Förderanlagen- und Kranbau Köthen, urspr. VEB Binnenhäfen Saale (Aken/Elbe)
Vl: B-dm, LKM, V10B, ex Gasgeräte Dessau GmbH
Dl: C-fl, LKM 1961, FLC, ex Stadtwerke Dessau (5), bis 1990 VEB Gärungschemie Dessau

Dessau-Wörlitzer Eisenbahn

Dem 1993 durch die Städte Dessau, Oranienbaum und Wörlitz sowie einigen Eisenbahnfreunden gegründeten Verein zur Förderung der Dessau-Wörlitzer Museumsbahn war es gelungen, die Strecke Dessau – Wörlitz (18,7 km) zu retten und 1999/2000 mit öffentlichen Mitteln sanieren zu lassen. Während das Dessauer Empfangsgebäude der DWE durch das Bundesumweltamt stilvoll renoviert wurde (durch den Abbau der Gleise ist es aber nicht mehr erreichbar), richtete man zur Restaurierung und Unterbringung der Fahrzeuge auf dem früheren Waggonbaugelände die „Alte Schmiede" ein.

Die Stadt Dessau übernahm 2001 die Bahnstrecke, gründete die Dessauer Verkehrs- und Eisenbahn-GmbH (DVEG) und beauftragte die vom Verein (seit 2002 Dessau-Wörlitzer Eisenbahn e.V.) ins Leben gerufene Anhaltische Bahn GmbH (ABG) mit der Verkehrsabwicklung. Im Januar 2002 übernahm die ABG auch den Betrieb der Anschlußbahn Westeregeln. In den vergangenen Jahren fuhren auf der DWE im Planverkehr angemietete Triebwagen, doch heute sind drei Doppelstocktriebwagen vorhanden, und zwar 670 005 und 006 der DVEG sowie der 670 002 des Vereins. Die Wiederinbetriebnahme des VT 01, der zusammen mit dem VS 145 027 einen Wendezug bilden soll, ist für 2004/05 vorgesehen.

Termine: Am letzten Freitag im Monat (Dessau Hbf ab 14.15 Uhr, mit V 22 und Bw 145 250 nach Ferropolis), 29.11.-5.12.2004 (Einsatz der Dresdener 89 6009), Planbetrieb mit 670er lt. Kursbuch
Info: Dessau-Wörlitzer Eisenbahn e.V., Zur Großen Halle 11+13, 06844 Dessau, Tel. 0340 22096-96, Fax -98, verein@dwe-web.de
Internet: www.dwe-web.info
Triebfahrzeuge (1.435 mm):
Dl: Cn2t, Henschel 19763/1927, 1998 leihweise ex Historisch-Technischer Verein „Görlitzer Kreisbahn", zuvor Raw Görlitz (WL 2), zeitweise Verkehrsbetriebe Dresden (DL 5), urspr. Eintracht-Braunkohlenwerke und -Brikettfabriken Welzow (Niederlausitz), abg. (nur Einzelteile)
Vl: N4-110, B-dm, LKM 251110/1956, 100 PS, N4b, bis ca. 1990 Getränkekombinat Dessau (1), zuvor Betonwerk Ostharz (Wegeleben), urspr. Industriehafen Rosslau/Elbe (4), btf.
Vl: V 10 531, B-dm, LKM 252531/1970, 102 PS, V10B, 1998 ex Wikana Nahrungs- und Genußmittel Zerbst, urspr. Maiswerk Zerbst, btf.
Vl: V 22 219, B-dh, LKM 262219/1969, 220 PS, V22B, 2001 ex Solvay-Werke Westeregeln, btf.
Vl: V 60 162, D-dh, LKM 270162/1964, 650 PS, V60D, 2001 ex VVV-GmbH Recklinghausen, zuvor Anschlußbahn Westeregeln, urspr. VEB Orbitaplatz in Westerregeln (1), btf. (vorwiegend für Westeregeln)
Vl: V 60 030, D-dh, LEW 11030/1966, 650 PS, V60D, 2003 ex Schwenk-Zementwerk Bernburg, btf. (für Anschlußbahn Westeregeln)
Vl: V 60 583, D-dh, LEW 12583/1970, 650 PS, V60D, 2002 ex VVV-GmbH Recklinghausen, zuvor Anschlußbahn Westeregeln, urspr. VEB Orbitaplatz in Westerregeln, btf. (in Westeregeln)
Vl: V 60 196, D-dh, LEW 15196/1976, 650 PS, V60D, Privatbesitz, bis 2002 Romonta-Werk Röblingen, urspr. BKW „Gustav Sobottka" in Röblingen (4), i.A. (für Westeregeln)
Vt: VT 01, (1A)'(A1)'dh, Dessau 3233/1938, 360 PS, 1994 ex Regentalbahn (VT 01), btf. ab 2004/05
Vt: VT 4.12.02, (1A)'(A1)'dm, Bautzen 0-2/1964, Eigentum „Hist. Eisenbahn Dresden", ex DMV Finsterwalde (Crinitz), bis 1978 DR (4.12.02, Prototyp-Nahverkehrstriebwagen), abg.

Die Anhaltische Bahn GmbH (ABG), eine Tochter des Dessau-Wörlitzer Eisenbahn e.V., verlieh der V 60 162 etwa das Aussehen einer fabrikneuen DR-V60er. Reichsbahnmäßig wäre jedoch die Beschriftung als „V 60 1162" gewesen. Am 13.12.2002 versah die Lok den Güterverkehr Staßfurt – Westeregeln, hier zwischen Schneidlingen und Groß Börnicke. Foto: Stephan Herrmann

Mit hohem Aufwand aus einem Wrack wieder aufgebaut wurde der Dessauer Tw 30, ein DDR-typischer Aufbauwagen aus der Nachkriegszeit (Hauptpost, 31.3.2002).
Foto: Ludger Kenning

Straßenbahn Dessau

In Dessau kümmert sich inzwischen der 2001 gegründete und im neuen Betriebshof ansässige Historische Straßenbahn Dessau e.V. um die Erhaltung, die Restaurierung und den Einsatz der historischen Straßenwagen.
Info: Dessauer Verkehrs-GmbH, Postfach 1202, 06812 Dessau, Tel. 0340 899-0, Fax -2599
Oder: Historische Straßenbahn Dessau e.V., Erich-Köckert-Str. 48, 06849 Dessau, Tel. 0340 2208107 (Edelmann)
Triebwagen (1.435 mm):
Et: 21, Bo, Gotha/LEW 1965, 2 x 60 kW, ET62 ER, 1993 restauriert, btf.
Et: 22C, Bo, Werdau/AEG 1925, 2 x 60 kW, Pullmann-Htw, 1988 ex Leipzig (Tw 5051 bzw. Tw 1401), btf.
Et: 30, Bo, Werdau 1930 (Neuaufbau Dessau 1948), 2 x 44 kW, Aufbauwagen, btf.
Et: 40, Bo, Schöneweide/LEW 1972, 2 x 60 kW, Rekowagen, 2001 ex Technikmuseum Junkers (Dessau), bis 1995 Dessau (Tw 40), vorgesehen für Umbau in Salonwagen, abg.
Nf: G2, Bo, Schörling/AEG 1936, 75 kW, Schleifwagen, seit 1990 Htw, 1979 ex Magdeburg (Tw 706), btf.

Straßenbahn Halle (Saale)

Nachdem schon 1968 der Tw 2 restauriert worden war, bekamen die späteren Vereinsgründer 1973 zwei Gleise des Depots Seebener Straße zur Verfügung gestellt. 1974 bildete sich die Arbeitsgemeinschaft Historische Straßenbahnen Halle unter dem Dach des DMV. Nach der Eintragung als Verein (1990) rekonstruierten die Halleschen Straßenbahnfreunde (HSF) die Front der Wagenhalle (alle sechs Gleise sind jetzt wieder nutzbar), eröffneten 1996 das „Historische Depot Seebener Straße" und bieten seit 1991 Stadtrundfahrten an. Ferner sind die Wagen für Sonderfahrten mietbar.

Geöffnet: Samstags von Mai bis Oktober (10-16 Uhr) und nach Absprache
Stadtrundfahrten: Während der Museumszeiten um 11.00 und 13.30 Uhr ab Markt
Info: Hallesche Straßenbahnfreunde, Seebener Str. 191, 06114 Halle, Tel. O345 5815601, redaktion@hallesche-strassenbahnfreunde.de
Internet: www.hallesche-strassenbahnfreunde.de und www.havag.com

Triebwagen (1.000 mm):
- Et: 2, Bo, MAN/SSW 1911, 2 x 26 kW, seit 1969 Htw, 1968 ex Plauen (40), abg.
- Et: 4, Bo, Herbrand/AEG 1894, 22 kW, 1991 restauriert, bis 1981 Hühnerschuppen bei Zwickau, bis 1920 Altenburg (4), btf.
- Et: 6, Bo, Gotha/AEG 1938, 2 x 37 kW, 1993 ex Kirnitzschtalbahn Bad Schandau (6), bis 1977 Dresden (240 006 / 855), bis 1968 Erfurt (106), btf.
- Et: 15, Bo, Gotha/AEG 1957 (E-Teil Bj. 1911), 2 x 26 kW, Aufbauwagen, 1979 ex Naumburg (18 / 15), bis 1957 Leipzig (917), i.A.
- Et: 78, Bo, Lindner/AEG 1912, 2 x 39 kW, 2./3. Klasse, seit 1982 Htw, zuvor Tw 613 / 18, urspr. Merseburger Überlandbahn (78 / 33), btf., mit Bw 193 (Lindner 1941, urspr. Merseburg)
- Et: 109, Bo, Wismar/BBC 1921, 2 x 37,5 kW, 1980 ex Erfurt (Bw 248), bis 1970 Halle (Bw 205 / 46 / Tw 109), abg.
- Et: 141, Bo, Schöndorff/SSW 1925, 2 x 36 kW, „Kirchenfensterwagen", seit 1982 Htw, zuvor Atw TS 1, bis 1965 Tw 141, abg.
- Et: 151, Bo, Gotha/SSW 1926, 2 x 36 kW, „Kirchenfensterwagen", seit 1979 Htw, zuvor Atw TS 3, bis 1963 Tw 151, abg.
- Et: 158, Bo, Gotha/SSW 1926, 2 x 36 kW, seit 1956 Fahrschulwagen, 1991 ex Brandenburg, bis 1977 Halle (VF 2 / Tw 158), btf.
- Et: 401, Bo, Lindner/SSW 1928, 2 x 50 kW, „Stadtbahner", 1982 restauriert, zuvor Tw 681 / 1401, btf., mit Bw 260 (Niesky 1925, abg.) und Bw 269 (Niesky 1925, ä.r.)
- Et: 403, Bo, Lindner/SSW 1928, 2 x 50 kW, „Stadtbahner", seit 1986 Htw, zuvor Atw 025 / Tw 693 / 683 / 1403, abg.
- Et: 410, Bo, Lindner/SSW 1928, 2 x 50 kW, „Stadtbahner", seit 1982 Htw, zuvor Tw 690 / 1410 / 410, abg.
- Et: 505, Bo, Werdau/LEW 1952, 2 x 60 kW, seit 1991 Htw, zuvor Atw 029 / Tw 705 / 505, btf., mit Bw 328 (Gotha 1956)
- Et: 523, Bo, Gotha/LEW 1961, 2 x 60 kW, seit 1999 Htw, zuvor Atw 030 / Tw 523, 1980 ex Cottbus (58), btf.
- Et: 644, Bo, Lindner/SSW 1927, 2 x 50 kW, „Stadtbahner", seit 1996 Htw, zuvor Atw 026, bis 1983 Tw 644, ä.r.
- Et: 772, Bo, CKD/LEW 1967, 2 x 60 kW, Lizenznachbau des Gothaer Typs ET62, seit 1991 Htw, zuvor Tw 772, 1984-88 als Atw 064, abg., mit Bw 385 (Gotha 1965, abg.) und Bw 506 (Gotha 1967, i.A.)
- Et: 901, Bo'Bo', CKD 1971, 4 x 43 kW, Tatrawagen, seit 1994 Htw, zuvor Tw 924, btf., mit Bw 101 (CKD 1967, bis 1969 als Tw in Belgrad)

DB-Museum Halle (Saale)

Schon vor der Wende kümmerten sich einige Eisenbahner um die im Raum Halle/Merseburg stationierten Museumsloks. Nach der Aufgabe der Diesellokwartung zog man die historischen Fahrzeuge im Schuppen 4 des Bw Halle P zusammen. Zur Pflege des Schuppens, der Ausstattung und der Lokomotiven entstand der Verein BSW-Freizeitgruppe Traditionsgemeinschaft Bw Halle P e.V. Im Juli 2003 wurde hier das DB-Museum Halle/Saale eröffnet.

Die Starlok der Dampfplus GmbH ist die im DB-Museum Halle beheimatete 18 201, hier am 13.6.2002 in roter Farbgebung im Betriebshof Nürnberg-Gostenhof.
　　　　　　　　　　　　　　　　　　　　　　　　　　　　Foto: Rainer Vormweg

Geöffnet: Jeden ersten und dritten Samstag des Monats (9-14 Uhr)
Termine: 3./4.7.2004 (Tag der offenen Tür), September (Ausstellung „Versuchsanstalt Halle VES-M")
Info: DB Museum Halle, Berliner Str. 240, 06112 Halle, Tel. 0180 4442233, info@dampf-plus.de
Internet: www.03458050288-0001.bei.t-online.de/hallep.htm
Triebfahrzeuge (1.435 mm):
- Dl: 03 1010, 2'C1'h3, Borsig 14921/1940, ex DR (03 0010 / 03 1010), btf.
- Dl: 18 201, 2'C1'h3, Henschel 23515/1938, Umbau Meiningen 89/1961, vermietet an Dampfplus, ex DR (02 0201 / 18 201 / 61 002), btf.
- Dl: 41 1185, 1'D1'h2, O&K 13177/1939, ex DR (41 1185 / 41 185), abg.
- Dl: 52 9900, 1'Eh2, MBA 13970/1943, Kohlenstaublok, ex DR (52 9900 / 52 4900), abg.
- Dl: 89 1004, Ch2t, Breslau 359/1906, bis 1966 DR (89 1004), bis 1942 Mecklenburgische Friedrich-Wilhelm Eisenbahn (4), bis 1931 DRG (89 001), urspr. KPEV („Berlin 7001" / „Magdeburg 2001"), abg.
- Dl: 3, C-fl, LKM 219169/1969, Vereinseigentum, 1995 ex DR-Kraftwerk Muldenstein b. Bitterfeld (3), abg.
- Vl: 131 001, Co'Co', LTS 0103/1972, 3.000 PS, Vereinseigentum, ex DR (231 001 / 131 001), abg.
- Vl: 754 101, Co'Co', LTS 0138/1972, 3.000 PS, Baumusterlok der BR 132, ex DR (754 101 / 230 101 / 131 101), 1996 abg.
- Vl: Kö 5142, B-dm, Windhoff 802/1943, 125 PS, Vereinseigentum, 1995 ex DB/DR (310 842 / 100 842 / Köf 5142), btf.
- Vl: 312 001, B-dh, LKM 262035/1968, 220 PS, V22B, 2001 ex DB-Cargo Magdeburg bzw. Deutsche Gleis- und Tiefbau GmbH (Königsborn bei Magdeburg, Lok 2) bzw. Gleisbaubetriebe Magdeburg (Bm 3002), bis 1992 DR (102 001 / V 23 001)
- El: E 11 001, Bo'Bo', LEW 8958/1960, 2.920 kW, ex DR (109 001 / 211 001), abg.
- El: E 18 31, 1'Do1', AEG 5003/1937, 3.040 kW, ex DR (218 031 / E 18 31), abg.
- El: E 44 108, Bo'Bo', Krauss-Maffei 15679/1939, 2.200 kW, ex DR (244 108 / E 44 108), abg.
- El: E 95 02, 1'Co+Co1', AEG/SSW 3011+3012/1927, 2.778 kW, Eigentum VM Dresden, seit 1978 Museumslok, bis 1978 DR (zuletzt für Stromversorgung der Weichenheizung in Halle Hbf / bis 1969: E 95 02), 1945-52 in UdSSR, urspr. Bw Hirschberg (Riesengebirge), i.A.
- Vt: 186 258, A1-dm, Rathgeber 1937, 150 PS, Museums-Tw seit 1983, zuvor zeitweise Dienstfahrzeug für Präsidenten der Rbd Halle (ab 1956 mit Salon, Schreibplatz und Schlafabteil), ex 186 258 / VT 135 110, btf.
- Nf: Skl 3506, A1-dm, Glbm Brandenburg 19??, Bauart Schöneweide, 1997 ex Bm Halle, i.A.

Parkeisenbahn „Peißnitzexpress"

Um Freizeitanlagen auf der Saale-Insel Peißnitz miteinander zu verbinden und das Interesse der Jugend für die Eisenbahn zu wecken, wurde 1960 eine Pioniereisenbahn als 2 km langer Rundkurs eröffnet. Die Stadt, die 1990 die Bahn übernahm, wird unterstützt vom Förderverein Eisenbahn Peißnitzexpress Halle/Saale e.V., der auch einige historische Fahrzeuge, wie z. b. einen über 100 Jahre alten Kohlewagen von der ersten deutschen Feldbahn in Bad Dürrenberg oder einen originalen Grubenzug des Mansfelder Kupferbergbaues, beschafft und aufgearbeitet hat.
Fahrbetrieb: Täglich vom 1.5. bis 31.10. (10-12 und 13-18 Uhr)
Info: Eisenbahn Peißnitzexpress, Peißnitzinsel 4, 06108 Halle, Tel. 0345 8060316
Internet: www.pe-halle.de
Lokomotiven (600 mm):
Vl: 399 611, B-dm, LKM 262216/1959, 30 PS, Ns2f mit Neuaufbau, ehemals 299 601, btf.
Vl: 399 612, B-dm, LKM 248879/1957, 35 PS, Ns2f, 1967 ex Ingenieurbaubetrieb (Berlin), btf.
Vl: 399 613, B-dm, LKM 248875/1957, 35 PS, Ns2f, 1967 ex Ingenieurbaubetrieb (Berlin), btf.
Vl: 399 614, B-dm, LKM 260085/1958, 15 PS, Ns1b, 1994/95 Neuaufbau im Raw Halle aus Schrottlok (500 mm), 1994 ex Waldeisenbahn Muskau, bis 1992 Brikettfabrik Haidemühl des BKW Knappenrode, btf.
Vl: B-dm, LKM 248444/1954, Ns2f, 1997 ex Baugruppe Köhler, zuvor Werk Halle-Bruckdorf der VEB Ziegelwerke Halle (826), seit 1999 Denkmal
Al: 201 001, Bo'Bo', Bw Halle G 1983, 4 x 4,4 kW (ex Nr. 110 001), Neuaufbau auf Basis zweier Grubenloks El 9 (ex Kupfergruben Mansfeld), btf.
Al: El 9-17, Bo, Göllingen 1982, 9 kW, El 9, 1992 ex Mansfeld-Kombinat (Schacht Niederröblingen), btf.
Al: TUE 600 „Metallist", Bo, BBA Aue 46470/1957, 5,2 kW, Typ Metallist, urspr. SDAG Wismut (Aue), btf.

Auf der Saale-Insel Peißnitz in Halle dreht im Sommer der Peißnitzexpress seine Runden. Am 22.8.2000 wartete die 399 612 auf die nächste Fahrt. Foto: L. Kenning

Privatfeldbahn „Seppelbahn", Delitzsch

Nach der Übernahme von Materialien der stillgelegten Feldbahn des Pfannsteinwerks Liebertwolkwitz begann 2002 am Stadtrand von Delitzsch der Aufbau einer Feldbahnanlage, die Ende 2003 bereits 450 m Strecke, drei Weichen, zwei Diesellokomotiven, zwei Sitzloren, einige Kipploren und einen Lokschuppen umfaßte.
Info: Matthias Brauer, Am Park 1, 04509 Döbernitz, Tel. 034202 93800, seppelbahn@web.de
Internet: www.seppelbahn.de
Lokomotiven (500 mm):
Vl: Moritz, B-dm, CKD ca. 1962, 30 PS, BN 30R, 2002 ex Pfannsteinw. Liebertwolkwitz, btf.
Vl: Felix, B-dm, CKD 1960, 15 PS, BN 15R, 2002 ex Pfannsteinwerk Liebertwolkwitz, btf.

Parkeisenbahn „Krumbholzbahn", Bernburg

Seit 1969 verläuft in der Auenlandschaft „Krumbholz" eine 1,9 km lange, anfangs als Pioniereisenbahn konzipierte Parkbahn vom Bernburger Kultur- und Tagungszentrum durch das Erholungsgebiet Krumbholz – vorbei am Tiergarten, Sportforum und Keßlerturm – zum „Paradies", einem Märchengarten mit Schloß und Märchenkulissen. Die fünf Personenwagen wurden 1989 im Raw Halberstadt generalüberholt.
Fahrbetrieb: Juni – August täglich (10-18 Uhr), montags 12-18 Uhr), April – Mai und September – Oktober an Di-Fr (10-16 Uhr) und Sa/So/Ft (10-18 Uhr)
Info: Bernburger Freizeit GmbH, Lindenplatz 9, 06406 Bernburg, Tel. 03471 6260-97, Fax -98, infobernburg@aol.com
Internet: www.bernburger-freizeit.de
Lokomotiven (600 mm):
Vl: B-dm, Skoda 1958, 109 PS, seit 1991/92 mit Mercedes-Motor, ex Kaliwerk Bernburg, btf.
Vl: B-dh, Schöma 5493/1997, 71 PS, CHL 40G

Traditionsbahnbetriebswerk Staßfurt

In der Einsatzstelle Staßfurt des Bw Güsten wurde die Eisenbahntradition schon vor der Wende gepflegt, als man hier die 01 005, 65 1049 und eine 41er betreute. Der 23-ständige Halbrundlokschuppen mit Drehscheibe und Lokbehandlungsanlagen im Flair der Dampflokzeit bot gute Voraussetzungen zum Aufbau eines Museums. Hierfür gründete sich 1990 der Eisenbahnfreunde Traditionsbahnbetriebswerk Staßfurt e.V. (ETB), der die Anlage in ein lebendiges Museums-Bw umgestaltete.
Geöffnet: 1. und 3. Samstag des Monats (10-16 Uhr) und nach Vereinbarung
Dampflokfeste: 3./4.4., 12./13.6. und 25./26.9.2004 (jeweils 9-17 Uhr), weitere Sonderfahrten lt. Internet
Info: Eisenbahnfreunde Traditionsbahnbetriebswerk Staßfurt, Güstener Weg, 39418 Staßfurt, Tel. 03925 383-800, Fax -801, info@eisenbahnfreunde-stassfurt.de
Internet: www.eisenbahnfreunde-stassfurt.de
Lokomotiven (1.435 mm):
Dl: 01 005, 2'C1'h2, Borsig 11997/1926, Eigentum DB-Museum, bis 1977 DR (01 005, 1969 ausgemustert), abg.
Dl: 41 1231, 1'D1'h2, Borsig 14812/1939, 1993 ex DR (41 1231 / 41 231), btf.
Dl: 44 1182, 1'Eh3, Krupp 2684/1942, 1992 ex DR (44 1182 / 44 0182 / 44 1182), abg.
Dl: 44 1486, 1'Eh3, Schneider (Le Creusot) 4728/1943, 1993 ex DR (44 1486 / 44 0486 / 44 1486), btf.
Dl: 44 2663, 1'Eh3, Borsig 15119/1941, 1994 ex DR (44 2663 / 44 0663 / 44 663), abg.
Dl: 50 3556, 1'Eh2, Henschel 26299/1941, Privateigentum, ex DR (50 3556 / bis 1961: 50 1489), abg.
Dl: 50 3606, 1'Eh2, BMAG 11887/1942, Eigentum Magdeburger Eisenbahnfreunde, bis 1991 DR (50 3606 / 50 2637), abg.
Dl: 50 3618, 1'Eh2, Privateigentum, ex DR (50 3618 / 50 2937), abg.
Dl: 50 3695, 1'Eh2, BMAG 11555/1941, 1993 ex DR (50 3695 / bis 1961: 50 1066), btf.
Dl: 50 3700, 1'Eh2, Krupp 2083/1939, Privateigentum, bis 1993 DR (50 3700 / 50 217), abg.
Dl: 52 8137, 1'Eh2, Schichau 4100/1944, Privateigentum, 1993 ex DR (52 8137 / 52 5803), abg.
Dl: 52 8150, 1'Eh2, Privateigentum, ex Dampfspender Ofenbau Königshütte, bis 1989 DR (52 8150 / 52 7242)
Dl: 52 8161, 1'Eh2, Schichau 3797/1943, Privateigentum, ex DR (52 8161 / 52 5519), abg.
Dl: 52 8173, 1'Eh2, Schichau 4100/1944, Privateigentum, ex DR (52 8173 / 52 7734), abg.
Dl: 52 8184, 1'Eh2, Floridsdorf 17266/1944, 1992 ex DR (52 8184 / 52 3722), btf.
Dl: 52 8189, 1'Eh2, Privateigentum, 1992 ex DR (52 8189 / 52 5306), abg.
Dl: C-fl, Raw Meiningen 03113/1986, FLC, ex Addinol-Mineralölwerk Lützkendorf (6), abg.
Vl: 100 617, B-dm, BMAG 10271/1934, 80 PS, Kö II, ex DR (100 617 / Kö 4617), abg.
Vl: 100 755, B-dm, Borsig 14550/1935, 80 PS, Kö II, ex DR (100 755 / Kö 4755 / Köe 4755), btf.
Vl: B-dm, LKM 251095/1956, 90 PS, N4b, 1997 ex Papiersackfabrik Nienburg GmbH (1), zuvor Papiersackfabrik Nienburg des VEB Optima Aschersleben, bis 1978 Metallaufbereitung Magdeburg, urspr. Baumechanik Barleben bzw. Industriebau Magdeburg (Güsen), abg.

Vl: B-dm, LKM 251162/1957, 90 PS, N4b, 1997 ex Papiersackfabrik Nienburg GmbH, zuvor Papiersackfabrik Nienburg des VEB Optima Aschersleben, urspr. Waggonbau Dessau, abg.
Vl: B-dm, LKM 252320/1962, 102 PS, V10B, ex Heizkesselwerk Schönebeck (1), abg.
Vl: B-dh, LKM 261214/1962, 150 PS, V18B, ex Kraftfuttermischwerk Schönebeck-Frohse (2), abg.
Vl: 1, B-dh, V22B, vermietet an Anhaltische Bahngesellschaft für Staßfurt – Westeregeln, btf.
Vl: B-dh, LKM 262426/1973, 220 PS, V22B, ex Traktorenwerk Schönebeck (1), abg.
Vl: B-dh, LKM 262365/1972, 220 PS, V22B, 1995 ex Blechpackungswerk Staßfurt (3), zuvor Luft- und Kältetechnik Babelsberg, abg.
Vl: B-dh, LKM 262657/1976, 220 PS, V22B, 1994 ex Sprengstoffwerk Schönebeck, urspr. Sprengstoffwerk Gnaschwitz (1) in Bautzen, abg.
Vl: B-dh, LKM 262658/1976, 220 PS, V22B, 1994 ex Sprengstoffwerk Schönebeck, urspr. Sprengstoffwerk Gnaschwitz (2) in Bautzen, abg.
Vl: B-dh, LKM 262151/1969, 220 PS, V22B, ex Raw Magdeburg-Salbke, abg.
Vl: B-dh, Kaluga, 230 PS, Typ TGK2-El, 2002 ex Werk Halberstadt der Magdeburger Getreide-GmbH, abg.
Vl: D-dh, LEW 15612/1977, 650 PS, V60D, 1993 ex Pottaschewerk Staßfurt des Kali- und Steinsalzbetriebs „Saale" (1), abg.
Vl: D-dh, LEW 16531/1979, 650 PS, V60D, 1993 ex Pottaschewerk Staßfurt des Kali- und Steinsalzbetriebs „Saale" (3), abg.
Vl: 118 586, B'B'dh, LKM 275086/1965, 2 x 1.000 PS, ex DR (118 586 / 118 086 / V 180 086), abg.
Vl: 120 366, Co'Co', Lugansk 2250/1975, 2.000 PS, ex DR (120 366), abg.
El: 204 007, 1'Co1', AEG 4687/1932, 2.190 kW, 1995 ex DB/DR (Energiespender / 204 007 / E 04 07), abg.
Vt: 186 257, A1-dm, Bautzen 1935, Eigentum DB-Museum, ab 50er Jahre Salontriebwagen des Präsidenten der Rbd Magdeburg, ex DR (186 257 / VT 135 054), abg.
Vt: 188 001, A1-dm, Görlitz 1956, Oberleitungsrevisions-Tw, Eigentum Magdeburger Eisenbahnfreunde, 1999 ex DB/DR (708 001 / 188 001 / VT 135 701), abg.
Nf: Kl 3411, B-dm, Glbm Brandenburg, 44 PS, Skl 24 Bauart Schöneweide, ex DR (Kl 3411)
Nf: Kl 01, B-dm, Glbm Brandenburg, 44 PS, Skl 24
Nf: Kl 4102, B-dm, Glbm Brandenburg, SKL 25
Nf: Kl 79/200/I, A1, Kesslau Potsdam, 18 PS (Ottomotor), Gleiskraftrad Typ I, ex DR (RKW 3218)

Eisenbahn-Club Aschersleben (ECA)

Der als BSW-Freizeitgruppe anerkannte ECA – bereits 1964 gegründet als DMV-Gruppe AG 7/11 – erhielt 1974 von der DR als Domizil einen Doppeltriebwagen „Stettin". Nach der Wende erwarb er weitere Fahrzeuge und brachte sie im Lokschuppen 4 am früheren Verschiebebahnhof Aschersleben unter. Den Schwerpunkt, der zuvor bei Vorkriegstrieb- und -beiwagen lag, bilden jetzt historische Güter-, Arbeits- und Straßenfahrzeuge (z. B. Straßenroller). Weitere Sparten sind u. a. Stellwerks- und Bahnmeistertechnik.
Termin: 3./4.7.2004 (Lokschuppenfest)
Info: Roman Neunherz, Ascherslebener Str. 373, 06464 Frose, Tel. 034741 73058
Internet: www.eisenbahnclubaschersleben.de
Triebfahrzeuge (1.435 mm):
Vl: F10, B-dm, Jung 13357/1961, 60 PS, 1993 ex (VEB) WEMA Aschersleben, bis 1961 DIA Berlin (Messe Leipzig), btf.
Vl: TDK, B-dh, Kaluga 013/1978, 250 PS, TGK, 1993 ex BKW Sobottka / ABS Nachterstedt (1), abg.
Vl: 101 448, B-dm, LKM 252544/1970, 100 PS, V10B, 1996 ex WEMA Aschersleben (F 167), btf.
Vl: Kö 4604, B-dm, Krupp 1379/1934, 80 PS, Kö II, 1998 ex privat (Oebisfelde), ex DB/DR (310 604 / 100 604 / Köf 4604), btf.
Vl: Kö 5226, B-dm, Deutz 47322/1944, 80 PS, Kö II, 1998 ex SEM Chemnitz-Hilbersdorf, zuvor Schrotthandlung K. Barth (Frankenberg/Sachsen), bis 1993 ex DB/DR (310 826 / 100 826 / Kbf 5226), btf.

Vl: B-dm, LKM 251155/1957, 90 PS, N4b, 1993 ex Zuckerfabrik Löbejün, zuvor Zuckerkombinat „Vorwärts" Halle, urspr. Zuckerfabrik Löbejün, i.A.
Vl: 106 068, D-dh, LKM 270068/1962, 650 PS, V60D, 1995 ex DB/DR (346 068 / 106 068 / V 60 1068), abg. in Hettstedt
Vb: 147 551a/b, (A1)'2'+2'(1A)', Wumag 1940, 1975 ex DR (VB 197 840 / VB 147 551a/b / VT 137 367), btf.
Vt: 137 396, (1A)'2'dh, Düwag 13142/1940, 2 x 250 PS, 1996 ex Museumseisenbahn Hamm, bis 1980 DB (723 003 / 660 531 / VT 60 531), urspr. DRG (VT 137 396), i.A. (bei DWE)
Nf: Skl 3736, B-dm, Glbm Brandenburg, 44 PS, Skl 24 Bauart Schöneweide, 1996 ex DB Aschersleben (Skl 3736), btf.
Nf: Skl 3148, B-dm, Bauart H3A, 2002 ex privat (Freiberg), btf.
Nf: MZG, B-dm, Blankenburg 1990, 70 PS, schwerer Kleinwagen, 2001 ex DB Magdeburg, btf.

Nur wenige Tage nach ihrer Wiederinbetriebnahme verließ die Lok 20 der Mansfelder Bergwerksbahn gemeinsam mit der Lok 10 den Güterbahnhof Hettstedt (28.5.2000).
Foto: Ludger Kenning

Ziegeleimuseum Westeregeln

Die 1991 stillgelegte Ziegelei Westeregeln, die zuletzt zum VEB Bau- und Grobkeramik Halle gehört hatte, zeugt von einer 200-jährigen Tradition der Baustofferzeugung im Raum Egeln und präsentiert sich mit ihrer Aufbereitungsanlage mit Kastenbeschicker, Kollergang und Mahlwerken wie vor 65 Jahren. Der Verein „Stiftung Waisenhaus Staßfurt e.V." richtete ab 1994 eine Jugendwerkstätte ein und nahm Anfang 1995 die Ziegelei samt Feldbahn wieder in Betrieb, doch mußte er sie bereits 1996 schließen. Ein neuer Verein eröffnete hier anschließend ein Ziegeleimuseum, doch kam die 300 m lange, jetzt vom Schlanstedter Verein betriebene Feldbahn erst 2002 wieder in Gang.

Geöffnet: Mo-Do (7-15 Uhr), Fr (7-12 Uhr) und Sa/So (nach Vereinbarung)
Info: GAB Gesellschaft für Arbeits- und Berufsförderung, Alte Ziegelei 1, 39448 Westeregeln, Tel. 039268 35789
Oder: Verein der Freunde und Förderer der Ziegelei und Gipshütten Westeregeln e.V., Christine Urbat, Bahnhofstr. 15, 39448 Westeregeln, Tel. 039268 35358
Oder: Klaus Kunte, Breite Str. 41, 38838 Eilenstedt, Tel. 039425 2053 und 0172 5349229
Internet: www.ziegeleimuseum.net oder www.westeregeln.de/ziegelei
Diesellok (600 mm): B-dm, LKM 260183/1960, Ns1b, 2002 ex Ziegelei Neu Königsaue, btf.

Mansfeld-Museum Hettstedt-Burgörner

Das Hettstedter Mansfeld-Museum zeigt im barocken Humboldt-Schloß Ausstellungen zur Geschichte des Mansfelder Bergbaues und Hüttenwesens. Zur Sammlung gehört auch der Nachbau der ersten deutschen Dampfmaschine Watt'scher Bauart (1785), eine einfachwirkende Balancier-Dampfmaschine zur Wasserhaltung im Bergbau. Zudem sind weitere Dampfmaschinen, eine Dampflok der Bergwerksbahn sowie Dieselloks zu besichtigen. Vom Hp Eduardschacht der Museumsbahn ist das Schloß in acht Gehminuten erreichbar.

Geöffnet: Mittwochs bis freitags (10-16 Uhr), samstags und sonntags (10-17 Uhr)
Info: Mansfeld-Museum, Schloßstr. 7, 06333 Hettstedt, Tel. 03476 894666, Fax 893383, mansfeld-museum-hettstedt@gmx.de
Internet: www.mansfeld-museum-hettstedt.de
Lokomotiven:
Dl: 8, Dh2t, O&K 12347/1931, 750 mm, 1989 ex Mansfeld-Kombinat Eisleben (6^{II} / 8^{III})
Vl: B-dm, LKM 17107/1950, 750 mm, Ns2, 1989 ex Mansfeld-Kombinat (Bleihütte Hettstedt)
Vl: B-dm, LKM 48049/1951, 750 mm, Ns2, 1991 ex Mansfeld-Kombinat Eisleben
Vl: C-dm, LKM 250185/1960, 102 PS, V10C, 1.000 mm, 1993 ex August-Bebel-Hütte Helbra (1)
Al: Bo, LEW 18320/1981, 600 mm, EL 9, 1989 ex Mansfeld-Kombinat (Kupferbergbau)

Mansfelder Bergwerksbahn (MBB), Benndorf

Nach dem Ende des planmäßigen Betriebs auf der zum Mansfeld-Kombinat gehörenden Bergwerksbahn gründete sich 1991 der MBB, der die Strecke Klostermansfeld – Hettstedt (10,4 km) und zahlreiche Fahrzeuge übernahm und seit 1991 einen Museumsbahnverkehr durchführt. Die 1993 aus der Bahnwerkstatt des Mansfeld-Kombinats hervorgegangene MaLoWa Bahnwerkstatt GmbH, der auch einige der auf der Museumsbahn vorhandenen Lokomotiven gehören, setzt Lokomotiven von Privat-, Werks- und Museumsbahnen (auch Dampfloks) instand und vermietet eigene Lokomotiven an andere Bahnen.

Fahrbetrieb: 10.4. (Extraplan), 1.5. und 20.5. (Normalplan), 22./23.5. (Dampfspektakel, Stundentakt), 19.6. (Extraplan), 21./22.8. (Stundentakt), 12.9. (Extraplan mit V-Lok), 2./3.10. (Normalplan), 10.11. (Extraplan), 3.-5.12. und 10.-12.12. (Extraplan)
Normalplan: Benndorf ab 9.30, 11.30 und 14.30 Uhr, Hettstedt ab 10.30, 12.30 und 15.30 Uhr
Extraplan: Info unter Tel. 034772 27640 oder im Internet
Stundentakt: Abfahrt in Benndorf und Hettstedt stündlich von etwa 9 bis 16 Uhr

Info: Mansfelder Bergwerksbahn e.V., Hauptstr. 15, 06308 Benndorf, Tel. 034772 27640, Fax 30229, mansfelder@bergwerksbahn.de
Internet: www.bergwerksbahn.de
Lokomotiven (750 mm):
Dl: 10, Dh2t, O&K 12738/1938, ex Mansfeld-Kombinat (10), btf.
Dl: 11, Dh2t, O&K 13216/1940, ex Mansfeld-Kombinat (11), btf.
Dl: 20, Dh2, LKM 15417/1951, Vereinseigentum, 1996 ex Museum Lavasaare in Estland, ehemals Reparationsleistung an UdSSR (GR 320), btf.
Vl: 31, C-dm, LKM 250271/1961, 102 PS, V10C, zeitweise vermietet an Döllnitzbahn, ex Mansfeld-Kombinat (31), abg.
Vl: 33, C-dm, LKM 250309/1962, 102 PS, V10C, ex Mansfeld-Kombinat (33), btf.
Vl: 35, C-dm, LKM 250308/1962, 102 PS, V10C, zeitweise vermietet an Döllnitzbahn, ex Mansfeld-Kombinat (35), btf.
Vl: 36, C-dm, LKM 250273/1961, 102 PS, V10C, ex Mansfeld-Kombinat (36), abg.

Parkeisenbahn Vatterode

Der VEB Mansfeld-Kombinat „Wilhelm Pieck" eröffnete 1967 vom an der Wippertalbahn Klostermansfeld – Wippra gelegenen Ort Vatterode zum Erholungsgebiet am Vatteröder Teich die 1,3 km lange Pioniereisenbahn „Junges Leben". Seit 1996 ist die heute nicht von Kindern, sondern durchweg von Erwachsenen betriebene Parkeisenbahn kreiseigen. Vom Bahnhof Mansfeld-Schleife ausgehend, wo sich ein ein- und ein zweiständiger Lokschuppen befinden, geht die Fahrt zum neben dem Teich gelegenen Endpunkt Wippergrund (mit Wendeschleife). Acht offene Personenwagen stehen zur Verfügung.
Info: Kreisbahn Mansfelder Land GmbH, An der Hütte, 06311 Helbra, Tel. 034772 20257 (Büro), Tel./Fax 034782 20587 (Parkbahn)
Internet: webserver.et.fh-merseburg.de/mansfeld/parkbahn/index.htm
Lokomotiven (500 mm):
Al: El 9-001, Bo, LEW 1957, 4,7 kW, btf.
Al: El 9-002, Bo, LEW 1960, 4,7 kW, btf.

Bergbaumuseum Röhrigschacht, Wettelrode

Das seit 1987 bestehende übertägige Museum und das 1991 eröffnete untertägige Schaubergwerk Röhrigschacht erinnern an den hier 1990 eingestellten Kupferschieferbergbau. Mit dem 1922 erbauten Fördergerüst gelangen die Besucher in 283 m Tiefe und weiter mit einer 1 km langen Grubenbahn bis zum Grubenfeld aus dem 19. Jahrhundert.
Geöffnet: Mittwochs – sonntags (9.30 – 16 Uhr), Seilfahrten um 10.00, 11.15, 12.30, 13.45 und 15 Uhr
Info: Bergbaumuseum Röhrigschacht, 06528 Wettelrode, Tel. 03464 587816, Fax 582768
Internet: www.mathias-online.de/bergbaum.htm
Lokomotiven (600 mm):
Al: 3 Stück, Nr. 1 bis 3, Bo, LEW, Grubenlok, ex Thomas-Müntzer-Schacht Sangerhausen
Al: 2 Stück, Nr. 21 und 50, Bo, LEW, ex Mansfeld-Kombinat Eisleben
El: 3, Bo, LEW 1952-58, Zahnradlok, 900 mm, ex Mansfeld-Kombinat Niederröblingen
El: 2 Stück, Nr. 13 (LEW) und 35 (LEW 11253/1966), Bo, ex Mansfeld-Kombinat Eisleben

Förderverein Rübelandbahn, Rübeland

Ein 1994 gegründeter Verein will die Pionierrolle der Halberstadt-Blankenburger Eisenbahn (HBE) darstellen sowie die Rübelandbahn fördern und in ein gesamtharzer Verkehrskonzept einbinden. Hierzu gehört auch die museale Erhaltung von Zeugnissen aus der HBE-Geschichte. Das Domizil ist der Güterbahnhof Rübeland.
Geöffnet: An jedem letzten Wochenende des Monats und nach Absprache

Info: Förderverein Rübelandbahn e.V., Postfach 1807, 38820 Halberstadt, Tel. 03941 441572 und 03944 351842
Dampflok (1.435 mm): 95 6676, 1'E1'h2t, Borsig 10353/1919, Eigentum VM Dresden, bis 1975 DR (99 6676), bis 1949 HBE („Mammut"), abg.

Besucherbergwerk „Drei Kronen & Ehrt", Elbingerode

Zwischen Rübeland und Elbingerode existierte an der Station Mühlental ein Bergwerk, aus dem bis 1990 etwa 13 Mio. t Eisenerz und Schwefelkies zutage gefördert wurden. Zur Wahrung der bergmännischen Traditionen besteht seit 1991 ein Besucherbergwerk, das mit einer Grubenbahn befahren werden kann. Bergleute erklären den Gästen die Entstehung der Lagerstätte, die Wetterführung, den Streckenausbau, die Förderung und die Mineralien.
Geöffnet: Mai – Oktober täglich (9.00-17.30 Uhr, Führungen um 9, 11, 13, 15 und 16 Uhr), November – April (10.00-16.30 Uhr, Führungen 10, 11, 13 und 15 Uhr)
Info: Besucherbergwerk Drei Kronen & Ehrt, Mühlental 13, 38875 Elbingerode, Tel. 039454 42910, Fax 487400
Internet: www.dreikronenundehrt.de
Akkuloks (600 mm): Bo, LEW 21137/1989 und 16171/1974, 8,8 kW, ex Drei Kronen & Ehrt, btf.
Denkmäler (600 mm): Bo (BBA Aue) bzw. Bo (LEW 16170/1978, ex Harzbergbau Elbingerode)

Am 22.5.1999 brachte die NWE 13 (99 5903) einen Sonderzug von Nordhausen nach Stiege. Hier hat sie Ilfeld und damit das flache Harzvorland hinter sich gelassen, um das Beretal weiter aufwärts zu fahren. Foto: Ludger Kenning

Harzer Schmalspurbahnen (HSB)

1993 gingen die insgesamt 131,2 km langen Meterspurstrecken der Harzquer- (Nordhausen – Wernigerode), Brocken- (Drei Annen Hohne – Brocken) und Selketalbahn (Gernrode – Eisfelder Talmühle, Stiege – Hasselfelde und Alexisbad – Harzgerode) an die Harzer Schmalspurbahnen GmbH über, die neben dem täglichen Dampfzugbetrieb mit vielfältigen Angeboten aufwartet, wie z. B. Sonderfahrten, Traditionszüge, Schienencabrio, Pauschalarrangements, Ehrenlokführerausbildung und Führerstandsmitfahrten. In Wernigerode, Drei Annen Hohne, Schierke, Gernrode und Nordhausen werden die Kunden in modernen Verkaufsstellen beraten. Im November 2003 fiel die Entscheidung über die Verlängerung der Selketalbahn um 8,5 km von Gernrode nach Quedlinburg (Inbetriebnahme 2006) und ab 1.5.2004 fahren Combino-Stadtbahnwagen der Straßenbahn Nordhausen auf HSB-Gleisen bis Ilfeld.

Der 1992 aus einer bereits 1988 gebildeten Gruppe hervorgegangene IG Harzer Schmalspurbahnen e.V. setzt sich seit der Wende verstärkt für den Erhalt der Harzer Schmalspurbahnen mit ihrem Dampfbetrieb, für den Traditionsverkehr, für eine werbekräftige Öffentlichkeitsarbeit sowie für eine Dokumentation der Bahngeschichte ein. Einen alten Packwagen richtete er als rollendes Vereinsheim her. In Benneckenstein betreibt ein örtlicher Verein ein kleines Eisenbahnmuseum.

Traditionszüge Wernigerode – Brocken: 9.4., 11.4., 24.4., 1.5., 12.5., 15.5., 20.5., 22.5., 26.5., 30.5., 5.6., 11.6., 16.6., 19.6., 25.6., 30.6., 3.7., 9.7., 17.7., 23.7., 31.7., 6.8., 11.8., 20.8., 28.8., 1.9., 4.9., 10.9., 15.9., 18.9., 22.9., 26.9., 1.10., 3.10., 8.10., 16.10., 22.10., 30.10., 13.11., 27.11., 4.12., 18.12. und 30.12.2004
Traditionszüge Gernrode/Nordhausen – Brocken: 8.5. und 11.8.2004
Fahrten mit GHE T 1: 22./23.5. und 8./9.10.2004 (Nordhausen – Hasselfelde) sowie 15./16.5., 5./6.6., 16./17.10. und 30./31.10.2004 (Wernigerode – Benneckenstein)
Dampfzug & Oldibus: Samstags vom 8.5. bis 9.10. (zwischen Wernigerode und Hasselfelde mit Saurer-Alpenbus, zwischen Hasselfelde und dem Selketal mit Dampfzug)
Fotosafaris: 8.5. (Wernigerode – Benneckenstein mit T 1 und T 3), 12.6. (Wernigerode – Netzkater mit Mallet-Lok), 10.7. (Nordhausen – Hasselfelde mit Mallet-Lok), 7.8. (Wernigerode – Netzkater mit 99 6001), 11.9. (Nordhausen – Hasselfelde mit 99 6101), 9.10. (Wernigerode – Eisfelder Talmühle mit 99 222 und GmP)
Info: HSB Kundenservice, Friedrichstr. 151, 38855 Wernigerode, Tel. 03943 558-153, Fax -148, kundenservice@hsb-wr.de
Internet: www.hsb-wr.de und www.ig-hsb.de
Oder: IG Harzer Schmalspurbahnen e.V., Dirk-Uwe Günther, Karl-Liebknecht-Str. 3, 38855 Wernigerode, ig-hsb@t-online.de

Dampflokomotiven und Altbau-Dieselfahrzeuge (1.000 mm):
Dl: 99 222, 1'E1'h2t, BMAG 9921/1931, Einheitslok, seit 1998 wieder im Ursprungszustand, ex DR (99 7222 / 99 222), bis 1966 Eisfeld – Schönbrunn, btf.
Dl: 99 7231, 1'E1'h2t, LKM 134008/1954, ex DR (99 7231 / 99 231), abg. in Wernigerode
Dl: 99 7232, 1'E1'h2t, LKM 134009/1954, ex DR (99 7232 / 99 232), abg. in Nordhausen
Dl: 99 7233, 1'E1'h2t, LKM 134010/1954, ex DR (99 7233 / 99 233), abg. in Benneckenstein
Dl: 99 7234, 1'E1'h2t, LKM 134011/1954, ex DR (99 7234 / 99 234), btf.
Dl: 99 7235, 1'E1'h2t, LKM 134012/1954, ex DR (99 7235 / 99 235), btf.
Dl: 99 7236, 1'E1'h2t, LKM 134013/1955, ex DR (99 7236 / 99 236), btf.
Dl: 99 7237, 1'E1'h2t, LKM 134014/1955, ex DR (99 7237 / 99 237), btf.
Dl: 99 7238, 1'E1'h2t, LKM 134023/1956, ex DR (99 7238 / 99 238), btf.
Dl: 99 7239, 1'E1'h2t, LKM 134023/1956, ex DR (99 7239 / 99 239), abg. in Nordhausen
Dl: 99 7240, 1'E1'h2t, LKM 134023/1956, ex DR (99 7240 / 99 240), abg. in Nordhausen
Dl: 99 7241, 1'E1'h2t, LKM 134023/1956, ex DR (99 7241 / 99 241), btf.
Dl: 99 7242, 1'E1'h2t, LKM 134023/1956, ex DR (99 7242 / 99 242), btf.
Dl: 99 7243, 1'E1'h2t, LKM 134023/1956, ex DR (99 7243 / 99 243), btf.
Dl: 99 7244, 1'E1'h2t, LKM 134023/1956, ex DR (99 7244 / 99 244), abg. in Hasselfelde
Dl: 99 7245, 1'E1'h2t, LKM 134023/1956, ex DR (99 7245 / 99 245), btf.
Dl: 99 7246, 1'E1'h2t, LKM 134023/1956, ex DR (99 7246 / 99 246), abg. in Benneckenstein
Dl: 99 247, 1'E1'h2t, LKM 134024/1956, ex DR (99 7247 / 99 247), abg.
Dl: 99 5901 / NWE 11, B'Bn4vt, Jung 258/1897, ex DR (99 5901), bis 1949 NWE (11), btf.
Dl: 99 5902 / NWE 12, B'Bn4vt, Jung 261/1897, ex DR (99 5902), bis 1949 NWE (12 / 14), btf.

Dl: 99 5903 / NWE 13, B'Bn4vt, Jung 345/1898, ex DR (99 5903), bis 1949 NWE (13 / 18), abg. in Wernigerode
Dl: 99 5906, B'Bn4vt, Karlsruhe 2052/1918, ex DR (99 5906), bis 1949 NWE (41), urspr. Heeresfeldbahn, btf.
Dl: 99 6001 / NWE 21, 1'C1'h2t, Krupp 1875/1939, ex DR (99 6001), bis 1949 NWE (21), btf.
Dl: 99 6101, Ch2t, Henschel 12879/1914, ex DR (99 6101), bis 1949 NWE (6), urspr. Heeresfeldbahn, btf. (betreut von IG Harzer Schmalspurbahnen)
Dl: 99 6102, Ch2t, Henschel 12880/1914, ex DR (99 6101), bis 1949 NWE (7), bis 1920 Nassauische Kleinbahn, btf. (betreut vom Freundeskreis Selketalbahn)
Vl: 199 005, C-dm, LKM 250352/1964, 102 PS, V10C, 1993 ex DR (399 112 / 199 005 / 100 905), bis 1970 Spanplattenwerk Gotha (1.014 mm Spurweite), btf. (betreut von IG Harzer Schmalspurbahnen)
Vl: 199 006, C-dm, LKM 250353/1964, 102 PS, V10C, 1993 ex DR (399 113 / 199 006 / 100 906), bis 1970 Spanplattenwerk Gotha (1.014 mm), abg.
Vl: 199 010, B-dm, BMAG 10224/1934, 125 PS, Kö II, 1993 ex DR (199 010 / 100 325 / Kb 4325), bis 1984 normalspurig, abg. (betreut vom Freundeskreis Selketalbahn)
Vl: 199 011, B-dm, Jung 5668/1935, 125 PS, Kö II, 1993 ex DR (199 011 / 100 639 / Kö 4639), bis 1991 normalspurig, abg.
Vl: 199 012, B-dm, BMAG 10164/1934, 125 PS, Kö II, 1993 ex DR (199 012 / Kb 4113), bis 1991 normalspurig, abg.
Vl: 199 301, C-dh, LKM 263001/1966, 200 PS, V30C, 1993 ex DR (199 301 / 103 901 / V 30 001), abg. in Nordhausen
Vt: 187 001 / ex GHE T 1, A1-dm, Dessau 3046/1933, 65 PS, ex DR (187 001 / 133 522), urspr. Gernrode-Harzgeroder Eisenbahn (GHE T 1), btf.
Vt: 187 025 / ex NWE T 3, Bo'Bo', Wismar/BBC 21132/1939, 328 PS, ex DR (187 025 / 137 566), urspr. Nordhausen-Wernigeroder Eisenbahn (NWE T 3), btf.
Vt: 187 011, (1A)'(A1)'dm, Talbot 97519/1955, 290 PS, 1995 ex Inselbahn Langeoog (T 1), bis 1961 Kreis Altenaer Eisenbahn (VT 1), btf.
Vt: 187 012, B'B'dh, Fuchs 9107/1955, 350 PS, 1995 ex Inselbahn Langeoog (T 3), bis 1976 WEG Amstetten – Laichingen (T 35), bis 1969 MEG Schwarzach, bis 1968 MEG Zell – Todtnau (T 15), btf.
Vt: 187 013, (1A)'(A1)'dm, Talbot 97520/1955, 290 PS, 1995 ex Inselbahn Langeoog (T 4), bis 1982 Juist (T 4), bis 1961 Kreis Altenaer Eisenbahn (VT 2), btf.

Der von der Nordhausen-Wernigeroder Eisenbahn (NWE) stammende, mittlerweile 65 Jahre alte T 3 (187 025) wird von den HSB für Sonderfahrten vorgehalten. Am 18.9.1999 passierte er die Wernigeroder Kirchstraße. Foto: Ludger Kenning

Zum 100-jährigen Bestehen der Harzquerbahn erhielt die Einheitslok 99 222 wieder weitgehend ihr ursprüngliches Aussehen. Am 10.4.1999 mühte sie sich – akustisch eindrucksvoll – unterhalb von Drei Annen Hohne durch das Thumkuhlental bergwärts.
Foto: Vasko Palka

Freundeskreis Selketalbahn (FKS), Gernrode

Als die Reichsbahn Ende der 80er Jahre plante, den Regelzugverkehr auf den Harzer Schmalspurbahnen zu verdieseln, fanden sich Eisenbahner und Eisenbahnfreunde in Gernrode zur AG Selketalbahn zusammen, um sich für den Erhalt des Dampfbetriebs stark zu machen. Als Reaktion auf Bestrebungen, alle Strecken bis auf den Abschnitt Wernigerode – Brocken stillzulegen, gründete die AG im Mai 1991 den Freundeskreis Selketalbahn e.V. (FKS). Dieser veranstaltet Sonderfahrten und baut in Gernrode ein Eisenbahn- und Heimatmuseum auf. Dort befinden sich auch die in Pflege genommenen Fahrzeuge, wie z. B. die mit Hilfe des Vereins reaktivierte 99 6102 („Fiffi").

Info: Freundeskreis Selketalbahn (FKS), Heiko Fricke, Ballenstedter Str. 22, 06507 Rieder, Tel./Fax 039485 61661, info@selketalbahn.de
Internet: www.selketalbahn.de
Sonderfahrten ab Gernrode: 10./11.4. (Osterzüge nach Alexisbad), 30.4. (Walpurgisfahrt nach Stiege), 20.5. (Vatertagszug), 21.5. und 25.7. (Cabriofahrt auf den Brocken), 22.5. (Fotofahrten mit Dampflok und Triebwagen), 29.5. (Teddybär-Dampfzug in den Unterharzer Märchenwald), 12.6. und 24.7. (auf den Brocken mit Vorspann), 19.6. (Mondscheinfahrt mit Fotohalten nach Straßberg), 28.8. und 18.9. (Dampfzug nach Silberhütte), 11.9. (Abendfahrt auf den Brocken), 19.9. und 9.10. (auf den Brocken), 25.9. (Western-Dampfzug nach Hasselfelde) und 11./12.12.2004 (Nikolauszüge nach Harzgerode)

Traditionsgemeinschaft 50 3708, Halberstadt / Blankenburg

Die BSW-Gruppe IG 50 3708 e.V. wurde 1993 von Mitarbeitern des Bw Halberstadt gegründet und betreut die gleichnamige Lok, die für Sonderfahrten angemietet werden kann und seit Juli 2003 in Blankenburg beheimatet ist.
Info: Dieter Bauer, Maybachstr. 4, 38820 Halberstadt, Tel. 03941 27264, S.Pense@t-online.de
Internet: home.t-online.de/home/friedhelm.schlender/htm/503708_ev.htm#verein
Dampflok (1.435 mm): 50 3708, 1'Eh2, BMAG 11603/1941, 1993 ex DR (50 3708 / bis 1962: 50 1309, Rahmen der 50 265), btf.

Straßenbahn Halberstadt

In Halberstadt wurde der 1980 als Museumswagen in Betrieb genommene Tw 31 durch Mitglieder der DMV-Arbeitsgruppe 7/71 in den Ursprungszustand zurückversetzt. Er kann ebenso wie der „Kinderwagen" Tw 30 und der Tw 39 für Stadtrundfahrten gemietet werden.
Info: Halberstädter Verkehrs-GmbH HVG, Gröperstr. 83, 38820 Halberstadt, Tel. 03941 5661-61, Fax -63, hvg@stadtverkehr-halberstadt.de
Internet: www.stadtverkehr-halberstadt.de
Triebwagen (1.000 mm):
Et: 30, Bo, Gotha/LEW 1962, 2 x 60 kW, seit 1996 „Kinderbahn", 1979 ex Halle (Tw 750), btf.
Et: 31, Bo, Ammendorf/AEG 1939, 67 kW, Typ Lowa ZR, seit 1978 Htw, zuvor Atw, bis 1976 Tw 31, btf.
Et: 36, Bo, Gotha/LEW 1956, 2 x 60 kW, ET54 ZR, seit 1993 Htw, bis 1985 Atw, bis 1981 Tw 36, btf.
Et: 39, Bo, Gotha/LEW 1960, 2 x 60 kW, ET57 ER, seit 1993 Htw, btf. (mit Bw 61, Gotha 1969)

Parade der historischen Wagen der Halberstädter Straßenbahn am 31.8.2002 im Betriebshof.   *Foto: Helmut Roggenkamp*

Magdeburger Eisenbahnfreunde

Die 1995 gegründete BSW-Freizeitgruppe Magdeburger Eisenbahnfreunde e.V. befaßt sich u. a. mit der Erhaltung historischer Lokomotiven, Personen- und Güterwagen, eines Schneepflugs und eines Oberleitungswagens. Die Fahrzeuge sind überwiegend im

Bereich der Magdeburger Hafenanlagen untergebracht, auf derem Areal der Verein im Dezember 2003 eine ehemalige Werkstatt bezogen hat. **Termine:** 15./16.5. (Eisenbahnfest am Handelshafen), 11./12.9.2004 (Treff am Lokschuppen Handelshafen)
Info: Bernd Lange, Mellinstr. 4, 39110 Magdeburg, Tel./Fax 0391 7327630
Internet: www.mebf.de
Lokomotiven (1.435 mm):
Dl: Cn2t, Henschel 1921, 1995 ex Denkmal Halle-Neustadt, urspr. Chemiewerke Leuna (21, 22 oder 23), ä.r.
Vl: Kö 5743, B-dm, BMAG 10478/1935, 80 PS, Kö II, bis 1994 Henkel Härtol-Werk Magdeburg, bis 1981 Weichenwerk Brandenburg (WL 3), bis 1974 Werk Zernsdorf des Weichenwerks Brandenburg, zuvor Raw Dessau (Kl 4), bis 1955 DR Karlshorst (Kö 5743), bis 1953 DR Berlin-Rummelsburg (Kö 99999), bis 1951 Holztränkanstalt Zernsdorf der Rbd Berlin, btf.
Vl: 100 196, B-dm, Henschel 22226/1934, 80 PS, Kö II, 1995 ex DB AG (310 196), ex DR (Kö 4096 / Kbe 4096), btf.
Vl: B-dm, LKM 251062/1955, N4, 1995 ex Eisenbahnfreunde Oebisfelde-Magdeburg, bis 1990 Heizölvertrieb Magdeburg-Rothensee, urspr. Binnenhäfen „Mittelelbe" Magdeburg (8), ä.r.
Vl: V 15 1002, B-dh, LKM 253003/1959, 150 PS, V15B, 1999 ex Binnenhäfen Magdeburg, bis 1961 DR (V 15 1002), abg.
Vl: WL 1, LKM 48808/1952, N2, 1999 ex Fleischkombinat Magdeburg, btf.
Vl: WL 2, LKM 251053/1955, N4, 1999 ex Fleischkombinat Magdeburg, btf.
Nf: KL 10133, B-dm, Glbm Brandenburg, 44 PS, Skl 24 Bauart Schöneweide, 1995 ex Hafenbahn Magdeburg, abg.
Nf: KL 3695, B-dm, Glbm Brandenburg, 44 PS, SKL 24 Bauart Schöneweide, 1998 ex DB AG (Bm Eilsleben), btf.

Straßenbahn Magdeburg

Unternehmens- und Nahverkehrsgeschichte werden in Magdeburg seit über 25 Jahren dokumentiert und präsentiert. Nach der Wende gab es neue Perspektiven zur Aufarbeitung historischer Fahrzeuge. Untergebracht sind diese im Museumsdepot Sudenburg (Halberstädter Str. 133), das vom 1998 gegründeten, vorwiegend aus MVB-Mitarbeitern gebildeten IG Historischer Nahverkehr & Straßenbahnen bei den MVB e.V. (IGNah) betreut wird. Die Magdeburger Verkehrsbetriebe und der Verein ergänzten mit Hilfe von ABM-Kräften seit 1998 die Sammlung auf 13 betriebsfähige Fahrzeuge, darunter auch ein offener Pferdebahnwagen aus dem Jahr 1888. Im Technikmuseum steht der optisch in den Ursprungszustand zurückversetzte, nicht fahrbereite Tw 38.
Geöffnet: 30.5., 27.6., 29.8. und 26.9.2004 (jeweils 11-17 Uhr). Dann verkehrt die Linie 77 mit Museumswagen zwischen Sudenburg und dem Herrenkrug über Hbf
Info: IG Historischer Nahverkehr & Straßenbahnen bei den MVB e.V., Friedenstr. 14, 39112 Magdeburg, Tel. 0391 5485519, verein@ignah.de
Internet: www.ignah.de
Triebwagen (1.435 mm):
Et: 23, Bo, Falkenried/UEG 1899 (Umbau Waggonbau Dessau 1928), 2 x 39 kW, „Langholzwagen", seit 1997 Htw, bis 1991 Atw 707, bis 1967 Tw 23, btf.
Et: 38, Bo, Falkenried/UEG 1899, 2 x 15 kW, 1998 ex Gartenlaube, bis 1967 Atw 722, bis 1960 Atw 522, bis 1934 Tw 38, i.A.
Et: 70, Bo, Niesky/Sachsenwerk 1943 (Umbau MVB 1964 in ER), 4 x 80 kW, „Hecht", 1984-86 restauriert, seit 1977 Htw, bis 1973 Tw 70, btf. (mit Bw 243, Uerdingen 1947, urspr. Hannover Bw 1073)
Et: 124, Bo, Niesky/AEG 1928, 2 x 55 kW, seit 1985 Htw, zuvor Büchereiwagen, bis 1977 Tw 124, btf., mit Bw 352 (Falkenried 1899/1929)
Et: 138, Bo, Lindner/AEG 1915, 2 x 39 kW, 1995-99 Wiederaufbau MVB, seit 1977 Htw, bis 1973 Fahrschul-Tw 708 bzw. 508 („Teufelswagen"), bis 1934 Tw 31 bzw. 138, btf., mit Bw 300 (Falkenried 1914)
Et: 413, Bo, Gotha/LEW 1966, 2 x 60 kW, T2-62 ER, 1998/99 Wiederaufbau MVB, 1997 ex privat, bis 1993 Dessau (Tw 42), bis 1978 Magdeburg (Tw 413), btf., mit Bw 519 (Gotha 1966, btf.) bzw. Bw 509 (Gotha 1959, 1968 ex Leipzig Tw 1322)
Et: 1001, Bo'Bo', CKD 1968, 4 x 43 kW, T4D, seit 1996 Htw, btf., mit Bw 2002 (CKD 1969)
Eb: 42, Baujahr 1888, 1999 ex Gartenlaube, bis 1930 Bw 392, um 1900 Bw 42

Arbeitskreis Loburger Bahn, Loburg

1992 fanden sich Eisenbahnfreunde zusammen, um Dokumente und Exponate aus der Geschichte der Strecke Biederitz – Loburg zu sammeln. Währenddessen mietete die Dampfzug-Betriebsgemeinschaft (DBG) in Loburg den alten Lokschuppen samt Wasserturm und Gleisanlagen an. Die IG schloß sich der DBG als Arbeitskreis Loburg an. Im angemieteten Bahnhofsareal, so auch der frühere Schmalspurlokschuppen sowie die Neben- und das Empfangsgebäude der Schmalspurbahn, restauriert die DBG historische Schienenfahrzeuge der Baujahre 1886-1962. Seit 1999 finden in den Sommermonaten mit dem historischen Reichsbahnzug regelmäßig Sonderfahrten statt. 1998 verlegte die DBG ihren Sitz von Hildesheim nach Loburg.
Termine: 15.5., 19.6., 17.7., 21.8., 18.9. und 16.10.2004 (Loburg 14.50 – Altengrabow 15.19/45 – Loburg 16.14 Uhr)
Info: DBG Arbeitskreis Loburg, Chausseestr. 4a, 39264 Loburg, Tel. 039245 2042, Fax 91056, dampfzug-betriebs-gemeinschaft@yahoo.de
Internet: www.dbg-ev.de
Lokomotiven (1.435 mm):
Dl: 24 083, 1'Ch2, Schichau 3323/1938, 1975 ex PKP (Oi2 22), bis 1945 DRB (24 083), btf.
Dl: 89 7513, Cn2t, Jung 1720/1911, Typ Pudel, 1989 ex Museumsbahn Paderborn (89 7513), bis 1986 privat (Spandau), bis 1978 Spielplatz Böcklerpark (Berlin-Kreuzberg), 1965 DB/DRB (89 7513), bis 1930 Zollanschluß und Holzhafen Bremen (11), i.A.
Vl: V 21.01, B-dm, O&K 25396/1955, 90 PS, 1992 ex Degussa (Lauenförde), btf.
Vl: V 21.02, B-dm, LKM 252352/1962, 100 PS, 1994 ex Zuckerfabrik Artern, btf.
Vl: V 21.03, B-dm, LKM 252260/1961, 100 PS, V10B, 2000 ex Hafenbahn Haldensleben bzw. Wittenberge, btf.

Die seit 1998 in Loburg ansässige Dampfzug-Betriebsgemeinschaft (DBG) setzt ihren Museumszug u. a. im Harzvorland ein. Am 28.7.2002 stand die V 60.01 zwischen Derneburg und Bornum im Einsatz (bei Königsdahlum). Foto: Ludger Kenning

Vl: V 21.04, B-dm, O&K 25683/1956, 90 PS, MV 6a, 2000 ex Zuckerfabrik Lehrte, bis 1994 Zuckerfabrik Sehnde, btf.
Vl: V 21.05, B-dm, LKM 251145/1954, 90 PS, N4, 1992 ex Munitionslager Altengrabow der Sowjetarmee, btf.
Vl: V 22.01, B-dh, LKM 262504/1974, 220 PS, V22B, ex Quelle-Lager Bücknitz, urspr. Materiallager der Aufbauleitung Bücknitz, btf.
Vl: V 22.02, B-dh, LKM 262505/1974, 220 PS, V22B, ex Quelle-Lager Bücknitz, urspr. Materiallager der Aufbauleitung Bücknitz, btf.
Vl: V 22.03, B-dh, MaK 220096/1962, 240 PS, 1993 ex Ilseder Mischwerke GmbH (Bülten), zuvor Ilseder Schlackenverwertung Groß Bülten(1), bis 1967 Hüttenwerke Ilsede-Peine AG (96), i.A.
Vl: V 34.05, C-dh, Deutz 56308/1956, 360 PS, 1981 ex Piesberger Steinindustrie (1), abg.
Vl: V 34.07, C-dh, Deutz 56105/1955, 360 PS, 1990 ex Schrotthandlung, zuvor Delmenhorst-Harpstedter Eisenbahn (7), bis 1981 Meppen-Haselünner Eisenbahn (D 01), Ersatzteilspender
Vl: V 60.01, C-dh, MaK 600345/1963, 650 PS, Typ 650C, 2002 ex Wolff Walsrode AG in Bomlitz (7), btf.
Vl: V 60.02, D-dh, LEW 16689/1979, 650 PS, 1993 ex DKN Weißenfels (3), i.A.
Vl: V 60.03, D-dh, LEW 13790/1973, 650 PS, V60D, 1992 ex Nagel- und Kettenwerke Weißenfels (2), btf.
Vl: V 36 262, C-dh, MaK 2019/1948, 360 PS, bis 1986 Papierfabrik Scheufelen (Oberlenningen), bis 1980 DB (236 262 / V 36 262), btf.
Vl: Köf 4272, B-dh, Krauss-Maffei 15410/1934, 107 PS, Kö II, bis 1993 Rütgers AG Peine-Woltorf, bis 1983 Chemische Fabrik Weyl (München-Pasing), 1976 über Layritz ex DB (322 141 / 321 006 / Kö 4274), abg.
Nf: Skl 3588, B-dm, ex DB/DR Zerbst
Nf: Klv 51 8993, B-dm, Robel 8993/1961, 1993 ex Kali+Salz, bis 1982 DB Mühldorf

Traditionsverein Kleinbahnen des Kreises Jerichow I, Magdeburgerforth

Im Landkreis Jerichow I entstand in den Jahren 1896-1903 zwischen dem Fläming und dem Urstromtal der Elbe ein 102 km Streckenlänge umfassendes privates Netz in 750 mm Spurweite. Die Strecken Burg – Ziesar, Burg – Groß Lübars und Magdeburgerforth – Gommern der Kleinbahnen des Kreises Jerichow I (KJI) dienten weniger dem Personen-, sondern vielmehr dem Güter- und Militärverkehr. Die Reichsbahn, die 1949 das Netz übernommen hatte, legte das Burger Schmalspurnetz zwischen 1960 und 1965 still.

Der am 9.9.2000 gegründete Traditionsverein sammelt Exponate aus der KJI-Zeit und richtet in Magdeburgerforth ein Museum ein. Auch will er eine Museumsbahn Altengrabow – Magdeburgerforth – „Lumpenbahnhof" aufbauen und die hier noch vorhandenen Bahngebäude sanieren. Neben einer V-Lok verfügt er über neun Kästen von Personen- und Güterwagen, die zum Teil ursprünglich den KJI gehörten. Eine weitere Arbeitsgruppe befaßt sich mit der Geschichte der 1888-90 erbauten, ebenfalls 750-mm-spurigen Gommern-Pretziener Eisenbahn, die zu den Steinbrüchen und Sandgruben um Pretzien führte und 1976 (zuletzt als Werkbahn) stillgelegt wurde. Die am Bf Gommern aufgestellte gemeindeeigene 99 4301 erinnert hieran. Als AB-Maßnahme wurde 2001 die zweigleisige Schmalspurbrücke in Pretzien saniert.

Info: Kilian Kindelberger, Wall am Kiez 2/4, 14467 Potsdam, Tel. 0331 2802931 magdeburgerforth@t-online.de
Internet: www.kj-1.de und www.pretzien.de/geschichte_kleinbahn.htm
Lokomotiven (750 mm):
Dl: 99 4301, Cn2t, O&K 9418/1920, Eigentum Gemeinde Gommern, seit 1975 Denkmal am Bf Gommern, 1969 abgestellt, zuletzt Ballerstedt Transport KG (für Gommern – Pretzien), bis 1965 DR für Burger Netz (99 4301), bis 1949 Kleinbahnen des Kreises Jerichow I (23), bis 1945/46 Zuckerfabrik Gommern („Sputnik")
Vl: Kö 6101, C-dm, LKM 250306/1962, 102 PS, Vereinseigentum, 2003 ex Kaolinwerk Kemmlitz (6), bis 1976 Ziegelwerke Zehdenick, bis 1970 Zuckerfabrik Jarmen, ehemals 600 bzw. 630 mm, i.A.

Historische Feldbahn Schlanstedt

Die 1991 gebildete Gruppe betreibt neben der Strube-Bahn in Schlanstedt (nördlich von Halberstadt) auch ein Museum mit Landmaschinen, um die Zusammenhänge zwischen Feldbahn und Landwirtschaft darzustellen. 1993-96 erbaute sie als „Sektion Feldbahn" des Heimatvereins St. Martinus Schlanstedt e.V. eine von einem kleinen Betriebshof ausgehende, inzwischen 1 km lange Strecke, auf der nicht nur Personenverkehr, sondern auch Fotogüterzüge mit Lok oder Pferd angeboten werden.
Fahrbetrieb: 11./12.4., 1./2.5. (Schienenkulitreffen), 30.5., 10./11.7. (Sommerfest) und 3.10.2004 (Erntedankfest) sowie nach Absprache
Info: Klaus Kunte, Breite Str. 41, 38838 Eilenstedt, Tel. 039425 2053 und 0172 5349229
Oder: Constantin Schnee, Voigtei 4, 38820 Halberstadt, Tel. 0171 7552754, feldbahn.schlanstedt@web.de
Internet: www.feldbahn-schlanstedt.de
Lokomotiven (600 mm):
Vl: B-dm, LKM 247245/1955, 15 PS, Ns1, 1992 ex Kalkwerk Gernrode, btf.
Vl: B-dm (rotbraun), LKM 248741/1956, 36 PS, Ns2f, 1994 ex Ziegelwerk Bad Freienwalde (606), btf.
Vl: B-dm (grün), LKM 248502/1954, 36 PS, Ns2f, ohne Führerhaus, 1994 ex Ziegelei Sourell (Nordhausen), btf.
Vl: B-dm, LKM 1955, 36 PS, Ns2f, 2002 ex privat, zuvor Stahlwerk Riesa, abg.
Vl: B-dm, Deutz 56789/1957, A2L 514F, 2003 ex Eisenbahnmuseum Chemnitz-Hilbersdorf, bis 1993 Denkmal am Jachthafen Karlsruhe, bis 1975 Papier- und Zellstoffwerke Ph. Holzmann AG (Ettlingen-Maxau), abg.
Vl: B-dm, Jung 9129/1940, 30 PS, ZL 105, 1994 ex Ziegelei Sourell (Nordhausen), zuvor Trümmerbahn Nordhausen, urspr. für Bau des KZ „Mittelbau Dora" Nordhausen, btf.
Vl: B-dm, Jung 7458/1937, 12 PS, EL 105, ex privat (Rittersgrün), zuvor Ziegelei Grechwitz, btf.
Vl: B-dm, Strüver um 1960, 6,5 PS, 1993 ex Affinerie Hamburg-Veddel (Kupferhütte), i.A.
Vl: „Zweitaktflitzer", B-dm, Schienenkuli, ex Wedeler Feldbahn (Fredenbeck), zuvor Gärtnerei in Hamburg (500 mm), i.A.
Vl: „ICE", B-dh, Eigenbau (vmtl. im Bw Seddin), Dampflokimitation, 1999 ex Seddin, bis 1990 DR-Kinderferienlager Ferch (bei Seddin)
Al: Bo, LEW, EL 9, 2000 ex Museum Staßfurt, urspr. Harzbergbau Elbingerode

Förderverein Technisches Denkmal „Ziegelei Hundisburg" bei Haldensleben

Ein 1991 gegründeter Verein rettete die noch funktionstüchtige Anlage der von 1882 bis 1990 betriebenen Hundisburger Ziegelei, machte sie öffentlich zugänglich und stellt in geringem Umfang Tonerzeugnisse in althergebrachter Weise her. Die Feldbahn dient auch dem Besucherverkehr und wurde zu einem 1,5 km langen Rundkurs ausgebaut. U.a. sind 14 Muldenkipper, zwei Schienenfahrräder sowie zwei Flach- und vier Personenwagen vorhanden.
Geöffnet: Dienstags – Freitags (10-16 Uhr), sonntags (Mai-Oktober, 10-17 Uhr), Zieglerfest am 16.5.2004
Info: Förderverein Technisches Denkmal Ziegelei Hundisburg e.V., Süplinger Str. 2, 39343 Hundisburg, Tel. 03904 42835, Fax 464530, verwaltung@ziegelei-hundisburg.de
Internet: www.ziegelei-hundisburg.de
Lokomotiven (600 mm):
Vl: B-dm, LKM 247175/1954, 24 PS, Ns1, 1991 ex Werk Hundisburg des VEB Ziegelwerke Magdeburg, btf.
Vl: B-dm, LKM 248524/1954, 37 PS, Ns2f, 1997 ex Kies- und Klinkerwerke Plieskendorf-Buchwäldchen, btf.
Vl: B-dm, Jung 5692/1934 oder 12402/1958, 11 PS, EL 105, 1991 ex Ziegelei Westeregeln, btf.
Vl: B-dm, Jung 6692/1936, 22 PS, EL 105, 1991 ex Ziegelei Hundisburg, bis 1979 Ziegelei Vahldorf, neu geliefert über E. Brangsch (Engelsdorf), btf.
Vl: B-dm, Unio, 45 PS, LDI 45, 1997 ex Ziegelei Jessen, btf.

Klaus Kunte stellt die grüne Ns2f (LKM 248502) der Schlanstedter Feldbahn fotogerecht auf (3.7.1998). Der Lokomotivbau „Karl Marx" (LKM) in Babelsberg baute mit Abweichungen über 1.300 derartige Lokomotiven.
Unten: Die Unio-Werke in Satu-Mare (Rumänien) lieferten 1977-83 in die DDR einige Feldbahnloks, die sich mit nur 94 cm Achsstand bei 4,15 m Länge nicht bewährten. Am 24.8.1999 wurde in Hundisburg die Unio-Lok in Positur gestellt, dahinter eine Ns1 (LKM 247365, heute in Kölsa), eine Ns2f (LKM 248524) und eine weitere Ns1 (LKM 247175). Foto: Ludger Kenning

Privatfeldbahnen im Raum Haldensleben

Um Haldensleben betreiben drei Feldbahnfreunde private Feldbahnanlagen bzw. Fahrzeugsammlungen. U.a. sind verschiedene Kipploren, Holzkastenkipper, Drehschemel-, Militär- und Flachwagen sowie durch Umbau entstandene Personenwagen vorhanden.

Info: Roland Köllmer, Sternstr. 4, 39340 Haldensleben, Tel. 03904 65047

Lokomotiven (600 mm):
Vl: B-dm, LKM 247423/1957, 12 PS, Ns1, 2000 ex S. Nauk (Kölsa), bis 1993 Tongrube Ogrosen bei Calau (010), i.A.
Vl: B-dm, LKM 248712/1955, 40 PS, Ns2f, 1996 ex Betonbau Mölders in Schönebeck (dort E-Antrieb mit Schleppkabel), zuvor Betonwerk Güsen, btf. in Ziegelei Hundisburg
Vl: B-dm, O&K 6373/1936, 10 PS, MD 1, 1993 ex Torfwerk Meiners (Westerhorn), btf. (in Ziegelei Hundisburg)
Vl: B-dm, Unio 1674/198?, 45 PS, 1996 ex privat, zuvor Ziegelei Sömmerda, i.A.
Vl: B-dm, CKD Lucenec 63-012/1963, 30 PS, BN 30R, 1997 ex Denkmal bei Sand- und Tonwerke Walbeck, zuvor evtl. Kalkwerk Walbeck, davor SSUB Stendal (Steinbruch bei Bodendorf), i.A.
Vl: B-dm, CKD, 36 PS, BN 30, 2000 ex privat, zuvor Kalksandsteinwerk Falkenberg, ehem. 750 mm, i.A.
Vl: B-dm, LKM 248904/1957, 36 PS, Ns2f, 2003 ex privat, zuvor Werk Erfurt-Gispersleben der Thür. Ziegelwerke, abg.
Vl: B-dm, LKM 47084/1953, 17 PS, Ns1, 1995 ex Kalkwerk Gernrode (dort E-Antrieb mit Schleppkabel), 1999 Rückbau in V-Lok, btf.
Vl: B-bm, Eigenbau, Sachs-Benzinmotor, btf.
Vl: B-dm, LKM 260038/1958, 24 PS, Ns1, 1993 ex Ziegelei Klepps, btf.
Vl: B-dm, CKD 132071/?, 17 PS, BN 15R, 1993 ex Ziegelei Klepps, btf.
Vl: B-dm, LKM 262073/1959, 36 PS, Ns2f, 1993 ex Ziegelei Fleetmark, btf.
Vl: B-dm, LKM ?/1958, 36 PS, Ns2f, 1995 ex Spannbetonwerk WSG Walter (Güsen), zuvor VEB(K) Industriebeton Magdeburg (Güsen), btf.

Förderverein Historische Kleinbahn Kalbe (Milde)

Mit dem Bau der Strecke Hohenwulsch – Beetzendorf bekam Kalbe 1899 einen Bahnanschluß. Schon bald betrieb die Kleinbahn Bismark-Beetzendorf-Wittingen AG (ab 1943 Altmärkische Eisenbahn AG) ein Netz von 126 km. Kalbe wuchs zu einem bedeutenden Bahnknoten mit einer Lokstation heran, die zu DDR-Zeiten dem Bw Salzwedel unterstand. Der Niedergang begann mit der Grenzziehung 1945 und seit Juni 2001 kommt kein Zug mehr hierher. Ein 1994 gegründeter Verein will die Überreste des einst bedeutenden Bahnknotens Kalbe (Milde) erhalten.

Info: Förderverein Historische Kleinbahn Kalbe (Milde) e.V., Postfach 1133, 39621 Kalbe, Tel. 039080 72143, info@kleinbahn-kalbe-milde.de
Internet: www.kleinbahn-kalbe-milde.de

Lokomotiven (1.435 mm):
Vl: B-dh, Deutz 46554/1943, A6M 517R, ex Raiffeisen bzw. BHG Gardelegen, zuvor DR (100 872 / Köf 5072), abg.
Vl: B-dh, LKM 261480/1965, V18B, ex Milchwerke Mittelelbe GmbH Stendal (2), zuvor Dauermilchwerk Stendal (2), abg.

Dampflokfreunde Salzwedel

Der 1994 gegründete Dampflokfreunde Salzwedel e.V. baut im Rundlokschuppen des Bw Salzwedel ein Museum auf. Ziel ist es, ein für die altmärkischen Nebenbahnen typisches Bw samt Lokomotiven und Anlagen (z. B. Drehscheibe, Wasserkran, -turm, Achssenke) zu erhalten. Inzwischen wurden verschiedene Fahrzeuge – u. a. die sechs Dampfloks – betriebsfähig bzw. optisch aufgearbeitet.

Termine: 24./25.4. („10 Jahre DLFS"), 26./27.6., 28./29.8. und 30./31.10.2004 (jeweils Bw-Fest mit Dampf), 29.5. (Dampffahrten Raum Pritzwalk) und 12.9.2004 (Tag der offenen Tür)
Info: Dampflokfreunde Salzwedel e.V., Kleinbahnstr. 8, 29410 Salzwedel, Tel. 040 8810338, Fax 03901 471573, verein@dlfs.de
Internet: www.dlfs.de
Lokomotiven (1.435 mm):
- Dl: 44 594, 1'Eh3, Krupp 2242/1941, 2001 ex FdE-Museum Hamburg-Wilhelmsburg, bis 1979 DB (044 594 / 44 594), abg.
- Dl: 50 3517, 1'Eh2, MBA 13548/1941, 1994 ex DR (50 3517 / 50 1286), abg.
- Dl: 50 3552, 1'Eh2, BMAG 11630/1942, 1994 ex DR (50 3552 / 50 1336), btf.
- Dl: 50 3570, 1'Eh2, Henschel 26639/1942, Eigentum Gleisbau Wiebe, 1992 ex DR (50 3570 / 50 2308), abg.
- Dl: 50 3624, 1'Eh2, DWM 402/1942, 1994 ex DR (50 3624 / 50 2228 ÜK), ä.r.
- Dl: 50 3682, 1'Eh2, Krauss-Maffei 15774/1939, 1994 ex DR (50 3682 / bis 1961: 50 255), btf.
- Dl: 50 3685, 1'Eh2, Krauss-Maffei 16037/1940, 1993 ex DR (50 3685 / 50 828), abg.
- Dl: 52 8131, 1'Eh2, Jung 11229/1943, 1993 ex DR (52 8131 / bis 1965: 52 3218), ä.r.
- Dl: Cn2t, Krupp 2821/1949, Typ Knapsack, Privateigentum (Lüdersdorf), 2001 ex Denkmal vor WBHE-Verwaltung Wanne-Eickel, zuvor RAG-Zeche Niederberg („Niederberg IV"), abg.
- Dl: B-fl, Hanomag 1915, Privateigentum (Lüdersdorf), 2001 ex Nordwestdeutsche Kraftwerke AG Lübeck-Herrenwyk, btf.
- Vl: 118 692, C'C'dh, LKM 280092/1968, 2 x 1.200 PS, Eigentum DB-Museum, urspr. DR (V 180 292), ä.r.
- Vl: V 15 2299, B-dh, LKM 261312/1963, 220 PS, V15B, 1994 ex DR (311 535 / 101 535 / 101 299), btf. (derzeit Niebüll – Dagebüll)
- Vl: 101 544, B-dh, LKM 261186/1962, 220 PS, V15B, 1994 ex DB/DR (311 544 / 101 544 / 101 232 / V 15 2232), abg.
- Vl: 0603, B-dh, O&K 21208/1938, 80 PS, RL 8, 2002 ex Osthannoversche Eisenbahnen OHE (Köf 0603), urspr. Deutsche Luftwaffe, abg.
- Vl: 0604, B-dm, Deutz 12694/1935, 130 PS, OMD 130R, 1996 ex OHE (DKL 0604), urspr. Wehrmacht (Munster-Lager), btf.
- Vl: 0605, B-dm, Deutz 42990/1942, 36 PS, OMZ 122R, 1996 ex OHE (DKL 0605), bis 1960 Rheinisch-Westf. Wasserwerks-GmbH Mülheim/Ruhr (1), btf.
- Vl: 0606, B-dh, Deutz 56747/1957, 160 PS, KK 130B, 1998 ex OHE (DKL 0606), btf.
- Nf: Skl 3662, B-dm, Raw Schöneweide, ex DR (Skl 3662), btf.

Die Dampflokfreunde Salzwedel (DLFS) verfügen über immerhin sechs Reko-Loks der Baureihe 50. Am 31.8.2002 war Tag der offenen Tür im ehemaligen Bw Salzwedel.
Foto: Helmut Roggenkamp

Berlin / Brandenburg

Putlitz-Pritzwalker Eisenbahn-Förderverein (PPEFV), Putlitz

Ein 1996 gegründeter Förderverein unterstützt die Erhaltung der Nebenbahn Pritzwalk – Putlitz und sammelt historische Fahrzeuge und Relikte. Auf Anfrage kann in Putlitz ein kleines Museum zur Streckengeschichte besichtigt werden. Zusammen mit anderen Vereinen und vor allem der Prignitzer Eisenbahn (PEG), der Eigentümerin der Dampfloks, organisiert und unterstützt er Veranstaltungen nicht nur für Eisenbahnfreunde.
Termin: 29.5.2004 (Bahnhofsfest in Pritzwalk)
Info: Prignitzer Eisenbahn, Matthias Kley, Pritzwalker Str. 8, 16949 Putlitz, Tel. 033981 502-0
Internet: www.prignitzer-eisenbahn.de
Lokomotiven (1.435 mm):
Dl: 50 3521, 1'Eh2, Henschel 24968/1940, ex BSW Rostock, zuvor privat (Celle), bis 1994 DR (50 3521 / bis 1958: 50 334), abg.
Dl: „Riebeck", Bn2t, Henschel 10802/1912, 1999 ex Denkmal Wuppertal-Barmen, bis 1979 Auto-Dienst West (Bergen-Enkheim), zuvor Main-Gaswerk AG (Frankfurt/Main), btf.
Vl: Kö 5731, B-dm, BMAG 10315/1934, 80 PS, Kö II, 1995 ex Minol Magdeburg, bis 1980 Tanklager Kläden (10315), bis 1979 DR (100 931 / Kö 5731), urspr. Wehrmacht (HF 10315), abg.
Vl: „Veritas", B-dm, LKM 251142/1957, N4, 1999 ex Nähmaschinenwerk Wittenberge, i.A.

Prignitzer Kleinbahnmuseum Lindenberg

Einige Eisenbahnfreunde, die schon frühzeitig Utensilien des Prignitzer Schmalspurnetzes gesammelt und 1993 den Prignitzer Kleinbahnmuseum Lindenberg e.V. gegründet hatten, richteten auf dem Gelände des früheren Bahnhofs Lindenberg ein Museum über die Kleinbahn ein, verlegten einen 100 m langen Feldbahn-Rundkurs und stellten die Dampflok 99 4644 und einige Schmalspurwagen auf. Zudem begannen sie mit dem Wiederaufbau der Strecke Mesendorf – Lindenberg (8,5 km). Im Jahr 2002 konnte der Abschnitt Mesendorf – Brünkendorf eröffnet werden und ab Mai 2004 will man bis Vettin fahren, so daß dann bis Lindenberg nur noch 1,2 km fehlen.
Museum: Geöffnet vom 1.5. bis 3.10.2004 samstags, sonntags und an Fahrtagen (10-17 Uhr)
Fahrbetrieb: 9.-12.4., 1./2.5., 15./16.5. (mit Dampf), 19.5. (Dampf-Fotogüterzüge) 20.5. (Dampf), 29.5. (Bahnhofsfest Pritzwalk), 5./6.6., 3./4.7., 7./8.8., 4./5.9., 2./3.10. und 4./5.12.2004 (Nikolaus)
Fahrplan für 9.-12.4. und 1./2.5.: Mesendorf ab 10.30, 12.00, 13.30, 15.00 und 16.30 Uhr; Brünkendorf ab 11.00, 12.30, 14.00, 15.30 und 17 Uhr
Info: Prignitzer Kleinbahnmuseum e.V., Dorfstr. 7, 16928 Lindenberg, Tel./Fax 033982 60128
Internet: www.pollo.de
Lokomotiven (750 mm):
Dl: 99 4644, Dh2t, O&K 10501/1923, 1994 ex Denkmal Neustrelitz, 1967-69 Rügen (DR 99 4644), bis 1967 DR Perleberg/Glöwen, bis 1965 Burg, bis 1949 Kleinbahnen des Kreises Jerichow I (15), bis 1930 Rosenberger Kleinbahn, Denkmal in Lindenberg
Vl: V 10.101, C-dm, LKM 250268/1962, 102 PS, V10c, seit 2001 in Mesendorf, urspr. VEB Stahl- und Walzwerk Brandenburg (4), btf.
Vl: V 10.102, C-dm, LKM 250269/1961, 102 PS, V10c, 2000 ex Denkmal Wilsdruff, bis 1997 privat (Köln/Oschatz), bis 1993 Maxhütte Unterwellenborn (5), btf.
Vl: C-dm, LKM 250425/1967, 102 PS, V10C, Denkmal in Lindenberg, ex Ziegelwerke Zehdenick
Vl: Kö 6401, B-dm, LKM 249217/1955, 60 PS, Ns3, 1995 ex Werk Gransee der Ziegelwerke Zehdenick (705), i.A.
Vl: B-dm, LKM 247192/1955, 10 PS, Ns1, 500 mm, 1994 ex „Kyritzer Wald-Eisenbahn", zuvor Ziegelwerke Zehdenick, btf.

Auch in der dritten Fahrsaison der Museumsbahn „Pollo" sind 2004 wieder Dampffahrten geplant. Am 29.5.2003 legte die von der IG Preßnitztalbahn ausgeliehene 99 4511 in Klenzendorf einen Halt ein. Bereits ab 1966 hatte sie in der Prignitz im Einsatz gestanden. *Foto: Helmut Roggenkamp*

Arbeitsgemeinschaft Rheinsberger Bahnhof, Rheinsberg/Mark

1896 erreichte die Eisenbahn das Gebiet der Rheinsberger Seenkette. Die damals eröffnete Löwenberg-Lindower Kleinbahn wurde 1899 bis Rheinsberg verlängert und 1907 in „Löwenberg-Lindow-Rheinsberger Eisenbahn" umbenannt. 1921 fusionierte sie mit der Ruppiner Eisenbahn, die 1902 die Verbindung Neuruppin – Herzberg eröffnet hatte. Eine Strecke von Rheinsberg zum Flecken Zechlin existierte nur von 1928 bis 1945. Zum Kernkraftwerk entstand 1958 eine Anschlußbahn, die bis 1996 auch von Personenzügen befahren wurde. Nach der Schließung der Rheinsberger Fahrkartenausgabe gründete sich 1997 ein Verein, der den Bahnhof wiederbelebte, den Lokschuppen rettete und darin eine Ausstellung einrichtete, die dienstags (15-18 Uhr) und nach Absprache besichtigt werden kann. Mit regelmäßigen Sonderfahrten (mit der Berliner 52 8177) und Bahnhofsfesten lockte er zahlreiche Besucher nach Rheinsberg.
Termine: 4./5.9. (Bahnhofsfest, mit Dampfzug Berlin – Rheinsberg), 9. oder 10.10. (Sonderfahrten zum Töpfermarkt Rheinsberg) und 12.12.2004 (Dampfzug Berlin – Rheinsberg)
Info: AG Rheinsberger Bahnhof e.V., Udo Blankenburger, Am Stadion 10, 16831 Rheinsberg, Tel. 033931 37017, ag@bahnhof-rheinsberg.de
Internet: www.rheinsberg-mark.de
Lokomotiven (1.435 mm):
Vl: B-dm, O&K 20329/1934, 100 PS, Kö II, 1999 ex Schrotthandel (Berlin), bis 1995 DB/DR (310 352 / 100 352 / Kö 4352), btf.
Nf: Kl, B-dm, Glbm Brandenburg 1988, 45 kW, 2001 ex Schrotthandel (Schöneweide), zuvor DB/DR, abg.

Inzwischen wurde auf der Mildenberger Tonlorenbahn der Dampfbetrieb eingeführt. Der dunkelrote B-Kuppler war 1955 neu nach Zehdenick geliefert worden.
Foto: Dirk Wetzel

Ziegeleipark Mildenberg

Der ab 1993 entstandene Museumspark Mildenberg bei Zehdenick bietet auf dem Gelände zweier ehemaliger Großziegeleien verschiedene Ausstellungen zur Ziegelei-, Technik- und Feldbahngeschichte rund um die Uckermärkischen Seen. Im Park gelangen die Besucher mit der Ziegeleibahn (500 mm) zu den einzelnen Standorten. Danach steigen sie am Hafen in die Tonlorenbahn (630 mm) um und fahren durch die Havellandschaft zur 4,5 km entfernten Tongrube Burgwall. Seit Eröffnung der Feldbahnausstellung im September 2003 kann man auf einem 500 m langen Rundkurs das Gelände auch per Schienenfahrrad „erfahren".

Geöffnet: Täglich vom 3.4. bis 17.10.2004 (10-18 Uhr). Die Tonlorenbahn startet um 13 und 15 Uhr (Sa/So auch 11 Uhr), die Ziegeleibahn um 10.30, 12.00, 14.30 und 16 Uhr. Dampfbetrieb an jedem ersten Wochenende des Monats auf der Tonlorenbahn. Märkisches Dampfspektakel am 1./2.5.2004.

Info: GMT Ziegeleipark, Ziegelei 10, 16775 Mildenberg, Tel. 03307 3104-10, Fax -11, info@ziegeleipark.de

Internet: www.ziegelpark.de

Lokomotiven:
- Dl: Bn2t, LKM 127114/1955, 70 PS, 630 mm, 1994 ex Deutsches Historisches Museum (Berlin), bis ca. 1970 Ziegelwerke Zehdenick, btf.
- Vl: B-dm, LKM 247238/1955, 24 PS, Ns1, 500 mm, 1993 ex Ziegelwerke Zehdenick (2/2), btf.
- Vl: B-dm, LKM 247215/1955, 24 PS, Ns1, 500 mm, 1993 ex Ziegelwerke Zehdenick, btf.
- Vl: B-dm, LKM 247271/1955, 10 PS, Ns1, 500 mm, 1996 ex „Kyritzer Waldeisenbahn", bis 1988 Werk IV Mildenberg der Ziegelwerke Zehdenick (3/1-206), btf.
- Vl: B-dm, LKM 247286/1955, 9 PS, 500 mm, ex Ziegelwerke Zehdenick, abg.
- Vl: B-dm, LKM 249258/1959, 60 PS, Ns3, 630 mm, ex Zehdenicker Baustoff GmbH, zuvor Werk Mildenberg Ziegelwerke Zehdenick (605 / 60-1), btf.
- Vl: B-dm, LKM 248722/1956, 35 PS, Ns2f, 500 mm, 1997 ex Ton- und Kieswerk Kodersdorf (031), abg.
- Vl: B-dm, LKM 262217/1959, 35 PS, Ns2f, 630 mm, 1993 ex Zehdenicker Baustoff GmbH, urspr. Ziegelwerke Zehdenick (810), btf.

Vl: B-dm, LKM 248678/1955, 35 PS, Ns2f, 630 mm, ex Zehdenicker Baustoff GmbH, urspr. Ziegelwerke Zehdenick (30-1), btf.
Vl: B-dm, LKM 262032/1958, 35 PS, Ns2f, 630 mm, ex Zehdenicker Baustoff GmbH, urspr. Ziegelwerke Zehdenick (608 / 30-4), bis 1970: 630 mm, btf.
Vl: B-dm, LKM 262503/?, 35 PS, Ns2f, 630 mm, 1996 ex Zehdenicker Baustoff GmbH, zuvor Ziegelwerke Zehdenick (806), urspr. VEB Bau-Union Brandenburg (5/679), btf.
Vl: C-dm, LKM 250518/1971, 102 PS, V10C, 630 mm, ex Zehdenicker Baustoff GmbH (Tagebau Burgwall), urspr. VEB Ziegelwerke Zehdenick (100-1 / 309), abg.
Vl: C-dm, LKM 250345/1964, 102 PS, V10C, 630 mm, ex Zehdenicker Baustoff GmbH (Tagebau Burgwall), zuvor VEB Ziegelwerke Zehdenick, bis 1969 Spezialbaukombinat Wasserbau Eberswalde (dort 600 mm), abg.
Vl: C-dm, LKM 250425/1967, 102 PS, V10C, 750 mm, 1995 ex Tongrube Badingen Gransee der Ziegelwerke Zehdenick (100-1 / 309)
Vl: B-dm, Deutz 55846/1953, 30 PS, 630 mm, 1998 ex Muttenthalbahn (Witten), abg.
Vl: B-dm, LKM 249218/1957, 60 PS, Ns3, 750 mm, 1995 ex Werk Gransee der Ziegelwerke Zehdenick, abg.
Vl: B-dm, LKM 248929/1957, 35 PS, Ns2f, 750 mm, ex Ziegelwerke Zehdenick (158), abg.
Vl: B-dm, LKM 262096/1959, 35 PS, Ns2h, 750 mm, 1995 ex Granseer Ziegelei GmbH (Gransee), zuvor Ziegelwerke Zehdenick (712), urspr. Ziegelei Scharfenberg bei Wittstock, abg.
Vl: C-dm, LKM 250522/1971, 102 PS, V10C, 750 mm, 1993 ex Tongrube Badingen Gransee der Ziegelwerke Zehdenick (2/210), btf.
Al: 2 Stück, Bo, LEW, 500 mm, 1995 ex ZWZ, Denkmäler

Brandenburgisches Museum für Klein- und Privatbahnen, Gramzow

In Gramzow in der Uckermark wurde 1996 eine von einem Zweckverband aus den Gemeinden des Amtsbereichs Gramzow getragene Museumsanlage eröffnet, deren Aufbau 1992 begonnen hatte, und 1998 wurde die Gramzower Museums-Bahn gegründet. Ein Teil des Bahnhofsgeländes mit Lokschuppen (als Museum), Drehscheibe, Güterboden (mit Spielbahn) sowie normal- und schmalspurigen Gleisanlagen ist museal hergerichtet und öffentlich zugänglich gemacht worden. Neben dem Bahnhof gehört dem Zweckverband seit Mai 2002 auch die Strecke nach Damme und Eickstedt (15 km). Derzeit laufen die Vorbereitungen zur Aufnahme eines Museumsbahnverkehrs Gramzow – Damme. Draisinenfahrten sind teilweise bereits möglich.
Geöffnet: Mai bis Oktober (Di-So 10-17 Uhr), Mitfahrten jeden zweiten Sonntag (13-17 Uhr)
Info: Museum für Klein- und Privatbahnen, Am Bahnhof 3, 17291 Gramzow, Tel. 039861 70159 eisenbahnmuseum-gramzow@freenet.de
Internet: www.eisenbahnmuseumgramzow.de
Triebfahrzeuge (1.435 bzw. 750 mm):
Dl: 89 7296, Cn2t, Henschel 5224/1899, ex Spielplatz Bayreuth, zuvor Spielplatz Kassel-Bettenhausen, zuvor DB/DRG (89 7296), urspr. preuß. T3 „Cassel 6169"
Dl: 99 4503, Cn2t, Hartmann 2622/1900, 750 mm, 1996 ex privat (Berlin-Zepernick), bis 1974 DR Prignitz (99 4503), zuvor Landesverkehrsdirektion Brandenburg (08-21), urspr. Prignitzer Kreiskleinbahnen (17 „Wittenberge")
Dl: C 01, C-fl, LKM 146697/1961, 1994 ex PCK AG bzw. VEB PCK Schwedt (C 01), urspr. Erdölverarbeitung Schwedt (C 01), btf.
Vl: Kö 5049, B-dm, DWK 640/1939, 125 PS, 110B, 1993 leihweise ex Prenzlauer Eisenbahnfreunde, bis 1992 DR (310 849 / 100 849 / Kö 5049), urspr. Mecklenburgische Friedrich-Wilhelm-Eisenbahn (51), btf.
Vl: V 60-33, D-dh, LKM 270131/1963, 650 PS, V60D, 1994 ex PCK AG bzw. PCK Schwedt (V 60-31), urspr. Erdölverarbeitung Schwedt (V 60-31), btf.
Vl: B-dm, LKM 252368/1962, 102 PS, V10B, 1994 ex Werk Prenzlau der Zuckerfabrik Anklam (2), urspr. Zuckerfabrik Prenzlau (2)
Vl: B-dh, LKM 262075/1968, 220 PS, V22, 1998 ex Anschlußbahn Ost „Walter Drescher" Prenzlau (1), urspr. Armaturenwerk Prenzlau
El: L 22, Bo'Bo', AEG 3076/1925, Typ Gummersbach, 1993 ex BeHaLa Berlin (L 22), VEB Autotrans Berlin (L 22), zuvor Berliner Verkehrsbetriebe (L 22), urspr. Güterbahn Schöneweide (L 22)

Vt: PK 04, (1A)'(A1)'dm, Wismar 21128/1939, Typ Mosel, 1993 ex DR (Unterkunft / VT 137 527), zuvor Sowjetische Militäradministration Deutschland (SMAD), urspr. Prenzlauer Kreisbahn (PK 04)
Vt: 771 003, A1-dm, Bautzen 1/1962, 180 PS, 1996 ex DB/DR (771 003 / 171 003 / VT 2.09.003)
Nf: Kl 3449, B-dm, Raw Schöneweide/Johannisthal 20296/1961, 44 PS, Skl 24, 1996 ex DR Güstrow (Kl 3449)
Nf: Kl 3526, B-dm, Raw Schöneweide 10495/1964, 44 PS, Skl 24, 1997 ex DR Pasewalk (Kl 3526), mit Ladekran
Nf: Kl 3883, B-dm, Raw Schöneweide 10902/1975, 44 PS, Skl 24, 1996 ex DR Pasewalk (Kl 3833)
Nf: B-dm, Glbm Brandenburg 14325/1988, 50 PS, 2000 ex PCK Schwedt

Obus in Eberswalde

Die Gruppe Obus des Denkmalpflegevereins Nahverkehr in Berlin ging 1991 aus der 1987 gegründeten DMV-Arbeitsgemeinschaft „Gleislose Bahnen – Obus" hervor. Nach der ersten Sicherstellung eines Obusses im Jahr 1988 ging man 1995 mit der Barnimer Busgesellschaft Eberswalde eine Kooperation ein und 1996 kam der erste von einem Verein instandgesetzte Obus Deutschlands in Fahrt. Seit 1997 betreut die Gruppe auch die Obusse des DTM Berlin.
Info: DVN-Arbeitsgruppe Obus, Poratzstr. 68, 16225 Eberswalde, Tel. 0170 3253739 (Schindler), mschin488@aol.com
Fahrzeuge:
3   Skoda 1984, Typ 14Tr, 1995 ex Potsdam (976 / bis 1988 Nr. 406), bis 1985 Weimar (8003), btf.
19 Skoda 1969, Typ 9Tr, 1985 ex Eberswalde (31/ bis 1984 Nr. 19), btf. (mit Anhänger W701)
1224 Schumann/Daimler-Benz/SSW/AEG 1947, dreiachsiger Eindeck-Obus SSW-DB 45/47, bis 1965 BVG Berlin, i.A.
76 Kässbohrer/Henschel/SSW 1948, Kriegseinheitsobus, 2003 ex Gartenlaube, bis 1960 Wilhelmshaven (76), abg.
488 Gaubschat/Henschel/AEG 1957, Selbsttragender Obus, bis 1965 BVG Berlin (488), btf.
1520 Werdau/VEM/Sachsenwerk 1953, Typ W602a, bis 1973 BVG Berlin (1520), i.A. (mit Anhänger W700)

Straßenbahn Frankfurt (Oder)

Mit Unterstützung des DVN Berlin restaurierten einige SVF-Mitarbeiter von 1987 bis 1992 den ersten Straßenbahnwagen. Weitere Wagen folgten bis 1998 (zu mieten unter Tel. 0335 535206). Der im April 1999 gegründete Verein „Museumswerkstatt für Technik & Verkehr Frankfurt (Oder) e.V." betreut die Museumswagen und Exponate und unterhält einen Teil des ehemaligen Betriebshofs an der Bachgasse.
Info: Museumswerkstatt für Technik & Verkehr, Postfach 1118, 15201 Frankfurt, Tel. 0335 524657, gerald.renger@t-online.de
Internet: www.tram-ff.de
Triebwagen (1.000 mm):
Et: 29, Bo, Gotha/LEW 1958, 2 x 60 kW, 2002 ex Naumburg (Tw 35), bis 1995 Frankfurt/O (Tw 29), bis 1968 Halle (Tw 525), abg.
Et: 35, Gotha/LEW 1957, 2 x 60 kW, als Museumswagen vorgesehen, derzeit noch Atw 3, bis 1995 Tw 35, btf.
Et: 38, Bo, Gotha/LEW 1955, 2 x 60 kW, 2002 ex Naumburg (Tw 28), bis 1991 Gera (Tw 136), bis 1966 Stralsund (Tw 13), abg.
Et: 41, Bo, Wismar/AEG 1934, 2 x 38,5 kW, T2ZR, seit 1994 Htw, bis 1982 Salzstreu-Atw 2, bis 1980 Tw 57, bis 1973 Tw 41, btf.
Et: 49, Bo, Gotha/LEW 1964, 2 x 60 kW, T2-64 ER, seit 1994 Htw, 1989 ex Plauen (Tw 74), btf., mit Bw 113 (Gotha 1957)
Et: 60, Bo, Wismar/AEG 1936 (ausgeliefert 1938), 2 x 38,5 kW, T2-ZR, seit 1992 Htw, bis 1988 Rangier- und Werkstattwagen Atw 5 „Theo", bis 1975 Tw 60, btf.

Der in Pilsen gebaute Skoda-Obus 19, der von der DVN-Gruppe Obus in Eberswalde erhalten wird, war beim Obus-Jubiläum in Solingen zu Gast (Solingen-Wald, 23.6.2002).
Unten: Dank einer Musikveranstaltung im alten Betriebshof Bachstraße ließ sich der 70-jährige Tw 41 der Straßenbahn Frankfurt/Oder am 27.8.2000 im Freien ablichten.
Fotos: Ludger Kenning

Museumsbahn Buckower Kleinbahn (MBK)

1992 eröffnete ein Verein im Güterboden des Buckower Bahnhofs ein Museum. Nach der Stillegung der Kleinbahn im September 1998 begann sogleich die Planung eines Museumsbahnbetriebs. Dem Trägerverein MBK gehören neben den Anliegergemeinden, Heimatvereinen und den Ämtern Märkische Schweiz und Müncheberg auch der Eisenbahnverein Märkische Schweiz an, der unter der Regie des als Eisenbahnverkehrs- und Infrastrukturunternehmen zugelassenen Trägervereins am 14. September 2002 den Museumsbetrieb auf der elektrischen Bahn Müncheberg – Buckow (4,9 km) aufnehmen konnte.

Museum: Samstags, sonn- und feiertags vom Mai bis Oktober (10-16 Uhr) geöffnet
Fahrbetrieb: Samstags, sonn- und feiertags vom 9.4. bis 3.10.2004, jeweils Buckow ab 9.40, 10.53, 11.53, 14.25, 15.25, 16.25 und 17.25 Uhr, Müncheberg ab 10.20, 11.20, 12.20, 14.50, 15.50, 16.50 und 17.50 Uhr. Samstags und sonntags in den Sommerferien in Berlin/Brandenburg zusätzlich Buckow ab 8.40 und 18.25, Müncheberg ab 9.20 und 18.50 Uhr.
Info: Eisenbahnverein Märkische Schweiz e.V., Am Markt 8, 15377 Buckow, Tel./Fax 033433 15251, Fax 15252, mail@buckower-kleinbahn.de
Internet: www.buckower-kleinbahn.de und www.bf-buckow.de
Triebfahrzeuge (1.435 mm):
Vl: 1, B-dm, BMAG 10288/1934, 80 PS, Kö II, 1993 ex Betonwerk Wriezen, bis 1988 DR (100 634 / Kö 4634 / Kb 4634), btf.
Vl: 2, B-dm, LKM 251250/1958, 102 PS, N4, 1994 ex Bad Freienwalder Feuerfestwerke GmbH (1), btf.
Vl: 3, B-dh, LKM 262233/1970, 220 PS, V22B, 1994 ex Betonwerk Wriezen des PAB Bautzen (1), btf.
Et: 479 601 – 603, Bo'2', HaWa/AEG 1930, Umbau Schöneweide 1980-82, 2 x 60 kW, 1999 ex S-Bahn Berlin, zuvor DR (279.0 / 188.5), btf. (außer 479 601)
Et: 477 601, Bauj. 1942, 2003 ex S-Bahn Berlin, ehem. „PE", abg.
Nf: Skl, B-dm, Raw Schöneweide 1958, 38 PS, 1996 ex DB/DR, btf.
Nf: Skl 4215, B-dm, Raw Schöneweide, 60 PS, Skl 25, btf. (mit Gkw-A 34.1.3697, Bj. 1986, ex DB)
Nf: MZG 023/76, 90 PS (mit AF 108 Nr. 31.1.0022, Bj. 1976, ex DB AG)

Am 3.10.2002, etwa zwei Wochen nach der Betriebsaufnahme der Museumsbahn Buckower Kleinbahn, wartete der 479 603 am Buckower Bahnsteig auf die Abfahrt nach Müncheberg. *Foto: Stephan Herrmann*

Strausberger Eisenbahn

Zum Jubiläum „100 Jahre Strausberger Eisenbahn" ging 1993 der in den Zustand der 60er Jahre restaurierte Tw 16 in Betrieb. Man kann ihn mieten und dabei die 6,2 km lange Straßenbahnlinie vom Stadtzentrum zur Strausberger Vorstadt sowie die Güterstrecke kennenlernen.
Info: Strausberger Eisenbahn GmbH, Postfach 1150, 15331 Strausberg, Tel. 03341 345-100
Internet: www.strausberger-eisenbahn.de
Triebwagen (1.435 mm): 16, Bo, Uerdingen/SSW 1925, 2 x 50 kW, 1993 restauriert, zuvor Atw 16 bzw. Tw 16, bis 1940 Mettmann (Tw 7), btf.

Straßenbahnen Schöneiche und Woltersdorf

Im Betrieb der Straßenbahn Schöneiche, die 1975 den Htw 34 restauriert hatte, bildete sich die Abteilung Tram-Touren, um Gruppensonderfahrten mit den historischen Wagen der Schöneicher (vorwiegend mit Tw 34) und der Woltersdorfer Straßenbahn zu organisieren. Seit 1997, als man den restaurierten Bw 22 in Dienst stellte, steht in Woltersdorf ein typenreiner KSW-Zug bereit. Aber auch im Alltagsbetrieb ist die Woltersdorfer Straßenbahn sehenswert, denn nur hier, im Kirnitzschtal und gelegentlich in Strausberg verkehren im regulären Dienst noch Rekowagen bzw. Gothaer Straßenbahntriebwagen. Der im Jahr 2000 gegründete Tram 88 e.V. unterstützt die Schöneicher Straßenbahn hinsichtlich Öffentlichkeitsarbeit, Organisation von Veranstaltungen, Betriebsdokumentation und museale Fahrzeugerhaltung.
Termine Woltersdorf: Tw 2 am 11.4., 22.5. und 19.6.2004 (stündlich 9.11-15.11 Uhr ab Schleuse, 9.44-15.44 Uhr ab Rahnsdorf)
Info: Schöneicher-Rüdersdorfer Straßenbahn, Dorfstr. 15, 15566 Schöneiche, Tel. 030 6495393
Oder: Tram 88 e.V. – Förderverein Schöneicher-Rüdersdorfer Straßenbahn, Dorfstr. 15, 15566 Schöneiche, Tel. 030 65486833, 0173 2150886 und 0170 9142693, tram88@freenet.de
Oder: Woltersdorfer Straßenbahn GmbH, Seestraße 1, 15569 Woltersdorf, Tel. 03362 5215
Internet: www.tram88.de

Die warmen Ostertage des Jahres 2000 verlockten viele Berliner zu einem Ausflug ins Grüne, und so waren die Fahrten mit dem Woltersdorfer KSW-Zug Tw 7 / Bw 22 gut frequentiert (Thälmannplatz, 23.4.2000). Foto: Ludger Kenning

Historische Fahrzeuge in Schöneiche (1.000 mm):
Et: 34, Bo'Bo', Lindner/AEG 1929, 100 kW, 1975 restauriert (ex Tw 74 / 10 / 34), btf. (mit Bw 20, Lindner 1928)
Et: 73, Bo'Bo', Eigenbau/LEW 1966, 120 kW, Htw seit 1996 (ex Tw 62 / 73), btf. (mit Bw 113, Eigenbau 1974)

Historische Fahrzeuge in Woltersdorf (1.435 mm):
Et: 2, Bo, O&K/AEG 1913, 66 kW, 1987 restauriert (bis 1974 Atw, zuvor Tw 2), btf.
Et: 7, Bo, Uerdingen/AEG 1943, 2 x 60 kW, KSW-Prototyp, 1944 ex Berlin (6221), btf.
Eb: Bw 22, Uerdingen 1944, 1967 ex Strausberg (19), btf.

Der Tw 73, eine Schöneicher Spezialität, entstand 1966 teils im Eigenbau, teils im LEW-Werk Hennigsdorf. Der hellblaue Vierachser mit dunkelblauen Zierlinien am 23.4.2000 am Rüdersdorfer Torellplatz. *Foto: Ludger Kenning*

Privatfeldbahnen östlich von Berlin

Die in Fredersdorf entstehende Feldbahn von Jörg Stechbart umfaßt bisher eine in Kies gebettete Anlage aus 50 m Gleis, einer Weiche und einer Drehscheibe. Günter Wermke betreibt in seinem Garten in Spreenhagen bei Fürstenwalde seit 1972 die 350 m lange WSPB („Wermkes Spreenhagener Parkbahn") mit sechs Weichen, einem Lokschuppen, zwei Personen-, einem Flach-, einem Kasten- und einem Kesselwagen sowie zwei Loren. Ein Sonntagsspaziergang an der ehemaligen Ziegelei Finow inspirierte Frank Engel im März 2002 zum Aufbau einer Feldbahn in Woltersdorf. Am 6.12.2003 konnte er sie eröffnen.

Info: Jörg Stechbart, Tel. 033439 75680
Oder: Günter Wermke, Liepnitzstr. 27, 10318 Berlin, Tel. 030 5081861 und 033633 65197 (im Sommer: Am Kanal 61, 15528 Spreenhagen)

Oder: Frank Engel, Waldstr. 20, 15569 Woltersdorf, Tel. 03362 886937, mail@frank-engel.de, www.feldbahnseite.de
Lokomotiven:
Vl: B-dm, LKM 260134/1960, 10 PS, Ns1b, 500 mm, ex Märkische Ziegel GmbH Klausdorf, i.A. (in Fredersdorf)
Vl: B-dm, LKM 1958, 10 PS, Ns1, 600 mm, 1975 ex Spielplatz, zuvor Baufirma, btf. (in Spreenhagen)
Vl: B-dm, LKM 48431/1953, 35 PS, Ns2f, 600 mm, 2002 ex Waldeisenbahn Muskau, bis 1991 Feuerfestwerk Rietschen bei Niesky (3), btf. (in Woltersdorf)

Berliner Eisenbahnfreunde (BEF), Basdorf

Der 1978 gegründete Verein BEF mußte lange kämpfen, um 1982 in Berlin den ersten Museumsbahnverkehr ins Leben rufen zu können. Seit 1991 befährt er vor allem die Strecke vom Wilhelmsruher Damm nach Basdorf, wo er im ehemaligen Betriebswerk der Niederbarnimer Eisenbahn das Heidekrautbahnmuseum eingerichtet hat.
Termine: 10.4. (Kreuzfahrt mit VT 95, ab 10.45 Uhr), 10.4. (Fahrt zum Osterfeuer, ab 19.12 Uhr), 1.5. (Hamsterzug, ab 11.42 Uhr), 9.5. (Spargelzug nach Schmachtenhagen, ab 11.42 Uhr), 20.5. (Frühlingsfest im Museum, ab 10.12 und 14.12 Uhr), 6.6. (Tag der Kleinlok, ab 10.12 und 14.12 Uhr), 20.6. (Erdbeerzug nach Schmachtenhagen, ab 11.42 Uhr), 11.7. (Teddybärentag, ab 10.12 und 14.12 Uhr), 1.8. (Draisinen und Nebenfahrzeuge, ab 10.12 und 14.12 Uhr), 5.9. (Museumstag, ab 10.42 Uhr), 3.10. (wie 1. Mai), 10.10. (Jahrestag des Bauernmarkts, ab 11.42 Uhr), 13.11. (Schlachtfest in Schönwalde, ab 16.15 Uhr), 27./28.11. (Nikolauszüge, ab 11 und 14.30 Uhr), 4.12. (Adventsfahrt, ab 14.42 Uhr) und 5.12.2004 (Gänsebratenexpress, ab 11.42 Uhr)
Info: Berliner Eisenbahnfreunde e.V., An der Wildbahn 2a, 16352 Basdorf, Tel. 033397 72656, Fax 60828, info@berliner-eisenbahnfreunde.de
Internet: www.berliner-eisenbahnfreunde.de
Triebfahrzeuge (1.435 mm):
Dl: 65 1057, 1'D2'h2t, LKM 121057/1957, 1991 ex DR (65 1057), abg.
Dl: Ampflwang, Dn2t, Hanomag 9976/1925, 1982 ex Wolfsegg-Traunthaler Kohlenwerks-AG WTK in Ampflwang/Österreich (4), btf.
Vl: Erich, B-dm, Deutz 55022/1952, 28 PS, 1983 ex AEG Berlin-Brunnenstraße (1), i.A.
Vl: Köf 4280, B-dh, Krauss-Maffei 15146/1934, 128 PS, Köf II, 1988 ex AEG (Kassel), bis 1982 DB (322 605), i.A.
Vl: Köf 11136, B-dh, O&K 26373/1964, 240 PS, 2003 ex DB (332 136), abg.
Vl: Kö 0260, B-dm, Gmeinder 1621/1936, 50 PS, Kö I, 2003 ex privat bzw. BSW Nürnberg, zuvor Taunus-Quarzit-Werke Saalburg, bis 1975 DB (311 260 / Kö 0260), abg.
Vl: V 22 2082, B-dh, LKM 261135/1962, 220 PS, ex DB/DR (311 559 / 101 559 / 101 184), btf.
Vl: Potsdam 2, B-dm, LKM 252349/1962, 102 PS, V10B, 1994 ex Kraftfuttermischwerk Teltow (1), bis 1965 VEAB Potsdam (2), abg.
Vl: Ketzin 1, B-dm, LKM 252440/1965, 102 PS, V10B, 1994 ex Kraftfuttermischwerk Teltow (2), bis 1981 Kraftfuttermischwerk Ketzin der VEBA Nauen (1), abg.
Vl: V 14 001, B-dh, O&K 25623/1956, 140 PS, 1979 ex O&K Berlin (1), bis 1969 Hoesch-Westfalenhütte Dortmund, abg.
Vt: VT 95 9396, A1-dm, MAN 140894/1954, 150 PS, 1982 ex DB (795 396 / VT 95 9396), btf., mit VB 142 307 (Donauwörth 183/1954, i.A.)
Nf: Klv 12-4341, 1A-dm, Dr. Alpers 11102/1954, 28 PS, Klv 12, 1979 ex DB, btf.
Nf: Kl 3792, B-dm, Glbm Brandenburg 10848/1974, 44 PS, Skl 24, 1994 ex DR, btf.

Lokschuppen mit 80 009, Berlin-Bohnsdorf

In seinem Garten in Bohnsdorf bei Berlin-Schönefeld hat Lokführer Klaus Hollenbach als Zuhause für seine 80 009 einen Backstein-Lokschuppen errichtet, ein 27 m langes Gleis verlegt sowie einen Wasserkran und ein Spindelläutewerk aufgestellt.
Info: Klaus Hollenbach, Elster Str. 24, 12526 Berlin-Bohnsdorf
Dampflok (1.435 mm): 80 009, Ch2t, Union Königsberg 2799/1928, 1981 ex Raw „Einheit" Engelsdorf (WL 5), bis 1970 Raw Halle/Saale (2), bis 1963 DR (80 009)

Berliner Parkeisenbahn (BPE), Wuhlheide

In der Wuhlheide wurde 1956 eine Pioniereisenbahn (PEB) angelegt, um Jugendlichen die Eisenbahn und den Beruf des Eisenbahners näher zu bringen. Ursprünglich hatte die ab 1979 der Deutschen Reichsbahn unterstehende Bahn ein Gleisnetz von 6,9 km Länge und fünf Stationen, seit der Streckenverlängerung zum S-Bahnhof Wuhlheide im Jahr 1993 sind es jetzt 7,5 km und sechs Stationen. Sie ist mit mechanischen, elektromechanischen und elektrischen Stellwerken, Signalen, Schranken und Betriebswerk ausgestattet und kann mit ihren beheizten Personenwagen auch im Winter verkehren. 1992 übernahm die Berliner Parkeisenbahn gGmbH den Betrieb. Die Fahrzeuge gehören der BPE, dem Schmalspurbahn-Freunde Berlin e.V. (SBF) sowie einigen Privatleuten.
Fahrbetrieb: 13.3. bis 17.10.2004 im Halbstundentakt; Di/Mi/Do vom 20.4. bis 30.9. (in der Schulzeit 12.35-16.35 Uhr, sonst 10.05-11.35 und 13.05-16.35 Uhr), samstags (12.05-18.35 Uhr), sonn- und feiertags (11.05-17.05 Uhr)
Info: Berliner Parkeisenbahn, An der Wuhlheide 189, 12459 Berlin, Tel. 030 538926-0, Fax -99, info@parkeisenbahn.de und sbf.ev@t-online.de
Internet: www.parkeisenbahn.de
Lokomotiven (600 mm):
Dl: 4 „Luise Las", Cn2t, Chrzanów/Krenau 3043/1952, Typ Las, Privatbesitz, 1994 ex Zuckerfabrik Wozuczyn in Polen, dort 750 mm und mit Schlepptender, btf.
Dl: Merapi, Dn2t, Hanomag 10409/1925, 80 PS, 1992 leihweise ex DKB Mühlenstroth (10), bis 1988 Zuckerfabrik Rejo Agung in Madiun/Java (13 „Lawoe"), urspr. Zuckerfabrik Oje Tjong Ham (Surabaya/Java), ehem. 700 mm, btf.
Dl: SBF 1 „LOWA", Bn2t, LKM 16045/1950, 70 PS, Typ LOWA, 1979 ex VEB Ziegelkombinat Karl-Marx-Stadt (Werk Crimmitschau), zuvor evtl. Bau-Union Berlin, urspr. Trümmerbahn Berlin (44), btf.
Dl: Solvay, D-n2, Chrzanów/Krenau 777/1944, 110 PS, Typ Solvay, 2000 ex privat (Belgien), bis 1979 PKP Bialosliwie (Tx6-501, bis 1961: Tx4-501), urspr. Wirsitzer Kreisbahn (27), abg.
Vl: 199 102, C-dm, LKM 250517/1971, 102 PS, V10C, 1992 ex PEB Berlin (199 102 / 399 602), btf.
Vl: 199 103, C-dm, LKM 250026/1957, 102 PS, Ns4, 1992 ex PEB Berlin (199 103 / 399 603), bis 1983 Raw Halle (zuvor 750 mm und 90 PS), bis 1982 Ziegelei Ueckermünde, urspr. Schotterwerk Althüttendorf bei Eberswalde, btf.
Vl: 199 104, C-dm, LKM 250580/1975, 102 PS, V10C, 1994 ex Stahl- und Walzwerk Brandenburg (33), dort 750 mm, i.A.
Vl: V 1 „Teckel", B-dm, Deutz 23613/1939, 25 PS, OMZ 117, 1987 ex Ingenieur-, Tief- und Verkehrsbau Stralsund (Deichbau Hiddensee), nach 1945 Trümmerbahn Berlin, btf.
Vl: V 4 „Siegfried", B-dm, LKM 248882/1957, 30 PS, Ns2f, 1992 ex Ziegelwerk Plau am See, btf.
Vl: V 5 „Kriemhild", B-dm, LKM 248800/1956, 30 PS, Ns2f, 1992 ex Ziegelwerk Plau am See, btf.
Vl: B-dm, LKM 247120/1954, Ns1, 1991 ex Tongrube Eichow, i.A.
Vl: B-dm, LKM 247207/1955, Ns1, 1991 ex Tongrube Eichow (Kreis Kalau), seit 2000 Denkmal am Bahnhof Eichgestell
Vl: B-dm, LKM 48365/1953, 30 PS, Ns2h, 1993 ex Dränrohrwerk Bad Freienwalde (4), abg.
Vl: B-dm, LKM 17140/1950, 30 PS, Ns2f, 2000 ex P. Rassmann (Groß Drewitz), zuvor EKO Eisenhüttenstadt
Vl: V 18 „Frieda", B-dh, O&K 26189/1962, 142 PS, ehem. 660 mm, Eigentum DKB Mühlenstroth, 1984 ex Märkische Museumsbahn Plettenberg, bis 1982 Phoenix-Hütte Duisburg (Di 10), i.A.

Feldbahnprojekt 500 mm im FEZ Wuhlheide

Mit dem Bau einer Schienenfahrradstrecke schufen Mitglieder des örtlichen Modellbahnclubs 1991 die Grundlage für die heutige, über 100 Exponate umfassende 500mm-Sammlung. Die Fahrzeuge stammen aus den Bereichen Baustoffindustrie, Bergbau und Torfabbau. Die 1,1 km lange Strecke verbindet die Bahnhöfe Öko-Insel

Schon seit zwölf Jahren fährt der D-Kuppler „Merapi" der Dampfkleinbahn Mühlenstroth auf der Berliner Parkeisenbahn (hier nahe der Freilichtbühne). Benannt ist die Lok nach einem Vulkan auf der Insel Java, wo sie von 1925 bis 1983 im Einsatz gestanden hatte.
Unten: Innerhalb des Rundkurses der Berliner Parkeisenbahn liegt das FEZ Wuhlheide mit dem 500-mm-Feldbahnprojekt, das vorwiegend pädagogischen Zwecken dient (hier die Akkulok 3). Fotos (23.4.2000): Ludger Kenning

und Eichgestell (mit Anschluß zur Berliner Parkeisenbahn) mit dem „FEZ-Palast". Im Außenbereich sind auch Arbeitsgeräte wie z. B. Profilbiegemaschinen und Überkopflader zu sehen.
Fahrbetrieb: 11./12.4., 25.4., 1./2.5., 8./9.5., 15./16.5., 23.5., 30./31.5., 1.6., täglich 24.6.-8.8., 15.8., 22.8., 4./5.9., 18./19.9., 26.9., 24.10., 14.11., 21.11., 28.11., 5.12., 12.12 und 19.12.2004 (samstags 14-18 Uhr, sonn- und wochentags 11-18 Uhr, außer bei starkem Regen); Feldbahnfest am 4./5.9.2004 mit Mehrzugebtrieb und Fotogüterzügen
Info: 500mm-Feldbahnprojekt e.V. im FEZ, An der Wuhlheide 197, 12459 Berlin, Tel. 030 5354610, info@feldbahn-berlin.de
Internet: www.feldbahn-berlin.de
Lokomotiven (500 mm):
- Vl: 1, B-dm, LKM 247290/1955, 13 PS, Ns1, 1991 ex Ziegelwerke Zehdenick (Mildenberg), btf.
- Vl: 2, B-dm, Strüver 60450/1956, 6 PS, Schienenkuli, 1992 ex Norddeutsche Affinerie Hamburg/ Nürnberg, i.A.
- Al: 3, Bo, LEW Göllingen 701072/1989, 2 x 4,4 kW, EL 9-01, 1994 ex Schachtbau Nordhausen (dort 600 mm), btf.
- Al: 4, 1Ao, SSW/GSE 5985/1958, 2 x 8,4 kW, Typ 1A5, 1996 ex RAG-Zeche Ewald, i.A.
- Vl: 5, B-dm, LKM 247383/1955, 15 PS, Ns1, 1995 ex Kalkwerk Förderstedt, btf.
- Vl: 6, B-dm, LKM 260102/1958, 12/13 PS, Ns1b (mit Schild und Teilen der LKM 247398), 1995 ex Kalkwerk Förderstedt, btf.
- Vl: 7, B-dm, LKM 248525/1954, 36 PS, Ns2f, 1996 ex Ziegelei Kodersdorf/L., btf.
- Vl: 8, B-dm, CKD 9132/?, 8/9 PS, BN15, 1996 ex Südhumus Reitzenhain, btf.
- Vl: 9, B-dm, CKD 12968/1955, 36 PS, BN30, 1996 ex privat (Ilmenau), zuvor Ziegelei Apolda, btf.
- Vl: 10, B-dm, Deutz/Rensmann 58200/1967, 30 PS, GZ30B, 1996 ex Ruhrkohle AG, i.A.
- Vl: 11, B-dm, Eigenbau Grahl seit 1996, 8,5 PS, Schienenknecht, i.A.
- Al: 12, 1A, Eigenbau Verein 1996, Generalumbau 2001, 1,1 kW, ASF, btf.
- Al: 13, Bo, BBA Aue, 2 x 2,1 kW, Metallist, 1997 ex Bergwerk Medenec/CS, i.A.

Britzer Museumseisenbahn, Berlin-Britz

Die zur BUGA 1985 entstandene 6,1 km lange Ausstellungsbahn (600 mm) blieb auf Bestreben eines Eisenbahnfreundes als Museumsbahn erhalten. Der Rundkurs mit fünf Haltestellen und dreigleisigem Fahrzeugschuppen liegt in einem reizvollen Gelände mit Feuchtbiotopen und Blumengärten.

Die nur 1,92 m hohe Motordraisine „Fridolin" der Märkischen Kleinbahn erreicht mit ihrem 28 PS starken VW-Motor stattliche 70 km/h (Berlin-Schönow, 23.4.2000).
Foto: Ludger Kenning

Fahrbetrieb: Täglich vom 24.3. bis Ende Oktober (Mo-Fr ab 11 Uhr; samstags, sonn- und feiertags ab 10 Uhr)
Info: Klaus Gränert, Buckower Damm 170, 12349 Berlin, Tel. 030 7813989, 6046027 und 0177 8034919
Internet: www.britzer-museumsbahn-berlin.de
Triebfahrzeuge (600 mm):
Vl: 3, B-dm, Deutz 7510/1926, 30 PS, 1986 ex privat, bis 1973 GASAG Charlottenburg, btf.
Vl: 5, 2'B-dh, Schöma 3963/1975, 49 PS, CHL 40G, 1999 ex Feldbahnmuseum Guldental (dort 750 mm), bis 1990 Safaripark Groß Gerau (dort 1981 abg.), 1975 umgebaut durch Schwingel (Leverkusen) in „Westernlok", btf.
Vl: 6, B-dm, O&K 254971953, 35 PS, MD 2, 1986 ex privat, bis 1983 Firma Gräper (Husum), btf.
El: 7, Bo, SIG/ETS 50/1956, 38 kW, 1994 ex Tunnelbau Prader (Zürich), btf.
Vl: 11, B-dm, Schöma 758/1946, 28 PS, 1988 ex Ziegelei Eickhoff (Hagen bei Osnabrück), btf.
Vl: 18, B-dm, Diema 2690/1959, 28 PS, DS 28, bis 1990 Tongrube bei Mannheim, abg.
Et: 19, Bo, Siemens & Halske 1881 (Reko 1987), TRAM Berlin, btf.
Vl: 20, B-dm, Deutz 57704/1957, 30 PS, GZ 30, bis 1992 Grube in Nordrhein-Westfalen, btf.
Vl: 21, B-dm, Schöma 2582/1961, 60 PS, 1994 ex Steinbruch in Nordrhein-Westfalen, btf.

AG Märkische Kleinbahn (MKB), Berlin-Schönow

Die 1981 gegründete MKB ist im 1922 erbauten Lokschuppen der Zehlendorfer Eisenbahn- und Hafen-GmbH in Lichterfelde (Goerzallee 313-315) ansässig und seit 1989 Mitnutzerin der Anschlußbahn. Samstags von März bis November (11-18 Uhr) kann die Sammlung und seit kurzem das Museum über die 100-jährige ZEUHAG besichtigt werden.
Info: Frank Jander, Raduhner Str. 31, 12355 Berlin-Rudow
Internet: www.mkb-berlin.de
Lokomotiven (1.435 mm):
Vl: MKB 01 / Kö 0128, B-dm, Gmeinder 1171/1934, 25 PS, Kö I, 1981 ex Casseler Basalt-Industrie (Vollmerz), bis 1964 DB (Kö 0128), btf.
Vl: MKB 02, B-dm, O&K 20473/1935, 70 PS, RL 7, 1988 ex Südchemie Heufeld (Bruckmühl), urspr. Giesches Erben, i.A.
Vl: Fritze, B-dm, Diema 2935/1967, 16 PS, 1996 ex Berliner Eisenbahnfreunde, bis 1983 Fritz-Werner-Werk (Berlin-Marienfelde), abg.
Nf: MKB 51, Robel, 1988 ex Möller Tiefbau (Berlin), zuvor DB (Klv 51-9005), btf.
Nf: MKB 52 „Fridolin", A1-bm, Beilhack (Rosenheim) 3075/1962, 28 PS, 1988 ex Siemens Berlin, bis 1983 DB, btf.

Deutsches Technikmuseum Berlin (DTB)

Da viele Berliner Eisenbahnsammlungen nach 1945 nicht mehr vorhanden waren, bildete sich 1960 eine Gesellschaft zum Wiederaufbau eines Verkehrsmuseums in Berlin. Die zahlreichen Fahrzeuge und Requisiten waren vorerst im Bundesgebiet verstreut, doch ab 1964 richtete man eine Ausstellung kleiner Exponate im der Urania ein. 1979 beschloß der Senat die Gründung eines Verkehrsmuseums im Bereich des Anhalter Güterbahnhofs (nahe der U-Bahn-Station Gleisdreieck/Möckernbrücke), wo die beiden Lokschuppen und das Beamtenwohnhaus zur Präsentation der Fahrzeuge des Fördervereins des MVT Berlin hergerichtet wurden. Nach Teileröffnungen im ehem. Gebäude der Kühlhallengesellschaft und in einem neuen Anbau (1983-85) wurde 1987 ein Lokschuppen originalgetreu wieder aufgebaut. 1988 war die Eisenbahnabteilung mit der Fertigstellung des zweiten Schuppens vollendet. Epochenweise werden die Entwicklung und die soziale und wirtschaftliche Bedeutung der Bahn verdeutlicht. Im Außenbereich wurde durch die Restaurierung des Wasserturms, der Wasserkräne und des Kohlebunkers das Flair eines Dampflok-Bahnbetriebswerks wiederhergestellt.
Geöffnet: Di-Fr 9.00-17.30 Uhr, Sa/So 10-18 Uhr
Termine: 5., 12., 19. und 26.9.2004 (Monumentenhalle geöffnet, Pendelbetrieb mit O&K-Loks 1 und 2)

Info: Deutsches Technik-Museum, Trebbiner Str. 9, 10963 Berlin-Kreuzberg, Tel. 030 90254-207, Fax -175, info@dtmb.de
Internet: www.dtmb.de
Triebfahrzeuge:
Dl: Beuth, 1A1n2, Borsig 1912, Nachbau der Original-Borsig „Beuth" (24/1844) der Berlin-Anhaltinischen Eisenbahn, 1985 ex Deutsches Museum München
Dl: 680, Cn2, StEG Wiener Neustadt 513/1860, 1966 ex Graz-Köflacher Bahn (680), urspr. k.u.k. priv. Südbahn
Dl: 1, Bn2t, Hanomag 996/1872, 1960 ex Zuckerfabrik Nörten-Hardenberg (1), bis 1902 preuß. „Hannover 1417", bis 1885 Braunschweigische Eisenbahn („Kiel")
Dl: Hannover 1907, 1An2vt, Henschel 1602/1883, 1984 ex Baumuseum Berlin, bis 1936 Konservenfabrik Groß Gerau, 1900 preuß. T 0 „Hannover 6003" bzw. „Hannover 1907"
Dl: T 1005, Bn2t, Heilbronn 374/1899, 1986 ex DDM Neuenmarkt-Wirsberg, bis 1979 DME Darmstadt-Kranichstein, bis 1976 FHH Laucherthal, urspr. württ. T
Dl: 1, Cn2t, BMAG 3019/1901, 1966 ex Gaswerk Mariendorf (1)
Dl: 91 936, 1'Cn2t, Hohenzollern 1592/1903, 1986 ex Hütte Poraj in Polen, zuvor PKP (Tki3-112), zuvor DRG 91 936, urspr. pr. T 9^3 „Frankfurt 7265"
Dl: Bn2t, O&K 1166/1903, 600 mm, 1984 ex Museumsbahn Paderborn, bis 1983 Kohlenmine „Minas de Utrillas" in Spanien
Dl: 1, Bn2t, Borsig 6261/1907, ehem. Kies- und Sandbaggerei Duisburg-Wedau (1)
Dl: KL 2, Bh2t, Esslingen 3481/1908, Kittel-Stehkessellok, 1983/85 ex DEV Bruchhausen-Vilsen, bis 1971 Osnabrücker Kupfer- und Drahtwerke (2), bis 1917 Württembergische Staatsbahn (KL 2), 1908-10 bei Moselbahn Trier – Bullay (Lok 12, als Bn2t)
Dl: 17 008, 2'Ch4, Schwartzkopff 4760/1911, 1984 ex Baumuseum Berlin, bis 1935 DRG (17 008)
Dl: 60.5, Bn2t, Krauss Linz 7310/1917, 785 mm, 1984 ex Spielplatz München, zuvor ÖAM Leoben-Donawitz (Österreich), unzugänglich
Dl: 60.9, Bn2t, Krauss Linz 7311/1917, 785 mm, 1984 ex Spielplatz Ingolstadt, zuvor ÖAM Leoben-Donawitz, unzugänglich
Dl: B-fl, Maffei 3989/1918, 1987 ex BEM Nördlingen (4), bis 1975 Südchemie Heufeld, bis 1953 Bleicherdefabrik Moosburg, bis 1935 Hanfbau Landsberg, unzugänglich
Dl: 38 2425, 2'Ch2, Schichau 2739/1919, 1986 ex PKP Ok1-296, urspr. preuß. G 8 „Danzig 2441"
Dl: Tx 203, Dn2t, Borsig 10380/1919, 1986 ex OKL Hajnowka in Polen, Waldbahn Carna Bialystok
Dl: 97 504, Eh2(4v)zt, Esslingen 4142/1925, 1988 ex DB-Strecke Honau – Lichtenstein (97 504)
Dl: 78, (1'C1)(1C1'), Hanomag 10630/1928, 610 mm, 1988 ex SAR Südafrika (Typ NG/G13 für Provinz Natal)
Dl: 01 173, 2'C1'h2, Henschel 22721/1936, 1976 ex Ulmer Eisenbahnfreunde, bis 1974 DB (001 173 / 01 173), unzugänglich
Dl: 50 001, 1'Eh2, Henschel 24355/1939, 1986 ex Sammlung Schüler, 1976 ex DB (050 001 / 50 001)
Dl: 01 1082, 2'C1'h3, BMAG 11338/1940, 1986 ex Sammlung Schüler, 1975 ex DB (012 082 / 01 1082), Ölhauptfeuerung
Dl: 52 4966, 1'Eh2, O&K 14036/1944, 1988 ex DR (52 4966)
Dl: 699.02, Dh2, Franco Belge 2822/1944, 760 mm, KDL 11, 1996 ex Club 760 (Murau/Steiermark), bis 1976 ÖBB (699.02), urspr. Heeresfeldbahn
Dl: Bn2t, Henschel 28514/1949, bis 1984 Spielplatz Niederaußem, bis 1980 Firma Winter (Horrem)
Vl: A1-bm, Daimler 1887, 1986 ex Werksmuseum Daimler-Benz (Stuttgart), urspr. Württembergische Staatsbahn
Vl: B-dm, Breuer 1201/1928, Lokomotor, 1989 ex Zementwerk Hürlimann in Brunnen (Schweiz)
Vl: Kö 4642, B-dm, Jung 5671/1935, bis 1985 ÖBB (X 112.02), urspr. DRG (Kö 4642)
Vl: B-dm, O&K 9265/1938, 600 mm, bis 1983 Stewing (Langelsheim), unzugänglich
Vl: B-dm, Jung 10041/1941, 600 mm, bis 1984 Firma Gräper (Husum), unzugänglich
Vl: B-dm, Deutz 36404/1942, 600 mm, bis 1983 Ziegelei Meyer (Hamelwürden), unzugänglich
Vl: RCT 36629, C-dh, Deutz 36629/1941, 1985 ex Britische Rheinarmee Dorsten-Wulfen (36629), urspr. Wehrmacht (Heer), unzugänglich
Vl: B-dm, Kröhnke 108/1942, 600 mm, Lorenknecht, bis 1982 Ziegelei Meyer (Barnkrug), unzugänglich
Vl: Köf 5116, B-dh, Deutz 47294/1943, Köf II, 1989 ex Hochtief AG (Berlin), bis 1980 DB (323 044 / Köf 5116)

Vl: Bo, Gebus 567/1957, Lokomotor, 1989 ex Zementwerk Hürlimann (Brunnen/Schweiz)
Vl: V 200 018, B'B'dh, MaK 2000018/1957, bis 1985 DB (220 018 / V 200 018)
Vl: V 180 075, B'B'dh, LKM 275075/1965, 1989 ex DR (118 075 / V 180 075)
Vl: 1, B-dh, O&K 26608/1967, 1986 ex Landespostdirektion Berlin (1), btf.
Vl: 2, B-dh, O&K 26625/1967, 1986 ex Landespostdirektion Berlin (2), btf.
Vl: 202 003, Bo'Bo', Henschel/BBC 31404/1973, 1986 ex DE 2500 („Roter Ochse")
Vt: VT 95 9465, A1-dm, MAN 140963/1954, 1986 ex DB (795 465 / VT 95 9465)
El: A1, Aw Freimann 1981, 490 mm, Nachbau der ersten E-Lok (Siemens 1879)
El: Bo, SSW 1898, 1.000 mm, bis 1906 Treidelbahn Finowkanal
Et: ET 183 05, (1A)'(A1)', MAN 1899, 1987 ex DB (ET 183 05), bis 1938 Lokalbahn-AG (Isartalbahn)
El: ES 2, 2'Bo1', Hanomag/AEG 5837/1911, 1984 ex VBM, bis 1927 DRG (E 00 02), unzugänglich
El: 1, Bo, AEG 1444/1912, 1986 ex Post Berlin (1), unzugänglich
El: 2, Bo, AEG 1445/1912, 1986 ex Post Berlin (2)
El: 391, 1'Do1', Winterthur 2275/1913, 1980 ex AEG Viernheim, bis 1966 Rhätische Bahn (391)
El: E 71 28, Bo'Bo', AEG 1667/1922, bis 1987 DB (E 71 28), urspr. preuß. EG 528
El: 3, Bo, v.d.Zypen/SSW 70418/1922, 1988 ex Siemens-Güterbahn Berlin (3), Umbau aus Schnellfahrversuchslok von 1901
El: 22, Bo, AEG 1933, 1987 ex Ruhrkohle AG Kamp-Lintfort, unzugänglich
Et: 275 747, Bo'Bo', Busch 1928, 1994 ex BVG (ET 165 358 / 3436 / 2514), unzugänglich
Et: ET 125 001, Bo'Bo', O&K/AEG/SSW 1934, „Bankierzug" der Berliner S-Bahn, 1991 ex DR (276 035 / ET 166 049 / ET 125 001), unzugänglich
El: E 19 01, 1'Do1', AEG 5000/1939, 1988 leihweise ex AEG, bis 1977 DB (119 001 / E 19 01)
Et: T 26, Bo'1, TAG 1942, 1984 ex Treidelbahn Teltowkanal (T 26)
El: E 44 131, Bo'Bo', Henschel/SSW 26116/1943, 1988 ex DR (244 131)
El: 6, Bo'Bo', Henschel 25219/1950, 1987 ex Preußen-Elektra in Borken/Hessen (6)
Al: Bo, Schalke/AEG 8276/1963, 1988 ex Volta-Werke Berlin-Waidmannslust, unzugänglich
El: 184 112, Bo'Bo', Krupp/BBC 4838/1967, 1985 ex DB (184 112 / E 410 012), unzugänglich
Nf: Klv 51-9344, A1-dm, Sollinger Hütte K1081/1960, 1989 ex DB, unzugänglich
Nf: 1, 1A-bm, Beilhack/VW 2649/1955, 1991 ex Wolff Walsrode (Bomlitz), bis 1976 DB (Klv 20-5008)

Dampflokfreunde Berlin, Berlin-Schöneweide

Der „Veltener Zug" aus preußischen Abteilwagen und Donnerbüchsen wurde 1984-94 von der Traditionslok 74 1230 angeführt, die jetzt mit Fristablauf in Grunewald steht. Bespannt wird der „Traditionszug Berlin" mit der 52 8177, die vom 1979 gegründeten Dampflokfreunde Berlin e.V. betreut wird. Zwischen dem Verein, der im 1994 von der DB aufgelassenen ehemaligen Bw Berlin-Schöneweide seinen Sitz hat, und dem DB-Museum sowie DB-Regio Berlin-Brandenburg besteht seit der HU im Jahr 1998 eine enge Kooperation. Zusätzlich wird der Nostalgiezug „Brandenburger Tor" eingesetzt, über den unter www.berlin-macht-dampf.de mehr zu erfahren ist.
Termine: 10.4. (nach Ferropolis), 24.4. (nach Salzwedel), 30.4. (mit 119 nach Thale), 1.5. (mit 52 nach Wolzstyn), 8.5. (mit 119 nach Hamburg), 20.5. (nach Dresden, dort Einsatz bis 24.5.), 22.5. und 23.5. (mit 01 1100 nach Dresden), 22.5. (Rundfahrt mit 52 über Pirna – Sebnitz – Bad Schandau), 28.5. (mit 52 nach Pritzwalk), 30.5. (mit 52 nach Blankenburg), 30.5. (mit 119 und 01 1100 nach Neuenmarkt-Wirsberg), 5.6. (mit 52 nach Cottbus und Weißwasser), 19.6. (mit 52 nach Neustrelitz), 26.6. (mit 119 nach Kiel), 4.7. (nach Hannover), 31.7. (mit 119 nach Rügen), 7.8. und 8.8. (mit 119 und 155 nach Rostock), 28.8. (mit 52 und 119 nach Chemnitz), 29.8. (Königs Wusterhausen – Zossen mit 52), 4.9. (mit 52 nach Eberswalde), 4.9. (mit 119 nach Meiningen), 25.9. (mit 52 nach Staßfurt), 26.9. (mit 52 zur Brikettfabrik Luise), 2.10. (mit 52 nach Schwerin), 9.10. (mit 119 nach Weimar), 10.10. (mit 52 nach Eisenhüttenstadt), 23.10. (mit 52 nach Freyburg), 27.11. (mit 119 nach Nürnberg), 4.12. (Potsdam – Lichterfelde mit 52), 4.12 (Magdeburg – Lübeck mit 119), 5.12. (nach Leipzig), 11.12. (nach Dresden), 12.12. (mit 52 nach Rheinsberg), 18.12. (mit 119 nach Lübeck) und 19.12.2004 (mit 119 nach Annaberg-Buchholz)
Info: Dampflokfreunde Berlin e.V., Postfach 900211, 12402 Berlin, Tel. 030 5677032 und 0178 7469748 (Rust), Fax 56587331, info@dampflokfreunde-berlin.de
Internet: www.dampflokfreunde-berlin.de

Lokomotiven (1.435 mm):
Dl: 52 6666, 1'Eh2, Skoda 1492/1943, Eigentum DB-Museum, ex DR (52 6666), abg.
Dl: 52 8177, 1'Eh2, MBA 14066/1944, Vereinseigentum, 1992 ex DR (52 8177 / bis 1966: 52 4996), btf.
Dl: 74 1230, 1'Ch2t, Borsig 9523/1916, Eigentum DB-Museum, ex DR (74 1230), urspr. preuß. T 12 „8703 Berlin", abg.
Vl: 119 158, Co'Co', „23. August" Bukarest 24664/1983, Eigentum DB-Museum, ex DB/DR (219 158 / 119 158), btf.
Vl: Kö 0242, B-dm, Windhoff 325/1936, 100 PS, Kö I, 1997 ex DB/DR (100 042 / Kö 0242), btf.
Vl: Kö 4625, B-dm, BMAG 10279/1934, 80 PS, Kö II, ex DB/DR (100 625 / Kö 4625)
Vl: Kö 5734, B-dm, BMAG 1935, 80 PS, Kö II, 1999 ex DB/DR (310 934 / 100 934 / Kö 5734 / urspr. Köf 5734)
Et: 475 608, Bo'Bo', Görlitz 1928, Privateigentum, 1998 ex Berliner S-Bahn (475 608 / 275 683 / ET 165 210 / 3282 / 2360), 1945-53 in der UdSSR, abg. (mit 475 608, Westwaggon 1928)

Förderverein Diesel-Schnelltriebwagen (SVT), Berlin/Leipzig

Der im Februar 2000 in Berlin gegründete Förderverein SVT hat es sich zur Aufgabe gemacht, den dreiteiligen SVT 137 856 ausstellungsreif herzurichten. Er ist der letzte noch vollständige Triebzug der Bauart „Köln", mit der vor dem Krieg die Serienbeschaffung der „Fliegenden Züge" zu Ende ging. Gleich nach der Übernahme Anfang 2002 begann im ehemaligen Raw Engelsdorf die Aufarbeitung.
Info: Förderverein SVT, Fürther Str. 7, 10777 Berlin, Tel. 030 2184212, Fax 0221 314747, webmaster@svt-verein.de
Internet: www.bvm-berlin.de/verein-svt/svt-wiruns.html
Triebwagen (1.435 mm): SVT 137 856, LH Breslau 1938, „Fliegender Kölner", bis 1998 Aufenthalts- und Lagerraum in Berlin-Schöneweide, zuvor Bürozug der Stromversorgungsbaugruppe der DR in Berlin-Lichtenberg, bis 1979 DR (182 009, 509 und 010), bis 1958 Dienstzug der US-Armee auf DB-Gleisen, bis 1945 Sonderzug des Generalstabs der Luftwaffe, bis 1939 DRB (SVT 137 856), i.A.

Dieselschnelltriebwagen SVT 175 „Görlitz"

In Berlin kümmern sich zwei BSW-Gruppen um je eine Garnitur der Bauart „Görlitz". Der von der Gruppe „VT 18.16" betreute Zug VT 18.16.07/10 (DR 175 014/019) des DB-Museums mußte im April 2003 nach Fristablauf abgestellt werden. Eine neue HU ist nicht absehbar. Die der Gruppe „SVT 175015/016" anvertraute, ebenfalls nicht betriebsfähige Garnitur 175 015/016 steht in Berlin-Lichtenberg und kann nach Voranmeldung unter Tel. 0175 6100286 (mittwochnachmittags) besichtigt werden.
Triebfahrzeuge (1.435 mm):
Vt: 175 014, B'2'dh, Görlitz 20400-B7/1968, 1992 ex DR (174 014 / VT 18.16.07b)
Vt: 175 015, B'2'dh, Görlitz 20400-A8/1968, 1992 ex DR (175 015 / VT 18.17.08a)
Vt: 175 016, B'2'dh, Görlitz 20410-B8/1968, 1994 ex DR (175 016 / VT 18.16.08b)
Vt: 175 019, B'2'dh, Görlitz 20410-BA10/1968, 1994 ex DR (175 019 / VT 18.16.10a)

Historische S-Bahn Berlin

Da sich weder die DR noch die S-Bahn-Berlin GmbH in den 90er Jahren um die Museumswagen kümmern konnte, übernahm ein neuer Verein die Aufgaben. Mit Hilfe der S-Bahn GmbH wurden 17 Wagen für Vorführzwecke hinterstellt. Für Sonderfahrten unterhalten der Verein und die S-Bahn noch 18 betriebsfähige Fahrzeuge der Bauarten „Bernau", „Stadtbahn" und „Wannseebahn".
Info: S-Bahn Berlin GmbH, Invalidenstr. 19, 10115 Berlin, Tel. 030 2974-3333, sonderfahrten@s-bahn-berlin.de
Oder: Historische S-Bahn e.V., Postfach 580444, 10414 Berlin, Tel. 030 29717050, geschaeftsstelle@hisb.de
Internet: www.historische-s-bahn-berlin.de

Vereinseigene Triebwagen (1.435 mm):
Et: 169 005b, Bo'Bo', Bj. 1925, Typ Bernau, mit EB 169 002c, 169 006b und 169 015a, abg.
Et: 168 029, Bo'Bo', LHW 1925, Typ Oranienburg, seit 1991 Htw (ex 278 107 / 3066 / 2144), mit ES 168 030, abg.
Et: 275 625, Bo'Bo', Wumag 1927, Stadtbahn-Prototyp, seit 1994 Htw (ex 166 040 / 3110 / 2187), mit EB 275 626, abg.
Et: 276 031, Bo'Bo', O&K 1934, Bankier-Probezug, seit 1991 Htw, ex 166 047 / 3798, mit EB 276 032, i.A.
Et: 277 003, Bo'Bo', O&K 1938, seit 1991 Htw, ex 167 006 / 3839, mit EB 277 004, i.A.
Et: 167 072 / ET 3839, Bo'Bo', Dessau 1938, seit 1991 Htw, ex 167 072 / 3905, btf. (mit EB 277 088)
Et: 276 069, Bo'Bo', Dessau 1941, Typ Peenemünde, seit 1992 Htw, ex 166 056 / 167 288, mit ES 276 070, btf.
Et: 270 001, Bo'Bo', LEW 1979, Prototyp, seit 1992 Htw, mit EB 270 002, abg.

Museumstriebwagen der S-Bahn GmbH (gepflegt durch Verein und BSW-Gruppe):
Et: 165 231, Bo'Bo', Görlitz 1928, Typ Stadtbahn, seit 1990 Htw, ex 275 693 / 165 231 / 3303 / 2381, mit ES 165 231, btf.
Et: 165 471, Bo'Bo', Wumag 1929, Typ Stadtbahn, seit 1990 Htw, ex 275 783 / 165 471 / 3478 / 2556, mit EB 165 471, btf.
Et: 275 959, Bo'Bo', O&K 1932, Wannsee-Versuchszug, Htw seit 1994 (ex 475 126 / 275 959 / 165 825 / 3769), mit EB 275 954, btf.
Et: 3662, Bo'Bo', Bautzen 1929, Typ Stadtbahn, Htw seit 1990 (ex 275 815 / 165 555 / 3662 / 2736), mit EB 6121, btf.
Et: 475 005, Bo'Bo', O&K 1928, Typ Stadtbahn, seit 1997 Htw, ex BVG (ex 475 005 / 275 045 / 165 114 / 3184 / 2262), mit EB 875 005, btf.
Et: 475 605, Bo'Bo', O&K 1928, Typ Stadtbahn, seit 1997 Htw, ex BVG (ex 475 605 / 275 641 / 165 097 / 3167 / 2245), mit ES 875 605, btf.
Et: 278 005, Bo'Bo', Wumag 1925, Typ Bernau (Gerätezug Frf), seit 1994 Htw, ex 478 004 / 278 005 / 169 017a / 3056 / 2134, mit EB 278 006, abg.
Et: 278 007, Bo'Bo', Talbot 1925, Typ Bernau (Gerätezug Frf), seit 1993 Htw, ex 478 005 / ET 169 017b / 3055 / 2133, mit EB 278 008, abg.

Weitere Fahrzeuge der S-Bahn Berlin GmbH:
Et: 2303, Bo'Bo', O&K 1928, Typ Stadtbahn, seit 1987 Htw (ex 275 659 / 165 155 / 3225 / 2302), mit ES 5447, btf.
Et: Panoramazug aus ET 488 001 (Bj. 1944/99), EB 888 001 (1958/99) und ET 488 501 (1944/99), btf.

Am 22.4.2000 stand der historische S-Bahn-Zug 475 005 / 475 605 im Dienst des Osterhasen, hier beim Verlassen von Berlin-Grünau.   *Foto: Ludger Kenning*

Historische U-Bahn Berlin

Eine 1982 bei der U-Bahn des Volkseigenen Kombinats Berliner Verkehrsbetriebe gebildete Arbeitsgruppe beteiligte sich 1987 erstmals an einer Ausstellung und sammelte danach gezielt historisch wertvolle Wagen. Auch in West-Berlin retteten Mitarbeiter der Verkehrsbetriebe U-Bahn-Exponate. Sie verhinderten den Abriß des Einreihenhebelstellwerks Olympia-Stadion und die Verschrottung vieler Züge auslaufender Zugtypen, organisierten Sonderfahrten und stellten historische Zuggarnituren als Verkehrsreserve des Senats ab. Nach der Wende schlossen sich die Arbeitsgruppen beider Verkehrsbetriebe zusammen, organisierten Veranstaltungen, gründeten 1996 den Arge Berliner U-Bahn e.V. (AGU) und eröffneten 1997 im Museumsstellwerk am Olympia-Stadion das U-Bahnmuseum.
Geöffnet: U-Bahnmuseum am Olympia-Stadion am 2. Samstag des Monats (10.30-15.30 Uhr, außer Juli und August)
Termine: 17.4. („Große Runde" mit vier B2-Wagen), 20.6. („Die Überführung" mit drei A1-Wagen), 29.8. („Lange Nacht der Museen" mit vier A2-Wagen) und 12.12.2004 (Sonderfahrt mit vier E-III-Wagen auf der U5)
Info: Arbeitsgemeinschaft Berliner U-Bahn e.V., Klaus Siepert, Riemeisterstr. 83, 14169 Berlin, Tel. 030 8133227, info@ag-berliner-u-bahn.de
Internet: www.ag-berliner-u-bahn.de
Historische U-Bahn-Züge (1.435 mm):
Et: Einzelwagen der Hochbahngesellschaft vor 1914: Tw 86 (Falkenried 1908)
Et: Einzelwagen der Hochbahngesellschaft vor 1914: Tw 212 (MAN 1913), Bauart A1 Kleinprofil
Et: Dreiwagenzug der BVG der 30er Jahre: Tw 262 (Fuchs 1925) + Tw 294 (v.d.Zypen 1926) + Bw 722 (Credé 1924), Bauart A1 Kleinprofil
Et: Zweiwagenzug der BVG West der 60er Jahre: Tw 7 (Bautzen 1926) + Bw 737 (Credé 1925), Bauart A1 Kleinprofil
Et: Vierwagenzug „Amanullah" der BVG: Tw 377 (MAN 1928) + Tw 404 (Wismar 1929) + Bw 836 (Niesky 1928) + Bw 848 (Niesky 1928), im Anlieferungszustand, Bauart A2 Kleinprofil
Et: Dreiwagenzug der Nordsüdbahngesellschaft der 20er Jahre: Tw 26 (Bautzen 1924) + Tw 66 (MAN 1925) + Bw 320 (MAN 1924), Bauart B1 Großprofil
Et: Vierwagenzug der BVG West der 60er Jahre: Tw 113 (Dessau 1927) + Tw 131 (Bautzen 1928) + Bw 299 (Bautzen 1927) + Bw 258 (Bautzen 1927), Bauart B2 Großprofil
Et: BVG-Zweiwagenzug der 30er Jahre: Tw 1316 (Dessau 1929) + Tw 1338 (O&K 1929), Bauart C2 Großprofil
Et: Vierwagenzug der 60er/80er Jahre: Tw 1804 + Bw 1805 (jeweils Raw Schöneweide 1962, BVG Ost) + Tw 1816 + Bw 1817 (jeweils Schöneweide 1963, BVB)
Et: BVG-Vierwagenzug der 90er Jahre: Tw 1914 + Tw 1916 + Bw 1915 + Bw 1917 (jeweils Raw Schöneweide 1986), Bauart E III Großprofil

Historische Straßenbahnen im Denkmalpflegeverein Nahverkehr Berlin (DVN)

Ab 1967 bemühten sich einige Nahverkehrsfreunde um die Bewahrung alter Straßenbahnwagen der BVG (Ost). Zwar scheiterte ihr Vorhaben einer Museumslinie, doch konnten sie viele Wagen retten und restaurieren. Als Werkstatt und Unterstellplatz übernahmen sie die Wagenhalle Schmöckwitz, doch stehen die meisten der mittlerweile 50 Fahrzeuge in Niederschönhausen. Die Arbeitsgruppe Straßenbahnen – einst eine AG im DMV der DDR – bildet die größte Gruppe im 1990 gegründeten DVN. Unter diesem Dach sind auch die Arbeitsgruppen Omnibus, Obus und Potsdam (Straßenbahn) vereint. Weitere historische Schienenfahrzeuge der Berliner Straßen-, U- und S-Bahn befinden sich in der Monumentenhalle des DTM.
Termine: 25.4., 30.5., 20.6., 18.7., 19.9., 10.10. und 7.11.2004 (Stadtrundfahrten auf verschiedenen Strecken)
Info: DVN BVG-Betriebshof, Nalepastr. 215-225, 12459 Berlin, Tel./Fax 030 25633880

Zwischen Grünau und Schmöckwitz bot der DVN am 22.4.2000 Pendelfahrten mit historischen Straßenbahnzügen an. Die Aufnahme des von Hartmut Gröschke geführten Tw 5984 entstand nahe der Haltestelle Schappachstraße.   Foto: Ludger Kenning

Vermietung: Berliner Verkehrsbetriebe (BVG), Tel. 030 25630-246 und -258
Wagenbesichtigung: Samstags in Niederschönhausen (Blankenfelder Str. 1-7) sowie in den ungeraden Kalenderwochen (außer April-Oktober) ebenfalls samstags in Schmöckwitz
Internet: www.dvn-berlin.de
Triebwagen (1.435 mm):
Et: 10, Bo, Herbrand 1903, 2 x 37 kW, seit 1968 Htw, ex A277, urspr. Straßenbahn Cöpenick (10), btf.
Et: 14, Bo, O&K 1926, 2 x 34 kW, seit 1978 Htw, ex Woltersdorf (Tw 10 / 6 / BVG 4362 / FB 14), urspr. Flachbahn der Hoch- und Untergrundbahnen, abg.
Et: 39, Bo, v.d.Zypen 1912, seit 1966 Htw, ex F3 bzw. 4113, urspr. Berliner Ostbahnen, abg.
Et: 68, (A1)'(1A)', Falkenried 1910, 2 x 43 kW, seit 1973 Htw, ex 5366, urspr. Straßenbahn der Stadt Berlin bzw. Berliner Straßenbahn, abg.
Et: 2990, (A1)'(1A)', Herbrand 1910, 2 x 45 kW, seit 1981 Htw, ex 5279, urspr. Große Berliner Straßenbahn, abg. (mit Bw 808)
Et: 3012, Bo, Raw Schöneweide 1969, 2 x 60 kW, seit 1996 Htw, ex 3012, 223 012 bzw. 5137, ex BVG (Ost), abg. (mit Bw 3701 und 3711)
Et: 3110, Bo, NAG Oberschöneweide (Umbau) 1899/1923, 73 kW, seit 1973 Htw, ex A 118, urspr. Berliner Straßenbahn, abg. (mit Bw 1420)
Et: 3337, Bo, Görlitz 1927, 2 x 40 kW, seit 1981 Htw, ex 721 009, A 10 bzw. 3337, urspr. Berliner Verkehrs-AG, abg.
Et: 3344, Bo, Görlitz 1929, 2 x 46 kW, seit 1967 Htw, ex 3344, urspr. Berliner Verkehrs-AG, abg.
Et: 3493, Bo, Lindner 1927/29, Umbau 1936-38 und 1950-52, 2 x 40 kW, seit 1985 Htw, ex 721 002, A2 bzw. 3493, ex BVG (Ost), abg.
Et: 3802, Bo, Schöndorff 1927/29, Umbau 1934-36, 2 x 40 kW, seit 1980 Htw, ex 721 008, A 8 bzw. 3802, ex BVG (Ost), btf.

Et: 5256, (A1)'(1A)', Gotha 1912, 2 x 45 kW, seit 1978 Htw, urspr. Berliner Verkehrs-AG, abg.
Et: 4305, Bo, Falkenried 1921, 2 x 37 kW, seit 1980 Htw, ex Strausberg (8), urspr. Berliner Straßenbahn-Betriebs-GmbH (4305), abg.
Et: 5274, (A1)'(1A)', Falkenried 1907/12, 2 x 45 kW, seit 1973 Htw, ex BVG (Ost), abg.
Et: 5984, Bo, Bj. 1925, Umbau 1950, 2 x 60 kW, seit 1966 Htw, ex BVG-West, btf. (mit Bw 339, i.A.)
Et: 6211, Bo'Bo', Niesky 1929, Umbau 1938/52, 2 x 47 kW, seit 1967 Htw, ex BVG-West, abg.
Et: 7000, B'B', Vereinigte Werkstätten Wittenau 1952, 4 x 45,5 kW, seit 1967 Htw, ex BVG (West), abg. (mit Bw 2000)
Et: 217 055, Bo, Raw Schöneweide 1961, 2 x 60 kW, seit 1996 Htw, ex 217 055 bzw. 3065, ex BVG (Ost), btf. (mit Bw 267 116 und 427)
Et: 218 001, Bo'Bo', Ammendorf/Gotha 1958, 4 x 55 kW, seit 1990 Htw, ex 218 001 bzw. 8002, ex BVG (Ost), abg.
Et: 218 025, Bo'Bo', Gotha 1963, 4 x 55 kW, seit 1996 Htw, ex 218 055 bzw. 8026, ex BVG (Ost), abg. (mit Bw 268 058)
Et: 219 481, Bo'Bo', CKD Praha 1985, 4 x 40 kW, seit 1998 Htw, ex BVG (Ost), btf.
Et: 219 482, Bo'Bo', CKD Praha 1985, 4 x 40 kW, seit 1998 Htw, ex BVG (Ost), btf.
Nf: A 180, Bo, LOWA Berlin-Johannisthal 1952, 4 x 40 kW, Arbeitswagen, seit 1982 Htw, abg.
Nf: 729 005, Bo, LOWA Berlin-Johannisthal 1953, 2 x 43 kW, Schleifwagen, seit 1988 Htw, abg.

Straßenbahn Potsdam

Nach dem Ausscheiden der letzten Gothaer Straßenbahnwagen in Potsdam und dem Zugang von Berliner KT4D-Wagen (1990) blieben beim Verkehrsbetrieb in Potsdam (ViP) zunächst ein Dreiwagenzug und ein Gelenktriebwagen erhalten. Die Waggonbau Bautzen GmbH setzte 1992 die Bw 214 und 218 sowie 1996 den Tw 109 instand. Der erste Einsatz erfolgte 1997 durch die IG Historische Straßenbahnen Potsdam, die heutige Arbeitsgruppe Potsdam im DVN Berlin. 1998 komplettierten die ViP die Flotte mit der Aufarbeitung des Tw 177. Seit 2001 gehört der KT4D-Prototyp Tw 001 nach der vom DVN begleiteten Rekonstruktion ebenfalls zur historischen Flotte des ViP.
Termine: September („25 Jahre Wohngebiet Waldstadt II")
Info: Verkehrsbetrieb in Potsdam, Fritz-Zubeil-Str. 96, 14482 Potsdam, Tel. 0331 6614-275

Nach dem Ausscheiden der letzten Gothaer Straßenbahnwagen in Potsdam blieben beim ViP neben einem Dreiwagenzug auch der Gelenkzug Tw 177 erhalten (Hauptpost, 22.4.2000). Foto: Ludger Kenning

Fotohalt mit dem Lowa-Triebwagen 42 am Südtor des Brandenburger Stahlwerks (6.7.2002). *Foto: Ludger Kenning*

Oder: DVN – AG Potsdam, Karsten Müller, Falkenhorst 32, 14478 Potsdam, Tel./Fax 0331 8710591, ag-potsdam@dvn-berlin.de
Internet: www.vip-potsdam.de und www.dvn-berlin.de
Triebwagen (1.435 mm):
Et: 001, Bo'2', CKD/CKD 1972, 4 x 40 kW, KT4D, seit 2001 Htw, btf.
Et: 109, Bo, Gotha/LEW 1965, 2 x 60 kW, seit 1990 Htw, bis 1974 Karl-Marx-Stadt (820), btf., mit Bw 214 und 218 (Gotha 1969 bzw. 1965, bis 1974 Karl-Marx-Stadt 964 und 935)
Et: 177, Bo'Bo', Gotha/LEW 1967, 2 x 60 kW, G4-65 Gelenkwagen, seit 1990 Htw

Straßenbahn Brandenburg an der Havel

Im Hinblick auf ihr 90-jähriges Bestehen restaurierten die Brandenburger Verkehrsbetriebe im Jahr 1987 den Tw 30. Zehn Jahre später, als man „100 Jahre Straßenbahn" feierte, wurde 1997 im Btf Kanalstraße das Straßenbahnmuseum eröffnet, das donnerstags (10-18 Uhr) besichtigt werden kann.
Info: Verkehrsbetriebe Brandenburg a.d. Havel, Upstallstr. 18, 14772 Brandenburg, Tel. 03381 534-0, Fax -101, info@vbbr.de
Internet: www.vbbr.de
Triebwagen (1.000 mm):
Et: 30, Bo, Lindner/Bergmann 1912, 2 x 30 kW, 1986 ex Atw, zuvor Tw 191 bzw. Tw 30, btf.
Et: 42, Bo, Werdau/LEW 1954, 2 x 60 kW, 1994 ex Atw 304 (zuvor Tw 102 / 3 / 42), mit Bw 74 (Gotha 1954), btf.

Industriemuseum Brandenburg an der Havel

Vom Stahlwerk Brandenburg ist lediglich ein Teil einer alten Halle samt Kranbahnen, Öfen und Gleisanlagen übrig geblieben, und zwar im Zustand der Werksschließung. In dem 4.900 m^2 großen Trakt eröffnete der 1994 gegründete Förderverein Stahlmuseum Brandenburg an der Havel e.V. im Jahr 2000 ein Industriemuseum, um die Geschichte des Werkes und der Brandenburger Industrie darzustellen. Zwei Lokomotiven erinnern an die umfangreiche, teils in 750 mm Spurweite angelegte Werksbahn.

Geöffnet: Dienstags bis sonntags (10-17 Uhr), November bis Februar nur bis 16 Uhr
Info: Industriemuseum Brandenburg, August-Sonntag-Str. 5, 14770 Brandenburg, Tel. 03381 3046-46, Fax -48, info@industriemuseum-brandenburg.de
Internet: www.industriemuseum-brandenburg.de
Lokomotiven:
Vl: 38, C-dm, LKM 250596/1975, 102 PS, V10C, 750 mm, ex Stahl- und Walzwerk Brandenburg
Vl: 610, D-dh, LEW 11024/1965, 650 PS, 1.435 mm, ex Stahl- und Walzwerk Brandenburg

Ziesar-Bücknitzer Eisenbahn (ZBE), Museumsbahnhof Görzke

Für den Erhalt des Abschnitts Ziesar – Rogäsen der von 1901 bis 1974 betriebenen Strecke Wusterwitz – Ziesar – Görzke wurde die Ziesar-Bücknitzer Eisenbahn gegründet, die 2003 nach der Ausschreibung des Abschnitts Görzke – Ziesar – Rogäsen von der DB AG den Zuschlag erhielt. Bei den ersten Fahrten im Sommer 2003 kam die Deutz-Lok mit einem österreichischen Spantenwagen zum Einsatz, doch dann gab es Probleme bei der Streckenübereignung. Solange die Verhandlungen andauern, stehen die Fahrzeuge in Bücknitz, wo die ZBE ein Werksgleis von 1,5 km Länge angepachtet hat. Im Mai 2003 demontierte sie die Überreste der Strecke Ziesar – Görzke. Dieter Goldbach kaufte den Endbahnhof zusammen mit 100 m Gleis, richtete den Museumsbahnhof Görzke ein und stellt hier eine Sammlung von Eisenbahnrequisiten aus.
Info: Ziesar-Bücknitzer Eisenbahn e.V., Postfach 1139, 14793 Ziesar, Tel. 039225 633-66, Fax -65, bahnstrecke@aol.com
Bahnhof Görzke: Dieter Goldbach, Am Weinberg 17, 14828 Görzke, Tel. 033847 40245
Internet: www.ziesar-buecknitzer-eisenbahn.de
Triebfahrzeuge (1.435 mm):
Vl: B-dh, Deutz 55862/1954, 50 PS, A4L 514R, 2002 ex Railtrading Hamburg, btf. (in Bücknitz hinterstellt)
Vl: B-dm, LKM 252096/1960, 100 PS, V10B, Eigentum Goldbach, 2003 ex ZBE, zuvor Brandenburger Boden GmbH (Buckau), bis 1995 Treuhand, bis 1992 Munitionsdepot Buckau der Sowjetarmee, jetzt Denkmal in Görzke
Vt: VT 09, AA-dh, Auwärter 1963, 2 x 140 PS, 2003 ex ESG Rudersberg, bis 1999 WEG-Strecke Ebingen – Onstmettingen (VT 09), btf. (mit VB 111, ex WEG)
Nf: Skl 51 9191, Baujahr 1964, 2003 ex DB Haltingen (Klv 51-9191), abg.

Eisenbahnfreunde Hoher Fläming-Belzig

Vier Eisenbahnfreunde, die ab 1994 in Belzig zwei Kleinlokomotiven restaurierten, gründeten den Eisenbahnfreunde Hoher Fläming-Belzig e.V., um Lokomotiven zu erhalten und Sonderfahrten auf den Strecken von Belzig nach Brandenburg und Niemegk zu veranstalten. Ein vom Verein aufgearbeiteter Reisezug aus vier Bag-Wagen, wie sie bis 1990 bei der DR weit verbreitet waren, sind in Chemnitz-Hilbersdorf für Sonderfahrten stationiert.
Info: Eisenbahnfreunde Hoher Fläming e.V., Am Bahnhof 11, 14806 Belzig, Tel. 033841 42738 und 0172 3248748 (Nörenberg), bild.und.ton.belzig@t-online.de
Lokomotiven (1.435 mm):
Vl: 110 228, B'B'dh, LEW 12510/1970, 900 PS, 1995 ex DB/DR (201 228 / 110 228), btf.
Vl: 130 012, Co'Co', Lugansk 0012/1971, 3.000 PS, 1995 ex DB/DR (230 012 / 130 012), abg.
Vl: 106 067, D-dh, LKM 270067/1962, 650 PS, V60D, 1995 ex DB/DR (346 067 / 106 067 / V 60 1067), btf.
Vl: 100 735, B-dm, O&K 20979/1938, 90 PS, Kö II, 1995 ex DB/DR (310 735 / 100 735 / bis 1951 Kb 4934), btf.
Vl: 100 744, B-dm, Henschel/SSW 22445/1935, 90 PS, Kö II, 1995 ex DB/DR (310 744 / 100 744 / Köe 4744), btf.
Nf: Skl 3916, B-dm, Schöneweide, 1994 ex DB Belzig (Kl 3916), btf.

Lineks Garten-Feldbahn (LGFB), Jüterbog

1995 begann im Garten der Familie Linek in Jüterbog der Bau der 1998 eröffneten LGFB, die aus 300 m Strecke und drei Haltepunkten besteht. Neben zwei Dieselloks (LKM N21b, Baujahr 1955 bzw. 1957, 600 mm) sind vier Eigenbau-Personenwagen, ein Schienenfahrrad, eine Biegelore und zwölf Unterwagen vorhanden.
Info: Jürgen Linek, Luckenwalder Str. 43, 14913 Jüterbog, Tel. 03372 400039, lineksgartenfeldbahn@gmx.de
Internet: www.lgfb.de.vu

Erlebnisbahn Zossen – Sperenberg

Im November 2003 pachtete die Ziesar-Bücknitzer Eisenbahn (ZBE) von der Erlebnisbahn GmbH für zehn Jahre die Strecke Zossen – Jüterbog. Zwischen Zossen und Sperenberg (10 km), wo auch Ausflüge mit Fahrraddraisinen angeboten werden, nimmt die ZBE im Mai 2004 mit einer Diesellok V22B und zwei per Generator gespeisten Triebwagen der Berliner S-Bahn als Wendezug den Betrieb auf. An den sechs Fahrtagen kann man per Draisine nach Jüterbog weiterfahren. Für die Vermarktung und den Draisinenbetrieb ist die Erlebnisbahn GmbH zuständig.
Info: Erlebnisbahn GmbH, Am Bahnhof Mellensee 3, 15838 Mellensee, Tel. 03377 33008-50, Fax -60, info@erlebnisbahn.de
Internet: www.ziesar-buecknitzer-eisenbahn.de oder www.erlebnisbahn.de
Triebfahrzeuge (1.435 mm):
Vl: B-dh, LKM, V22B, 2003 ex Hochwaldbahn Hermeskeil, bis 2003 RWE Umwelt, zuvor Tagebau Espenhain, btf.
Et: Viertelzüge 477/877 603 und 477/877 085 („Paradies-Zug"), Baujahr 1936 bzw. 1934, 2003 ex S-Bahn Berlin GmbH, btf.
Nf: Skl 25, Baujahr 1979, Bauart Schöneweide, 2003 ex DB AG

Bahnhöfe Burg und Goyatz der Spreewaldbahn

1991 begannen die Eheleute Motzek mit dem Aufbau eines „Erlebnisbahnhofs" in Erinnerung an die meterspurige Spreewaldbahn. Sie sammelten und restaurierten einige Waggons, die Gemeinde Burg sanierte das Empfangsgebäude und im August 1995 wurde der Spreewaldbahnhof Burg als Gasthaus eröffnet. Im Außenbereich stehen u. a. die Personenwagen 901-207 (Werdau 1908), 900-223 (Werdau 1924), 901-205 und 901-201 (je Breslau 1897), der kombinierte Wagen 99-52-02 (Bj. 1897), die Güterwagen 99-52-02, 99-52-03 und 99-52-55 (je Breslau 1897) sowie der Schneepflug 99-51-53 (Bj. 1900). Die Schauanlage ist von März bis Oktober durchgehend geöffnet. Beim restaurierten und zum Heimatmuseum ausgestalteten Bahnhof Goyatz ist dagegen der Packwagen 904-002 (Bj. 1904) der Spreewaldbahn zu sehen, während auf dem unzugänglichen Gelände des früheren Bw Straupitz einige ehemalige Öchsle-Fahrzeuge untergebracht sind.
Info: Restaurant Motzek, Am Bahnhof 1, 03096 Burg, Tel. 035603 842, Fax 61766

Spreewaldmuseum Lübbenau

Die Spreewaldbahn führte zwar nicht durch Lübbenau, doch befindet sich dort seit 1975 ein kleines Eisenbahnmuseum, in dem neben der 99 5703 auch der Post-/Personenwagen 903-201 (Werdau 1897) ausgestellt ist.
Info: Spreewaldmuseum, Topfmarkt 12, 03222 Lübbenau, Tel. 03542 2472, Fax 403425
Internet: www.spreewald-web.de
Dampflok (1.000 mm): 99 5703, Cn2t, Hohenzollern 940/1897, bis 1970 DR (99 5703), bis 1950 Landesverkehrsamt Brandenburg (09-22), bis 1946 Spreewaldbahn (3), bis 1924 Lübben-Cottbuser Kreisbahn („Lübben")

Der 1984 von Görlitz nach Cottbus umgesetzte Tw 24 präsentiert sich etwa wieder im Ursprungszustand. Am 12.7.2002 stand er fotogerecht im alten Betriebshof Berliner Straße. Foto: Ludger Kenning

Straßenbahn Cottbus

Weil in Cottbus ab 1971 keine Vorkriegswagen mehr vorhanden waren, übernahm man aus Görlitz einen Arbeitswagen und baute ihn weitgehend in den Ursprungszustand als Tw 24 zurück. 1988 wurde er durch den restaurierten Bw 13 (MAN 1928, 1986 ex Bad Schandau) ergänzt und seit 1993 steht ein Gothaer Triebwagen für Sondereinsätze bereit. Untergebracht sind die Fahrzeuge in der alten Wagenhalle an der Berliner Straße und im neuen Betriebshof Neu Schmellwitz.
Info: Cottbusverkehr GmbH, Walther-Rathenau-Str. 38, 03044 Cottbus, Tel. 0355 86620, Fax 22841, cbv@cottbusverkehr.de
Internet: www.cottbusverkehr.de
Triebwagen (1.000 mm):
Et: 24, Bo, Görlitz/AEG 1928, 2 x 33,5 kW, seit 1986 Htw, 1984 ex Görlitz (Atw 105 / Tw 24), btf. (mit Bw 13, MAN 1928, 1986 ex Bad Schandau)
Et: 62, Bo, Gotha/LEW 1965, 2 x 60 kW, T2ER, seit 1993 Htw, zuvor Tw 162 bzw. bis 1990 Tw 62, btf.

Lausitzer Dampflok-Club (LDC), Cottbus

1991 erwarben zehn Dampflokfreunde die 44 2225 und gründeten den Lausitzer Dampflok-Club e.V. (LDC), der sich die Pflege von Eisenbahntraditionen, die Unterhaltung historischer Fahrzeuge und die Organisation von Sonderfahrten und Ausstellungen vorgenommen hat. Sein Schmuckstück ist die reaktivierte 03 204. Ferner sind u. a. sechs Bghw-Reisezug-, ein Bghw-Dienst- und ein Wgr-Buffetwagen vorhanden.
Termine: 17.4. (nach Eisenhüttenstadt), 1.5. (nach Wolsztyn), 22.5. (nach Dresden), 12.6. (nach Berlin – Stettin), 10.7. (nach Görlitz – Bad Schandau), 7.8. (nach Warnemünde), 21.8. (nach Binz), 11.9. (nach Breslau), 25.9. (nach Meißen), 16.10. (nach Wernigerode), 6.11. (zum MVT Berlin) und 11.12.2004 (nach Dresden)

Info: Lausitzer Dampflok-Club e.V., Am Stellwerk 552, 03185 Teichland-Neuendorf, Tel. 035601 56254, Fax 88736, Reservierung unter Tel. 0355 3817-645, Fax -644, info@lausitzerdampflokclub.de oder FELD-Cottbus@t-online.de
Internet: www.lausitzerdampflokclub.de
Lokomotiven (1.435 mm):
Dl: 03 204, 2`C1'h2, Borsig 14577/1936, 1992 ex Denkmal Cottbus, bis 1977 DR (03 2204 / 03 204), btf.
Dl: 35 1019, 1'C1'h2, LKM 123019/1958, 1998 ex Denkmal Hoyerswerda, zuvor DR (35 1019 / 23 1019), btf.
Dl: 44 225, 1'Eh3, BMAG 11279/1939, 1991 ex DR (44 2225 / 44 0225 / 44 225), abg.
Vl: V 60 001, LEW 12362/1969, 2002 ex EKO Eisenhüttenstadt (34), btf.
Vl: Kö 0210, B-dm, Gmeinder 1259/1936, 50 PS, ex DR (100 010 / Kö 0210), abg.
Vl: Kö 5046, B-dm, Lilpop 1937, 1995 ex DB/DR (310 846 / 100 846), bis 1939 PKP, abg.

Parkeisenbahn Cottbus

Die 1954 zwischen dem Elias- und dem Tierpark eröffnete Pioniereisenbahn (PiEi) wurde 1958 bis zum Bahnhof Friedenseiche Branitz verlängert. Zur Bundesgartenschau 1995 entstanden eine 700 m lange Strecke vom Eliaspark zum neuen Hauptbahnhof und ein neues Betriebswerk. Auf der 3,6 km langen Strecke läuft im Pyramiden-Express ein Salonwagen (Bj. 1895, ex MPSB 10) mit, der am Wochenende ab 13 Uhr bewirtschaftet ist.
Fahrbetrieb: Täglich von Mai bis August (10-18 Uhr), am 5./6.6.2004 mit Dampflok von M. Werner (Löbau)
Info: Parkbahn-Verein, Am Eliaspark 1, 03042 Cottbus, Tel. 0355 756170, Fax 7542643
Internet: www.parkeisenbahn-verein.de
Lokomotiven (600 mm):
Dl: 01, Dn2t, Linke-Hofmann 1739/1918, Brigadelok, 1954 ex Braunkohlengrube „Frieden" Weißwasser (138), bis 1948 Polen, Litauen oder Lettland(?), urspr. Heeresfeldbahn / Eisenbahnersatzpark (HFB 2257), btf.
Dl: 04 „Graf Arnim", Cn2, Krauss 3311/1895, 1969 ex DR Muskau (99 3301), urspr. Tenderlok 3311 „Graf Arnim" der Gräflich von Arnimschen Kleinbahn bzw. Waldeisenbahn Muskau (WEM), seit 1930 mit Schlepptender, btf.
Vl: 199-02, B-dm, Henschel D1056/1934, 40 PS, DG 26, 1962 ex (gescheitertes) Pionierbahnprojekt Dessau, zuvor Waldeisenbahn Muskau, bis 1951 MPSB-Kiesgrube Heinrichshok bei Friedland (25), btf.
Vl: 199-03, 1'B-dm, LKM 248448/1956 (Umbau Raw Stendal 1958), 60 PS, Ns2f, 1972 ex Pioniereisenbahn Berlin (V 04 002), btf.
Vl: 199-05, B-dm, LKM 248668/1958, 26 PS, Ns2f, 1995 ex Waldeisenbahn Muskau e.V., bis 1994 Tontagebau Teicha der Feuerfestwerke Rietschen, btf.
Vt: 299 010 / 299 011 „Parkbahn-ICE", bestehend aus zwei Triebköpfen (jeweils B-dm, Bücking 1966, 90 PS, Umbau 1994/95 in HW Schwarze Pumpe der LAUBAG) und bis zu drei Zwischenwagen (DB-Werk Cottbus), 1992 ex Gruga-Park Essen (299 011 ex „Fleißiges Lieschen", 299 010 ex „Zornige Ameise"), btf.

Privatfeldbahn „Ferienbahn Guben", Groß Drewitz

In Groß Drewitz bei Guben besteht auf einem Gartengrundstück eine Feldbahn mit zwei Spurweiten. Zur Hauptbahn (600 mm) gehören 350 m Gleis, zwölf Weichen, eine DKW, eine Drehscheibe, der Bahnhof Guben, der Haltepunkt Sportplatz, ein dreigleisiger Lokschuppen, sieben Güterwagen, sechs Sitz- und 23 Kipploren. Die Nebenbahn (500 mm) umfaßt 250 m Gleis, sechs Weichen, eine Wendeschleife mit dem Haltepunkt Obstgarten, acht Güterwagen, drei Sitz- und zehn Kipploren. Etwa 4 km hiervon entfernt baut der Förderverein Lutzketal an der Erlebnisgaststätte Wagenburg eine Feldbahn auf.
Fahrbetrieb: 10.4., 20.5., 29.5., 12.6. und 21.8.2004 sowie nach Absprache
Info: Peter Rassmann, Henzendorfer Weg 1, 03172 Groß Drewitz, Tel. 035693 233, chrisie-hasie@t-online.de

Die „Ferienbahn Guben" in Groß Drewitz (zwischen Cottbus und Guben) ist eine Privatfeldbahn mit zwei Spurweiten. Am 26.8.2000 fuhr Peter Rassmann mit einer Deutz-Lok und einem Güterzug in den „Hauptbahnhof" ein.   Foto: Ludger Kenning

Lokomotiven:
- Vl: B-dm, LKM 247480/1957, 26 PS, Ns1, 600 mm, 2000 ex Berliner Parkeisenbahn („Brunhilde"), bis 1991 Eisengießerei „Hans Ammon" Britz-Eberswalde (706), btf.
- Vl: B-dm, LKM 247210/1955, 10 PS, Ns1, 600 mm, 1996 ex „Waldeisenbahn Kyritz" (dort 500 mm), bis 1988 Ziegelwerke Zehdenick, i.A.
- Vl: B-dm, LKM 260061/1958, 10 PS, Ns1b, 500 mm, 1999 ex Südhumus Hartmannsdorf/Reitzenhain, btf.
- Vl: B-dm, LKM 260160/1960, 10 PS, Ns1b, 500 mm, 1999 ex Südhumus Hartmannsdorf/Reitzenhain (2), motorlos abg.
- Vl: B-dm, LKM 260190/1960, 10 PS, Ns1b, 500 mm, 1999 ex Südhumus Hartmannsdorf/Reitzenhain, btf.
- Vl: B-dm, LKM 17122/1950, 30 PS, Ns2, 600 mm, ex EKO Eisenhüttenstadt, i.A.
- Vl: Grete, B-dm, LKM 248635/1955, 36 PS, Ns2f, 600 mm, 1995 ex Niederlausitzer Museumsbahn (Finsterwalde), zuvor Holzverarbeitung Rückersdorf, btf.
- Vl: B-dm, Deutz 22769/1938, 30 PS, OME 117F, 600 mm, 1992 ex Silikatwerk Brandis, btf.
- Vl: B-dm, Deutz 33534/1940, 30 PS, OME 117F, 600 mm, 1992 ex Silikatwerk Brandis, btf.
- Vl: B-dm, Unio, 45 PS, LDI 45, 600 mm, Eigentum Förderverein, ex EKO Eisenhüttenstadt, abg.
- Vl: B-dm, Unio, 45 PS, LDI 45, 600 mm, Eigentum Förderverein, 1995 ex Holzverarbeitung Rückersdorf, abg.

Niederlausitzer Museumseisenbahn, Kleinbahren

Mitglieder der Modellbahn- und Draisinenfreunde Doberlug-Kirchhain und des Modellbahnclubs Finsterwalde riefen 1995 den Niederlausitzer Museumseisenbahn e.V. ins Leben. Nach dem Kauf der Strecke Finsterwalde (Frankenaer Weg) – Crinitz im Jahr 1997 und des früheren Bw Finsterwalde (1999) arbeitete der Verein die Trasse und einige Fahrzeuge auf. Sehenswert ist u. a. eine 1900 von Rathgeber in München gebaute Handhebeldraisine. Der Gast kann die Strecke auch per Draisine erfahren. Hierfür stehen eine Motor-, eine Trabant-, zwei Handhebel- und eine Fahrraddraisine bereit.
Fahrbetrieb: 2.5., 6.6., 4.7., 1.8., 5.9. und 3.10.2004 (jeweils Kleinbahren 9.25 – Finsterwalde 9.55/10.00 – Crinitz 11.05/10 – Finsterwalde 12.25/30 – Crinitz 13.35/40 – Finsterwalde 14.55/15.00 – Crinitz 16.05/10 – Finsterwalde 17.25/30 – Kleinbahren 18.00 Uhr)

Info: Niederlausitzer Museumseisenbahn, Holsteiner Str. 37, 03238 Finsterwalde, Tel./Fax 03531 63245, nlme@gmx.de
Internet: www.niederlausitzer-museumseisenbahn.de
Triebfahrzeuge (1.435 mm):
Vl: 1, B-dm, LKM 251099/1956, 90 PS, N4B, 1995 ex Betonwerk Finsterwalde des Wohnungsbaukombinats Cottbus, btf.
Vl: 2, B-dm, Jung 5673/1935, 80 PS, NDR 130 / Kö I, 1997 ex Keramikwerk Crinitz, bis 1976 DR (100 646 / Kö 4646), btf.
Vl: 3, B-dm, LKM 252389/1963, 100 PS, V10B, 1997 ex Märkische Kies- und Kalksandsteinwerke Henschel (Hennersdorf), zuvor NVA Hennersdorf (14), btf.
Vl: 4, B-dh, LKM 261417/1964, 180 PS, V18B, ex Baustoffwerke Doberlug-Kirchhain
Vl: B-dm, LKM 251151/1957, 150 PS, N4B, 1994 ex Gasbetonwerk Hennersdorf der Baustoffwerke Doberlug-Kirchhain (1), abg.
Vl: B-dm, LKM 252564/1972, 102 PS, V10B, 1995 ex FIMAG Finsterwalde, abg.
Dl: 5, C-fl, Raw Meiningen 03194/1988, FLC, ex Werk Lauchhammer der Möbelindustrie Mühlberg, bis 1994 Synthesewerk Schwarzheide (318), btf.
Vl: V 15 1017, B-dm, LKM 253018/1960, V15B, ex Raw Halle bzw. Gerätemeisterei für Elektrifizierung (Leipzig), zuvor Werklok Raw Dresden („Reinhard 12"), bis 1965 DR (V 15 1017)
Vt: 1, B-dm, Görlitz 411001/1959, Oberleitungsrevisionstriebwagen, 1996 ex DB/DR (188 005 / ORT 135 705), abg.
Nf: Skl 2 bis 5, B-dm, Gleisbau Brandenburg 1975-79, ex DR (Kl 3842, 3937, 3936, 4006), btf.
Nf: Skl 6, B-dm, Gleisbau Brandenburg 1987, 1998 ex DB (ex DR Kl 4227), btf.

Eisenbahnmuseum Falkenberg (Elster)

Zur Darstellung der Geschichte des Eisenbahnknotens Falkenberg gründete sich 1993 der Förderverein Brandenburgisches Eisenbahnmuseum Falkenberg/Elster e.V., der bereits 1994 das Museum eröffnete. Neben Schautafeln sind viele Utensilien aus der Dampflokzeit, dem Bahnbetrieb und dem Arbeitsleben der Eisenbahner zu sehen. Im Werk Falkenberg steht die 52 8063 als Denkmal.
Geöffnet: Dienstags bis donnerstags (10-14 Uhr) und nach Absprache
Info: Erhard Lehmann, Walther-Rathenau-Str. 8, 04895 Falkenberg, Tel. 035365 2427

Nauks Heckenwegbahn, Kölsa

Nach dem Erwerb von umfangreichem Feldbahnmaterial begann Steffen Nauk 1990 in Kölsa-Siedlung mit dem Aufbau einer Feldbahn. Inzwischen besitzt er eine kleine Werkstatt sowie zwei seit 2002 miteinander verbundene Streckenäste.
Info: Steffen Nauk, Heckenweg 10, 04895 Kölsa, Tel. 035365 34065, Fax 36611
Lokomotiven (600 mm):
Vl: 1, B-bm, O&K, 7,5 PS, Typ M, 1991 ex Straßenbau Voigt (Falkenberg/Elster), btf.
Vl: 2, B-dm, Gmeinder 3233/1940, 24 PS, 1991 ex Straßenbau Voigt (Falkenberg/Elster), urspr. Bischoff KG (Frankfurt/Main), btf.
Vl: B-dm, Gmeinder 1940, 12 PS, btf.
Vl: B-dm, CKD Praha 63-002/1963, 15 PS, BN 15, 1991 ex Ziegelei Gorenberg (Jessen/Elster) der Klinkerwerke Großräschen, abg.
Vl: B-dm, CKD Praha 5000249/1963, 52 PS, BN 30, 1994 ex Kalksandsteinwerk Falkenberg/Elster, ehem. 750 mm, btf.
Vl: B-dm, LKM 247365,1956, 24 PS, Ns1, 2002 ex privat (Haldensleben), bis 1992 Ziegelei Möckern, btf.
Vl: B-dm, LKM 260016/1958, Ns1b, 1993 ex Tongrube Ogrosen (060), abg.
Vl: B-dm, LKM 248643/1955, 30 PS, Ns2f, 1997 ex Werk Jessen-Gorenberg der Klinkerwerke Großräschen (602), abg.
Vl: B-dm, LKM 248714/1955, 30 PS, Ns2f, 1997 ex Werk Jessen der Klinkerwerke Großräschen (534), btf.
Vl: B-dm, LKM 248664/1955, 30 PS, Ns2f, 2004 ex privat (Meiningen), zuvor Werk Höngeda der Thüringer Ziegelwerke Erfurt (09)

Sachsen

Straßenbahnmuseum Leipzig-Möckern

Zwei 1924 ausgeschiedene Triebwagen waren die Keimzelle des Leipziger Straßenbahnmuseums, das eine vielfältige Sammlung von Wagen der Leipziger Elektrischen Straßenbahn (LESt), der Großen Leipziger Straßenbahn (GLSt), der Leipziger Außenbahn AG (LAAG) und der Leipziger Verkehrsbetriebe (LVB) enthält. Aus einer 1969 gebildeten DMV-Gruppe ging 1990 der Verein AG Historische Nahverkehrsmittel Leipzig e.V. hervor, der die Wagen betreut und restauriert. Den Kern des im Betriebshof Möckern (Georg-Schumann-Str. 244) eingerichteten Museums bilden 35 der insgesamt 44 historischen Fahrzeuge verschiedener Epochen.
Geöffnet: 16.5., 20.6., 18.7., 15.8. und 19.9.2004 sowie nach Absprache
Info: AG Historische Nahverkehrsmittel Leipzig e.V., Postfach 100550, 04005 Leipzig, Tel. 0721 151505839, info@strassenbahnmuseum.de
Internet: www.strassenbahnmuseum.de
Museumswagen (1.458 mm):
Pf: 95, Nachbau eines Pferdebahnwagens von 1884, entstanden 1972 aus dem Salzstreuwagen 5712 bzw. XVIII (GLSt-Eigenbau 1908), btf.
Et: 20, (A1)'(1A)', Bremen/AEG 1909, 2 x 34 kW, seit 1988 Htw, bis 1977 Tw 5097 / 1383 / 1397, urspr. LAAG (Tw 20), btf.
Et: 179, Bo, Herbrand/AEG 1900, 2 x 17 kW, Salonwagen, seit 1963 Htw, ab 1926 Reklame-Tw, ex GLSt (Tw 5083 / 5032 / 890 / 910), urspr. LESt (Tw 179), btf. (mit Bw 86, Königsberg 1896)
Et: 257, Bo, Weimar/AEG 1911, 2 x 26 kW, 1976 ex Eisenach (Tw 18 / 28), bis 1956 Erfurt (Tw 118), bis 1955 Leipzig (Tw 987), urspr. LESt (Tw 257), i.A. (mit Bw 305, Weimar 1911)
Et: 308, A1, Breslau/UEG 1896, 22 kW, seit 1924 Htw, ex Tw 5081 / 5006, urspr. GLSt (Tw 308), btf.
Et: 349, A1, Breslau/UEG 1897, 24 kW, bis 1987 privat (Markkleeberg), bis 1927 Tw 1022, urspr. GLSt (Tw 349), i.A.
Et: 500, Bo, GLSt/AEG/LEW 1906, 2 x 16 kW, seit 1971 Htw, 1968-69 in Rostock, zuvor Winterdienstwagen und Schneepflug, bis 1933 Tw 5154 / 1162, urspr. GLSt (Tw 500), btf. (mit Bw 183, GLSt 1907, i.A.)
Et: 506, Bo, GLSt/AEG 1907, 2 x 34 kW, 1982 ex Atw 5000 („Technisches Kabinett" bzw. Ausstellungswagen), bis 1960 Tw 1168, urspr. GLSt (Tw 506), abg.
Et: 809, Bo, GLSt/AEG 1913, 2 x 17 kW, seit 1983 Htw, bis 1966 Tw 5067 / 1267, urspr. GLSt (Tw 809), btf. (mit Bw 751, Lindner 1913)
Et: 981, Bo, Werdau/AEG/LEW 1913 (Umbau 1929), 2 x 34 kW, bis 1977 Tw 5098 / 5001 / 1981 / 981, urspr. LESt (Tw 279), abg., mit Bw 134 (Weimar 1913, i.A.) und 341 (Lindner 1912, i.A.)
Et: 1043, Bo'Bo', Bautzen/Sachsenwerk 1930, 4 x 45 kW, seit 1972 Htw, urspr. GLSt (Tw 1043), btf. (mit Bw 2012, Niesky 1928)
Et: 1206, Bo+2, Gotha/LEW 1967, 2 x 60 kW, seit 1996 Htw, ex Tw 5006 / 1206, btf.
Et: 1308, Bo'Bo', CKD 1975, 4 x 43 kW, seit 2003 Htw, 1998 ex Berlin 9320/ 219 320, bis 1984 Leipzig 1308, btf.
Et: 1376, Bo, Görlitz/AEG 1926, 2 x 34 kW, 1986 ex privat (Wiederitzsch), bis 1964 LVB (Niederflur-Bw 2001), urspr. GLSt, i.A. (mit Bw 2002, Görlitz 1926)
Et: 1378, A'1'1A', Falkenried/SSW 1909 (Umbau 1943), 2 x 55 kW, bis 1979 Tw 5096 / 1378, urspr. LAAG (Tw 1), abg.
Et: 1463, Bo, Bautzen/AEG 1925, 2 x 34 kW, seit 1987 Htw, zuvor Atw 5046, bis 1977 Tw 1411 / 1442 / 1548, urspr. GLSt (Tw 1463), i.A. (mit Bw 608, Werdau 1925, abg.)
Et: 1464, Bo, Dessau/LEW 1925 (Umbau 1972), 2 x 60 kW, seit 1995 Htw, bis 1987 Tw 1464 / 1446, urspr. GLSt (Tw 1565), btf.
Et: 1601, Bo, Werdau/LEW 1951, 2 x 60 kW, seit 1972 Htw, ex Tw 1301 / 1601, btf. (mit Bw 803, Werdau 1951)

134

Anläßlich der Jahrestagung der Arbeitsgemeinschaft Historischer Nahverkehr fand am 4.5.2003 ein Korso zwischen dem Straßenbahnmuseum Leipzig-Möckern und dem Völkerschlachtdenkmal statt (Tw 20 am Südfriedhof).   *Foto: Ludger Kenning*

Et: 1602, Bo'Bo', CKD 1969, 4 x 43 kW, seit 1996 Htw, ex 5002 / 1602, btf. (mit Bw 520, CKD 1969)
Et: 1623, Bo, Gotha/LEW 1960, 2 x 60 kW, Typ T57 E, seit 1998 Htw, ex Tw 5049 / 1323 / 1623, i.A. (mit Bw 887, Gotha 1959)
Et: 5060, Bo, LVB/AEG/LEW 1958, 2 x 60 kW, seit 2000 Htw, Turmwagen, btf.
Et: 5092, Bo, Raw Engelsdorf/LEW 1977, 120 kW, Schleifwagen, seit 1997 Htw, abg.

Stadtrundfahrten der Leipziger Verkehrsbetriebe

Stadtrundfahrten in offenen oder großfenstrigen Wagen haben in Leipzig eine lange Tradition. Jeden Samstag startet an der Westseite des Hauptbahnhofs um 11 und 14 Uhr der „Gläserne Leipziger" (Mai bis September zusätzlich sonntags 11 Uhr der „Offene Leipziger") zur „Großen Leipzig-Stadtrundfahrt mit Straßenbahn".
Info: Mobilitätszentrum am Hbf, Servicezentrum Karl-Liebknecht-Str. 8, Tel. 0341 4921748, www.lvb.de, info@lvb.de
Triebwagen (1.458 mm):
Et: 1332, Bo, Gotha/LEW 1959, 2 x 60 kW, „Historischer Leipziger", btf.
Et: 1600, Bo'Bo', CKD/LVB 1976/1996, 4 x 43 kW, „Offener Leipziger", btf.
Et: 1700, Bo'Bo', CKD/LFB 1984/2001, 4 x 43 kW, „Gläserner Leipziger", btf.
Et: 1800, Bo'Bo', CKD/LFB 1986/2001, 4 x 43 kW, „Gläserner Leipziger", btf.
Eb: 700, 2'2', CKD/LFB 1987/2001, „Gläserner Leipziger", btf.

Museumsfeldbahn Leipzig-Lindenau (MFLL)

1991 schien in Lindenau eine 135-jährige Feldbahngeschichte zu Ende zu gehen, doch konnte die IG Museumsfeldbahn die letzten Reste des einst umfangreichen Netzes, das dem Kanalbau und Kiesabbau gedient hatte, retten und 1992 auf einer 1,5 km langen Strecke einen Fahrbetrieb einrichten. 1997 war ein zweiter Lokschuppen mit

Werkstatt fertig und 1998 erhöhte sich die Gleislänge auf 2,2 km. Die Olympia-Bewerbung Leipzigs schwebt wie ein Damoklesschwert über dem Verein, denn im Bereich des Lindenauer Hafens und damit auch auf dem Feldbahngelände soll evtl. das olympische Dorf entstehen. Bis 2005 muß der Verein also noch um seinen historisch bedeutsamen Standort zittern.

Fahrtage: 10./11.4. (Osterfahrten), 2.5. (Oldtimerparty „50 Jahre Kiesbahnlok Ns1"), 14./15.8. (Wasserfest) und 12.9.2004 (Tag des offenen Denkmals), jeweils ab 10 Uhr im 10-Minuten-Takt

Info: Uwe Köhler, Wendelin-Hipler-Weg 16, 04249 Leipzig, Tel. 0341 4248084, feldbahnLL@aol.com

Internet: www.museumsfeldbahn.de

Lokomotiven (800 mm):

- Vl: 1, B-dm, LKM 249104/1954, 60 PS, Ns3i, 1992 ex Kiesbahn Lindenau (27), btf.
- Vl: 2, B-dm, LKM 249268/1960, 60 PS, Ns3d, 1992 ex Kiesbahn Lindenau, bis 1989 Stahlwerk Riesa (2), zuvor Feuerfestwerke Wetro (Sproiz), btf.
- Dl: 3, Bn2t, Hanomag 10664/1928, 80 PS, ehem. 830 mm, 1993 ex Denkmal Hanomag (Hannover-Linden), bis 1981 Schrotthändler in Vechta, bis 1970 Georgsmarienhütte (3), abg.
- Vl: 4, B-dm, LKM 249182/1956, 60 PS, Ns3i, ex Kiesbahn Lindenau (40), btf.
- Vl: 5, B-dm, LKM 249103/1954, 60 PS, Ns3, ex Kiesbahn Lindenau (26), btf.
- Vl: 6, B-dm, Jung 11357/1948, 4 PS, EL 110, ehem. 900 mm, 1995 ex Oving (Niederlande), abg.
- Vl: 7, B-dm, Jung 11654/1949, 4,5 PS, EL 110, ehem. 700 mm, 1995 ex Oving (Niederlande), i.A.
- Vl: 8, C-dm, LKM 250229/1961, 102 PS, V10C, 900 mm, 1996 ex Papierfabrik Fockendorf, abg.
- Al: 9, B-dm, LEW 1951, 10 PS, EL 9, 750 mm, 1993 ex Mansfeld-Kombinat (Holzplatz Klostermansfeld), 750 mm, abg.
- Vl: 10, B-dm, Gmeinder 4696/1952, 35 PS, 1997 ex Dachziegelwerk Möding (Bayern), zuvor Zementwerk Harburg (Bayern), btf.
- Vl: 11, B-dm, LKM 48364/1953, 37 PS, Ns2h, 1997 ex Chemnitzer Ziegelwerke (Lugau), btf.
- Vl: 12, B-dm, Gmeinder 2922/1940, 22/24 PS, 1999 ex privat, zuvor Richtberg KG, btf.
- Vl: 13, B-dm, Diema 3040/1969, 22 PS, DS 11 2T, ehem. 785 mm, 1999 ex Münsterländisches Feldbahnmuseum (Rheine), bis 1997 Mannesmann-Röhrenwerke Mülheim/Ruhr (38), zuvor Thyssen (Düsseldorf), btf.
- Vl: 14, B-dh, Diema 4364/1980, 180 PS, DFL 150-1.6, 2002 ex Heinrichshütte Hattingen, i.A.
- Vl: 15, B-dm, LKM 248440/1954, 37 PS, Ns2f, 600 mm, ex Parkeisenbahn Halle, zuvor Ziegelei Bruckdorf, abg.
- Vl: 16, B-dm, O&K 25716/1956, 20 PS, MV 0a, ehem. 750 mm, ex Harzer Gipswerke Schimpf (Osterode), btf.
- Vl: 17, B-dm, Schöma 2870/1965, 20 PS, CHL 20 I, ehem. 750 mm, ex Harzer Gipswerke Schimpf (Osterode), btf.

Sollte Leipzig Olympiastadt werden, so kämen auf die Lindenauer Museumsfeldbahn große Probleme zu, denn dann würde hier das olympische Dorf entstehen. Am 2.9.2001 fuhr die Diema-Lok 13 in den Kiesbahnhof ein. Foto: Ludger Kenning

Parkeisenbahn Auensee, Leipzig

Der 1909 aus einer Kiesgrube entstandene Auensee ist der Mittelpunkt eines Erholungsgebiets im Leutzscher Wald zwischen Weißer Elster und Luppe. Um ihn herum wurde 1951 eine 1,9 km lange Bahnstrecke als zweite Pioniereisenbahn der DDR mitsamt einem Bahnhof und drei Haltepunkten eröffnet. Die nach der Wende in „Parkeisenbahn Auensee" umbenannte Bahn untersteht der Stadt Leipzig, doch betrieben wird sie – abgesehen vom Fahrdienstleiter und dem Lokführer – von Kindern und Jugendlichen. Fahrbetrieb 2004: Täglich von April bis Oktober (10-18 Uhr)
Info: Parkeisenbahn Auensee, Gustav-Esche-Str. 8, 04159 Leipzig, Tel. 0341 4611151, bl@pe-auensee.de
Oder: Parkeisenbahn Auensee e.V., Postfach 260103, 04139 Leipzig, Tel. 0341 4611151, info@pe-auensee.de
Internet: www.pe-auensee.de
Lokomotiven (381 mm):
Dl: 03 002, 2'C1'h2, Krauss-Maffei 8352/1925, 1951 ex Gartenbauausstellung Erfurt, bis 1950 Firma Erich Brangsch (Engelsdorf), bis 1947 abg. im Steinbruch Halbach bei Kamenz, zuvor Einsätze in Stuttgart (1939/40), Essen (1938), Dresden (1936-37), Cork/Irland und Berlin (1931), Dresden (1930-31), Barcelona und Antwerpen (1930), Rotterdam, Köln und Düsseldorf (1926-28), urspr. Deutsche Verkehrsausstellung München 1925, btf.
Al: Bo, DB-Werk Halle 1995, Umbau aus LKM-Diesellok Ns1b (ex Waldeisenbahn Muskau), 8 kW, btf.

Eisenbahnmuseum Bayerischer Bahnhof (EMBB), Leipzig-Plagwitz

Das Portal der Empfangshalle des 1844 erbauten Bayerischen Bahnhofs wurde 1991 restauriert. Zugleich gründete sich ein Verein, um die Anlage zum Museumsbahnhof mit Zugbetrieb herzurichten, doch muß er die Klärung von Gebietskörperschaften sowie den weiteren S-Bahn-Ausbau abwarten. Die Museumsloks waren anfangs in Engelsdorf untergebracht, seit 1995 stehen sie im ehem. Bw Leipzig-Plagwitz, das jetzt auch das Domizil der Engelsdorfer Eisenbahnfreunde ist.
Termine: 23.10. (Tag der offenen Tür), 12.9. (Tag des offenen Denkmals), 10.4. (nach Schlettau), 22.5., 18.9. und 2.10. (jeweils nach Jöhstadt und zum Fichtelberg), 12.6. (nach Rügen), 24.10. (nach Karsdorf) und 19.12.2004 (nach Annaberg-Buchholz)
Info: Eisenbahnmuseum Bayerischer Bahnhof zu Leipzig e.V., Schönauer Str. 113, 04207 Leipzig, Tel. 0341 9682514
Internet: www.eisenbahnmuseum-leipzig.com
Lokomotiven (1.435 mm):
Dl: 23 1113, 1'C1'h2, LKM 123113/1959, Eigentum DB-Museum, bis 2001 bei IG Dampflok Nossen, zuvor DR (35 1113 / 23 1113), 1982-84 bei BKK Bitterfeld, i.A.
Dl: 52 5448, 1'Eh2, Schichau 3726/1943, urspr. DRG (52 5448), abg.
Dl: 52 8154, 1'Eh2, MBA 13966/1943, 1993 ex DR (52 8154 / 1965 umgebaut aus 52 4896), btf.
Vl: 102 100, B-dh, LKM 261477/1965, 220 PS, V22B, 1994 ex Deutsche Post (Leipzig), btf.

BSW-Freizeitgruppe Historische Fahrzeuge im Bh Leipzig Süd

Im ehemaligen Bw Leipzig Hbf Süd betreut eine 1990 gegründete BSW-Freizeitgruppe die Dampflok „Saxonia" und den SVT „Hamburg".
Info: Dieter Wallussek, Volksgartenstr. 18b, 04347 Leipzig
Triebfahrzeuge (1.435 mm):
Dl: „Saxonia", B1'n2, Raw Halle/Saale 1987-90, Eigentum DB-Museum (Nachbau der „Saxonia", die 1839 bei der Eröffnung der ersten deutschen Fernbahn dem Festzug Leipzig – Dresden hinterherfahren durfte), abg.
Vt: SVT 137 225 a/b „Hamburg", 2'Bo'2', Wumag 1935, 2 x 410 PS, ex DR (183 252 / VT 137 225)

BSW-Freizeitgruppe „Historische Ellok", Leipzig West

Eine seit 1985 im Bw Leipzig West bestehende Arbeitsgemeinschaft betreut die E 04 01 und E 44 046, die von 1976 bzw. 1985 bis 2001 von der DR bzw. DB AG als betriebsfähige „Historische Triebfahrzeuge" vorgehalten wurden und 2004 in den neu einzurichtenden Standort Leipzig des DB-Museums eingebracht werden sollen. Die E 44 046 wird 2004 vsl. im Leipziger Hbf am Museumsbahnsteig 24 ausgestellt sein. Die E 04 01 kann nicht besichtigt werden.
Info: Wolfgang Müller, Albersdorfer Str. 8, 04249 Leipzig, Tel. 0341 4283547, e04gruppe@nexgo.de
Lokomotiven (1.435 mm):
El: E 04 01, 1'Co1', AEG 4681/1932, 2.190 kW, Eigentum DB-Museum, Museumslok seit 1976, ex DR (204 001 / E 04 01), abg.
El: E 44 046, Bo'Bo', Krauss-Maffei 15549/1936, 2.200 kW, Eigentum DB-Museum, Museumslok seit 1985, ex DR (244 046 / E 44 046), abg.
El: E 94 056, Co'Co', AEG 5335/1942, 4.680 kW, Eigentum DB-Museum, betreut durch Engelsdorfer Eisenbahnfreunde, ex DR (254 056), 1946-52 UdSSR, btf.

Auch der Schülerverkehr Altmügeln – Oschatz mit den alten Dieselloks mutet nostalgisch an. Am 2.7.1998 hielt die 199 030 am Hp Grauschwitz-Flocke auf dem Weg nach Oschatz.
Foto: L. Kenning

Döllnitzbahn (DBG) / Förderverein „Wilder Robert" (FVWR), Mügeln

Die Übernahme der Strecke Oschatz – Mügeln – Kemmlitz, dem Rest des einst 107 km langen Mügelner Schmalspurnetzes, durch die Döllnitzbahn GmbH erfolgte 1993 auf Initiative von „ProBahn" und des Landkreises Torgau-Oschatz. Die DBG verdieselte den Güterverkehr, betreibt zwischen Oschatz und Altmügeln wieder Personenverkehr (siehe Kursbuch) und zog gemeinsam mit dem Förderverein, der aus dem Pro-Bahn-Regionalverband Oschatz hervorging, einen nostalgischen Dampfzugverkehr auf.
Dampfbetrieb: 25.4., 30./31.5., 27.6., 25.7., 29.8., 26.9., 31.10. und 28.11.2004 sowie 30.1.2005 (Mügeln 9.35 – Oschatz 10.15/38 – Mügeln 11.18/45 – Kemmlitz 12.06/26 – Mügeln 12.47/13.35 – Oschatz 14.15/38 – Mügeln 15.18/35 – Oschatz 16.15/38 – Mügeln 17.18 Uhr)
Sonderfahrplan: 11./12.4. (Osterfahrten), 7./8.8. (Kleinlastertreffen), 2./3.10. (Bahnhofsfest, Zweizugbetrieb), 4./5.12. (Nikolaus), 26.12.2004 und 2.1.2005 (Glühweinfahrten)
Info: Döllnitzbahn GmbH, Bahnhofstr. 6, 04769 Mügeln, Tel. 034362 32343 (Däweritz), Fax 32447, info@doellnitzbahn.de
Verein: Förderverein „Wilder Robert" e.V., Bahnhofstr. 2a, 04769 Mügeln, Tel./Fax 034362 37541 (Haschke), verein@wilderrobert.de
Internet: www.doellnitzbahn.de und www.wilder-robert.de
Lokomotiven (750 mm):
Dl: 99 1561, B'B'n4vt, Hartmann 3214/1909, Vereinseigentum, 1993 ex DB/DR (099 703 / 99 1561 / 99 561), urspr. sächs. IVk 151, btf.

Mit Volldampf läßt die 99 1561 auf dem Weg nach Kemmlitz die Stadt Mügeln und so auch das Schloß Ruhethal hinter sich und erreicht gleich den Bahnhof Altmügeln (30.4.2000). *Foto: Ludger Kenning*

Dl: 99 1574, B'B'n4vt, Hartmann 3556/1912, 1993 ex DB/DR (099 707 / 99 1574 / 99 574), urspr. sächs. IVk 164, abg.

Vl: 199 030 „Döllnitz", 1'Bo1', Simmering/ÖSSW 66765/1940, 210 PS, 1997 ex ÖBB (2091 010 / 2091.10), urspr. DRB Gepäcktriebwagen Pw4ivt 137 341, abg.

Vl: 199 031 „Mogelin", 1'Bo1', Simmering/ÖSSW 66767/1940, 210 PS, 2001 ex Öchsle Warthausen-Ochsenhausen, bis 1996 ÖBB (2091 012 / 2091.12), urspr. DRB (Pw4ivt 137 343), btf.

Vl: 199 032, C-dm, LKM 250027/1957, 90 PS, Ns4, Vereinseigentum, 1993 ex DR Wilischthal bzw. Niederschmiedeberg (399 702 / 199 008), btf.

Vl: 199 033 (33 „Tozi"), C-dh, „23. August" Bukarest 24378/1981, 480 PS, L30H, 1995/96 ex PKP (Lyd 2-71), abg.

Vl: 199 034, C-dh, „23. August" Bukarest 24059/1981, 480 PS, L30H, 1999 ex EBG Altenbeken, bis 1995 PKP, abg.

Vl: 199 035, C-dh, Gmeinder 4234/1946, 105 PS, HF130C, Vereinseigentum, 2000 ex privat, zuvor Rheinregulierung Dornbirn/Lustenau (Österreich/Schweiz), urspr. Heeresfeldbahn, abg. zum Verkauf

Vl: 199 036, C-dh, LKM 250482/1969, 102 PS, V10C, Vereinseigentum, 1999 ex privat, zuvor Feldbahnschauanlage Glossen, urspr. Klinkerwerk Buchwäldchen, abg.

Feldbahnschauanlage Glossen

Vom Bahnhof Glossen der 1972 stillgelegten Schmalspurstrecke Mügeln – Neichen führte eine Feldbahn zum Quarzitsteinbruch. Der 1994 gegründete Feldbahnschauanlage Glossen e.V. rettete die Anlage, zog einen Schaubetrieb auf und übernahm 1995 das Gelände und die jetzt denkmalgeschützte Feldbahn. Seit 2000 führt die Strecke wieder über die Döllnitz hinweg bis zum Dorf und 2002 konnte die Fortsetzung bis zum neuen Endbahnhof an der alten Verladeanlage in Betrieb genommen werden.

Fahrbetrieb: 11.4. (Osterfeuerfahrt), 20.5. (Himmelfahrt), 29.-31.5. (Steinbruchfest), 11./12.9. (Tag des offenen Denkmals), 15.-17.10. (Internationales, nichtöffentliches Feldbahntreffen)
Info: Detlef Koltermann, Straße der Freiheit 2, 04769 Kemmlitz, Tel. 034362 32252, d.koltermann@t-online.de
Internet: www.feldbahn-glossen.de
Lokomotiven (600 mm):
- Vl: D 1, B-dm, O&K Nordhausen 5699/1934, 12,5 PS, Rl 1a, 1994 leihweise ex M. Richter in Dresden (8), zuvor Baubetrieb P. Reinsberger (Zeitz), btf.
- Vl: D 2, B-dm, LKM 262204/1957, Ns2f, 37 PS, 1994 ex Quarzitgrube Glossen, btf.
- Vl: D 3, B-dm, LKM 248857/1957, Ns2f, 37 PS, 1994 ex Quarzitgrube Glossen, btf.
- Vl: D 5, B-dm, LKM 248674/1955, Ns2f, 37 PS, 1997 ex Ziegelei Kodersdorf, btf.
- Vl: D 7, B-dm, LKM 248877/1057, Ns2f, 37 PS, 1997 ex Klinkerwerk Buchwäldchen, i.A.
- Vl: D 8, B-dm, Deutz 22769/1938, 25 PS, OME 117, Eigentum Richter (6), ex Silikatwerk Brandis, btf.
- Vl: B-dm, Deutz 12377/1935, 12 PS, OME 117, Eigentum Richter (15), abg.
- Vl: B-dm, Deutz 11000/1933, 11 PS, MLH 514, Eigentum Richter (12), ex Klinkerwerke De Cousser (Bramloge), btf.
- Vl: D 9, B-dm, LKM 260128/1960, Ns1b, 10 PS, Eigentum Richter (2), ex Dachziegelwerk Forberge der Keramischen Werke Riesa, btf.
- Vl: B-dm, O&K Nordhausen 9462/1938, Rl 1c, 14 PS, Eigentum Richter (9), ex Pinkataler Schotterwerke, btf.
- Vl: B-dm, O&K Nordhausen 8216/1937, 14 PS, Rl 1c, 750 mm, Eigentum Richter (14), ex privat, abg.
- Vl: B-dm, Jung 12408/1958, 12 PS, EL 105, Eigentum Richter (13), ex Schamottewerk Radeburg, abg.
- Vl: B-dm, O&K Nordhausen 20787/1936, 35 PS, RL 3, Eigentum Richter, ex Ziegelei und Steinbruch Fischer & Hagenguth (Gröna bei Bernburg), btf.
- Vl: B-dm, Demag 2419/1939, 15 PS, ML 15, Eigentum Richter, 2004 ex Frankfurter Feldbahnmuseum (D 14), bis 1996 Spielplatz Neumünster, bis 1970 Baufirma Sienknecht (Neumünster), i.A.

Die Lok 2, eine Babelsberger Ns2f, war schon 1957 neu nach Glossen geliefert worden. Noch heute steht sie hier im Einsatz, wenn auch nur noch sporadisch. Am 30.4.2000 überquerte sie die Döllnitz. Foto: Ludger Kenning

Freunde der Eisenbahn Torgau (FET)

Der 1990 gegründete Verein FET baut den fünfständigen Torgauer Rundlokschuppen und das Betriebsgelände zu einem Museum aus. Eine intakte Drehscheibe, ein Wasserkran, ein stationärer Kohlekran mit Kranschuppen und Bühne (Bj. um 1920) und ein Raupendrehkran sind vorhanden. Wegen Bauarbeiten finden keine Veranstaltungen statt.
Info: Peter Polaschek, Bärwinkelstr. 2, 04860 Torgau, Tel. 03421 709743
Lokomotiven (1.435 mm):
Vl: 1, B-dm, Gmeinder 2017/1937, 60 PS, Kö I, 1993 ex Dessau-Wörlitzer Eisenbahn e.V. (Kö 9103), bis 1991 DR (100 089 / Kö 0289), btf.
Vl: 2, B-dm, BMAG 10168/1933, 80 PS, Kö II, 1992 ex DR (100 217 / Kb 4117), btf.
Vl: 3, B-dm, BMAG 10169/1933, 80 PS, Kö II, 1992 ex DR (100 218 / Kö 4118), btf.
Vl: 4, B-dm, LKM 251197/1957, 90 PS, N4, 1994 ex Landmaschinenbau „Fortschritt" in Tröbitz (1), i.A.
Vl: 5, B-dm, LKM 252068/1959, 102 PS, V10B, 1994 ex Landmaschinenbau „Fortschritt" in Tröbitz (2), urspr. Kombinat Schwarze Pumpe (10-02), btf.
Vl: 6, C-dh, CKD 5780/1964, 410 PS, 1994 ex Steinbruch Röcknitz, i.A.
Vl: 7, B-dm, LKM 252477/1964, 102 PS, V10B, 1995 ex Minol (Torgau), i.A.
Nf: 8, B-dm, Glbm Brandenburg 3487/1968, 44 PS, Skl 24, 1996 ex DB/DR Torgau, btf.
Dl: 9, C-fl, LKM 219182/1969, FLC, 1997 ex Chemiewerk Eilenburg (3), abg.
Dl: 10, 1'Eh2, Henschel 27621/1943, 1997 ex DB / DR (52 8174 / 52 2453), abg.

Die Lok 6 (Henschel 1939), einst eine Baulok der Ph. Holzmann AG, stand zeitweise im DGEG-Schmalspurmuseum Viernheim und ist seit 1997 im Bergbaumuseum Knappenrode zu sehen.   *Foto (26.8.2000): Ludger Kenning*

Lausitzer Bergbaumuseum Knappenrode (bei Hoyerswerda)

Ein 1993 gegründeter Förderverein bot ab 1994 auf der 900-mm-spurigen Grubenbahn (19 km), die früher die Brikettfabriken Knappenrode, Zeißholz und Laubusch miteinander verbunden hatte, Ausflugsfahrten mit einer V10C-Diesellok, drei Sitz-, einem Gepäck- und einem Fahrradwagen an, mußte den Betrieb aber per 1.1.2002 einstellen. Zwar hat sich der Verein im April 2003 aufgelöst, doch können die Fahrzeuge weiterhin im Knappenroder Bergbaumuseum besichtigt werden.
Geöffnet: Dienstag-Freitag (April-Oktober 9-16 Uhr, November-März 9-15 Uhr), Samstag/Sonn- und Feiertag (10-17 Uhr)
Info: Bergbaumuseum, Ernst-Thälmann-Str. 8, 02977 Hoyerswerda-Knappenrode, Tel. 03571 6042-67, Fax -75, knappenrode@saechsisches-industriemuseum.de
Internet: www.saechsisches-industriemuseum.de

Lokomotiven:
Dl: 52 8115, 1'Eh2, Krauss-Maffei 16705/1943, 1.435 mm, 1998 ex Lausitzer Dampflokclub, bis 1993 DR (52 8115 / 52 3568)
Dl: 1, C-fl, LKM 146723/1961, FLC, 1.435 mm, 1998 ex Lausitzer Dampflokclub, bis 1993 HKW Cottbus der Energieversorgung Cottbus (1), urspr. Gaswerk Lichtenberg (4)
Dl: B-fl, LKM 146043/1955, FLB, 1.435 mm, 1995 ex LAUBAG, bis 1990 BKK Senftenberg (F92-25-B2)
Dl: 26, B-fl, Hanomag 9968/1922, 1.435 mm, aus Dampfspeicherlok umgebauter Tankwagen, 1997 ex BKW Jänschwalde
Dl: C-fl, Floridsdorf 9194/1942, Typ Gilli, 1.435 mm, 1994 ex LAUBAG (F 149-3-13), zuvor BKW Senftenberg, urspr. Wintershall AG (Lützkendorf)
Vl: T 334.0616, C-dh, CKD 6381/1965, 1.435 mm, aus Diesellok umgebaute Auftauanlage mit Flugzeugtriebwerk, 1997 ex LAUBAG, bis 1990 Gaskombinat Schwarze Pumpe (V 41-07)
Vl: 102-24, B-dh, LKM 261194/1962, V18B, 1.435 mm, 1995 ex LAUBAG (102-24), bis 1990 BKW Mulde Nord (151-18-12)
Vl: 106-23, D-dh, LEW 13856/1974, 650 PS, V60D, 1.435 mm, 1997 ex LAUBAG (106-23), bis 1990 BKW „Glück Auf" Knappenrode (Di 421-65-B4)
El: Bo'Bo', LEW 6463/1952, El 2, 1.435 mm, 1999 ex LAUBAG (4-10/100-B3), bis 1990 BKW Welzow
El: Bo'Bo', LEW 9769/1961, El 2, 1.435 mm, 1995 ex LAUBAG (4-662/100-B3), bis 1990 BKW „Glück Auf" Knappenrode
Vl: 299 911, C-dm, LKM 250179/1959, 102 PS, V10C, 900 mm, ex LAUBAG BKW Senftenberg und Welzow (Di 110-016-A3 / 101-03)
Vl: 299 912, C-dm, LKM 250205/1960, 102 PS, V10C, 900 mm, ex LAUBAG Brikettfabrik Zeißholz bei Straßgräbchen-Bernsdorf (Di 279-016-A3 / 101-02), urspr. BKW „Glück Auf" Knappenrode
Vl: 299 913, C-dm, LKM 250233/1961, 102 PS, V10C, 900 mm, ex Ziegelwerk Hainichen
Vl: 299 914, C-dm, LKM 250357/1964, 102 PS, V10C, 900 mm, ex LAUBAG (Di 223-016-A3 / 101-09)
Vl: 299 915, C-dm, LKM 250396/1965, 102 PS, V10C, 900 mm, ex LAUBAG BKW Meuro (Di 244-016-A3 / 101-08), zuvor Tagebau Klettwitz der BKW Senftenberg-Lauchhammer
Vl: 913, C-dm, LKM 250283/1962, 102 PS, V10C, 900 mm, ex LAUBAG Tagebau Berzdorf (Di 451-016-A3 / 17)
El: 4-96-75-A2, Bo'Bo', LEW 7117/1954, El 3, 1995 ex LAUBAG, bis 1990 BKW „Glück Auf" Knappenrode
Al: Bo, LEW, El 9, 600 mm, 1995 ex LAUBAG, bis 1990 BKW „Glück Auf" Knappenrode
Al: III, Bo, LEW, El 9, 600 mm, 1995 ex LAUBAG, bis 1990 BKW „Glück Auf" Knappenrode
Al: Bo, LEW 21126/1989, El 9, 600 mm, 1995 ex LAUBAG, bis 1990 BKW „Glück Auf" Knappenrode
Dl: Rlc 455, Bn2t, Henschel 26006/1939, 600 mm, Typ Helfmann, 1997 ex DGEG (zuletzt in Bruchhausen-Vilsen, bis 1989 Viernheim), bis 1977 Denkmal Dreieichenheim, bis 1973 Ph. Holzmann AG (6), Denkmal

Waldeisenbahn Muskau (WEM), Weißwasser

Die Neuzeit der Muskauer Waldbahn begann 1984, als einige Eisenbahnfreunde mit der Restaurierung von Fahrzeugen begannen und Sonderfahrten auf dem 10 km langen Rest (Weißwasser – Tongrube Mühlrose) des einstmals sehr umfangreichen Netzes veranstalteten. Unterstützt vom Landratsamt wurden die Strecken von Weißwasser nach Kromlau (3,7 km) und Bad Muskau (7 km) wieder aufgebaut und der Personenverkehr aufgenommen. Die denkmalgeschützte Strecke nach Mühlrose (7 km) wird hingegen nur sporadisch befahren. Die Betriebsführung obliegt der Gesellschaft zur Betreibung der Waldeisenbahn Muskau mbH, während der Verein für den Dampflokeinsatz zuständig ist und die Geschichte der Waldeisenbahn dokumentiert.

Fahrbetrieb: Samstags und sonntags vom 1.5. bis 3.10., donnerstags vom 15.7. bis 19.8. sowie am 9.-12.4., 20.5. und 31.5.2004, Dampfbetrieb am 9.-12.4. (mit Gastlok aus Löbau), 1./2.5., 29.-31.5. (mit Gastlok aus Löbau), 12./13.6., 3./4.7. (Oldtimertage), 7./8.8., 4./5.9. (Waldbahnfest) und 2./3.10.2004 (großer Herbstdampf).

Von Bad Muskau kommend fährt die 99 3317 an der ausgebrannten Kartonfabrik vorbei und wird gleich den Bahnhof Weißwasser-Teichstraße erreichen (4.9.1999).
Foto: Ludger Kenning

Nach Kromlau (Diesel): Weißwasser Teichstraße ab 10.00, 13.00, 15.35 und 18 Uhr; Kromlau ab 10.25, 13.25, 16.00 und 18.25 Uhr
Nach Kromlau (Dampf): Weißwasser Teichstraße ab 10.00, 11.10, 13.00, 14.20, 15.35, 16.55 und 18 Uhr; Kromlau ab 10.25, 11.35, 13.25, 14.45, 16.00, 17.20 und 18.25 Uhr
Nach Bad Muskau (Diesel): Weißwasser Teichstraße ab 11.00, 13.55 und 16.30 Uhr; Bad Muskau ab 11.45, 14.40 und 17.15 Uhr
Nach Bad Muskau (Dampf): Weißwasser Teichstraße ab 9.30, 11.00, 13.55 und 16.30 Uhr; Bad Muskau ab 10.15, 11.45, 14.40 und 17.15 Uhr
Weitere Termine: 24./25.4. (Güterzugplandampf), 1.5. und 4.9. (Mondscheinfahrt mit Dampf), 9.-12.4., 1./2.5., 29.-31.5., 12./13.6., 3./4.7., 7./8.8., 4./5.9. und 2./3.10. (jeweils Fahrzeugschau)
Info: Waldeisenbahn Muskau, Postfach 1231, 02932 Weißwasser, Tel. 03576 241217, Fax 205720, info@waldeisenbahn.de
Internet: www.waldeisenbahn.de
Lokomotiven (600 mm):
Dl: 99 3312 „Diana", Dn2t, Borsig 8472/1912, 1994 ex Denkmal Oberoderwitz, bis 1978 DR Muskau (99 3312, abg. 1977), bis 1951 WEM bzw. Gräflich von Arnimsche Kleinbahn (8472 „Diana"), btf.
Dl: 99 3317, Dn2t, Borsig 10306/1918, 1990 ex Denkmal Weißwasser, bis 1979 DR (99 3317, abg. 1977), 1948-52 BKW „Frieden" in Weißwasser, bis 1944/45 Litauen / Bw Janow-Poleski (K 4-448), 1919-39 auf Waldbahn im Wilnagebiet (PKP 4241), urspr. Heeresfeldbahn / Eisenbahnpionierpark (HF 1914), btf.
Dl: 5, Bn2t, Borsig 11918/1928, 1989 ex Museum der Stadt Hoyerswerda, bis 1973 Steinwerke Dubring GmbH in Dubring bei Hoyerswerda (5), abg.
Dl: „Hilax", Bn2t, Jung 8293/1938, 1998 ex Parkeisenbahn Gera (dort nur hintergestellt), bis 1976 Steinbruch Halbach KG (Bernbruch bei Kamenz), neu dorthin geliefert über Brangsch (Engelsdorf), abg.
Vl: Kö 0404, B-dm, Jung 9232/1939, ZL 233, 2000 ex privat (Ilmenau), btf.
Vl: Kö 0431, B-dm, LKM 262007/1958, 30 PS, Ns2f, 1986 ex Fernsehkolbenwerk Friedrichshain, btf.
Vl: Kö 0432, B-dm, LKM 262004/1958, 30 PS, Ns2f, 1989 ex Metallgußwerk Britz, btf.
Vl: Kö 0433, B-dm, LKM 248658/1955, 30 PS, Ns2f, 1966 ex Ziegelei Weißwasser, btf.

Vl: Kö 0434, B-dm, LKM 262214/1959, 30 PS, Ns2f, 1991 ex Sächs. Baustoffwerke (Ziegelei Zittau-Obersteg), btf. (Cabrio)
Vl: Kö 0436, B-dm, LKM 248617/1955, 30 PS, Ns2f, 1993 ex Klinkerwerk Buchwäldchen (2), btf.
Vl: Kö 0437, B-dm, LKM 48357/1953, 30 PS, Ns2h, 1993 ex Ziegelei Glienick, urspr. Tonwerk Werbellinsee, btf.
Vl: Kö 0438, B-dm, LKM 248918/1957, 30 PS, Ns2h, 1994 ex Ziegelei Glienick, btf.
Vl: Kö 0439, B-dm, LKM 248445/1954, 30 PS, Ns2f, 1993 ex Klinkerwerk Buchwäldchen, btf. (Cabrio)
Vl: Kö 0451, B-dm, LKM 249230/1957, 60 PS, Ns3f, 1993 ex Klinkerwerk Buchwäldchen (9), btf.
Vl: Kö 0452, B-dm, LKM 249270/1960, 60 PS, Ns3d, 1992 ex Klinkerwerk Buchwäldchen (8), btf.
Vl: Kö 0453, B-dm, LKM 249168/1956, 60 PS, Ns3f, 1997 ex Tongrube Burgwall bei Zehdenick, btf.
Vl: Kö 0471, C-dm, LKM 250512/1971, 102 PS, V10C, 1993 ex Klinkerwerk Buchwäldchen (11), btf.
Vl: Kö 0472, C-dm, LKM 250480/1969, 102 PS, V10C, 1993 ex Klinkerwerk Buchwäldchen (10), btf.
Vl: Kö 0473, C-dm, LKM 250251/1961, 102 PS, V10C, 1978 ex Ziegelei Weißwasser, btf.
Vl: B-dm, LKM 17052/1950, 30 PS, Ns2, 1992 ex Keramikwerk Crinitz (1), abg.
Vl: B-dm, LKM 48020/1951, 30 PS, Ns2, 1992 ex Keramikwerk Crinitz (2), btf.
Vl: B-dm, LKM 247125/1954, 11 PS, Ns1, 1994 leihweise ex Rheumasanatorium Bad Wilsnack, btf.
Vl: B-dm, LKM 248609/1955, 30 PS, Ns2f, 1966 ex Ziegelei Weißwasser, btf.
Vl: B-dm, LKM 248619/1955, 30 PS, Ns2f, 1993 ex Klinkerwerk Buchwäldchen (7), abg.
Vl: C-dm, LKM 250222/1960, 102 PS, V10C, 1978 ex Ziegelwerk Weißwasser, abg.
Vl: B-dm, LKM 260034/1958, 15 PS, Ns1b, 1991 ex Steinbruch Mittelherwigsdorf, btf.
Vl: B-dm, LKM 260112/1960, 15 PS, Ns1b, 1991 ex Baustoffkombinat Dresden (Ziegelei Zittau-Hartau), btf.
Vl: B-dm, LKM 262021/1959, 30 PS, Ns2f, 1995 ex Feuerfestwerke Rietschen, btf. Vl: B-dm, Gmeinder 4758/1954, 14 PS, 1993 leihweise ex Brühler Eisenbahnfreunde, bis 1990 Tongrube Braun (Alfter-Witterschlick), btf.
Vl: B-dm, Lucenec 98/1966, 15 PS, BN15, 1991 ex Feinpapierfabrik Köbeln, zuvor Schaltgerätewerk Bad Muskau, btf.
Vl: B-dm, Lucenec 100/1966, 15 PS, BN15, 1988 ex Feinpapierfabrik Köbeln, zuvor Schaltgerätewerk Bad Muskau, Denkmal am Bahnhof
Vl: B-dm, Unio 1480/1980, 45 PS, LDI 45N, 1991 ex Kalkwerk Ludwigsdorf, btf.
Vl: B-dm, Unio 1330/1979, 45 PS, LD 45N, 1993 ex Ziegelei Bröthen, abg.
Vl: B-dm, Umbau Biberstein, 30 PS, 1993 ex Ziegelei Bröthen, btf.
Vl: B-bm, Smoschewer 22551/1929, 12 PS, 1992 leihweise ex privat, zuvor Straßenbau Schmidt (Forst/Lausitz), zeitweise DR-Bauunion, abg.
Vl: B-dm, Jung, 30 PS, EL 105, 1993 ex Ziegelwerk Bröthen, btf.
Vl: B-dm, O&K 9112/1937, 12 PS, RL 1c, 1992 leihweise ex privat, zuvor Straßenbau Lamm (Spremberg), btf.

Straßenbahn Görlitz

Der 1971 rekonstruierte Görlitzer Tw 29 wurde 1999 weitgehend in den Zustand von 1911 zurückversetzt und im Sommer 2000 war die Restaurierung des Tw 23 abgeschlossen. Der ebenfalls als Htw vorgesehene Tw 8 (Gotha 1960, bis 1962 Plauen Tw 67), der 2001 sein altes Aussehen erhielt, wurde im Oktober 2003 verschrottet.
Info: Verkehrsgesellschaft Görlitz GmbH, Zittauer Str. 71-73, 02826 Görlitz, Tel. 03581 3395-00, Fax -05, info.verkehr@stadtwerke-goerlitz.de
Internet: www.vgg.stadtwerke-goerlitz.de/index.html
Triebwagen (1.000 mm):
Et: 23, Bo, Wumag/AEG 1928, 2 x 33,5 kW, seit 1979 Htw, 2000 originalgetreu restauriert, btf.
Et: 29, Bo, Königsberg/AEG 1897, 2 x 32 kW, seit 1971 Htw, authentischer Rückbau in den Zustand von 1911 geplant, bis 1909 Bromberg, btf.

Farbenfroh – leuchtendrot mit hellblauem Dach – arbeitete die Görlitzer Verkehrsgesellschaft den Tw 29, der 1998 schadhaft geworden war, wieder auf. Am 26.8.2000 wendete er an der Goethestraße. Foto: Ludger Kenning

Görlitzer Oldtimer Parkeisenbahn

Die Stadt Görlitz eröffnete 1976 nahe der Landskronbrauerei eine 800 m lange Pioniereisenbahn. 1991 gründete sich der Görlitzer Oldtimer Parkeisenbahn e.V., um die Bahn für Schüler der 3.-10. Klasse zu unterhalten und ihnen die Betriebsabwicklung unter Anleitung zu überlassen. 1993 übernahm er die freie Trägerschaft und leistet nun wertvolle sozialpädagogische Dienste. Die Zuggarnitur gleicht dem „Adler", wie er 1835 zwischen Nürnberg und Fürth verkehrte.
Fahrbetrieb: April – Oktober (Mo-Fr 13-17 Uhr; Sa/So 10-17 Uhr), Schulferien täglich außer Freitag (10-18 Uhr)
Info: Parkeisenbahn e.V., Eichendorffstr. 4, 02826 Görlitz, Tel. 03581 407090 (Büro) und 406357 (Parkbahn), webmaster@parkeisenbahngoerlitz.de
Internet: www.parkeisenbahngoerlitz.de
Lokomotiven (600 mm):
Vl: Adler, 1'A1'dm, Görlitz 1976, 45 PS, aufgebaut auf Ns1-Rahmen, btf.
Vl: Rumänien, B-dm, Unio 1976, 45 PS, btf.

Privatfeldbahn „Kämpferbergbahn" (KBB), Königshain (bei Görlitz)

Seit 2000 bauen Hartmut und Mannel Fest an einer 500-mm-spurigen Feldbahn von Königshain zum Kämpferberg. Von der geplanten Gesamtlänge von 1,5 km sind derzeit 350 m fertig. Die Feldbahn soll vor allem dem Holztransport dienen, wofür etliche Wagen verschiedener Spurweiten vorhanden sind.
Info: Hartmut Fest, 02829 Königshain, Tel. 0173 5653288, Fax 035826 60319
Lokomotiven:
Vl: 1, B-dm, Schöma 2620/1962, 26 PS, CDL 20, 600 mm, 2001 ex Torfwerk Klasmann-Deilmann GmbH (Sedelsberg), btf.
Vl: 2, B-dm, Schöma 2639/1963, 28 PS, 600 mm, 2001 ex Klasmann-Deilmann (Sedelsberg), i.a.
Vl: 3, B-dm, LKM 247338/1953, 29 PS, Ns1, 500 mm, 2001 ex P. Raßmann (Groß Drewitz), bis 1999 Südhumus Reitzenhain, btf.
Vl: 4, B-dm, LKM 248481/1954, 35 PS, Ns2f, 500 mm (ex 600 mm), 2003 ex Waldeisenbahn Muskau (Köf 0435), bis 1991 Wetro-Feuerfestwerke Rietschen (6), i.A.
Vl: 5, B-dm, LKM 248866/1957, 35 PS, Ns2f, 500 mm (ex 600 mm), 2003 Klinkerwerk Buchwäldchen (Plieskendorf bei Calau), i.A.
Vl: 6, B-dm, Spoorijzer 1952, 6-8 PS, RT 8, 2004 ex WGB Löbau (7), bis 2000 F. Meuer (Reichenbach/OL), bis 1998 Oving Köln (104), i.A.

Feldbahnbrigade Reichenbach (FBR), Reichenbach (Oberlausitz)

Am Bahnhof Reichenbach der Strecke Dresden – Görlitz baute eine Feldbahnfreundegruppe bereits zu DDR-Zeiten eine 500-mm-Anlage mit 250 m Streckenlänge und mehreren Betriebs- und Abstellgleisen auf. Neben den drei Lokomotiven sind ein Schienenfahrrad und 40 Feldbahnwagen vorhanden. An Wochenenden kann die Feldbahn nach Voranmeldung vorgeführt werden.
Info: Frank Meuer, Fabrikstr. 6, 02894 Reichenbach, Tel. 035828 70696 und 0172 8961365
Lokomotiven:
Vl: 1, B-dm, LKM 260092/1958, Ns1, 500 mm, ex Hochziegelwerk Kaltwasser, btf.
Vl: 2, B-dm, LKM 47018/1952, Ns1, 500 mm, ex Ziegelwerk Bröthen, ehem. 600 mm, btf.
Vl: B-dm, Jenbach 439/1949, 8 PS, Typ Pony, 600 mm, 2000 ex Museumsfeldbahn Stainz/Steiermark, zuvor Ziegelei Gleinstätten/Steiermark, btf.

Werners Gartenbahn (WGB), Löbau

Am Löbauer Ortsausgang Richtung Bautzen besteht seit 1980 eine private Feldbahn mit 200 m Streckenlänge. Vorhanden sind acht Weichen, drei Abstellgleise, eine zweiständige Wagenhalle, ein zweiständiger Lokschuppen, eine Handdrehscheibe, ein Faßwagen, drei Sitzwagen, zwei Plattenwagen, ein Brigadewagen (aus 1. Weltkrieg, ex Kleinbahn Anklam-Lassan Nr. 113), ein HFB-Wagen (Bj. 1940), ein Kohlewagen (ex WEM 01-021) und sieben Kipploren.
Fahrbetrieb: 24./25.4., 1.6., 10./11.7., 18./19.9., 23./24.10. und 4./5.12.2004
Info: Manfred Werner, Lauchaer Weg 1, 02708 Löbau, Tel. 03585 4051-14 und 0171 8594380, Fax -20, werner-loebau@t-online.de
Internet: www.werners-gartenbahn.de
Lokomotiven (600 mm):
Dl: 1, Bn2t, Krauss München 7790/1924, 1976 ex Steinbruch Halbach KG (Bernbruch), btf.
Vl: 2, B-dm, Smoschewer ca. 1928/29, 11 PS, 1980 ex Steinbruch Niedercunnersdorf, btf.
Vl: 3, B-dm, LKM 248854/1956, 30 PS, Ns2f, 1984 ex Keulahütte Krauschwitz, btf.
Vl: 4, B-dm, Jung 5762/1934, 11 PS, EL 105, 1995 ex privat, zuvor Ziegelei Geschwitz, btf.
Vl: 5, B-dm, Eigenbau 1988, 7,5-PS-Motor von Berliner Roller, Motordraisine, btf.
Vl: 6, B-dm, Spoorijzer 1952, 6-8 PS, RT 8, 2000 ex F. Meuer, bis 1998 Oving Köln (108), btf.
Vl: 8, B-dm, Strüver/Deutz 28043/1942, 5 PS, Schienenkuli, 2000 ex Museumsfeldbahn Stainz/Steiermark, zuvor Ziegelei Kalsdorf bei Ilz, btf.
Vl: 9, B-dm, Gmeinder 2488/1939, 12 PS, 2000 ex Museumsfeldbahn Stainz/Steiermark, zuvor Baufirma Ast (Graz-Puntigam), btf.

Am 26.4.2003 beförderte die Löbauer 52 8080 einen Fotogüterzug von Neustadt (Sa.) nach Neukirch Ost, hier auf dem Viadukt in Oberottendorf. Foto: Stephan Herrmann

Ostsächsische Eisenbahnfreunde (OSE), Löbau

Der 1990 in Bautzen gegründete Verein OSE reaktivierte gemeinsam mit der seit 1993 bestehenden Löbauer BSW-Gruppe „Historische Lokomotiven" eine für die Oberlausitz typische Dampflok der BR 52^8. 1996 erwarb man fünf Reisezugwagen und restaurierte drei davon für Sonderfahrten und Ausstellungen. 2003 kam ein Speisewagen der Gattung Wrm 130 für Sonderfahrten hinzu. Die OSE und die örtliche BSW-Gruppe haben im Löbauer Lokschuppen ein gemeinsames Domizil (Besichtigung nach Absprache).
Termine: 24./25.4.2004 (Fotogüterzüge Oberlausitz), 1.5. (Rundfahrt „Grenzenlos unterwegs"), 8./9.5. (Maschinenhaustage), 5.6. (125 Jahre Putzkauer Viadukt), 6.6. (zur Parkeisenbahn Cottbus), 30.7.-2.8. (Sommerfest Rothenburg), 2.8. (nach Liegnitz/Polen), 18.9. (nach Lübbenau), 19.9. (Entdeckertag Oberlausitz), 27.11. (nach Annaberg-Buchholz) und 11.12.2004 (Nikolauszüge)
Info: Historischer Lokschuppen, Maschinenhausstr. 2, 02708 Löbau, Tel. 03585 219378, eisenbahnfreunde.e.v@web.de
Internet: www.ostsaechsische-eisenbahnfreunde.de
Lokomotiven (1.435 mm):
Dl: 52 8080, 1'Eh2, O&K 14094/1944, bis 1992 DR (52 8080 / bis 1964: 52 5015), btf.
Dl: 52 8141, 1'Eh2, Krenau 11562/1944, bis 1992 DR (52 8141 / bis 1965: 52 5315), abg.
Vl: 118 683, C'C'dh, LKM 280083/1967, 2 x 1.200 PS, Eigentum DB-Museum, ex DB (228 683 / 118 683 / V 180 683), abg.
Vl: 100 630, B-dm, BMAG 10284/1934, 110 PS, 1993 ex DR (100 630 / Kö 4630), abg.
Vl: 101 020, B-dh, LKM 254020/1961, 150 PS, 1994 ex DR (101 020 / V 15 2020), btf.
Vl: V 18/22, B-dh, LKM 261388/1964, 180 PS, 1995 ex Grobgarnwerke Kirschau (1), abg. zum Verkauf
Vl: V 22, B-dh, LKM 262491/1974, 220 PS, V22B, 1995 ex Grobgarnwerke Kirschau (2), abg.
Vl: V 18, B-dh, LKM 261571/1967, 180 PS, V18B, 1996 ex Verkehrsbetriebe Dresden, abg.
Vl: V 60 001, D-dh, LEW 15361/1976, 650 PS, V60D, 1996 ex Verkehrsbetriebe Dresden (V 60 01), abg.
Vl: 106 555 (LEW 16523/1978), 106 642 (LEW 15633/1977) und 105 015 (LEW 16957/1980), jeweils D-dh, 650 PS, V60D, 2003 ex Schrotthandel in Schönefeld, zuvor Anschlußbahn Potsdam-Rehbrücke, btf.
Nf: Skl 24, B-dm, Glbm Brandenburg 3740/1972, 44 PS, 1994 ex DR Görlitz, i.A.

Sächsisch-Oberlausitzer Eisenbahn-GmbH (SOEG), Zittau

Weil die DB nach Einstellung des Güterverkehrs die Zittauer Schmalspurlinien aufgeben wollte, gründete sich 1994 die SOEG unter Beteiligung der Stadt Zittau, des Landkreises Löbau-Zittau und der Anliegergemeinden. Die SOEG, der seit 1996 die Betriebsführung obliegt, integrierte die Bahn ins ÖPNV-Netz und setzt weiterhin Dampfzüge zur Belebung des Tourismus im Zittauer Gebirge ein. Manche Züge führen einen Barwagen mit, in dem man ein Frischgezapftes erhalten kann. Weitere Angebote sind: Ehrenlokführerausbildung, Einsatz von Traditionswagen in Planzügen sowie Sonderzüge mit historischen Fahrzeugen.

Termine: 10./11.4.2004 („Modell und Original" in Zittau Vorstadt)
Info: SOEG, Bahnhofstr. 41, 02763 Zittau, Tel. 03583 540540, Fax 516462, kundenbuero@soeg-zittau.de
Internet: www.soeg-zittau.de
Lokomotiven (750 mm):
Dl: 99 731, 1'E1'h2t, Hartmann 4678/1928, ex DR (99 1731 / 99 731), btf.
Dl: 99 735, 1'E1'h2t, Hartmann 4682/1928, ex DR (99 1735 / 99 735), btf.
Dl: 99 749, 1'E1'h2t, BMAG 9538/1929, ex DR (99 1749 / 99 749), btf.
Dl: 99 750, 1'E1'h2t, BMAG 9539/1929, ex DR (99 1750 / 99 750), abg., seit 2002 Denkmal Trixi-Park Großschönau
Dl: 99 757, 1'E1'h2t, BMAG 10148/1933, ex DR (99 1757 / 99 757), abg.
Dl: 99 758, 1'E1'h2t, BMAG 10149/1933, ex DR (99 1758 / 99 758), btf.
Dl: 99 760, 1'E1'h2t, BMAG 10151/1933, ex DR (99 1760 / 99 760), Ölfeuerung, abg.
Dl: 99 787, 1'E1'h2t, LKM 132028/1955, ex DR (99 1787 / 99 787), z.Z. Umbau auf Rostfeuerung
Vl: 199 013, C-dh, „23. August" Bukarest 24060/1980, 300 PS, Typ Lyd2, 2002 ex Zuckerfabrik Zbiersk/Polen (Lyd 203), btf.

Der Triebwagenveteran VT 137 322 wird durch den Interessenverband der Zittauer Schmalspurbahnen restauriert (Bertsdorf, 30.3.2002). *Foto: Rainer Vormweg*

IV der Zittauer Schmalspurbahnen, Bertsdorf

Dem seit 1990 bestehenden Interessenverband gehören einige markante Schmalspurwagen, wie z. B. der originale ZOJE-Personenwagen 20 (970-314), sowie inzwischen zwei Dampfloks und der Triebwagen. In einem Güterschuppen in Oybin eröffnete er 1993 ein Museum zur Geschichte der Zittauer Schmalspurbahnen, historisch getreu baute er 2000/01 die Wartehalle des Haltepunkts Teufelsmühle wieder auf und seit 2001 gehört ihm das Bertsdorfer Empfangsgebäude, das er stilvoll restauriert und hierin sein Vereinsdomizil einrichtet.
Museum Oybin geöffnet: 9.-12.4. (13-15 Uhr), 1.5. – 31.10. (tgl. außer Mo, 13-17 Uhr), 1.11.- 31.12. (mittwochs, samstags, sonn- und feiertags 13-15 Uhr)
Weitere Termine: 10.4., 29.5., 26.6., 24.7., 21.8., 12.9. und 2.10.2004 (Tag der offenen Tür in Bertsdorf, 10 – 16.30 Uhr), Sonderzüge vsl. am 20.-22.8. und 28./29.8.2004
Info: IV der Zittauer Schmalspurbahnen e.V., Am Bahnhof Bertsdorf 2, 02785 Olbersdorf, Tel. 035844 70446 (Springer) und 03583 708659 (Sameiske), verein@zoje.de
Internet: www.zoje.de
Lokomotiven (750 mm):
Dl: 99 4532, Dn2t, O&K 10844/1924, 2001 ex SOEG, bis 1996 DB/DR (99 4532, bis 1963 Rügen, bis 1962 Raw Görlitz, bis 1959 Trusetal), bis 1949 Trusetalbahn („Trusetal"), ä.r.
Dl: 99 555, B'B'n4vt, Hartmann 3208/1908, 2002 ex Denkmal Söllnnitz, bis 1977 DR Mügeln (99 1555 / 99 555), urspr. sächs. IVk 145, i.A.
Vt: VT 137 322, B'2'dm, Bautzen 1938, 180 PS, 2000 leihweise ex VM Dresden, ex DR (VT 137 322), i.A.

Arbeitsgruppe Grubenbahn El 3, Olbersdorf

Nach drei Jahrhunderten ging 1991 im Olbersdorfer Revier der Braunkohlenbergbau zu Ende. Die aus ehemaligen Bergleuten 1999 gebildete Arbeitsgruppe „Grubenbahn El 3" der IV der Zittauer Schmalspurbahnen will die Bergbautradition dokumentieren und ihre letzten Exponate lebendig erhalten. Inzwischen ist etwa 500 m vom Bahnhof Zittau-Vorstadt entfernt eine beachtliche Schauanlage entstanden.
Termin 2004: 4.7. (Tag des Bergmanns)
Info: IV der Zittauer Schmalspurbahnen e.V., Am Bahnhof Bertsdorf 2, 02785 Olbersdorf, Tel. 035844 70446 (Springer) und 03583 690421 (Kunath), verein@zoje.de
Internet: www.zoje.de
Lokomotiven:
Vl: Di 434-016-A3, C-dm, LKM 250551/1973, 102 PS, V10C, 900 mm, bis 2001 Denkmal Sachsenmodell Zittau, bis 1997 Tagebau Olbersdorf, bis 1993 BKK Senftenberg in Brieske Ost (Di 434-016-A3), btf.
El: 4-98 75-A2, Bo'Bo', LEW 7119/1954, 4 x 185 kW, EL 3, 900 mm, 1999 ex BKK Senftenberg (Brieske), urspr. BKW Franz Mehring (Niemtsch und Meuro), ä.r.
Al: Nr. I, Bo, LEW 10231/1964, 2 x 4,5 kW, EL 9, 500 mm, 2002 ex Tagebau Spreetal NO (Elsterheide), ä.r.

Schwarzbachbahn Kohlmühle – Hohnstein

In der Sächsischen Schweiz verkehrte von Mai 1897 bis Mai 1951 eine 12,1 km lange Schmalspurbahn von Goßdorf-Kohlmühle nach Hohnstein. Ein 1995 gegründeter Verein hat sich vorgenommen, sie teilweise wieder aufzubauen und einen alltäglichen Triebwageneinsatz sowie einen Dampfbetrieb an Wochenenden aufzunehmen. Zunächst gelang es ihm, den Denkmalschutz für das Empfangsgebäude und den Lokschuppen in Hohnstein zu erwirken. In Lohsdorf, wo eine Schauanlage entsteht, liegt mittlerweile wieder ein Gleis und im August 2003 wurde hier ein GGw-Wagen aufgestellt. Aus Unterehrenberg setzte der Verein die originale Wartehalle hierher um.
Info: Schwarzbachbahn e.V., Postfach 1125, 01812 Bad Schandau, Tel. 035022 40440, verein@schwarzbachbahn.de
Internet: www.schwarzbachbahn.de

Auch alltags ist die landschaftlich überaus reizvolle Kirnitzschtalbahn sehenswert, kommen hier doch planmäßig noch Gothaer Wagen zum Einsatz. Am 3.6.2002 verließ der Tw 2 die Endstelle Lichtenhainer Wasserfall.   *Foto: Ludger Kenning*

Kirnitzschtalbahn Bad Schandau – Lichtenhainer Wasserfall

1981 ging in Bad Schandau der von der Lockwitztalbahn bei Dresden übernommene Tw 9 als Traditionswagen in Betrieb. Der bis 1983 rekonstruierte Tw 5 wurde 1991 durch den passenden Bw 12 ergänzt, während der Tw 8 noch auf die Aufarbeitung wartet. Bei Einsatz und Wartung der Museumswagen wird die Oberelbische Verkehrsgesellschaft Pirna-Sebnitz (OVPS) von den Freunden des Eisenbahnwesens – Verkehrsmuseum Dresden e.V. unterstützt. Empfehlenswert ist auch eine Fahrt mit der letzten Dampffähre auf der Oberelbe, dem von der OVPS eingesetzten Dampfer „Wehlen-Bastei" von 1925.

Info: Oberelbische Verkehrsgesellschaft Pirna-Sebnitz GmbH, Kirnitzschtalstr. 8, 01814 Bad Schandau, Tel. 035022 42370, Fax 42333

Internet: www.ovps.com

Triebwagen (1.000 mm):

Et: 5, Bo, MAN/SSW 1928, 68 kW, seit 1983 Htw, btf. (mit Bw 12, MAN 1928)

Et: 8, Bo, Gotha/AEG 1938, 74 kW, seit 1997 Htw, 1977 ex Lockwitztalbahn (240 008 / Tw 857), bis 1968 Erfurt (Tw 116 / 95), btf.

Et: 9, AA, Busch/Sachsenwerk DD 1925, 74 kW, seit 1981 Htw, 1979 ex Lockwitztalbahn (240 001 / 508 / 507 / 9), btf.

Historische Feldbahn Dresden (HFD),
Herrenleite bei Lohmen (Sächs. Schweiz)

Die früher in Dresden-Klotzsche ansässige HFD sammelt und restauriert Feldbahnmaterial schon seit 1978. Ende 2003 besaß der 1991 eingetragene Verein 96 Loks und 350 Wagen verschiedener Spurweiten. Seit Anfang 2001 hat die Sammlung auf einem früheren, 9 ha großen Militärgelände in der Herrenleite bei Pirna ein neues Domizil. Hier entsteht das seit langem geplante Museum, dessen erster Abschnitt samt einer 500 m langen Vorführstrecke zu Pfingsten 2003 eröffnet werden konnte.
Geöffnet: Samstags von Mai bis Oktober (14-19 Uhr)
Termine: 29.-31.5. und 2./3.10. (Feldbahnschau und Mehrzugbetrieb), 26.6. (Feldbahn-Rockkonzert), 28./29.8. (Feldbahnertreffen mit Gastfahrzeugen, Feldbahn im authentischen Einsatz), 11./12.12. (Glühweindampf mit Dampflok von M. Werner)
Info: Historische Feldbahn Dresden e.V., Herrenleithe 10, 01847 Lohmen, Tel. 03501 464546 (nur Fr/Sa) oder 0351 8804063, hfd@mw.htw-dresden.de
Internet: www.htw-dresden.de/hfd

Lokomotiven (600 mm, sofern nicht anders angegeben):
Dl: 11, Bn2t, Krauss 7789/1923, 55 PS, 1981 ex Steinbruch Halbach (Bernbruch bei Kamenz), urspr. Firma Heine (Dessau), abg.
Dl: 12, Bn2t, Henschel 23411/1936, Typ „Riesa", ex privat (Noisy-sur-Ecole/Frankreich), abg.
El: 1, Bo, AEG 1732/1914, 28 kW, 500 mm, 1978 ex Ziegelei Kunath (Obergorbitz), i.A.
El: 2, Bo, AEG 2428/1922, 47 kW, 1988 ex Glassandwerk Hosena, btf.
El: 3, Bo, AEG 2835/1921, 47 kW, 1988 ex Glassandwerk Hosena, abg.
Al: 4, Bo, BBA Aue, 4,2 kW, „Metallist", 1987 ex Kalkwerk Herold, abg.
Al: 5, Bo, BBA 40311/1959, 4,2 kW, „Metallist", 1988 ex Lausitzer Granit (Kamenz), btf.
Al: 6, Bo'Bo', BBA Aue 36/1980, 8,4 kW, B660, 1988 ex Kalkwerk Ludwigsdorf, btf.
Al: 7, Bo, LEW ca. 1980, 2 x 4,5 kW, EL 9, 1990 ex SDAG Wismut / Schachtanlage „Willi Agatz" Dresden-Gittersee, btf.
Al: 8, Bo, BBA Aue 599/1977, 4,2 kW, B360, 1991 ex Kalkwerk Ludwigsdorf, btf. (kein Akku)
El: 9, Bo, LEW, 46 kW, EL 6, 1992 ex SDAG Wismut „Willi Agatz" Gittersee, abg.
Al: 10, Bo, LEW 10546/1964, 9 kW, EL 9, 1992 ex Kaolinwerk Kemmlitz, btf.
El: 15, Bo, LEW 10730/1965, 24 kW, EL 11, 1992 ex Kaolinwerk Kemmlitz, btf.
Al: 16, Bo, LEW 14028/1973, 17 kW, EL 8, 1993 ex Zinnerzbergbau Altenberg (77260), btf.
Al: 17, Bo, LEW, 9 kW, EL 9, 1997 ex Papierfabrik F. Schoeller jr. (Penig), btf.
Al: 18, Bo, BBA Aue, 2 x 2,1 kW, „Metallist", 2001 ex Basalt AG / Lausitzer Naturstein- und Baustoffwerke Demitz-Thumitz, btf. (kein Akku)
Al: 19, Bo, LEW 1980, EL 9, 2001 ex SDAG Wismut (Marienschacht Bannewitz), btf.
El: 20, Eigenbau KS-Werk Zapf ca. 1980, Basis: LEW 10122/1962 (Ende 70er Jahre ex Kali-Bergbau Morsleben), EL 6, 2 x 23 kW, 500 V Gleichstrom, 2002 ex Kalksandsteinwerk Zapf (Falkenberg/Elster), btf.
Al: Bo, Bleichert Transportanlagenfabrik Leipzig, „Karlik", 2,05 kW, 750 mm, 2003 ex Wasserkraftanlage Matzner (Rüßdorf), zuvor Hartpappenwerk Lehnamühle, i.A.
Vl: 21, B-dm, Deutz 1937, 12 PS, OME 117F, 1981 ex Staatl. Forstwirtschaft Kamenz (Sandgrube Grüngräbchen), abg.
Vl: 22, B-dm, Gmeinder 2104/1938, 12 PS, 1981 ex Forstwirtschaft Kamenz / Sandgrube Grüngräbchen bei Kamenz, abg.
Vl: 23, B-bm, O&K 2874/1928, 10 PS, H1, 1982 ex Baufirma Hering (Pirna-Berggießhübel), btf.
Vl: 24, B-dm, O&K Nordhausen 10015/1939, 11 PS, MD 1, 1983 ex Granitwerk Oberkaina bei Bautzen, urspr. Preissler (Leipzig), btf.
Vl: 25, B-dm, Jung 7296/1937, 12 PS, EL 105, 1984 ex Ziegelei Wolkau, urspr. E. Brangsch (Engelsdorf), abg.
Vl: 26, B-dm, Jung 7712/1937, 12 PS, EL 105, 1984 ex Ziegelei Wolkau, urspr. Reichsarbeitsdienst, abg.
Vl: 27, B-dm, Jung 10292/1941, 22 PS, ZL 105, 1984 ex Gemeinde Grüna, zuvor Kell & Nitzsche (nach 1941 vmtl. für Autobahnbau bei Chemnitz), urspr. E. Brangsch (Engelsdorf), btf.
Vl: 28, B-dm, Deutz 36431/1941, 11 PS, OME 117F, 500 mm, 1984 ex Motorrad Zschopau, abg.
Vl: 29, B-dm, O&K 10561/1940, 22 PS, MD 2d, 1985 ex Ziegelei Grechwitz, urspr. Reichsarbeitsdienst Berlin-Grunewald, btf.
Vl: 30, B-dm, O&K 6606/1936, 20 PS, LD 2, 1985 ex Baufirma K. Wöstenberg (Templin), urspr. Tiefbau E. Gaede (Templin), btf.

Vl: 31, B-dm, Jung 6418/?, 12 PS, EL 105, 500 mm, 1986 ex Tongrube Gerlebogk, abg.
Vl: 32, B-dm, Jung 6661/1936, 12 PS, EL 105, 1986 ex Tongrube Gerlebogk, urspr. E. Brangsch (Engelsdorf), abg.
Vl: 33, B-dm, AAB Halle 11/1951, 10 PS, DL 1, 1986 ex Imprägnierwerk Geithain, btf.
Vl: 34, B-dm, O&K 1531/1927, 24 PS, RL 1c, 500 mm, 1986 ex Ziegelei Brossen, abg.
Vl: 35, B-dm, Dieck & Bosse ca. 1939, ca. 10 PS, Schienenkuli, 1986 ex privat (Klein Zadel), urspr. Steinbruchbahn bei Meißen/Elbe, btf.
Vl: 36, B-dm, Diema 1124/1942, 12,5 PS, DS 12, 1987 ex Ziegelei Göttwitz bei Mutzschen, zuvor Quarzitgrube Großkorbetha, bis 1959 Didier-Werke AG (Bonn) für Quarzitbruch Glossen bei Oschatz, btf.
Vl: 37, B-dm, Ruhrthaler 1380/1935, 14/16 PS, DL/SL, 1987 ex Sägewerk Gelobtbachmühle (Schöna/Elbe), zuvor Tiefbaufirma Gottlieb Wohlrab (Plauen/Vogtland), btf.
Vl: 39, B-dm, O&K 9390/1938, 10 PS, MD 1, 500 mm, 1987 ex Ziegelwerke Zehdenick, urspr. Ziegelei Arndt (vmtl. Klausdorf), btf.
Vl: 41, B-dm, Gmeinder 1943, 50 PS, 1988 ex Kalkwerk Ludwigsdorf, i.A.
Vl: 42, B-dm, Henschel 1163/1935, 36 PS, DG 13, 1988 ex Sägewerk Grevesmühlen, btf.
Vl: 43, B-dm, Jung 9330/1940, 12 PS, EL 105, 1989 ex Ziegelei Jessen, urspr. E. Brangsch (Engelsdorf), abg.
Vl: 44, B-dm, LKM 247509/1957, 15 PS, Ns1a, 1988 ex Ziegelei Jessen, btf.
Vl: 45, B-dm, O&K Nordhausen 5400/1934, 11 PS, RL 1a, 1989 ex Steinbruch Kohren-Sahlis der Meliorationsgenossenschaft Tautenhain, urspr. Paul Reinsberger (Zeitz), btf.
Vl: 46, B-dm, Demag ca. 1942, 15/17,5 PS, ML 15, 1989 ex Ziegelei Nordhausen, bis 1945 vmtl. V2-Raketenfabrik Nordhausen, btf.
Vl: 47, B-dm, Gmeinder, 30 PS, 1989 ex Ziegelei Bülzig, abg.
Vl: 48, B-dm, CKD Praha 1960, 15 PS, BN 15R, 1989 ex Kalkwerk Hammerunterwiesenthal, btf.
Vl: 49, B-dm, LKM 249172/1956, 72 PS, Ns3f, 1989 ex Glassandwerk Hosena, btf.
Vl: 50, B-dm, CKD Praha 12945/1955, 30 PS, BN 30, 1989 ex Kiesgrube Nordhausen, abg.
Vl: 51, B-dm, LKM 248461/1954, 30 PS, Ns2f, 1990 ex Fliesenwerk Friedland/Meckl., i.A.
Vl: 52, B-dm, O&K-Montania Nordhausen 2865/1928, 30 PS, RL 2, 1991 ex Basaltwerk Baruth bei Bautzen (ab 1932), nach 1945 zeitweise Dresdner Trümmerbahn, urspr. O&K-Vertretung Breslau, abg.
Vl: 53, B-dm, LKM 248701/1955, 36 PS, Ns2f, 1990 ex Papierfabrik Crossen, btf.
Vl: 54, B-dm, Unio 1481/1980, 65 PS, LDI 45-N, 1991 ex Kalkwerk Ludwigsdorf, btf.
Vl: 55, B-dm, CKD Praha 1965, 30 PS, BN 30R, 1991 ex Kalkwerk Ludwigsdorf, i.A.
Vl: 56, B-dm, LKM 247430/1957, 10 PS, Ns1, 1991 ex Ziegelei Jesau, abg.
Vl: 57, B-dm, Jung 9221/1941, 44 PS, ZL 233, ehemals 780 mm, 1991 ex Imprägnierwerk Wülknitz (ab Mitte 60er Jahre), urspr. E. Brangsch (Engelsdorf), abg.
Vl: 58, B-dm, Diema, 18 PS, 1991 ex Ziegelei Willkommen (Helmsdorf), bis 1954 Schrottplatz Großenhain, btf.
Vl: 59, B-dm, O&K Nordhausen 7224/1937, 12,5 PS, MD 1, 1991 ex Ziegelei Willkommen (Helmsdorf), bis 1982 Dachziegelwerk Dittersbach, urspr. Dampfziegelei E. Fischer (Niedersedlitz), btf.
Vl: 60, B-dm, LKM 48045/1951, 36 PS, Ns2, 1991 ex Kreidewerk Quatzendorf (Sagard/Rügen), urspr. Baukombinat Rostock, abg.
Vl: 61, B-dm, LKM 248897/1957, 36 PS, Ns2f, 1991 ex Metallgußwerk Leipzig, urspr. Feuerfestwerke Wetro / Betriebsteil Guttau (5), btf.
Vl: 62, B-dm, LKM 48029/1951, 36 PS, Ns2, 1991 ex Metallgußwerk Leipzig, btf.
Vl: 63, B-dm, LKM 262087/1959, 36 PS, Ns2h, 1992 ex Spannbetonwerk Coswig (1/703), abg.
Vl: 64, B-dm, LKM 262081/1959, 36 PS, Ns2h, 1992 ex Spannbetonwerk Coswig (4/007), i.A.
Vl: 65, B-dm, LKM 247437/1957, 14 PS, Ns1, 1992 ex Imprägnierwerk Geithain, btf.
Vl: 66, B-dm, Jung 10206/1941, 11/12 PS, EL 105, 1992 ex Ziegelei Schroth (Düben-Grechwitz), bis Anfang 80er Jahre Kalkwerk Ostrau bei Riesa, urspr. E. Brangsch für Otto Barth (Stat. Leuna), btf.
Vl: 67, B-dm, LKM 247105/1954, 14 PS, Ns1, 1992 ex Ziegelei Großsaubernitz, btf.
Vl: 68, B-dm, LKM 247090/1954, 10 PS, Ns1, 1992 ex Ziegelei Großsaubernitz, btf.
Vl: 69, B-dm, LKM 247096/1954, 10 PS, Ns1, 1992 ex Gemeindeamt Silbitz, abg.
Vl: 70, B-dm, LKM 262210/1959, 36 PS, Ns2f, 1993 ex Stahl- und Walzwerk Riesa, btf.
Vl: 71, B-dm, LKM 248687/1955, 36 PS, Ns2f, 1993 ex Ziegelwerke Halle (4), abg.
Vl: 72, B-dm, LKM 48437/1953, 36 PS, Ns2f, 1993 ex Ziegelwerke Halle (3), abg.
Vl: 73, B-dm, LKM 248521/1954, 36 PS, Ns2f, 1993 ex Ziegelei Dresden-Torna, i.A.
Vl: 74, B-dm, LKM 262206/1959, 36 PS, Ns2f, 1993 ex Ziegelei Dresden-Torna, abg.
Vl: 75, C-dm, LKM 250513/1971, 102 PS, V10C, 1994 ex Klinkerwerk Buchwäldchen, abg.

Vl: 76, B-dm, LKM 47022/1952, 12 PS, Ns1, 1994 ex Brikettfabrik Lauchhammer, abg.
Vl: 78, B-dm, LKM 262207/1959, 36 PS, Ns2f, 1994 ex Feuerfestwerke Wetro / Betriebsteil Guttau (8), btf.
Vl: 79, B-dm, Jung 9234/1941, 45 PS, ZL 233, ehemals 780 mm, 1994 ex Imprägnierwerk Wülknitz („Lieschen"), bis Mitte 60er Jahre Baufirma L. Schneider (Riesa), urspr. Reichsbahn-Neubauamt Wittenberg (geliefert über E. Brangsch), abg.
Vl: 80, B-dm, Jung 7518/1937, 45 PS, ZL 130, ehemals 780 mm, 1995 ex Imprägnierwerk Wülknitz (II „Lieschen"), bis Mitte 60er Jahre Baufirma L. Schneider (Riesa), urspr. E. Brangsch (Engelsdorf), btf.
Vl: 81, B-dm, Jung 9339/1940, 12 PS, EL 105, 1995 ex Terrazzowerk Wotscheg & Sohn (Kroppen), urspr. E. Brangsch (Engelsdorf), abg.
Vl: 82, B-dm, LKM 248871/1957, 30 PS, Ns2b, 1995 ex Spielplatz Bautzen, urspr. Sächsische Granitwerke, btf.
Vl: 83, B-dm, LKM 47017/1952, 6 PS, Ns1, 1996 ex Steinbruch Jentsch (Gräfenhain), abg.
Vl: 84, B-dm, LKM 248675/1955, 36 PS, Ns2f, 500 mm, 1997 ex Dachziegelwerk Kodersdorf, btf.
Vl: 85, B-dm, LKM 262205/1959, 36 PS, Ns2f, 500 mm, 1997 ex Dachziegelwerk Kodersdorf, btf.
Vl: 86, B-dm, LKM 262212/1959, 36 PS, Ns2f, 500 mm, 1997 ex Dachziegelwerk Kodersdorf, btf.
Vl: 87, B-dm, LKM 260157/1960, 10 PS, Ns1b, 1997 ex Ziegelei Meißen-Drosselgrund, abg.
Vl: 88, B-bm, Eigenbau Gärtnerei Dombrowe ca. 1958, 45 PS, 500 mm, 1998 ex Gärtnerei Dombrowe (Radebeul), urspr. Eigenbau als Akkulok, 1972 Umbau in Benzinlok, abg.
Vl: 89, B-dm, LKM 252169/1956, 102 PS, N4, 1.435 mm, 1999 ex Arzneimittelwerk Dresden GmbH (Radebeul), btf.
Vl: 90, C-dm, LKM, 102 PS, V10C, 900 mm, 1999 ex Hohenbockaer Quarzwerke (Lauta), btf.
Vl: 91, B-dm, Deutz, OME 117F, 25 PS, 2000 ex privat (Ilmenau), zuvor Silikatwerke Brandis (7), btf.
Vl: 92, B-dm, CKD Praha, BND 30, 30 PS, 2000 ex privat (Ilmenau), abg.
Vl: 93, B-dm, LKM 249150/1955, 60 PS, Ns3e, 2001 ex Lausitzer Naturstein- und Baustoffwerke Demitz-Thumitz / Basalt AG, abg.
Vl: 94, B-dm, LKM, Ns2f, 2001 ex Lausitzer Naturstein- und Baustoffwerke Demitz-Thumitz / Basalt AG, btf.
Vl: 95, B-dm, Eigenbau Kolwe & Knof, 36 PS, 1.000 mm, 2003 ex Imprägnierwerk Kolwe & Knof (Falkenberg), btf.
Vl: 96, B-dm, Diema 1344/1952, 14 PS, DS 12, 2003 ex Euflor Torfwerk (Sassenburg-Westerbeck), abg.
Vl: 97, B-dm, LKM, Ns1, 10 PS, 2003 ex Schamottewerke Radeburg, btf.
Vl: 98, B-dm, LKM, Ns1b, 10 PS, 2003 ex Schamottewerke Radeburg, btf.
Vl: B-dm, LKM 247237/1955, 10 PS, Ns1, 500 mm, Eigentum M. Richter in Dresden (1), 1992 ex Ziegelwerke Zehdenick, btf.
Vl: B-dm, LKM 247426/1957, 12,5 PS, Ns1, 500 mm, Eigentum M. Richter (4), ex Kaolinwerk Spergau, btf.

*Von den sieben Jung-Loks vom Typ El 105 der Historischen Feldbahn Dresden ist nur die Lok 66 betriebsfähig. Am 11.5.2002 war in der Herrenleite Tag der offenen Tür.
Foto:
H. Roggenkamp*

Förderverein für die Müglitztalbahn

Die Müglitztalbahn von Heidenau (ehem. Mügeln bei Pirna) nach Altenberg im Osterzgebirge ist in ihrer Geschichte schon mehrmals eröffnet worden. Anfangs (ab 1890) hatte sie eine Spurweite von 750 mm und endete in Geising, doch 1923 wurde sie bis Altenberg verlängert. Bereits 1897 und 1927 erlitt sie bei Überschwemmungen derartige Zerstörungen, daß die Reparatur einem Neubau gleichkam. Um sie hochwassersicherer zu machen, Kollisionen mit dem Straßenverkehr zu vermeiden und weil der Verkehr stark angestiegen war, wurde die Strecke, die einen Höhenunterschied von 634 m überwindet, in den Jahren 1935-38 auf Normalspur umgebaut und weitgehend neu trassiert. Die Länge verkürzte sich von 41,6 auf 38 km. Spezielle Fahrzeuge, wie die Baureihe 84 und die Mitteleinstiegswagen, wurden für das Müglitztal entwickelt. Nach der Wende stand der Fortbestand in Frage, doch nach einer grundlegenden Sanierung 1998/99 fahren seit Sommer 2000 im Müglitztal moderne Triebwagen. Die Hochwasserkatastrophe des Jahres 2002 brachte den Verkehr für lange Zeit zum Erliegen, doch seit dem 20.12.2003 kann Altenberg wieder per Bahn erreicht werden.

Einige Eisenbahnfreunde, die sich ab 1997 für den Erhalt der Bahn einsetzten, gründeten 1998 einen Förderverein. Ihr Domizil haben sie im Bahnhof Bärenstein, den sie restaurierten und in ein Museum ausgestalteten. Die Fahrzeugausstellung besteht derzeit neben einer Diesellok (LKM V15B, abg.) nur aus zwei gedeckten Länderbahn-Güterwagen, doch ab 2005 kommt ein Altenberger Mitteleinstiegswagen der Gattung C4i-35a hinzu, der im Jahr 2000 aus der Tschechischen Republik heimkehrte und in Görlitz restauriert wird.

Termine: 20.5. (Vatertagsausflug ins Müglitztal), 22.5. (Sonderzug zum Dresdner Dampflokfest), 3.7. (Dampfsonderzug „600 Jahre Schlottwitz"), 12.9. (Tag des offenen Denkmals im Bf Bärenstein), 12.12. (Adventsfahrt nach Altenberg)
Info: Förderverein für die Müglitztalbahn e.V., Müglitztalstr. 23, 01768 Bärenstein, Tel. 0175 4152550, foerderverein@mueglitztalbahn.de
Internet: www.mueglitztalbahn.de

Verkehrsmuseum Dresden (VMD)

Die Elbmetropole verfügt über bedeutende technische und wissenschaftliche Sammlungen, wie z. B. das Verkehrsmuseum im Johanneum. Es zeigt die Geschichte des Verkehrs zu Land, zu Wasser und in der Luft. In der Eisenbahnabteilung fallen neben Modellen vor allem die großen Originalfahrzeuge auf, wie die älteste fast original erhaltene deutsche Lok („Muldenthal"), eine typisch-sächsische Schmalspurlok (99 535), die erste Drehstrom-Versuchslok der Welt, der Torso des E-Lok-Giganten 50 42, ein Salonwagen des Kgl. Sächsischen Hofzugs (1885) oder das Triebgestell des Kruckenbergschen SVT 137 155 (Westwaggon 1938). Eine Modellsammlung und zwölf Originalwagen, darunter die ältesten Straßenbahntriebwagen aus Leipzig und Dresden oder der „Große Hecht", spannen in der Abteilung „Städtischer Nahverkehr" den Bogen von der Tragesänfte (ältestes Exponat, 1705) bis hin zum Tatra-Gelenkzug. Ein Schmuckstück ist der 1886 in Philadelphia/USA gebaute Pferdebahnwagen Nr. 106.

Geöffnet: dienstags bis sonntags 10-17 Uhr
Info: Verkehrsmuseum Dresden, Augustusstr. 1, 01067 Dresden, Tel. 0351 8644-131 bis -133, Fax -110, vmuseum.dresden@vmd.smwk.sachsen.de
Internet: www.verkehrsmuseum.sachsen.de
Triebfahrzeuge:
- Dl: Muldenthal, 1'Bn2t, Hartmann 164/1861, 1.435 mm, bis 1952 Steinkohlenbergbau Zwickau
- Dl: 99 535, B'B'n4vt, Hartmann 2276/1898, 750 mm, 1968 ex DR (99 535), urspr. Sä. IVk 128
- Dl: 36, Bn2t, Krauss 2796/1893, 1.000 mm, 1966 ex Forster Stadteisenbahn (36)
- Dl: 215, B'B'n4vt, Baldwin 1916, 600 mm, Fairlie-Gelenklok Péchot-Bourdon, urspr. französische Heeresfeldbahn
- El: Bo, Siemens & Halske 1899, 1.435 mm, urspr. Drehstrom-Versuchslok, dann Gleichstrom-Werklok in Bad Berka

El: E 71 30, Bo'Bo', AEG 1592/1921, 1.435 mm, urspr. preuß. EG 530 „Halle"
El: E 50 42, 2'D1', LHW/BEW 1592/269/1926, nur Torso, ex DR (E 50 42), urspr. EP 242 „Breslau"
Et: 64, Bo, Breslau/AEG 1896, 2 x 17 kW, Eigentum Straßenbahnmuseum Leipzig, seit 1924 Htw, zuvor Straßenbahn Leipzig (Tw 854 bzw. 64)
Et: 761, Bo, Stoll (Dresden) 1896, ex Straßenbahn Dresden (Atw 761, zuvor Tw 815), urspr. Dresdner Straßenbahn-Gesellschaft (Tw 154)
Et: 1702, Bo'Bo', Niesky/Sachsenwerk 1931, 4 x 55 kW, „Großer Hecht", 1972 ex Straßenbahn Dresden (206 002 bzw. Tw 1702)

Die im Bw Dresden-Altstadt beheimatete 89 6009 wird auch 2004 mehrfach zum Einsatz kommen, so z. B. im Juni in Neustadt an der Weinstraße.
Foto (13.5.1999): Ludger Kenning

DB-Museum Dresden / Bahnbetriebswerk Dresden-Altstadt

Die „Ordnung für Eisenbahn-Museumsfahrzeuge" von 1975 sah vor, im Bw Dresden-Altstadt, wo nach 1945 nur noch zwei Rundlokschuppen und die Verwaltung existierten, viele Lokomotiven des VM Dresden unterzubringen. Da der Platz hierfür aber nicht ausreichte, wurden einige Loks andernorts hinterstellt. Im Bw Altstadt befinden sich seit 1977 viele Museumsloks des VMD und des Bw Dresden.
Geöffnet: 5. und 19.6., 3. und 17.7., 7. und 21.8., 4. und 18.9.2004
Weitere Termine: 20.-23.5. (Dampflokfest), 19.6., 3.7., 7.8. und 4.9. (Dampflokeinsatz) sowie 9./10.10.2004 (Saisonabschluß mit Gastloks)
Info: DB-Museum Dresden, Zwickauer Str. 86, 01187 Dresden, Tel. 01804 442233
Oder: IG Bw Dresden-Altstadt e.V., An der Flutrinne 25, 01139 Dresden, IGBwDA@web.de und joerg.baumgaertel@bahn.de
Internet: www.dbmuseum.de und www.igbahnbetriebswerkdresden-altstadt.de
Lokomotiven (1.435 mm):
Dl: 01 137, 2'C1'h2, Henschel 22579/1935, Eigentum DB-Museum, ex DR (01 2137 / 01 137), abg.
Dl: 03 001, 2'C1'h2, Borsig 12251/1930, Eigentum DB-Museum, ex DR (03 001), abg.
Dl: 17 1055, 2'Ch4v, Henschel 11512/1913, Eigentum VM Dresden, 1961 ex DR (17 1055), urspr. preuß. S 10[1] „1135 Osten", ä.r.

Dl: 19 017, 1'D1'h4v, Hartmann 4523/1922, Eigentum VM Dresden, 1967 ex DR, urspr. sächs. XX HV 207, ä.r., Pflegevertrag mit DB-Museum
Dl: 55 669, Dn2, Henschel 7419/1906, Eigentum VM Dresden, bis 1964 DR (55 669), urspr. preuß. G 7^1 „4438 Saarbrücken", ä.r.
Dl: 57 3297, Eh2, Hohenzollern 4401/1923, Eigentum VM Dresden, Nachbau preuß. G 10, ex DR (57 3297), ä.r.
Dl: 62 015, 2'C2'h2t, Henschel 20858/1928, Eigentum DB-Museum, ex DR (62 015), abg.
Dl: 78 009, 2'C2'h2t, Vulcan 2761/1912, Eigentum VM Dresden, 1968 ex DR, urspr. preuß. „8409 Stettin", ä.r.
Dl: 80 023, Ch2t, Jung 3862/1928, Eigentum VM Dresden, bis 1967 DR (80 023), ä.r.
Dl: 89 6009, Cn2, Humboldt 135/1902, Eigentum DB-Museum, Nutzungsvertrag mit IG Bw Dresden-Altstadt e.v., 1971 ex DR, bis 1949 Kleinbahn Heudeber – Mattierzoll (2), bis 1935 Sachsenwerk Stendal, bis 1930 DRG (89 7403), urspr. preuß. T 3 „6146 Berlin", btf.
Dl: 92 503, Dn2t, Union 1803/1910, Eigentum VM Dresden, 1968 ex DR, urspr. preuß. T 13 „7901 Essen"
Dl: 93 230, 1'D1'h2t, Union 2315/1917, Eigentum VM Dresden, 1966 ex DR, urspr. preuß. „8526 Erfurt"
Dl: Hegel 1431, Bn2t, Hartmann 1435/1886, Eigentum VM Dresden, bis 1970 DR 98 7056, urspr. sächs. VII T „1431 Hegel"
Dl: B-fl, LKM, 1993 ex Zellstoffwerk Pirna (Heidenau)
Vl: V 240 001, C'C'dh, LKM 652010/1965, Eigentum VM Dresden, ex DR (118 202 / V 240 001), Baumusterlok
Vl: V 15 1001, B-dm, LKM 253002/1959, Eigentum VM Dresden, ex DR (V 15 1001), erste Lok der Nullserie
Vl: 120 338, Co'Co', LTS 1867/1973, Eigentum VM Dresden, 1994 ex IGE Werrabahn Eisenach, bis 1992 DR (220 338 / 120 338)
Vl: 130 002, Co'Co', LTS 0002/1970, Eigentum VM Dresden, ex DR (130 002)
Vl: B-dm, Windhoff 241/1934, Kö I, Eigentum VM Dresden, 1996 ex Hafen Andernach, Umbau Schöma 1883/1956 (KDL 28), bis 1951 DB (Kö 0073)
Vt: 188 202, 2'Bo', Görlitz 200500-3/1968, Eigentum VM Dresden, 1994 ex DB/DR (188 202 / 137 712)
El: E 77 10, (1B)'(B1)', Krauss-Maffei 8134/1925, Eigentum VM Dresden, ex DR (E 77 10), bis 1928 DRG (EG 22 010), untergebracht im Bw Dresden-Friedrichstadt
Et: 188 511, Bo, Weimar 1930, 120 kW, Eigentum VM Dresden, 1969 ex DR (188 511), urspr. Kleinbahn Saalburg – Schleiz (1)
Et: 188 521, Bo, Weimar 1930, 120 kW, Eigentum VM Dresden, 1969 ex DR (188 521), urspr. Kleinbahn Saalburg – Schleiz (Gütertriebwagen 1)
Nf: Kl 3206, B-dm, Raw Schöneweide 35113/1976, 1995 ex DB/DR (Skl 3206)

Straßenbahnmuseum Dresden

1935 fuhr auf Dresdener Straßenbahngleisen erstmals ein Triebwagen im Traditionsverkehr. 1952-56 war er noch zusammen mit dem Pferdebahnwagen 106 bei besonderen Anlässen zu sehen, dann wurde der Zug dem Verkehrsmuseum übergeben. Erst als 1967 einige Straßenbahner mit dem Tw 812 ein Linienjubiläum begingen, kamen die musealen Aktivitäten wieder in Gang, und bald stand der erste historische Triebwagen (Tw 309) zur Verfügung. Zur 100-Jahr-Feier der Dresdner Straßenbahn wuchs die Flotte der Museumswagen langsam an. Nachdem sie anfangs durchweg von den Verkehrsbetrieben unterhalten und eingesetzt worden waren (unterstützt von der IG Betriebsmuseum), bildete sich 1992 der Straßenbahnmuseum Dresden e.V., der die 33 historischen Straßenbahnwagen der Dresdner Verkehrsbetriebe betreut und einsetzt sowie die ehemalige Hauptwerkstatt Trachenberge in ein Museum umwandelte.

Termine: 25.4. (Museumsöffnungstag, mit Zubringerverkehr und Rundfahrten), 10.7. (Museums-Sommernacht, mit Sonderlinie durch die Altstadt), 5.12. (Adventsöffnungstag, mit Rundfahrten mit Großem Hecht sowie Zubringerverkehr)
Info: Straßenbahnmuseum Dresden e.V., Trachenberger Str. 38, 01129 Dresden, Tel. 0351 857-1019, Fax 8583598, Reiner.Faethe@dvbag.de
Internet: www.strassenbahnmuseum-dresden.de.vu

Im Korso zum zehnjährigen Bestehen des Dresdener Straßenbahnmuseums fuhr der Tw 309 am 2.6.2002 auf dem Postplatz am Zwinger vorbei. Wenige Wochen später war dieser Bereich überflutet.   *Foto: Ludger Kenning*

Fahrzeuge des Straßenbahnmuseums (1.450 mm):
Et: 309, Bo, Eigenbau/AEG 1902, 75 kW, „Berolina", seit 1967 Htw, zuvor 729 001, 153 blau, 812, 531 bzw. 309, urspr. Deutsche Straßenbahngesellschaft Dresden, btf. (mit kleinem Normal-Bw 87, Bj. 1911)
Et: 734, Bo, Bautzen/AEG 1913, 75 kW, seit 1984 Htw, zuvor 729 038, 203 734, 734 bzw. 748, i.A. (mit Normal-Einrichtungs-Bw 1029, Bj. 1925)
Et: 765, Bo, Eigenbau/SSW 1920, 74 kW, seit 1996 Htw, zuvor 201 036, 729 044, 201 765 bzw. 765, btf.
Et: 937, Bo, Eigenbau/SSW 1927, 2 x 37 kW, „Union", seit 1972 Htw, zuvor 729 002 bzw. 937, urspr. Bergstrecke nach Bühlau, i.A. (mit großem Normal-Bw 307, Bj. 1912)
Et: 1512, Bo, Gotha/LEW 1960, 2 x 60 kW, Einheitstyp ET57 ER, seit 1994 Htw, zuvor 201 016, 214 009 bzw. 1512, abg. (mit Einheits-Bw 263 011, Bj. 1959)
Et: 1538, Bo, Gotha/LEW 1955, 2 x 60 kW, Einheitstyp ET54, seit 1992 Htw, zuvor 212 113, 1538 bzw. 1567, btf. (mit Einheits-Bw 1361 und 1362, Bj. 1956)
Et: 1587, Bo, Gotha/LEW 1959, 2 x 60 kW, Einheitstyp ET57 ZR, seit 1991 Htw, zuvor 213 009 bzw. 1587, bis 1966 Karl-Marx-Stadt (804), btf. (mit Einheits-Bw 1413, Bj. 1959)
Et: 1644, Bo, Bautzen/AEG 1925, 2 x 37,5 kW, seit 1991 Htw, zuvor 201 035, 729 041, 201 644, 644 bzw. 1644, im Zustand von 1955, abg. (mit großem Normal-Bw 1135, Bj. 1918)
Et: 1716, Bo'Bo', Bautzen/Sachsenwerk 1931, 4 x 55 kW, „Großer Hecht", seit 1972 Htw, zuvor 729 003, 206 016, 1716 bzw. 1722, im Zustand der 60er Jahre, btf. (mit Stahl-Bw 1314, Bj. 1929)
Et: 1734, Bo'Bo', Gotha/LEW 1962, 4 x 55 kW, Großraumwagen T4, seit 1996 Htw, 1995 ex Berlin (218 037 bzw. 8038), bis 1969 Dresden (1734), btf. (mit Großraum-Bw 2015, Bj. 1964)
Et: 1820, Bo, Bautzen/Sachsenwerk 1938, 2 x 55 kW, „Kleiner Hecht", seit ca. 1980 Htw, zuvor 729 004, 202 020, 1820 bzw. 1844, abg. (mit Schwebeachs-Bw 1219, Bj. 1925)
Et: 222 998, Bo'Bo', CKD 1968, 4 x 43 kW, Tatra T4D, seit 2002 Htw, zuvor 1998, btf. (mit Tatra-Bw 272 105, Bj. 1971)
Et: 2000, Bo'Bo', CKD 1967, 4 x 43 kW, Probewagen T4D, seit 1997 Htw, zuvor Fahrschul-Tw 201 201 bzw. 724 201, bis 1971/72 Tw 2000, btf.
Et: 226 001, Bo'Bo', CKD 1985, 4 x 45 kW, Tatra T6A2, seit 2000 Htw, btf.
Et: 4012, Bo, Eigenbau/AEG 1911, 75 kW, seit 1996 Htw, zuvor 201 031, 729 012, 4012 bzw. 598, abg.

Im Eigentum des Lockwitztalbahn e.V. (aufgestellt in Kreischa):
Et: 4, Bo, Gotha/AEG 1944, 74 kW, 1995 ex Bad Schandau (4), bis 1977 Dresden (240 004 / 853), bis 1969 Erfurt (112), abg.
Et: 5, Bo, Gotha/AEG 1943, 74 kW, 1993 ex Bad Schandau (5), bis 1977 Dresden (240 005 / 854), bis 1969 Erfurt (107), abg.
El: 3091, Bo, Henschel/SSW 1905, 80 kW, 1.000 mm, 2003 ex Straßenbahnmuseum Dresden, Museumslok seit 1973 (ex 725 001 / 3091 / 1), ä.r.

Dresdener Parkeisenbahn

Die 1950 im barocken Großen Garten eröffnete, heute 5,6 km lange Pioniereisenbahn Dresden war die erste Kindereisenbahn der DDR. 1968 wurde der Abschnitt Freundschaft (Zoo) – Frohe Zukunft (Straßburger Platz) zweigleisig ausgebaut, so daß ein Vierzugbetrieb im 15- bis 20-Minuten-Takt möglich ist. Im Jahr 2000 entstand der Bahnhof Am Straßburger Platz neu, weil der alte Endbahnhof dem Bau der Gläsernen VW-Manufaktur weichen mußte. Ein Förderverein kümmert sich u. a. um die Öffentlichkeitsarbeit und die Organisation von Veranstaltungen.
Fahrbetrieb: 8.4. – 3.10.2004 (in der Regel 10-18 Uhr)
Termine: 12./13.6. (Parkbahnfest), 10.7. (Museumssommernacht), 28.8. (orientalische Märchennacht), 29.8. (Tag der offenen Tür), 4./5.9. (Wildwest im Großen Garten) und 5.-7.12.2004 (Nikolauszüge)
Info: Staatliche Schlösser & Gärten (SSGD), Abt. Parkeisenbahn, Hauptallee 5, 01219 Dresden, Tel. 0351 4456-795, Fax -799, angela.neumann@schloesser-dresden.de und verein@parkeisenbahn-dresden.de
Internet: www.parkeisenbahn-resden.de
Lokomotiven (381 mm):
Dl: Lisa, 2'C1'h2, Krauss-Maffei 8351/1925, 30 PS, neu geliefert über E. Brangsch (Engelsdorf)
Dl: Moritz, 2'C1'h2, Krauss-Maffei 8353/1925, 30 PS, neu geliefert über E. Brangsch (Engelsdorf)
Al: EA 01, Bo'Bo', Raw Dresden 1962, 18 kW
Al: EA 02, ([1A]'[A1]')+([1A]'[A1]'), Raw Dresden 1982, Gelenklok, 34 kW, abg.

Feldbahnsammlung Richter, Dresden

Seit 1992 richtet Matthias Richter Feldbahnlokomotiven – vor allem der Nordhäuser O&K-Abteilung Montania – funktionsfähig her. Von den 16 vorhandenen Lokomotiven sind acht in Glossen und zwei in der Herrenleite hinterstellt.
Info: Matthias Richter, 01217 Dresden, mail@feldbahn-richter.de
Internet: www.feldbahn-richter.de
Lokomotiven (600 mm):
Vl: 3, B-dm, CKD Praha, 15 PS, BN 15R, ex Dachziegelwerk Forberge der Keramischen Werke Riesa, abg.
Vl: 5, B-dm, O&K Nordhausen 3196/1928, Typ M, ex privat, i.A.
Vl: 7, B-dm, O&K Nordhausen 10185/1939, 11 PS, MD 1, ex Ziegelei Höngeda, i.A.
Vl: 10, B-dm, O&K Nordhausen 10529/1940, 14 PS, Rl 1c, ex Pinkataler Schotterwerke, btf.
Vl: 11, B-dm, ÉGV Budapest 60er Jahre, 8 PS, MV, 500 mm, ex Ziegelei Ödenburg (Ungarn), i.A.

Lößnitzbahn Radebeul – Radeburg / Traditionsbahn Radebeul (TRR)

Bereits 1967, als das Schmalspursterben in der DDR zunahm, begannen einige Eisenbahnfreunde in Radebeul Ost mit dem Sammeln von markanten Schmalspurwagen. Als DMV-Gruppe und mit Hilfe der DR nahmen sie einen Traditionsverkehr auf der 16,4 km langen Lößnitzbahn („Lößnitzdackel") auf. In historischen Uniformen begleitet das Personal die Dampfzüge und oftmals sind auch die Fahrgäste wie vor 100

Jahren gekleidet. Anfang 2001 übernahm die Mitteldeutsche Bahnreinigungs-Gesellschaft (MBG) die Betriebsführung der Lößnitzbahn, doch verblieben die Fahrzeuge im Bestand von DB-Regio. Zum 1.4.2004 geht der Betrieb voraussichtlich an die BVO über.
Traditionszüge: 9./11., 17. und 30. April; 1., 20. und 30. Mai; 6. Juni; 4. Juli; 5. und 18./19. September; 3. und 30./31. Oktober sowie 4.-6. Dezember 2004
Info: Traditionsbahn Radebeul e.V., Sidonienstr. 1a, 01436 Radebeul, Tel. 0351 46148001, verein@trr.de
Internet: www.traditionsbahn-radebeul.de
Lokomotiven (750 mm):
Dl: 132, B'B'n4vt, Hartmann 2381/1899, seit 2000 Vereinseigentum, bis 1974 in Mügeln (99 1539 / 99 539), urspr. sächs. IVK 132, btf.
Dl: 99 586, B'B'n4vt, Hartmann 3606/1913, seit 2000 Vereinseigentum, ex DR (99 1586 / 99 586), urspr. sächs. IVk 176, abg.
Dl: 99 1608, B'B'n4vt, Hartmann 4521/1921, ex DR 99 1608 / 99 608, urspr. sächs. IVk 198, btf.
Dl: 99 713, Eh2t, Hartmann 4670/1927, Eigentum DB-Museum, bis 1972 in Wilsdruff (DR 99 1713 / 99 713), abg.
Dl: 99 715, Eh2t, Hartmann 4672/1927, Eigentum GbR Wilsdruff, bis 1972 in Wilsdruff (DR 99 1715 / 99 715), btf.
Dl: 99 1775, 1'E1'h2t, LKM 32014/1953, ex DB/DR (099 739 / 99 1775 / 99 775), btf.
Dl: 99 1778, 1'E1'h2t, LKM 32017/1953, ex DB/DR (099 742 / 99 1778 / 99 778), btf.
Dl: 99 1779, 1'E1'h2t, LKM 32018/1953, ex DB/DR (099 743 / 99 1779 / 99 779), btf.
Dl: 99 1793, 1'E1'h2t, LKM 132034/1957, ex DB/DR (099 756 / 99 1793 / 99 793), btf.
Dl: 99 791, 1'E1'h2t, LKM 132032/1956, seit 2000 Vereinseigentum, ex DR (99 1791 / 99 791), abg.
Vl: C-dm, LKM 250426/1967, 102 PS, V10C, Vereinseigentum, 1993 ex Gießerei und Maschinenbau Schmiedeberg (2), btf.

Eine verzwickte Geschichte liegt zwischen der Ausmusterung der 99 715 im Jahr 1972 und ihrer Wiederinbetriebnahme im Frühjahr 2003. Am 20.4.2003 befuhr die Lok zusammen mit der 99 713 den noch intakten Teil der Weißeritztalbahn (hier zwischen Malter und Dippoldiswalde). *Foto: Stephan Herrmann*

Waldeisenbahn Buschhaus, Niederau-Großdobritz

Aus einer 1998/99 zusammengekommenen Gruppe von Hobbyeisenbahnern entstand 2000 der Waldeisenbahn Buschhaus e.V., der in der Nähe von Meißen einen Feldbahn-Rundkurs aufbaut. Bislang sind 200 m befahrbar. Neben einer Wendeschleife ist eine Stichstrecke in den Wald geplant, daher die Bezeichnung „Waldbahn". Der Wagenpark umfaßt vier Hunte, drei Kipploren, einen offenen Personenwagen (6 Sitzpl.), einige Lorengestelle, eine Handhebeldraisine und einen Werkstattwagen.
Fahrbetrieb: 20.5. (10-18 Uhr) und 25./26.9.2004 (Sa 10-18 Uhr, So 10-15 Uhr) sowie nach Absprache
Info: Waldeisenbahn Buschhaus e.V., Buschhaus 6, 01689 Niederau-Großdobritz, Tel. 035243 36551 (Hering), info@bahn-buschhaus.ostbuerger.de
Internet: www.bahn-buschhaus.ostbuerger.de
Lokomotiven (600 mm):
V1: B-dm, LKM 247434/1957, 10 PS, Ns1, 1999 ex Waldeisenbahn Muskau, bis 1991 Ziegelwerk Zittau-Hartau der Baustoffwerke Niesky bzw. der Sächsischen Ziegelwerke Dresden, btf.
A1: Bo, BBA Aue 000506/1982, 2 x 2,1 kW, B 360, 2003 ex Wismut GmbH (Königstein bei Dresden), abg.

Haltepunkt Wilsdruff / Bahnhof Löthain

Die 1909 vollendete Strecke Wilsdruff – Meißen-Triebischtal (17,5 km) war Teil des Wilsdruffer Schmalspurnetzes. Die Stadt Wilsdruff besaß nicht nur einen großzügigen Bahnhof mit Bahnbetriebswerk, sondern an der 1966/69 stillgelegten Meißener Strecke auch einen stadtnahen Haltepunkt. Die IG Verkehrsgeschichte Wilsdruff übernahm 1986 das Gelände samt Wartehalle und gestaltete es zu einer „Eisenbahntechnischen Schauanlage" aus, die sie 1996 eröffnete. Ausgestellt sind einige interessante Wagen, wie z. B. ein Bahnpostwagen (Bautzen 1908), ein GGw (Bj. 1910), ein Gepäck- (Bj. 1901), ein Rungen- (Schumann 1921) und ein Rollwagen.
Info: IG Verkehrsgeschichte e.V., Postfach 31, 01723 Wilsdruff, Tel. 03522 38088, frank@wilsdruffer-schmalspurnetz.de
Internet: www.wilsdruffer-schmalspurnetz.de/verein.htm

Die Strecken Döbeln-Gärtitz – Mertitz Gabelstelle und Lommatzsch – Garsebach zählten baugeschichtlich ebenfalls zum Wilsdruffer, betrieblich jedoch zum Mügelner Netz. Die Ton- und Kaolinvorkommen im Raum Löthain waren der Grund, daß der Abschnitt Lommatzsch – Löthain sich noch bis 1972 halten konnte. 30 Jahre später begannen einige Eisenbahnfreunde unterstützt vom Heimatverein Käbschütztal mit der Restaurierung des Stationsgebäudes und verlegten ein Gleisstück. Zum 100-jährigen Streckenjubiläum im Jahr 2009 soll das Schmalspurbahnmuseum Löthain fertig sein.
Termine: 1.5. (Streckenwanderung im Käbschütztal), 12.9. (Tag der offenen Tür), 10.10. (Wanderung Nossen – Mohorn)
Info: Udo Jankowski, Leipziger Str. 13, 01665 Diera-Zehren, Tel. 035247 51053, webmaster@eisenbahnrelikte.de
Internet: www.schmalspurbahnmuseum-loethain.eisenbahnrelikte.de

Sächsischer Museumseisenbahn Verein Windbergbahn, Dresden-Gittersee

Ein aus einer 1980 gebildeten Eisenbahnfreundegruppe hervorgegangener Verein bemüht sich um den Erhalt des Restes der Windbergbahn Freital-Birkigt – Possendorf, der „Sächsischen Semmeringbahn". Hauptziel ist die Wiederaufnahme eines Museumsverkehrs, wie er schon 1991-98 bestand hat. Im restaurierten Empfangsgebäude von Gittersee befindet sich eine Ausstellung zur Streckengeschichte (geöffnet samstags von April bis Oktober, 9-16 Uhr). Zu den 22 Fahrzeugen des Windbergbahn e.V. gehört auch der Windberg-Aussichtswagen CSa12 70252 aus dem Jahr 1911.

Termine: 17.4. und 24.4. (Sonderfahrten Arnsdorf – Dürrröhrsdorf mit 89 6009), 1.5. (Bahnhofsfest Gittersee mit Feldbahn und Führerstandsmitfahrten), 20.-23.5. (Präsentation von Fahrzeugen im Bw Dresden-Altstadt, samstags Führerstandsmitfahrten in Gittersee), 6.6. (Ausstellung im Hp Kleinnaundorf), 10.-12.9. (Dresdner Dieselworkshop, Bahnhofsfest Gittersee, Mitfahrten auf Draisinen und Kleinlok)
Info: Sächs. Museumseisenbahn Windbergbahn e.V., Hermann-Michel-Str. 5, 01189 Dresden, Tel./Fax 0351 4013463, info@windbergbahn.de
Internet: www.windbergbahn.de und www.saechsische-semmeringbahn.de
Diesellok (1.435 mm): Kö 4500, B-dm, Henschel 22297/1934, 105 PS, 1993 ex DR 100 500, btf.

Weißeritztalbahn Freital-Hainsberg – Kurort Kipsdorf

In den 90er Jahren war die Zukunft der Weißeritztalbahn (26,1 km) ungewiß. Nach Aufgabe des Güterverkehrs (1994) schloß die DB AG mit dem Land und dem Verkehrsverbund einen Verkehrsvertrag ab und zum 1.1.2001 übernahm die Mitteldeutsche Bahnreinigungs-Gesellschaft (BRG) die Betriebsführung. Die IG Weißeritztalbahn engagiert sich seit 1978 für die Bahn (Gleisbaueinsätze, Salonwagen, Ausstellungen, politische Einflußnahmen, Fahrplanverbesserungen, Denkmalschutz, Sanierung des Dippoldiswalder Bahnsteigdaches). Die Hochwasserkatastrophe brachte 2002 den Verkehr vorerst zum Erliegen. Lediglich zwischen Seifersdorf und Dippoldiswalde finden gelegentlich Sonderfahrten statt. Der Wiederaufbau beginnt frühestens nach dem für Frühjahr 2004 geplanten Betreiberwechsel.
Info: IG Weißeritztalbahn e.V., Dresdner Str. 280, 01705 Freital, 0351 6412701, Fax 6411495, igw@weisseritztalbahn.de
Internet: www.weisseritztalbahn.de
Lokomotiven (750 mm):
Dl: 99 564, B'B'n4vt, Hartmann 3217/1909, Eigentum DB-Museum, ex DR (99 1564 / 99 564), urspr. sächs. IVk, btf.
Dl: 99 1734, 1'E1'h2t, Hartmann 4681/1928, ex DB/DR (099 723 / 99 1734 / 99 734), abg.
Dl: 99 1741, 1'E1'h2t, Hartmann 4691/1928, ex DB/DR (099 725 / 99 1741 / 99 741), abg.
Dl: 99 1746, 1'E1'h2t, BMAG 9535/1929, ex DB/DR (099 726 / 99 1746 / 99 746), btf.
Dl: 99 1747, 1'E1'h2t, BMAG 9536/1929, ex DB/DR (099 727 / 99 1747 / 99 747), abg.
Dl: 99 1761, 1'E1'h2t, BMAG 10152/1933, ex DB/DR (099 734 / 99 1761 / 99 761), i.A.
Dl: 99 1762, 1'E1'h2t, BMAG 10153/1933, ex DB/DR (099 735 / 99 1762 / 99 762), abg.
Dl: 99 1771, 1'E1'h2t, LKM 32010/1952, ex DB/DR (099 736 / 99 1771 / 99 771), btf.
Dl: 99 1780, 1'E1'h2t, LKM 32019/1953, ex DB/DR (099 744 / 99 1780 / 99 780), abg.
Dl: 99 1790, 1'E1'h2t, LKM 132031/1957, ex DB/DR (99 1790 / 99 790), Denkmal im Bahnhof Freital-Hainsberg
Vl: 1, C-dm, LKM 250335/1964, 102 PS, V10C, Vereinseigentum, 1994 ex GISAG Schmiedeberg, btf.
Vl: B'B'dh, „23. August" Bukarest 20850/1969, 2002 ex Schmalspurmuseum Rudy/Oberschlesien (Lxd2-358), ehem. 785 mm, abg.
Nf: B-bm, Eisenbahndraisinenbau GmbH Hamburg 1921, 5,5 PS, Draisine, Vereinseigentum

Silberbergwerk „Himmelfahrt Fundgrube", Freiberg

Die Freiberger Bergakademie öffnete das Silberbergwerk „Himmelfahrt Fundgrube" für das Publikum und ein Förderverein erschloß die Bergbaudenkmäler touristisch. Den früheren wie neuzeitlichen Bergbau kann man per Grubenbahn erfahren. Die Züge auf der 1,2 km langen 600-mm-Strecke im Schacht „Reiche Zeche" bestehen aus vier Personenwagen und einer Akkulok (Bo, LEW 17142/1980, 9 kW, EL 9).
Geöffnet: Mai-September samstags bzw. am ersten Samstag der Monate Oktober – April, Seilfahrten Mo-Fr um 9.30 sowie samstags 8, 11 und 14 Uhr
Info: Lehr- und Besucherbergwerk, Fuchsmühlenweg 9, 09596 Freiberg, Tel./Fax 03731 394571, lucas@lbb.tu-freiberg.de
Internet: www.mineral.tu-freiberg.de

Traditionsverein Döbelner Pferdebahn

Zwischen 1892 und 1926 verfügte Döbeln über eine 2,45 km lange meterspurige Pferdebahn zwischen Bahnhof und Stadtzentrum. Ein im Januar 2002 gegründeter Verein sammelt Dokumente und Exponate hierüber und bemüht sich, am Obermarkt eine Strecke schrittweise wiederaufzubauen. In Dresden konnte er einen alten Wagenkasten (ex Meißen Tw 1, Lindner 1899) bergen, der den Döbelner Pferdebahnwagen ähnelte. Vom Straßenbahnmuseum Dresden wurde das Gerippe des Wagens 3030 (Falkenried/SSW 1905) übernommen.
Info: Traditionsverein Döbelner Pferdebahn e.V., Uwe Hitzschke, Niedermarkt 31, 04720 Döbeln, Tel. 03431 7061843, Fax 750088, u.hitzschke@freenet.de
Internet: www.doebelner-pferdebahn.de

BSW-Freizeitgruppe IG Dampflok Nossen

Um die Stillegung der Zellwaldbahn Nossen – Freiberg zu verhindern, gründete sich 1993 der IG Dampflok Nossen e.v., der zusammen mit der Deutschen Regionalbahn Möglichkeiten eines Touristikverkehrs untersuchte. Die Vereinsfahrzeuge stehen seit 1998 im Bw Nossen, das nach Einstellung des Reiseverkehrs Nossen – Riesa frei geworden war.
Info: IG Dampflok Nossen, Döbelner Str. 19, 01683 Nossen, Tel. 03521 453034 und 0172 9472865, webmaster@bwnossen.de
Internet: www.bwnossen.de
Lokomotiven (1.435 mm):
Dl: 52 8047, 1'Eh2, BMAG 12812/1944, 1996 ex DB (DR 52 8047 / 52 6359), btf.
Dl: C-fl, Meiningen 03163/1987, 1996 ex Spezialpapierfabrik Weißenborn (Weißenborn), abg.
Vl: V 100 101, B'B'dh, LKM 11939/1968, 1.000 PS, 1997 ex DB, zuvor DR (201 101 / 110 101 / V 100 101), abg.
Vl: 100 498, B-dm, Henschel 22295/1934, 1996 ex DB/DR (310 498 / 100 498 / Kö 4498), btf.
Vl: 234 304, Co'Co', LTS Lugansk 0517/1975, 2.900 PS, 2002 leihweise ex DB-Museum, ex DB/DR (234 304 / 132 304)
Vl: 1, B-dm, LKM 252364/1962, 100 PS, V10B, 1995 ex Roßweiner Schmiedewerke, btf.
Vl: 2, B-dm, LKM 252526/1970, 100 PS, V10B, 1995 ex Roßweiner Schmiedewerke, btf.
Vl: B-dh, Kaluga 89-01-96103/1989, 240 PS, 1994 ex Zuckerfabrik Löbejün (bei Köthen), btf.

BSW-Freizeitgruppe Museumsbahnhof Großvoigtsberg

Ab 1996 restaurierten Eisenbahnfreunde den denkmalgeschützten Bahnhof Großvoigtsberg und richteten ein Museum zur Streckengeschichte und Eisenbahnsicherungstechnik ein. Bis 2000 gehörten sie dem IG Dampflok Nossen e.V. an, seither sind sie eine BSW-Gruppe, die sich für den erhalt der Strecke Freiberg – Nossen einsetzt und Sonderfahrten veranstaltet. Neben den historischen Güterwagen restauriert der Verein das historische Stellwerk 2 des Bahnhofs Mulda der Strecke Freiberg – Holzhau.
Termin: 12.9.2004 (Tag des offenen Denkmals)
Info: Mario Elsner, Lößnitzer Str. 29, 09599 Freiberg, Tel. 03731 33365, tomradics@web.de
Lokomotiven (1.435 mm):
Vl: B-dm, LKM 251227/1958, 90 PS, N4, 2000 ex NARVA-Leuchtstofflampen Brand-Erbisdorf
Nf: MZG, FEW Blankenburg 1986, 60 PS, 2000 ex BKK Espenhain

Museum „Haltepunkt Obergräfenhain", Lunzenau bei Rochlitz

Im Ort Lunzenau steht das einstige Stationsgebäude von Obergräfenhain. Marita und Matthias Lehmann ließen es 1997 von der Strecke Altenburg – Narsdorf auf einem Tieflader hierher schaffen und gestalteten es in ein Eisenbahnmuseum um.

Geöffnet: Donnerstag bis Montag jeweils ab 11.30 Uhr
Info: Haltepunkt Obergräfenhain, Familie Lehmann-Trommer, Burgstädter Str. 1, 09328 Lunzenau, Tel. 037383 6410, Fax 6386, lehmann@prellbock-bahnart.de
Internet: www.prellbock-bahnart.de
Diesellok (1.435 mm): B-dh, LKM 251166/1957, N4, 1997 ex Heckert Werkzeugmaschinen (Chemnitz)

IG Kleinbahn Waldheim – Kriebstein

Aus dem Feld-, Wald- und Wieseneisenbahn Ottendorf e.v. (FWWO) ist mittlerweile der Kleinbahn Waldheim-Kriebstein e.V. hervorgegangen. 2003 erwarb er die Strecke Waldheim – Kriebetal (2,75 km), zog mit seinem Feldbahnmaterial (u. a. 25 Loren, Personen- und Güterwagen) nach Rauschenthal um und begann mit der Umspurung auf 600 mm. Höhepunkt der Strecke ist die 105 m lange und 30 m hohe Lindenhofbrücke, die einen prächtigen Blick über Waldheim und das Zschopautal bietet. Die Kleinbahn soll künftig den DB-Bahnhof Waldheim mit der Burg Kriebstein und dem Kriebsteinstausee verbinden.
Info: Touristik- und Museumsbahn, Breitscheidstr. 1a, 04736 Waldheim
Oder: Hans-Rolf Küpper, Röllingshainer Weg 5c, 09244 Lichtenau, Tel. 037208 66307 (ab 31.4.2004 auch 034327 66510), Fax 66308, h.r.kuepperservice@t-online.de
Lokomotiven 600 m:
Vl: B-dm, LKM 248835/1956, 50 PS, Ns2f, 1996 ex Beton- und Kieswerk Merseburg (1/D42), btf.
Vl: B-dm, LKM 248888/1957, 50 PS, Ns2f, 1996 ex Beton- und Kieswerk Merseburg (823), btf.
Vl: B-dm, LKM 260055/1958, 16 PS, Ns1, 1994 ex Mittweida, btf.
Vl: B-dm, LKM 260056/1959, 10 PS, Ns1, 1997 ex Ziegelwerke Crimmitschau, btf.
Vl: B-dm, Deutz/Spoorijzer 1954, 56 PS, 1998 ex Kieswerk Schulte & Bruns (Kalkar), abg.
Vl: B-dm, LKM 252164/1960, 102 PS, V10B, 1.435 mm, 2002 ex Steinbruch Berbersdorf der Westsächsischen Steinwerke GmbH, urspr. VEB Zuschlagstoffe Karl-Marx-Stadt (Dittelsdorf), i.A.

Bergwerksbahn „Alte Hoffnung Erbstolln", Schönborn-Dreiwerden

In der zweiten Hälfte des 19. Jahrhunderts bestand im Zschopautal unterhalb von Schönborn-Dreiwerden (zwischen Mittweida und Hainichen) eine Pferdebahn zum Transport des Gesteins zur Erzwäsche. Seit 1978 betreut die Arbeitsgemeinschaft Historischer Erzbergbau e.V. (AHE) einen Teil des früheren Silbererzbergwerks. Auf der Bahntrasse wurde eine etwa 1 km lange Grubenbahn in 600 mm Spurweite zwischen dem Betriebshof (mit Fachwerklokschuppen) und dem Mundloch des „Eisenbahnstolln", wo ein Besucherbergwerk mit Kahnfahrt entstanden ist, wieder aufgebaut. Zum Einsatz kommen Akkulokomotiven (Bo, Typ B360) mit typischen Grubenbahnwagen.
Geöffnet: Führung samstags 10 und 13 Uhr, feiertags 10, 13 und 15 Uhr, sonst nach Absprache
Info: Besucherbergwerk, Feldstr. 15, 09661 Rossau / Schönborn-Dreiwerden, Tel. 03727 91845, ahe@schaubergwerk.de
Internet: www.schaubergwerk.de

Sächsisches Eisenbahnmuseum (SEM), Chemnitz-Hilbersdorf

Der Dampfbetrieb im Bw Hilbersdorf ging erst 1987 zu Ende, so daß die Dampflokbehandlungsanlagen samt Kohlehochbunker erhalten geblieben sind. Der 1991 gegründete Verein SEM unterhält die denkmalgeschützten Anlagen. Neben den Fahrzeugen sind eine Tatra-Zugmaschine mit Culemeyer-Schwerlastanhänger, eine Sammlung von Eisenbahn-Fernmeldetechnik und die Bibliothek interessant.
Geöffnet: Dienstag bis sonntags (9-17 Uhr) und nach Absprache

Fahrzeugschau in Chemnitz-Hilbersdorf am 23.9.2001: Links der „Rollwagen" 38 205, daneben die 75 515 und hinten der aus dem Bw Dresden-Altstadt zu Besuch gekommene „Sachsenstolz" 19 017.
Foto: Rainer Vormweg

Termine: 11.4. (Chemnitz – Schöneck), 17.4. (Mondscheinfahrt im Raum Chemnitz), 18.4. (Alttraktoren- und Feldbahntreffen), 9.5. (Chemnitz – Schloß Wackerbarth), 20.5. (Chemnitz – Holzhau), 16.6. (Chemnitz – Spreewald), 26.-28.8. (Heizhausfest), 11.9. (Chemnitz – Freyburg/Unstrut), 2.10. (Chemnitz – Wernigerode mit Schnellzuglok), 23.10. (Chemnitz – Leipzig), 6.11. (Erzgebirgsrundfahrt), 7.11. (Saisonabschluß im Museum) und 27.11.-19.12.2004 (Adventslichtelfahrten im Erzgebirge)
Info: Sächsisches Eisenbahnmuseum, An der Dresdner Bahnlinie 130c, 09131 Chemnitz, Tel. 0371 4932-765, Fax -773, sem-chemnitz@arcor.de
Internet: www.sem-chemnitz.de
Lokomotiven (1.435 mm):
Dl: 24 004, 1'Ch2, Schichau 3119/1928, Eigentum VM Dresden, 1966 ex DR (37 1004 / 24 004)
Dl: 38 205, 2'Ch2, Hartmann 3387/1910, Eigentum DB-Museum, urspr. sächs. XII H2 Nr. 3656
Dl: 41 1225, 1'D1'h2, Henschel 24792/1940, 1993 ex GUS-Armee Fürstenberg, zuvor DR (41 1225 / 41 225), ä.r.
Dl: 43 001, 1'Eh2, Henschel 20726/1927, Eigentum VM Dresden, bis 1968 DR (43 001)
Dl: 44 1338, 1'Eh3, Krupp 2760/1942, 1999 ex IGE Werrabahn Eisenach, bis 1991 PmH 10 (Ballenstedt), bis 1982 DR (44 0338 / 44 1338), ä.r.
Dl: 50 3628, 1'Eh2, Esslingen 4490/1942, Privateigentum, 1993 ex DR (50 3628 / 50 2678)
Dl: 50 3648, 1'Eh2, Krupp 2332/1941, bis 1993 DR (50 3648 / 50 967), btf.
Dl: 52 4924, 1'Eh2, MBA 13994/1943, 1993 ex DR (52 4924), ä.r.
Dl: 52 8039, 1'Eh2, Henschel 27952/1944, Eigentum IG Werrabahn Eisenach, 1993 ex DR (52 8039 / 52 2720), abg.
Dl: 52 8068, 1'Eh2, Jung 11322/1944, 2001 ex Stadt Olbernhau, bis 1996 DR (52 8068 / 52 3311), i.A.
Dl: 52 8149, 1'Eh2, Krenau 1395/1944, Privateigentum, ex DR (52 8149 / 52 3839), i.A.
Dl: 58 261, 1'Eh3, Karlsruhe 5001/1921 (Kessel: Schichau 2858/1920), Eigentum VM Dresden, urspr. bad. G 12 Nr. 1047, ä.r.
Dl: 75 515, 1'C1'h2t, Hartmann 3477/1911, Eigentum VM Dresden, bis 1981 Denkmal Chemnitz Hbf, zuvor DR (75 515), urspr. sächs. XIV HT Nr. 1346, ä.r.
Dl: 86 001, 1'D1'h2t, Karlsruhe 2356/1928, Eigentum DB-Museum, ex DR (86 1001 / 86 001), abg.

Dl: Cn2t, Hanomag 10565/1927, 2003 ex Denkmal Niederschelden, bis 1991 Denkmal Hilchenbach, bis 1971 Werk Geisweid der Stahlwerke Südwestfalen AG (1), dort 1969 abgestellt, bis 1949 Zeche Consolidation der Mannesmann-Steinkohlengewerkschaft Gelsenkirchen, abg.

Dl: 8, C-fl, Raw „Helmut Scholz" Meiningen 03161/1987, FLC, 1996 ex HKW Nord der Stadtwerke Chemnitz (8), urspr. Energieversorgungskombinat Karl-Marx-Stadt

Dl: C-fl, Meiningen 03012/1984, Typ FLC, 2001 ex Energieversorgung Südsachsen EVS (Plauen), urspr. Anschlußbahn Küchwald des Energieversorgungskombinats Karl-Marx-Stadt, btf. für Führerstandsmitfahrten im Museum

Dl: 1, B-fl, LKM 146067/1956, Typ FLB, 2000 ex ER Coswig GmbH in Dresden-Coswig (1), urspr. Werk IV Dresden-Coswig der Vereinigten Zellstoffwerke Pirna (1), ä.r.

Dl: C-fl, Hohenzollern 2702/1911, mit Innentriebwerk, 1999 ex Eisenbahnclub Aschersleben, bis 1994 BKW Sobotka in Harbke/Röblingen (F 40-20-B3), urspr. Gewerkschaft Friedrich (Lützendorf), i.A.

Dl: C-fl, Borsig 10896/1921, Typ FL, 1998 ex Steinkohlenkokerei „August Bebel" Zwickau (12), bis 1982 VEB Zellstoff- und Papierfabrik Crossen/Mulde, urspr. Leonhard Söhne (Crossen/Mulde), ä.r.

Dl: 99 566, B'B'n4vt, Hartmann 3320/1909, 750 mm, 1991 ex DR 99 1566, urspr. sächs. IVk 156, abg.

El: 242 002, Bo'Bo', LEW 9893/1962, 2.760 kW, Eigentum DB-Museum, ex DB/DR (142 002 / 242 002 / E 42 002), urspr. Baumusterlok

El: E 44 045, Bo'Bo', Krauss-Maffei/SSW 15548/1936, 2.200 kW, 1994 ex DR (244 045 / E 44 045), ä.r.

El: 254 059, Co'Co', AEG 5338/1942, 1999 ex IGE Werrabahn, bis 1993 DR (254 059), ä.r.

Vl: B-dm, LKM 252258/1961, 102 PS, V10B, 1994 ex Zinkweißhütte Bernsdorf der Kali-Chemie (1), abg.

Vl: B-dm, LKM 252274/1961, 102 PS, V10B, ex Barkaswerke Karl-Marx-Stadt/Chemnitz

Vl: B-dm, LKM 252462/1966, 102 PS, V10B, ex ERMAFA Guß GmbH in Chemnitz, zuvor VEB ERMAFA Karl-Marx-Stadt (1)

Vl: B-dm, LKM 252515/1969, 102 PS, V10B, 2002 ex Eisenbahnverein Langenau, zuvor Narva-Glühlampenfabrik Brand-Erbisdorf, urspr. Max-Roscher-Schacht Brand-Erbisdorf

Vl: Kö N4B, B-dm, LKM 251071/1955, 90 PS, N4b, 1993 ex Energieversorgung Südsachsen AG (Chemnitz), bis 1990 Gasversorgung Karl-Marx-Stadt (I), urspr. Gaswerk Altchemnitz

Vl: B-dh, LKM 262023/1967, 220 PS, V22B, ex Raw „Wilhelm Pieck" Karl-Marx-Stadt (2), bis 1972 Hafen- und Industriebahn Schwerin

Vl: TGK 2-E1, B-dh, OTK Tula (UdSSR) 168/1988, 250 PS, Typ TGK 2-E1, 1994 ex IFO Barkas Chemnitz (Hainichen)

Vl: 100 045, B-dm, Gmeinder 1606/1936, 50 PS, Kö I, 2000 ex Nickelhütte St. Egidien (ESF 1), bis 1975 DR (100 045 / Kö 0245)

Vl: 100 211, B-dm, Deutz 10904/1933, 80 PS, Köf II, 1994 ex DB/DR (310 211 / 100 211 / Kö 4211), btf.

Vl: V 15 2065, B-dh, LKM 261065/1961, 220 PS, V15B, 1997 ex Aw Chemnitz (1), ä.r.

Vl: B-dh, LKM 262196/1969, 220 PS, 1998 ex Raw Chemnitz (3), urspr. Hafenbahn Schwerin

Vl: V 60 1001, LKM 656013/1959, 650 PS, V60D, Eigentum VM Dresden, bis 1983 DR (106 001 / V 60 1001), i.A.

Vl: V 60 1120, D-dh, LKM 270122/1963, 650 PS, V60D, 1994 ex DB/DR (346 120 / 106 120), ä.r. in Ursprungslackierung

Vl: 5, D-dh, LEW 14147/9174, 650 PS, V60D, 1996 ex Anschlußbahn Potsdam-Rehbrücke GmbH (5)

Vl: 110 025, B'B'dh, LEW 11234/1967, 1.000 PS, Eigentum DB-Museum, ex DB/DR (201 025 / 110 025)

Vl: 120 269, C'C'dh, LTS Woroschilowgrad/Lugansk 0671/1969, 2.000 PS, 1994 ex DB/DR (220 269 / 120 269), ä.r.

Vl: V 180 141, B'B'dh, LKM 275128/1966, 2.400 PS, 1993 ex DB/DR (228 141 / 118 141), ä.r.

Vl: 118 782, C'C'dh, LKM 280191/1969, 2.400 PS, 1994 ex DB/DR (228 782 / 118 782), ä.r.

Vl: 131 060, Co'Co', LTS Woroschilowgrad/Lugansk 0174/1973, 3.000 PS, 1993 ex DB/DR (231 060 / 131 060), abg.

Vl: 219 003, Co'Co', „23. August" Bukarest 1978, Eigentum DB-Museum, ex DB/DR (219 003 / 119 003)

Al: ASF 01, Bo, FEV Blankenburg 1964, 17 kW, El 10.1, 1998 ex DB Plauen, btf.

Al: ASF 8, Bo 1966, LEW, El 16, Akku-Schleppfahrzeug, btf.

Nf: GSM 01, Plasser 2774/1989, Unima 3, Gleisbaufahrzeug

Die Stillegung der Feldbahnen der Ziegeleien in Chemnitz-Rottluff und -Altendorf gab 1991 einigen Eisenbahnfreunden den Anstoß, die IG Feldbahn Chemnitz zu gründen. Hieraus ging 1992 der Museums- und Traditionsfeldbahn Chemnitz e.V. hervor, der eine Kooperation mit dem SEM aufnahm, wo man ebenfalls Feldbahnmaterial sammelte, und 1994 mit seinem Material nach Hilbersdorf umzog. Anfang 1999 ging der MTF e.V. im SEM auf. Seit 1994 entsteht ein Rundkurs (bisher mit 21 Weichen) und 1999 baute man eine Lkw-Garage in einen Lokschuppen um. Seit April 2003 wird ein benachbartes Gebäude in eine fünfgleisige Ausstellungshalle ausgestaltet.
Fahrbetrieb: 2.5., 15.5. (Mondscheinfahrten), 30.5., 6.6., 4.7., 1.8., 5.9. und 3.10. sowie am 17./18.4. (Feldbahntreffen), 26.-29.8. (Heizhausfest) und 7.11.2004 (Saisonabschluß)
Info: Sächsisches Eisenbahnmuseum, An der Dresdener Eisenbahnlinie 130c, 09131 Chemnitz, Tel. 0163 6590653, Fax 0371 214407, roehme@htwm.de
Lokomotiven (600 mm):
Dl: HFB 2738, Dn2t, Hartmann 4300/1919, Brigadelok, 2000 ex Zuckerfabrik Mozambik, abg.
Dl: Bn2t, Hanomag 9332/1923, Typ Spunterei, 1994 ex Spielplatz Hoyerswerda, neu geliefert an T. Lewald (Berlin), i.A.
Vl: B-dm, Eigenbau-Schienenkuli, 7,5 PS, 1996 ex Ziegelei Großröhrsdorf, btf.
Vl: B-dm, LKM 247446/1957, 17 PS, Ns1, 1991 ex Ziegelwerk Chemnitz-Altendorf, btf.
Vl: B-dm, LKM 247154/1954, 15 PS, Ns1, bis 1993 Ziegelei Forberge, abg.
Vl: B-dm, CKD 63-004/1963, 17 PS, BN 15R, 1993 ex Ziegelei Forberge, btf.
Vl: B-dm, CKD 9015/1960, 15 PS, BN 15R, 1994 ex Ziegelei Bielatal, urspr. Werk Hoyerswerda des WBK Cottbus (330-15-1), i.A.
Vl: B-dm, CKD 40096/1961, 30 PS, BN 30R, 2001 ex Pfannsteinwerk Liebertwolkwitz, abg.
Vl: B-dm, Jung 12421/1955, 7,5 PS, EL 110, 1959-98 bei Steinbruch Füssel, Laußnitz, ehem. 700 mm, btf.
Vl: B-dm, Jung, 12 PS, EL 105, 1995 ex privat (Rossau), zuvor Ziegelei Schroth (Grechwitz), btf.
Vl: B-dm, O&K 9774/1939, 30 PS, MD 2, 1996 ex Ziegelei Großröhrsdorf, abg.
Vl: B-dm, LKM, 30 PS, Ns2f, 1995 ex Ziegelei Oberlungwitz, btf.
Vl: B-dm, LKM 248492/1954, 30 PS, Ns2f, 1991 ex Ziegelei Chemnitz-Rottluff, bis 1963 Kiesbahn Leipzig-Lindenau (32), abg.
Vl: B-dm, LKM 248505/1955, 30 PS, Ns2f, 1991 ex Ziegelei Chemnitz-Altendorf, btf.
Vl: B-dm, LKM 248819/1956, 30 PS, Ns2f, 1991 ex Ziegelei Chemnitz-Rottluff, btf.
Vl: B-dm, LKM 262018/1958, 30 PS, Ns2f, 1991 ex Ziegelei Chemnitz-Rottluff, abg.
Vl: B-dm, LKM 249273/1960, 60 PS, Ns3h, 1999 ex Ziegelei Erfurt-Gispersleben (805), urspr. Kieswerk Ottendorf-Okrilla, btf.
Vl: B-dm, Deutz 13869/1935, 28 PS, OME 117F, 2003 ex FWM Oekoven (13, zuvor 6), bis 1976 Formsandgrube Liethen (Ratingen), urspr. Baufirma J. Berger AG (Berlin), i. A.
Vl: B-dm, Henschel D1172/1935, 15 PS, DG 10 IV, 2003 ex Historische Feldbahn Schlanstedt, bis 1994 Ziegelei Sourell (Nordhausen), abg.
Vl: B-dm, Gmeinder 2201/1938, 15/18 PS, 2002 ex privat (Bad Rappenau), urspr. Baufirma M. Klotz (Ludwigsburg), btf.
Al: Bo, LEW, 2 x 4,5 kW, El 9, 2001 ex privat (Irfersgrün), zuvor Fluß- und Schwerspatwerk Klingenthal-Brunndöbra, btf.
Al: Bo, LEW 11585/1968, 2 x 4,5 kW, El 9, 2001 ex Schaubergwerk Schneckenstein (Tannenbergstal), abg.

Straßenbahn Chemnitz

Die museale Erhaltung von Chemnitzer Straßenbahnwagen begann 1985 mit dem Denkmalschutz für einige markante Schmalspurfahrzeuge, die ab 1987 von einer DMV-Gruppe aufgearbeitet wurden. Die aus 14 Fahrzeugen bestehende Sammlung befindet sich seit 1996 im Betriebshof Kappel und kann dienstags (16.30 – 20 Uhr) und samstags (10-18 Uhr) besichtigt werden. Fast alle Wagen sind betriebsfähig, können aber seit der Umspurung der Chemnitzer Straßenbahn nicht mehr eingesetzt werden. Sie gehören der CVAG und werden vom Verein betreut. Dieser befaßt sich mit der Erhaltung von Exponaten der Chemnitzer Straßenbahngeschichte und mit dem Aufbau eines Museums in Kappel. Inzwischen besitzt er mit dem Tw 813 / Bw 966 einen eigenen normalspurigen Zug.

Termine: 15.5. (Museumsnacht, 19-1 Uhr) und 26./27.6.2004 (Straßenbahnfest, 9-18 Uhr)
Info: Chemnitzer Verkehrs-AG, Postfach 114, 09001 Chemnitz, Tel. 0371 2370-0, Fax -600, www.cvag.de, kontakt@cvag.de
Oder: Straßenbahnfreunde Chemnitz e.V., Irkutsker Straße 261, 09119 Chemnitz, Tel. 0371 2370625, Fax 2822904, kontakt@strassenbahn-chemnitz.de
Museum: Straßenbahnmuseum Kappel, Zwickauer Str. 164, 09116 Chemnitz, Tel. 0371 2370625
Internet: www.strassenbahn-chemnitz.de
Triebwagen (925 mm):
Et: 15, Bo, Weyer/AEG 1925, 2 x 47,8 kW, bis 1982 Atw 1267, bis 1976 Tw 267, bis 1936 Tw 15, btf., mit Bw 543 (Niesky 1926, i.A.)
Et: 169, Bo, Eigenbau (mech.) / Pöge EAG Chemnitz (elt.) 1920, 2 x 33,1 kW, Htw ähnlich den „Kaßbergwagen" von 1908, bis 1996 Traditions-Tw 69, bis 1980 Fahrschul-Tw 1169 bzw. 169, bis 1951 Tw 169, btf.
Et: 251, Bo, Bautzen/SSW 1929, 2 x 47,8 kW, seit 1988 Htw, zuvor Tw 351, bis 1975 Tw 251, btf., mit Bw 598 (Werdau 1929)
Et: 306, Bo, Bautzen/AEG 1928, 2 x 47,8 kW, bis 1996 Htw 316, bis 1988 Tw 316, bis 1977 Tw 306, bis 1975 Tw 206, btf. (mit Bw 552 (Bautzen 1927) und Café-Bw 566 (Düsseldorf 1927, i.A.)
Et: 332, Bo, Bautzen/AEG 1929, 2 x 47,8 kW, seit 1988 Htw, bis 1975 Tw 232
Nf: Atw 1035, Bo, Schörling/SSW 1940, 2 x 44,2 kW, Schienenschleifwagen, seit 1985 Htw, i.A.
Nf: Atw 1331, Bo, Bautzen/AEG 1929, 2 x 47,8 kW, Hilfsgerätewagen, 1988 ex Atw 1331, bis 1980 Tw 331, bis 1975 Tw 231 (mit ABw 1053, 1054 und 1073; Bj. 1909-17)
Triebwagen (1.435 mm):
Et: 401, Bo'Bo', CKD 1968, 4 x 43 kW, T3D, seit 2002 Htw, mietbar bei CVAG (mit Tw 402 und Bw 713 als historischer Großzug geplant), btf.
Et: 801, Bo, Gotha/LEW 1956, 2 x 60 kW, ET54, Partywagen, bis 1996 Winterdienst-Atw 1102, bis 1986 Dresden (Tw 212 103, bis 1971 Tw 1528, bis 1966 Tw 1564), mietbar bei CVAG, btf.
Et: 813, Bo, Gotha/LEW 1960, 2 x 60 kW, T57, 1999 ex Dresden (Atw 201 015, bis 1990 Tw 213 018, zuvor Tw 1596), bis 1967 Karl-Marx-Stadt (Tw 813), i.A. (mit Bw 966, Gotha 1967)

Sächsisches Industriemuseum Chemnitz

Das im April 2003 eröffnete Industriemuseum Chemnitz führt auf lebendige Weise zahlreiche aktuelle wie auch historische Exponate vor, so u. a. eine Dampfmaschine von 1896 (Mo/Di 10.30-14.30 Uhr, sonntags 10-13 Uhr). Im Freibereich sind Mitfahrten auf der Dampfspeicherlok möglich (Betriebszeiten auf telefonische Anfrage).
Geöffnet: Montag – donnerstags 9-17 Uhr sowie samstags, sonn- und feiertags 10-17 Uhr
Info: Sächs. Industriemuseum, Zwickauer Str. 119, 09112 Chemnitz, Tel. 0371 3676-140, Fax -141, kontakt@saechsisches-industriemuseum.de
Internet: www.saechsisches-industriemuseum.de
Lokomotiven (1.435 mm):
Dl: 98 001, B'B'n4vt, Hartmann 3377/1910, Eigentum VM Dresden, zuletzt (bis 2003) im SEM Chemnitz-Hilbersdorf, bis 1965 DR (98 001), urspr. sächs. I TV Nr. 1394 (für Windbergbahn Birkigt – Possendorf), abg.
Dl: Cfl, Raw Meiningen 03198/1988, Typ FLC, 2003 ex SEM Chemnitz-Hilbersdorf, bis 1996 Papierfabrik Schönborn-Dreiwerden (3), urspr. Stammwerk des Energiekombinats Berlin, btf.

Parkeisenbahn Chemnitz

In Trägerschaft der Verkehrsbetriebe wurde 1953/54 im Kulturpark „Küchwald" aus Feldbahn- und Trümmerbahnmaterial eine Pioniereisenbahn als 2,3 km langer Rundkurs aufgebaut. Ein 1991 gegründeter Förderverein unterstützt die „Küchwaldbahn", die seit 1996 von einer gemeinnützigen Gesellschaft betrieben wird. Es verkehren Nahverkehrs- (mit Halt an den Tennisplätzen und am Bw) und Eilzüge (mit zweimaliger Umrundung des Parks). Der alte Lokschuppen wurde durch eine dreigleisige Halle ersetzt.

Fahrbetrieb (9-18 Uhr): 18.3. bis 31.10. sowie 4.-6.11. und 26.12.2004. Dampfbetrieb (13-18 Uhr) am 11./12.4., 30./31.5., 12./13.6., 3./4.7., 7./8.8., 4./5.9., 2./3.10., 10.10., 30./31.10., 4.-6.12. und 26.12.2004
Weitere Termine: 9.-12.4. (Osterprogramm), 30.4. (Walpurgisnacht), 1./2.5. (Maifest), 30./31.5. (Pfingstprogramm), 6.6. (Kindertagsparty), 7.-13.6. (50. Bahnjubiläum), 2.-4.7. (Pressefest), 21.-22.8. (Gaudisportfest), 18.9. (Märchennacht) und 10.10. (Bahnbetriebsfest)
Info: Parkeisenbahn Chemnitz GmbH, Küchwaldring 24, 09113 Chemnitz, Tel. 0371 3301100, Fax 3363320, parkbahn-chemnitz@t-online.de
Internet: www.parkeisenbahn-chemnitz.de
Lokomotiven (600 mm):
Dl: Bn2t, Henschel 28033/1948, 75 PS, Typ Riesa, Eigentum Frankfurter Feldbahnmuseum (3), bis 1978 Denkmal Lang Göns, bis 1970 Baufirma Faber & Schnepp (Gießen), btf.
Vl: 6001, B-dm, Jung 5738/1937, 60 PS, ZL 105, ex Pionierbahn Chemnitz (1), bis 1954 Baufirma Keller, btf.
Vl: 6002, B-dm, LKM 249184/1957, 60 PS, Ns3, ex Pionierbahn Chemnitz (2), btf.
Vl: 6003, C-dm, LKM 250510/1971, 102 PS, V10C, bis 1983 Ziegelei Hainichen, zuvor DR Gleisbau Naumburg, btf.
Vl: 6004, B-dm, LKM 262063/1957, 30 PS, Ns2f, ehem. 500 mm, zuvor Werk Oberlungwitz/ Niederwürschnitz der Ziegelwerke Crimmitschau (934), urspr. Ziegelei Limbach, btf.
Al: 6005, Bo, BBU Aue 576/1985, 4,2 kW, B 360, 1994 ex SDAG Wismut Hartenstein, btf.
Vl: 6006, B-dh, Schöma 5716/2002, 140 PS, CFL 60 DCL, btf.

Erst wenige Wochen alt war die Lok 6006 der Chemnitzer Parkeisenbahn, als sie am 31.5.2002 im Bahnhof Küchwaldwiese auf die Abfahrt wartete. Foto: Ludger Kenning

Besucherbergwerk & Mineralogisches Museum, Ehrenfriedersdorf

Die reichen Zinn- und Silbervorkommen des Saubergs ließen Ehrenfriedersdorf zu einer bedeutenden Bergstadt werden. Das 1996 eröffnete Besucherbergwerk macht den erzgebirgischen Gangerzbergbau erlebbar. Man gelangt per Seilfahrt in 100 m Tiefe, wo eine Grubenbahnfahrt mit dem „Sauberg-Express" bevorsteht. Im vom Besucherweg abgetrennten Heilstollen werden Atemwegserkrankungen behandelt.
Geöffnet: Täglich 9-17 Uhr, Führungen um 9 und 13 Uhr
Info: Zinngrube Ehrenfriedersdorf / Besucherbergwerk, Am Sauberg 1, 09427 Ehrenfriedersdorf, Tel. 037341 2557, Fax 50159, zinngrube-ehrenfriedersdorf@t-online.de
Internet: www.saechsisches-industriemuseum.de und www.zinngrube.de
Lokomotiven (600 mm): Sieben LEW-Akkuloks (u. a. LEW 16154/1974, 2 x 4,4 kW)

Freizeitgelände „Alte Ziegelei", Niederwürschnitz bei Stollberg

Auf dem Gelände des 1997 eröffneten Niederwürschnitzer Ziegelei- und Dorfmuseums besteht eine 2 km lange Feldbahn, mit der die Gäste in vier neuen Mannschaftswagen u. a. zum Landschaftsschutzgebiet „Am Steegenwald" gelangen.
Fahrbetrieb: Sonntags von April bis Oktober (ab 12 Uhr)
Info: „Alte Ziegelei", An den Steegen 2, 09399 Niederwürschnitz, Tel. 037296 7320
Lokomotiven (600 mm):
Vl: B-dm, LKM 48379/1953, 30 PS, Ns2h, 1990 ex Werk Niederwürschnitz-Lugau der Chemnitzer Ziegelwerke, btf.
Vl: B-dm, LKM 262072/1959, 30 PS, Ns2f, 1990 ex Werk Niederwürschnitz-Lugau der Chemnitzer Ziegelwerke (832), bis 1988 Ziegelwerk Thermalbad Wiesenbad, btf.
Vl: B-dm, Unio 1979, 45 PS, 1994 ex Bergbaumuseum Oelsnitz, btf.

Bergbaumuseum Oelsnitz (Erzgebirge)

Am einstigen Kaiserin-Augusta-Schacht (ab 1946 Karl-Liebknecht-Schacht) besteht rund um den 51 m hohen Förderturm seit 1986 ein Bergbaumuseum. Im Außengelände wird der technische Teil durch Großexponate ergänzt (17,5 m hoher Förderturm, Trommelfördermaschine, Bobine usw.). Ein Lehrpfad führt zu 35 bergmännischen Traditionsstätten in Oelsnitz, Lugau, Hohndorf, Gersdorf und Niederwürschnitz.
Geöffnet: Dienstags bis sonntags (9-16 Uhr), an Feiertagen und nach Absprache
Info: Bergbaumuseum, Pflockenstr. 28, 09376 Oelsnitz, Tel. 037298 12612, Fax 2414, info@bergbaumuseum-oelsnitz.de
Internet: www.bergbaumuseum-oelsnitz.de
Lokomotiven:
Dl: 52 8199, 1'Eh2, Jung 11263/1944, 1996 ex VSE Schwarzenberg, urspr. DRB 52 3252
Vl: B-dm, Skoda Lucenec, 30 PS, BND 30, 500 mm, ex Steinkohlenwerk M. Hoop (Zwickau)
El: Bo, LEW, 46 kW, EL 8, 500 mm, 1977 ex Steinkohlenwerk M. Hoop (Zwickau)
El: Bo, LEW, 70 kW, EL 12, 600 mm, 1989 ex Wismut, urspr. Steinkohlenwerk Agatz (Freital)
El: Bo, „Metallist", 500 mm, ex Steinkohlenwerk M. Hoop (Zwickau)
Al: Bo, LEW, 600 mm, 1990 ex Wismut, am Museumseingang mit drei Personenwagen
Al: Bo, LEW 8021/1959, 480 mm, EL 6

Traditionsgemeinschaft Ferkeltaxe e.V., Oelsnitz (Erzgebirge)

Der 1994 gegründete und im Oelsnitzer Lokschuppen ansässige Lugauer Eisenbahnfreunde e.V. (LEF), aus dem im Januar 2003 die Traditionsgemeinschaft Ferkeltaxe hervorging, dokumentiert die Beziehung zwischen Eisenbahn und Steinkohlenbergbau im Lugau-Oelsnitzer Revier und bemüht sich um die Erhaltung der seit 1993 gesperrten „Kohlenbahn" Neuoelsnitz – Wüstenbrand, deren Abschnitt Lugau – Wüstenbrand am 31.12.2003 trotz aller Bemühungen des Vereins stillgelegt wurde. Der Hp Ursprung wurde im Stil der 60er Jahre restauriert. Zudem organisiert der Verein Sonderfahrten mit der „Ferkeltaxe" sowie Bahnhofsfeste.
Info: Traditionsgemeinschaft Ferkeltaxe e.V., Hofer Str. 105, 09224 Mittelbach, Tel. 0371 2820888, tomradics@web.de
Internet: www.museumsferkel.de.vu
Triebfahrzeuge (1.435 mm):
Vl: B-dm, LKM 252091/1959, 102 PS, V10B, 1996 ex Edelstahlziehwerk Lugau, btf.
Vl: B-dm, LKM 48811/1952, 35 PS, N2, 1995 ex Hurth-Modul Chemnitz (1), urspr. Zahnschneidemaschinenfabrik Modul in Karl-Marx-Stadt (1), btf.
Vl: 100 738, B-dm, BMAG 10800/1937, 80 PS, Kö II, 1997 ex DB/DR (310 738 / 100 738 / Kö 4936), btf. in Lugau
Vl: 102 172, B-dh, LKM 265072/1970, 220 PS, V23B, 1998 ex DB/DR (102 172), btf.
Vt: LVT 2.09.103, B-dm, Bautzen 1965, 180 PS, 1998 ex DB/DR Wustermark (772 003 / 172 003 / LVT 2.09.103), btf.
Vt: 172 111, B-dm, Görlitz 1969, 180 PS, 2001 ex DB (772 111 / 172 111 / LVT 2.09 211), abg.

Originalgetreu sanierten die Lugauer Eisenbahnfreunde (seit 2003 Traditionsgemeinschaft Ferkeltaxe e.V.) den Haltepunkt Ursprung der mittlerweile stillgelegten Strecke Neuoelsnitz – Wüstenbrand sowie den VT 2.09.103.
Foto (23.12.2000): Eberhard Schramm
Unten: Am 23.5.2003 brachte die Glauchauer 118 770 den DB-Nostalgiezug „Bodeblitz" von Halberstadt zurück nach Berlin, hier beim Stellwerk „Hof" (Halberstadt Ost Fdl). *Foto: Stephan Herrmann*

Interessengemeinschaft Traditionslok 58 3047, Glauchau

Hauptaugenmerk der 1991 gegründeten IG 58 3047 ist die betriebsfähige Vorhaltung der 50 3047 und 35 1097. Als 1994 die Traditionslok 50 1849 zum Bh Zwickau gelangte, wurde auch sie in Glauchau untergebracht. Betreut wird sie weiterhin von der BSW-Gruppe Eisenbahntradition Zwickau, die auch den aus sieben Reisezugwagen bestehenden Zwickauer Traditionszug unterhält.
Termine: 1.5. (mit E 94 nach Lübbenau), 8.5. (Bahnhofsfest Glauchau), 22./23.5. (Lokschau Waldenburg, Sonderzug Glauchau – Potsdam mit E-Lok), 3.7. (Rundfahrt auf der Wismut-Werkbahn) und 18./19.9.2004 (Bahnhofsfest Zwickau)
Info: IG Traditionslok 58 3047 e.V., DB Regio – Meldestelle Glauchau, Kohlenstr., 08371 Glauchau, Tel./Fax 03763 441309, info@dampflok-glauchau.de
Internet: www.dampflok-glauchau.de
Lokomotiven (1.435 mm):
Dl: 23 1097, 1'C1'h2, LKM 123097/1959, 1996 ex Hist. Eisenbahn Frankfurt/Main, bis 1981 DR (35 1097 / 23 1097), abg.
Dl: 50 1849, 1'Eh2, Krauss-Maffei 16058/1940, Eigentum DB-Museum, ex DR (50 1849 / 50 849) abg.
Dl: 58 3047, 1'Eh3, Breslau 2027/1920, Eigentum DB-Museum, ex DR (58 3047 / 1961 ex 58 1955), urspr. preuß. G 12 „5672 Erfurt", abg.
El: E 42 001, Bo'Bo', LEW 9892/1962, 2.800 kW, 1993 ex DR (242 001 / E 42 001), btf.
El: E 94 280, Co'Co', Krauss-Maffei 18192/1955, 4.040 kW, 1996 ex Hist. Eisenbahn Frankfurt/Main, bis 1971 DB (194 280 / E 94 580 / E 94 280), btf.
Vl: 118 770, C'C'dh, LKM 280179/1969, 2 x 1.200 PS, 1993 ex DB/DR (228 770 / 118 770 / V 180 370), btf.
Vl: 100 126, B-dm, Raw Dessau 1962, 100 PS, Kö II, 1994 ex DB/DR (310 126, 100 126 / Kö 4026), abg.

Straßenbahn Zwickau

Museale Aktivitäten begannen bei der Zwickauer Straßenbahn im Jahr 1968 mit der Restaurierung eines ehemaligen Plauener Wagens, doch ist dieser nicht mehr mit dem heutigen Tw 7 identisch, denn zum Jubiläum 1994 wurde das Fahrzeug in Krakau vollständig nachgebaut. Auch gründete sich 1994 der Freunde des Nahverkehrs Zwickau e.V., der sich neben dem Betrieb der Traditionswagen auch für den aktuellen ÖPNV engagiert. Er richtete ein Museum ein, das nach Absprache besichtigt werden kann. Der Tw 92 kann ganzjährig, der Tw 7 von Mai bis Oktober angemietet werden.
Info: Freunde des Nahverkehrs Zwickau e.V., Postfach 610101, 08033 Zwickau, Tel. 0375 3164710, webmaster@nahverkehrsfreunde-zwickau-ev.de
Internet: www.nahverkehrsfreunde-zwickau-ev.de
Triebwagen (1.000 mm):
Et: 7, Bo, MAN/SSW/LEW 1912, 2 x 60 kW, 1968 ex Plauen (44), 1994 Umbau in Krakau, btf., mit Bw 17 (Esslingen 1912)
Et: 92, Bo, Gotha/LEW 1960, 2 x 60 kW, seit 1997 wieder im Ursprungszustand, zuvor Tw 957, 907, 125 bzw. 92, btf., mit Bw 133 (Gotha 1960)

IG Preßnitztalbahn Jöhstadt – Steinbach

Die 1988 gegründete Interessengemeinschaft Preßnitztalbahn begann nach der Wende mit dem Wiederaufbau des Abschnitts Jöhstadt – Steinbach der 1984-86 eingestellten Schmalspurbahn Wolkenstein – Jöhstadt. Pfingsten 1992 fuhr wieder eine Dampflok vor dem Jöhstädter Lokschuppen, dem Vereinsdomizil. Schrittweise wurde die 8 km lange Museumsbahn in Betrieb genommen: 1993 bis Schlössel, 1995 bis Schmalzgrube, 1998 bis zum Haltepunkt Andreas-Gegentrum-Stolln und 2000 bis Steinbach. Derzeit entsteht auf einem Industriegelände in Schlössel eine Ausstellungs- und Fahrzeughalle.

Dampfbetrieb: 9.-12.4., 20.5., 29.-31.5., 2./3.10., 27./28.11., 4./5.12, 11./12.12., 18./19.12. und 27.-31.12.2004, stündlich ab Jöhstadt (9.05 – 17.05 Uhr) bzw. Steinbach (10.00 – 18.00 Uhr)
Dampfbetrieb: 1./2.5., 3./4.7., 21./22.8. und 4./5.9.2004, jeweils zweistündlich ab Jöhstadt (10.05 – 16.05) bzw. Steinbach (11.00 – 17.00 Uhr)
Dieselbetrieb: 8./9.5., 15./16.5., 21.-23.5., 5./6.6., 12./13.6., 19./20.6., 26./27.6., 10./11.7., 17./18.7., 24./25.7., 31.7./1.8., 7./8.8., 14./15.8., 11./12.9., 18./19.9., 25./26.9., 9./10.10., 16./17.10., 23./24.10. und 30./31.10.2004, jeweils zweistündlich ab Jöhstadt (10.05 – 16.05 Uhr) bzw. Steinbach (11.00 – 17.00 Uhr)
Termine: 1.6. (Seniorentag), 4.9. (Fotogüterzüge), 4./5.9. (Oldtimerfest)
Info: IG Preßnitztalbahn e.V., Am Bahnhof 78, 09477 Jöhstadt, Tel. 037343 8080-7, Fax -9, verein@pressnitztalbahn.de
Internet: www.pressnitztalbahn.de
Lokomotiven (750 mm):
Dl: 99 1542, B'B'n4vt, Hartmann 2384/1899, 1991 ex DR 99 542, urspr. sächs. IVk 135, btf.
Dl: 99 1568, B'B'n4vt, Hartmann 3450/1910, 1991 ex DR 99 568, urspr. sächs. IVk 158, btf.
Dl: 99 1590, B'B'n4vt, Hartmann 3670/1913, 1992 ex Denkmal Raw Engelsdorf (dort 1989 aufgestellt), bis 1980 DR Jöhstadt (99 1590 / 99 590), urspr. sächs. IVk 180, btf.
Dl: 99 4511, Cn2t, Krauss München 4113/1899, 1998 ex Holiday-Park Haßloch bei Neustadt a.d. Weinstraße, bis 1977 DR Prignitz, bis 1966 als C1'n2t auf Rügen, bis 1961 DR-Strecke Rathenow – Nauen, urspr. Kleinbahn Rathenow-Senske-Nauen (3), btf.
Vl: 199 007-6, C-dm, LKM 250029/1957, 90 PS, Ns4, 1992 ex DR Wilischthal (399 701-2 / 199 007), bis 1973 Feinspinnerei Venusberg (1), abg.
Vl: 199 008-4, C-dm, LKM 250310/1962, 100 PS, V10C, 2002 ex Kaolinwerk Kemmlitz (7), bis 1978 Bürstenfabrik Stützengrün, btf.
Vl: 199 009-2, C-dm, LKM 250337/1964, 100 PS, V10C, 1995 ex Papierfabrik Wilischthal, bis 1985 Papierfabrik Schönfeld, btf.

Fichtelbergbahn Cranzahl – Oberwiesenthal

Nachdem der Güterverkehr schon 1992 eingestellt worden war, ging die Schmalspurbahn Cranzahl – Oberwiesenthal (17,35 km) im Juni 1998 in die Trägerschaft des Landkreises Annaberg über. Die Fichtelbergbahn ist jetzt eine Tochter der BVO Verkehrsbetriebe Erzgebirge GmbH, die den Bahn- und Infrastrukturbetrieb abwickelt. In einigen Zügen läuft ein bewirtschafteter Buffetwagen mit.
Termine: 11.4. (Osterhasenzug), 1.5., 7.8., 4.9., 2.10. und 30.10. (jeweils Mondscheinfahrten), 11./12.9. (Sächsisch-Böhmisches Eisenbahnfestival) und 6.12.2004 (Nikolauszug)
Info: BVO Bahn GmbH, Bahnhofstr. 7, 09484 Oberwiesenthal, Tel. 037348 151-0, Fax -29, fichtelbergbahn@bvo.de
Internet: www.bvo.de
Lokomotiven (750 mm):
Dl: 99 772, 1'E1'h2t, LKM 32011/1952, ex DB/DR (099 737 / 99 1772 / 99 772), btf.
Dl: 99 773, 1'E1'h2t, LKM 32012/1952, ex DB/DR (099 738 / 99 1773 / 99 773), btf.
Dl: 99 776, 1'E1'h2t, LKM 32015/1953, ex DB/DR (099 740 / 99 1776 / 99 776), abg.
Dl: 99 785, 1'E1'h2t, LKM 32026/1954, ex DB/DR (099 749 / 99 1785 / 99 785), btf.
Dl: 99 786, 1'E1'h2t, LKM 32027/1954, ex DB/DR (099 750 / 99 1786 / 99 786), btf.
Dl: 99 794, 1'E1'h2t, LKM 32035/1955, ex DB/DR (099 794 / 99 1794 / 99 794), i.A.
Vl: L45H-083, B'B'dh, „23. August" Bukarest 1985, 435 PS, Typ L45 H83, 2002 ex Industriebahn Brad/Rumänien, btf.

Sächsisches Schmalspurbahn-Museum Rittersgrün

Noch vor dem Abbau der Gleise der 1971 eingestellten Pöhlwasserbahn Grünstädtel – Oberrittersgrün gelangten die 99 579 und einige Wagen zum Endbahnhof. Fahrzeuge, Lokschuppen, Empfangsgebäude und Gleisanlagen wurden restauriert und in eine „technische Schauanlage" umgewandelt. Aus dem Förderverein Eisenbahnmuseum Rittersgrün 1972 e.V., der die Aktivitäten unterstützte, ging 2003 der heutige Verein hervor. Seit 2002 besteht auf dem Nachbargrundstück eine 600-mm-spurige

Feldbahnanlage, die Kleine Pöhlwasser-Bahn (KPB), die jetzt um einen zusätzlichen Kreis erweitert wird.
Geöffnet: Täglich außer Montag, April-Oktober jeweils 10.00-17.30 Uhr, November-März 9.30-16.00 Uhr
Feldbahnbetrieb: Ab April samstags und sonntags ab 13 Uhr
Info: Sächsisches Schmalspurbahn-Museum e.V., Kirchstr. 4, 08355 Rittersgrün, Tel. 037757 7440 und 7537, Schmalspurbahn_Museum@web.de
Internet: www.schmalspurmuseum.de
Lokomotiven (750 mm):
Dl: 99 579, B'B'n4vt, Hartmann 3561/1912, 1972 ex DR Kirchberg (99 1579 / 99 579), urspr. sächs. IVk 169
Dl: 99 759, 1'E1'h2t, BMAG 10150/1933, 1999 ex Fichtelbergbahn, zuvor DB/DR (099 732 / 99 1759 / 99 759)
Dl: Bn2t, O&K 1162/1903, 1996 ex privat, bis 1984 Spielplatz Seelze, bis 1965 Gewerkschaft Humboldt in Thüste-Wallensen (8), bis 1930 Braunkohlengrube Concordia in Nachterstedt
Vl: B-dm, Jung 6304/1938, 40 PS, ZL 233, 1991 ex Kaolinwerk Kemmlitz (1)
Vl: C-dh, Gmeinder 4005/1943, 130 PS, HF130C, 1991 ex Baumaschinen Schlatter (Münchwilen/Schweiz), zuvor Rheinregulierung Lustenau/Dornbirn (Österreich/Schweiz), btf.
Vl: C-dh, Gmeinder 4233/1946, 130 PS, HF130C, 1991 ex Schlatter, zuvor Rheinregulierung
Vl: B-dm, LKM 49027/1952, 60 PS, Ns3, 1994 ex Maxhütte Unterwellenborn
Vl: B-dm, LKM 247168/1954, 10 PS, Ns1, 600 mm, 1991 ex Torfwerk Muldenberg (I)
Vl: B-dm, LKM 248834/1956, 30 PS, Ns2f, 1995 ex Papierfabrik Grünhainichen (Borstendorf), btf.
Vl: B-dm, LKM 49802/1952, 60 PS, Ns3, 1.435 mm, 1994 ex Foron-Waschgeräte Schwarzenberg (1), bis 1971 Elektrokohle Berlin-Lichtenberg
Vl: B-dm, LKM 248490/1954, Ns2, 2003 ex privat (Apolda), zuvor Zementwerk Karsdorf (1), abg.
Vl: B-dm, LKM, Ns2, 2003 ex privat (Apolda), abg.
Vl: C-dm, LKM 250311/1962, 100 PS, V10C, 1997 ex Kaolinwerk Kemmlitz

Besucherbergwerk Pöhla im Luchsbachtal

Im Luchsbachtal, wo zuletzt die SDAG Wismut Uran abbaute, wurde 1992 ein Besucherbergwerk mit 3 km langer Grubenbahn eröffnet. Besonders eindrucksvoll sind die 12 m hohen und 45 m lange Zinnkammern, in denen auch Konzerte stattfinden.
Führungen: Mo-Fr (14.30 Uhr), Sa (10 Uhr) und nach Absprache
Info: Ring Deutscher Bergingenieure, Brünlasberg 24, 08280 Aue, Tel. 03774 81079 und 037605 80110, Fax 80102, dietmar@rosmei.de
Internet: www.besucherbergwerke-westerzgebirge.de
Lokomotiven (600 mm): drei Akku-Übertageloks (Bo, BBA Aue u. a. 669/1986, Typ B360)

Eisenbahnmuseum Schwarzenberg

Im Herbst 1987 bildete sich in Dresden ein „Freundeskreis Verkehrsmuseum im Kulturbund der DDR", um Sonderfahrten zu organisieren. Der 1990 hieraus entstandene Verein Sächsischer Eisenbahnfreunde e.V. (VSE) fand in Schwarzenberg sein Domizil. Den Lokschuppen restaurierte er mühevoll, brachte in ihm seine Lokomotiven unter und richtete ein Eisenbahnmuseum ein.
Geöffnet: Montag-Freitag 10-14 Uhr, Samstag/Sonntag 10-16 Uhr
Sonderfahrten: 10./11.4. (Markersbacher Viadukt), 1./9.5. (Schwarzenberg – Karlsbad), 22./23.5. (Schwarzenberger Eisenbahntage), 29.5. (Schwarzenberg – Neuenmarkt-Wirsberg/Kulmbach), 29.8. (Elbe-Nostalgie-Dampftag in Dresden) und 11./12.9.2004 (Treffpunkt Lokschuppen)
Museum: Eisenbahnmuseum Schwarzenberg, Schneeberger Str. 60, 08340 Schwarzenberg, Tel. 03774 760760
Info: Axel Schlenkrich, Glück-Auf-Siedlung 3, 08340 Erla, Tel. 03774 23212, vse.eisenbahnmuseum@t-online.de
Info zu Sonderfahrten: Olaf Gläser, Schloßteichstr. 9, 09113 Chemnitz, Tel. 0371 3302696
Internet: www.eisenbahnmuseum-schwarzenberg.de

Die Schwarzenberger Museumslok 50 3616 mit einem Sonderzug zum Deutschen Wandertag auf dem Markersbacher Viadukt der Strecke Schwarzenberg – Schlettau (26.7.2003).   *Foto: Stephan Herrmann*

Lokomotiven (1.435 mm):
- Dl: 44 351, 1'Eh3, Borsig 15032/1941, 1991 ex DR (44 2351), zuletzt Heizlok im Oberbauwerk Wülknitz, 1966-83 mit Ölhauptfeuerung (44 0351 / 44 351), Denkmal in Wülknitz (Strecke Elsterwerda – Riesa)
- Dl: 50 3616, 1'Eh2, Schichau 3415/1940, 1991 ex DR (50 3616 / bis 1960: 50 453), btf.
- Dl: 52 8183, 1'Eh2, Henschel 27834/1943, 1992 ex DR (52 8183 / bis 1967: 52 2656), ä.r.
- Dl: 58 3049, 1'Eh3, Hanomag 9172/1920, 1992 ex DR (50 3049 / bis 1961: 58 1725), urspr. preuß. G 12 „5617 Cöln", ä.r.
- Dl: 86 049, 1'D1'h2t, Borsig 14421/1932, 1992 ex DR (86 1049 / 86 049), ä.r.
- Dl: 94 2105, Eh2t, Hartmann 4561/1923, bis 1977 DR (94 2105), bis 1982 zeitweise Industriebahn der Dresdener Verkehrsbetriebe, urspr. sächs. XI HT Nr. 2129, ä.r.
- Dl: 1, B-fl, LKM 146065/1956, Typ FLB, 1991 ex Papierfabrik Niederschlema (1)
- Vl: B-dm, LKM 251082/1955, 90 PS, N4, 2003 ex Kartonagen Schwarzenberg GmbH, urspr. Pappenwerk Raschau, abg.
- Vl: 100 537, B-dm, Henschel 22286/1934, 125 PS, Kö II, 1992 ex DR (100 537 / Kö 4537), btf.
- Vl: 100 953, B-dm, Schwartzkopf ?/1943, 105 PS, Kö II, 1993 ex DR (100 953 / Köf 5753), btf.
- Vl: Kö 0049, B-dm, Jung 5396/1933, 20 PS, Kö I, 1995 ex STAHLO Dinslaken (Bad Köstritz), zuvor VEB Blechverpackungswerk Bad Köstritz, bis 50er Jahre DR (Kö 0049), btf.
- Vl: 102 082, B-dh, LKM 262641/1976, 220 PS, V22B, 1994 ex Raab Karcher (Grünstädtel), urspr. Baustoffversorgung Grünstädtel, btf.
- Vl: 102 131, B-dh, LKM 265031/1970, 220 PS, V22B, 2002 ex DB/DR (312 131 / 102 131), btf.
- Vl: B-dm, Deutz 36871/1941, 125 PS, A4M 420, 1993 ex Pappenwerk Raschau, bis 1962 Mitteldeutsche Papierwerke (Coswig/Anhalt), abg.
- Vl: V 22, B-dh, LKM 262146/1969, 220 PS, 1994 ex Transformatoren- und Röntgenwerk Dresden, abg.
- Vl: 106 992, D-dh, LEW 16579/1979, 650 PS, V60D, 1994 ex Transformatoren- und Röntgenwerk Dresden TURD (16579), btf.
- Vl: 118 776, C'C'dh, LKM 280185/1969, 2 x 1.200 PS, Eigentum DB-Museum, ex DB/DR (228 776 / 118 776 / V 180 376), abg.
- Al: ASF, Bo, LEW 18134/1986, 17 kW, 2003 ex Baywa Mittweida, bis 1993 Getreidelager Mittweida der BayWa AG, bis 1987 Werk Hainichen des VEB Getreidewirtschaft Freiberg, abg.

Besucherbergwerk Markus-Röhling-Stolln, Frohnau (bei Annaberg-Buchholz)

Im 1994 vom Verein Altbergbau Markus-Röhling-Stolln Frohnau e.V. eröffneten Besucherbergwerk sieht man bei der einstündigen Führung nach etwa 600 m Fahrt mit der Grubenbahn Zeugnisse aus der Zeit des Silber-, Kobalt- und Uranbergbaues. Sehenswert ist das 9 m hohe funktionsfähige Kunstrad.
Geöffnet: Täglich 9-16 Uhr, Führung alle 30 Min., Gruppen nach Voranmeldung
Info: Markus-Röhling-Stolln, Sehmatalstr. 15, 09488 Wiesa-Schönfeld, Tel. 03733 52979, Fax 542631, info@roehling-stolln.de
Internet: www.roehling-stolln.de
Lokomotiven (600 mm):
Al: 01, Bo, BBA Aue 839/1988, 4,2 kW, B 360, ex SDAG Wismut, btf.
Al: 02, Bo, BBA Aue 311/1982, 4,2 kW, B 360, ex SDAG Wismut, btf.
Al: 03, Bo, BBA Aue 523/1985, 4,2 kW, B 360, ex SDAG Wismut, btf.
Al: 04, Bo, BBA Aue 316/1982, 4,2 kW, B 360, ex Kalkwerk Oberscheibe, btf.
Al: 05, LEW (evtl. BBA Aue) 10626/1992(?), Bo, 8,8 kW, El 9, ex Zinnerz Ehrenfriedersdorf, Denkmal
Al: 06 „Flotte Lotte" Bo, BBA Aue 1958, 5,2 kW, B 360, ex Kalkwerk Hermersdorf, btf.
Al: Bo, BBA Aue ca. 1950-60, 5,2 kW, B 360, ex Kalkwerk Hammerunterwiesenthal, btf.
Al: Bo, LEW 21092/1989, 8,8 kW, El 9, ex Schachtbau Nordhausen, btf.
Al: Bo'Bo', BBA Aue ?/198?, 10,4 kW, B 660 „Tandem", ex SDAG Wismut, Denkmal
Vl: B-dm, Deutz A6M 517G, Umbau Rensmann (Dortmund) 37859/1987, 75 PS, Denkmal
Al: 06, Bo, BBA Aue, B 360, ex Kalkwerk Hermersdorf, Denkmal

Denkmal der Verkehrsgeschichte, Geyer

In Geyer erinnern das Bahnhofsgebäude und der Lokschuppen an den 1967 stillgelegten Zweig nach Schönfeld-Wiesa des Thumer Schmalspurnetzes. 1970 begann eine DMV-Gruppe mit dem Aufbau einer Schauanlage, wobei die 99 534 einen Zug aus einem Personen-, einem Gepäck- und zwei Rollwagen anführt. Im Heizhaus besteht eine Ausstellung zur Geschichte der sächsischen Schmalspurbahnen und vor allem des Thumer Netzes (Info: Tel. 037346 1703, Arnold).
Dampflok (750 mm): 99 534, B'B'n4vt, Hartmann 2275/1898, 1976 ex DR (99 1534 / 99 534), urspr. sächs. IVk 127

Museumsbahn Schönheide Mitte – Stützengrün-Neulehn

Ein 1991 in Schönheide gegründeter Verein nahm sich den Wiederaufbau des Abschnitts Schönheide Mitte – Neuheide der 1977 eingestellten Schmalspurbahn Wilkau-Haßlau – Carlsfeld vor, während ein weiterer Verein die Reaktivierung der Strecke Schönheide Süd – Carlsfeld anstrebte. Beide Gruppen schlossen sich zum Museumsbahn Carlsfeld-Schönheide-Stützengrün e.V. zusammen. Im August 1993 ging der am Fuß des Kuhbergs an der Grenze zwischen Erzgebirge und Vogtland gelegene Abschnitt Schönheide Mitte – Neuheide) wieder in Betrieb. Schrittweise ging es weiter und im November 2001 war der vorerst letzte Abschnitt vollendet, so daß das Bahn'l jetzt in Stützengrün-Neulehn nach 4,5 km endet. Daneben wurde der Lokschuppen in Schönheide Mitte restauriert.
Dampfzüge: 9.-12.4., 1./2.5. (Bahnhofsfest), 29.-31.5., 19./20.6., 24./25.7. (Sa ab 19 Uhr „Eisenbahn & Erotik"), 4./5.9. (Bürstenfest), 2./3.10., 23./24.10., 27./28.11. und 11./12.12.2004 (Nikolauszüge) (jeweils Schönheide ab 10.00, 11.00, 13.15, 14.00, 15.00, 16.00, 17.00 und 18.00 Uhr; Stützengrün-Neulehn ab 10.30, 11.30, 13.40, 14.30, 15.30, 16.30, 17.30 und 18.30 Uhr) sowie 5./6.2., 12./13.2., 25.-28.3. und 23./24.4.2005
Info: Museumsbahn Schönheide e.V., Am Fuchsstein (Lokschuppen), 08304 Schönheide, Tel. 037755 4303, Fax 2561, museumsbahn-schoenheide@web.de
Internet: www.museumsbahn-schoenheide.de

Lokomotiven (750 mm):
Dl: 99 516, B'B'n4vt, Hartmann 1779/1892, bis 1996 Gemeinde Rothenkirchen, zuvor (ab 1976) Denkmal Rothenkirchen, bis 1975 DR Schönheide (99 1516 / 99 516), urspr. sächs. IVk 108, seit 2003 btf.
Dl: 99 582, B'B'n4vt, Hartmann 3593/1912, 1992 ex DR Mügeln (99 1582), urspr. sächs. IVk 171, btf.
Dl: 99 585, B'B'n4vt, Hartmann 3597/1912, 1992 ex DR Mügeln (99 1585), urspr. sächs. IVk 175, ä.r.
Vl: 199 051, C-dm, LKM 250218/1960, 102 PS, V10C, 1992 ex Papierfabrik Wilischthal, btf.

Förderverein Historische Westsächsische Eisenbahnen

Der 1999 gegründete FHWE will vor allem die Infrastrukturen zweier Bahnstrecken restaurieren. Zum einen bemüht er sich um die Reaktivierung der Normalspurstrecke Muldenberg – Schönheide Ost, einem 17,7 km langen Teil der Chemnitz-Aue-Adorfer Eisenbahn. Daneben restaurierte er den Lokschuppen von Carlsfeld, bis 1967 der Endpunkt der Schmalspurbahn Wilkau-Haßlau – Carlsfeld, und verlegte einige Gleise, so daß die Jöhstädter 99 568 im Herbst 2003 anläßlich eines Bahnhofsfestes auf einem 60 m langen Gleisstück pendeln konnte. Der Wiederaufbau der Strecke Schönheide Süd – Carlsfeld ist derzeit noch Zukunftsmusik. Gemeinsam mit dem Vogtländischen Eisenbahnverein Adorf saniert der FHWE einen Reisezug im Stil der 60er Jahre. Im Mai 2003 begann hierfür die Aufarbeitung eines Bag-Dreiachsers.
Vereinssitz: Hauptstr. 68, 08325 Carlsfeld
Info: FHWE e.V., Marco Drosdeck, Am Zieger 28, 07973 Greiz, fhwe@fhwe.de
Internet: www.fhwe.de

Traditionsverein Rollbockbahn, Heinsdorfergrund (bei Reichenbach/Vogtland)

Von der 1902 eröffneten Meterspurbahn Reichenbach – Oberheinsdorf (5,4 km) ist nach der Stillegung des Personen- (1957) und des Güterverkehrs (1962) die Fairlie-Lok 99 162 erhalten geblieben. Ein 1997 gegründeter Verein errichtete am einstigen Endpunkt Oberheinsdorf mit ABM-Kräften einen Fachwerklokschuppen und holte die 99 162 aus dem Harz ins Vogtland zurück.
Info: Stefan Seiler, Vogtsgrüner Str. 28, 08468 Heinsdorfergrund, Tel. 037600 4367
Dampflok (1.000 mm): 99 162, B'B'n4vt, Hartmann 2648/1902, Eigentum VM Dresden, bis 1999 Ilfeld (Harz), bis 1962 DR-Strecke Reichenbach – Oberheinsdorf (99 162), urspr. sächs. Im 252

Stadt- und Dampfmaschinenmuseum Werdau

Im 1916/17 als Heimatmuseum eröffneten Werdauer Stadt- und Dampfmaschinenmuseum sind u. a. die 600-PS-Dampfmaschine von 1899, die Dampfspeicherlok und die Museumsgartenbahn interessant.
Geöffnet: Dienstags 9-17 Uhr, montags/mittwochs/donnerstags 9-16 Uhr, sonntags 10-16 Uhr, Gartenbahnbetrieb sonntags von Mai bis Oktober (10-16 Uhr)
Info: Stadt- und Dampfmaschinenmuseum, Holzstr. 2, 08412 Werdau, Tel. 03761 75031, Fax 762601
Internet: www.museumwerdau.city-map.de
Lokomotiven:
Dl: C-fl, LKM 219180/1969, Typ FLC, 300 PS, 1.435 mm, bis 1991 i.E. im Werk Langenbach der Vereinigten Papier- und Kartonfabriken Niederschlema
Vl: Zwei Ns1 (B-dm, 500 mm, u. a. LKM 247242/1955, 1995 ex Werk Leubnitz der Chemnitzer Ziegelwerke)

Auf dem erst wenige Monate zuvor wiedereröffneten Streckenteil hat die 99 582 soeben den Endpunkt Stützengrün-Neulehn in Richtung Schönheide verlassen (1.4.2002).
Foto: Rainer Vormweg
Unten: Die einzige jemals gebaute ELNA 1, die ehemalige Lok 8 der Wilstedt-Zeven-Tostedter Eisenbahn, gehört jetzt dem Vogtländischen Eisenbahnverein in Adorf (9.9.2000).
Foto: Helmut Roggenkamp

Vogtländischer Eisenbahnverein Adorf (VEA)

Der 1995 gegründete VEA gestaltet das frühere Bw Adorf in ein Museum um und plant gemeinsam mit dem FHWE einen Traditionsverkehr auf der Strecke Adorf – Muldenberg – Schönheide Ost. Neben dem Zug aus Bag-Rekowagen (ex DR), die hierfür restauriert werden, verfügt der Verein über einige Güterwagen, Bahndienstfahrzeuge und einen Schneepflug. Für Sonderfahrten ist seit März 2003 die 52 8079 der Dampf-Plus GmbH in Adorf beheimatet.
Info: Enrico Leistner, Postfach 1101, 08621 Adorf, Tel. 0172 3730113, vogt-eisenbahnverein-adorf@web.de
Lokomotiven (1.435 mm):
- Dl: 50 3658, 1'Eh2, Krupp 2362/1940, 1996 ex Eisenbahnfreunde Klingenthal, bis 1992 Heizlok Chemnitz, bis 1984 DR (50 3558 / 50 901), abg.
- Dl: 52 8079, 1'Eh2, Schichau 3937/1943, vermietet an Dampf-Plus, 2002 ex Schwabendampf Neuoffingen, bis 1995 DR (52 8079 / bis 1963: 52 5659), btf.
- Dl: 86 607, 1'D1'h2t, Borsig 15280/1942, Eigentum VM Dresden, bis 1996 Eisenbahnfreunde Klingenthal, bis 1991 Kokerei „August Bebel" Zwickau (20), bis 1982 Industriebahn Erfurt (2), bis 1974 DR (86 607), abg.
- Dl: Ch2t, Hanomag 10672/1931, ELNA 1, bis 1999 in Marxgrün (Hofer Eisenbahnfreunde), bis 1973 Zuckerfabrik Regensburg (3), bis 1964 Zuckerfabrik Ochsenfurt, bis 1951 Wilstedt-Zeven-Tostedter Eisenbahn (NLEA 350 / WZTE 8), i.A.
- Dl: WL 2, C-fl, Meiningen 1986, 1997 ex Akzo-Nobel Faserstoffe AG / zuvor VEB Kunstseidenwerk Clara Zetkin (Elsterberg), abg.
- Vl: B-dm, LKM 252251/1961, 102 PS, V10B, 1997 ex Getreidekombinat Zwickau (Plauen), btf.
- Vl: B-dm, LKM 252306/1962, 102 PS, V10B, 2002 ex WEMA Plauen, btf.
- Vl: B-dm, LKM 251210/1955, 90 PS, N4b, 1998 ex Halbmond-Teppichwerke (Oelsnitz/V), i.A.
- Vl: Kö 4962, B-dm, BMAG 10812/1939, Eigentum EF Klingenthal, bis 1993 DR (100 765 / Kö 4962), abg.

Eisenbahnfreunde Klingenthal

1991 gründete sich der Eisenbahnfreunde Klingenthal e.V., um Exponate aus dem Eisenbahnbetrieb zu sammeln und sie neben Fotos und Dokumenten über die regionale Bahngeschichte im Vereinsmuseum des Bahnhofs Klingenthal auszustellen (geöffnet samstags 10-16 Uhr).
Info: Eisenbahnfreunde Klingenthal, Bahnhofstr. 1, 08248 Klingenthal, Tel. 037467 26297
Triebfahrzeuge:
- Et: ET 1, Bo, Gotha/LEW 1958, 1.000 mm, 1993 ex Straßenbahn Plauen (Tw 72), bis 1964 DR Klingenthal (ET 198 06), aufgestellt mit EB 1 (Gotha 1969, ex Straßenbahn Plauen)
- Nf: Draisine, A1-bm, gebaut Ende 20er Jahre, 1993 ex DR, btf.

Straßenbahn Plauen (Vogtland)

Die Plauener Straßenbahn baute 1965 den Tw 21 in den Urzustand zurück, setzte ihn bis 1987 sporadisch ein und nahm ihm 1994 nach einer Grundinstandsetzung wieder in Betrieb. 1990/91 wurde der aus Brünn heimgeholte Tw 51 teilweise neu aufgebaut und der Tw 78 mit Hilfe der Plauener Sternquellbrauerei zur „Bier-Elektrischen" umgebaut. 2002/03 konnte die Restaurierung des Tw 79 und des dazu passenden Bw 28 beendet werden. Der 1995 gegründete Traditionsverein der Plauener Straßenbahn e.V. baut ein Archiv auf und hilft bei der Erhaltung der Museumswagen.
Termine: 10.4., 16.5., 19.6., 17.7., 14.8., 27.11., 4.12., 11./12.12. und 18./19.12.2004 (Stadtrundfahrt mit Tw 78, jeweils 14.00 und 15.30 Uhr ab Hst Tunnel), 19./20.6. (Tw 21 oder 51 im Streckennetz, 14-18 Uhr), 12.9. („110 Jahre Plauener Straßenbahn", u. a. mit Fahrzeugkorso) sowie vsl. 28.11. und 12.12.2004 (Stadtrundfahrt mit Tw 79 und Bw 28 um 14 und 15.30 Uhr)
Info: Traditionsverein der Plauener Straßenbahn e.V., Postfach 100273, 08506 Plauen, auto@traditionsverein-psb.de

Am 4.10.2003 erbrachte der frisch restaurierte Plauener Zug Tw 79 / Bw 28 zum Jubiläum „20 Jahre Neubaustrecke Waldfrieden" Sonderdienste, hier an der Haltestelle Carl-von-Ossietzky-Weg. Foto: Lutz Bär

Internet: www.traditionsverein-psb.de
Triebwagen (1.000 mm):
Et: 21, Bo, MAN/AEG 1905, 2 x 34 kW, Neuaufbau 1988-94, seit 1965 Htw, btf.
Et: 51, Bo, MAN/SSW 1928, 2 x 34 kW, Aufarbeitung 1990/91, 1989 ex Technisches Museum Brno/CZ, bis 1978 Plauen (Tw 51, abgestellt 1975), btf.
Et: 78, Bo, Gotha/LEW 1966, 2 x 60 kW, seit 1991 Salonwagen „Bier-Elektrische", btf.
Et: 79, Bo, Gotha/LEW 1966, 2 x 60 kW, Htw seit 1992, btf. (mit Bw 28, Gotha 1969)

Parkeisenbahn „Syratal", Plauen

Die einzige deutsche Parkeisenbahn mit Oberleitung wurde 1959 von Plauener Bürgern für die Stadt erbaut und ist 1,1 km lang. Kinder und Jugendliche, die von der Arge Parkeisenbahn Syratal betreut werden, wirken als Fahrdienstleiter, Zugführer, Aufsicht, Schaffner oder Fahrkartenverkäufer. Die mit 220 V Gleichstrom betriebenen Fahrzeuge basieren auf Wismut-Bergbautechnik. Unter anderem sind drei Personen-, zwei Mannschafts-, zwei Handwerker- und zwei Plattenwagen, drei Loren und sechs Hunte vorhanden.
Fahrbetrieb: April – Oktober, jeweils Di-Fr 14-17 Uhr, Sa 13-17 Uhr, sonn- und feiertags 9.30-12.00 und 13-17 Uhr
Info: Parkeisenbahn Syratal, Hainstr. 10, 08523 Plauen, Tel./Fax 03741 225601, plauen@ngi.de
Internet: www.parkbahnplauen.de
Lokomotiven (600 mm):
El: Bo'Bo', BBA Aue 1946, 10 kW, Typ EL Metallist, 1959 Umbau aus zwei Akku-Grubenloks (ex Wismut Ronneburg), seit 1995 Arbeitslok, btf.
El: 001, Bo'Bo', BBA Aue 1985, 4 x 6,5 kW, EL-30-Tandem, Umbau 1995, 1994 ex Wismut Schlema, btf.
El: 002, Bo'Bo', BBA Aue 1985, 4 x 6,5 kW, EL-30-Tandem, Umbau 2001 beendet, 1994 ex Wismut Schlema, btf.
El: Bo, BBA Aue 1986, 2 x 6,5 kW, EL 30, 1991 ex Wismut Aue-Hartenstein (371), abg.
Al: Bo'Bo', BBA Aue 1979, 8,4 kW, B 660, 1997 ex Flußspatbetrieb Schönberg bei Oelsnitz/Vogtland, abg.

Thüringen

Im Hinblick auf das 100-jährige Straßenbahnjubiläum wurde im Jahr 2000 in Nordhausen der Tw 59 zum Schienenbistro umgestaltet und glänzend-schwarz lackiert (August-Bebel-Platz, 28.5.2000). Foto: Ludger Kenning

Straßenbahn Nordhausen

Info: Verkehrsbetrieb GmbH, Grimmelallee 9, 99734 Nordhausen, Tel. 03631 900141
Internet: www.stadtwerke-nordhausen-gmbh.de
Triebwagen (1.000 mm):
Et: 23, Bo, Wismar/SSW 1934, 2 x 34 kW, ZR, seit 1987 Htw, btf.
Et: 40, Bo, Gotha/LEW 1959, 2 x 60 kW, ZR, btf.
Et: 59, Bo'Bo', Gotha/LEW 1961, 2 x 60 kW, G4 ER, Schienenbistro, Aufbau 1985 ex Leipzig (1216), Fahrgestell ex Erfurt, btf.

Erlebnisbergwerk „Glückauf", Sondershausen

1892 wurden bei Sondershausen in 616 m Tiefe Kalisalze entdeckt. Grubenbahnen waren im Kalibergbau, der hier 1991 zu Ende ging, bis Mitte der 60er Jahre unerläßlich. Seit 2000 besteht im Westfeld des 1996 eröffneten Erlebnisbergwerks eine 300 m lange Grubenbahnstrecke in 600 mm Spurweite. Die Personenwagen stammen aus dem Bergwerk „Glückauf".
Grubenfahrten (ohne Bahn): Montags bis samstags um 10, 14 und 16 Uhr, sonntags 11 Uhr (Anmeldung erforderlich)
Info: Erlebnisbergwerk-Betreiber-GmbH, Schachtstr. 20-22, 99706 Sondershausen, Tel. 03632 655-201, Fax -205, mueller@gses.de
Internet: www.erlebnisbergwerk.com
Lokomotiven (600 mm):
Vl: B-dm, Deutz 56549/1957, 30 PS, GZ 30B, 2000 ex Feldbahnmuseum Rheine, zuvor RBAG Bergbau Westfalen, btf. (i.E. untertage).
Vl: zwei Stück, B-dm, 1999 ex Steinkohlenbergwerk, ä.r.
Al: zwei Stück, Bo, ex Bergwerk „Glückauf" Sondershausen, ä.r. (obertage)
El: Bo, Fahrdraht-Ellok, ex „Glückauf" Sondershausen, ä.r. (untertage)

Grubenbahnmuseum Rabensteiner Stollen, Ilfeld-Netzkater

Das am Bahnhof Netzkater der Harzquerbahn seit 1982 bestehende Besucherbergwerk vermittelt dem Gast bei einer „Grubenfahrt" (zu Fuß) einen Einblick in die Welt des Harzer Steinkohlenbergbaues. Zu den vielen Exponaten im Freibereich gehören auch Feldbahn- und Grubenloks, die jedoch nur übertage auf einem Rundkurs zum Einsatz kommen.
Geöffnet: Täglich außer montags 10-17 Uhr
Info: Rabensteiner Stollen, Netzkater 8, 99768 Ilfeld, Tel. 036331 48153, Fax 49802, info@rabensteiner-stollen.de
Internet: www.rabensteiner-stollen.de
Lokomotiven (600 mm):
Vl: B-dm, LKM 247357/1956, 20 PS, Ns1, 1991 ex Werk Ferna der Thüringer Ziegelwerke (608), abg.
Vl: 2 Stück, B-dm, Deutz, 75 PS, 750 mm, 1991 ex RAG-Zeche Walsum (Lok 15 bzw. 19), abg.
Al: Bo, LEW 18380/1982, 2 x 4,4 kW, EL 9, btf.
Al: Bo, LEW 21094/1989, 2 x 4,4 kW, EL 9, btf.
Al: Bo, LEW 21087 oder 21091/1989, 2 x 4,4 kW, EL 9, btf.
Al: Bo, LEW 21097/1989, 2 x 4,4 kW, EL 9, btf.
Al: Bo, BBA Aue 1988, 4 x 2,1 kW, 1996 ex Spatgrube Rottleberode, btf.
Al: MA 04-06, Bo, Bartz, 9 kW, 1995 erworben, abg.
Al: Zwei AM-8 (Bo, abg.), zwei LEW-Loks (Bo, davon eine Lok btf.)

Heiligenstädter Eisenbahnverein

Der Heiligenstädter Eisenbahnverein entstand aus einer 1978 gegründeten DMV-Arbeitsgemeinschaft. Seit dem Ausbau der Anschlußweiche durch die DB (1994) beschränken sich die Veranstaltungen auf den Bereich des Bahnhofs Heiligenstadt Ost, der samt Empfangs- und Wirtschaftsgebäude, Güterschuppen, Gleiswaage (1915) und Fahrzeugen unter Denkmalschutz steht. Da das Gelände zugänglich ist, können die Fahrzeuge ständig besichtigt werden. Aus dem Wagenpark sind ein Bahnpostwagen (Görlitz 1943), ein Packwagen (Köln 1932) und ein Buffetwagen (Delitzsch 1967) hervorzuheben.
Termine: Bahnhofsfeste am 24./25.4. und 25./26.9.2004
Info: HEV e.V., Postfach 1123, 37308 Heiligenstadt Tel. 03606 613497, info@hev-ev.de
Internet: www.hev-ev.de
Lokomotiven (1.435 mm):
Dl: 94 249, Eh2t, Schwartzkopff 4106/1908, 1988 ex DR, 1967-83 bei VM Dresden (abg. in Meuselwitz), urspr. preuß. T 16 „Stettin 8104", abg.
Vl: V 60 1095, D-dh, LKM 270095/1963, 650 PS, V60D, 1991 ex Baumwollspinnerei Leinefelde, bis 1989 Betonwerk Rathenow bzw. Stahl- und Walzwerk Brandenburg (605), ä.r.
Vl: V 10 2317, B-dm, LKM 252317/1962, 102 PS, V10B, 1991 ex Papierfabrik Heiligenstadt, abg.
Vl: Kö 0082, B-dm, Windhoff 250/1934, 57,5 PS, LN 25 IV, 1997 ex Spielplatz der Jona-Gemeinde Göttingen, bis 1973 Novopan GmbH / Südostholz GmbH Metz & Co. (Göttingen), bis 1951 DB/DR (Kö 0082), i.A.
Vl: Kö 816, B-dm, LKM 249816/1952, 114 PS, N3 (bis 1987), 1997 ex Museum Vienenburg, bis 1996 Lackfabrik Osterwieck, bis 1985 Sägewerk Fürstenberg/Havel der Vereinigten Holzindustrie, 1964-67 Fischwerk Saßnitz, btf.
Vl: B-dh, Krupp 3339/1956, 220 PS, 2001 ex Firma Nupron (abg. in Lokhalle Göttingen), bis 1995 Union-Zucker Hannover (Nörten-Hardenberg), bis 1980 Lokhändler Baddaky (Bremen), bis 1978 Hümmlinger Kreisbahn (L 1), abg.
Al: ASF, Bo, LEW 18884/1987, 2 x 8,5 kW, EL 16/04, 1994 ex Werk „Thomas Müntzer" des Kalibetriebs Südharz (Bischofferode), ä.r.
Nf: KL 3234, B-dm, Raw Schöneweide 1960, 44 PS, Skl 24 „Schöneweide", 1996 ex DR (KL 3234), abg.
Nf: KL 3336, A1-dm, Raw Schöneweide 10336/1961, 90 PS, 1993 ex Kalibetrieb Südharz (Bischofferode), abg.

Straßenbahn Mühlhausen (Thüringen)

1898 erhielt Mühlhausen eine elektrische meterspurige Straßenbahn, die rasch auf drei Linien erweitert wurde. So gab es eine Unterstadt- und eine Oberstadtlinie sowie eine Außenlinie. Seit 1969 ist dies alles Geschichte. Ein 1995 gegründeter Verein bemüht sich um die Erhaltung und Aufarbeitung von Requisiten der Mühlhäuser Straßenbahn. In seinem Domizil, der Wagenhalle am Wendewehr, präsentierte er im September 2000 den mustergültig restaurierten Tw 43 sowie im März 2002 den Sommerwagen 22.
Info: Jürgen Stölcker, Kornmarkt 3, 99974 Mühlhausen, 03601 812454
Internet: www.people.freenet.de/strassenbahn-muehlhausen
Triebwagen (1.000 mm):
Et: 43, Bo, Eigenbau E-Werk Mühlhausen 1926 (E-Teil von BBC), bis 2000 restauriert, 1997 ex privat (Mühlhausen), bis 1969 Straßenbahn Mühlhausen (Tw 43)
Eb: 22, Bj. 1898, Sommerwagen, 2001/02 restauriert, bis 1911 Sommerwagen, dann Umbau in offenen Güterwagen

IGE Werrabahn, Eisenach

Acht Eisenbahnfreunde, die sich 1986 in Eisenach zur AG 4/100 des DMV zusammengefunden hatten, retteten die 91 6580 und reaktivierten sie. Der Versuch, im ehemaligen Bw Gerstungen ein Museum aufzubauen, scheiterte ebenso wie ein Nostalgieverkehr auf der Hersfelder Kreisbahn. Der inzwischen reduzierte Fahrzeugbestand ist in der Wagenwerkstatt des früheren Bw Eisenach untergebracht. Der Verein bedient einen Großteil des Dampfnostalgieprogramms in Thüringen mit den Lokomotiven 52 8075 und 41 1144, wobei seit Januar 2004 auch der vereinseigene Kioskwagen im Reichsbahn-Outfit zum Einsatz kommt.
Termine: 17.4. (Weimar 8.30 – Eisenach 10.00/17.15 – Weimar 18.45 Uhr), 24./25.4. (Cheb 8.15 – Gera 11.30/15.30 – Cheb 18.30 Uhr mit CSD-Dampflok), 29./30.5., 5./6.6., 12./13.6., 19./20.6.,

Eine Akkulok vom Typ EL 9 verläßt das Besucherbergwerk „Grube Hühn" in Trusetal (2.7.1999). *Foto: Ludger Kenning*

26./27.6. und 3./4.7. (Eisenach 8.00 – Nordhausen 11.00/16.00 – Eisenach 19 Uhr), 26.6. (Arnstadt 9.30 – Dornburg 11.30/17.30 – Arnstadt 19.30 Uhr), 4.7. (Erfurt 9.00 – Meiningen 11.00/15.00 – Erfurt 17 Uhr), 18./19.9., 25./26.9., 2./3.10. und 9./10.10. (Gera 8.15 – Cheb 11.25/15.25 – Gera 18.30 Uhr), 24.10. (Eisenach 9.00 – Freyburg 12.00/17.00 – Eisenach 19.30 Uhr), 3.12. (Erfurt 9.00 – Saalfeld 11 Uhr), 4.12. (Saalfeld 8.00 – Eisenach 11.00/17.30 – Saalfeld 20.30 Uhr) und 12./19.12.2004 (Heimboldshausen 9.30 – Erfurt 11.30/16.30 – Heimboldshausen 18.30 Uhr)
Info: IGE Werrabahn e.V., Postfach 1337, 99803 Eisenach, Tel. 036920 80226, Fax 80227, betrieb@ige-werrabahn-eisenach.de
Internet: www.ige-werrabahn-eisenach.de
Triebfahrzeuge (1.435 mm):
Dl: 41 1144, 1'D1'h2, Schichau 3350/1939, ex SEM Chemnitz-Hilbersdorf, bis 1993 GUS-Streitkräfte, urspr. DRB (41 144), btf.
Dl: 52 8075, 1'Eh2, DWM Posen 733/1944, 1998 ex DR (52 8075 / 52 1292), btf.
Vl: 2, D-dh, LEW 15355/1979, 650 PS, V60D, ex Kali Bischofferode, verliehen an Anschlußbahn Merkers (PBSV), btf.
Vl: 100 796, B-dm, BMAG 10356/1935, 107 PS, Kö II, 1993 ex DR (310 796 / 100 796 / Kö 4796), verliehen an Förderverein Werra-Fulda-Bahn (FWFB) Schenklengsfeld, abg.
Vl: 3, B-dh, LKM 265100/1970, 220 PS, V23B, 2004 ex Railion Deutschland, zuvor DB/DR (312 200 / 102 200)
Vl: B-dm, Ruhrthaler, 35 PS, 1992 ex OGS Coswig, verliehen an FWFB Schenklengsfeld, abg.
Nf: Skl 24, 61601, Schöneweide, ex DR Brandenburg verliehen an Förderverein Werra-Fulda-Bahn (FWFB) Schenklengsfeld, abg.
Nf: Skl 24, Schöneweide, ex DR Brandenburg, verliehen an Förderverein Werra-Fulda-Bahn (FWFB) Schenklengsfeld, abg.

Schaubergwerk „Am Aschenberg", Bad Liebenstein

Nach der Schließung der Grube „Gottes Gabe" in Steinbach bei Bad Liebenstein erwarb die Familie Schönau etliche Teile der Bergwerkstechnik und der Grubenbahn. Im früheren Eiskeller einer Brauerei pflegt sie alte Bergbautraditionen, während im Garten eine Akkulok mit einigen Hunten, in denen man mitfahren kann, ihre Runden dreht.
Info: Familie Schönau, Inselsbergstr. 26, 36448 Bad Liebenstein, Tel. 036961 30752
Lokomotiven (600 mm):
Al: Bo, LEW 7452/1955, EL 9, 1991 ex Grube „Gottes Gabe" Steinbach, btf.
Al: Bo, LEW 21105/1989, EL 9, 1991 ex Grube „Gottes Gabe" Steinbach, btf.
Al: Bo, BBA Aue 55620000697/1989, 1991 ex Grube „Mommel" Trusetal, btf.
Vl: B-dm, LKM 247292/1956, Ns1, ex Ziegelwerk Lübschütz der Baustoffwerke Geithain, btf.

Besucherbergwerk „Grube Hühn", Trusetal

Das 1996 eröffnete Besucherbergwerk „Grube Hühn" (in Trusetal an der Eisensteinstraße) stellt auf einem 550 m langen Grubenabschnitt 18 Befahrungsobjekte vor und veranschaulicht die Techniken des Altbergbaues wie auch die späteren Abbauverfahren. Nach Übertage gelangen die Besucher wieder mit der Grubenbahn, deren Personenwagen von einer Akkulok gezogen werden.
Geöffnet: Täglich von März bis Oktober (10-17 Uhr)
Info: Trusetaler Tourismus GmbH, Postfach 12, 98596 Trusetal, Tel. 036840 81087 und 81578, Fax 81578, gemeinde@trusetal.de
Internet: www.trusetal.com
Lokomotiven (600 mm):
Al: 1, Bo, LEW 9131/1960, 2 x 4,4 kW, EL 9, 1996 ex Fluß- und Schwerspatgrube Hühn, btf.
Al: 2, Bo, LEW 7602/1956, 2 x 4,4 kW, EL 9, 1996 ex Fluß- und Schwerspatgrube Hühn, btf.
Al: 3, Bo, LEW 21108/1989, 2 x 4,4 kW, EL 9-01, Eigentum Berg+Bau GmbH (Trusetal), urspr. Schachtbau Nordhausen (Hübelsbergstollen), btf.
Al: Bo'Bo', BBA B660-55620000674/1989, L61, 1996 ex Fluß- und Schwerspatgrube Hühn, Denkmal
Al: Bo'Bo', BBA, L61, 1996 ex Fluß- und Schwerspatgrube Hühn, Denkmal

Meininger Dampflokverein (MDV), Meiningen

An der 1858 eröffneten Werra-Bahn Eisenach – Coburg entstand 1863 in Meiningen eine Lokwerkstatt, die 1902 zur Eisenbahnwerkstatt erhoben wurde. 1914 ging am Westhang des Drachenbergs ein neues Werk in Betrieb, das spätere Reichsbahnausbesserungswerk. Bis zum Ende der Dampflokzeit war die Ausbesserung von Dampflokomotiven die Hauptaufgabe des Werkes, dann kamen in den 80er Jahren u. a. die Instandsetzung von Güterwagen und der Bau von Dampfspeicherlokomotiven hinzu. Die heutige DB-Fahrzeuginstandhaltung GmbH restauriert jegliche Lokomotiven und Wagen in- und ausländischer Bahnen und fertigt Dampflokkessel. Ein 1999 gegründeter Verein kümmert sich um die Traditionspflege und betreut für Sonderzüge die Reko-50er des Dampflokwerks.
Termine: 4./5.9. (Tag der offenen Tür), 19.10. (Meiningen – Weimar) und 27.11.2004 (Meiningen – Bamberg)
Info: Meininger Dampflokverein e.V., Am Flutgraben 2, 98617 Meiningen, Tel. 03693 851-629, Fax -622, andrea.ulbrich@bahn.de
Internet: www.dampflokwerk.de
Lokomotiven (1.435 mm):
Dl: 50 3501, 1'Eh2, Borsig 14970/1940, Eigentum Dampflokwerk, ex DB/DR (50 3501 / bis 1957: 50 350), btf.
Vl: 202 563, B'B'dh, LEW 13881/1973, 1.100 PS, ex DB/DR (202 563 / 112 563 / 110 563), btf.

Lokbahnhof Sonneberg e.V.

Der im April 2002 gegründete Lokbahnhof Sonneberg e.V. hat sich vorgenommen, auf der Strecke Sonneberg – Neuhaus am Rennweg einen Museumsdampfbetrieb einzurichten, den ehemaligen Lokbahnhof Sonneberg zu restaurieren und Fahrzeuge zu sammeln. Das Jüdel-Stellwerk in Lauscha hat er bereits restauriert.
Termine: 15.4. (Pendelzüge Sonneberg – Neuhaus) und 27.-29.8.2004 (Sonderfahrten im Rahmen des Festprogramms Neuhaus)
Info: Dietrich Murkowitz, August-Bebel-Str. 7, 98724 Neuhaus, Tel. 03679 722579, murkowitz@lokbahnhof-sonneberg.de
Internet: www.lokbahnhof-sonneberg.de
Lokomotiven (1.435 mm):
Vl: V 1, B-dh, LKM 252224/1961, 102 PS, V10B, Eigentum IG Werrabahn, 1994 ex Deutsche Schaumglas Schmiedefeld („Bärbel"), abg.
Vl: V 2, B-dh, Kaluga/UdSSR 1989, 230 PS, Typ TGK 179, ex EF Rodachtalbahn, bis 1989 Mikroelektronik Neuhaus, abg.
Vl: V 3, B-dh, Kaluga/UdSSR 1975, 230 PS, TGK 75, ex EF Rodachtalbahn, bis 1986 Elektrokeramische Werke Sonneberg, abg.

Thüringer Schieferpark Lehesten

Im Gebiet der direkt an der thüringisch-bayerischen Grenze gelegenen Berg- und Schieferstadt Lehesten wurde bereits im 13. Jahrhundert Schiefer abgebaut. Die 1876 in der Grube Schmiedebach in Betrieb genommene 690-mm-Feldbahn verfügte ebenso wie die von 1888 bis 1951 am Bahnhof Lehesten beginnende normalspurige Anschlußbahn (2,6 km) teilweise über eine Abt'sche Zahnstange. Nach der Aufgabe der über- (1973) und der untertägigen (1999) Schiefergewinnung eröffnete man auf dem Gelände der Schiefergrube eine Museumsanlage, das Technische Denkmal Historischer Schieferbergbau. An der 1964 stillgelegten Göpelschachtanlage mit ihrer pyramidenförmigen Bauform ist ein Teil der Feldbahn erhalten geblieben, wird aber vorläufig nicht befahren.
Führungen: Dienstags bis donnerstags (10 und 13 Uhr), freitags (10 Uhr), samstags und sonntags (10 und 14 Uhr)

Info: Thüringer Schieferpark, Am Staatsbruch 1, 07349 Lehesten, Tel. 036653 22212, Fax 26267, info@schieferpark-lehesten.de
Internet: www.schieferpark.com
Lokomotiven:
Al: Bo, LEW-Werk Kyffhäuser 1957, 2 x 2,6 kW, „Metallist", 660 mm, 1994 ex Erzgrube Schmiedefeld oder Kamsdorf, abg.
Al: zwei Stück, Bo, LEW 1954, Umbau BBA Aue 1958, 2 x 4,5 kW, EL 9, 600 mm, 1993 bzw. 1995 ex Staatsbruch Lehesten, ausgestellt im Museum

Dampfbahnfreunde mittlerer Rennsteig (DmR), Schmiedefeld

Die 1904 als erste Zahnradbahn der KPEV eröffnete Strecke Ilmenau – Stützerbach – Schleusingen (32 km) verfügte über fünf Zahnstangenabschnitte von 6,3 km Gesamtlänge, doch 1927 wurde sie auf Adhäsionsbetrieb umgestellt. Mit der Abbestellung des Personenverkehrs durch den Freistaat Thüringen endete 1998 der reguläre Eisenbahnbetrieb, doch der 1992 gegründete Verein Dampfbahnfreunde mittlerer Rennsteig e.V. (DmR) brachte wieder Leben auf die Steilstrecke Ilmenau – Stützerbach. Neben dem Aufbau eines Rennsteigparks am Bahnhof Rennsteig (dem Scheitelpunkt) sowie eines musealen Betriebshofs im angemieteten Ilmenauer Lokschuppen will er die Strecke zur Touristenbahn umgestalten. Drei Personen-, ein Pack- und ein Güterwagen sind bereits restauriert. Im Dezember 2003 übernahm die Rennsteigbahn GmbH & Co. KG (RBG) die Strecke Ilmenau – Themar (42 km) und stellt diese künftig dem DmR für dessen Fahrten zur Verfügung. Der RBG gehören auch die Steilstreckenlok 213 334 und die noch aufzuarbeitende 94 1184.
Termine: 10.4., 15.5., 12.6., 10.7., 7.8., 11.9. und 9.10. (Erfurt – Schmiedefeld), 11./12.4., 20.5., 30./31.5., 17./18.7. und 5.12. (Ilmenau – Schmiedefeld), 1., 8., 21./22.5. und 16.10. (Ilmenau – Katzhütte), 14.8. (Museumsfest) sowie 25.9.-3.10.2004 („100 Jahre Ilmenau – Schleusingen")
Info: Dampfbahnfreunde mittlerer Rennsteig e.V., Bahnhof Rennsteig, 98711 Schmiedefeld, Tel. 036782 706-66, Fax -60, dampfbahnfreunde@t-online.de
Internet: www.rennsteig-park.de

Von den Dampfbahnfreunden mittlerer Rennsteig wird die 94 1292 betreut, die am 3.8.2003 einen Sonderzug nach Katzhütte brachte. Lokführer und Heizer schauten auf dem Viadukt in Stadtilm geduldig den Fotografen zu. Foto: Stephan Herrmann

Lokomotiven (1.435 mm):
Dl: 94 1184, Eh2t, BMAG 7517/1921, 1998 ex DBK Historische Bahn (Gaildorf), bis 1990 Schrotthandel Wilhelm & Ludwig (Hannover-Leinhausen), bis 1975 DB (094 184 / 94 1184), urspr. KPEV „Essen 8331", i.A.
Dl: 94 1292, Eh2t, Henschel 18885/1922, Eigentum DB-Museum, bis 2001 Bw Arnstadt, Traditionslok seit 1975, ex DR (94 1292), urspr. preuß. T 16[1] „Essen 8662", btf.
Vl: 213 334, B'B'dh, MaK 1000381/1966, 1.350 PS, 2003 ex Mittelweserbahn (V 1352), zuvor DB (213 334 / V 100 2334), btf.
Vl: B-dm, LKM 252131/1960, 100 PS, V10B, 2002 ex Cellulose-Füllstoff-Fabrik Gehren (1), zuvor Vereinigte Holzindustrie Gehren (1), bis 1977 Gummikombinat Bad Blankenburg, btf.
Vl: B-dm, LKM 252560/1972, 100 PS, V10B, 2002 ex CFF Gehren (2), zuvor Werk Gehren der Schnittholz und Holzwaren Suhl (2), bis 1986 Glaswerk Großbreitenbach, btf.
Nf: B-dm, Skl 25L, 1997 ex DB/DR

Parkeisenbahn Finsterbergen (bei Friedrichroda)

Im Freizeitpark Finsterbergen besteht eine Parkeisenbahn mit der dampflokartigen Diesellok „Flinker Lothi", die als AB-Maßnahme aus einer Grubenlok entstanden ist.
Geöffnet: Mai – September
Info: Touristinformation und Kurverwaltung, Hauptstr. 17, 99898 Finsterbergen, Tel. 03623 3642-0, Fax 306396, info@finsterbergen.de
Internet: www.finsterbergen.de/familie_parkeisenb.htm

Lichtenhainer Waldeisenbahn (LWE), Lichtenhain (Bergbahn)

Der Jenaer Eisenbahnverein entstand 1949 als Modellbahnclub. Mit der Übernahme einiger Güterwagen begann Ende der 80er Jahre der Aufbau einer Normalspursammlung und nach der Aufgabe des Schmalspurbetriebs beim Jenaer Glaswerk kamen Feldbahnfahrzeuge hinzu. Als der Verein diese 1993 in Lichtenhain erstmals vorführte und seitens der Besucher und der Gemeinde auf positive Resonanz stieß, kam die Idee zum Aufbau einer festen Feldbahn auf. Im Mai 1998 begann auf der ersten Teilstrecke von 650 m Länge der Fahrbetrieb und ab 2004 beträgt die Fahrstrecke bereits 1 km. Jetzt stehen die Gestaltung des Umfeldes, der Neubau einer Drehscheibe, die Aufarbeitung weiterer Fahrzeuge sowie die Überführung einer E-Lok bevor.
Fahrbetrieb: 9.-12.4., 1./2.5., 8.5., 20.-22.5., 29.-31.5. und 3.10.2004
Info: Jenaer Eisenbahn-Verein e.V., Postfach 100105, 07701 Jena, Tel./Fax 03641 423820 und 607295, lichtenhainer-waldeisenbahn@web.de
Internet: www.waldeisenbahn.de.tt
Lokomotiven (600 mm):
Vl: B-dm, LKM 248614/1955, Ns2f, 1997 ex Feld- und Grubenbahnfreunde Oehrenstock, bis 1991 Zellstoff- und Papierfabrik Crossen/Mulde (015), btf.
Vl: B-dm, LKM 248725/1956, Ns2f, 1997 ex FGF Oehrenstock, bis 1991 Werk Themar der Werra-Baustoffe GmbH (068), zuvor Beton- und Ziegelwerke Themar, btf.
Vl: B-dm, LKM 248694/1956, Ns2f, 1997 ex FGF Oehrenstock, bis 1995 Ostsee Ziegel AG (Velgast), urspr. VEB Ostseeziegel Velgast, abg.
Vl: B-dm, Deutz, F2L 514F, 1997 gekauft, abg.
Vl: B-dm, LKM 260078/1958, Ns1b, 1991 ex Ziegelei Mahlis (bei Oschatz) des Baustoffkombinats Leipzig, btf.
Vl: B-dm, LKM 247458/1957, Ns1, 1991 ex Ziegelwerk Tegkwitz, abg.
Vl: B-dm, LKM 260118/1960, Ns1b, 1991 ex Leipziger Baustoff-GmbH Liebertwolkwitz („Ilse"), bis 1990 BT Tegkwitz bzw. Taucha bzw. urspr. Liebertwolkwitz des VEB Leipziger Baustoffe, btf.
Al: Bo, BBA Aue, B360, urspr. Papierfabrik Neustadt/Orla, btf.
Al: Bo, BBA Aue, B360, urspr. Schachtbau Nordhausen, btf.
Al: zwei Stück, Bo, BBA Aue, B660, ex Glaswerke Carl Zeiss/Schott (Jena), abg.
El: Bo, LEW 1951, 600 V Gleichstrom, 1990 gekauft, abg.

IG Hirzbergbahn, Tambach-Dietharz

Der 1993 gegründete IG Hirzbergbahn Georgenthal-Tambach e.V. (IGHB) will auf der seit 1996 nicht mehr befahrenen Strecke Georgenthal – Tambach-Dietharz einen Museumsbetrieb aufziehen und hierfür neben den Stationen auch einige Fahrzeuge restaurieren. Ein seit 2003 in Georgenthal entstehendes Museum veranschaulicht die Geschichte sowohl der Bahn als auch der Schmalspurbahnen, wofür dem Verein die Arbeitsgruppe Thüringische Schmalspurbahn angegliedert wurde (Info hierzu: Ulf Haußen, Tel. 0361 3460195, ulf.haussen@hirzbergbahn.org).
Info: IG Hirzbergbahn e.V., Lohmühle 4, 99887 Georgenthal, Tel. 0177 8111404 (Ludwig), info@hirzbergbahn.org
Internet: www.hirzbergbahn.de
Lokomotiven (1.435 mm):
Dl: 52 8171, 1'Eh2, Esslingen 4738/1943, 1998 ex privat (Celle), bis 1995 DR (52 8171 / bis 1966: 52 1514), abg.
Vl: 1, B-dm, LKM 251255/1958, 90 PS, N4b, 1998 ex Gothaer Fahrzeugtechnik, urspr. Kaltwalzwerk Bad Salzungen, Denkmal
Vl: 2, B-dh, LKM 262475/1973, 220 PS, V22B, 1998 ex Gothaer Fahrzeugtechnik (1), bis 1985 Betriebsteil Steudnitz des Chemiewerks Coswig (4)
Vl: 3, B-dh, LKM 262164/1963, 220 PS, V22B, Einsatz im Chemiewerk Rudolstadt-Schwarza, 1998 ex Erfurter Industriebahn (11), bis 1993 Umformtechnik Erfurt GmbH, urspr. Pressen- und Scherenbau Erfurt Ost (3), btf.
Vl: 4, B-dm, LKM 252508/1968, 100 PS, V10B, 2003 ex BMW Umwelttechnik Dietlas, urspr. Bergwerksmaschinenwerk Dietlas (1)
Vl: 5, B-dm, LKM 252127/1960, 100 PS, V10B, 2003 ex Gaswerk Erfurt (4), bis 1976 Heizkraftwerk Pirna, bis 1966 Reifenwerk Heidenau (Erfurt)
Vl: 6, B-dh, LKM 261514/1966, 180 PS, V18B, 2003 ex VEAB Erfurt (1) bzw. Erfurter Getreide- und Warenhandel
Nf: Skl 23 3250, B-dm, Bauj. 1963, Bauart Schöneweide, ex DB (Skl 23 3250), btf.
Nf: Skl 25.1.4074, B-dm, Baujahr 1981, ex DB AG
Nf: Skl 25.1.4179, B-dm, 1997 ex DB
Nf: Skl 25.0.4172, B-dm, ex DB
Nf: MD 01, B-dm, Motordraisine, 2003 ex MAV

Historisches Bw Arnstadt

1992 erhielt das Bw Arnstadt einen neuen Status, als ihm die Traditionsloks der Rbd Erfurt zugeteilt wurden. Eisenbahner, die sich 1999 zum Förderverein Bw Arnstadt (hist.) vereint hatten, sicherten 2002 den dauerhaften Bestand. Zum Fahrzeugbestand zählen auch vier Eisenbahn-Kohlekräne, Schlaf- und Speisewagen, ein Heizkesselwagen und mehrere Wohn- und Begleitwagen (darunter zwei Wagen des ehemaligen NVA-Zugs der DDR). Zudem sind ein Schneepflug der Bauart Meiningen, ein Skl 24 und drei Bghw-Reisezugwagen vorhanden.
Geöffnet: Samstags, sonn- und feiertags (10-17 Uhr)
Termine: 10.4. (Osterfahrt), 1./2.5. (Eisenbahnfest) und 12.9.2004 (Tag der offenen Denkmals)
Info: Förderverein Bw Arnstadt e.V., Postfach 101122, 99011 Erfurt, Tel. 03628 5866-76, Fax -78, info@bw-arnstadt.de
Internet: www.bw-arnstadt.de
Lokomotiven (1.435 mm):
Dl: 01 531, 2'C1'h2, Henschel 22706/1935, Eigentum DB-Museum, betreut von der 1984 gegründeten IG Traditionslok 01 1531, ex DR (01 1531 / 01 0531 / 01 531 / bis 1964: 01 158), abg.
Dl: 38 1182, 2'Ch2, BMAG 4485/1910, Eigentum DB-Museum, 1971 ex DR (38 1182), urspr. preuß. P 8 „Flm 2421"), abg.
Dl: 44 1093, 1'Eh3, Floridsdorf 9449/1942, Eigentum DB-Museum, ex DR (44 1093 / 44 0093 / 44 1093), abg.
Dl: 50 3688, 1'Eh2, Skoda 1175/1940, ex DR (50 3688 / bis 1961: 50 1096), abg.
Dl: 65 1049, 1'D2'h2t, LKM 121049/1956, Traditionslok seit 1982, ex DR (65 1049), btf.

Von den im ehemaligen Bw Arnstadt beheimateten Dampflokomotiven ist lediglich die 65 1049 betriebsfähig (Siegelbach, 9.9.1979): Foto: Ludger Kenning

Dl: 89 6311, Cn2t, Henschel 23061/1936, 1992 ex DMV Erfurt (89 6311), bis 1979 Hafenbahn Torgau (2), bis 1965 Raw Engelsdorf (2), bis 1945 Sprengstoffwerke Berlin, ä.r.
Dl: 91 6580, 1'Ch2t, Henschel 23887/1938, 1992 ex IGE Werrabahn, bis 1990 DMV Erfurt, bis 1979 Erfurter Industriebahn (4), bis 1969 DR Mühlhausen (91 6580), bis 1949 Strecke Ilmenau – Großbreitenbach der Süddeutschen Eisenbahn-Gesellschaft (400), abg.
Dl: 95 1027, 1'E1'h2t, Hanomag 10185/1923 (ausgeliefert 1926), Traditionslok seit 1982, ex DR (95 1027 / 95 0027 / 95 027), abg.
Dl: C-fl, Meiningen 03006(?)/1984, FLC, Eigentum Förderverein, 2002 ex IGE Werrabahn, urspr. Kraftwerk Hagenwerder, abg.
Vl: B-dm, A. Badoni Spa (Lecco/Italien) 4702/1956, 33 kW, Lokomotor Bauart Breuer IV, 2001 ex Schweizerischer Eisenbahn-Amateur-Klub Zürich, ehem. Häute- und Fettwerk AG Zürich (Werkstraktor 8), abg.
Vl: 100 201 „Cheftaxi", B-dm, O&K Nowawes/Babelsberg 20295/1933, 105 PS, Kö II, 1995 ex DB/DR (310 201 / 100 201 / Kö 4201), btf.
Vl: 100 439, B-dm, Jung 5852/1934, 105 PS, Kö II, 1995 ex DB/DR (310 439 / 100 439 / Kö 4439), abg.
Vl: 102 965, B-dh, LKM 262611/1975, 220 PS, V22B, 2000 leihweise ex Arnstadt Verpackungs-GmbH (Arnstadt), bis 1990 Wellpappenwerk Arnstadt, bis 1986 Kalibetrieb Südharz „Karl Liebknecht" Bleicherode, btf.
Vl: V 36 274, C-dh, O&K 21340/1940, 360 PS, WR360 C14, Eigentum Förderverein, 1997 ex Britische Rheinarmee RCT Mönchengladbach Holter Heide („Poyntz"), zuvor RCT Schäferhof bei Nienburg/Weser und Rheindahlen, bis 1945 Krupp-Versuchsgelände (Meppen) oder Heeres-Munitionsfabrik Wulfen, abg.
Vl: V 40-4, C-dh, Krauss-Maffei 17682/1951, 400 PS, ML 400C, 2002 ex Denkmal München-Allach, bis ca. 1995 Hafenbahn Regensburg (V 40-4) abg.
Vl: V 40-5, C-dh, Krauss-Maffei 17685/1951, 400 PS, ML 400C, Eigentum Förderverein, bis 2003 Bw Arnstadt hist., 2002 ex Siemens Krauss-Maffei (München-Allach), bis ca. 1995 Hafenbahn Regensburg (V 40-5), bis 1952 Hafenverwaltung Aschaffenburg der Obersten Baubehörde München, abg.
Vl: 106 1100, D-dh, LKM 270102/1963, 650 PS, V60D, Eigentum DB-Museum, 1997 ex DB/DR (346 100 / 106 100 / V 60 1100), ä.r.
Vl: 112 819, B'B'dh, LEW 15091/1975, 1.100 PS, Eigentum DB-Museum, 1999 ex DB/DR (202 819 / 112 819), btf.

Vl: 118 505, B'B'dh, LEW 275005/1963, 1.800 PS, Eigentum DB-Museum, bis 2002 in Berlin-Schöneweide, ex DB/DR (228 505 / 118 505, bis 1980: 118 005), abg.
Vl: 118 749, C'C'dh, LKM 280153/1968, 2.400 PS, 1995 ex DB/DR (228 749 / 118 749 / 118 349 / V 180 349), abg.
Vl: 120 274, Co'Co', LTS Lugansk 0676/1969, 2.000 PS, Eigentum DB-Museum, 1994 ex DB/DR (220 274 / 120 274 / V 200 274), abg.
Vl: 131 072, Co'Co', Woroschilowgrad 0186/1973, 3.000 PS, Eigentum DB-Museum, 1994 ex DB/DR (231 072 / 131 072), abg.
El: 254 106, Co'Co', AEG 5731/1944, Privateigentum, 1992 ex DR (254 106 / E 94 106), abg.
Al: ASF 1, Bo, LEW 17762/1982, Eigentum Förderverein, 1991 ex Alcatel Arnstadt (04779001), zuvor Fernmeldewerk Arnstadt (1), btf.
Al: ASF 71, Bo, LEW 14271/1974, Eigentum Förderverein, 1994 ex DR (ASF 71), btf.

Thüringerwaldbahn und Straßenbahn Gotha

Seit 1979 hat der Gothaer Verkehrsbetrieb einen nostalgischen Waldbahnzug. Der 1993 restaurierte Prototyp-Zug der Gothaer Wagen (Tw 43 / Bw 93) präsentiert sich im Zustand von 1974. Um die Erhaltung, die Aufarbeitung und den Einsatz der Fahrzeuge kümmert sich seit 1996 der Gothaer Straßenbahnfreunde e.V., der aus einer 1993 gebildeten Arbeitsgruppe hervorgegangen ist.
Termin: 12.9.2004 (Tag der offenen Tür, „75 Jahre Thüringerwaldbahn, 110 Jahre Straßenbahn")
Info: Gothaer Straßenbahnfreunde e.V., Waltershäuser Str. 98, 99867 Gotha, Tel. 03621 431-117 (Hartung), Fax -111
Internet: www.waldbahn-gotha.de
Triebwagen (1.000 mm):
Et: 39, Bo, Gotha/LEW 1955, 2 x 60 kW, ET57 ZR, seit 2002 Htw, btf.
Et: 43, Bo, Gotha/LEW 1956, 2 x 60 kW, Prototyp ET57 ER, seit 1993 Htw, btf. (mit Bw 93, Gotha 1956)
Et: 56, Bo, Gotha/AEG 1928/29, 2 x 55 kW, Typ T1, „Waldbahnzug", seit 1979 Htw, btf. (mit Bw 82 von 1928 sowie Gepäcklore 101 von 1929), btf.
Et: 215, Bo'2', Gotha/LEW 1967, 2 x 60 kW, G4, seit 2002 Htw, btf.

Am 2.5.1994 fuhr der aus dem Tw 56, dem Bw 82 und der Gepäcklore 101 bestehende Waldbahnzug zum Gothaer Ostbahnhof. Heute sieht die Straße ganz anders aus.
Foto: Helmut Roggenkamp

Straßenbahn Erfurt / Thüringer Straßenbahnfreunde (TSF)

Die EVAG-Wagen Tw 3, 92 und 178 (mit Bw 274) werden für Sonderfahrten und die „Erfurt-Tour" durch die EVAG und die Tourismus GmbH eingesetzt. 1978 schlossen sich Erfurter und Eisenacher Straßenbahnfreunde zur Arge 4/60 Nahverkehr Erfurt im DMV zusammen. Hieraus entstand 1990 der Verein TSF, der sich vor allem mit der Straßenbahn und dem ÖPNV Thüringens befaßt, Exponate des Straßenbahnbetriebs musealen erhält und die thüringische Stadtverkehrsgeschichte archiviert.
Stadtrundfahrten (Start am Domplatz): April – Dezember samstags und sonntags (11 und 14 Uhr), Mai – Oktober und Dezember auch mittwochs bis freitags (14 Uhr)
Info: Erfurter Verkehrsbetriebe, Am Urbicher Kreuz 20, 99099 Erfurt, Tel. 0361 4390-0, Fax -117
Internet: www.evag-erfurt.de
Oder: Tourismus-Gesellschaft, Benediktsplatz 1, 99084 Erfurt, Tel. 0361 6640-120, Fax -190, www-erfurt-tourist-info.de
Oder: Thüringer Straßenbahnfreunde, Postfach 557, 99011 Erfurt
Triebwagen (1.000 mm):
Et: 3, Bo, CKD 1967, T2D, 2 x 60 kW, seit 1999 Htw, 1992 ex Gotha (37), btf.
Et: 92, Bo, Gotha/AEG 1938, 2 x 46 kW, seit 1983 Htw, 1980 ex Gotha (Atw 006), bis 1976 Eisenach (44), bis 1965 Erfurt (92), btf.
Et: 178, Bo'2', Gotha/LEW 1965, 2 x 60 kW, G4, seit 1994 Htw, 1992 ex Gotha (Tw 206), btf.
Et: 190, Bo'2', Gotha/LEW 1967, 2 x 60 kW, G4, seit 2002 Partybahn, bis 2000 Gotha (214), btf. (mit Cabrio-Bw 275, 2001 ex Gotha)

BSW-Freizeitgruppe Thüringer Eisenbahnverein (TEV), Weimar

Der 1991 aus einer DMV-Arbeitsgruppe entstandene Thüringer Eisenbahnverein befaßt sich vor allem mit der Erhaltung von E-Loks und hat sein Domizil im ehemaligen Bw Weimar, das seit 1980 thüringisches Kulturdenkmal ist und in der Rosenthalstraße liegt (Besichtigung an Wochenenden 10-16 Uhr nach Absprache).
Termine: 22./23.5. (Weimarer Eisenbahnfest), 11./12.9. (Tag des offenen Denkmals) und 9./10.10.2004 (Fahrzeugschau)
Info: Thüringer Eisenbahnverein, Postfach 100105, 99001 Erfurt, Tel. 0177 3385415 (Kloseck), Fax 0421 3477828, webmaster@thueringer-eisenbahnverein.de
Internet: www.thueringer-eisenbahnverein.de
Triebfahrzeuge (1.435 mm):
Dl: 50 3626, 1'Eh2, Krauss-Maffei 16260/1942, bis 1993 DR (urspr. 50 2385), i.A.
Dl: 52 8109, 1'Eh2, Henschel 28240/1944, Vereinseigentum, bis 1992 DR (urspr. 52 2883)
Vl: V 36 032, C-dh, O&K 21140/1940, 360 PS, WR360 C14, Privateigentum, bis 1992 DMV Erfurt, bis 1986 Blechverpackungswerk Staßfurt (002), bis 1971 Kaliwerk Staßfurt (3), bis 1951 DR (V 36 103), urspr. Wehrmacht (WiFo 13), abg.
Vl: 100 886, B-dm, Deutz 47362/1944, 128 PS, 1995 ex Erfurter Industriebahn, bis 1989 DR (Köf 5266 / Kö 5266 / Kbf 5266), btf.
Vl: V 22, B-dh, LKM 262567/1975, 220 PS, V22B, 1996 ex Landmaschinenwerk Weimar (1), btf.
Vl: 102 125, B-dh, LKM 262025/1970, 220 PS, Eigentum DB-Museum, ex DB/DR (312 125 / 102 125), abg.
Vl: 120 198, Co'Co', LTS Lugansk 0800/1969, 2.000 PS, Eigentum DB-Museum, bis 2004 BSW Schwerin, ex DB/DR (220 198 / 120 198 / V 200 198), abg.
Vl: 229 188, Co'Co', „23. August" Bukarest 24941/1984, 2004 leihweise ex DB-Museum, abg.
El: E 04 11, 1'Do1', AEG 4835/1934, 2.010 kW, 1998 ex privat, bis 1994 DR (Reisezugwagen-Prüfgerät in Erfurt), zuvor DR (204 011 / E 04 11), ä.r.
El: E 11 049, Bo'Bo', LEW 13134/1970, 2.920 kW, Eigentum DB-Museum, bis 2002 bei BSW-Gruppe Stralsund, bis 1999 DB/DR (109 049 / 211 049 / E 11 049), abg.
El: E 18 24, 1'Do1', AEG 4942/1936, 1999 ex Verkehrsmuseum Gemünden, bis 1985 DB (118 024 / E 18 24), abg.
El: E 25 1012, Co'Co', LEW 10427/1965, 3.660 kW, Eigentum DB-Cargo, ex DB/DR Rübelandbahn (171 012 / 251 012 / E 25 1012), abg.
El: 242 151, Bo'Bo', LEW 11782/1968, 2.600 kW, Vereinseigentum, 1997 ex DB/DR (242 151 / 142 151 / E 42 151), btf.

El: 244 105, Bo'Bo', Henschel/SSW 24281/1938, 1.860 kW, 1995 ex DB (Trafostation EVG Merseburg), bis 1991 DR (244 105 / E 44 105), ä.r.
El: 244 143, Bo'Bo', 1.860 kW, Privateigentum (Weimar), abg.
El: 144 507, Bo'Bo', AEG 4803/1934, 2.200 kW, Eigentum DB-Museum, abg.
At: AT 589/590, 2A+A2, Wumag/BEW/AFA 1927, Eigentum DB-Museum, 1994-2001 bei IGE Werrabahn Eisenach, bis 1968 DR, abg.
Al: ASF 1, Bo, LEW 17774/1983, 14 kW, ASF-Prototyp, 2000 ex Treuhand Gera, bis 1992 Papierfabrik Lehnamühle, btf.
Al: ASF 2, Bo, LEW 18855/1986, 17 kW, EL 16, 2003 ex Firma Avermann (Erfurt), bis 1991 Thüringer Stahlhandel (Erfurt-Gispersleben)
Al: ASF 95, Bo, LEW 15245/1979, 2000 ex Allianz Grundstücksverwaltung, bis 1998 DB Sangerhausen
Al: „Carlchen", Bo, bis 2000 restauriert, 1997 ex Papierfabrik Porstendorf bei Jena, btf.
Nf: Kl 3586, B-dm, Raw Schöneweide, 1996 ex DR (Bm Meiningen), ä.r.

Straßenbahn Naumburg (Saale)

Einige straßenbahnbegeisterte Jugendliche schlossen sich in Naumburg zusammen, betätigten sich als Fremdenführer, veranstalteten Sonderfahrten und holten Hilfsangebote über Gleise, Fahrleitungen und Fahrzeuge ein, doch die zuständigen Stellen ignorierten dies. Der 1991 gegründete Naumburger Straßenbahnfreunde e.V. feierte 1992 zusammen mit der Stadt das 100-jährige Bestehen der Straßenbahn. 1994 bekam die Naumburger Straßenbahn GmbH (NSG) die Konzession für einen Gelegenheitsverkehr. Bei dessen Abwicklung, beim Wiederaufbau der Straßenbahn und bei der Fahrzeugaufarbeitung ist ihm der Verein behilflich.
Fahrbetrieb: 24./25.4. (nur Theaterplatz – Bf), 20.5., 22./23.5., 29.-31.5., 24./25.7., 28./29.8., 25./26.9., 2./3.10. und 4./5.12.2004 (jeweils 14-18 Uhr)
Weitere Termine: 1.5. (6-18 Uhr Theaterplatz – Bf), 2.5. (10-18 Uhr Theaterplatz – Bf), 24./25.6. (16-20 Uhr), 26./27.6. (10-20 Uhr, am Sa 14-16 Uhr nur Bf – Depot)

Am 30.4.2000 fanden in Naumburg ein Volkslauftag und ein Truckertreffen statt. Die Tw 33 und 34 sowie der Bw 007 warteten morgens vor dem Straßenbahndepot auf ihren Einsatz. *Foto: Ludger Kenning*

Info: Naumburger Straßenbahn GmbH, Postfach 1840, 06608 Naumburg, Tel. 03445 703002
Oder: Nahverkehrsfreunde Naumburg-Jena e.V., Postfach 1508, 06605 Naumburg, Tel. 03445 703002, info@ringbahn-naumburg.de
Internet: www.ringbahn-naumburg.de
Trieb- und Beiwagen (1.000 mm):
Et: 17, Bo, Lindner/SSW 1928, 2 x 50 kW, Vereinseigentum, bis 1992 Naumburg (Atw und Htw, bis 1982 Tw 17), bis 1978 Halle (643 / bis 1967 Tw 183), i.A.
Et: 23, Bo, Gotha/LEW 1956, 2 x 60 kW, ET54 ZR, Vereinseigentum, 1997 ex Naumburg (Tw 23), bis 1982 Plauen (Tw 71), bis 1964 DR Klingenthal (ET 198 04), btf.
Et: 33, Bo, Gotha/LEW 1958, 2 x 60 kW, T57 ZR, Eigentum NSG, 1994 ex Frankfurt/Oder (Tw 28), bis 1973 Gotha (Tw 45), btf.
Et: 34, Bo, Gotha/LEW 1961, 2 x 60 kW, T57 ZR, Eigentum NSG, 1994 ex Frankfurt/Oder (Tw 34), abg.
Et: 36, Bo, Gotha/LEW 1961, 2 x 60 kW, T57 ZR, Eigentum NSG, 2002 ex Jena (Tw 108, bis 1993 Tw 7-6600/086, bis 1981 Tw 128, bis 1964 Tw 14), btf.
Et: 37, Bo, Gotha/LEW 1959, 2 x 60 kW, T57 ZR, Eigentum NSG, 2003 ex Jena (Tw 116, bis 1997 Tw 7-6600/174), bis 1992 Görlitz (Tw 20), bis 1973 Gera (Tw 150), bis 1966 Stralsund (Tw 15), btf.
Et: 38, Bo, Gotha/LEW 1960, 2 x 60 kW, T57 ZR, Eigentum NSG, 2003 ex Jena (Tw 114, bis 1993 Tw 7-6600/158), bis 1991 Cottbus (Tw 96, bis 1987 Tw 53), btf.
Et: 50, Bo, Schöneweide/LEW 1971, 2 x 60 kW, TZ70/1 ZR, Eigentum NSG, 2000 ex Jena (Tw 132, bis 1993 Tw 7-6620/016, bis 1982 Tw 109), btf.
Et: 51, Bo, Schöneweide/LEW 1973, 2 x 60 kW, TZ70/1 ZR, Eigentum NSG, 2001 ex Jena (Tw 137, bis 1993 Tw 7-6620/081, bis 1982 Tw 116), btf.
Et: 202, Bo+B, Gotha/LEW 1965, 2 x 60 kW, Gelenkwagen G4-65(Stadt) ER, Vereinseigentum, 1999 ex Gotha (202), btf.
Eb: 1, Werdau 1951, EB50 ER, Vereinseigentum, 1993 ex Naumburg (Bw 1), bis 1985 Halberstadt (Bw 56), i.A.
Eb: Bw 007, Gotha 1961, B57 ZR, Eigentum NSG, 1994 ex Frankfurt/Oder 108, abg.
Eb: Bw 14, Gotha 1969, B57 ZR, Eigentum NSG, 2003 ex Jena (151 / bis 1993 Bw 7-6610/022, bis 1981 Bw 231, bis 1964 Bw 59), btf.
Eb: Bw 19, Schöneweide/LEW 1972, BZ70/1 ZR, Eigentum NSG, 2001 ex Jena (186, bis 1993 Bw 147, bis 1982 Bw 224), btf.
Pf: 133, SIG 1894, Pferdebahnwagen, Privateigentum Friedrich (Darmstadt), btf.

Garten-Bahn Eisenberg (GBE)

Nach der Aufstellung der Dampflok und dem Bau eines Lokschuppen baute Klaus Wohlfarth 1981 beim Sanatorium Wolf in Klosterlausnitz einige Feldbahnmaterialien ab. In Eisenberg verlegte er daraus eine V-förmige Anlage mit acht Weichen, fünf Abstellgleisen, einer Drehscheibe sowie einer Zweigstrecke zu einem Parkplatz. Vorhanden sind u. a. 15 Loren mit Originalkippern bzw. Selbstbau-Wagenkästen.
Info: Klaus Wohlfarth, Großer Brühl 11, 07607 Eisenberg, Tel. 036691 51042, klaus.wohlfarth1952@freenet.de
Lokomotiven (600 mm):
Dl: Bn2t, O&K 13602/1944, 1980 ex DMV-Arge Gera, bis 1978 Denkmal Gera, bis 1974 VEB Chemopharm (Markkleeberg), bis 1962 Ingenieurbau Eberswalde (Baustelle Schwedt/Passow, zuvor Flughafen Erfurt), bis 1960 Bau-Union Frankfurt/O (Stalinstadt), bis 1957 Einsätze in Luckau, Querfurt und Herzfelden/Eberswalde, urspr. Baufirma Reckmann (Halle), i.A.
Vl: B-dm, Jung 9609/1942, 10 PS, 1981 ex Sanatorium Wolf (Klosterlausnitz)
Vl: B-dm, LKM 247078/1953, Ns1, 1981 ex Sanatorium Wolf (Klosterlausnitz)

Straßenbahn Jena

Seit dem 75-jährigen Bestehen der Jenaer Straßenbahn im Jahr 1976 steht ein Triebwagen für Sonder- und Charterfahrten bereit. 1997 stellten die Nahverkehrsfreunde Naumburg & Jena den aus Naumburg heimgeholten Tw 27 in Dienst.

Info: Jenaer Nahverkehrs-GmbH, Keßlerstr. 29, 07745 Jena, Tel. 03641 4143-30, Fax -34
Oder: Nahverkehrsfreunde Naumburg-Jena e.V., Postfach 1508, 06605 Naumburg, Tel. 03445 703002, info@ringbahn-naumburg.de
Internet: www.jenah.de und www.ringbahn-naumburg.de
Triebwagen (1.000 mm):
Et: 26, Bo, Gotha/AEG 1929, 2 x 32,5 kW, Neuaufbau 1984-86, seit 1976 Htw, zuvor Eisenach (Tw 19), btf.
Et: 27, Bo, LOWA/LEW 1951, 2 x 60 kW, ET50 ZR, seit 1996 Htw, 1995 ex Naumburg (Tw 27), bis 1991 Gera (Tw 131, bis 1959 Tw 14), btf.
Et: 9, Bo, Gotha/LEW 1958, 2 x 60 kW, ET57 ZR, seit 2002 Htw, zuvor Tw 101, bis 1993 Tw 7-6600/012, bis 1981 Tw 121, bis 1964 Tw 9, btf.

Straßenbahn Gera

Ein Schmuckstück war 1967 zur 75-Jahr-Feier der Geraer Straßenbahn der restaurierte Tw 29, und 15 Jahre später ging der in den Ursprungszustand zurückversetzte Tw 12 zum 90-jährigen Bestehen der Straßenbahn in Betrieb. Das Ausscheiden der letzten Gothaer Wagen gab 1990 den Anlaß, einen Lowa-Triebwagen im Aussehen von 1955 herzurichten. Im neuen Btf Zwötzen ging aus einem Traditionskabinett ein Museum hervor, in das man über den Perron des Tw 132 gelangt und das viele Utensilien aus der Straßenbahngeschichte zeigt.
Info: Geraer Verkehrsbetrieb, Zoitzbergstr. 3, 07551 Gera, Tel. 0365 7390-0, Fax -739, info@gvbgera.de
Internet: www.gvbgera.de
Triebwagen (1.000 mm):
Et: 12, Bo, MAN/SSW 1928, 2 x 34 kW, seit 1982 Htw, bis 1975 Atw 112, bis 1968 Tw 112 bzw. Tw 12, btf.
Et: 16, Bo, Werdau/LEW 1953, 2 x 60 kW, Typ Lowa, seit 1990 Htw, zuvor Tw 130 bzw. 137, bis 1975 Zwickau (Tw 118), btf.
Et: 29, Bo, MAN/AEG 1905, 2 x 34 kW, seit 1967 Htw, 1966 ex Plauen (25), btf.

Sehr beliebt sind in Gera Stadtrundfahrten mit der „Historischen", wobei eine Fahrt nach Bieblach Ost und Lusan mitsamt einer Runde im Betriebshof etwa 90 Minuten dauert. Am 3.7.1999 kehrte der Tw 29 aus Bieblach zurück (hier in Alt Lusan).
Foto: Ludger Kenning

Parkeisenbahn Gera

Im September 1975 eröffnete der Rat der Stadt Gera im Tierpark eine 800 m lange Pioniereisenbahn. Sie beginnt im Bahnhof Martinsgrund, führt an einem Stauweiher vorbei, passiert zwei Brücken und endet im Bahnhof Wolfsgehege. Unter Aufsicht von Eisenbahnern wickeln Kinder und Jugendliche im Alter von 10 bis 16 Jahren den Fahrbetrieb ab. Ein 1992 gegründeter Förderverein betreut die Kinder und unterstützt die Stadt beim Betrieb und bei der Unterhaltung der Bahn. Zum Bahnjubiläum wurde im Jahr 2000 ein Nachbau der Akkulok EA 44-01, mit der 1975 den Fahrbetrieb auf der heutigen Parkeisenbahn begann, in Dienst gestellt.
Fahrbetrieb: Täglich 9.30-11.40 und 13-17 Uhr, außer montags und freitags außerhalb der Ferien
Info: Geraer Wald-Eisenbahn-Verein, Liselotte-Hermann-Str. 6, 07548 Gera, Tel. 0365 7103537 und 810185, PEGera@gmx.de
Internet: www.parkeisenbahn.de/gera.htm
Lokomotiven (600 mm):
Vl: 399 310, B-dh, Lucenec 008/1965, 60 PS, 1977 ex Pioniereisenbahn Berlin (V 06 001), btf.
Vl: 399 312, B-dh, Lucenec 058/1966, 60 PS, 1977 ex Pioniereisenbahn Berlin (V 06 002), btf.
Al: EA 44-02, Bo'Bo', EA KFB 1999, 8,4 kW, Nachbau der EA 44-01, btf.

Kohlebahn Meuselwitz – Regis-Breitingen

Der 1996 gegründete Verein Kohlebahnen e.V. richtete im nordwestlichen Altenburger Land die um 1942 zu den Brikettfabriken angelegte „Kammerforstbahn" Meuselwitz – Regis-Breitingen (14,5 km) für den Ausflugsverkehr her bzw. baute sie neu auf. Betriebsmittelpunkt ist der Bahnhof Meuselwitz, der samt Betriebswerk mit Rundlokschuppen und Drehscheibe mit großem Aufwand umgebaut wurde.
Termine: 4.4., 9.4., 11./12.4., 18.4., 25.4., 1./2.5., 9.5., 15./16.5., 20.5., 23.5., 30./31.5., 6.6. (Kindertag), 13.6., 20.6., 27.6., 4.7. (Bahnhofsfest), 11.7., 18.7., 25.7., 1.8., 8.8., 14./15.8. (Westerntage), 21.8., 29.8., 5.9., 12.9., 19.9., 26.9. (Bahnreise in die Vergangenheit), 3.10., 10.10., 17.10., 24.10., 31.10., 5.12 (Nikolaus), 12.12., 19.12., 26./27.12. und 31.12.2004 (jeweils Meuselwitz ab 12.15, 14.15 und 16.15 Uhr; Regis-Breitingen ab 13.10, 15.10 und 17.10 Uhr)
Info: Verein Kohlebahnen e.V., Firma Dr. Waldenburger, Gewerbegebiet, 04617 Haselbach, Tel. 03448 752550 und 7521-43, Fax -44, kontakt@kohlebahn.info
Internet: www.kohlebahn.info und www.bahnhof-meuselwitz.de
Lokomotiven:
Dl: Bn2t, Krauss-Maffei 17240/1944 (Henschel 25091, Verlagerung an Krauss-Maffei), KDL 10, 200 PS, 900 mm, 2001 ex Grützmacher (Emmerthal), bis 1997 Museumsbahn Plettenberg (PREAG 2), bis 1991 Spielplatz Großkotzenburg, bis 1966 Preußen Elektra AG Borken/Hessen (2), neu geliefert über Henschel (Kassel), abg.
Dl: 127, C-fl, LKM 146729/1961, 1.435 mm, 2001 ex Museum Zechau, abg.
Dl: 162, C-fl, LKM 146803/1954, 1.435 mm, 2001 ex Museum Zechau, bis 1993 MIBRAG Braunkohlenwerk Regis, abg.
Dl: 163, C-fl, LKM 146745/1961, 1.435 mm, 2001 ex Museum Zechau, bis 1993 MIBRAG Braunkohlenwerk Rositz, ä.r.
Dl: 167, C-fl, Meiningen 03065/1985, 1.435 mm, 2001 ex Museum Zechau, bis 1993 MIBRAG Braunkohlenwerk Regis, abg.
Vl: 486, C-dh, LKM 250281/1962, 102 PS, V10C, 900 mm, 1997 ex Tagebau Schleenhain des BKW Regis-Breitingen (Di 418-016-A3 / 468), urspr. Tagebau Witznitz des BKW Borna der MIBRAG (287), btf.
Vl: 53, C-dh, LKM 250322/1963, 102 PS, V10C, 900 mm, 1997 ex BKW-Tagebau Witznitz, btf.
Vl: 56, C-dh, LKM 250549/1973, 102 PS, V10C, 900 mm, 1997 ex BKW-Tagebau Witznitz, btf.
Vl: 288, C-dh, LKM 250320/1963, 102 PS, V10C, 900 mm, 1997 ex MIBRAG-Tagebau Schleenhain (Di 421-016-A3/288), zuvor Tagebau Groitzsch, btf.
Vl: C-dh, LKM 250402/1965, 102 PS, V10C, 900 mm, 2001 ex Mitteldeutsches Braunkohlenmuseum / Bergbautechnisches Museum Rositz-Zechau, zuvor MIBRAG-Tagebau Groitzsch (Di 277-016-A3), urspr. BKW Rositz / Regis-Breitingen, abg. in Meuselwitz
Vl: C-dh, LKM 250236/1961, 102 PS, V10C, 900 mm, 1997 ex Werk Fockendorf der Zellstoff- und Papierfabrik Trebsen (2), abg.

In solider Bauweise wurde die Kammerforstbahn Regis-Breitingen – Haselbach bis Meuselwitz verlängert. Am Abend des 21.4.2002 fuhr die leuchtendgelbe Lok 486 an Wintersdorf vorbei in Richtung Meuselwitz. Foto: Ludger Kenning

Vl: B-dm, LKM 252570/1974, 102 PS, V10B, 1.435 mm, 2002 ex Jenaer Eisenbahnfreunde, zuvor Glaswerk Jena (2), btf.
Vl: B-dm, Jung 7122/1937, 600 mm, 2001 ex Museum Zechau, bis 1994 BKW Regis (Haselbach), abg. in Meuselwitz
Vl: 1, B-dh, LKM 261569/1967, 150 PS, V18B, 1.435 mm, 2001 ex Museum Zechau (V 60/7), urspr. Ostthüringer Möbelwerke Zeulenroda-Triebes (1), btf.
Vl: 7, D-dh, LEW 17801/1980, 650 PS, V60D, 1.435 mm, 2001 ex Museum Zechau, bis 1994 Teerverarbeitungswerk Rositz, abg. in Tröglitz
Vl: V 200 508, Co'Co', Woroschilowgrad 1843/1973, 1.435 mm, 2001 ex Museum Zechau, bis 1995 BKK Geiseltal (V 200 508), abg. in Tröglitz
El: 302 / 4-186, Bo'Bo', LEW 1955, El 3, 900 mm, abg. in Haselbach
El: 211 / 4-596, Bo'Bo', LEW 8711/1960, El 3, 900 mm, 2001 ex Museum Zechau, bis 1993 MIBRAG Braunkohlenwerk Regis (211), abg. in Meuselwitz
El: 4-1081, Bo'Bo', Henschel/AEG 22468/1934, 1.435 mm, 2001 ex Museum Zechau, bis 1994 MIBRAG Brikettfabrik Witznitz, urspr. G. Theodor, abg.
Nf: 236, B-dm, Raw Schöneweide, 42 PS, 1996 ex BKW-Tagebau Espenhain (236), btf.
Nf: 67, B-dm, Raw Schöneweide, 47 PS, 1996 ex BKW-Tagebau Espenhain (236), btf.
Nf: Kran, BFG Lauchhammer 1958, 1996 ex BKW Regis (Tagebau Schleehain), btf.

Nordrhein-Westfalen

Museums-Misenbahn Minden (MEM)

1977 trennten sich die Mindener Mitglieder von der Dampfeisenbahn Weserbergland, gründeten die MEM und nahmen auf den Mindener Kreisbahnen einen Museumsverkehr auf. Im Bahnhof Minden-Oberstadt, dessen Empfangsgebäude restauriert wurde, errichteten sie 1985 eine Halle für ihren inzwischen umfangreichen Fahrzeugpark.
Fahrbetrieb: 11.4., 9.5., 13.6., 11./25.6., 8./22.8., 12.9. und 10.10. (Minden-Oberstadt 10.15 – Kleinenbremen 11.05/11.20 – Minden-Oberstadt 12.10/13.30 – Hille 14.15/14.35 – Minden-Oberstadt 15.20/16.15 – Hille 17.00/17.15 – Minden-Oberstadt 18.00 Uhr) sowie am 30./31.5.2004 nach Sonderfahrplan
Info: Museumseisenbahn Minden, Postfach 110131, 32404 Minden, Tel. 0571 58300, Fax 53040
Internet: www.vereine.minden.de/mem
Triebfahrzeuge (1.435 mm):
- Dl: Stettin 7906, Dn2t, Union 1974/1912, 1977 ex Industriebahn Erfurt (5), bis 1971 EKO/EKS Eisenhüttenstadt (13), bis 1948 DR (92 638), urspr. preuß. T 13 „Stettin 7906", i.A.
- Dl: Hannover 7512, 1'Cn2t, Union 1602/1908, bis 1992 Denkmal Erfurt, bis 1974 Industriebahn Erfurt (2), bis 1965 DR (74 1231 / 74 231), urspr. preuß. T 11 „Hannover 7512", btf.
- Dl: Mevissen 4, Ch2t, Krupp 2491/1952, 1977 ex Dampfeisenbahn Weserbergland, bis 1973 Zeche Mevissen (Rheinhausen, „Mevissen 4"), bis 1967 Zeche Hibernia (51-C), abg.
- Vl: V 1, B-dh, Deutz 46740/1946, 110 PS, A6M 517R, 1984 ex Continental-Werk Hannover (780), abg.
- Vl: V 3, B-dh, Windhoff 904/1946, 110 PS, 1988 ex Dampfeisenbahn Weserbergland, bis 1978 Tecklenburger Nordbahn (TN 24), bis 1973 Westfälische Landeseisenbahn (VL 0603), btf.
- Vl: V 5, B-dm, Deutz 15318/1936, 165 PS, A6M 220R, 1977 ex Erzgrube Kleinenbremen, bis 1969 Mindener Kreisbahnen (V 5), bis 1953 DB (V 36 100), urspr. Wehrmacht (Flughafenbau Anklam), abg.
- Vl: V 8, C-dm, DWK 691/1941, 360 PS, WR360C, 1981 ex Mindener Kreisbahnen (V 8), bis 1955 DB (V 36 314), urspr. Marinebauleitung Flemhude (3602), abg.
- Vl: Trecker 1, B-dm, Windhoff 420/1938, 45 PS, 1984 ex Scheidemandel (Minden), bis 1961 Westdeutsche Knochenverwertungs-Genossenschaft (Neuss), btf.
- Vl: B-dm, Breuer ?/1954, Lokomotor Typ IV, 1999 ex Mindener Lagerhaus-Gesellschaft, abg.
- Vt: T 1, AA-bm, Wismar 20216/1933, 2 x 50 PS, 1978 ex Wilstedt-Zeven-Tostedter Eisenbahn (T145 / T1 / SK-1), i.A.

Besucherbergwerk Kleinenbremen

Als Besucherbergwerk wurde 1988 die Grube Wohlverwahrt wiedereröffnet. Die Gäste fahren mit dem MKB-Triebwagen in das Bergwerk ein und steigen dann in die Grubenbahn um. Alte Bergbaumaschinen verdeutlichen die schwere Arbeit untertage.
Geöffnet: Dienstags, freitags, samstags, sonn- und feiertags vom 11.4. bis 31.10.2004 (10-16 Uhr), Di und Fr nur für angemeldete Gruppen
Info: MKB-Touristik, Besucherbergwerk Kleinenbremen GmbH, Karlstr. 48, 32423 Minden, Tel. 0571 9344-38 und -42, Fax -44, juergen.wehling@mkb.de
Internet: www.bergwerk-kleinenbremen.de
Triebwagen (1.435 mm) und Grubenlokomotiven (600 mm):
- Vt: VT 01, A1-dm, Dessau 3184/1937, 175 PS, 1987 ex Regentalbahn (VT 12 / VT 02 / VT 2), bis 1942 DRB (VT 135 060), btf.
- Vl: B-dm, Ruhrthaler 2689/1946, 1983 ex Grube Fortuna (Solms-Oberbiel), abg.
- Al: 1A, Schalke/SSW 54918/5907/1957, 6 kW, 1983 ex Grube Fortuna (Solms-Oberbiel), btf.
- Al: 1A, Schalke/SSW 58880/6049/1960, 6 kW, 1983 ex Grube Fortuna (Solms-Oberbiel), btf.
- El: 1, Bo, BBC 5690/1956, 1990 ex Erzgrube Wohlverwahrt (Kleinenbremen), abg.

Verkehrsbetriebe Extertal (VBE) / Landeseisenbahn Lippe (LEL)

1975 führten die VBE auf der Extertalbahn Rinteln Süd – Barntrup (23,3 km) die „Historische Elektrobahn" ein, die ab 1983 regelmäßig verkehrte, aber seit 1989 vorwiegend mit Dampflok bespannt wird. Unterstützt werden die VBE vom 1985 gegründeten Freundeskreis der Extertalbahn (FkdE), dem heutigen Landeseisenbahn Lippe e.V. Die Fahrten beschränken sich seit Ende 2003 auf den Abschnitt Bösingfeld – Barntrup, weiter bis Rinteln wird nur noch Draisinenbetrieb angeboten. Spätestens 2006 soll der Museumszug („Heckeneilzug") auch die inzwischen den VBE gehörende Begatalbahn Barntrup – Lemgo befahren.
Termine: 1./2.5., 30./31.5., 26./27.6., 24./25.7., 21./22.8. und 18./19.9.2004
Samstags: Bösingfeld 18.00 – Barntrup 18.34/19.10 – Bösingfeld 19.50 Uhr
Sonntags: Bösingfeld 11.30 – Alverdissen 12.00/12.10 – Bösingfeld 12.30/13.30 – Barntrup 14.10/14.30 – Bösingfeld 15.10/15.30 – Barntrup 16.10/16.30 – Bösingfeld 17.10 Uhr
Weitere Termine: 11./12.4. (Osterfahrten), 11.6. und 3.10. (Schlemmerzüge), 10./11.7. (Kinderzüge), 28.11., 4./5.12. und 11./12.12.2004 (Nikolauszüge), jeweils nach Sonderfahrplan
Info: Landeseisenbahn Lippe e.V., Am Bahnhof 1, 32699 Extertal-Bösingfeld, 05236 888-570, Fax -571, post@lel-ev.de
Internet: www.extertalbahn.de und www.lel-ev.de
Lokomotiven (1.435 mm):
Dl: 93.1410, 1'D1'h2t, StEG Wien 4834/1928, 1987 ex Brenner & Brenner (Wien), ex ÖBB (93.1410), urspr. BBÖ (378.110), abg.
Dl: 92 6505 „Emil Mayrisch N.3", Dn2t, Krupp 2154/1940, 2000 ex Eisenbahnfreunde Kraichgau, bis 1993 EBV-Grube Emil Mayrisch (Siersdorf), bis 1969 Gewerkschaft „Beisselsgrube" Horrem der Rheinbraun (I 319), btf.
Vl: Köf 6815, B-dh, Deutz 57915/1965, 125 PS, Köf II, 1996 ex EF Bebra, zuvor IG Werrabahn Eisenach, bis 1993 Keller-Chemie (Bebra), bis 1985 DB (323 335 / Köf 6815), btf.
El: E 21, Bo'Bo', Norddeutscher Waggonbau Bremen/AEG 1927, 4 x 110 kW, mit Lastenabteil, Eigentum VBE, btf.
El: E 22, Bo'Bo', Norddeutscher Waggonbau Bremen/AEG 1927, 4 x 110 kW, Eigentum VBE, btf.

Ziegeleimuseum Sylbach des WIM / Eisenbahnfreunde Lippe (EFL)

Die bei Lage an der Lippe gelegene Sylbacher Ziegelei, die ab 1979 vom Westfälischen Industriemuseum (WIM) restauriert wurde, stellt die Tradition des lippischen Wanderzieglerwesens dar. Die EFL brachten 1996 ihre Feldbahnsammlung leihweise in den Museumsbestand ein und bauten eine Fahrstrecke auf, die jedoch Ende 1998 demontiert wurde. Stattdessen entstand eine neue Anlage mit 800 m Gleislänge. Hierzu gehören ein Verschiebebahnhof hinter dem Trockenschuppen mit Anschluß an den Schrägaufzug, der Haltepunkt Museumscafé, der Bahnhof Festwiese, ein Ladegleis, ein Gleisdreieck sowie eine Fahrstrecke.
Fahrbetrieb: Am 1. Sonntag der Monate März bis Oktober
Weitere Termine: 12.4. (Eiersuchen), 16.5. (Feldbahn fährt mit beladenen Tonloren) und 23.5.2004 (Museumsfest)
Betrieb: WIM Ziegelei Lage, Sprikernheide 77, 32791 Lage
Info: Hans-Hermann Dierßen, Liemer Weg 137, 32756 Lemgo, Tel. 05261 960491, hh.dierssen@gmx.de
Oder: Bernhard Baumeister, bernhard.baumeister@t-online.de
Internet: www.eisenbahnfreunde-lippe.de
Lokomotiven (600 mm):
Vl: 1, B-dm, Schöma 1671/1955, 10 PS, CDL 10, ex Ziegelei Rehm (Lemgo, am Steinstoß), btf.
Vl: 2, B-dm, Diema 858/1937, 12 PS, DS 12, nach 1990 ex Kalksandsteinwerk Funke in Augustdorf (1980 abg.), btf.
Vl: B-dm, Diema 2253/1959, DS 20, 2003 ex Ziegelei Kegelmann (Achern), bis 1979 Ziegelei Hess (Waiblingen), bis 1972 Ziegelei Baumbach (Friedland bei Göttingen), urspr. als DS 14 an H. Eyler & Co. (Elmshorn)

Vl: B-dm, Diema 2276/1959, DS 20, 2003 ex Ziegelei Kegelmann (Achern), bis 1987 Dachziegelwerke Wiest (Altenstadt, bis 1982 Werk Bellenberg), urspr. als DS 28 über E. Vetter Maschinen AG (Siegen-Eiserfeld) an Tonbergbau A.J. Müller (Siershahn)
Vl: B-dm, Diema 2673/1963, DS 20, 2003 ex Ziegelei Kegelmann (Achern), bis 1979 Ziegelei Hess (Waiblingen), neu geliefert über Breidenbach & Co. (Mannheim)
Vl: B-dm, Diema 2759/1965, DS 20, 2003 ex Ziegelei Kegelmann (Achern), bis 1973 Dampfziegelei Nungesser (Pfungstadt), urspr. über Breidenbach & Co. (Mannheim) an Tonwarenfabrik Bott (Oberbrechen)
El: 3, Bo, Eigenbau um 1905-07, 5,5 kW, ex Dörentruper Sand- und Thonwerke (Dörentrup), i.A.
El: 4, Bo, Eigenbau um 1936, motorlos, ex Dörentruper Sand- und Thonwerke (Dörentrup), abg.
Vl: B-dm, LKM 260014/1958, 50 PS, Privateigentum (Bielefeld), 2002 ex Blumörsche Ziegeleibahn in Hainburg-Hainstadt (6), bis 1993 Ziegelei Püschau-Lübschütz (805), btf.
Vl: B-dm, Schöma 755/1946, 10 PS, CDL 10, 2001 ex WuM Bad Bramstedt, bis 1998 privat, zuvor Fleischfabrik Stockmeyer bzw. Torfwerk Schwegermoor, abg.

Kleinbahnmuseum Enger

In Enger plant der Kleinbahnmuseum Enger e.V. auf dem früheren Bahngelände ein Museum über die Geschichte der Bielefelder Kreisbahnen und der Herforder Kleinbahn. Der Wagen 31 (Schöndorff 1927, urspr. Mindener Straßenbahn, dann Herford, Sylt und Geilenkirchen) wurde bereits 1986 gerettet.
Info: Hein-Hermann Flachmann, Im Kampe 6, 32120 Enger, Tel. 05224 7219 und 980035
Diesellok (1.435 mm): B-dh, Deutz 47385/1946, A6M 517, 2003 ex Sulo-Werke Eichenzell bei Fulda (1), bis 1971 Werk Herford, bis 1966 Herforder Kleinbahn (Lok 10)

Straßenbahn Bielefeld

Von der alten Bielefelder Straßenbahn sind noch vier Fahrzeuge vorhanden. Zudem ließen die Stadtwerke aus zwei Gelenkwagen einen neuen Partywagen bauen, der für Sonderfahrten gechartert werden kann.
Info: moBiel, Otto-Brenner-Str. 242, 33604 Bielefeld, Tel. 0521 5178-30, Fax -40
Internet: www.moBiel.de, www.bahnbielefeld.de und www.stadtbahn-bielefeld.de
Triebwagen:
Et: 500, Bo'2'2'Bo', Mittenwalde/Eigenbau 1999 (Umbau aus 804 und 808, Düwag 1963), 220 kW, Partywagen, btf.
Et: 510, Bx'Bx'By'By', Eigenbau/Kiepe/Schörling 1989/90 (Umbau aus Tw 807 und 832, Düwag 1963/60), 440 kW, Schienenschleifwagen, btf.
Et: 891, Bo, Schörling 1929, 78 kW, Schienenschleifwagen (ex 100 / 82), abg.
Et: 65, Bo, Uerdingen 1924 (Umbau 1960), 130 kW, Mtw (ex Atw 895, Tw 65 bzw. 43), ausgestellt in Stadtwerke-Werkschau, Schildescher Str. 16, Bielefeld

Private Feldbahnen im Raum Bielefeld

In Bielefeld gibt es drei private Feldbahnsammlungen. Die Gleislängen liegen bei 250 m (mit Drehscheibe und neun Weichen) bzw. 150 m (Drehscheibe und vier Weichen), die dritte Anlage befindet sich noch im Aufbau (z.Zt. 70 m). Zahlreiche verschiedene Loren, Flach-, Pumpen- und Personenwagen sind vorhanden.
Info: Rüdiger Uffmann, Zur Bülte 15, 33739 Bielefeld, Tel. 0521 512258 und 83334
Lokomotiven (600 mm):
Vl: B-dm, Strüver 60397/1956, 6 PS, Schienenkuli, 1977 ex Großekämper (Stukenbrock), btf.
Vl: B-dm, Eigenbau 1990, 4,2 PS, Schienenkuli, btf.
Vl: B-dm, Deutz 33469/1940, 10 PS, OME 117, 1990 ex privat, urspr. Walter & Voß (Berlin), btf.
Vl: B-dm, Diema 424/1928, 10 PS, Lo 10, 1998 ex Schulz (Gütersloh), btf.
Vl: B-dm, Diema 2422/1961, 8 PS, DL 6, 1984 ex Pasel & Lohmann (Borchen), btf.
Vl: B-dm, Diema 2261/1961, 11 PS, DL 8, 1992 ex P&L Borchen, urspr. Torfwerk Raindorf/ Mittelfranken, btf.

Vl: B-dm, Schöma 2784/1964, 10 PS, KDL 10, 1982 ex Großekämper (Stukenbrock), urspr. Ziegelei Menke (Hiltrop), btf.
Vl: B-dm, Schöma 2204/1959, 10 PS, CDL 10, urspr. Bergwerk „Friedrich der Große" (Meißen bei Minden), btf.
Vl: B-dm, Schöma 1952, Aufbau aus O&K-Teilen aus der Kriegszeit, 26 PS, 1992 ex privat, btf.
Vl: B-dm, LKM 260009/1958, 10 PS, Ns1b, 1991 ex Schamottewerk Jesau der Baustoffwerke Radeburg, btf.
Vl: B-dm, LKM 247474/1957, 10 PS, Ns1, 1990 ex Ziegelwerke Zehdenick (dort 500 mm), btf.
Vl: B-dm, LKM, 10 PS, 1991 ex Ziegelwerk Wiesa bei Kamenz, abg.
Al: Bo, Eigenbau 1984 auf Achsen ex Strüver 60400, 1977 ex Großekämper (Stukenbrock), btf.

Dampf-Kleinbahn Mühlenstroth (DKBM), Gütersloh

Um 1971 arbeiteten einige Feldbahnfreunde eine Dampflok auf. Der Gastwirt Bentlage bot an, auf seinem Grundstück am Postdamm (zwischen Gütersloh und Isselhorst) eine Strecke aufbauen zu dürfen. Der 1973 eröffnete Rundkurs hat heute 1 km Länge, drei Bahnhöfe und ein Kleinbahn-Bw mit allen Anlagen der Dampflokunterhaltung. Der Betrieb wird professionell wie bei einer großen Kleinbahn abgewickelt.
Fahrbetrieb: Sonn- und Feiertags im Mai und Juni sowie am 4.7., 18.7., 1.8., 15.8., 29.8., 12.9. und 26.9.2004, Nikolausfahrten am 3.-5.12.2004
Info: DKBM, Postdamm 166, 33334 Gütersloh, Tel. 05241 68466, Fax 687706, info@dkbm.de
Internet: www.dkbm.de
Lokomotiven (600 mm):
Dl: 2 „August Bentlage", Bn2t, Henschel 28470/1948, Typ B70, 1972 ex Baufirma Korte (Bochum), abg.
Dl: 3 „Adolf Wolff" (bis 1977 „Fürst Pückler"), Dn2t, Borsig 10364/1919, 1974 ex DR (99 3318), bis 1953 BKW Frieden in Weißwasser, zuvor PKP (4243), i.A.
Dl: 5 „Arthur Koppel", Bn2t, O&K 12805/1936, 90 PS, 1974 ex Straßenbau A. Hoyer GmbH (Duisburg), btf.
Dl: 6 „Richard Roosen", Dn2t, Borsig 15307/1917, 1977 ex DR (99 3315), bis 1949 Waldeisenbahn Muskau (15207), urspr. Heeresfeldbahn (HF 1547), btf.
Dl: 7 „Gustav", Bn2t, Chrzanow 1936/1949, 1981 ex PKP Znin (T 49 115), i.A.
Dl: 8 „Philipp S.", Bn2t, Henschel 20202/1913, Typ Fabian, 1996 ex Denkmal Bielefeld, 1919-52 Kies- und Sandwerk Forchheim der Firma K. Epple (Stuttgart, Bad Cannstadt), btf.

Die ehemalige Lok 12 der Mecklenburg-Pommerschen Schmalspurbahnen bzw. 99 3462 der Deutschen Reichsbahn trägt heute bei der Dampfkleinbahn Mühlenstroth den Namen „Mecklenburg" (Bahnhof Rödelheim, 19.9.1999). Foto: Ludger Kenning

Dl: 9 „Francesca S" (bis 1999 „Bielefeld"), Cn2t, Henschel 25325/1942, 1981 ex Waldbahn Maglic in Foca/Jugoslawien (25-325), bis 1952 Bayerische Braunkohlenindustrie Schwandorf (als Cn2-Lok) bzw. Baufirma Kunz (München), bis 1947 auf ehem. NSDAP-Reichsparteitagsgelände Nürnberg, urspr. Wehrmacht, btf.
Dl: 12 „Mecklenburg", Dn2, O&K 12518/1934, 1978 ex England, bis 1970 DR (99 3462), bis 1949 MPSB (12), btf.
Vl: V 2 „Harry", LKM 247162/1954, 30 PS, Ns1, 1995 leihweise ex Berliner Parkeisenbahn, bis 1991 Eisengießerei Britz bei Eberswalde, btf.
Vl: V 13 „Berolina", B-dm, Deutz 23268/1939, 100 PS, Typ Köln, 1979 ex Baufirma Heilmann & Littmann (Berlin), btf.
Vl: V 14 „Fut-Fut", B-dm, LKM 248631/1955, 30 PS, Ns2f, 1992 ex Frankfurter Feldbahnmuseum, bis 1991 Tongrube Grana der Ziegelwerke Halle/Saale, btf.
Vl: V 16 „Senne", B-dm, Deutz 11853/1941, 46 PS, seit 1997 verliehen an Rijssens Leemspoor/NL, 1973 ex Sandgrube in Senne, btf.
Vl: V 17 „Hammonia", C-dh, Windhoff 765/1943, 130 PS, HK130C, 1981 ex Bayerische Braunkohlenindustrie AG Schwandorf, urspr. Wehrmacht, i.A.
Vl: B-dh, O&K 26189/1962, 130 PS, 1984 ex Museumsbahn Plettenberg, bis 1982 Phoenix-Hütte Duisburg (V 10), i.A.
Vl: 199 101, C-dm, LKM 250487/1969, 102 PS, V10C, 1998 leihweise ex Berliner Parkeisenbahn, bis 1992 Pioniereisenbahn Berlin (199 101), btf.
Nf: 90 „Valerie D", Beilhack 2623/1953, 26 PS, 1988 ex Jagsttalbahn, bis 1980 Schrotthandel in München, btf.

Motor-Technica-Museum Bad Oeynhausen

Das ehemalige Norddeutsche Auto- und Motorradmuseum mit seinen 450 Exponaten zeigt nicht nur Automobile, Motorräder, Dampfmaschinen, Hubschrauber, Flugzeuge, Panzer und Schiffe, sondern auch drei Lokomotiven sowie den Tw 269 der Kieler Straßenbahn.
Geöffnet: Täglich 9-18 Uhr
Info: Motor-Technica Museum, Weserstr. 225, 32547 Bad Oeynhausen, 05731 9960, Fax 92412
Internet: www.oldtimer.de/Museen/Oeynhausen/Motortechnica.htm
Lokomotiven:
Dl: Bn2t, Hanomag, 830 mm, ex Georgsmarienhütte
Dl: Ch2t, Krupp 3073/1953 (Kessel 3043/1953), 1.435 mm, Typ Hannibal, 1981 ex Westdeutsche Quarzwerke Dr. Müller in Dorsten (1), bis 1965 Zeche „Prinz Regent" Bochum-Weitmar der Gelsenkirchener Bergwerks-AG (3)
Vl: B-dm, O&K 21363/1939, RL 12, 1.435 mm, 1990 ex Weserhütte Bad Oeynhausen, bis 1957 Bielefelder Kreisbahn (10), urspr. Wehrmacht (Betriebsdirektion Bielfeld)

Förderverein Eisenbahn-Tradition (ET), Lengerich (Westfalen)

Den nostalgischen Teuto-Express gibt es auf der Teutoburger Wald-Eisenbahn schon seit 1977. Zeitweise setzte der Eisenbahn-Kurier die 24 083, 24 009 und 38 1772 hier ein. Der 1986 von Mitarbeitern der EK-Arbeitsgruppe gegründete Eisenbahn-Tradition e.V. führt jetzt den Dampfbetrieb fort. Seine zwölf Reisezug-, zwei Gepäck-, vier Güter- und vier Bahndienstwagen hat er im Bw Lengerich-Hohne untergebracht. Bei den für 2004 geplanten Fahrten kommt die 24 009 zum Einsatz.
Termine: 8.5. (Ibbenbüren – Hamburg), 20.5. (Pendelzüge Bielefeld – Halle/Westf.), 31.5. (Pendelzüge Osnabrück – Mettingen), 27.6., 19.7., 8.8., 4.9. und 26.9. (jeweils Pendelzüge Bad Laer – Ibbenbüren-Aasee), 5.9. (Rundfahrten Osnabrück – Lengerich – Ibbenbüren – Osnabrück), 11.9. (Gütersloh – Linz/Rhein), 28.11. (Nikolauszüge Osnabrück – Mettingen), 5.12. (Nikolauszüge Gütersloh – Hövelhof), 11.12. (Nikolauszug Versmold – Osnabrück), 12.12. (Nikolauszüge Lengerich – Ibbenbüren – Osnabrück) und 19.12.2004 (Nikolauszüge Münster Pbf – Neubeckum – Ennigerloh)
Info: Tecklenburger Land Tourismus e.V., Postfach 1147, 49537 Tecklenburg, info@eisenbahntradition.de
Internet: www.eisenbahntradition.de

Nach dem Fristablauf der 50 3655 bespannt der Förderverein Eisenbahn-Tradition seinen Teuto-Express und die weiteren für 2004 geplanten Sonderzüge voraussichtlich mit der 24 009 (Wadersloh, 24.2.1980). Foto: Ludger Kenning

Lokomotiven (1.435 mm):
Dl: 24 009, 1'Ch2, Schichau 3124/1928, Eigentum Eisenbahn-Kurier Historische Dampfzugfahrten, bis 1972 DR (37 1009 / 24 009), btf.
Dl: 50 3655, 1'Eh2, Borsig 15214/1942, 1992 ex DR (50 3655 / bis 1961: 50 2220), i.A.
Dl: „Blitz", B-fl, Henschel 15171/1917, 100 PS, 1996 ex Drahtseilwerk Gempt (Lengerich), abg.
Vl: V 36 412, C-dh, 360021/1950, Nachbau WR360 C14, 2002 ex Hist. Eisenbahn Oberhausen, bis 1999 DEV Bruchhausen-Vilsen, bis 1998 Verkehrsbetriebe Grafschaft Hoya (V 36 006), bis 1978 DB (236 412 / V 36 412), vsl. btf. ab Juni 2004
Vl: Köf 6642, B-dh, O&K Dortmund 26049/1960, 128 PS, Köf II, 2003 ex Chemische Fabrik Budenheim, bis 1993 DB (323 268 / Köf 6642), btf.

Westfälisches Feldbahnmuseum Lengerich (WFL), Lengerich (Westfalen)

Eigentlich wollten die Eisenbahnfreunde Lengerich 1981 nur eine Diesellok vor ihrem Vereinsheim aufstellen, doch dann nahmen sie diese wieder in Betrieb und der Wunsch nach mehr keimte auf. Die Sammlung wuchs rasch und bald entstand im Stellwerksgarten neben der DB-Hauptstrecke eine romantische, 250 m lange Strecke mit Nebengleisen, Lokschuppen und feldbahntypischer Infrastruktur.
Geöffnet: Mitte Mai bis Mitte Oktober, jeweils sonntags 11-12 Uhr
Info: Uwe Stieneker, Roggenweg 6, 49525 Lengerich, Tel. 05481 6330, info@eisenbahnfreunde-lengerich.de
Internet: www.eisenbahnfreunde-lengerich.de

Lokomotiven (600 mm, falls nicht anders angegeben):
Dl: Bn2t, Henschel 22363/1950, 785 mm, 125 PS, Typ B 125, 1987 ex Spielplatz Ladbergen, zuvor Denkmal Lengerich-Hohne, urspr. Zementwerk Dyckerhoff in Lengerich (10), Denkmal
Dl: Bn2t, Henschel 12774/1914, 1999 erworben, urspr. Beton- und Monierbau, abg.
Vl: 1, B-dm, Diema, 28 PS, DS 20, 1981 ex Ziegelei Reins (Jemgum/Ostfriesland), btf.
Vl: 2 „Wilhelm", B-dm, Gmeinder 1140/1935, 15/18 PS, 1982 ex Torfwerk Hausbach (Quickborn), urspr. Arge Mathiesen, Kruse & Hermsen (Friedrichskoog), btf.
Vl: 3 „Die Kleine", B-dm, Diema 2432/1961, 11 PS, DL 8, 1982 ex Dachziegelwerk Meyer-Holsen (Rahden), zuvor Löhr KG (Rahden), urspr. Schlingmann (Blasheim/Lübbecke), btf.
Vl: 4 „Annette", B-dm, Diema um 1938, 28 PS, 1982 ex Ziegelei Borgers (Ochtrup), btf.
Vl: 5 „Wilhelmine", B-dm, Gmeinder ca. 1938, 28 PS, F 10/12, 1983 ex Hartsteinwerk Greffen, abg.
Vl: 6 „Hannelore", B-dm, O&K Nordhausen 9239/1938, 14 PS, RL 1c, 1984 ex Lok 1 der Baufirma Blomeier in Osnabrück (ab 1946 für Trümmerbahn Osnabrück), urspr. Reichsarbeitsdienst, btf.
Vl: 7, B-dm, Deutz 22726/1939, 11/12 PS, OME 117F, 1984 ex Lok 3 der Baufirma Blomeier in Osnabrück (1954-67 i.E.), urspr. Händler Leo Ross (Berlin), btf.
Vl: 8, B-dm, O&K Nordhausen 8215/1937, 14 PS, RL 1c, 1984 leihweise ex privat (Georgsmarienhütte), zuvor Lok 2 der Baufirma Blomeier in Osnabrück, urspr. Bauunion Fiebig (Neuruppin), btf.
Vl: 9 „Rudolf", B-dm, Deutz, 12,5 PS, OME 117F, 1985 ex Torfwerk Deilmann (Börgermoor), um 1952 bei Merfelder Torfindustrie (Papenburg), btf.
Vl: 10, B-dm, O&K Nordhausen 7802/1937, 14 PS, RL 1c, 1986 ex Ziegelei Kuhfuß (Coesfeld), urspr. Reichsarbeitsdienst Berlin, i.A.
Vl: 11, B-dm, Jung 9601/1940, 11/12 PS, EL 105, 1986 ex Ziegelei Einzinger (Eiselfing bei Wasserburg), urspr. Dynamit AG (Würgendorf), abg.
Vl: 12, B-dm, Demag 2474/1940, 15 PS, ML 15, 1986 ex Torfwerk Geanka (Vörden), urspr. A. Reiners (Bremen), btf.
Vl: 13 „Heppel-Blitz", B-dm, Windhoff 371/1937, 12,5/14 PS, LS 13s III; 1987 ex privat (Paderborn), zuvor Spielplatz Füchtorf, urspr. Elektro-Apparatebau (Lippstadt), btf.
Vl: 14 „Der Zwerg", B-dm, Hatlapa 3806/1948, 6 PS, Typ Junior I, 1988 leihweise es Baumschule van Klaveren (Wiesmoor), zuvor Torfwerk Warfsmann, urspr. Torfwerk Neudorf-Platendorf, btf.
Vl: 15, B-dm, O&K 7232/1936, 14 PS, RL 1c, 1988 ex Torfwerk G. Smit (Kayhauserfeld), urspr. Firma Dammermann (Oldenburg), abg.
Vl: 16 „Klara", B-dm, Deutz 25600/1939, 28 PS, OMZ 117F, 1988 ex Torfwerk C. Deilmann (Börgermoor), urspr. Torfwerk in Merfeld bei Dülmen, btf.
Vl: 17, B-dm, Jung 8524/1939, 11/12 PS, EL 105, 1988 ex Ziegelwerk Zeller (Alzenau), zuvor Baufirma Dressler (Aschaffenburg), urspr. C. Weißgerber (Frankfurt/M), abg.
Vl: 18 „Hermann", B-dm, Diema 1939/1956, 22 PS, DS 20, 1988 ex Ziegelei Buschmann (Velbert-Neviges), urspr. Haastert & Co. (Mettmann), btf.
Vl: 19, B-dm, Henschel D2261/1952, 26/30 PS, DG 26, 1989 ex Tonwarenindustrie Wiesloch, zuvor Steinbruch bei Regensburg, abg.
Vl: 20, B-dm, Schöma 226/1936, 10/12 PS, Lo 10, 1989 ex Hartsteinwerk Lathen der Baufirma de Boer (Emden), abg.
Vl: 21, B-dm, Schöma 221/1936, 20/24 PS, Lo 20, 1989 ex Baufirma de Boer (Emden), abg.
Vl: 22, B-dm, Schöma 425/1939, 28 PS, Lo 20, 1989 ex Baufirma de Boer (Emden), btf.
Vl: 23, B-dm, Schöma 223/1936, 28 PS, Lo 20, 1989 ex Baufirma de Boer (Emden), abg.
Vl: 24 „Max", B-dm, Deutz 11837/1934, 36/40 PS, OMZ 122F, 1989 ex Baufirma de Boer, urspr. Stadt Harburg-Wilhelmsburg, i.A.
Vl: 25 „Moritz", B-dm, Deutz 8438/1928, 36/40 PS, PMZ 122F, 1989 ex Baufirma de Boer, urspr. Preußisches Wasserbauamt Emden, abg.
Vl: 26 „Lotte", B-dm, Deutz 36344/1941, 11/12 PS, OME 117F, 1989 ex Baufirma de Boer, urspr. Märkische Baugesellschaft Berlin, btf.
Vl: 27, B-dm, O&K 9672/1939, 22 PS, MD 2, 1989 ex Baufirma de Boer, urspr. Reichsarbeitsdienst Wolfstein/Pfalz, abg.
Vl: 28, B-dm, O&K 10169/1940, 22 PS, MD 2, 1989 ex Baufirma de Boer, urspr. Reichsarbeitsdienst Berlin-Grunewald, btf.
Vl: 29, B-dm, Deutz 19605/1937, 9 PS, MAH 714F, 1990 leihweise ex privat (Bramsche), urspr. Kiesgrube Veddeler (Uelsen), btf.
Vl: 30, B-dm, Schöma 155/1935, 25 PS, 1990 leihweise ex privat (Bramsche), urspr. H. Dallmann (Bramsche), btf.

Vl: 31 „Claus", B-dm, Strüver, 6 PS, Schienenkuli, 1990 ex Torfwerk A. Höne (Vechta), btf.
Vl: 32, B-dm, Strüver, Schienenkuli, 1990 ex Torfwerk Evers & Co. (Vechta), btf.
Vl: 33, B-dm, Henschel D2160/1951, 13/15 PS, DG 13, 1991 ex privat (Minden), ehemals Kraftwerk Heyden (Lahde/Weser), btf.
Vl: 34, B-dm, Hofmann 2521/1940, 20/22 PS, DT 22/600, 1991 ex Baufirma Fahrner (Mallersdorf-Pfaffenberg), abg.
Vl: 35 „Erich", B-dm, LKM 262065/1959, 36 PS, Ns2f, 1991 ex Zementwerk Karsdorf (2), abg.
Vl: 36 „Karl", B-dm, LKM 248856/1957, 36 PS, Ns2f, 1991 ex Silikatwerk Bad Lausick (Glossen), btf.
Vl: 37, B-dm, O&K, 14 PS, RL 1c, 1991 ex Baufirma Jansen (Aschendorf), abg.
El: 38, Bo, AEG (?), 5 kW, 1992 ex Kraftwerk Flingern der Stadtwerke Düsseldorf (1), theoretisch btf.
Vl: 39 „Gustav", C-dh, Gmeinder 4374/1949, 121 PS, HF130C, 1992 ex Zeche Walsum der Ruhrkohle AG, urspr. Thyssen Gas- und Wasserwerke, abg.
Vl: 40, B-dm, LKM 260040/1958, 11 PS, Ns1b, 1992 ex Ziegelei Vehlitz bei Magdeburg, btf.
Vl: 41 „Walter", B-dm, LKM ?/1951, 36 PS, Ns2, 1992 ex Ziegelwerk Neukalen in Mecklenburg, btf.
Al: 42, Bo, LEW 701029/?, 2 x 4,4 kW, EL 9, 1993 ex privat (Bielefeld), zuvor Schachtbau Nordhausen (3), ä.r.
Vl: 43, B-dm, Schöma 311/1937, 45 PS, Lo 25, 1995 ex Dallmann (Bramsche), urspr. Dehning (Bremen), btf.
Vl: 44, B-dm, Deutz 21514/1938, 45 PS, A4M 517, 1997 ex Sophia Jacoba, abg.
Vl: 45, B-dh, Schöma 3268/1970, 75 PS, CFL 60DZ, 1998 ex Warendorfer Hartsteinindustrie, btf.
Vl: 46, B-dm, Schöma 3417/1972, 22 PS, CFL 22, 1998 ex Torfwerk Strenge (Stapelermoor), abg.
Vl: 47, B-dm, LKM 249246/1957, 60 PS, Ns3, 900 mm, 1999 ex Hoch- und Tiefbau Merseburg, zuvor Merseburger Beton- und Kieswerke bzw. Wohnungsbaukombinat Halle, abg.
VL: 48, B-dm, 1039/1949, 11/12 PS, 2001 ex Baufirma de Boer (Emden), zuvor eingesetzt in Sandgrube des Kalksandsteinwerks von de Boer, abg.

Direkt neben der DB-Hauptstrecke verläuft im westfälischen Lengerich recht idyllisch die Feldbahn des WFL. Am 19.5.2002 führte die Lok 18 „Hermann" einen Besucherzug.   *Foto: Ludger Kenning*

Die Lok 30 des MFM entstand 1942 in der nahe gelegenen Lokfabrik Windhoff als Torfvergaserlok. Rechts die Preßluftlokomotiven 34 und 35 (Rheine-Bentlage, 12.5.2001).

Foto: Ludger Kenning

Münsterländisches Feldbahnmuseum (MFM), Rheine (Westfalen)

In Rheine-Bentlage dokumentiert das MFM mit einer großen Vielfalt von Lokomotiven, Wagen und sonstigen Feld- und Grubenbahnexponaten seit 1985 die Entwicklung und Bedeutung der schmalspurigen Feld- und Grubenbahnen im westfälischen Raum. Die Sammlung befindet sich seit 1991 auf einem ehemaligen Militärgelände, auf dem in naturbelassener Landschaft Ausstellungs- und Werkstatträume sowie eine Vorführstrecke bestehen.

Info: Münsterländisches Feldbahnmuseum, Postfach 1807, 48408 Rheine, Tel. 05971 6905 (Machner), willkommen@feldbahn.org
Internet: www.feldbahn.org
Lokomotiven (600 mm):

Dl: 1, Bn2t, Henschel 25046/1940, Typ Riesa, 1999 ex privat, bis 1968 Sager & Wörner (Stockstadt), urspr. H. Butzer (Dortmund), abg.

Vl: 2, B-dm, Demag 284?/ca. 1942, 50 PS, ML 50, 1992 ex Spielplatz Steinplatz (Essen), bis 1980 Schrottplatz Ludwig (Essen), bis 1965 Grugapark, zuvor Grugapark-Enttrümmerung, urspr. Firma C. Müller (Essen), abg.

Vl: 3, B-dm, Deutz 16311/1936, 36 PS, OMZ 122, 1991 ex Baufirma Gebr. Neumann (Norden), btf.

Vl: 4, B-dm, Deutz 17063/1936, 22 PS, OMZ 117, 1991 ex Baufirma Gebr. Neumann (Norden), Neulieferung über Glaser & Pflaum (Berlin), btf.

Vl: 5, B-dm, Deutz 19546/1938, 12 PS, OME 117, 1993 ex Bauamt für Küstenschutz (Norden), Neulieferung über W. Schreiber (Bremen), btf.

Vl: 6, B-dm, Deutz 22764/1938, 9 PS, MLH 714, 1989 ex Baufirma Schröer-Schütte (Hopsten), abg.

Vl: 7, B-dm, Deutz 46952/1949, 68 PS, A6M 517, 1994 ex Tagesbetrieb Materialbahn Oeynhausenschacht, zuvor Werk Westfeld der Preußag AG Ibbenbüren (3), urspr. Bayerische Berg-, Hütten- und Salzwerke (Peißenberg/Peiting), abg.
Vl: 8, B-dm, Deutz 56173/1955, 55 PS, A4L 514, 1988 ex Kieswerk Schulte & Bruns (Kalkar-Wissel), bis 1970 Steenfabriek Terwindt & Arntz (Lobith/Niederlande), abg.
Vl: 9, B-dm, Deutz 58139/1966-67, 30 PS, GZ 30B, 1998 ex RAG-Zeche „Heinrich-Robert" (Hamm-Pelkum), btf.
Vl: 10, B-dm, Diema 827/1937, 24 PS, DS 24, 1993 ex Baufirma Jansen (Aschendorf), bis 1962 Einsatz bei Deichbau in Emden-Knock, abg.
Vl: 11, B-dm, Diema 1141/1942, 12 PS, DS 12, 1991 ex Baufirma Gebr. Neumann (Norden), btf.
Vl: 12, B-dm, Diema 1569/1953, 16 PS, DS 16, 1989 ex Baufirma Schröer-Schütte (Hopsten), urspr. Gravenhorster Steinbrüche Hollweg, Kümpers & Co. (Rheine), btf.
Vl: 13, B-dm, Diema 1646/1954, 10 PS, DL 8, 1998 ex Gemeinde Neuenkirchen bei Bramsche, urspr. Vinter Torfindustrie Sellmann (Neuenkirchen bei Bramsche), Einsatzlok im Emsland-Moormuseum Geeste – Groß Hesepe.
Vt: 14, B-bm, Dolberg(?) 192?, 6 PS, Benzol-Tw, 1998 ex privat, zuvor Gutshof bei Hildesheim, abg.
Vt: 15, B-dm, Gmeinder/Eigenbau 192?, Triebwagen, 2001 ex privat, zuvor Torfwerk Coners (Elisabethfehn), abg.
Vl: 16, B-dm, Hatlapa 37??/1948, 18/22 PS, Typ Senior, 1987 ex TSG Wiesmoor, bis 1970 Ziegelei im Emsland, abg.
Vl: 17, B-dm, Kröhnke 211/1952, 6 PS, Lorenknecht, 1986 ex Kalksandsteinwerk Stegemann (Saerbeck-Westladbergen), urspr. Kalksandsteinwerk Münster-Kinderhaus, btf.
Vl: 18, B-dm, LKM 248652/1955, 30 PS, Ns2f, 1991 ex Chemnitzer Ziegelwerke (Lugau), btf.
Vl: 19, B-bm, O&K 1927/28, 7,5 PS, M, Benzollok, 1997 ex Denkmal Berlin-Spandau, bis 1990 Sägewerk Pippig (Reichenbach/V), bis 1980 Steinbruch Krebs (Neumark/Sachsen), abg.
Vl: 20, B-dm, O&K 4913/1933, 11 PS, RL 1a, 1992 ex Baufirma Jansen (Aschendorf), zuletzt Deichbau Emden-Knock, urspr. Reichsautobahnbau, abg.
Vl: 21, B-dm, O&K 7165/1936, 14 PS, RL 1c, 2001 ex Spielplatz Georgsdorf, urspr. Baufirma A. Donnerberg (Lingen), i.A.
Vl: 22, B-dm, Ruhrthaler 1981/1939, 40 PS, 2002 ex Rheinisch-Westfälische Kalkwerke (Wülfrath-Flandersbach), urspr. Rohstoffbetriebe der Vereinigten Stahlwerke AG für Grube Wohlverwahrt (Porta Westfalica), abg.
Vl: 23, B-dm, Schöma 204/1936, 34 PS, Lo 34, 1984 ex Sand- und Kieswerk A. Nottekämper (Wettringen-Haddorf), urspr. Baufirma W. Tappe (Diepholz), btf.
Vl: 24, B-dm, Schöma 461/1939, 40 PS, Lo 40, 1985 ex Sand- und Kieswerk A. Nottekämper (Emsdetten-Grafenstein / bis 1977 Wettringen-Haddorf), bis 1949 Baugesellschaft Niedersachsen (Hamburg), zuvor Nordbau (Hamburg), urspr. Held & Franke (München), i.A.
Vl: 25, B-dm, Schöma 955/1947, 40 PS, Lo 40, 1985 ex A. Nottekämper (Haddorf), urspr. Baufirma Oevermann (Münster), abg.
Vl: 26, B-dh, Schöma 2024/1957, 45 PS, CFL 40D, 1999 ex Ziegelei H. Kuhfuß (Coesfeld), 1978 bei Schöma umgebaut, im Einsatz im Moormuseum Groß Hesepe
Vl: 27, B-dh, Schöma 2720/1964, 48 PS, CFL 45DC, 1995 ex Ziegelei H. Kuhfuß (Coesfeld), bis 1978 Jasba-Baukeramik (Mogendorf), urspr. Görk & Schneider (Siershahn), Neulieferung über W. Auerbach (Dortmund), btf.
Vl: 28, B-dm, Windhoff 390/1938, 14 PS, LS 13sIII, 1989 ex Torfwerk Gebr. Brill (Georgsdorf), bis 1968 Ziegelei A. Deppe (Lemke bei Neuenhaus/Dinkel), i.A.
Vl: 29, B-dm, Windhoff 647/1939, 30 PS, LS 30s IV, 1998 ex Museumsbahn Minkiö-Jokioinen (Finnland), zuvor finnische Ziegelei, im 2. Weltkrieg für Flugplatzbau in Turku/Finnland, urspr. Gesellschaft für praktische Lagerstättenforschung (Berlin), Neulieferung über Feldbahnfabrik Bischoff KG (Frankfurt/M), abg.
Vl: 30, B-dm, Windhoff 831/1942, 25 PS, LS 25sIV T, 1994 ex Torfwerke Klasmann (Groß Hesepe), um 1950 Umbau von Torfvergaser- auf Dieselbetrieb, abg.
El: 31, Bo, vmtl. Schmitz & Söhne (Duisburg-Homberg) um 1930, 4 kW, 1991 ex Kraftwerk Flingern (Düsseldorf), btf.
El: 32, Bo, AEG 7011/1949, 2 x 36 kW, EL 8a, 1994 ex Preußag Ibbenbüren (untertage), abg.
Al: 33, Bo, AEG 7367/1956, 21 kW, EL 5, 1996 ex Tagesbetrieb Nordschacht der Preußag AG (Ibbenbüren), zuvor Steinbeckerfeld der Preußag AG (Ibbenbüren), btf.
Pl: 34, B-pr, Jung/Bergbau 3960/1929, 11 PS, Druckluftlok Pz 10, 1993 ex privat (Essen-Kray), bis 1975 Zeche Zollverein (Essen-Kray), urspr. Zeche Neumühl (Hamborn), abg.
Pl: 35, B-pr, BMAG ca. 1941, Druckluftlok, 1993 ex Denkmal Lünen, ca. 1955 bis 1984 untertage im Bergwerk „Minister Achenbach" (Lünen-Brambauer), abg.

Uhlenhooker Feldbahn (UF), Rheine (Westfalen)

Im Rheiner Ortsteil Wadelheim, im „Uhlenhook", begann im Sommer 1986 der Bau einer privaten Feldbahnanlage mit 200 m Streckenlänge sowie sechs Personen- und Güterwagen.
Info: Reinhard, Andre und Achim Leupold, Im Uhlenhook 3, 48432 Rheine, Tel. 05971 56880, RLeupold@t-online.de
Internet: www.uhlenhooker-feldbahn.de
Lokomotiven (600 mm):
Vl: 1: B-dm, Diema 1944/1956, 10 PS, DL 8, 1986 ex Töpferei H. Ostkotte (Ochtrup), urspr. über Hanomag-Generalvertretung Bücker (Osnabrück) an Sand- und Kieswerke Gabelung (Westerkappeln), btf.
Vl: 2: B-dm, Schöma 789/1947, 38 PS, Lo, 2002 ex privat, zuvor ASB-Erdenwerke H. Aurenz (Neustadt am Rübenberge), zuvor Torfwerk E. Liedtke (Neudorf-Platendorf), urspr. Kreisverwaltung Burgdorf, i.A.

Eisenbahn-Interessengemeinschaft (EIG), Metelen

Nach der Umwandlung des Bahnhofs Metelen Land in einen Haltepunkt wollte die DB das Empfangsgebäude abreißen, doch die EIG konnte dies verhindern. Sie renovierte das Gebäude und richtete ein Museum ein. Der Besucher kann nun am historischen Stellwerk die alte Stelltechnik ausprobieren, sich eine Edmonson'sche Fahrkarte ausdrucken oder im Außenbereich mit einer Handhebeldraisine ein 105 m langes Gleis befahren. Dort sind ein 3yg-Wagen und eine Diesellok ausgestellt.
Info: Eisenbahn-Interessengemeinschaft e.V., Naendorf 74, 48629 Metelen, Tel. 02553 977455, marcus.tesker@web.de
Internet: www.studet.fh-muenster.de/eisenbahn
Diesellok (1.435 mm): B-dh, O&K Dortmund-Dorstfeld 26119/1960, 40 PS, MV2A, 1999 ex VEW Münster-Mecklenbeck, btf.

Euregio-Eisenbahn Ahaus-Alstätte (EEA)

Nach einigen von der 1991 gegründeten EEA mit einer Haaksbergener Dampflok auf der Ahaus-Alstätter Eisenbahn (AAE) durchführten Sonderfahrten wurde der „Pengel-Anton", ein GmP im Stil der 50er Jahre, zwischen Alstätte und Wessum (6 km) eine regelmäßige Einrichtung. Inzwischen wird er allerdings mit der AAE-Lok „Alstätte II" (B'B'dh, LEW 16372/1977, ex DR 201 878) bespannt.
Termine: 2.5., 27.6. (Eisenbahntrödelmarkt Alstätte), 25.7. (Museumstag), 22.8., 19.9. (Klumpen-Spoor-Dag) und 24.10. (jeweils Alstätte ab 14.52 und 16.52 Uhr; Ahaus ab 15.32 und 17.32 Uhr), Nikolauszüge nach Sonderfahrplan am 27./28.11.2004
Info: Heribert Lülf, Am Birkenhain 18, 46562 Voerde-Friedrichsfeld, Tel. 02811 647431
Internet: www.euregio-eisenbahn.de
Diesellok (1.435 mm): Erwin, B-dm, O&K 20595/1935, 45 PS, 1993 ex Heidelberger Kunststofftechnik (Neustadt-Poggenhagen), zuvor Torfwerk Dyckerhoff, i.A.

Museumsbahn Haaksbergen – Boekelo (Niederlande)

Südlich von Enschede betreibt die Stichting Museum Buurt Spoorweg (MBS) seit 1971 auf einem 7 km langen Rest der Geldersch-Overijsselschen Lokaalspoorweg-Maatschappij eine Museumsbahn mit interessanten deutschen Fahrzeugen. Sehenswert ist in Haaksbergen neben dem Empfangsgebäude der nostalgische Lokschuppen mit Drehscheibe und Wasserturm. Vorhanden sind u. a. sieben Dampf- und neun Dieselloks, acht deutschstämmige Wagen, eine Motordraisine (ex MHE) und eine Handhebeldraisine (ex DHE).

Auf einem 105 m langen Gleis an der Ladestraße sind im Museumsbahnhof Metelen-Land an Tagen der offenen Tür Führerstandsmitfahrten auf der O&K-Lok möglich, wie hier am 1.5.2001.
Unten: Die ELNA-Lok 5 ist das „Paradepferd" der Museumsbahn Haaksbergen – Boekelo. Die keineswegs authentische blaue Lackierung entspricht durchaus dem niederländischen Geschmack bei der Farbgebung von Museumslokomotiven (Boekelo Bad, 9.5.2002). *Fotos: Ludger Kenning*

Fahrbetrieb: Sonntags vom 18.4. bis 31.10., Mi/Do vom 1.7. bis 26.8. sowie am 21.5. und 20.10.2004 (jeweils Haaksbergen ab 11.30, 13.30 und 15.30 Uhr; Boekelo ab 12.30, 14.30 und 16.30 Uhr)
Weitere Termine: 12.4., 31.5., 20.6., 21./22.7., 25.7., 28./29.7., 1.8., 4./5.8., 11./12.8., 12.9. und 24.10.2004 (jeweils Haaksbergen ab 11.30, 12.30, 13.30, 14.30 und 15.30 Uhr; Boekelo ab 12.30, 13.30, 14.30, 15.30 und 16.30 Uhr), nach Sonderfahrplan am 17./18.4. (Nationales Museumswochenende), 22.5. (Nationaler Dampfzugtag), 17.10. (großer Dampfzugtag) und 19./26./27.12.2004 (Weihnachtsfahrten)
Info: Museum Buurt Spoorweg, Stationsstraat 3, NL-7481 JA Haaksbergen, Tel. 0031 53 5721516, Fax 5741196, info@museumbuurtspoorweg.nl
Internet: www.museumbuurtspoorweg.nl
Deutschstämmige Triebfahrzeuge (1.435 mm):
Dl: 3 / 89 7220, Cn2t, Union 844/1896, 1975 ex Eisenbahn-Kurier Wuppertal, bis 1974 Kaliwerk Sigmundshall in Bokeloh bei Wunstorf (1 „Aue"), bis 1948 Kaliwerk Empelde, bis 1927 preuß. T 3 „Hannover 6103" / „Hannover 1702", abg.
Dl: 4, Cn2t, Hanomag 10431/1925, 1969 ex Delmenhorst – Harpstedt (353 / 4), abg.
Dl: 5, 1'Ch2t, Henschel 20818/1927, ELNA, 1972 ex Jülicher Kreisbahn (152), bis 1959 Kaldenkirchen-Brüggen (152), bis 1956 Teutoburger Wald-Eisenbahn (152 / 19), btf.
Vt: M 20, AA-bm, Wismar 20256/1936, 2 x 50 PS, 1968 ex Delmenhorst-Harpstedt (T 148 / T 1)

Verkehrsmuseum des Eisenbahnclubs Stadtlohn

Im Güterschuppen des ehemaligen Bahnhofs Stadtlohn der WLE-Nordbahn Borken – Steinfurt befindet sich ein kleines Verkehrsmuseum. Davor stehen eine Dampflok, eine „Donnerbüchse", ein Wasserkran und ein Formsignal.
Geöffnet: Am ersten Sonntag der Monate April bis Oktober (14-18 Uhr) und nach Absprache
Info: Eisenbahnclub Stadtlohn, Händelstr. 13, 48703 Stadtlohn, Tel. 02563 3557 (Garwer) und 7272, museum@ecsev.de
Internet: www.ecs-stadtlohn.de
Lokomotiven:
Dl: Cn2t, Krupp 1494/1935, 1.435 mm, 1989 ex Zeche Heinrich Robert (Hamm)
Vl: B-dm, Diema 912/1938, DS12, 600 mm

Eisenbahnfreunde „Alter Bahnhof Lette"

Im 1875 von der Dortmund-Gronau-Enscheder Eisenbahn erbauten Stationsgebäude Lette wurde 1990 ein Museum eröffnet, das die Technik (z. B. einen originalen Dienstraum mit Stellwerk und Fahrkartenausgabe) sowie das Leben und die Arbeit der Eisenbahner darstellt. Im Außenbereich werden ein historischer Schrankenposten, Signale, Dampflokschornsteine, ein Dampflokführerhaus (52 8185), Eisenbahnrelikte aus dem 2. Weltkrieg, Güterwagen und ein Schienenbus gezeigt.
Info: Alter Bahnhof Lette e.V., Wilhelm Farwick, Witte Sand 124, 48653 Coesfeld, Tel. 02541 6986, dhgerleve@web.de
Internet: www.bahnhof-lette.de.vu/

Verein zur Erhaltung und Förderung des Schienenverkehrs (VEFS)

Nachdem es nicht gelungen war, den Bocholter Ringlokschuppen und die früher vom 1985 gegründeten VEFS befahrenen Strecken nach Rhedebrügge und Barlo zu erhalten, befährt der VEFS jetzt die 8 km lange Strecke Bocholt – Mussum (städtisches Industriestammgleis, Rest von Empel – Coesfeld). Hier wickelt die Bocholter Eisenbahn-GmbH (BEG) den Güterverkehr ab, teils mit Dieselloks des VEFS. Durch Brandstiftung wurden die betriebsfähigen Personenwagen (ex DRG VT 137 118) zerstört, und so widmen sich die Vereinsmitglieder der Aufarbeitung der aus Hamburg-Wilhelmsburg hinzugekommenen Fahrzeuge.

Termine: Nikolausfahrten am 4. und 5.12.2004
Info: Antonius Mayland, Eintrachtstr. 141, 46397 Bocholt, Tel. 02871 38403
Internet: www.vefs-bocholt.de
Lokomotiven (1.435 mm):
Vl: 1, B-dh, O&K 21498/1943, 142 PS, 2003 ex FdE-Museum Hamburg-Wilhelmsburg, bis 1989 Tanklager The Burmah Deutschland (Hamburg), bis 1977 DB (323 032 / Kö 5033), i.A.
Vl: 2 „Hermann", B-dm, Deutz 57154/1960, 55 PS, 1990 ex Westfalia Separator in Oelde (1), btf.
Vl: 5, C-dh, Krupp 3647/1958, 440 PS, 2002 ex Hafenbahn Essen (5), btf.

Historischer Schienenverkehr Wesel (HSW)

1977 gründete sich der Verein HSW, u. a. um ein Museum einzurichten, Schienenfahrzeuge zu erhalten und Sonderfahrten durchzuführen. Erste Fahrten mit eigener Dampflok fanden 1981 auf der Hafenbahn zwischen Fischertorstraße und Stadtrampe statt. Heute lautet die Fahrtroute der Museumszüge: Rheinpromenade – Wesel Bahnhof – Museum Altes Wasserwerk – Hohe Mark (7 km).
Termine: 11./12.4., 30./31.5. und 31.7./1.8. (Pendelfahrten in Wesel), 16.5. (Stadtrundfahrt auf Bahn und Rhein), 27.6. (Sonderfahrt nach Oberwesel/Rhein), 18.7. (Kreuzfahrt auf Bahn und Rhein), 12.9. (Sonderfahrt nach Minden), 10.10. (Sonderfahrt nach Wuppertal), 4./5.12. und 11./12.12. (Nikolauszüge)
Info: Historischer Schienenverkehr Wesel e.V., Postfach 100923, 46469 Wesel, Tel./Fax 0281 20617960 (werktags 18-20 Uhr), Fax 953066, hsw-wesel@t-online.de
Internet: www.hsw-wesel.de
Triebfahrzeuge (1.435 mm):
Dl: HSW 1, Bn2t, Henschel 14237/1916, Typ Hansa, Nachbau preuß. T 2, 1978 ex Bergische Stahlindustrie Remscheid (4), i.A.
Vl: HSW 2, B-dm, Jung 1930, 24 PS, 1980 ex Denkmal, bis 1968 Dachziegelwerke Iduna Hall (Schermbeck), btf.
Vl: HSW 3, C-dh, Deutz 1957, 400 PS, 2003 ex VTG Tanklager München, i.A.
Vl: Kö 0196, B-dm, Gmeinder 1245/1935, 1983 ex Paurat (Voerde), bis 1967 DB (Kö 0196), abg.
Vl: HSW 5, B-dh, Deutz 56122/1956, 280 PS, 1992 ex BP-Tanklager Hünxe, bis 1988 Häfen der Stadt Köln (1), zeitweise KBE, btf.
Vl: HSW 6, B-dm, Breuer 3086/1958, 90 PS, Lokomotor, 1997 ex Schrotthandel Strogies (Bochum-Riemke), urspr. Steinkohlengas AG Dorsten, btf.

Westfälisches Eisenbahnmuseum (WEM), Münster (Westfalen)

Der 1985 aus der BSW-Gruppe Freundeskreis Deutscher Bundesbahnbeamter hervorgegangene Freundeskreis für Eisenbahnen e.V. pflegt historische Schienenfahrzeuge und bahntypische Anlagen und Geräte. Eine dauerhafte Bleibe fand er 1994 in der WLE-Halle in Münster Ost, wo in Kooperation mit den Hammer Eisenbahnfreunden das Westfälische Eisenbahnmuseum entsteht. Mit dem „Hamsterzug" (mit Köf) bzw. dem „Kiepenkerl-Express" (VT) bietet der Verein Sonderfahrten an.
Geöffnet: 2. und 4. Samstag im Monat (14-17 Uhr)
Termine: 20.5. (Vatertagstour), 5.9. (Sonderzug zum Osnabrücker Dampflokfest), 3.10. (Sonderzug zum Fest „Historischer Nahverkehr" der Museumseisenbahn Hamm), 10.10. (ein MEH-Dampfzug kommt ins WEM) und 12.12.2004 (Nikolauszüge)
Info: Freundeskreis für Eisenbahnen e.V., Lippstädter Str. 80, 48155 Münster, Tel. 0251 3111589 (Schmitz), webmaster@wem-muenster.de und weminfo@freenet.de
Internet: www.wem-muenster.de und www.wienburg.de/wem
Triebfahrzeuge (1.435 mm):
Vl: VL 0604, B-dh, Windhoff 915/1948, 110 PS, Eigentum Museumseisenbahn Hamm (MEH), 1998 ex Westfälische Landeseisenbahn (D 04 / VL 0604), btf.
Vt: VT 95 122, A1-dm, Uerdingen 57116/1952, 150 PS, Eigentum MEH, bis 1977 DB (795 122 / VT 95 9122), btf. (mit VB 142 367 / 995 367, Donauwörth 1954, i.A.)
Nf: Klv 12 „Hubert Pottebaum", A1-bm, Alpers 111140/1956, 24 PS, 1985 ex DB (12 4323), abg.

Nf: Klv 12 „Münster", 1A-bm, FKF Frankfurt 12440/1958, 28 PS, 1985 ex DB (Klv 12 4707), btf.
Nf: Klv 11 „August Hawerkamp", A1-bm, FKF 12496/1958, 28 PS, 1988 ex DB (Klv 11 4152), abg.
Nf: WLE-Draisine, A1-bm, Dr. Alpers 10111/1946, 10 PS, 1994 ex WLE (9002), abg.
Nf: Skl, B-dm, Sollinger Hütte 196?, 80 PS, 1996 ex DB (Klv 51 9110), btf.

Eisenbahnmuseum Pängel-Anton, Münster (Westfalen)

Am Erbdrostenweg in Münster-Gremmendorf hat der Karnevalsverein „Pängel-Anton" ein kleines Museum zur WLE-Geschichte eingerichtet (sonntags geöffnet) und davor eine preußische T 9 als Denkmal aufgestellt.
Dampflok (1.435 mm): 91 319, 1'Cn2t, Henschel 6128/1902, seit 1982 Denkmal, 1979 ex Eisenbahn-Kurier, bis 1975 Georgsmarienhütte-Eisenbahn (5), bis 1937 DRG (91 319), urspr. preuß. T 9³

Privatfeldbahn Koberstein-Knieschewski, Senden

Auf 1 ha Fläche wird seit 1999 in Senden eine Feldbahn mit 400 m Länge betrieben. Vorhanden sind u. a. drei Kipploren, sechs Torfwagen, je zwei Plattform- und Personenwagen, ein Federwagen und zehn Weichen.
Info: Elmar Koberstein, Kley 36, 48308 Senden
Lokomotiven (600 mm):
Vl: B-dm, Diema 841/1937, 10 PS, DS12, 1998 ex MFM Rheine, zuvor Torfwerk Edewecht, zuvor Baufirma Wilkens (Norddeich), btf.
Vl: B-dm, Diema 1836/1955, 8 PS, DL6, 1999 ex Torfwerk Willenborg (Ströhen), btf.

Hammer Eisenbahnfreunde (HEF), Museums-Eisenbahn Hamm (MEH)

30 Eisenbahnfans vereinigten sich 1977 zu den HEF, erwarben eine 44er und setzten sie vor Sonderzügen ein. Nach der Gründung des MEH e.V. begann 1983 der Aufbau des Regionalen Eisenbahnmuseums Hamm. Auf dem Gelände der Zeche Maximilian eröffnete der Verein 1985 einen dreigleisigen Museumsbahnhof. Zudem kaufte und sanierte die MEH ab 1990 die RLE-Strecke Vellinghausen – Lippborg (4 km), restaurierte den Bahnhof Lippborg samt Güterschuppen und übernahm 1995 den RLE-Lokschuppen in Hamm.
Termine: 1./2.5. (Lokschuppenfest, Pendelzüge alle 90 Min. Hamm Süd – Uentrop), 3./4.7. (Bahnhofsfest Lippborg-Heintrop, Pendelzüge alle 90 Min. bis Uentrop), 31.5. (Hamm Süd 14.30 – Lippborg-Heintrop 15.30/17.30 – Hamm Süd 18.30 Uhr), 28./29.8. (Hamm Süd 14.30 – Lippborg-Heintrop 15.30/18.30 – Hamm Süd 19.30 Uhr), 5.9. (Sonderzug nach Warstein), 31.10. („Historischer Nahverkehr", Pendelzüge Hamm Süd – Uentrop), 10.10. (Dampfzug nach Münster Ost), 13.11. (Hamm Süd ab 16 Uhr), 11.12. (Hamm Süd ab 14 Uhr) und 12.12.2004 (Hamm ab 16.30 Uhr)
Info: Museumseisenbahn Hamm, Schumannstr. 35, 59063 Hamm, Tel. 02381 540048 (an Betriebstagen) und 02922 6458, Fax 02922 861914, info@museumseisenbahn-hamm.de
Internet: www.museumseisenbahn-hamm.de
Lokomotiven (1.435 mm):
Dl: 44 1558, 1'Eh3, Borsig 15397/1943, seit 2002 Eigentum J. Schmidt, zuvor MEH, 1977 ex DB (044 556 / 44 1558), Denkmal
Dl: 80 039, Ch2t, Hohenzollern 4650/1929, 1978 ex Schacht Königsborn III/IV der Ruhrkohle AG Bönen (D 727) bzw. Klöckner-Bergbau Königsborn-Werne (8), bis 1961 DB (80 039), btf.
Dl: „Hermann Heye", Bn2t, Jung 9246/1941, 1983 ex DGEG, bis 1982 Gerresheimer Glashütte, zuvor Glasfabrik Heye (Düsseldorf), i.A.
Dl: „Radbod", Cn2t, Hohenzollern 1962/1906, 1985 ex Dampfeisenbahn Weserbergland (2 „Radbod"), bis 1974 Ruhrkohle AG (D 712) bzw. Altenessener Bergwerks-AG Bockum-Hövel (3) bzw. Zeche Schlägel + Eisen (V/VI Nr. III) / Zeche Radbod (III) der BAG Westfalen, urspr. Hibernia-Zeche Herten (7C), btf.

Der im Westfälischen Eisenbahnmuseum in Münster Ost ansässige Freundeskreis für Eisenbahnen e.V. (FE) bespannt den „Hamsterzug" in der Regel mit der ehemaligen WLE-Lok 0604 (Tönnishäuschen, 18.6.2000). Foto: Ludger Kenning
Unten: Für Sonderfahrten und Bahnhofsfeste halten die Hammer Eisenbahnfreunde interessante Lokomotiven betriebsfähig. Am 3.7.1994 war die Lok „Radbod" bei Büninghausen unterwegs. Foto: Rainer Vormweg

Vl: V 200 033, B'B'dh, Krauss-Maffei 18277/1956, 2.200 PS, 1984 ex DB (220 033), i.A.
Vl: Köf 4202, B-dh, O&K 20296/1933, 130 PS, 1987 ex Wirus-Werke Gütersloh, bis 1981 DB (322 656 / 321 656 / Köf 4202), btf.
Vl: Köf 6606, B-dh, O&K 26013/1959, 1997 ex Hella-Werke Lippstadt, bis 1986 DB (323 174 / Köf 6606), btf.
Vl: D 52, B-dh, Deutz 55888/1954, 260 PS, 1983 ex Ruhr-Lippe Eisenbahn (D 52), bis 1968 Kleinbahn Bossel-Blankenstein (3), btf.
Vl: DEL 110 „Henschel", Bo, Henschel 23889/1938, 110 PS, 1987 ex Museum Westfalia-Werke Oelde/Wiedenbrück, i.A.

Straßenbahn Dortmund

Seit 1969 sind die Dortmunder Museumsstraßenbahnwagen bei vielen Anlässen eine Attraktion. Eingesetzt werden die im Bestand der Stadtwerke geführten Wagen von einem 1996 gegründeten Verein, der 1999 im U-Bahnhof Dortmund-Hörde ein kleines Museum eröffnet hat, das mittwochs (15-17 Uhr) besichtigt werden kann.
Termine: Pendelverkehr mit Nostalgiewagen an jedem ersten Samstag des Monats (10-16 Uhr) auf den Strecken Dorstfeld – Wambel und Brackel – Dorstfeld
Info: Historischer Verein Dortmunder Stadtwerke AG, Deggingstr. 38, 44141 Dortmund, Tel. 0231 9554944, meinolf.kallisch@dsw.de
Internet: www.gt8.de und www.oldiebahn.de
Triebwagen (1.435 mm):
Et: 13, Bo'2'2'Bo', Düwag/Kiepe 1974, 4 x 65 kW, GT8, bis 2002 Liniendienst, abg.
Et: 115, Bo, Uerdingen 1909 (Kasten ex Bw 403, Herbrand 1908), 55 kW, seit 1984 Htw, bis 1976 privat, bis 1960 DSW (Atw 972 / Tw 115), btf.
Et: 173, Bo, Uerdingen 1918, 2 x 33 kW, 1991 ex privat, bis 1966 DSW (173), i.A.
Et: 217, Bo, Uerdingen 1925, 2 x 48 kW, seit 1975 Htw, zuvor Atw 996 bzw. Tw 217, btf.
Et: Bo'2'2'Bo', Düwag 1974, 4 x 60 kW, seit 2001 Party- bzw. Museumswagen
Et: 252, Bo, Schöndorff 1930, 2 x 60 kW, seit 1980 Htw, bis 1969 Liniendienst, btf.
Et: 259, Bo, Schöndorff 1931, 2 x 60 kW, seit 1975 Htw, bis 1969 Liniendienst, Leihgabe an Deutsche Arbeitsschutzausstellung, abg.
Et: 279, A'1'A', Westwaggon 1950, 2 x 60 kW, seit 1982 Htw, bis 1971 Liniendienst, btf.

Je nach Wetterlage setzt der Historische Verein Dortmunder Stadtwerke bei den regelmäßigen Nostalgiefahrten einen offenen oder aber einen geschlossenen Wagen ein, wie hier den Aufbau-Tw 279 (Am Beilstück, 6.5.2000). Foto: Ludger Kenning

Die „Emil Mayrisch 4", eine Nachkriegstype von Henschel, stand früher im Aachener Revier im Dienst. Der Beiwagen kam von der Werne-Bockum-Höveler Eisenbahn nach Dortmund-Bövinghausen (Zeche Zollern II/IV, 2.9.1999). Foto: Ludger Kenning

Westfälisches Industriemuseum (WIM) – Zeche Zollern II/IV, Dortmund

Mit ihrer prächtigen Architektur und modernen Technik war die Zeche Zollern II/IV in Dortmund-Bövinghausen einst ein Vorzeigeobjekt der Gelsenkirchener Bergwerks-AG. 1981 übernahm der Landschaftsverband Westfalen-Lippe die Zeche in sein 1979 gegründetes WIM. Neben dem Ausbau in ein Museum, das vor allem „Arbeit und Alltag von Bergleuten und ihren Familien" dokumentiert, wurde ein Zechenbahnhof mit Lokschuppen und Behandlungsanlagen rekonstruiert. Einige der hier seit 1985 gesammelten Eisenbahnfahrzeuge aus dem Montanbereich sollen später auch an anderen WIM-Standorten gezeigt werden. Durch das Gelände führt ein Grubenbahn-Rundkurs (600 mm) für Besucherverkehr an den Wochenenden im Sommer.

Geöffnet: Dienstags bis sonntags 10-18 Uhr
Info: Zechenbahnmuseum Zeche Zollern, Grubenweg 5, 44388 Dortmund, Tel. 0231 6961-137, Fax -114, norbert.tempel@lwl.org
Internet: www.zeche-zollern.de
Lokomotiven (1.435 mm, falls nicht anders angegeben):

Dl: „Anna VI", Dn2t, Krupp 2188/1940, 1989 ex EBV-Grube „Anna" Alsdorf („Anna N6" bzw. „Anna N14"), bis 1972 EBV-Zentralschachtanlage „Lothringen" Bochum-Gerthe (X), bis 1950 GmbH zur Verwertung chemischer Erzeugnisse (Hessisch-Lichtenau), urspr. Dynamit AG (Fürstenhagen), seit 1950 Naßdampflok, btf.

Dl: 1, Ch2t, Krupp 3114/1953, 1993 ex EBV-Grube „Emil Mayrisch" Siersdorf (1), bis 1965 Industriebahn Zons-Nievenheim („Zons")

Dl: „Victor", Bn2t, Hohenzollern 2329/1908, Typ Victor, 1993 ex Spielplatz Leverkusen-Schlebusch, bis 1963 Th. Wuppermann in Schlebusch-Monforts (3), ä.r.

Dl: 3, B-fl, Hanomag 3126/1922, 1.435 mm, 1987 ex Schrotthandel Bötzel (Blankenstein/Ruhr), bis 1986 DGEG Bochum-Dahlhausen, bis 1973 Shell AG Monheim/Rhein (2), bis 1951 Firma E. Merck in Darmstadt (4), 1951 bei Jung von Dampflok in Dampfspeicherlok umgebaut, abg.

Dl: D 512, Cn2t, Hohenzollern 3531/1918, ex RAG (D 512), zuvor Zeche „Unser Fritz" Wanne-Eickel

Dl: „Emil Mayrisch 4", Cn2t, Henschel 26468/1949, Typ C400, ex Bergbaumuseum Alsdorf (4), bis 1993 EBV-Grube „Emil Mayrisch" Siersdorf (4), bis 1975 Grube „Carl Alexander" Baesweiler (1), bis 1969 EBV-Grube „Gouley-Laurweg" Würselen (3), ä.r.

Dl: B-fl, Hohenzollern 3341/1914, Typ Halle, 1999 ex Spielplatz Bochum-Stadtpark, zuvor Benzolreinigung A. von Hansemann in Dortmund-Mengede (D 632), zuvor Zeche Hansa, urspr. Zeche Zollern II/IV Dortmund-Bövinghausen („Zollern II"), ä.r.

Dl: Bn2t, O&K 12604/1935, 600 mm, 1988 ex Westdeutsche Quarzwerke Haltern, urspr. Müller & Froitzheim (Köln-Braunsfeld), abg.
Dl: 1, Bn2t, 248/1938, 830 mm, 1990 ex privat, zuvor Georgsmarienhütte, seit 2000 im WIM Hattingen
Dl: H 97, Bn2t, Jung 10605/1950, 800 mm, 2003 ex Förderverein Wupperschiene (Radevormwald), bis 2001 Spielplatz Dortmunder-Zoo, zuvor Hoesch-Westfalenhütte Dortmund (97)
Dl: 1, C-fl, Henschel 24370/1938, 1996 ex VFT Rütgers (Castrop-Rauxel), bis 1974 RAG (D 502), bis 1958 Cn2t-Lok, nicht zugänglich
Vl: B-dm, O&K 10530/1940, LD 2, ex Baufirma in Bochum-Langendreer, ä.r.
Vl: B-dm, O&K Nordhausen 10245/1939, ex Baufirma (Bochum-Langendreer), urspr. Werklok in Remscheid, seit 2003 btf. in Witten
Vl: B-dm, O&K 20704/1936, Typ 3D, 1987 ex Siepmannwerke KG Warstein-Belecke, urspr. Portland-Cement Ruhr & Co. (Beckum)
Vl: B-dm, O&K 25409/1953, MV 6a, ex O&K Dortmund-Dorstfeld, zuvor Borsig-Werke Berlin, urspr. Flugplatz Brüggen der Rheinarmee, ä.r.
Vl: B-dh, O&K 25819/1958, MV 4a, 1992 ex Werk Herne der Bergrohr GmbH, urspr. Herner Röhrenwerke GmbH (Herne)
Vl: B-dm, Ruhrthaler 1832/1939, 600 mm, 1986 ex Baufirma Reiss (Hagen), seit 2003 im WIM Witten, ä.r.
Vl: B-dm, Windhoff 1041/1950, Rangiergerät, 1989 ex Stahlwerke Bochum AG (Bochum Nord)
Vl: 14, B-dm, Deutz 55480/1953, Grubenlok, 600 mm, ex Zeche „Friedrich der Große" Herne
Vl: 6, B-dm, Deutz, ex privat, Grubenlok, ex Zeche „Erin" Castrop-Rauxel
Vl: 1, B-dm, Deutz 23041/1938, 42 PS, OMZ 122R, 1.435 mm, 1993 ex Museumsbahn Plettenberg, bis 1989 Bilstein & Co. in Hohenlimburg (1), btf., seit 2003 in Witten
Vl: B-dm, Breuer 3053/1953, 1.435 mm, Lokomotiven Typ V, ex Museumsbahn Paderborn, bis 1987 Werk Plaidt der Steinindustrie Neuwied (03), urspr. BV-Aral Duisburg
Pl: 41, B-pr, Jung 13260/1959, Pz 20, 550 mm, 1990 ex Zeche „Pluto" Wanne-Eickel (41), bis 1972 Zeche „Scharnhorst" Dortmund, bis 1968 Zeche „Graf Moltke" Gladbeck
Pl: 158, B-pr, Jung 12814/1956, ex privat
Pl: 6, B-pr, Jung, 1991 ex Spielplatz Gelsenkirchen-Horst, zuvor Zeche Nordstern 6/16 (Gelsenkirchen-Horst)
Al: 885, Bo, Bartz, ex privat, zuvor Zeche „Erin" Castrop-Rauxel
Al: 450, Bo, ex privat (Reichshof-Bruchermühle)
Al: 75, Bo, Bartz, ex privat, zuvor Zeche „Erin" Castrop-Rauxel
Al: Bo, Bartz/BBC 2065/5779/1967, 600 mm, urspr. Zeche „General Blumenthal" Recklinghausen („Paula")
El: 3, Bo, SSW 5813/1957, Kokslösche, 1986 ex Kokerei Alma / Rheinelbe-Bergbau (Gelsenkirchen), ä.r.

KGB-Feldbahn, Hagen

Als Arbeitsgruppe Hagen des Pro Dampf e.V. betreiben zwei Personen seit 1994 eine Feldbahn mit 450 m Gleislänge. Wegen der Lage in einem Wohngebiet kann die Bahn nur beschränkt vorgeführt werden. Der Schwerpunkt der Aktivitäten liegt auf einer mobilen Bahn, die für Veranstaltungen aufgebaut werden kann. Gelegentlich werden die Fahrzeuge bei Museumsbahnen präsentiert, wie z. B. am 15.5.2004 beim Schienenfahrradtreffen in Berlin-Wuhlheide.
Info: Achim Kuhlmann, Wallmichrath 19, 42555 Velbert, Tel. 02052 927831, KGBachim@aol.com
Oder: Ekkehard Müller-Kissing, Am Höing 4a, 58097 Hagen, Tel. 02331 881144, KGB-feldbahn@t-online.de
Lokomotiven (600 mm):
Vl: 1, B-dm, Gmeinder 3632/1941, 10 PS, bis 1989 Klinkerwerk Schäfer (Remscheid), btf.
Vl: 2, B-dm, O&K 193?, 20 PS, 1994 ex Stoomcentrum Maldegem/Belgien, zuvor Firma Kielseman (Brüssel), btf.
Vl: 6, B-dm, Deutz 194?, 20 PS, 1996 ex Muttenthalbahn, zuvor „Feldbahn 500" (Nürnberg), zuvor Silikatwerk Brandis, Bauunion Leipzig bzw. Tiefbau Gatz (Helmstedt), btf.
Vl: 7, B-dm, O&K 1931, 10 PS, 1997 ex privat (Schwelm), zuvor Falzziegelei Brüggen, btf.
Vl: 8, B-dm, O&K 193?, 10 PS, 1997 ex privat (Monheim), zuvor Tongrube Braun (Alfter-Witterschlick), abg.

Vl: 66, B-dm, Spoorijzer, 8 PS, ehem. 700 mm, 1999 ex privat, zuvor A. Lowie (Mechelen/ Belgien), btf.
Vl: 86, B-dm, Jung 12419/1959, 10 PS, EL 110, 2001 ex K. Winkler (Radevormwald), bis 1989 Klinkerwerk Schäfer (Remscheid), btf.
Vl: 87, B-dm, Jung 10193/1942, 10 PS, EL 105, Eigentum K. Winkler (Radevormwald), bis 1988 Ziegelwerk Berghoff (Warstein-Allagen), btf.
Vl: 89, B-dm, Jung 8119/1938, 10 PS, EL 105, 2002 ex privat, zuvor Torfwerk H.H. Ehlers (Dellstedt), abg.
Vl: 89, B-dm, Ruhrthaler 2726/1947, 15 PS, DL/S1, Eigentum K. Winkler (Radevormwald), 1992 ex Klinkerwerk Schäfer (Remscheid), urspr. Mölders (Mülheim/Ruhr), btf.
At: 60, B-em, KGB-Eigenbau Triebwagen
Al: 79, 1Ao, Zugang 2000, btf.

Arbeitsgemeinschaft Muttenthalbahn (MTB), Witten-Bommern

Die 1986 gegründete MTB sammelt technikgeschichtlich bedeutsame Gruben- und Feldbahnfahrzeuge und präsentiert sie auf dem Gelände der ehemaligen Steinkohlenzeche Theresia (neben der Bahnstrecke Hattingen – Oberwengern), wo die aus der Zeit des Bergbaues stammenden Gebäude restauriert wurden. 90 Lokomotiven und ca. 200 Wagen waren Anfang 2004 vorhanden. Nachdem einige Ausstellungsgleise eine lange 170 m Strecke schon fertig waren, entstand bis 2003 auf der Trasse der Pferdebahn von 1829 eine neue Strecke vom Parkplatz Nachtigallstraße zur Zeche Theresia und weiter zur Zeche Nachtigall des Westfälischen Industriemuseums.
Fahrbetrieb (10-18 Uhr): 11./12.4., 18.4., 1./2.5., 16.5., 20.5. (Ausstellungseröffnung „Diema-Lokomotiven"), 30./31.5., 6.6., 19./20.6. (Feldbahntage mit Gastfahrzeugen), 4.7., 10.7. (Extraschicht), 18.7., 1.8., 15.8., 5.9., 12.9., 19.9., 3.10. (mit Arbeitszügen ex DDR) und 17.10.2004, Nikolausfahrten am 27./28.11. und 4./5.12.2004
Museum: Gruben- und Feldbahnmuseum, Nachtigallstr. 27-33, 58452 Witten-Bommern
Info: Muttenthalbahn e.V., Postfach 4058, 58426 Witten, Tel. 0177 4938504, Fax 02302 30265, info@muttenthalbahn.de
Internet: www.muttenthalbahn.de
Lokomotiven (600 mm):
Dl: 1 „Mölm", Bn2t, Hohenzollern 943/1897, 1999 leihweise ex Dampfkleinbahn Mühlenstroth (1 „Mölm"), bis 1971 Böhler-Werke (Düsseldorf-Oberkassel), abg.
Vl: 1 „Doris", B-dm, Deutz 47434/1951, 25 PS, OMZ 117, 1986 ex Ziegelei Laumanns (Brüggen), urspr. Klöckner (für Tonwarenindustrie Brüggen), btf.
Vl: 2 „Helga", B-dm, Diema 2347/1960, 42 PS, DS 30, 1986 ex Ziegelei Stepken (Büderich), btf.
Vl: 3 „Ingrid", B-dm, Diema 2096/1957, 10 PS, DL 8, Privateigentum, 1987 ex Ziegelei Köhle (Fröndenberg), urspr. G. Krämer in Weidenau (für Köhle), btf.
Pl: 4, B-pr, Jung/Bergbau 13373/1960, 20 PS, PZ 20, Preßluft-Grubenlok, 1987 ex RAG Bahn- und Hafenbetriebe Ruhr-Mitte (Gladbeck), abg.
Vl: 5, B-dm, O&K 25807/1957, 40 PS, 1987 ex Schrotthandlung, zuvor Hochtief (Essen), btf.
Vl: 6, B-dm, Ruhrthaler 3635/1960, 32 PS, G32 Z/St, 1988 ex Zeche Zollverein (Essen), btf.
Vl: 7, B-dm, Demag 2848/?, ML 55, 1988 ex Schrotthandlung, zuvor Baufirma Müller (Essen), urspr. Gruga-Bahn Essen, abg.
Vl: 8 „Monika", B-dm, Gmeinder 4531/1949, 10/12 PS, 1989 ex Ziegelei Degel (Gemmingen)
Vl: 9 „Erika", B-dm, Ruhrthaler 4068/1976, 49 kW, D60 HL2, 1996 ex RAG-System-Technik Duisburg, urspr. RAG-Zeche Friedrich Heinrich (Kamp-Lintfort), btf.
Pl: 10, B-pr, Jung/Bergbau 12944/1958, 50 PS, PZ 45, Preßluft-Grubenlok, 1989 ex RAG-Zeche Radbod in Bockum-Hövel (22), urspr. Hoesch Bergwerks-AG Dortmund, abg.
Vl: 11, B-dm, O&K Nordhausen 9661/1938, MD 1, 1990 ex Schrotthandlung, urspr. O&K-Filiale Koggers (Düsseldorf), btf.
Vl: 12 „Eva", B-dm, Deutz 16222/1936, MLH 514, 1990 ex Ziegelei Höltgen (Meerbusch-Lank), btf.
Vl: 13, B-dm, Jung 10450/?, 12 PS, EL 110, 1990 ex Ziegelei Höltgen (Meerbusch-Lank), abg.
Vl: 14 „Gerda", B-dm, Ruhrthaler 2381/1943, 90 PS, GDL S4, 1990 ex Bergbaufachschule Moers, btf.
Vl: 15, B-dm, Deutz 19716/1937, 40 PS, OMZ 122, 1990 ex DDM Neuenmarkt-Wirsberg, zuvor Kieswerk von Bülow in Segrahner Berg / Gudow (Lok Z), urspr. Hoch- und Tiefbau AG Breslau, abg.

Tag der offenen Tür bei der Muttenthalbahn in Witten-Bommern: Lok 12 „Eva" (eine Deutz-Grubenlok MLH 514) und die Lok 32 „Carola" zwischen Drehscheibe und Werkstatt (6.6.1999).   *Foto: Ludger Kenning*

Vl: 16, B-dm, Deutz 22754/1938, 24 PS, OMZ 117, 1990 ex DDM Neuenmarkt-Wirsberg, zuvor Firma Wischniowski (Oelsau bei Coburg), urspr. Ziedler & Wimmel (Kirchheim bei Würzburg), btf.

Vl: 17, B-dm, Schöma 1592/1954, 10 PS, CDL 10, 1990 ex Ziegelei Schüring (Gescher), urspr. Kalkspatgruben Mühlenbein (Niederhof/Messinghausen), btf.

Vl: 18, B-dm, Schöma 1615/1954, 20 PS, CDL 20, 1990 ex Ziegelei Schüring, urspr. Uppenberger Ziegelwerk Rosery (Münster/Westf.), btf.

Vl: 19 „Elisabeth", B-dm, Deutz 55854/1954, 30 PS, GZ 30B, 1990 ex RAG-Zeche Ewald (Herten), urspr. Hoesch-Zeche Kaiserstuhl II (Dortmund), abg.

Vl: 20 „Ursula", Bedia 222/1987, 20 PS, D24-5B, 1997 ex DMT-Versuchsgrube Tremonia (Dortmund), btf.

Al: 21 „Thea", Bo, Bartz/SSW 6305/1967, 10,5 kW, El 8a, 1990 ex RAG Ewald in Herten (13), urspr. Ewald Kohle AG, btf.

Vl: 22, B-dm, Demag 372/1950, ML 15, ehem. Baufirma in Wuppertal, btf.

Vl: 23, B-dm, Diema 847/1937, 10 PS, DS 12, 1997 ex Torfwerk Koch (Ramsloh), urspr. Steinmetzmeister Fischer (Diepholz), btf.

Vl: 24 „Sandra", B-dh, Ruhrthaler 3868/1969, 55 PS, G50 H/St, Tunnellok, 1991 ex Baufirma Wix & Liesenhoff (Dortmund), btf.

Vl: 25, B-dm, Schöma 733/1943, 30 PS, Gas L 025, 1991 ex Klasmann-Deilmann in Börgermoor (37), urspr. Mohaupt & Seidensticker (Papenburg), btf.

Vl: 26 „Anja", B-dm, LKM 247247/1956, 10 PS, Ns1, 1991 ex Ziegelwerke Zehdenick

El: 27, Bo, AEG ?/1915, 54 PS, EL 5, 1992 ex RAG Kamp-Lintfort (10), abg.

El: 28, Bo, AEG ?/1930, 54 PS, EL 5, 1992 ex RAG Kamp-Lintfort (27), abg.

- Vl: 29, B-dm, Deutz 57897/1965, 30 PS, GZ 30B, 1997 ex RAG Kamp-Lintfort (10), btf.
- Vl: 30, B-dm, Deutz 33076/1940, 40 PS, OMZ 122, 2003 ex Denkmal Dortmund-Hörde, abg.
- Vl: 31, B-dm, Deutz 46950/1949, 75 PS, A6M 517, ex Rensmann (Dortmund), btf.
- Vl: 32 „Carola", B-dm, Diema 1951/1956, 14 PS, DS 14, 1992 ex Raab-Karcher / Zeche Minister Achenbach (Lünen), urspr. Zeche Dorstfeld bzw. Dampfziegelei Schulte, Wittum & Co., btf.
- Vl: 33, B-dm, Jung 8595/1939, 25 PS, ZL 105, 1992 ex Betonwerk Treffurt, btf.
- Vl: 34, B-dm, Ruhrthaler, 30 PS, 1992 ex RAG-Zeche Minister Achenbach (Lünen), btf.
- Vl: 35 „Gloria", B-dm, LKM 248816/1956, 30 PS, Ns2f, ex Beton- und Ziegelwerke Themar, btf.
- Vl: 36, B-dm, Deutz, 30 PS, GZ 30B, 1992 ex RAG-Zeche Radbod / Bergwerk Werne 1/2, abg.
- Vl: 37, B-dm, Deutz 56369/1957, 30 PS, GZ 30B, 1997 ex RAG Kamp-Lintfort (7), btf.
- Vl: 38, B-dm, LKM 248881/1957, 30 PS, Ns2f, ex Ziegelei Neu Königsaue, urspr. Ziegelei Quedlinburg, btf.
- Vl: 39 „Rosemarie", B-dm, Ruhrthaler 3398/1956, 75 PS, G90 ÖV, 1993 ex RAG Niederberg in Neunkirchen-Vluyn (15), btf.
- Vl: 40 „Ute", B-dh, Deutz 56548/1957, 90 PS, GG 90B, 1993 ex EBV Ahlen (16), urspr. Steinkohlenbergwerk Westfalen AG, btf.
- El: 41, Bo, Eigenbau Dörentrup, Fahrdraht-Kipplore, 1993 ex Dörentruper Sand- und Thonwerke, abg.
- Vl: 42, B-dh, Ruhrthaler 3779/1964, 75 PS, G90 HVE, 1993 ex RAG Niederberg (39), abg.
- Vl: 43 „Waltraut", B-dm, Gmeinder 4699/1954, 35 PS, 1993 ex Tongrube Otto (Breitscheid), bis 1969 Ziegelei Wölfel (Bayreuth), btf.
- Vl: 44, B-dm, LKM 17029/1950, 30 PS, Ns2, ex Ziegelei Grevesmühlen, abg.
- Vl: 45, B-dm, LKM 48370/1953, 30 PS, Ns2h, ex Tongrube Grana (23), abg.
- Vl: 46, B-dm, Skoda-Stavoloko 2618/?, 45 PS, BND 30, ex Schamottewerk Colditz in Großbothen (4), abg.
- Vl: 47, B-dm, Unio, 45 PS, Ldi 45, ex Ziegelwerke Geithain in Lübschütz (6), abg.
- Vl: 48, B-dm, Deutz 19836/1937, 12 PS, OME 117, ex Ziegelei Höltgen (Meerbusch-Lank), urspr. Baufirma Lenhardt (Saarbrücken), abg.
- Vl: 49, B-dm, Henschel, 37 PS, DG 26, 1994 ex Kopsch GmbH (Bochum-Wattenscheid), btf.
- Vl: 50, B-dm, LKM 262037/1958, 30 PS, Ns2f, 1994 ex Baufirma Muster (Wolfen), zuvor Betonwerk Wolfen, abg.
- Vl: 51, B-dm, Schöma ?/193?, 10 PS, Lo 10, 1994 ex Torfwerk Klasmann-Deilmann (Börgermoor), btf.
- Al: 52 „Heidi", Bo, Siemens 6306/1967, 10,5 kW, GA-BO-5/17/1, 1995 ex RAG Maschinen-Übungszentrum Recklinghausen, zuvor Ewald Kohle AG (Herten), btf.
- Vl: 53, B-dm, LKM 247215/1955, 10 PS, Ns1, 1995 ex Julia Mineralveredlung (Herne), btf.
- Nf: 54, B-dm, Eigenbau Koch 1952, 25 PS, Feldbahndraisine, 1995 ex Torfwerk Koch (Ramsloh), btf.
- Vl: 55, B-dm, Deutz 56856/1958, 30 PS, GZ 30B, 1998 ex RAG Kamp-Lintfort (8), btf.
- El: 56, 1A, C. Keller & Co., 1999 ex Ziegelei Bungarten (Euskirchen-Roitzheim), abg.
- Vl: 57, B-dm, Diema 635/1933, 9 PS, DS 12, 1995 ex Torfwerk Haskamp (Lohne), btf.
- Vl: 58 „Andi", B-dm, Strüver 60507/1959, 6 PS, Schienenkuli, 1996 ex Firma Haye (Fedderwardersiel), btf.
- Vt: 59, B-dm, Diema 3198/1971, 22 PS, GT 5/3, Triebwagen, ex Ziegelei Köhle (Fröndenberg), btf.
- Vl: 60, B-dm, O&K 1645/1922, 10 PS, 1996 Torfwerk Brinkmann (Saterland, „Max"), btf.
- Al: 61, Bo, AEG/Schalke 9029/1981, 24 kW, ZD 2/54, 1996 ex RAG Kamp-Lintfort, btf.
- Vl: 62 „Dora", B-dm, Strüver 60122/1948, 14 PS, Schienenkuli, 1996 ex Feldbahn 500 (Nürnberg), zuvor Torfwerk (Quickborn), urspr. Gewerkschaft Hausbach III, btf.
- Vl: 63, B-dm, Ruhrthaler 1275/1934, 10 PS, DKL/S1, 2003 ex Denkmal Aquarius Wassermuseum (Mülheim/Ruhr), abg.
- Pl: 64, B-pr, Bergbau/Jung ?/1958, 50 PS, PZ 45, Preßluft-Grubenlok, 1997 ex Denkmal Prosper (Bottrop), abg.
- Vl: 65, B-dm, LKM 249167/1956, 60 PS, Ns3f, 1997 ex Tagebau Burgwall GmbH, zuvor VEB Ziegelwerke Zehdenick, urspr. Sandgrube bei Bautzen, btf.
- Al: 66, Bo, Bartz 1067/195?, EL 8a, 1999 ex DSK Bergwerk Blumenthal-Haard (Recklinghausen), btf.
- Al: 67, Bo, Bartz 1108/1957, EL 8a, 1999 ex Blumenthal-H. (13), btf.
- Al: 68, Bo, Bartz 1109/195?, EL 8a, 1999 ex Blumenthal-H., btf.
- Al: 69, Bo, Bartz 1184/195?, EL 8a, 1999 ex Blumenthal-H., btf.
- Vl: 70, B-dm, Gmeinder 1983/1937, 20 PS, 15/18, 1999 ex Denkmal
- Vl: 71, B-dm, Diema 2646/1963, 10 PS, DL 6, 1999 ex Torfwerk

Vl: 72 „Christina", B-dh, Deutz/Rensmann 56971/1966, 66 PS, GG 66B, 1999 ex DSK Bergwerk Blumenthal-Haard
Vl: 73, B-dm, Diema 2965/1967, 28 PS, DS 30/2, 1999 ex Denkmal
Vl: 74, B-dm, Gmeinder 4257/1944, 50 PS, HF50B, 2000 ex Baufirma H. Rödl (Nürnberg), nach 1945 abgestellt auf dem Märzfeld in Nürnberg, urspr. Wehrmacht für Eisenbahnpionierpark Rehagen-Klausdorf, btf.
Vl: 75, B-dm, Deutz, Gk 9B, ex Bergwerk Erin, abg.
Vl: 76, B-dm, Deutz 55235/1952, 30 PS, GZ 30B, ex DSK Zentrale Wasserhaltung Gneisenau
Vl: 77, B-dm, Deutz 18469/1937, 75 PS, 2000 ex DFKM Deinste (28), bis 1989 Eilers KG (Hamburg), bis 1964 Baufirma Christiani & Nielsen, abg.
Vl: 78, B-dm, Deutz 36100/1941, 12 PS, OME 117, 2000 ex DFKM Deinste, bis 1979 Baufirma Christiani & Nielsen (Hamburg), btf.
Al: 79, Bo, Walcher 005B/1991, WAG 240, 2000 ex DSK Bergwerk Ewald/Hugo
Al: 80, Bo, Schalke/Siemens E027/1993, 2002 ex RAG-Zeche Blumenthal-Haard in Recklinghausen (6), btf.
Al: 81, Bo, Diema-Milles ?/1984, 100 kW, WM-BFV-108/I, Prototyp einer Akku-Gruben-Gliederlok, 2001 ex DSK Bergwerk Blumenthal-Haard (Zechenlok 1), btf.
Vl: 82, B-dm, Diema 504/1929, 10 PS, DS 12, 2002 ex Torfwerk Griendtsveen AG (Edewechterdamm)
Vl: 83, Bo'Bo'Bo', Ruhrthaler 3893/1969, 1996 umgebaut durch Ruhrthaler in dreiteilige TRIO-Grubenlok, urspr. zweiteilig als G150H an Zeche „Niederberg" Neunkirchen-Vluyn
Vl: 84, B-dm, Diema 2194/1958, 15 PS, DS 14, 2002 ex Torfwerk Klasmann-Deilmann (Sedelsberg)
Vl: 85, B-dm, Diema 5210/1993, 60 PS, DS 60, 2002 ex Tonwerk Lange (Ruhstorf-Höhenmühle), 1994 ex Firma Rensmann (Dortmund; dort fertiggestellt, urspr. für Südafrika vorgesehen)
Vl: 86, B-dm, Diema 2366/1960, 95 PS, DS 96, 2002 ex Mannesmann-Röhrenwerke Mülheim a.d. Ruhr
Vl: 87, B-dm, O&K 8568/1936, 20 PS, LD 2, 2003 ex FWM Oekoven (43)
Vl: 88, B-dm, Deutz 57171/1961, 125 PS, KG 125 BS, 2003 ex FWM Oekoven, bis 1984 Zeche „Sophia Jacoba" Hückelhoven
Vl: 89, B-dm, Schöma 3705/1973, 28 PS, CDL 25, 2003 ex Torfwerk Klasmann-Deilmann (Sedelsberg)
Vl: 90, B-dm, Diema 2004, 60 PS, DS 60, neu

DGEG-Eisenbahnmuseum Bochum-Dahlhausen
Ruhrtal-Museumsbahn Hattingen – Wengern Ost

1968 übernahm die Deutsche Gesellschaft für Eisenbahngeschichte (DGEG) die Anlagen des 1969 geschlossenen Bw Dahlhausen/Ruhr. Der Kern ist der 14-ständige Rundlokschuppen, umgeben von jeglichen Anlagen zur Dampflokversorgung und überragt vom alten Wasserturm. Die DGEG baute eine Fahrzeughalle (1985) und eröffnete eine Ausstellung zur regionalen Bahngeschichte. Hinter dem Lokschuppen verläuft seit 1977 eine 500 m lange Feldbahn mit zwei Ausweichbahnhöfen, mehreren Anschlußgleisen und zweigleisigem Lokschuppen. Im Jahr 2000 wurde eine weitere neue Fahrzeughalle eingeweiht. Seit 1981 betreibt die DGEG zwischen Hattingen und Wengern Ost (18,2 km) einen regelmäßigen Museumsverkehr. 1989 erwarb der Kommunalverband Ruhrgebiet den Abschnitt Herbede – Wengern Ost und stellte den Streckenabschnitt dem Eisenbahnmuseum zur Verfügung. Am Bahnhof Witten-Bommern wurde eine Bahnmeisterei eingerichtet.

Geöffnet: Mittwochs und freitags (10-17 Uhr), sonn- und feiertags (10-15 Uhr, ab November 10-13 Uhr)
Pendelverkehr: Sonn- und feiertags zwischen S-Bahnhof und Museum (April-Oktober: S-Bf ab 10.20, 10.50, 11.20, 11.50, 12.20, 13.20, 13.50, 14.20 und 14.50 Uhr; November-März: 10.20, 10.50, 11.20, 11.50, 12.20 und 12.50 Uhr)
Ruhrtalbahn: 4.4., 12.4., 2.5., 20.5., 6.6., 4.7., 1.8., 5.9., 3.10. und 7.11.2004 (Hattingen ab 9.05, 11.05, 13.35 und 15.35 Uhr; Wengern Ost ab 10.05, 12.05, 14.35 und 16.35 Uhr; jeweils mit 38 2267, letztes Zugpaar im April, Mai und Oktober mit V 36 231, am 7.11. entfällt das letzte Zugpaar)

Mit dem ersten Zug des Tages hat die ELNA 146 an der Ruine Hardenstein einen Halt eingelegt und fährt jetzt nach Wengern Ost weiter (7.5.2000).   Foto: Ludger Kenning

Info: DGEG-Eisenbahnmuseum, Dr.-C.-Otto-Str. 191, 44879 Bochum, Tel. 0234 492516, Fax 94428730, info@eisenbahnmuseum-bochum.de
Internet: www.eisenbahnmuseum-bochum.de und www.ruhrtalbahn.de
Triebfahrzeuge (1.435 mm):
Dl: 01 008, 2'C1'h2, Borsig 12000/1925, 1973 ex DB (001 008 / 01 008), ä.r.
Dl: 18 427, 2'C1'h4v, Maffei 3441/1914, Teilstück, Leihgabe Deutsches Museum (München)
Dl: 38 2267, 2'Ch2, Henschel 15695/1918, 1991 ex Denkmal Wiednitz bei Dresden, bis 1971 DR (38 2267), urspr. preuß. P 8 „Erfurt 2553", btf.
Dl: 44 1377, 1'Eh3, Krupp 2799/1942, 1991 ex Förderverein für Verkehrs- und Baugeschichte Hagen, bis 1979 DB (044 377 / 44 1377), ä.r.
Dl: 053 075, 1'Eh2, O&K 14201/1943, 1997 ex Denkmal Ratingen, bis 1976 DB (053 075 / 50 3075), ä.r.
Dl: 55 3345, Dh2, Henschel 13354/1915, 1971 ex DB (55 3345), urspr. pr. G 8^1 „Cassel 5159", ä.r.
Dl: 66 002, 1'C1'h2, Henschel 28924/1955, 1968 ex DB (66 002), ä.r.
Dl: 74 1192, 1'Ch2t, Hohenzollern 3376/1915, 1977 ex Industriebahn Erfurt, urspr. preuß. T 12 „Berlin 8470", abg.
Dl: 80 030, Ch2t, Hohenzollern 4629/1929, 1974 ex RAG (D 724), bis 1962 DB (80 030), ä.r. im Fotoanstrich

Dl: 95 028, 1'E1'h2t, Hanomag 10186/1923, 1983 ex DR (95 0028 / 95 028), urspr. preuß. T 20, abg.
Dl: 97 502, Eh2t(4v), Esslingen 4057/1922, 1976 ex Daimler-Benz, bis 1962 DB Zahnradbahn Reutlingen – Münsingen (97 502), ä.r.
Dl: 99 604, B'B'n4vt, Hartmann 3792/1914, 750 mm, bis 1970 DR, urspr. sächs. IVk 194, ä.r.
Dl: „Cöln 1833", C1'n2t, Borsig 4431/1893, 1968 ex Zuckerfabrik Pfeiffer & Langen (Euskirchen), urspr. preuß. T 9[1] „1833 Coeln Irh.", ab 1906 „Cöln 7270", i.A.
Dl: Hibernia 41-E, Eh2t, Henschel 25684/1942, 1972 ex Bergbau-AG Herne/Recklinghausen (41-E), bis 1954 Hibernia AG (30), ä.r.
Dl: BLE 146, 1'Ch2t, Henschel 24932/1941, 1970 ex Butzbach-Licher Eisenbahn (146), zuvor Reinheim-Reichelsheimer Eisenbahn (146), Kiel-Segeberger Eisenbahn (146) bzw. Kleinbahn Jauer-Maltsch (142), abg.
Dl: 120, B-fl, Borsig 7794/1910, bis 1979 Südkabel Mannheim, ä.r.
Dl: 1, Bn2t, O&K 7610/1918, 600 mm, 1978 ex Kalkwerk Künsebeck (Brackwede), ä.r.
Dl: MEG 74, Cn2t, Krauss 2024/1888, 1.000 mm, zuvor abgestellt in Bruchhausen-Vilsen, bis 1989 DGEG-Schmalspurmuseum Viernheim, bis 1972 DGEG Neustadt/Weinstraße, bis 1968 MEG/SEG-Strecke Zell – Todtnau (74), ä.r.
Vl: V 36 231, C-dh, O&K 21129/1939, 360 PS, WR360 C14, 1977 ex DB (236 231 / V 36 231), urspr. Luftwaffe, btf.
Vl: V 65 011, D-dh, MaK 600014/1956, 650 PS, 1986 leihweise ex DB-Museum (265 011 / V 65 011).
Vl: 212 007, B'B'dh, MaK 1000137/1962, 2001 ex DB-Cargo (212 007 / V 100 2007), btf.
Vl: Köf 4737, B-dh, Jung 5682/1937, 150 PS, Köf II, 1981 ex DB (323 482 / Köf 4737 / Kö 4737), btf.
Vl: Möhl, B-pm, Deutz 1246/1912, 35 PS, Petroleum-Kleinlok Typ 3514, 1969 ex Möhl (Dellbrück), bis 1918 Dynamit Nobel, i.A.
Vl: Dr. Otto, B-dm, Deutz 23193/1938, 40 PS, 1994 ex Firma Otto (Bochum / Werk Bendorf/ Rhein), btf.
Vl: Wintershall 1, B-dh, BMAG 10633/1937, 105 PS, 1999 ex EF Münster (VL 02), bis 1985 Wintershall Salzbergen (1), urspr. Luftwaffe Rheine-Bentlage, ä.r.
Vl: VEW 2, B-dh, Deutz 47386/1944, 1997 ex VEW Zinkhütte Dortmund, urspr. Kraftwerk Dortmund-Kruckel, abg.
Vl: V 1, B-dm, Jung 7136/1936, 12 PS, EL 105, 600 mm, 1977 ex Luftschiffwerft Friedrichshafen, urspr. Reichsarbeitsführer Berlin, abg.
Vl: V 2, B-dm, Jung 7722/1938, EL 105, 600 mm, 1977 ex Waschgewinnungsanlage Überruhr, btf.
Vl: V 3, B-dm, Jung 9859/1941, EL 105, 600 mm, 1978 ex Stadtwerke Dortmund, abg.
Vl: V 4, B-dm, Diema 795/1935, 30 PS, 600 mm, 1978 ex Zuckerfabrik Sehnde AG, abg.
Vl: V 5 „Kaolinie", B-dm, Deutz 36017/1941, 28 PS, OMZ 117, 600 mm, bis 1978 Didier-Kaolinwerk Kriegsheim, btf.
Vt: 795 626, A1-dm, MAN 141712/1955, 150 PS, 1979 ex DB (795 626 / VT 95 9626), ä.r.
Vt: BTh T2, A1-bm, Wismar 20268/1936, 1968 ex Butzbach-Licher Eisenbahn (T 2), urspr. Kleinbahn Bremen-Thedinghausen (T 2), btf.
Vt: 29-3, Nordwestdeutsche Fahrzeugwerke 100220/1953, 120 PS, Schie-Stra-Bus, urspr. DB, btf.
Vt: 712 001, Bo'2', MAN/BBC 127375/1936, 600 PS, Profilmeßwagen, 1994 ex DB (712 001 / VT 38 002), urspr. DRG (137 157), btf.
El: E 32 27, 1'C1', Maffei 5608/1925, 1.170 kW, 1972 ex DB (132 027 / E 32 27), urspr. DRG-Gruppenverwaltung Bayern (EP 2 Nr. 20027), ä.r.
El: E 94 080, Co'Co', AEG 5424/1942, 1991 ex VEW Westfalen, bis 1991 DB (194 080 / E 94 080), ä.r.
El: LPD 3, Bo'Bo', AEG 1700/1913, 1969 ex Landespostdirektion Berlin (3), ä.r.
Al: Ka 4013, Bo, AEG 4559/1930, 35 kW, 1970 ex DB (Ka 4013 / Ks 4013), ä.r.
Et: ET 85 07, Bo'Bo', Fuchs/BBC 1927, 550 kW, 1976 ex DB (485 007 / ET 85 07), urspr. DRG („München 707"), ä.r.
Et: 475 003, Bo'Bo', O&K/SSW/AEG 1928, 1997 ex S-Bahn Berlin (475 003 / 275 031 / ET 165 080 / 2228 / 3150), ä.r.
At: 515 556, Bo'2', Donauwörth 3727/1960, 200 kW, 1995 ex DB (515 556 / ETA 150 556), abg.
Nf: Klv 12-4905, A1-dm, Bauart 120, 1995 ex EVA, btf.
Nf: Klv 053-0670, A1-dm, Robel 1977, 1998 ex DB (Klv 53 / 053-0670), btf.
Nf: Hibernia S 3, A1-dm, 50 PS, 1971 ex BAG Herne/Recklinghausen (S 3), urspr. Hibernia AG, ä.r.

Der Schie-Stra-Bus des Eisenbahnmuseums Bochum-Dahlhausen ist wieder betriebsfähig und hat schon mehrfach die Vorzüge eines Kombiverkehrs zwischen Schiene und Straße aufgezeigt (Foto vom 1.6.1985).
Unten: Die in Bochum-Dahlhausen beheimatete 38 2267 nahm im September 1999 im Raum Gerolstein an der Plandampfveranstaltung „Dampf über den Eifelvulkanen" teil (Birresborn, 8.9.1999). Fotos: Ludger Kenning

Deutsches Bergbau-Museum (DBM), Bochum

Das schon 70 Jahre alte DBM gibt auf 12.000 m² einen Einblick in den weltweiten Bergbau seit vorgeschichtlicher Zeit. Die Besichtigung der Originalgeräte, die Bedienung der Modelle sowie eine Grubenfahrt durch das Anschauungsbergwerk kann tagesfüllend sein. Interessant ist die Halle 16, wo neben Grubenloks auch Untertagewagen, Überkopflader und Hunte verschiedener Epochen zu sehen sind.
Geöffnet: Di-Fr (8.30 – 17.30 Uhr), Sa/So (10-16 Uhr)
Info: DBM Bergbau-Museum, Am Bergbaumuseum 28, 44791 Bochum, Tel. 0234 5877-0, Fax -111, info@bergbaumuseum.de
Internet: www.bergbaumuseum.de
Lokomotiven:
Pl: B-pr, Demag 1993/1943, 600 mm, 1966 ex Zeche Graf Bismarck (Gelsenkirchen)
Vl: B-dm, Diema 1664/1954, 600 mm, ex BAG-Zeche Hansa (Huckarde), urspr. Bergwerk Otte (Essen-Rossenray)
Vl: B-dm, Deutz 56311/1960, 600 mm, urspr. Zeche Friedrich der Große
Al: 10, Bo, 620 mm
Vl: B-dm, Deutz, 600 mm, 1973 ex Zeche Mevissen (Rheinhausen-Oestrum)
Al: Bo, Jung 1978, 540 mm, 1981 ex BAG Westfalen
Al: Bo, AEG 3506/1927, 1931 ex AEG (Berlin)
Al: 1022, Bo, Bartz 1022/1953, 600 mm, GA 05, 1973 ex Zeche Diergardt-Mevissen (Rumeln)
Al: 572, Bo, Bartz 572/1942, 560 mm, 1963 ex Steinkohlenbergwerk Mansfeld (Bochum-Langendreer), btf.
Pl: B-pr, Bergbau GmbH Dortmund 1922, 600 mm, 1926 ex Hersteller
Pl: B-pr, Meyer (Mülheim/Ruhr) 408/1918, 560 mm, 1931 ex Zeche Welheim / Steinkohlenbergwerke Victoria-Mathias
Vl: B-dm, Deutz 3104/1918, 500 mm, 1930 ex Zeche Alte Haase (Sprockhövel)
El: Bo, AEG 1902, 600 mm, 1930 ex GBAG-Zeche Vereinigte Engelsburg (Bochum)
Vl: 27, B-dm, Deutz 56603/1957, 660 mm, urspr. Zeche Flora in Bochum-Weitmar (27)
Al: Bo, SSW 5505/1953, 600 mm, neu an DBM, btf.
Al: Bo, Schalke 1211/1958, 600 mm, neu an DBM, btf.
Al: 11, Bo, Bartz 902/1952, 1967 ex Zeche Auguste Victoria (Marl)
Pl: B-pr, Jung/Bergbau 1951, 600 mm
El: Bo, Ganz 1894, 435 mm, urspr. Bleiberger Bergwerks-Union Bleiberg-Kreuth/Kärnten
Vl: B-dm, Jung 11548/1952, 600 mm, 1988 ex Preußen Elektra Borken/Hessen (64), bis 1966 Barbara Erzbergbau (Düsseldorf)
Al: Bo, LEW, 600 mm, 1992 ex Fluß- und Schwerspat-GmbH Trusetal (Schmalkalden)
Vl: 28, B-dm, Deutz 56608/1958, 560 mm, 1966 ex Zeche Langenbrahm (Essen-Rellinghausen)

Bochum-Gelsenkirchener Straßenbahn (BOGESTRA)

Der VhAG BOGESTRA e.V. holte zum 100-jährigen Bestehen der BOGESTRA den KSW 96 aus der Kohlfurth auf sein Heimatnetz zurück. Nach einer durch die Hwst Gerthe unterstützten Aufarbeitung konnte er im November 1999 wieder in Betrieb genommen werden. Daneben nutzt der Verein den sechsachsigen Zweirichtungsgelenkwagen Nr. 40 für Sonderfahrten, während die BOGESTRA den Partywagen 88 selbst vermarktet.
Termine: Stadtrundfahrt mit Tw 40 jeden dritten Samstag der Monate März bis Oktober (14 Uhr ab Btf Bochum), Sonderfahrten mit Tw 96 und 40 an den Adventssonntagen (siehe Internet)
Info: VhAG BOGESTRA e.V., Universitätsstr. 58, 44789 Bochum, Tel./Fax 0234 3032560, fahrzeuge@vhag-bogestra.de
Internet: www.vhag-bogestra.de
Triebwagen (1.000 mm):
Et: 40, Bo'2'Bo', Düwag 1968, GT6 ZR, 2 x 140 kW, bis 1998 im Liniendienst, btf.
Et: 88, Bo'2'Bo', Düwag 1969, GT6 ZR, 2 x 140 kW, Partywagen „Bogie", bis 1988 im Liniendienst als Tw 48, btf.
Et: 96, Bo, Fuchs/BBC 1949, KSW ZR, 2 x 60 kW, 1995 ex Bergische Museumsbahnen, bis 1976 BOGESTRA (96), btf.
Et: 620, Bo'Bo', Düwag 1968, GT4 ZR, 2 x 140 kW, seit 2002 Htw, ex Fahrschul-Tw, btf.

Heimat- und Naturkundemuseum Wanne-Eickel

Die ab 1925 durch den Verein für Orts- und Heimatkunde aufgebaute Sammlung ist seit 1968 in einem alten Schulgebäude untergebracht. Im Hof kann man auch Eisenbahn-, Straßenbahn- und Grubenbahnfahrzeuge besichtigen.
Geöffnet: Dienstags bis freitags sowie sonntags (10-13 und 14-17 Uhr), samstags (14-17 Uhr)
Info: Heimat- und Naturkundemuseum, Unser-Fritz-Str. 108, 44653 Herne, Tel. 02325 75255
Internet: www.herne.de/kultur/heimat.html
Triebfahrzeuge:
Dl: D 313, Cn2t, Hohenzollern 4578/1929, Typ Leverkusen II, 1.435 mm, 1990 ex Spielplatz SOS-Kinderdorf Kleve-Materborn, bis 1973 BAG-Zeche „Wilhelmine Mevissen" Duisburg-Rheinhausen (D 313), bis 1972 RAG-Zeche „Emil Fritz" Essen-Altenessen (D 313), zuvor Verbundwerk „Emil Fritz" Essen-Altenessen (6), zuvor Westfalenhütte der Hoesch AG Dortmund (5), urspr. Köln-Neuessener Bergwerksverein Altenessen (5)
Dl: GEE 3, B-fl, Henschel 25461/1953, 1.435 mm, 1987 ex Wintershall AG Lingen-Holthausen (GEE 3)
Vl: V 465, C-dh, Krauss-Maffei 18856/1962, 440 PS, ML440C, 1.435 mm, 1985 ex RAG Zechen- und Hafenbahn Ruhrmitte in Gladbeck (V 446 bzw. V 465), bis 1970 Zeche „Mathias Stinnes" der Stinnes AG (Essen-Karnap)
Vl: EH 346, Bo, Jung 12879/1958, Zweikraftlok Typ ED40t, 1.435 mm, ex Eisenbahn + Häfen Duisburg (46), urspr. Gemeinschaftsbetrieb Eisenbahn + Häfen Duisburg-Hamborn
El: 346, Bo'Bo', AEG 1929, 1987 ex Eisenbahn und Häfen Duisburg-Hamborn (346)
Et: 97, Bo, Fuchs/BBC 1949, 2 x 60 kW, bis 1976 Linienverkehr BOGESTRA (Tw 97)
Et: 181, Bo, Düwag 1951, 2 x 60 kW, 1986 ex BOGESTRA (Atw 681 / Tw 181)
Et: 380, Bo'2'Bo', Düwag 1957, 2 x 100 kW, ex TCC Lille/F, bis 1982 Vestische Straßenbahnen (380)
Et: 601, Bo, Hellmers (Hamburg) 1913, Sprengwagen, 1985 ex BOGESTRA

Der KSW 96 gehörte von 1976 bis 1995 den Bergischen Museumsbahnen in Wuppertal-Kohlfurth, dann kehrte er zur BOGESTRA zurück und kam wieder in Fahrt (Nordhausen, 28.5.2000).   *Foto: Ludger Kenning*

Freunde des Bahnbetriebswerks Gelsenkirchen-Bismarck

Die denkmalgeschützten Anlagen des Bw Gelsenkirchen-Bismarck unterstehen seit 1999 dem Kommunalverband Ruhrgebiet, der sie dem Förderverein „Freunde des Bahnbetriebswerks Bismarck" und dem Verein zur Erhaltung der Hespertalbahn zur Verfügung stellt. Im Frühjahr 2001 begann er mit der Komplettsanierung, doch ruht diese zur Zeit. Der Verein bemüht sich schon seit 1991 um den Erhalt des Bw als technisches Kulturgut.
Info: Paul Lindemann, Wanner Str. 34, 45888 Gelsenkirchen, Tel. 0209 21121, webmaster@bahnwerk-bismarck.de
Internet: www.bahnwerk-bismarck.de
Lokomotiven (1.435 mm):
Dl: 50 2404, 1'Eh2, Krauss-Maffei 16279/1942, 1977-98 Denkmal Aw Paderborn, bis 1976 DB Duisburg-Wedau (052 404 / 50 2404), abg.
Dl: 2, B-fl, Henschel 24843/1951, 1997 ex VEBA Oel AG Gelsenkirchen-Scholven (2)
Dl: 3, C-fl, Henschel 25273/1940, 1997 ex VEBA Oel AG Scholven (33), zuvor Wolff Walsrode (Bomlitz), Umbau Henschel 1951 aus Cn2t-Lok
Dl: 5, D-fl, Henschel 25099/1955, 1995 ex VEBA Oel AG Gelsenkirchen-Scholven
Vl: B-dm, Deutz 47066/1950, 1998 ex Geldbach (Gelsenkirchen), bis 1969 Berlin-Anhaltische Maschinenbau-AG Köln-Bayenthal, btf.
Vl: 2, B-dh, Deutz 56781/1959, 1998 ex Eisen & Metall AG Gelsenkirchen-Bismarck (2), btf.
Vl: DEA 1, B-dm, Krupp 1503/1935, 100 PS, 1998 ex DEA Mineralöl AG Rheinkamp (L 1), urspr. Bundeswehr-Erprobungsstelle Meppen, btf.
Vl: 3, B-dh, Jung 12791/1957, 1998 ex Thyssen Draht AG Gelsenkirchen-Schalke, zuvor Rheinbahn Düsseldorf, urspr. Häfen der Stadt Köln (8), btf.

Historische Eisenbahn Gelsenkirchen (HEG)

Der 2001 gegründete Verein HEG will reviertypische Fahrzeuge erhalten, die Gelsenkirchener Eisenbahngeschichte dokumentieren und den Eisenbahntourismus der Region fördern. Vor allem betreut er den Schienenbuszug „Revier-Sprinter", der in den letzten Jahren u. a. schon für die EPEG zum Einsatz gekommen war.
Termine: Rundfahrten am 17.4., 15.5., 12.6., 18.9. und 9.10.2004
Weitere Fahrten: 3.4., 3.7. und 3.10. (nach Prosper und Ruhrort), 1.5. (nach Hamm-Maxipark), 5.6. und 1.8. (nach Wesel), 17.7. (nach Altena), 11.9. (mit 24 009 zum Rhein), 19.9. (nach Ahaus-Alstätte), 27.11. (Heßler – Prosper – Dorsten) und 4.12.2004 (nach Münster)
Info: Historische Eisenbahn Gelsenkirchen e.V., Grenzstr. 91, 45881 Gelsenkirchen, Tel. 02043 35332, rolfbahn@cityweb.de
Internet: www.historische-eisenbahn-gelsenkirchen.de
Triebwagen (1.435 mm):
Vt: 796-210, AA-dm, Uerdingen 66569/1959, 2 x 150 PS, 1999 ex privat, bis 1997 Hagebau / Eisenbahnfreunde Westmünsterland (VT 210), bis 1995 Dürener Kreisbahn (210), bis 1993 Altona-Kaltenkirchen-Neumünster AKN (VT 3.11), bis 1987 DB (798 677 / VT 98 9677), ab 1985 „Erlebte Eisenbahn" Nürnberg, btf.
Vt: 796-27, A1-dm, Uerdingen 68639/1961, 150 PS, 1998 ex privat, bis 1997 Hagebau (VT 211), bis 1995 Dürener Kreisbahn (211), bis 1994 AKN (VT 3.07), bis 1981 Elmshorn-Barmstedt-Oldesloer Eisenbahn EBOE (VT 27), btf.

Straßenbahn Essen

Der Verein Verkehrshistorische Arbeitsgemeinschaft EVAG e.V. (VhAG) archiviert Dokumente, betreibt im U-Bahnhof Hirschlandplatz einen Tram-Shop (geöffnet freitags 18-19 Uhr) sowie im U-Bahnhof Berliner Platz ein Museum (geöffnet am 1. Sonntag des Monats, 14 – 17.30 Uhr) und hilft bei der Erhaltung und dem Einsatz der historischen Fahrzeuge der Essener Verkehrs-AG (EVAG).
Termine: Ruhrgebiets- und Stadtrundfahrten lt. www.tour-de-ruhr.de, Tel. 0203 4291919

Info: VhAG EVAG e.V., Zweigertstr. 34, 45130 Essen, Tel. 0201 8261810, Fax 2864001, info@vhag-evag.de
Internet: www.vhag-evag.de
Triebwagen (1.000 mm):
Et: 144 „Der grüne Vestische", Bo, Uerdingen/Krupp/BBC/Kiepe (urspr. SSW) 1921, 2 x 37 kW, 1.000 mm, 1991 ex Bavaria-Traumlandpark Bottrop, bis 1981 privat, bis 1974 abg., bis 1969 Atw im Btf Bottrop der Vestischen Straßenbahnen, bis 1965 Liniendienst als Tw 144, btf.
Et: 500 „Der Karlsruher", Bo, Rastatt/BBC/Kiepe 1930, 2 x 47 kW, 1.435 mm, 1985 ex Karlsruhe (Tw 88, bis 1982 Atw, bis 1971 Liniendienst, urspr. Tw 102), btf.
Et: 705 „Die Schüttelrutsche", Bo'Bo', Düwag/Kiepe/SSW 1959, Fahrgestelle: Gastell 1912/15, 4 x 44 kW, 1.000 mm, seit 1981 Htw, bis 1977 im Liniendienst (1715 / 1705 / 705), btf.
Et: 888 „Der Klassiker", Bo, Düwag/AEG/Kiepe (urspr. SSW) 1949, 2 x 60 kW, 1.000 mm, Aufbauwagen, seit 1979 Htw, bis 1974 im Liniendienst (1423 / 828 / 888), btf. (mit Verbands-Bw 350, Düwag 1957, ex 2460 / 350), btf.
Et: 1501, Bo'Bo', Düwag/G-L 1951 (urspr. BBC/Kiepe bzw. BBC), 2 x 100 kW, 1.000 mm, Großraumwagen, 1989 ex DGEG, bis 1977 im Liniendienst (1501 / 513), abg. (mit Bw 2521, Düwag 1962, ex 2521 / 2525)
Et: 1753 „Der 17-Hunderter", Bo'2'2'Bo', Düwag/G-L/Kiepe 1962, 2 x 100 kW, 1.000 mm, seit 2001 Htw, bis 1993 sechsachsiger Tw 1723, btf.

Parkeisenbahn im Grugapark, Essen

Die heutige Parkbahn in der Gruga mit 3,3 km Länge und 600 mm Spurweite besteht in dieser Form seit 1965. Damals lieferte die Firma Bücking fünf Züge mit futuristisch gestylten Triebfahrzeugen mit gasbetriebenem Opel-Kapitän-Motor. Der Sohn des Erbauers kaufte 1992 zwei Zugeinheiten zurück, doch darf er sie auf der Parkbahn nicht einsetzen. Die Firma INTAMIN übernahm 1992 von der EVAG die Betriebsführung und brachte ihre eigenen Fahrzeuge mit. Vorhanden sind die jeweils aus einer Akkulok (Bo, Intamin 1983, 56 kW) und drei vierachsigen Wagen bestehenden Zugeinheiten „Fleißiges Lieschen", „Wachsames Hähnchen", „Zornige Ameise", „Schwarze Lene" und „Heimliche Liebe".
Fahrbetrieb: In der Sommersaison täglich (freitags nur in den Schulferien, 10-18 Uhr)
Info: INTAMIN Freizeittechnik, Dierdorfer Str. 18, 56584 Rüscheid, Tel. 02639 93100
Internet: www.grugapark.de

Hespertalbahn Essen-Kupferdreh – Haus Scheppen

Der 1975 gegründete Verein zur Erhaltung der Hespertalbahn e.V. (VEH) setzte 1976 den ersten Museumszug zwischen Kupferdreh und der Zeche Pörtingsiepen ein, mußte aber 1980 den Betrieb wegen des Abrisses des Abschnitts Pörtingsiepen – Haus Scheppen einstellen. Nach Ankauf der Strecke durch den Kommunalverband Ruhrgebiet und der Anpachtung der 3,3 km langen Reststrecke bis zur Haltestelle Haus Scheppen nahm er 1983 den Verkehr wieder auf. Die Fahrzeuge sind im Bereich des ehemaligen Übergabebahnhofs am Hardenbergufer untergebracht.
Fahrbetrieb: Mit Dampf am 1./2.5., 9.5., 30./31.5., 6.6., 4.7., 1.8., 29.8., 3.10. und 17.10.2004, Dieselbetrieb am 20.5., 20.6., 18.7., 15.8. und 19.9.2004 (Kupferdreh ab 10.30, 11.45, 13.00, 14.15, 15.30 und 16.45 Uhr; Haus Scheppen ab 11.00, 12.15, 13.30, 14.45, 16.00 und 17.15 Uhr).
Weitere Termine: 24./25.7. (Dampflokfestival), 5.9. (Kindertag), 3.-6./12. und 11./12.12. (Nikolauszüge)
Info: Verein zur Erhaltung der Hespertalbahn, Postfach 150223, 45242 Essen, Tel./Fax 0201 644382, Office@Hespertalbahn.de
Internet: www.hespertalbahn.com
Triebfahrzeuge (1.435 mm):
Dl: D 5, Cn2t, Jung 12037/1956, Typ CNTL, 1978 ex Kraftwerk Elverlingsen (bei Werdohl) der Elektromark Hagen, bis 1971 Kraftwerk Cuno (Herdecke/Ruhr), abg.
Dl: D 7 (ehem. „Pörtingsiepen VII"), Cn2t, Henschel 20143/1923, Typ Bismarck, 1993 ex Firma Wilhelm (Recklinghausen), bis 1972 Hespertalbahn, 1959-66 zeitweise Zeche Dahlhauser Tiefbau, abg.

Dl: D 8, Cn2t, Krupp 3435/1961, Typ Knapsack, 2000 ex RAG Bahn- und Hafenbetriebe Gladbeck (760C), bis 1976 Zeche Niederberg der Niederrheinischen Bergbau-AG Neunkirchen-Vluyn, btf.
Vl: V 2, B-dm, Gmeinder 2009/1937, 50 PS, Kö I, 1976 ex DB Mönchengladbach (311 281 / Kö 0281), btf.
Vl: V 3, B-dh, Krupp 1846/1938, 145 PS, ehem. Versuchslok für hydr. Getriebe „Lysholm-Schmidt", 1976 ex Zeche Rossenray (Kamp-Lintfort), bis 1962 Zeche Helene-Amalie (Essen), urspr. Werklok Krupp (Essen), i.A.
Vl: V 4, B-dh, Deutz 56123/1956, 240 PS, 1982 leihweise ex Hafenbahn Köln (3), abg.
Vl: V 9, B-dh, Henschel 29201/1957, 240 PS, DH240B, 1993 ex Eisenbahn + Häfen Duisburg (259), bis 1992 Mannesmann-Röhrenwerke Duisburg und Mülheim/Ruhr (12), urspr. Hüttenwerk Grillo-Funke (Gelsenkirchen), btf.
Nf: Klv 51, B-dm, Robel 21.11-RH21/1964, 50 PS, 1991 ex Eisenbahn + Häfen Duisburg (323), urspr. DB, btf.
Nf: Klv 53, B-dm, Baujahr 1974, 2002 ex DB (53 0398)
Nf: 102, B-dh, Wumag 1384/1968, 1989 ex Werklok Krupp (Essen), btf.

Straßenbahnen Mülheim und Oberhausen

Nachdem in Oberhausen die Straßenbahnzeit 1968 zu Ende gegangen war, erlebte sie 1996 durch den Neubau einer von der Stadt Mülheim und der STOAG gemeinsam betriebenen ÖPNV-Trasse für Straßenbahn und Bus eine Wiedergeburt. Aus Sehnde holte die STOAG 1997 den Tw 25 zurück und nahm ihn 1999 wieder in Betrieb.
Info: Mülheimer Verkehrsgesellschaft mbH (MVG), Duisburger Str. 78, 45479 Mülheim, Tel. 0208 451-0, Fax -1009, www.btmh.de, oldtimer@mhvg.de
Oder: Stadtwerke Oberhausen AG (STOAG), Max-Eyth-Str. 62, 46149 Oberhausen, Tel. 0208 835-835, Fax -847, www.stoag.de, info@stoag.de
Triebwagen (1.000 mm):
Et: 216, Bo, Linke-Hofmann 1927, seit 1972 Htw, btf.
Et: 227, Bo'Bo', Düwag 1955, bis 1995 im Liniendienst, btf.
Et: 322, A'1'A', Westwaggon 1957, 2 x 60 kW, GT4, ex Mülheim Tw 233, bis 1968 Oberhausen (322), btf.
Et: 259, Bo'2'Bo', Düwag, GT6, seit 2001 Htw, btf.
Et: 811, Bo, 1973 ex Stuttgart (Tw 811), Denkmal am ehem. Btf Speldorf
Et: 25, Bo, Herbrand 1900, Eigentum STOAG, 1997 ex HSM Sehnde, bis 1969 Oberhausen (Atw 152 / Tw 25), btf.

Straßenbahn Duisburg

Info: Duisburger Verkehrsgesellschaft, Bungertstr. 27, 47053 Duisburg, Tel. 0203 6044447 (Ausflugs- und Sonderverkehr) und 6044719 (Herr Hamblock), Fax 6044781
Triebwagen (1.435 mm):
Et: 23, Bo, Uerdingen 1913, 66 kW, Htw seit 1981, bis 1957 Hamborner Straßenbahn (23), abg.
Et: 177 „Harkortwagen", Bo'2'Bo', Harkort 1926, 132 kW, Salonwagen, erster deutscher Gelenkwagen GT6, Htw seit 1984, bis 1968 DVG-Liniendienst (1177 / 177), btf.

Dampflokarbeitsgemeinschaft Oberhausen, Oberhausen-Osterfeld

Der Schwerpunkt der in der ehemaligen Wagenwerkstatt Oberhausen-Osterfeld ansässigen BSW-Gruppe Essen liegt in der Unterhaltung der beiden 41er und der V 200 116.
Termine: 9.4. (mit V 200 nach Amsterdam), 10.4. (mit 41 360 nach Koblenz), 9.5. (mit 41 360 und V 200 nach Korbach), 16.3. („Dordt in Stoom" mit 41 360), 26.6. (mit 41 360 zum Eisenbahnmuseum Losheim), 31.7. („Golden Oldies" mit 41 360)
Info: Dampflok Arbeitsgemeinschaft 41 360, Cheruskerstr. 25, 46117 Oberhausen, Tel. 0700 32673246 (Di+Sa 11-15 Uhr) und 0208 8997373 (Faxabruf), webmaster@bsw41360.de
Internet: www.bsw41360.de

Lokomotiven (1.435 mm):
Dl: 41 241, 1'D1'h2, Borsig 14820/1939, Ölfeuerung, Eigentum Dampflok-Agm Oberhausen, ex DB (042 241 / 41 241), btf.
Dl: 41 360, 1'D1'h2, Jung 9318/1941, Ölfeuerung, Dampflok-Agm Oberhausen, ex DB (042 360 / 41 360), btf.
Vl: V 200 116, B'B'dh, Krauss-Maffei 18996/1963, 2 x 1.350 PS, Eigentum DB-Museum, ex DB (221 116 / V 200 116), btf.
Vl: 323 274, B-dh, O&K 26055/1960, 128 PS, Köf II, Eigentum DB-Museum, ex DB (323 274 / Köf 6648)
Vl: 323 332, B-dh, Deutz 57912/1965, 128 PS, Köf II, ex DB (323 332 / Köf 6812)
Vl: 324 044, B-dh, Gmeinder 4668/1951, 128 PS, Köf II, Eigentum DB-Museum, ex DB (324 044 / 321 155 / Köf 6119)
Nf: Klv 53 0663, B-dm, Robel 1977, 116 PS, ex DB (Klv 53 0663)

Auf einer ihrer zahlreichen Sonderfahrten im Münsterland gelangte die 78 468 der Emscher-Park Eisenbahn am 12.5.2001 nach Bad Bentheim (hier bei Rheine-Bentlage).
Foto: Ludger Kenning

Emscher-Park Eisenbahn GmbH (EPEG), Krefeld / Gelsenkirchen

Die 1995 aus einem Tourismusprojekt der Internationalen Bauausstellung Emscher-Park (IBA) hervorgegangene EPEG bietet Sonderfahrten auf Gleisen der DB AG, RAG und EuH an. Seit 2003 ist der Zug im früheren Bw Krefeld Hbf untergebracht. Einer der Urheber der EPEG ist der 1994 gegründete Eisenbahn Zollverein e.V., der einige historische Güterwagen unterhält. Die EPEG setzt neben der 78 468 und der V 36 114 auch fünf 2.-Klasse-Wagen, einen Bar- und einen Restaurantwagen ein. Die der Stadt Oberhausen gehörenden Fahrzeuge wurden durch die Historische Eisenbahn Oberhausen Betriebs-GmbH (HEO) restauriert.
Info: Emscher-Park Eisenbahn GmbH, Hochstr. 60, 45894 Gelsenkirchen, Tel. 0209 38966775 (Mo-Fr 13-17 Uhr), Fax -774, info@dampf-im-pott.de
Internet: www.dampf-im-pott.de
Lokomotiven (1.435 mm):
Dl: 78 468, 2'C2'h2t, Henschel 20166/1923, 1998 ex DB AG (zuletzt FdE-Museum Hamburg-Wilhelmsburg), btf.
Vl: V 36 114, C-dh, BMAG 11647/1942, 360 PS, WR360 C14, 1998 ex Verkehrsbetriebe Grafschaft Hoya (V 36 008), bis 1982 Bremervörde-Osterholzer Eisenbahn (DL 282), bis 1977 DB Kassel (236 114 / V 36 114), urspr. Wehrmacht, btf.

Städtische Werke Krefeld AG (SWK)

Der 1978 von der Krefelder Eisenbahn (KEG) eingeführte, aus einigen Plattform- und einem Packwagen bestehende „Schluff" wird seit 1980 von einer Dampflok gezogen und vom 1988 gegründeten Verein „Schluff und historische Verkehrsmittel Krefeld e.V." betreut. Die historische Verkehrsmittelschau am Bahnhof Krefeld Nord informiert über die Geschichte der KEG und zeigt Exponate von Schluff, Straßenbahn und Bussen (geöffnet am 2. Sonntag je Monat, 10-13 Uhr). 1970 restaurierte die KREVAG den aus der Frühzeit der elektrischen Straßenbahn stammenden Tw 93 und den Pferdebahn-Sommerwagen Nr. 49 von 1899.

Schluff-Fahrten: Sonn- und feiertags vom 1.5. bis 17.10.2004 (St. Tönis – Nordbahnhof – Hülser Berg), Nikolauszüge am 26.-28.11. und am 3.-6.12.2004
Info: SWK Mobil, St. Töniser Str. 270, 47804 Krefeld, Tel. 02151 984482, service@swk.de
Internet: www.swk.de
Triebfahrzeuge:
Dl: 98-8921 / Nr. 1 „Graf Bismarck XV", Dn2t, Henschel 29893/1947, Ölfeuerung, 1.435 mm, 1979 ex Kraftwerk Bismarck der Deutschen Texaco („Graf Bismarck X"), btf.
Et: 93, Bo, Weyer/Union 1900, 1.000 mm, seit 1970 Htw, zuvor Tw 247, 236 bzw. 93, btf.

Straßenbahn Düsseldorf

Bei der Rheinbahn sind u. a. einige typenreine Zweiwagenzüge in Holz-, Niederflur- und Aufbau-Bauart erhalten geblieben. Der 1992 gegründete „Linie D – Arbeitsgemeinschaft Historischer Nahverkehr Düsseldorf e.V." („D" steht für Düsseldorf sowie für die Linie D nach Duisburg) befaßt sich mit der Geschichte des Verkehrsbetriebs und von Herstellerfirmen der Region, restauriert Straßenbahnwagen und Busse, unterstützt die Rheinbahn beim Aufbau eines Nahverkehrsmuseums und stellt für Stadtrundfahrten das Personal. Bei der Rheinbahn ist auch der Museumswagen der Stadtwerke Neuss hinterstellt.

Termine: Fahrschulfahrten am 25.4., 27.6., 22.8. und 24.10.2004 (14 Uhr ab Jan-Wellem-Platz), „Blick hinter die Kulissen" mit Nostalgiewagen am 13.6. und 8.8.2004 (14 Uhr ab Jan-Wellem-Platz), Osterfahrt am 12.4.2004 (14 Uhr ab Jan-Wellem-Platz), am 9.5., 11.7. und 12.9.2004 Frühschoppen- (11 Uhr ab Jan-Wellem-Platz) und Kaffeefahrt (15 Uhr ab JWP)
Info: Rheinbahn, Hansaallee 1, 40549 Düsseldorf, Tel. 0211 5821893 (von Fragstein)
Oder: Linie D e.V., Postfach 103515, 40026 Düsseldorf, Tel. 0211 632119, info@liniedd-duesseldorf.de
Internet: www.rheinbahn.de und www.linied-duesseldorf.de
Triebfahrzeuge (1.435 mm):
Et: 14, Bo, Uerdingen/Siegener Eisenbahnbedarf 1948, 2x 60 kW, KSW-Tw, seit 1996 Htw (zuvor Atw 5133), bis 1956 Straßenbahn Siegen (36), btf.
Eb: A 21, Bo, Uerdingen/Siegener Eisenbahnbedarf 1948, KSW-Bw, Eigentum „Linie D", 1993 ex Bonn (A21), zuvor Düsseldorf (15), bis 1956 Siegen (37), i.A. als Bw
Et: 119, Bo'Bo', Düwag/Kiepe 1936, 1.000 mm, 4 x 50 kW, 2001 ex Stern & Hafferl Atterseebahn/Österreich (ET 26 106), bis 1964 Rheinbahn (119), abg. (in Wersten)
Et: 239, Bo, v.d. Zypen 1925, Eigentum Bergische Museumsbahnen, 1987 ex Wuppertal (3239 / 239), zuvor Barmer Straßenbahn (39), rollfähig
Et: 267, Bo, Düwag 1937, 128 kW, Niederflurwagen, btf.
Et: 379 und 380, Bo, Düwag 1950, 2 x 60 kW, Aufbauwagen, btf.
Et: 583, Bo, Weyer 1921, 96 kW, ex Städtische Straßenbahn (583), btf.
Et: 954, Bo, Schöndorff 1928, 2 x 50 kW, btf.
Et: 2014, B'B', Düwag 1954, 2 x 100 kW, seit 1988 Htw (zuvor 2109 / 2014), btf.
Et: 2151 „Queen Mary", B'B'2'2', Düwag 1966 (Umbau aus Tw 2020 und Bw 1604, Bj. 1954), 2 x 100 kW, 8xGL-ER, Eigentum „Linie D", 1994 ex Rheinbahn, abg.
Et: 1269, B'2'2'B', Düwag 1966, 2 x 115 kW, Typ K66 bzw. 8xGL-ZR, urspr. Fernlinie K, Eigentum „Linie D", 1994 ex Rheinbahn (Tw 2269, bis 1974 Tw 1269), abg.
Et: 2498, B'2'2'Bo', Düwag 1960, 2 x 115 kW, urspr. Fernlinie D, ehem. Speisewagen, btf.
El: 2501, B'2'B', Düwag 1956, 2 x 100 kW, GT6, btf.
Et: 2701, B'2'B', Düwag 1961, 2 x 110 kW, GT6, zuvor Tw 1281, bis 1971 Neuss (Tw 38), abg.

Zur Eröffnung des Oberbilker Stadtbahntunnels setzten der Verein „Linie D" und die Rheinbahn am 15./16.6.2002 zwischen Holthausen und Flingern sechs historische Züge ein. Der älteste war der Tw 954 von 1928 (hier in Flingern). Foto: Ludger Kenning

Et: 3199, Bo, Uerdingen 1929, 2 x 60 kW, Eigentum „Linie D", 1997 ex Duisburg (Atw 1199 / Tw 199), abg.
Et: 17, Bo, Schöndorff 1926 (Neuaufbau 1948), 2 x 46 kW, 1996 ex HSM Sehnde, bis 1973 Neuss (Tw 17), Eigentum Stadtwerke Neuss, btf.
El: 100, Bo, AEG 1924, 2 x 50 kW, zuvor 5100, 1937 ex Mettmann (Tw 100)
El: 5151, Bo'Bo', Weyer 1913, 2 x 30 kW, Wassersprengwagen, 1967 Modernisierung und Umbau zum Unkrautbekämpfungsmittel-Sprühwagen), Eigentum „Linie D", 2003 ex HSM (Sehnde-Wehmingen), bis 1977 Rheinbahn (Atw 5151 bzw. Tw 51), abg.

Eisenbahn- und Heimatmuseum Erkrath-Hochdahl

Für die Seilzug- bzw. Schiebelokomotiven des Steilstreckenabschnitts zwischen Düsseldorf und Wuppertal war in Hochdahl ein zweiständiger Lokschuppen entstanden, der vom 1991 gegründeten Eisenbahn- und Heimatmuseum Erkrath-Hochdahl e.V. restauriert und in einen Veranstaltungsraum mit Museum umgestaltet wurde.

Geöffnet: Jeden zweiten und vierten Sonntag der Monate April bis Oktober (11-17 Uhr)
Info: Eisenbahn- und Heimatmuseum, Ziegeleiweg 1-3, 40699 Erkrath-Hochdahl, Tel. 02104 47763 (Kampschulte), udo@lokschuppen-hochdahl.de
Internet: www.lokschuppen-hochdahl.de
Lokomotiven (1.435 mm):
Dl: B-fl, Henschel 24465/1949, ex Kraftwerk Düsseldorf-Flingern (1)
Vl: B-dm, Deutz 56422/1956, 55 PS, A4L 514R, 2000 ex Thyssen Röhrenhandel (Düsseldorf-Lierenfeld) bzw. Röhren- und Roheisengroßhandel R. Aufermann KG
Vl: B-dm, LKM 252205/1961, 102 PS, V10B, 2000 ex Thyssen Röhrenhandel (Düsseldorf-Lierenfeld), bis 1997 Thyssen-Schulte (Chemnitz), bis 1990 Metallurgiehandel Karl-Marx-Stadt
Nf: Klv 53-0426, B-dm, 116 PS, ex DB (53-0426)
Dl: Cn2t, Krupp 3072/1953, Typ Hannibal, 2003 ex Spielplatz Mülheim/Ruhr, bis 1973 Mannesmann

Die dunkelgrüne Lok 18 vom Typ ZL 105 des FWM gehört zu den kleinen Feldbahntypen von Jung, ist jedoch schon zweizylindrig (Oekoven, 6.6.1999).
Foto: Ludger Kenning

Feld- und Werksbahnmuseum Oekoven (FWM), Rommerskirchen

Der 1976 gegründete Verein FWM pachtete das 14.000 m² große Gelände des ehemaligen RBW-Übergabebahnhofs am Bahnhof Oekoven (bei Rommerskirchen) und hat jetzt sein Domizil im ausgedienten Stellwerk. 1977 fuhr der erste Zug auf der heute 800 m langen „Gillbachbahn". Für die stark angewachsene Fahrzeugsammlung entstand nach dem Ankauf des gesamten Geländes ein 300 m² großer Lokschuppen.
Geöffnet: Samstags von Mai bis Oktober (14-18 Uhr), Fahrbetrieb am 2.5., 6.6., 4.7., 1.8., 4.9. und 3.10.2004 (11-18 Uhr)
Info: Feld- und Werksbahnmuseum, Zur Werksbahn 1, 41569 Rommerskirchen, Tel. 02183 416693
Oder: Marcus Mandelartz, Heiligenpesch 105, 41069 Mönchengladbach, Tel. 02183 4166-93, Fax -95, mandelartz@feldbahnmuseum.de
Internet: www.feldbahnmuseum.de
Lokomotiven (600 mm):

Dl: 1, Dn2t, Henschel 13435/1915, 1976 ex Spielplatz Kleingladbach, bis 1966 Zeche Sophia-Jacoba Hückelhoven (III), urspr. Heeresfeldbahn (HFB 377), abg. in M.Gladbach
Dl: 2, Bn2t, O&K 11664/1928, 60 PS, 1974 ex privat, bis 1966 Aschaffenburger Zellstoffwerk Stockstadt („Susi"), i.A. in M.Gladbach
Dl: 3, Bn2t, Jung 6041/1936, Typ Hidalgo, 1981 ex Spielplatz Hückelhoven, bis 1965 Zeche Sophia-Jacoba Hückelhoven (VII), abg.
Dl: 4, Bn2t, Jung 9294/1941, Typ Hilax, 1982 ex Spielplatz Köln, bis 1959 Firma Bauwens in Köln (7), btf.
Dl: 6, Bn2t, Jung 11948/1953, 660 mm, Typ Horba(?), 1990 ex Spielplatz Duisburg, bis 1963 Phoenix-Rheinrohr AG Duisburg-Ruhrort(D6), urspr. Hüttenwerke Ruhrort-Meiderich, abg.
Vl: 11, B-dm, Deutz 18146/1936, 28 PS, OMZ 117F, 1974 ex Tonwarenindustrie Brüggen, btf. (in M.Gladbach)
Vl: 12, B-dm, Deutz 13870/1935, 12,5 PS, OMZ 117, 1976 ex Formsandgrube Liethen (Ratingen), urspr. Baufirma J. Berger (Berlin), btf.
Vl: 13, B-dm, LKM 249169/1956, Ns3, 2003 ex SEM Chemnitz-Hilbersdorf (V 6.01), bis 1999 Werk Gispersleben der Thüringer Ziegelwerke Erfurt (805), abg.
Vl: 14, B-dm, Deutz 15515/1935, 12,5 PS, OME 117F, 1978 ex Ziegelei Köhl (Fröndenberg), urspr. Ziegelei Stolle (Unna), btf. (in M.Gladbach)

Vl: 15, B-dm, Diema 1379/1947, 37,5 PS, DS 30, 1977 ex Tongrube Lassmann (Wirges), urspr. französische Besatzung (Kendringen) bzw. Feldbahnfabrik Breidenbach (Mannheim), btf.
Vl: 16, B-dm, Schöma 933/1946, 25 PS, KML 5 Holzgasmotor, 1985 ex Eisenbahnclub Lüghausen (99-001-1P), bis 1972 Dorfgemeinschaftshaus Hoffnungsthal, zuvor Runkel (Hoffnungsthal), urspr. Wolters (Köln-Ehrenfeld), btf.
Vl: 17, B-dm, Jung 6857/1936, 40 PS, ZL 130, 1990 ex G. Knauss (Neuenmarkt-Wirsberg), abg.
Vl: 18, B-dm, Jung 10271/1941, 24 PS, ZL 105, 1980 ex Meyer & Teubner (Drolshagen), bis 1961 Weiser & Söhne (Leverkusen-Küppersteg), urspr. Baubedarf Köln-Mülheim), btf.
Vl: 19, B-dm, Ruhrthaler 2875/1950, 12 PS, DKL 1.1, 1976 ex TUBAG Weinberner Steinbrüche (Kruft), urspr. Gebr. Fuhrmann (Saffig/Andernach), btf.
Vl: 20, B-dm, Gmeinder 4703/1947, 30 PS, 1976 ex Formsandgrube Nothofer (Viersen-Dülken), abg. in M.Gladbach
Vl: 21, B-dm, Hatlapa 7414/1954, 6 PS, Tap „Baby", 1978 ex Ziegelei Köhl (Fröndenberg), abg.
Vl: 22, B-dm, Strüver 60549/1961, 5 PS, Schienenkuli, 1976 ex privat, bis 1975 Klinkerwerke Erkrath-Hochdahl, btf.
Vl: 23, B-dm, Jung 11534/1953, 24 PS, ZL 114, 1980 ex Meyer & Teubner (Drolshagen), bis 1973 Oving (Rotterdam), btf.
Vl: 24, B-dm, Deutz/Spoorijzer 60006/1960, 28 PS, A2L 514F, 1981 ex Nordcement Wunstorf (1), btf.
Vl: 25, B-dm, Deutz 56285/1956, 90 PS, A6M 517F, 1981 ex Nordcement Wunstorf (3), i.A.
Vl: 26, B-dm, Jung 10839/1947, 12 PS, EL 105, 1981 ex Tonindustrie Gott (Coppengrave), btf.
Vl: 27, B-dm, Jung 12219/1954, EL 110, 1999 ex Klinkerwerk Dreesen (Rheindahlen), abg.
Vl: 28, B-dm, Diema 2901/1966, 20 PS, GT 5, 1991 ex Tonwerk Schreiber (Marktheidenfeld), bis 1979 Ziegelei Hösbach, zuvor Ziegelei Goslar / Salzgitter Bad, urspr. Steine & Erden (Goslar), abg.
Vl: 29, C-dh, Gmeinder 4229/1946, 130 PS, HF130C, 2002 ex DFKM Deinste (29), bis 1981 Torfwerk Klasmann (Groß Hesepe), btf.
Vl: 30, B-dm, Deutz 47018/1949, 75 PS, A6M 517G, 580 mm, 1991 ex Zeche Sophia-Jacoba Hückelhoven (30), abg.
Vl: 31, B-dm, Schöma 2513/1961, CDL 10, 1999 ex Klinkerwerk Dreesen (Rheindahlen), bis 1974 Ziegelei Schäfersnolte (Dinslaken-Hiesfeld), abg.
Vl: 32, B-dm, Deutz/Spoorijzer 600??/1960, 28 PS, OMZ 117, 1983 ex Tongrube Rijkevoersel (Antwerpen), btf.
Vl: 33, B-dm, Henschel 1989/1947, 15 PS, DG 13, 1983 ex EZO-Isolierstoffe (Eichenberg/ Hessen), zuvor Zorn AG (Eichenberg), bis 1975 Gipswerk Hundelshausen, abg.
Vl: 34, B-dh, Schöma 2687/1963, 48 PS, CFL 45D, 1981 ex AGROB Groß Königsdorf (4), urspr. Westerwald AG (Wirges) bzw. W. Auerbach (Dortmund), btf.
Vl: 35, B-dm, Deutz vmtl. 3300/1918, Typ C XIV F, 2001 ex Spielplatz Mayen-Kürrenberg, zuvor Winnfelder Brechwerk in Kottenheim/Eifel (750 mm), ab 1920 G. Zervas & Sohn (Köln), urspr. Heeresfeldbahn
Vl: 36, B-dm, Deutz 15416/1936, OME 117F, 2002 ex Silikatwerk Brandis, btf.
Vl: 37, B-dm, LKM 248650/1955, Ns2f, 2002 ex Klinkerwerk Neukirchen bei Chemnitz, btf.
Vl: 38, B-dm, Jenbach, Typ Pony, 2002 gekauft, i.A.
Vl: 40, B-dm, Deutz 17128/1936, 40 PS, OMZ 122F, 1983 ex Didier-Werke Hettenleidelheim (4), urspr. Ziegelei Frey (Saarbrücken), neu geliefert über M. Kallmann (Mannheim), i.A.
Vl: 50, B-dm, O&K Nordhausen 21178/1938, 35 PS, RL 3, 1988 ex Baufirma Dario Martinez (Köln), abg.
Vl: 52, B-dm, Eigenbau, 28 PS, 1986 ex Niedersächsische Torfbetriebe Hademstorf bei Walsrode, abg.
Vl: 53, B-dm, Schöma 737/1943, 28 PS, Lo 25, 1986 ex Torfwerk Hademstorf bei Walsrode, urspr. Laffertsche Torfwerke (Westerbeck) bzw. Deutsche Torf-GmbH (Berlin), btf.
Vl: 54, B-dm, Gmeinder 3580/1941, 30 PS, 1986 ex Torfwerk Hademstorf, urspr. Staatliche Mooradministration Osterholz (Walsrode), abg.
Vl: B-dm, Diema 3174/1971, 44 PS, DTL 30, 2004 ex Frankfurter Feldbahnmuseum (D 6), bis 1988 Baufirma Wayss & Freytag (Frankfurt), btf.
El: 81, Bo, Henschel/SSW 20384/1924, 172 kW, 900 mm, 1977 ex Rheinbraun (1061), urspr. Roddergrube (7), Denkmal
El: 82, B, BBC 5081/1928, 18,5 kW, 1989 ex Ton- und Kaolinwerke Mechernich-Satzvey, abg.
El: 83, Bo, SSW 5914/1957, 76 kW, 3F 14, 1980 ex Preußag Ibbenbüren (6), abg.
El: 84, Bo, AEG 7697/1959, 72 kW, HF 4s, 1980 ex Preußag Ibbenbüren (12), abg.
Al: 85, Bo, ex privat (Österreich), Metallist, urspr. Kombinat Rudne Doly Pribram/CSSR, btf.
Al: 86, Bo, Bartz U293/1965, EL 8a, ex Zeche Friedrich-Heinrich), abg.

EfW-Verkehrsgesellschaft mbH, Frechen/Worms

Die seit 2000 bestehende EfW-Verkehrsgesellschaft, ein Unternehmen für öffentlichen Personen- und Güterverkehr, bietet ihre in Worms stationierten Dieselloks bundesweit für Baustellenlogistik, Arbeitszugdienste, Überführungen sowie für Charterdienste an, also auch für nostalgische Zwecke. Zum Lokbestand gehören acht Köf III (BR 332-335), acht V 60 (BR 360), zwei V 100.4 (BR 203), neun V 100 (BR 211-212), zwei V 200.2 (BR 221) und eine V 300 (BR 232). Hervorzuheben sind die mit großem Aufwand in den Stil der 70er Jahre zurückversetzten V 100, V 200.2 und V 300.
Info: EfW-Verkehrsgesellschaft mbH, Breite Str. 79, 50226 Frechen, Tel. 02234 9484-73, Fax -75, info@efw-verkehrsgesellschaft.de
Internet: www.efw-verkehrsgesellschaft.de
EfW-Lokomotiven mit nostalgischem Charakter (1.435 mm):
- Vl: 211 051, B'B'dh, MaK 1000069/1962, 1.300 PS, 2003 ex Alstom Lokomotiven Service GmbH ALS (Stendal), zuvor DB (211 051 / V 100 1051), btf.
- Vl: 212 045, B'B'dh, MaK 1000181/1963, 1.300 PS, 2002 ex DB (urspr. V 100 2045), btf.
- Vl: 212 047, B'B'dh, MaK 1000183/1963, 1.300 PS, 2003 ex ALS, zuvor DB (V 100 2047), btf.
- Vl: 212 052, B'B'dh, MaK 1000188/1963, 1.300 PS, 2003 ex ALS, zuvor DB (V 100 052), btf.
- Vl: 212 057, B'B'dh, MaK 1000193/1963, 1.300 PS, 2002 ex DB (urspr. V 100 2057), btf.
- Vl: 212 089, B'B'dh, MaK 1000225/1964, 1.300 PS, 2003 ex ALS, zuvor DB (V 100 2089), btf.
- Vl: 212 240, B'B'dh, MaK 1000287/1965, 1.300 PS, 2003 ex ALS, zuvor DB (V 100 2240), btf.
- Vl: 212 370, B'B'dh, Deutz 57770/1965, 1.300 PS, 2003 ex ALS, zuvor DB (V 100 2370), btf.
- Vl: 212 381, B'B'dh, Deutz 57781/1965, 1.300 PS, 2003 ex ALS, zuvor DB (V 100 2381), btf.
- Vl: 221 117, B'B'dh, Krauss-Maffei 19009/1963, 2 x 1.300 PS, 2003 ex Prignitzer Eisenbahn, bis 2002 Griechenland (OSE 415), bis 1989 Layritz (Penzberg), zuvor DB (urspr. V 200 117), btf.
- Vl: 221 122, B'B'dh, Krauss-Maffei 19242/1964, 2 x 1.300 PS, 2003 ex Prignitzer Eisenbahn, bis 2002 Griechenland (OSE 420), bis 1989 Layritz (Penzberg), zuvor DB (urspr. V 200 122), btf.
- Vl: 232 088, Co'Co', LTS Lugansk 0304/1974, 2.900 PS, 2003 ex Westfälische Almetalbahn (30), zuvor DB/DR (232 088 / 132 088), btf.

Die EfW-Verkehrsgesellschaft hat zwei V200er und neun V100er in den Stil der 70er Jahre zurückversetzen lassen. Am 4.10.2003 durchfuhr die 221 122, die erste aus Griechenland heimgekehrte und restaurierte V 200.1, mit dem FEK-Rheingold auf einer Rheinrundreise die Stadt Rüdesheim.   Foto: Helmut Roggenkamp

Der von Talbot gebaute T 102 vom Typ „Eifel" gehörte ursprünglich den Euskirchener Kreisbahnen, dann der Ruhr-Lippe Eisenbahn bzw. der Inselbahn Langeoog und seit 1999 der Selfkantbahn (Birgden, 30.9.2001).   *Foto: Rainer Vormweg*

Selfkantbahn Gangelt – Schierwaldenrath

Die Vereinigung Westdeutscher Schmalspurfreunde (VWS) veranstaltete 1969 auf dem Rest der Geilenkirchener Kreisbahn Sonderfahrten mit Diesellok und Straßenbahnwagen. Die 1969 aus der VWS hervorgegangene IHS führte die Fahrten fort, nahm 1971 den Dampfbetrieb auf der Selfkantbahn auf, pachtete den Abschnitt Gillrath – Schierwaldenrath und gründete als Betriebsführungsgesellschaft die Touristenbahnen im Rheinland GmbH (TBR). Die 5,5 km lange Strecke wurde nun gründlich saniert und der Bahnhof Schierwaldenrath zum Betriebsbahnhof mit Abstellgleisen, Lokschuppen, Museumshalle und Werkstatt ausgebaut.

Fahrbetrieb: Sonn- und feiertags vom 11.4. bis 3.10.2004 (Schierwaldenrath ab 11.15 GmP, 13.00, 14.40, 16.10 und 17.35 Uhr; Gillrath ab 12.00, 13.45, 15.15, 16.45 und 17.55 Uhr, letztes Zugpaar als Diesel-Eilzug)
Weitere Termine: 11./12.4. (mehrere Dampfzüge, Inbetriebnahme des T 13), 1./2.5., 16.5., 20.5., 23.5., 6.6., 10.6. und 13.6. (Spargelfahrten), 1./2.5. (Reichsbahntage), 30./31.5. (Mehrzugbetrieb), 11.7. (Kinderfest), 7./8.8. (Tage des Eisenbahnfreundes, alle Fahrzeuge i.E.), 14.-22.8. (Arbeitswoche), 21.8. und 11.9. (Mondscheindampf), 29.8. (Kulinarischer Selfkant), 5.9. (Teddybärentag), 12.9. (Tag des offenen Denkmals), 2./3.10. (Erntedank, reger Güterverkehr), 27./28.11., 3.-5.12., 10.-12.12. und 18./19.12.2004 (Nikolauszüge)
Dampflokseminare: 23.-25.4., 21.-23.5., 25.-27.6., 23.-25.7., 27.-29.8. und 24.-26.9.2004

Info: IG Historischer Schienenverkehr e.V., Postfach 100702, 52007 Aachen, Tel. 0241 82369 (Fax 7245) und 02454 6699 (Fax 83491), info@selfkantbahn.de
Internet: www.selfkantbahn.de
Triebfahrzeuge (1.000 mm):
- Dl: 4 „Rur", B-fl, Henschel 5276/1899, Kastendampflok, 1971 ex Papierfabrik Schoeller (Birkesdorf), Umbau 1943 aus Bn2t-Lok, bis 1942 Dürener Dampfstraßenbahn (4 „Rur"), abg.
- Dl: 5 „Regenwalde", 1'C1'h2t, Borsig 12250/1930, 1984 ex privat (Belgien), bis 1978 PKP (Tyn6-3631), zuvor Pommersche Landesbahnen (148), bis 1945 Regenwalder KB (5^c), btf.
- Dl: 19, Bn2t, Jung 12703/1956, 1970 ex Klöckner-Hütte Hagen-Haspe (19), dort 885 mm, seit 1976 abg.
- Dl: 20 „Haspe", Bn2t, Jung 12783/1956, 1972 ex Klöckner Hagen-Haspe (20), dort 885 mm, btf.
- Dl: 21 „Hagen", Bn2t, Jung 12784/1956, 1972 ex Klöckner Hagen-Haspe (4 bzw. 21), dort 885 mm, i.A.
- Dl: 46, Bn2t, Grafenstaden 4805/1897, 1997 ex DGEG Viernheim, bis 1969 Mittelbadische Eisenbahngesellschaft MEG (Schwarzach), bis 1923 Straßburger Straßenbahn Kehl – Offenburg, abg.
- Dl: 101, Bn2t, Krauss-Maffei 17627/1949, Typ KB 10, 2002 ex Vereinigte Dampfbahnen Bern/Eurovapor, bis 1970 MEG Schwarzach, bis 1958 OEG Mannheim (101), btf.
- Vl: V 1, B-dm, Deutz 18444/1937, 28 PS, OMZ 117, 1989 ex Rütgerswerke (Peine; 1.040 mm), bis 1969 DB (Kö 199 91; 1.040 mm), bis 1957 Inselbahn Langeoog (V 1), btf.
- Vl: V 8, C-dm, LKM 250564/1973, 102 PS, V10C, 1992 ex Kupferhütte „August Bebel" Helbra (8), btf.
- Vl: V 11, B-dh, Deutz 56114/1955, 135 PS, A6M 517R, 2000/01 ex Chemins de fer de Togo CFT, zuvor Firma DYWIDAG für Hafenbau in Lomé (Togo), bis 1974 Geilenkirchener Kreisbahn (V 11), i.A.
- Vl: V 14 „List", B-dm, DWK 627/1937, 180 PS, 1971 ex Inselbahn Sylt (L 20), urspr. Seefliegerhorst List der Wehrmacht, btf.
- Vt: T 7, A1-dm, Gotha 2585/1939, 70 PS, 1972 ex MEG Schwarzach (T 7), abg.
- Vt: T 13, B'B'dm, Wismar 21148/1941, 150 PS, 1973/75 ex MEG Schwarzach (T 13), 1945-50 im Elsaß auf der Strecke Boofzheim – Marckolsheim der Compagnie des Tramways Strasbourgeois (CTS 801), i.A.
- Vt: VT 100, B'B'dm, Wismar 20264/1936, 2 x 145 PS, Typ Frankfurt, 1974 ex Geilenkirchener Kreisbahn (VT 100), 1959/60 Umbau in zweimotorigen Schlepptriebwagen, abg.
- Vt: T 102, (1A)'(A1)'dm, Talbot 94433/1950, 135 PS, Typ Eifel, 1999 ex Inselbahn Langeoog (VT 2), bis 1966 Ruhr-Lippe Eisenbahn (VT 6), bis 1955 Euskirchener Kreisbahnen (T 2), btf.
- Nf: Klv 17, ein Rad angetrieben, Matisa 7762/1976, ca. 10 PS, Stopfmaschine, 1989 ex Bayer AG Leverkusen, btf.
- Nf: Klv 1, 1A, Beilhack 1949, ca. 5 PS, offene Motordraisine, 1979 ex Brohltalbahn, btf.

Bergbaumuseum Wurmrevier (BMWR), Alsdorf

Ein 1986 gegründeter Verein baut in Alsdorf das Bergbaumuseum „Grube Anna II" auf, das über den Steinkohlenbergbau des Aachener Reviers informiert und auch die regionale Eisenbahngeschichte anhand von Originalfahrzeugen dargestellt. U.a. sind auch 28 Güter- (Bj. 1893-1962), ein Klappdeckel- (Bj. 1949) und ein Seilwindenwagen, ein Gw 01 „Magdeburg" (1893), ein G 02 (1909), eine Weichenstopfmaschine SJ 1, 30 Kohlenloren und einige Personenwagen vorhanden.
Info: Bergbaumuseum Wurmrevier e.V., Herzogenrather Str. 101, 52477 Alsdorf, Tel. 02404 55878-0, Fax -19, grube-anna-2@t-online.de
Internet: www.bergbaumuseum-grube-anna2.de
Lokomotiven (1.435 mm):
- Dl: D 1 „Anna 8", Dh2t, Henschel 24396/1938, ELNA 6, bis 1992 EBV-Grube „Anna" Alsdorf („Anna N.8"), bis 1960 Hersfelder Kreisbahn (4)
- Dl: D 2, B-fl, Hohenzollern 3337/1915, bis 1993 Laborlux SA (Alsdorf), bis 1978 A.F.A. Ancitfabrik Alsdorf (AFA), bis 1963 Rütgerswerke AG Duisburg-Meiderich (5), urspr. Gesellschaft für Teerverwertung (Meiderich)
- Vl: V 1 „Anna 21", B-dh, MaK 220067/1960, 240 PS, 1992 EBV-Kokerei „Anna" in Alsdorf (21), bis 1990 EBV-Zeche „Erin" Castrop-Rauxel (21)
- Vl: V 2 „Sophia Jacoba 9", B-dh, Krupp 4438/1963, 230 PS, 1999 ex Zeche „Sophia-Jacoba" Hückelhoven (9)

Zuid-Limburgse Stoomtrein-Maatschappij (ZLSM)
Simpelveld (Niederlande)

Die 1988 gegründete ZLSM konnte die landschaftlich überaus reizvollen Bahnstrecken Schin op Geul – Simpelveld – Kerkrade und Simpelveld – Bocholtz – Vetschau/D retten und 1995 den Dampfzugverkehr Kerkrade – Schin op Geul aufnehmen, wobei vor allem schwedische Dampfloks zum Einsatz kommen. Seit 2000 fährt sie mit ihrem Schienenbus auch planmäßig nach Deutschland, nämlich bis Vetschau. Ab April 2004 wird auch nach Landgraaf und Heerlen planmäßig mit Dampf gefahren.
Fahrten bis Vetschau: Mittwochs und sonntags vom 4.4. bis 31.10., donnerstags in den Sommerferien sowie am 24.7., 31.7., 7.8. und 14.8.2004 kommt der Schienenbus über die Grenze nach Vetschau (jeweils Simpelveld 12.20 – Vetschau 12.36/41 – Simpelveld 12.57/15.20 – Vetschau 15.36/41 – Simpelveld 15.57 Uhr)
Weitere Termine: 11./12.4., 1./2.5. (Tagesausflug), 20.5. (nationaler Dampftag), 30./31.5., 10./11.7. (Dampfzugtage), 24.7., 31.7., 7.8., 14.8., 23./24.10. (Mystery-Event), 28.11. (Nikolauszüge), 19./26.12. (Weihnachtszüge) und 31.12.2004 (Sylvesterfahrt)
Info: ZLSM, Postbus 21071, NL-6369 ZH Simpelveld, Tel. 0031 45 5440018, Fax 5688128, info@zlsm.nl
Internet: www.miljoenenlijn.nl
Triebfahrzeuge deutscher Herkunft (1.435 mm):
Vl: 321-01 „Lommaert", B-dh, Deutz 55634/1954, 145 PS, A6M 517R, 1992 ex Stahlhandel Lommaert in Born/Belgien, urspr. Kalkstickstoffwerk Trostberg, btf.
Vl: 332-03 „Spaniol", B-dh, Jung 13800/1964, 240 PS, Köf III, 1996 ex DB (332 187 / Köf 11187), btf.
Vl: 332-06 „Conrad", B-dh, O&K 26376/1964, 240 PS, Köf III, 1998 ex Talbot Aachen (T 246), bis 1997 DB Mönchengladbach (332 139 / Köf 11139), btf.
Vl: 224-02 „Esslingen EH 244", C-dh, Esslingen 5278/1961, 700 PS, 1994 über OnRail (Moers) ex Eisenbahn + Häfen Duisburg (EH 244), bis 1971 Thyssen (244), bis 1971 Hüttenwerke Oberhausen (206), btf.
Vl: „Laura 07", B-dh, Deutz 55895/1954, 50/55 PS, KS 55B, 2001 ex Laura Metaal Holding, bis 1987 Ohler Eisenwerk (1), btf.
Vt: 798-04, AA-dm, Uerdingen 62002/1956, 2 x 150 PS, 1996 ex DB (798 647 / VT 98 9647), btf., mit VS 998-51 (MAN 1959, ex DB 998 872), VB 998-52 (Orion 1955, ex DB 998 133) und VB 998-53 (Rathgeber 1962, ex DB 998 306)
Vt: 798-?, AA-dm, Uerdingen 66555/1959, 2 x 150 PS, 2003 ex Hochwaldbahn Hermeskeil (VT 53), bis 2001 Eisenbahnfreunde Betzdorf (798 668), bis 1997 DB-Museum („Erlebte Eisenbahn") bzw. DB (798 668), btf.

Förderkreis für historische Aachener Technik, Lüttich

Ein 1988 gebildeter Förderkreis nahm sich die Dokumentation der technischen Entwicklung der Aachener Region vor, befaßt sich aber vorwiegend mit der Geschichte des regionalen ÖPNV. Neben den Tw 2603 und 1006 bewahrte er den Sprengwagen Spw 1 (Eigenbau ASEAG 1935) vor der Verschrottung. Ausgestellt ist der Tw 1006 im Straßenbahnmuseum Liège/Lüttich, wo dem Förderkreis ein Bereich zur Darstellung des Aachener Nahverkehrs (mit Fotos und Exponaten) zur Verfügung steht.
Info: Heinz-Peter Walther, Schroufstr. 56a, 52078 Aachen, Tel. 0241 526477
Triebwagen (1.000 mm):
Et: 1006, Bo'Bo', Talbot 1957, 2 x 100 kW, 1990 ex DGEG-Museum Viernheim, bis 1974 Aachen (1006), ausgestellt in Lüttich (geöffnet: Sa/So und belgische Feiertage, März-November, 10-12/14-17 Uhr)
Et: 1016, Bo'Bo', Düwag 1957, 2 x 100 kW, 1993 ex Mainz (210), bis 1973 Aachen (1016), bis 1969 M.Gladbach (26), aufgestellt auf dem Freigelände der ASEAG (Berliner Ring)
Et: 2603, Bo, Talbot 1926, 67 kW, 1987 ex Museum Reichert (Marxzell), zuvor IG Hist. Schienenverkehr Aachen, bis Straßenbahn 1969 Aachen (Atw TRü2 / T2 3603), aufgestellt in Kohlscheid (Kaiserstraße, ASEAG-Energie)
Nf: Sprengwagen Spw 1, Aachener Kleinbahn 1935, ausgestellt am Industriemuseum „Zinkhütter Hof" in Münsterbusch (Stolberg bei Aachen)

IG Bahnbetriebswerk Aachen West

Info: IG Bahnbetriebswerk Aachen West e.V., Köhlstr. 18a, 52068 Aachen, Tel. 0175 9208365, info@igbwkaw.de
Internet: www.igbwkaw.de
Triebwagen (1.435 mm): AA-dm, Uerdingen 71226/1964, 2 x 150 PS, 2003 ex Vennbahn (Raeren/Belgien), bis 1993 ÖBB (5081 003 / 5081.03), btf. (mit VS 1 [SGP Wien 78204/1965, ex ÖBB 6581.53] und VS 2 [Uerdingen 71228/1964, ex ÖBB 6581.01])

Dampfbahn Rur-Wurm-Inde (DRWI), Düren

1993 nahm die aus einem Arbeitskreis des Bergbaumuseums Alsdorf hervorgegangene Dampfbahn Rur-Wurm-Inde (DWRI) auf der Dürener Kreisbahn einen Dampfzugbetrieb auf, der rasch zu einer regelmäßigen Einrichtung wurde. Mitunter finden mehrtägige Ausbildungen zum Ehrenlokführer statt.
Termine: 10.4. und 2.5. (Jülich – Heimbach) sowie 1.5.2004 (Jülich – Düren – Zülpich), Fahrzeiten und weitere Fahrten in Planung
Info: Dampfbahn Rur-Wurm-Inde e.V., Moltkestr. 16, 52351 Düren, Tel. 02421 2228-54, Fax -53, info@drwi.de
Internet: www.drwi.de
Lokomotiven (1.435 mm):
Dl: 52 8148, 1'Eh2, BMAG 13114/1943, 1996 ex Pfalzbahn (Worms), bis 1993 DR (52 8148 / bis 1965: 52 547), btf.
Vl: 20, B-dh, MaK 220066/1960, 240 PS, 1993 ex Bergbaumuseum Alsdorf, bis 1992 EBV-Grube „Westfalen" Ahlen (20), bis 1984 EBV-Grube „Erin" Castrop-Rauxel (20), btf.

Straßenbahn Bonn

Von den drei Museumswagen der Stadtwerke Bonn ist der 1988 restaurierte Tw 14 charterbar, während der Tw 13 im Betriebshof Dransdorf hinterstellt ist.
Info: Stadtwerke Bonn GmbH, Theaterstr. 24, 53111 Bonn, Tel. 0228 711-4503, info@stadtwerke-bonn.de
Internet: www.stadtwerke-bonn.de
Triebwagen (1.435 mm):
Et: SWB 13, Bo, v.d. Zypen 1906, 58 kW, seit 1961 Htw, zuvor Atw 13 bzw. Tw 13, ä.r.
Et: BGM 14 „Bönnsche Bimmel", A'1A', Herbrand 1911 (1950 Umbau Westwaggon aus Bw 38), 2 x 60 kW, seit 1988 Htw, zuvor Atw A32 bzw. Tw 314, urspr. Bonn-Godesberg-Mehlem (Tw 14), btf.
Et: SSB 414, B'2'2'B', Düwag 1969, 4 x 60 kW, seit 1995 abg.

Rhein-Sieg-Eisenbahn GmbH, Bonn-Beuel

Der 1989 gebildeten Initiative Kleinbahn Beuel-Großenbusch (IKBG) gelang es, die Stillegung der Strecke Beuel – Hangelar zu verhindern. Die Rhein-Sieg-Eisenbahn GmbH, die hier 1994 den Güterverkehr wieder aufnahm, setzt ihre Triebwagen in regionalen Tourist- bzw. Sonderverkehren ein. Vorwiegend befaßt sie sich mit bundesweiten Güterverkehren, Arbeits- und Bauzugdiensten sowie mit der Funktion als Infrastrukturunternehmen für Eisenbahnstrecken im gesamten Bundesgebiet.
Termine: 10.-14.9. (Pützchens Markt in Bonn-Beuel, Halbstundentakt), 5.12. (Nikolausfahrt), 31.12.2004 (Silvesterfahrt über die Kölner Südbrücke)
Info: Rhein-Sieg-Eisenbahn GmbH, Siebengebirgsstr. 152, 53229 Bonn, Tel./Fax 0700 77386877, info@rhein-sieg-eisenbahn.de
Internet: www.rhein-sieg-eisenbahn.de
Triebfahrzeuge (1.435 mm):
Vl: V 13, B-dh, LKM 251101/1956, 90 PS, N4b, 1994 ex NVA-Standort Schlieben, abg.
Vl: V 14, B-dh, LKM 261465/1965, 220 PS, V18B, 1994 ex privat (Köln), bis 1995 Trocknungswerk Erdeborn, abg.

Vl: V 22, B-dh, LKM 262082/1968, 220 PS, V22B, 1995 ex Schmalspurmuseum Rittersgrün, bis 1991 Papierfabrik Antonsthal/Erzgebirge, Denkmal in Bonn-Beuel
Vt: VT 6, AA-dm, MAN 141756/1955, 2 x 180 PS, 1998 ex SWEG Münstertalbahn (VT 6), bis 1971 Vorwohle-Emmerthaler Verkehrsbetriebe (VT 6), btf.
Vt: VT 23, AA-dm, MAN 142782/1956, 2 x 150 PS, 1998 ex SWEG Endingen (VT 23), bis 1971 MEG Kaiserstuhlbahn (0423), btf.
Vt: VT 25, AA-dm, MAN 145166/1960, 2 x 180 PS, 1998 ex SWEG Staufen (VT 25), bis 1971 MEG Kaiserstuhlbahn (0425), abg.
Nf: Klv 53 0277, A1-dm, Robel 54.13-3-RT 5/1973, 116 PS, 1998 ex DB Gremberg (Klv 53 0277), btf.

Die in Klostermansfeld auf Hochglanz gebrachte Lok 53 der schmalspurigen Rhein-Sieg Eisenbahn ist im neuen Asbacher Museum zu sehen.

Foto (Aug. 2000): Carsten Gussmann

Rhein-Sieg Eisenbahn-Museum Asbach

Die 1862 eröffnete 785-mm-spurige Bröltalbahn Warth – Schönenberg (später bis Ruppichteroth), die erste öffentliche Schmalspurbahn Deutschlands, war das Herzstück der späteren Rhein-Sieg Eisenbahn AG. Der Bahnhof Asbach, einst der Endpunkt der von 1892 bis 1967 betriebenen Hanfbachtalbahn, wurde in den letzten Jahren zu einer stilvollen Museumsanlage ausgestaltet. Während die Gemeinde das Grundstück mit den Gebäuden zur Verfügung stellte und den zweigleisigen Lokschuppen restaurierte, besorgten einige Eisenbahnfreunde die Fahrzeuge und verlegten Gleise.

Termine: 6.6. (Tag der offenen Tür, Eröffnung des Fahrbetriebs) sowie am 4.7., 1.8., 5.9. und 3.10.2004
Info: Wolfgang Clössner, Memelweg 15, 53119 Bonn, Tel. 0228 660236
Oder: Carsten Gussmann, Bismarckstr. 70, 52066 Aachen, Tel. 0241 542094, webmaster@museum-asbach.de
Internet: www.museum-asbach.de
Lokomotiven (785 mm):
Dl: 53, 1'D1'h2t, Jung 10175/1944, seit 2000 in Asbach, 1999 ex DGEG (Blankenburg/Harz, zuvor Bruchhausen-Vilsen, Bochum-Dahlhausen, bis 1989 Viernheim, ab 1968 Jungenthal), bis 1968 Rhein-Sieg Eisenbahn (53), ab 1957 mit Ölfeuerung, ä.r.
Vl: B-dm, LKM 249238/1957, 60 PS, Ns3h, 2000/01 ex privat (Hamburg), zuvor Imprägnier- und Holzverarbeitungswerk Magdeburg, ehem. 860 mm, btf.
Vl: B-dm, LKM 249239/1957, 60 PS, Ns3h, 2000/01 ex privat (Hamburg), zuvor Imprägnier- und Holzverarbeitungswerk Magdeburg, seit 2002 Denkmal am Restaurant „Die Glocke" (ehem. RSE-Bahnhof) St. Augustin-Hangelar

Köln-Bonner Eisenbahn-Freunde (KBEF)

1982 gründeten KBE-Mitarbeiter den Verein KBEF, trugen etwa 430 Exponate aus der Geschichte der Köln-Bonner Eisenbahn (KBE) zusammen und eröffneten 1985 in Wesseling ein Museum, das sie jedoch 1996 schließen mußten. 1997 präsentierten sie in Wesseling in zwei ehemaligen Werkstatträumen am Schwarzen Weg ein neues Museum. Die 32 Vereinsfahrzeuge sind im Museumsbahnhof Brühl-Vochem untergebracht.

Geöffnet: 1. und 3. Samstag im Monat (10 – 12.30 Uhr)
Termine: 24.4. (nach Venlo), 16.5. (nach Bochum-Dahlhausen), 26.6. (nach Wegberg-Wildenrath), 18.7. (Brohltalbahn), 29.8. (nach Bad Ems), 25.9. (an die Ahr), 9.10. (nach Gemünd/Eifel), 7.11. (nach Bergheim/Erft), 4./5.12. (Nikolausfahrten) und 19.12.2004 (nach Aachen)
Info: Jean Riemann, Ludewigstr. 17, 50389 Wesseling, Tel./Fax 02236 42273, susanne.riemann@gmx.de
Internet: www.kbef-ev.de.vu
Triebfahrzeuge (1.435 mm):

Dl: UK 2, C-fl, Krupp 2826/1952, 320 PS, 1987 ex Union Kraftstoff Wesseling (UK 2), bis 1963 Rheinbraun (412), abg.
Vl: UK 1, D-dm, Deutz 26013/1939, 320 PS, 1987 ex UK Wesseling (UK 1), abg.
El: E 3, Bo'Bo', Henschel/SSW 28587/2826/1950, 1988 ex KBE (E 3), bis 1986 Rheinbraun (691), zuvor NBW Rotter (AG 3), abg.
Et: ET 201 „Silberpfeil", Bo'Bo', Westwaggon/SSW 1960, AB4elTg, 1990 ex Köln-Bonner Eisenbahn (201), abg.
Vt: VT 11, A1-dm, Uerdingen 60304/1955, 150 PS, 1990 ex Montafonerbahn Bludenz – Schruns (VT 10.111), btf.
Vt: VT 12, A1-dm, MAN 141713/1955, 150 PS, 1996 ex EAKJ Jülich, bis 1983 DB (795 627 / VT 95 9627), btf.
Vt: VT 13, A1-dm, MAN 140943/1954, 150 PS, 1996 ex EAKJ Jülich, bis 1983 DB (795 445 / VT 95 9445), Ersatzteilspender
Vt: VT 14, AA-dm, Donauwörth 1261/1957, 2 x 150 PS, 1998 ex DB (701 018 / 6204 Köln), abg.
Vt: VT 15, AA-dm, Donauwörth 1221/1956, 2 x 150 PS, ex KBE (Bahndienst-VT 2), bis 1982 DB (798 585), abg.

Straßenbahnmuseum Köln-Thielenbruch

Die zusammen mit der Vorortbahn Köln – Bergisch Gladbach am Thielenbruch vollendete Wagenhalle wurde 1985 mit ihren originalen Fronten unter Denkmalschutz gestellt und 1994 geschlossen. Im Hallentrakt von 1906, dem Märchenbahnhof, befindet sich jetzt die Endstelle der Linien 3 und 18, während im nördlichen Teil seit 1997 das KVB-Straßenbahnmuseum besteht.

Geöffnet: 11.4., 9.5., 13.6., 11.7., 8.8., 12.9., 10.10., 14.11. und 12.12.2004 (11-17 Uhr); Tag des offenen Denkmals am 12.9.2004 (10-17 Uhr)
Info: Historische Straßenbahn Köln e.V., Straßenbahnmuseum Thielenbruch, Gemarkenstr. 139, 51069 Köln, Tel. 0221 2834-771, Fax -772, webmaster@hsk-koeln.de
Internet: www.hsk-koeln.de
Triebfahrzeuge (1.435 mm):

Pf: 211, 2xBw, Herbrand 1894, Pferdebahnwagen, 1950 Aufbau auf einem Dienstwagen
Et: 407 „Die erste Elektrische", Bo, v.d.Zypen/S&H 1902, 2 x 28,9 kW, seit 1977 Htw, 1971 ex Bonn (Atw / ex Tw 7, bis 1906 meterspurig), btf.
Et: 1285, Bo, Herbrand/SSW 1911, 2 x 55,4 kW, „Finchen-Zug", 1980 ex Vorortbahnwagen 1285, zuvor Köln-Frechen-Benzelrather Eisenbahn KFBE (bis 1928 Tw 1085), btf.
Et: 1286, Bo, Herbrand/SSW 1911, 2 x 55,4 kW, „Finchen-Zug", 1980 ex Vorortbahnwagen 1286, zuvor KFBE (bis 1928 Tw 1086), btf.
– für Finchen-Zug: 2xBw 1257 (v.d. Zypen 1911) und 2xGw 5321 (Herbrand 1911, „Milchwagen"), btf.
Et: 1824, A'1A', Westwaggon/SSW 1939, 2 x 57 kW, „Rundbahnwagen", 1969 ex Atw 1824 (ex Tw 1824), 1950 Umbau aus 3xZR-Tw (zuvor Tw 4 bzw. 516), btf., mit 3xBw 2825 (Düwag 1942)

Der Zug Tw 1285 / Bw 1257 / Bw 5321 / Tw 1286, das „Finchen" (gesprochen „Fienschen") verläßt auch nach seiner sehr kostenintensiven Instandsetzung nur selten das Thielenbrucher Museum. Am 25.5.2002 war er in Köln-Poll unterwegs.
Foto: Bernhard Terjung

Et: 1732, Bo, Fuchs/SSW 1948, 2 x 60 kW, KSW-Tw, 1975 ex Atw 6201, zuvor Tw 1732 bzw. 41, i.A.
Et: 1872, Bo, Westwaggon/BBC/SSW 1950, 2 x 60 kW, Aufbau-Tw, 1987 ex Atw, zuvor Tw 1872, 61 bzw. 351
Et: 1321, Bo'2, Westwaggon/AEG 1956, 115 kW, Großraumwagen, 2000 ex Atw 1921, zuvor Tw 1321 bzw. 325, btf.
Et: 1363, Bo'2, Westwaggon/Kiepe 1956, 115 kW, Großraumwagen, 2000 ex Atw 1963, zuvor Tw 1363 bzw. 362, btf.
Et: 1925, Bo'2, Westwaggon/AEG 1956, 115 kW, Werkstattwagen, 1980 ex Tw 1925 (zuvor 329)
Et: 1019, Bo'Bo', Westwaggon 1957, 4 x 68 kW, 1999 ex Partywagen „Samba", bis 1982 Atw 1819, zuvor Vorortwagen 1019, btf.
Et: 1155, Bo'Bo', DWM/SSW 1958, 2 x 74 kW, Vorortwagen, 1993 ex Wiener Lokalbahn (13), bis 1969 KVB (1155), btf.
Et: 1159, Bo'Bo', DWM/SSW 1958, 2 x 74 kW, Vorortwagen, 1993 ex Wiener Lokalbahn (19), bis 1969 KVB (1159), btf.
Et: 3413, Bo'2', Düwag/Kiepe/AEG 1958, 2 x 55,5 kW, Gelenkwagen „Sputnik", 1968 ex Atw 1813, seit 1958 Gelenkwagen 3413, zuvor 3513
Et: 3501, Bo'2'Bo', Westwaggon-Deutz/Kiepe 1960, 2 x 110 kW, 1980 ex Atw 1801, zuvor Tw 3501 bzw. 3401, heute Videovorführwagen
Et: 3764, Bo'2'2'Bo', Düwag/SSW 1965, 4 x 75 kW, Gelenkwagen, 1968 Umbau aus 6xGel-ER 3664
El: 6108, Bo, v.d.Zypen 1921, 2 x 50 kW, Bauzuglok, 1986 ex 6108 (zuvor 3108 / 2032)
El: 6113, Bo, v.d.Zypen 1925, 2 x 50 kW, Bauzuglok, 1986 ex 6113 (zuvor 3113 / 2040)

Rheinisches Industriebahn-Museum (RIM), Köln-Nippes

Das 1987 gegründete RIM, seit 1993 im ehemaligen Bw Köln-Nippes ansässig, sammelt vor allem Fahrzeuge rheinischer Hersteller. Eine Ausstellung informiert über Deutz-Dieselloks und Feldbahnen in der Region. Mit einem Museumszug werden Sonderfahrten im Raum Köln unternommen. Zwischen Eingang und Bw ist während der Besuchszeiten eine 300 m lange Feldbahn (600 mm) in Betrieb.

Termine: 12.4. (Osterhasenexpress „Rund um den Dom"), 2.5. (Betriebstag mit Rahmenprogramm), 8.5. (mit VT 6 der RSE nach Luxemburg), 31.5. (mit Rahmenprogramm), 4.6. (Sonderzug zum Knapsacker Chemiehügel, ab 18 Uhr), 3.7. (Sonderfahrt zu Anschlußbahnen im Raum Mönchengladbach), 27.6. und 18.7. (mit Rahmenprogramm), 22.8. (Teddybärentag), 12.9. (Tag des offenen Denkmals), 17.10. (Saisonausklang), 6.11. (Lange Nach der Kölner Museen), 4./5.12. und 11./12.12.2004 (Nikolausfahrten)
Info: Jörg Seidel, Käulchensweg 34, 51105 Köln, Tel./Fax 0221 8305218 und 0172 2502074, sonderfahrten@rimkoeln.de
Internet: www.rimkoeln.de
Triebfahrzeuge (1.435 mm):
Dl: Bn2t, Krauss-Maffei 16380/1943, 1993 ex FHE Bergisch Gladbach, bis 1993 Spielplatz, urspr. Degussa Hürth
Dl: B-fl, Hohenzollern 4307/1923, 1993 ex Zuckerfabrik Elsdorf
Dl: B-fl, Krupp 3111/1961, 1993 ex FEG Brühl, bis 1990 Martinswerk Bergheim
Dl: Bn2t, Jung 3198/1921, 1999 ex Dynamit Nobel AG Schlebusch
Vl: B-dm, Breuer 2135/1934, 60 PS, Typ IV, 2001 ex Schrotthandel Küster (Remscheid), bis 196? Maschinenfabrik Fahr (Gottmadingen/Baden)
Vl: B-dm, Deutz 36763/1940, 107 PS, A4M 420R, 1992 ex Walther (Köln)
Vl: B-dm, Deutz 46386/1946, 107 PS, A6M 517R,1993 ex Lehnkering (Dormagen), bis 1990 Rütgerswerke Dormagen, bis 1982 KFBE (V 2)
Vl: B-dh, Deutz 46616/1943, 107 PS, A6M 517R, 1999 ex DGEG Bochum-Dahlhausen, bis 1992 Schraubenwerke Essen-Steele, zuvor Lippstädter Eisen- und Metallwerke, btf.
Vl: B-dm, Deutz 47118/1950, 55 PS, A4L 514R, 1995 ex Huppertz (Köln), bis 1971 Lindgens (Köln)
Vl: B-dm, Deutz 55177/1951, 55 PS, A4L 514R, 1992 ex Gottwald (Düsseldorf-Reisholz), bis 1974 RAG (V 300)
Vl: B-dm, Deutz 55179/1952, 28 PS, A2L 514R, 1994 ex Bergische Achsenfabrik (Wiehl), urspr. Kotz
Vl: B-dm, Deutz 56899/1958, 55 PS, A4L 514R, 1993 ex FEG Brühl, bis 1989 Zuckerfabrik Brühl (1)
Vl: B-dm, Gmeinder 1252/1935, 55 PS, Kö I, 1994 ex Rhenus WTAG Neuss, bis 1967 DB (Kö 0203)
Vl: B-dm, Henschel 2140/1949, 55 PS, DG 26, 1993 ex Cölner Benzin-Raffinerie (Köln-Braunsfeld)
Vl: C-dh, Henschel 26748/1958, 440 PS, DH 440C, 1996 ex RWE-Kraftwerk Frimmersdorf (2), btf.
Vl: B-dm, Jung 8821/1940, 44 PS, ZN 233, 1993 ex Klein-Apparatebau Niederfischbach, bis 1962 Wolff (Köln), bis 1951 Waaren-Commissions AG Hamburg (Dragahn)
Vl: B-dm, Jung 11727/1958, 44 PS, ZL 233, 1999 ex Bayer AG Leverkusen, urspr. 1.000 mm
Vl: C-dh, Jung 12842/1958, 440 PS, R40C, 1996 ex RWE Niederaußem (4), bis 1966 RWE Hürth (6)
Vl: B-dm, Jung 13274/1964, 22 PS, ZN 113, 1993 ex Blechwarenfabrik Sonesson (Niederfischbach), bis um 1980 Boesner (Neuwied), urspr. Amtsverwaltung Niederbieber
Vl: B-dh, Minilok 119/1977, DH 40-119, 2001 ex Schenker (Köln-Zollstock)
Vl: B-dm, O&K 26124/1961, 40 PS, MV 2a, 2004 ex EF Betzdorf, zuvor Basalt Feuerfest GmbH (Scheuerfeld) bzw. Degussa (Hürth-Knapsack)
El: EH 118, Bo'Bo, Jung 13349/1961, ED, Zweikraftlok Elektro-Diesel, 2003 ex Eisenbahn und Häfen Duisburg (ED 118)
Et: ET 57, Bo'2'+2'Bo', Westwaggon 192447+192448/1956, 1994 ex SWB Bonn, urspr. KBE (ET 57)
Lokomotiven (600 mm):
Dl: Bn2t, Jung 2742/1917, 800 mm, 1992 ex Märkische Museumseisenbahn Plettenberg, urspr. Hoesch (16)
Dl: Bn2t, Krauss-Maffei 7812/1921, 900 mm, 1992 ex Spielplatz Kerpen, urspr. Schöttle & Schuster (Horrem)
Dl: Ch2t, O&K 7729/914, 785 mm, 1994 ex Spielplatz Bonn, urspr. Basalt AG
Dl: Bn2t, O&K 13103/1938, 750 mm, 1989 ex Spielplatz Frechen, urspr. Quarzwerke (Frechen)
Vl: B-dm, Deutz 11608/1934, MLH 514F, 11 PS, 1990 ex Spielplatz Wermelskirchen, ex Baufirma E. Überholz (Wermelskirchen)
Vl: B-dm, Deutz 15409/1936, 11 PS, OME 117F, 1996 ex privat, bis 1993 Ziegelei Brimges (Brüggen)
Vl: B-dm, Deutz 19922/1937, 11 PS, OME 117F, 1985 ex Baufirma Bellingen (Hilden)

Vl: B-dm, Deutz 46979/1949, 6 PS, MAH 914G, 1987 ex Kappertz (Broichweiden)
Vl: B-dm, Deutz 47424/1950, 60 PS, A6M 514G, 1987 ex RAG (Oberhausen-Osterfeld)
Vl: B-dm, Diema 1335/1949, 11 PS, DS 12, 1984 ex Ziegelei Schimming (Kirchheim/Teck)
Vl: B-dm, Gmeinder 3571/1941, 11 PS, KD 112, 1990 ex Baufirma (Dortmund)
Vl: B-dm, Gmeinder 3874/1942, 22 PS, KD 215, 1988 ex Steuler (Siershahn)
Vl: B-dm, Gmeinder, 11 PS, KD 112, 1995 ex Spielplatz Herzogenrath, zuvor FWM Oekoven, urspr. Tongrube Westerwald
Vl: B-dm, Hatlapa 3817/1948, 8 PS, Typ Junior, 1987 ex privat
Vl: B-dm, Henschel 2250/1949, 38 PS, DG 26, 1987 ex RAG
Vl: B-dm, Henschel 2253/1949, 28 PS, DG 26, 1986 ex Winnfeldsches Brechwerk (Kottenheim)
Vl: B-dm, Jenbach, JW8, 1999 ex Frankfurter Feldbahnmuseum, bis 1998 Eisenbahnmuseum Groß Schwechat
Vl: B-dm, Jung 6174/1935, 11 PS, EL 110, 2000 ex Baufirma E. Überholz (Wermelskirchen), neu geliefert über Pistor (Hagen)
Vl: B-dm, Jung 7337/1938, 22 PS, ZL 114, 1988 ex Schuler (Deisslingen), urspr. Hald (Stuttgart)
Vl: B-dm, Jung 7361/1938, 11 PS, EL 105, 1984 ex Ziegelei Rumpf (Volkmarsen)
Vl: B-dm, Jung 8631/1939, 44 PS, ZL 233, 1.000 mm, 1996 ex IG Brohltalbahn, bis 1989 Spielplatz Hückelhoven, urspr. Buckau-Wolff
Vl: B-dm, Jung 9185/1940, 22 PS, ZL 114, 1989 ex Spielplatz Bergheim/Erft
Vl: B-dm, Jung 9449/1940, 11 PS, EL 105, 1987 ex Rheinpark Köln, urspr. Korte (Bochum)
Vl: B-dm, Jung 10031/1941, 22 PS, ZL 105, 1984 ex Denkmal Wildenburg
Vl: B-dm, Jung 11522/1955, 44 PS, ZL 233, 1996 ex Kleinbahnverein Adenau, bis 1990 privat, bis 1985 FWM Oekoven, bis 1979 Breitenbach GmbH (Weidenau), bis 196? Kleinbahn Selters – Hachenburg
El: Bo, Jung 13756/1965, Ez 21, 1993 ex Jung (Jungenthal)
Vl: B-dm, Jung, 1983 ex Tonwerk Weiss (Montabaur)
Vl: B-dm, Kröhnke, 8 PS, Lorenknecht, 1998 ex privat (Kolbermoor)
Vl: B-dm, LKM 248729/1955, 37 PS, Ns2f, 700 mm, 1991 ex Papierfabrik Carolathal (Sachsen)
Vl: B-dm, LKM 249235/1957, 60 PS, Ns3f, 750 mm, 1993 ex Maxhütte Unterwellenborn (3), urspr. DKK Scharfenstein (Niederschmiedeberg)
Vl: B-dm, LKM 250312/1961, 100 PS, V10C, 750 mm, 1993 ex Maxhütte Unterwellenborn (7)
Vl: B-dm, Moes, 37 PS, 1994 ex Stoomcentrum Maldegem/B, zuvor Spoorwegmaterieel (Boom/B)
Vl: B-dm, O&K 25477/1952, 28 PS, MD 2b, 1988 ex Broux in Bilzen/Belgien
Vl: B-dm, Schöma 255/1935, 11 PS, CDL 16, 1986 Baufirma Nordmann (Bremen)
Vl: B-dm, Schöma 626/1942, 22 PS, CDL 22, 1987 ex H. Nordmann (Bremen)
Vl: B-dm, Schöma 1948, KML 5, 1986 ex Agrob-Wessel-Servais (Witterschlick)
Vl: B-dm, Schöma 1718/1956, 16 PS, CDL 10, 1990 ex privat, zuvor Gail-Werke (Gießen)
Vl: B-dm, Schöma 1764/1956, 15 PS, CDL 15, 1989 ex Ziegelei (Euskirchen)
Vl: B-dm, Schöma 2405/1960, 11 PS, KDL 10, 1990 ex Baufirma Hahnebeck (Dortmund)
Vl: B-dm, Schöma 2430/1961, 20 PS, CDL 20, 1983 ex Marx-Bergbau (Ruppach-Goldhausen)
Vl: B-dm, Schöma 2920/1966, 11 PS, CHL 10G, 1989 ex Dachziegelwerk Mayr (Straubing)
Vl: B-dm, Spoorijzer, 8 PS, 1988 ex A. Lowie in Maas-Mechelen/Belgien, btf.
Vl: vier Stück: B-dm, Spoorijzer, 8 PS, 700 mm, 1988 ex A. Lowie in Maas-Mechelen/Belgien, abg.
Vl: B-dm, Strüver 1940, 1988 ex Baufirma Rösrath
Vl: B-dm, Strüver 60342/1955, 1987 ex Heutz-Homburg in Hauset/Belgien
El: zwei Stück: Bo, AEG, EL 6, 1997 ex Zeche Fürst Leopold (Dorsten)
El: zwei Stück: Bo, 3FA 13, Siemens 5811/1956 bzw. 6115/1961, 1993 ex Lohberg (Dinslaken)
El: Bo, Siemens 6308/1968, GA-Bo-5/17/1, 1989 ex RAG (Recklinghausen)
El: Bo, BBA 834/1988, B 360, 1991 ex Papierfabrik Lauter/Sachsen

Kleinbahn im Rheinpark

Zur Bundesgartenschau 1957 entstand im Rheinpark eine 2 km lange Bahnstrecke, die heute der Stadt Köln gehört, während sich der Lokschuppen, die drei Bahnhöfe und der Fahrzeugpark in Privatbesitz befinden. Eine Fahrt durch „Kölns schönsten Park" mit seiner vielfältigen Pflanzenwelt und mit Blick auf Rhein und Dom ist nicht nur für Kinder empfehlenswert.

Fahrbetrieb: Täglich von Mitte März bis Ende Oktober (11-18 Uhr), Sonderfahrten auf Wunsch

Info: Karlheinz Potrz, Am Krieler Dom 2, 50935 Köln, Tel. 0221 4301502, Fax 9438727, info@kleinbahn-im-rheinpark.de
Internet: www.kleinbahn-im-rheinpark-koeln.de
Lokomotiven (600 mm):
Vl: B-dm, Schöma 3590/1973, 34 PS, Western-Aufbau der Fa. Schwingel (Leverkusen), btf.
Vl: B-dm, Schöma 4408/1980, 40 PS, Western-Aufbau der Firma Schwingel, zuvor Ponypark Slagharen/Niederlande, zuvor Freizeitpark Hannover, btf.
Vl: B-dm, Diema 1827/1955, 34 PS, DS 28, 1985 neu aufgebaut, bis 1984 Servais (Witterschlick), btf.
Vl: „Porsche-Lok", B-dm, Sollinger Hütte 1959, 90 PS, Typ VWZ-600, 2001 ex Westfalenpark Dortmund (dort 1994 abg.), bis 1972 Bundesgartenschau Köln, bis 1971 Planten + Blomen (Hamburg), btf.

Freundeskreis Eisenbahn Köln (FEK), Rheingold Betriebs-GmbH

Ab 1969 widmeten sich einige Mitglieder des 1955 gegründeten FEK verstärkt der Erhaltung historischer Fahrzeuge und besonders der Rettung der alten Rheingold-Wagen. Bereits 1971 wurde ein äußerlich restaurierter Vierwagenzug präsentiert. Neben seinen sieben Vorkriegs-Rheingold-Wagen richtet der FEK jetzt auch TEE- und Rheingold-Wagen der 60er Jahre her. Die Wagen sind in Nippes untergebracht.
Termine: 10.4. (Köln – Koblenz mit Dampf) und 5.9.2004 (Köln – Osnabrück)
Info: RBG mbH, Wilhelm-Schreiber-Str. 18, 50827 Köln, Tel. 0221 592766, Fax 5305958, webmaster@rheingold-zug.de
Internet: www.rheingold-zug.de
Diesellok (1.435 mm): 332 RL 218, B-dh, Gmeinder 5384/1965, 240 PS, Köf III, 2002 ex DB (332 218 / Köf 11218), btf.

Obus-Museum Solingen

Im Juli 1999 versammelten sich einige Interessenten im Hinblick auf die Rückholung des Wagens 059 der ersten Solinger Obus-Generation. Der Obusmuseum Solingen e.V., der inzwischen weitere Wagen übernommen hat, organisiert ab 2004 gemeinsam mit dem Bergischen Ring, einem Verband thematisch gleichgelagerter Vereine, regelmäßig Sonderfahrten im Solinger Netz. Ende April soll der erste Museums-Obus in Betrieb gehen.
Fahrbetrieb: Voraussichtlich jeden 2. und 4. Sonntag im Monat vom 25.4. bis 31.10.2004
Info: Obus-Museum Solingen e.V., Behringstr. 33, 42653 Solingen, Tel. 0212 52356, obus@obus-museum-solingen.de
Fahrzeuge:
5   Gräf&Stift/MAN/Kiepe 1984, Typ SG200HO, 2003 ex Solingen (5), i.A.
55   FBW/Hess/R&J/BBC 1974, Typ 91-GTL, 2003 ex Bern (55), i.A.
059   Uerdingen/Henschel/Kiepe 1959, ÜHIIIs, bis 1984 Solingen (059, bis 1970 Nr. 59, 1974 abg.), i.A. (mit Orion-Anhänger, abg.)
124   Hess/Saurer/BBC 1957, 2002 ex Warschau (T 011), bis 1992 St. Gallen (124), abg. (mit Anhänger, Moser/FFA 1970)

„Kaiserwagen" der Wuppertaler Schwebebahn

1976 nahmen die WSW den Schwebebahnzug 5 + 22 (Typ BOO, v.d. Zypen 1900) als „Kaiserwagen" wieder in Betrieb. Hierin hatte Kaiser Wilhelm II schon 1900 – also noch vor der Bahneröffnung – eine Fahrt unternommen. Der wie vor 100 Jahren eingerichtete Zug, „Wuppertals schwebende gute Stube", kann für Stadtrundfahrten angemietet werden.
Info: Wuppertaler Stadtwerke, Bromberger Str. 39-41, 42281 Wuppertal, Tel. 0202 569-0, Fax 4590, wsw@wsw-online.de
Internet: www.wsw-online.de

Die Sollinger Hütte in Uslar lieferte 1959-71 an verschiedene deutsche Parkbahnen einige den Porsche-Sportwagen der 50er Jahre nachempfundene Lokomotiven. Eine kehrte 2001 in den Kölner Rheinpark zurück, wo sie am 16.3.2002 frisch restauriert feierlich präsentiert wurde (Foto vom 5.4.2002).
Unten: Das Obus-Museum Solingen setzt den Obus 059 instand. Zum Jubiläum „50 Jahre Obus in Solingen" kam aus England der fast identische Wagen 1 zu Besuch. Am 23.6.2002 wendete er auf der Drehscheibe in Burg/Wupper.   Fotos: Ludger Kenning

Ralf Bendig fuhr am 15.8.1999 mit dem orange lackierten Atw 683 des Verbandstyps auf der BMB-Strecke bei Friedrichshammer zu Tal. Foto: L. Kenning

Bergische Museumsbahnen (BMB), Wuppertal-Kohlfurth

Der aus der 1967 gegründeten Vereinigung Westdeutscher Schmalspurfreunde hervorgegangene Verein BMB konnte einen Teil der Linie 5 Cronenberg – Solingen und viele Wuppertaler Straßenbahnwagen retten. An der Kohlfurther Brücke entstand ein beachtlicher Betriebshof. 1992 wurde auf der windungsreichen, heute in Greuel endenden Museumsstrecke der Fahrbetrieb aufgenommen. Voraussichtlich wird ab April 2005 planmäßig die gesamte, 3,2 km lange Strecke bis Müschenborn befahren. Die 1990 gebildete VhAg der Wuppertaler Stadtwerke unterstützt die BMB beim Gleisbau und restaurierte u. a. eine Lore von 1894, das älteste erhaltene Schienenfahrzeug im Bergischen Land.

Geöffnet: Samstags sowie von Mai bis Oktober auch sonn- und feiertags (jeweils 11-17 Uhr)
Fahrbetrieb: 11.4., 25.4., 9.5., 23.5., 30./31.5. (Straßenbahnfest), 13.6., 27.6., 11.7., 25.7., 8.8., 22.8., 12.9., 26.9. und 10.10.2004 (jeweils Kohlfurther Brücke ab 10.40, 12.00, 14.00, 16.00 und 17.20 Uhr; Möschenborn ab 11.00, 12.20, 14.20, 16.20 und 17.40 Uhr)
Info: Bergische Museumsbahnen, Postfach 131936, 42349 Wuppertal, Tel. 0202 470251, Fax 4781638, bmb@wtal.de
Internet: www.bmb-wuppertal.de
Triebfahrzeuge (1.000 mm):
Et: 49, Bo, Weyer/AEG 1921, 2 x 52,5 kW, ex Remscheid (ab 1969 Htw 13, ab 1960 Geräte- und Aufgleiswagen, urspr. Tw 137), abg.
Et: 53, Bo, Esslingen/BBC/AEG 1928, 2 x 58 kW, 1974 ex Reutlingen (53), fahrfähig
Et: 94, Bo, Schöndorff/SSW 1928, 138 kW, 1999 ex H. Johann in Hückeswagen, bis 1966 Wuppertal (194), urspr. Barmer Bergbahn (94), i.A.
Et: 105, Bo, Talbot/SSW 1927, 2 x 55 kW, „Talbot-Wagen", 1989 ex Essen (Htw), bis 1970 Wuppertal (105), bis 1940 Bergische Kleinbahnen (105), btf.
Et: 106, Bo'Bo', Westwaggon/SSW 1960, 4 x 69 kW, 1969 ex Remscheid (106), fahrfähig
Et: 107, Bo'Bo', Düwag/SSW 1936, 4 x 50 kW, 1969 ex Aachen (1021), bis 1967 Benrather Netz der Rheinbahn (107), btf.
Et: 113, Bo, Talbot/SSW 1927, 2 x 55 kW, „Talbot-Wagen", 1970 ex Wuppertal (113), bis 1940 Bergische Kleinbahnen (113), abg.
Et: 115, Bo, Uerdingen/SSW 1931, 2 x 55 kW, „Blauband-Wagen", 1970 ex Wuppertal (115), bis 1940 Bergische Kleinbahnen (115), abg.
Et: 141, Bo, Uerdingen/SSW 1928, 2 x 55 kW, 1970 ex Wuppertal (141), bis 1956 Ennepetal (16), abg.
Et: 159, Bo'Bo', MAN/SSW 1925, 4 x 37 kW, 1970 ex Wuppertal (159), bis 1940 Bergische Kleinbahnen (159), i.A.
Et: 226, Bo'Bo', Düwag/SSW 1957, 2 x 100 kW, 1993 ex Frankfurt/M (226), Bücherwagen

Et: 239, Bo'Bo', v.d.Zypen/SSW 1925, 2 x 55 kW, „Bullenkopp", 1987 ex Wuppertal (zuletzt Atw, zuvor Tw 3239 bzw. 239), urspr. Barmer Straßenbahn (Tw 39), abg. (in Düsseldorf)
Et: 244, Bo, Weyer 1928, 2000 ex SMS-Museum Schwerte, bis 1994 Spielplatz Goll, bis 1985 Düsseldorf (Atw 5141 / 244), abg. (in Düsseldorf)
Et: 275, Bo'2'Bo', Düwag/SSW 1957, 4 x 45 kW, 1995 ex BOGESTRA (275), btf.
Et: 329, Bo, Düwag/SSW 1956, 2 x 55,5 kW, Verbandstyp II, 1976 ex Hagen (329), i.A.
Et: 337, Bo, Düwag/SSW 1957, 2 x 55,5 kW, Verbandstyp II, 1976 ex Hagen (337), btf.
Et: 342, Bo'Bo', Düwag/Kiepe 1952, 4 x 50 kW, 1979 ex Vestische Straßenbahnen (342), abg.
El: 601, Bo, Weyer 1910, Umbau Werkstatt Toelleturm 1932, 1.435 mm, 1999 ex Eisenbahnfreunde Vulkaneifel, bis 1986 Rheinbahn (5201), bis 1971 Neuss (201), bis 1960 Wuppertal (601), urspr. Barmer Straßenbahn (Lok V), abg.
Nf: 93, Bo, MAN/SSW 1920, 2 x 55 kW, 1970 ex Wuppertal (ab 1957 Atw 93, zuvor Tw 93), bis 1940 Niederbergnetz der Bergischen Kleinbahnen (93), abg.
Nf: 128, Bo, MAN/SSW 1919, 2 x 55 kW, Lehr-Triebwagen, 1970 ex Wuppertal (128), bis 1940 Bergische Kleinbahnen (128), urspr. vorgesehen für Augsburg, abg.
Nf: 610, Bo, Seidlitz & Kuschmiers/Kiepe 1950, 2 x 60 kW, Schleif-Tw, 1987 ex BOGESTRA (610), fahrfähig
Nf: 628, Bo, WStW-Neviges/SSW 1950, 2 x 55 kW, Turm-Tw, 1970 ex Wuppertal (628), btf.
Nf: 683, Bo, Credé/AEG 1951, 2 x 60 kW, Verbandstyp II, 1989 ex BOGESTRA (ab 1974 Atw 683, zuvor Tw 183), btf.

Bergische Bahnen – Förderverein Wupperschiene, Radevormwald

Die einstige Bergisch-Märkische Eisenbahn (BME) war namensgebend für einen 1989 gegründeten Verein, der die Strecke Wuppertal-Beyenburg – Radevormwald-Wilhelmsthal retten will und in Radevormwald-Dahlhausen sein Betriebsgelände hat. Die geplante Museumsbahn führt in den Naturpark Oberberg, ein Erholungsgebiet an der Wupper-Talsperre mit vielen Industriedenkmälern. Neben umfangreichen Erhaltungsarbeiten gelang es dem Verein, Fördermittel zur Sanierung bewilligt zu bekommen. Seit 2001 nennt er sich „Bergische Bahnen – Förderverein Wupperschiene".
Info: Förderverein Wupperschiene e.V., Postfach 132235, 42049 Wuppertal, Tel. 02191 6963396, info@wupperschiene.de
Internet: www.bbfw.de
Lokomotiven (1.435 mm):
Dl: „1770 Coeln", Cn2t, Henschel 1594/1883, 1993 ex Spielplatz Schwalbach-Limesstadt, bis 1972 DB (Werklok Aw Siegen)
Dl: 52 8086, 1'Eh2, Henschel 27463/1943, 1994 ex DR (52 8086 / 52 2295)
Vl: 323 002, B-dh, BMAG 10193/1934, 118 PS, 1992 ex Eisenwerk Düker in Laufach, bis 1976 DB (323 002 / Köf 4102 / Kö 4102 / Kb 4102)
Vl: V 01, B-dh, Schöma 3014/1967, 82 PS, CHL 80R, ex Barmer Maschinenfabrik BARMAG in Remscheid (V 01)
Vl: B-dh, O&K 25763/1957, 320 PS, 1995 ex Maschinenfabrik Deutschland (Dortmund), bis 1972 Hoesch Dortmund (52)
Vl: B-dh, Krupp 1954, 130 PS, 2002 ex RWE Koepchenwerk (Dortmund Hengsteysee), bis 1968 EBV Weißweiler
Vl: C-dh, Esslingen 5277/1961, 700 PS, 1997 ex Thyssen Hattingen (100), bis 1992 Eisenbahn und Häfen (243), urspr. HOAG (205)

Bergisches Straßenbahn-Museum Hückeswagen

Heinz Johann rettete 1966 den letzten Wagen der Barmer Bergbahn und danach noch weitere Fahrzeuge von Bergischen und Vestischen Meterspurlinien. Die meterspurige Gleisanlage (240 m) wurde 1988 um ein Dreischienengleis (50 m) ergänzt.
Info: Heinz Johann, Wiehagener Str. 97, 42499 Hückeswagen, Tel./Fax 02192 7438
Triebwagen (1.000 mm):
Et: 120, A1A, Westwaggon 1949, 2 x 69 kW, 1969 ex Remscheid (urspr. Tw 70)
Et: 156, Bo'Bo', MAN 1925, 4 x 55 kW, 1969 ex Wuppertal (156), urspr. Bergische Kleinbahnen
Et: 314, Bo, Uerdingen 1929 (Umbau 1956), 2 x 37 kW, 1971 ex Vestische Straßenbahnen
Et: 2111, Bo'Bo', Düwag 1954, 2 x 125 kW, 1.435 mm, 1988 ex Rheinbahn (urspr. 2016)

Auch für 2004 sind wieder Fahrten mit der in Dieringhausen stationierten 52 8095 geplant. Am 27.10.2002 überquerte die Lok in Wuppertal-Sonnborn die Wupper und die Schwebebahn.   *Foto: Rainer Vormweg*

Eisenbahnmuseum der EF Flügelrad Oberberg (EFO), Dieringhausen

Die Eisenbahnmuseums-GmbH Lindlar-Linde pachtete das ehemalige Bw Dieringhausen, das auf 11.000 m² Fläche über einen zwölfständigen Rundlokschuppen mit Drehscheibe sowie Versorgungs- und Wartungsanlagen aus der Dampflokzeit verfügt. Aus dem 1976 gegründeten EF Flügelrad Opladen e.V. ging 1990 der EFO e.V. hervor. Neben dem Aufbau des Museums veranstaltet er vielfältige Sonderfahrten.
Geöffnet: Samstags und sonntags 9-17 Uhr, feiertags 10-17 Uhr
Termine: 10.4. (Köln – Koblenz), 8.5. (Düsseldorf – Koblenz), 28./29.5. (Frühlingsfest Dieringhausen), 12.6. (Düsseldorf – Heimbach), 10.7. (Duisburg – Linz/Rhein), 14.8. (Köln – Apeldoorn), 11.9. (Köln – Kevelaer), 16.10. (Duisburg – Dernau), 2./3.10. (Herbstfest Dieringhausen), 16.10. (Duisburg – Aachen), 11.12.2004 (Köln – Münster), alle Sonderzüge mit Schienenbus-Anschluß ab Dieringhausen
Info: Manfred Rüster, Hohler Str. 2, 51645 Gummersbach, Tel. 02261 9476-21, Fax -29, museum@ebmmbh.de
Internet: www.eisenbahnmuseum-dieringhausen.de
Triebfahrzeuge (1.435 mm):
Dl: 03 155, 2'C1'h2, Borsig 14476/1934, 1984 ex DR (03 2155 / 03 155)
Dl: 41 186, 1'D1'h2, Esslingen 4357/1939, 1982 ex DB (042 186 / 41 186)
Dl: 44 1681, 1'Eh3, Schichau 3633/1942, 1978 ex DB (043 681 / 44 1681)
Dl: 50 3610, 1'Eh2, Schichau 3469/1941, 1993 ex DR (50 3610 / 50 1768), btf.
Dl: 52 8095, 1'Eh2, BMAG 12547/1943, 1993 ex DR (52 8095 / 52 6106), btf.
Dl: 52 8116, 1'Eh2, Krauss-Maffei 16480/1943, 1993 ex DR (52 8116 / 52 3354), zuvor SZD (TE 3554)
Dl: 95 0009, 1'E1'h2t, Borsig 11113/1922, 1984 ex DR (95 0009 / 95 009)
Dl: 21, Dn2t, Humboldt 1052/1915, 1989 ex privat, bis 1986 Kölner Eisenbahnclub, bis 1969 Köln-Frechen-Benzelrather Eisenbahn (21)
Dl: Theo 4, Cn2t, Krupp 2825/1949, 1982 ex Firma Wuppermann (Leverkusen), btf.

Dl: 43, Bn2t, Krauss-Maffei 5437/1906, 1984 ex SBW Völklingen
Dl: 45, Bn2t, Jung 13240/1959, 1984 ex SBW Völklingen
Dl: 3 „Käthe", C-fl, Meiningen 03103/1986, 1993 ex Kalibergwerk Bleicherode
Dl: 4 „Kathrin", C-fl, Meiningen 03060/1985, 1993 ex Kalibergwerk Bleicherode
Vl: 120 286, Co'Co', LTS 0689/1969, 2.000 PS, 1993 ex DR (urspr. V 200 286), btf.
Vl: 118 742, C'C'dh, LKM 280146/1968, 2.400 PS, ex DR (118 742 / 118 342 / V 180 342)
Vl: V 36 316, C-dm, DWK 776/1944, 315 PS, bis 1982 Mindener Kreisbahnen (V 12), bis 1961 Britische Streitkräfte (Belgien), bis 1950 Farge – Vegesack (V 36 316), bis 1949 Kleinbahn Kiel-Schönberg (V 36 316), ab 1945 Britische Besatzung (Marinebahn Kiel / Kleinbahn Kiel-Schönberg), urspr. MAR Marinehafen Pillau (3604)
Vl: Köf 4772, B-dh, Deutz 12763/1935, 107 PS, Privateigentum, 2001 ex EF Schwalm-Knüll (Treysa), bis 1993 ex Ferrero-Werk Stadtallendorf (001), bis 1977 DB (322 121 / 321 228 / Köf 4772), btf.
Vl: Kö 6020, B-dh, O&K 20995/1937, 150 PS, 1985 ex DDM Neuenmarkt-Wirsberg, bis 1984 Felten & Guillaume (Nürnberg), bis 1957 DB (Köf 6020)
Vl: 104, B'B'dh, Jung/Bayer 13028+13029/1958, 250 PS, 1988 ex Bayer AG Leverkusen, 1963 Umbau aus zwei Meterspurloks
Vl: Brigitta, B-dm, Breuer 2219/1943, 80 PS, 1987 ex Dielektra in Köln-Porz, zuvor Gewerkschaft Brigitta (Steimbke)
Vl: Kö 2, B-dm, Windhoff 1037/1949, 130 PS, 1989 ex Deutsche Nickel-Werke (Schwerte)
Vl: B-dm, Deutz 8404/1928, 60 PS, 1991 ex Eisenbahnfreunde Bebra, bis 1988 Brata (Neuss), bis 1951 Städtische Betriebe Köln (2105)
Vl: B-dm, Deutz 23280/1938, 75 PS, 1991 ex Denkmal Nümbrecht, bis 1981 Steinmüller (Gummersbach)
Vl: 105 970, D-dh, LEW 16359/1980, 600 PS, 1991 ex Lackharz (Zwickau), bis 1989 DR (105 970), bis 1981 Gelenkwellenwerk Zwickau
Vl: 3, D-dh, LEW 11975/1968, 600 PS, V60D, 1992 ex Papier- und Zellstoffwerke Merseburg
Vl: B-dm, Deutz 27354/1940, 75 PS, 1994 ex Andernach & Bleck (Hagen-Haldern), bis 1950 Marine-Werft (Wilhelmshaven)
Vl: V 18-01, B-dh, LKM 261083/1961, 220 PS, 1994 ex Zahnradwerk Pritzwalk
Vl: V 18-02, B-dh, LKM 261546/1961, 220 PS, 1994 ex Zahnradwerk Pritzwalk
Vl: B-dh, LKM 251123/1956, 102 PS, V10B, 1995 ex Konservenfabrik Erasco in Gerwisch
Vl: B-dh, Kaluga 169/1988, 1995 ex Konservenfabrik Erasco in Gerwisch
Vl: 1, B-dh, Kaluga 122/1982, 250 PS, 1996 ex Getreidewirtschaft Kölleda/Buttstädt (1)
Al: Bo, AEG 2044/1919, Eigentum EF Witten, bis 1989 Eisenbahn und Häfen (348 / EH 248 / EB 4), bis 1926 HOAG (3)
El: ET 1, Bo, Rheinstahl DU EL1/1925, 1992 ex privat, bis 1988 MRW (Wickede)
El: E 41 006, Bo'Bo', Henschel/BBC 29078/1956, 1996 ex DB (141 006 / E 41 006)
El: E 94 052, Co'Co', AEG 5331/1941, bis 1992 DR (254 052 / E 94 052), bis 1952 SZD
Vt: VT 95 9414, A1-dm, MAN 140912/1954, 150 PS, 1979 ex DB (795 414 / VT 95 0414), i.A. (mit VB 142 409, Orion 1954, abg.)
Vt: 796 784, AA-dm, MAN 146566/1961, 2 x 150 PS, 1995 ex DB (urspr. VT 98 9784)
Vt: A2, A1-dm, Talbot, Selbstentladetriebwagen, 1995 ex Elektromark (Elverlingsen)
At: Bo, Rheinstahl Duisburg ET7/1923, 1992 ex Wugarohr (Wickede/Ruhr)
Nf: Skl, A1-dm, Robel 1959, 1988 ex Röhren & Fittings (Wetter/Ruhr)
Nf: KL, B-dm, Deutz 23328/1938, 1989 ex Martin & Pagenstecher (Kruft)
Nf: Klv 51-9234, A1-dm, Sollinger Hütte K1198/196?, 74 PS, 1996 ex DGEG, bis 1988 DB (51-9234)
Nf: Klv 53-0083, A1-dm, IWK Karlsruhe 61962-25/1967, 80 PS, 1996 ex DB Köln (53-0083)

Förderkreis zur Rettung der Wiehltalbahn (WB)

Die 1994 stillgelegte Wiehltalbahn Osberghausen – Waldbröl (23,6 km) erlebte 1999 eine Wiedergeburt. Der Förderkreis WB pachtete 1998 sie, um den Güterverkehr wiederzubeleben und einen SPNV im Verbund mit Bus und Anruf-Sammeltaxi einzurichten. Nachdem er den Abschnitt Osberghausen – Wiehl (8,6 km) aufgearbeitet hatte, konnten Ende 1999 wieder Sonderzüge verkehren. Die Betriebsführung obliegt der Rhein-Sieg-Eisenbahn, die auch – ebenso wie das Eisenbahnmuseum Dieringhausen – die Fahrzeuge bereitstellt.

Fahrbetrieb: 4.4. (Dampf), 2.5. (Köf), 29./30.5. (Dampf), 6.6. (Dampf), 1.8. (Dampf), 5.9. (VT) und 2./3.10.2004 (Dampf, letzter Zug 1 Std. früher) (jeweils Eisenbahnmuseum Dieringhausen ab 10.25, 13.25 und 16.25 Uhr; Oberwiehl ab 11.22, 14.22 und 17.22 Uhr)
Weitere Termine: 29./30.5. (Bahnhofsfest Wiehl), 3./4.7. (Stadtfest Wiehl, Stundentakt Weiershagen – Oberwiehl), 6.7. (mit Dampf zum Heimatfest Wiehl), 10./11.7. (Stadtfest Gummersbach, Stundentakt Oberwiehl – Gummersbach) und 4./5.12.2004 (Pendelzüge zum Wiehler Weihnachtsmarkt)
Info: Gerhard Mansel, Landwehrstr. 10, 51709 Marienheide, Tel. 02264 1418, g.mansel@wiehltalbahn.de
Internet: www.wiehltalbahn.de
Lokomotiven (1.435 mm):
Dl: „Waldbröl", Cn2t, Jung 2243/1914, 1984 ex Denkmal Nümbrecht, bis 1966 Kleinbahn Bielstein-Waldbröl, i.A.
Nf: Skl 53-0371, A1-dm, Waggonunion 18361/1974, 116 PS, 1999 ex DB (53-0371), btf.

Eisenbahnvereine an der Hönnetalbahn Unna – Menden – Neuenrade

Der 1985 gegründete Eisenbahnfreunde Hönnetal e.V. (EFH), der sich mit vielfältigen Aktivitäten um den ÖPNV im Raum Menden bemüht, veranstaltete 1989 seine ersten Sonderfahrten. 1996 kaufte er eigene Fahrzeuge, die vom Förderverein Schienenbus e.V. als „Der Hönnetaler" bei Sonder- und Charterfahrten zum Einsatz kommen. Mit EFH-Beteiligung bildete sich 1994 der Förderverein Kulturbahnhof Binolen e.V., der den Bahnhof Binolen für kulturelle Zwecke restaurierte und eine Fahrzeugsammlung aufbaute. Seit Mai 2000 fungiert das Gebäude als Vereinsheim der EFH, die hier ein kleines Museum zur Hönnetalbahn eingerichtet haben.
Termine: 15.-17.4. (Rundfahrt Dortmund/Duisburg/Düsseldorf), 25.4., 9.5., 23.5., 13.6., 27.6. und 26.9. (Oberbarmen – Beyenburg), 5.5., 6.6., 4.7. und 3.10. (Hönnetal), 8.5. (Bergische Runde), 20.5. (Hemer – Linz/Rhein) und 30.5.2004 (Jubiläumsfahrt)
Info: Burkhard Wendel, Höveringhauser Weg 14, 58802 Balve, Tel. 02375 5788, Burkhard.Wendel.Balve@t-online.de
Oder: Dietmar Schröder, Tannenbergstr. 25, 58706 Menden, Tel. 02373 64244, fsbmenden@t-online.de
Internet: www.efhoennetal.de und www.fsbmenden.de
Triebfahrzeuge (1.435 mm):
Vl: 5, C-dh, Krauss-Maffei 18862/1962, 500 PS, ML500C, 1995 ex Rheinisch-Westfälische Kalkwerke Hönnetal in Lendringsen (4 bzw. 234), abg.
Vt: 796 690, AA-dm, Uerdingen 66577/1960, 2 x 150 PS, 1996 ex DB (798 690 / VT 98 9690), btf.
Vt: 796 802, AA-dm, MAN 146584/1961, 2 x 150 PS, 1996 ex DB (798 802 / VT 98 9802), btf.
Vb: 996 299 (Rathgeber 1961) und 996 309 (Rathgeber 1962)
Nf: Klv 12-4658, A1-dm, Sollinger Hütte 11268/1957, 28 PS, 2000 ex Draisinensammlung Bad Nauheim (37), bis 1988 DB (Klv 12-4658), btf.

Märkische Museums-Eisenbahn (MME), Herscheid-Hüinghausen

Die MME, die zahlreiche sauerländische Schmalspurfahrzeuge bewahrt, hat ihr Domizil im Bahnhof Hüinghausen der einstigen DB-Strecke Plettenberg – Herscheid. Sie kaufte 1985 das Bahnhofsgelände, restaurierte das Empfangsgebäude und verlegte auf der alten Bahntrasse bis Köbbinghauser Hammer (2,3 km) Meterspurgleise. Auch entstand eine Halle für die Fahrzeuge. Mit dem Weiterbau in Richtung Herscheid wurde inzwischen begonnen.
Fahrbetrieb: 1./2.5., 20.5., 30./31.5., 13.6. (Oldtimertag), 4.7., 1.8., 5.9., 12.9. (Tag des offenen Denkmals) und 3.10.2004 (jeweils Hüinghausen ab 11.40, 12.40, 13.40, 14.40, 15.40 und 16.40 Uhr; Köbbinghauser Hammer ab 12.06, 13.06, 14.06, 15.06, 16.06 und 17.06 Uhr), Sonderfahrten am 11./13.11. (Laternenfahrt) und 4.-6.12.2004 (Nikolauszüge)
Info: Märkische Museumseisenbahn e.V., Postfach 1346, 58813 Plettenberg, Tel. 02391 10028 (abends), info@sauerlaender-kleinbahn.de

Der Zug „Der Hönnetaler" des Fördervereins Schienenbus Menden e.V. kommt weit herum. Am 19.10.2002 legte er auf dem Weg nach Coevorden einen Zwischenhalt in Nordhorn ein. Foto: Ludger Kenning

Internet: www.sauerlaender-kleinbahn.de
Triebfahrzeuge (1.000 mm):
Dl: 1 „Friedrich", Bn2t, Henschel 27119/1949, 900 mm, 1984 ex Spielplatz Gevelsberg, bis 1972 Hasper Hütte der Klöckner AG (1), abg.
Dl: 4 „Odenwald", Cn2t, Borsig 5327/1904, 1999 ex Denkmal Unterbernbach, bis 1969 DB Mudau (99 7204), urspr. DEBG Mosbach – Mudau (4), abg.
Dl: 20 „Phoenix", Bn2t, Henschel 27122/1950, 1986 ex Spielplatz Dortmund, bis 1967 Dortmund-Hörder Hütten-Union in Dortmund (DHHU 20), i.A.
Dl: 60 „Bieberlies", Cn2t, Henschel 19979/1923, 1985 ex Denkmal Wettenberg, bis 1964 Biebertalbahn Gießen – Bieber (60 / Nr. 2), btf.
Vl: V 3 „Nahmer", B-dh, O&K 25988/1960, 140 PS, MV8, 1984 ex Hohenlimburger Kleinbahn (3), btf.
Vl: V 10 „Zukunft", B-dh, Krupp 3818/1957, 200 PS, 1992 ex Preußen-Elektra Wölfersheim (8), bis 1972 RBW Tagebau „Zukunft" Eschweiler (172), zuvor Grube Zukunft der Rheinischen Braunkohlen- und Brikettindustrie Eschweiler (10), btf.
Vl: V 42 „Helios", B-dm, Ruhrthaler 3443/1956, 45 PS, Typ D42ö, bis 1970 Bayer Leverkusen (19 / 42), abg.
Vt: VT 1, (1A)'(A1)'dm, Talbot 94431/1949, 100 PS, Typ Schleswig, 1982 ex Inselbahn Juist (T 1), bis 1958 Eckernförder Kreisbahnen (T 4), abg.

Vellinghausener Feldbahn, Welver-Vellinghausen

Die im Mai 2001 eröffnete Vellinghausener Feldbahn besteht derzeit aus 230 m Gleis, sieben Weichen, einem dreiständigen Schuppen, einer Diesellok (B-dm, LKM Ns1, 600 mm), elf Gruben- und Feldbahnwagen sowie einem Schienenfahrrad.
Info: Rainer Jagusch, Kölner Weg 10, 59514 Welver-Vellinghausen, rainer-jagusch@t-online.de
Internet: www.vellinghausener-feldbahn.de

Maschinen- und Heimatmuseum Eslohe

Die vom Fabrikanten Eberhard Koenig aufgebaute Sammlung wertvoller Kraftmaschinen – darunter auch sechs Lokomotiven und einige Dampfmaschinen – befindet sich im 1981 eröffneten Maschinen- und Heimatmuseum. In drei stilvollen Gebäuden werden Geräte klassischer Handwerksberufe sowie alte Maschinen gezeigt oder gar vorgeführt.
Geöffnet: Mittwochs und samstags (15-17 Uhr) sowie sonntags (10-12 Uhr), Esloher Dampftage am 29./30.5. und 25./26.9.2004 (10-18 Uhr), Nikolausfahrten am 5.12.2004
Info: Maschinen- und Heimatmuseum, Homertstraße, 59889 Eslohe, Tel. 02973 6212 und 8000, webmaster@museum-eslohe.de
Internet: www.museum-eslohe.de
Lokomotiven (600 mm)
Dl: Bn2t, Krauss-Maffei 3721/1898, 1959 ex Werklok Firma Koenig (Eslohe), bis 1938 Schrotthandel in Hamburg, bis 1938 Zellulosefabrik Kruppamühle (Oberschlesien), bis 1925 Kalkwerk „Karlsglück" Ogorek (Tornau bei Oppeln/Schlesien), btf.
Dl: Cn2t, Jung 4055/1927, 1.000 mm, 1961 ex Hohenlimburger Kleinbahn (1), ä.r.
Dl: Bn2t, Jung 9599/1941, „Tunnellok", ex Kalkwerk Hohenlimburg, ä.r.
Dl: B-fl, Jung 3089/1920, 1.435 mm, 1998 als Schaustück der Firma Wessel (Xanten), bis 1986 Papierfabrik Feldmühle (Arnsberg), Denkmal
Vl: B-dm, Jung 10834/1948, 12 PS, EL 105, 1997 ex Naturkundemuseum Dortmund, bis 1982 Schiefergrube Mosellaschacht (Hausen bei Mayen/Eifel), ehem. 500 mm, btf.
Vl: B-dm, Jung 8966/1940, 11,5 PS, EL 110, 1965 ex Werkzeug- und Maschinenfabrik Koenig (Eslohe), bis 1959 W. Schreiber (Bremen), btf.

Schmallenberg-Mescheder Eisenbahn (SME)

Der 1999 gegründete Förderverein SME e.V. will die Infrastruktur der 1996 stillgelegten Strecke Schmallenberg – Wennemen samt Zweiglinie Wenholthausen – Eslohe erhalten und zwischen Schmallenberg und Bad Fredeburg (evtl. bis Dorlar und Bremke) einen Nostalgieverkehr einrichten. Die Pläne der Stadt Schmallenberg, auf der Trasse einen Radweg anzulegen, stehen dem Vorhaben jedoch entgegen. Durch den Abbruch einer Brücke bei Frielinghausen beschränken sich die Museumsbahnpläne jetzt auf den Abschnitt Wennemen – Eslohe.
Info: Heinrich Lindau, Franz-Bücker-Weg 3, 59889 Eslohe, Tel. 02973 81010, kontakt@smeisenbahn.de
Internet: www.smeisenbahn.de
Triebfahrzeuge (1.435 mm):
Vl: B-dm, LKM, 100 PS, V10B, 2003 ex Königshütte (Harz)
Nf: Skl 53 0773, B-dm, Windhoff 1979, 150 PS, 1998 ex Gleisbau Rösner (Kassel), bis 1998 DB Kassel, btf. (mit Kla 03 0821)
Nf: Klv 12-4712, A1-dm, FKF Frankfurt 12445/1958, 2002 ex EF Hönnetal, bis 1986 AHE Bodenburg, bis 1975 DB, btf.

Erzbergbaumuseum und Besucherbergwerk Bestwig-Ramsbeck

Mit einer 1,5 km langen Grubenbahn (575 mm) gelangen die Besucher in den Eickhoffstollen des 1974 geschlossenen Erzbergwerks Ramsbeck. Die drei Siemens-Lokomotiven (zwei mit 15 kW, eine mit 12 kW) kamen vor etwa 65 Jahren gebraucht hierher. Vor dem Museum erinnert ein Diesellok-Denkmal (B-dm, Deutz 36685/1941, 1.435 mm, 1996 ex Sachtleben AG Lennestadt) an die 1897-1952 bestehende Schmalspurbahn zum Bahnhof Bestwig.
Geöffnet: Täglich (9-17 Uhr), außer montags vom 1.11. bis 14.3., im Dezember geschlossen
Info: Erzbergwerk Ramsbeck, Glück-auf-Str. 3, 59909 Bestwig-Ramsbeck, Tel. 02905 250
Oder: Verkehrsamt, Rathausplatz 1, 59909 Bestwig, Tel. 02904 987-166, Fax -274, touristik@gv.bestwig.de
Internet: www.bestwig.de/museum/info.htm

Waldbahn Almetal e.V., Büren (Westfalen)

Der 1998 als Nachfolger des Westfälische Almetalbahn e.V. gegründete Waldbahn Almetal e.V. bietet einen Museumsverkehr zwischen Büren (an der Straße „Weinberg") und Brilon-Nehden (Anschluß Rekostein) an. Von 1980 bis 2000 fuhr hier ein Dortmunder Straßenbahnwagen, der von einem Generator gespeist wurde. Die seit 1984 den RWE (vorm. VEW Westfalen) gehörende Strecke wird als Anschlußbahn für die Umspannwerke Büren und Nehden genutzt.
Fahrbetrieb: 11./12.4., 2.5., 6.6., 4.7., 1.8., 5.9. und 3.10.2004 (jeweils Alme – Paderborn – Büren – Paderborn – Alme, Fahrzeiten auf Anfrage)
Info: Verkehrsamt Büren, Königsstr. 16/18, 33142 Büren, Tel. 02951 970-124, Fax -170, altemeier@bueren.de
Internet: www.waldbahnalmetal.de
Triebfahrzeuge (1.435 mm):
Vt: 798 729, AA-dm, MAN 145120/1960, 2 x 150 PS, 1999 ex DB (798 729 / VT 98 8729), btf.
Nf: Skl 53 0749, ex DB

Westfälische Almetalbahn, Altenbeken

Ab 2001 veranstaltete die in Altenbeken ansässige WAB auf der Almetalbahn zwischen Paderborn und Büren regelmäßig Dampffahrten, doch inzwischen verkehren nur noch bestellte Züge sowie der Schienenbus des Waldbahn Almetal e.V.
Info: Westfälische Almetalbahn GmbH, Obere Sage, 33184 Altenbeken, Tel. 05255 9840-0, Fax -50, L.Guttwein@WAB-Altenbeken.de
Lokomotiven (1.435 mm):
Dl: 44 2687, 1'Eh3, Floridsdorf 9274/1941, 1992 ex DR (44 2687 / 44 0687 / 44 687), abg.
Dl: 50 3691, 1'Eh2, Floridsdorf 9139/1941, 2003 ex Hessencourrier (Kassel), bis 1993 DR (50 3691 / 50 1205), abg.
Dl: 52 5933, 1'Eh2, BMAG 12359/1943, 2001 ex Russische Staatsbahn SDZ (TE 5933), abg.
Dl: 52 8037, 1'Eh2, Henschel 27905/1944, bis 2003 abg. in Rinteln, bis 1989 DR (52 8037 / 52 712), btf.
Dl: 10, Ch2t, Krupp 3113/1953, Typ Knapsack, 1999 ex Kandertalbahn, bis 1999 EF Zollernbahn, bis 1978 in Kahl am Main, bis 1976 Ruhrkohle AG (III), bis 1968 Hafenbahn Hannover-Linden (10), btf.
Vl: V 36 204, C-dh, BMAG 10991/1939, 360 PS, 2003 ex DGEG Bochum-Dahlhausen, bis 1977 DB (236 204 / V 36 204), urspr. Wehrmacht, btf.
Vl: V 36 255, C-dh, Holmag 2012/1948, 2003 ex HSW Wesel, bis 1985 Zementwerk Schwenk (Allmendingen), bis 1981 DB (236 255 / V 36 255), abg.
Vl: WAB 4, C-dh, MaK 400003/1955, 400 PS, 2000 ex Landeseisenbahn Lippe (V 91), bis 1991 Hümmlinger Kreisbahn (L 1), bis 1978 Midgard Nordenham (D V), bis 1967 Voldagsen – Delligsen (V 34-03), abg.

Volkskundliches Museum Wilnsdorf

Im Wilnsdorfer Heimatmuseum, worin das dörfliche Leben im südlichen Siegerland darstellt wird, stehen in einem abgesperrten Bereich einige Grubenbahnfahrzeuge.
Geöffnet: Donnerstags, samstags und sonntags (14-18 Uhr)
Info: Volkskundliches Museum, Gemeinde Wilnsdorf, Marktplatz 1, 57234 Wilnsdorf, Tel. 02739 802-147, Fax -139, rathaus@wilnsdorf.de
Lokomotiven (600 mm):
Vl: B-dm, Gmeinder 3452/1941, 22 PS, bis 1976 Fuchs'sche Tongruben KG (Ransbach), btf.
Vl: B-dm, Diema 1829/1959, 10 PS, bis 1980 Tonbergbau Schmidt (Langendernbach), btf.
Vl: B-dm, Diema 2464/1961, 8 PS, bis 1980 Klinkerwerke Bauer (Pfaffen-Beerfurth), btf.
Al: 1A, Schalke/SSW 54917/5906/1957, 6 kW, urspr. Grube Fortuna (Solms-Oberbiel), abg.
Pl: B-pr, Jung 12117/1952, 20 PS, urspr. Bergbau-Union (Dortmund), btf.

Rheinland-Pfalz / Saarland

Eisenbahnfreunde Betzdorf

Der 1985 gegründete Verein, der anfangs auf der Westerwaldbahn einige Sonderfahrten organisierte, setzt seit 1994 seinen Dampfzug im Siegerland und Westerwald ein. Seit 1997 sind die Fahrzeuge im Bw Siegen untergebracht, wo der denkmalgeschützte Lokschuppen an jedem letzten Samstags des Monats (10-16 Uhr) besichtigt werden kann.
Termine: 12.4. (zum Koblenz Dampffest), 20.5. (mit V-Lok nach Heidelberg), 19.6. (mit Dampflok zum Jazz-Festival Dillenburg), 17./18.7. (Lokschuppenfest Siegen), 31.7. (Dampfzug zum Oldie-Festival Wettenberg), 7.8. (Sonderzug zum „Rhein in Flammen"), Oktober (Dampfzug zu einem Weinfest), 23.10. (mit V-Lok zum Bremer Freimarkt), 4./5.12. (Nikolauszüge auf der Westerwaldbahn), 11.12.(Dampfzug zum Weihnachtsmarkt Köln) und 18.12.2004 (Sonderzug zum Weihnachtsmarkt Münster)
Info: Eisenbahnfreunde Betzdorf, Nizzaweg 25, 57518 Betzdorf, Tel. 02734 438580 und 02741 934829, Vorstand.EfB@MiBaOne.de
Internet: www.eisenbahnfreunde-betzdorf.de
Triebfahrzeuge (1.435 mm):
Dl: 038 772, 2'Ch2, Schichau 2275/1915, leihweise ex privat (Hamburg), bis 1975 DB (038 772 / 38 1772), urspr. preuß. P8 „Königsberg 2459", abg.
Dl: 52 8121, 1'Eh2, Schichau 3863/1943, 1993 ex DR Guben (52 8121 / bis 1963: 52 5585), i.A.
Dl: 52 8134, 1'Eh2, Floridsdorf 16591/1943, 1997 ex privat (Celle), bis 1992 DR (52 8134 / bis 1964: 52 7138), btf.
Dl: 57 3088, E-h2, Rheinmetall Düsseldorf-Derendorf 550/1922, Eigentum DB-Museum, bis 2002 Denkmal Haltingen, abg.
Dl: 14001, C-fl, Jung 14001/1967, 250 PS, 1993 ex Denkmal Jung (Kirchen), bis 1985 Werklok Jung-Jungenthal, bis 1980 Arbed S.A. in Esch/Alzette in Luxemburg (12), abg.
Vl: 11, C-dh, Jung 13119/1960, 440 PS, R42C, 2001 ex Siegener Kreisbahn (11), bis 1970 Kleinbahn Weidenau-Deuz, btf.
Vl: 311 188, B-dm, Esslingen 4290/1935, Kö I, 1999 ex EF Wetterau (Bad Nauheim), bis 1983 Schwarz & Ulrich (Friedberg), bis 1972 DB (311 188 / Kö 0188), abg.
Vl: Köf 5274, B-dh, Deutz 47370/1944, 107 PS, Köf II, 1997 ex Röhrenwerke Fuchs (Kaan-Marienborn), bis 1979 DB Marburg (323 470 / 321 126 / Köf 5274 / Kbf 5274), btf.
El: E 44 1170, Bo'Bo', Henschel 25575/1944, Eigentum DB-Museum, bis 2002 bei BSW Freiburg, ex DB (144 170 / E 44 1170 / E 44 170w), abg. (weiteres unter www.e441170.de)
El: 103 226, Co'Co', Krauss-Maffei 19639/1973, 7.080 kW, Eigentum Lokomotivclub 103 e.V. (Wuppertal), 2002 ex DB (103 226), ä.r.
El: 141 248, Bo'Bo', Henschel/BBC 30451/1963, Eigentum DB-Museum, bis 2003 DB (141 248 / E 41 248), abg.
Nf: Klv 12-4823 „Charly", A1-dm, Beilhack 2948/1958, 28 PS, bis 1986 DB Göttingen (Klv 12-4823), btf.

Eisengarten-Feldbahn, Mittelhof-Eisengarten

Im Ortsteil „Grube Friedrich" der Gemeinde Mittelhof – zwischen Betzdorf und Wissen gelegen – nahm die in Hattingen/Ruhr ansässige Heinrichshütte im Jahr 1865 den Eisenerzbergbau auf. Vom im Ortsteil Eisengarten zutage tretenden Erbstollen führte eine 700 m lange Pferdebahn zum Bahnhof Niederhövels der Siegstrecke. 1954 schloß die Bergbau Siegerland AG die Grube 1954 mit ihrem 830 m tiefen Förderschacht und den 15 Sohlen. Als „Bergwerksdenkmal in Erinnerung an den Siegerländer Erzbergbau" begann 1995 der Aufbau einer privaten Feldbahn. Die inzwischen fertiggestellte Anlage umfaßt 300 m Gleislänge, zwei Brücken, einen 16 m langen Tunnel, zwei offene Personenwagen und einige Kipploren.

Info: Volker Wagner, Steckensteiner Str. 98, 57537 Mittelhof, Tel. 02742 969876, Fax 5921, info@eisengarten.net
Internet: www.eisengarten.net
Diesellok (600 mm): B-dm, Schöma 2583/1962, 14 PS, CHL 14G, 1998 ex Torfwerk Strenge in Heinschenwalde (9), btf.

Besucherbergwerk „Grube Bindweide", Steinebach (Sieg)

1986 wurde der „Tiefe Bindweider Stollen" auf 1,3 km Länge als Besucherbergwerk (teils mit Grubenbahn) hergerichtet. Eindrucksvoll sind die vielfältigen Mineralien, die beiden Schächte, der Maschinenraum, die Pulverkammer und die Erzabbaue.
Geöffnet: 1.4. bis 31.10.2004, mittwochs und samstags (14-17 Uhr) sowie sonn- und feiertags (13-17 Uhr)
Info: Besucherbergwerk, 57580 Gebhardshain, Tel. 02747 809-27 (Fax -82) und 3908, info@besucherbergwerk-grube-bindweide.de
Internet: www.besucherbergwerk-grube-bindweide.de
Lokomotiven (600 mm):
Al: Bo, Bartz U194/1958, 9 kW, 1990 ex Tonwerk Braun (Witterschlick), btf.
Al: 1A, Schalke/SSW 54922/5909/1957, 6 kW, 1986 ex Grube Fortuna (Solms-Oberbiel), btf.
Al: 2 Stück: Bo, Bartz 1950, 6 kW, 1986 ex Tonbergwerk Braun (Alfter-Witterschlick), btf.

Bergbaumuseum des Kreises Altenkirchen, Herdorf-Sassenroth

Das 1986 eröffnete Sassenrother Bergbaumuseum veranschaulicht die einst große Bedeutung des Siegerländer Bergbaues sowie die vielfältigen zutage geförderten Mineralien. Ein Schaubergwerk (u. a. mit Grubenloks und Lademaschinen) zeigt auf verschiedenen Strecken den bergmännischen Alltag und im Außenbereich stellen der 15 m hohe Förderturm und das Maschinenhaus eine kleine Zechenanlage dar.
Geöffnet: Täglich außer montags (10-12 und 14-17 Uhr)
Info: Bergbaumuseum, Schulstraße 12, 57562 Herdorf-Sassenroth, Tel./Fax 02744 6389

Seit 1999 bietet die in Linz am Rhein ansässige Eifelbahn GmbH Ausflugsfahrten zwischen Linz und Kalenborn an. Ein zweiteiliger Zug passiert hier den Kasbacher Viadukt. *Foto: Hans-Joachim Jakubowski*

Lokomotiven (600 mm):
Vl: B-dm, Ruhrthaler 2876/1950, 32 PS, 1986 ex Grube Fortuna (Solms-Oberbiel)
Vl: B-dm, Jung 7694/1938, 11/12 PS, EL 105, 1999 ex privat (Gosenbach), bis 1988 Spielplatz Weidenau, zuvor Ziegelei Conrath (Netphen), urspr. J. Lück (Betzdorf)
Al: 1A, Schalke/SSW 53065/5802/1956, 6 kW, 1986 ex Fortuna, zuvor Groß Laubach (Albshausen)
Al: Bo, Krauss-Maffei/BBC 17567/1949, 36 kW, 575 mm, 1990 ex Sachtleben AG (Altenhundem)

Eifelbahn GmbH, Linz am Rhein

Die Eifelbahn Verkehrs-GmbH übernahm 1998 die steigungsreiche Kasbachtalbahn Linz – Kalenborn (8,9 km) samt zweiständigem Lokschuppen, Werkstatt, Büroräumen und Abstellgleisen. Sie reaktivierte sie für den öffentlichen Verkehr und bietet seit 1999 Ausflugsfahrten an. Zum Einsatz kommt ein steilstreckentauglicher Schienenbus der Baureihe 798, verstärkt durch einen Steuerwagen der Baureihe 996.
Fahrbetrieb: Sonn- und feiertags vom 9.4. bis 31.10.2004 stündlich ab Linz (10-17 Uhr) bzw. Kalenborn (10.25-17.25 Uhr), Sonderfahrt am 24.4.2004 (mit Volldampf in den Taunus)
Info: Eifelbahn GmbH, Rheinhöllerweg 5, 53545 Linz, Tel. 02644 8088-03, Fax -05
Internet: www.zugtouren.de und www.kasbachtalbahn.de
Lokomotiven (1.435 mm):
Dl: 50 1724, 1'Eh2, Krupp 2564/1941, 1998 ex EAKJ Jülich, bis 1979 DB (051 724), abg.
Vl: 323 149, B-dh, Deutz 57294/1959, 128 PS, Köf II, 2002 ex Vennbahn (Raeren/Belgien), bis 1992 DB (323 149 / Köf 6436), btf.
Vl: 323 351, B-dh, Deutz 57931/1965, 128 PS, 1998 ex Deutsche Linoleumwerke (Bietigheim-Bissingen), bis 1985 DB (323 351 / Köf 6831), btf.
Vt: 798 598, AA-dm, Donauwörth 1234/1956, 2 x 150 PS, 1999 ex DB (798 598 / VT 98 9598), abg.
Nf: Klv 51 9129 (1999 ex DB, abg.), Klv 51 9342 (1999 ex DB, abg.), Klv 53 0591 (1997 ex DB, btf.), Klv 53 0616 (1999 ex DB, btf.) und Klv 61 9120 (A1-dm, Robel, 1998 ex DB, abg.)

Förderverein Museums-Bw Kreuzberg (Ahr)

Seit 1996 besteht ein Verein, der die denkmalgeschützten Kreuzberger Bw-Anlagen originalgetreu instandsetzen und in eine Museumsanlage umwandeln möchte. Die Vereinsmitglieder restaurieren derzeit den Wasserkran und den Kohlenladekran.
Info: Klaus Schmidt, Glockenstr. 33, 53844 Troisdorf, info@bw-kreuzberg.de
Internet: www.bw-kreuzberg.de
Triebfahrzeug (1.435 mm):
Klv 51 9315, A1-dm, FKF 1956, 72 PS, 1999 ex Kandertal, bis 1986 DB (51 9315 / 50 8323)

Brohltalbahn Brohl – Engeln

Mit Diesellok und Triebwagenanhänger rief die Brohltalbahn 1977 den Vulkan-Expreß ins Leben. Unterstützung leistet seit 1987 die IG Brohltal Schmalspureisenbahn, die 1992 die Brohltal-Schmalspureisenbahn Betriebs-GmbH ins Leben rief, um die Stillegung der Meterspurbahn Brohl – Engeln (17,5 km) zu verhindern und den Personen- und Güterverkehr weiterzuführen. Im Jahr 2004 findet kein Dampfbetrieb statt.
Fahrbetrieb: Dienstags 4.5. – 30.10., donnerstags 6.5. – 28.10., samstags 24.4. – 23.10., sonntags 11.4. – 31.10. und am 9.4., 12.4. und 31.5.2004 (jeweils Brohl BE ab 9.30 und 14.10 Uhr; Engeln ab 11.30 und 16.30 Uhr)
Weitere Termine: 9.4. (Saisonstart), 11./12.4. (Osterfahrten), 8.5. (Früh-Kölsch-Fahrt), 30.5. (Kirmes im Bf Engeln), 4.6. bis 4.7. (Kunstschau Schweppenburg), 12./13.6. (Museumsbahnwochenende), 20.6. (Drei-Quellen-Fahrt), 26.6. (Sommernachtsfahrt), 10.7. (Raubritterfahrt), 25.7. (Brohltalzauber), 21.8. (Spanischer Abend), 11.9. (Westernabendfahrt), 12.9. (Tag der offenen Denkmals), 2./3.10. (Scheunenfest Kahlenberghof), 2./9.10. (Gambrinusfahrten), Advent (Nikolauszüge), 30./31.10. (Saisonausklang Bf Engeln) sowie am 26.12. und 31.12.2004

Die Mallet-Lok 11sm der Brohltalbahn wurde 1968 an die DGEG verkauft und konnte bis 1989 im Schmalspurmuseum Viernheim besichtigt werden. Dann kehrte sie zunächst leihweise (1998 per Kauf) ins Brohltal zurück, wo sie je nach Finanzierbarkeit bis 2006 wieder in Fahrt kommen soll.   Foto (12.9.1999): Ludger Kenning

Info: Verkehrsbüro Brohltal, Kapellenstr. 12, 56651 Niederzissen, Tel. 02636 80303, Fax 80146, buero@vulkan-express.de
Internet: www.vulkan-express.de
Triebfahrzeuge u. a. für Museumszüge (1.000 mm):
Dl: V, Dh2, Chrzanow 2135/1952, 1989 ex PKP (Px 48 3906), i.A.
Dl: VI, Dh2, Chrzanow 2248/1952, 1990 ex PKP (Px 48 3913), abg.
Dl: 11sm, B'Bn4vt, Humboldt 348/1906, 1989 ex DGEG Viernheim, bis 1968 Brohltalbahn (11sm), abg.
Vl: D 1, C-dh, O&K 26528/1965, 300 PS, btf.
Vl: D 2, C-dh, O&K 26529/1965, 300 PS, btf.
Vl: D 3, C-dh, O&K 26623/1966, 300 PS, abg.
Vl: D 5, B'B'dh, Henschel 31004/1966, 1.200 PS, 1998 ex FEVE/Spanien (1405), i.A.
Vl: D 7, C-dm, LKM 250349/1967, 102 PS, V10C, 1992 ex August-Bebel-Hütte des Mansfeldkombinats Helbra (7), abg.
Vt: VT 30, Bo'Bo', Fuchs 9053/1956, 4 x 170 PS, 1989 ex WEG Amstetten – Laichingen (T 30), bis 1976 Härtsfeldbahn (T 30), btf.
Nf: Skl 53, B-dm, Robel 54.13-6-AA257/1977, 1997 ex DB (53 0592), btf.
Nf: 1A-dm, Beilhack 2134/1929, 6 PS, Motordraisine, 1998 ex SSB, btf.

Tonbergbaumuseum Siershahn

Den Mittelpunkt des Siershahner Tonbergbaumuseums bildet die Schachtanlage „Gute Hoffnung". Für Eisenbahnfreunde sind der Lorenbahnhof, die Gleisanlagen und die Förderwagen interessant. Ein Fahrbetrieb ist geplant.
Info: Tonbergbaumuseum, Postfach 1132, 56425 Siershahn, Tel. 02623 9513-63, Fax -65, tonberg@rz-online.de
Internet: www.keramik.de/tonbergbaumuseum
Lokomotiven (600 mm):
Vl: B-dm, Diema 2405/1961, 20 PS, 1991 ex Grube Lieblich (Siershahn), ex Mühlbach (Elbgrund)
Vl: B-dm, Diema 1097/1941, 24 PS, 1992 ex Didier-Werke (Siershahn), zuvor Kirchner (Dülmen), zuvor Kalkwerk Stadtlohn

Westerwälder Eisenbahnfreunde 44 508, Westerburg

Die 1987 gegründete BSW-Freizeitgruppe „Dampflok 44 508" hatte ihr Domizil in Siershahn, wo sie sich vor allem mit der Aufarbeitung der 44 508 befaßte. Im Jahr 2003, nun als „Westerwälder Eisenbahnfreunde 44 508 e.V.", zog der Verein nach Westerburg um. Dort erwarb er den 1906 erbauten Lokschuppen der früheren Bw-Außenstelle, um die Fahrzeuge aufzuarbeiten, das Eisenbahnmuseum Westerburg einzurichten und Sonderfahrten zu veranstalten. Für September 2004 ist ein Tag der offenen Tür geplant.
Info: Achim Meurer, Waldstr. 2b, 56410 Montabaur, Tel. 02602 8391010 und 0173 9054646, 44508@acdia.de
Internet: www.wef44508.com
Lokomotiven (1.435 mm):
Dl: 44 508, 1'Eh3, Krauss-Maffei 16113/1941, Eigentum DB-Museum, bis 1988 bei BSW-Gruppe Gelsenkirchen-Bismarck, bis 1977 DB Gelsenk.-Bismarck (044 508 / 44 508), i.A.
Dl: E 2/2, Bn2t, O&K 3120/1908, Privateigentum, 2003 ex Papierfabrik in der Schweiz, i.A.
Vl: 323 842, B-dh, Jung 13210/1960, 128 PS, Köf II, Privateigentum, 2002 ex DB (323 842 / Köf 6772), btf.

Emser Bergbaumuseum, Bad Ems

1996 wurde im Steigerhaus von Bad Ems ein Bergbaumuseum eröffnet, das den Blei-, Zink-, Kupfer- und Silbererzbergbau auf dem „Emser Gangzug" darstellt und vom AGBB e.V. betrieben wird. Zur Gruben- und Feldbahnanlage gehören u. a. ein Personen- und zehn Förderwagen, ein Schnabelkipper, neun Kipploren, eine Gleisbiegemaschine und zwei Überkopflader. Zur oberirdischen Grubenbahn mit mittlerweile 108 m Gleislänge gehören auch vier Weichen und ein neuer dreigleisiger Lokschuppen.
Geöffnet: Sonntags 14-16 Uhr von März bis Oktober
Info: Arbeitsgemeinschaft Bahnen und Bergbau e.V. (AGBB), Emser Hütte 13, 56130 Bad Ems, Tel. 02603 14665, frank.girmann@rz-online.de
Internet: www.emser-bergbaumuseum.de
Lokomotiven (600 mm):
Vl: 102-90, B-dm, Diema 2582/1963, 20 PS, DGL 20, 1990 ex Dachschiefergrube „Wilhelm-Erbstollen" Kaub/Rhein, ehem. 660 mm, btf.
Vl: 103-94, B-dm, Diema 2181/1958, 12 PS, DL 8, 1994 ex privat (Schönborn), bis ca. 1979 Kalk- und Sandsteinwerk Zorn (Mudershausen), btf.
Al: 101-88, Bo, Eigenbau 1960, 1 kW, 1988 ex Rohstoffe Eickhoff (Mayen), zuvor vmtl. Dachschiefergrube Rathscheck (Katzenberg bei Mayen), ehem. 550 mm, btf.
Al: 6, Bo, Bartz, 575 mm, EL 9, 1974 ex Blei- und Zinkerzgrube Ramsbeck/Sauerland, Denkmal

DB-Museum Koblenz

Anfangs galt das Augenmerk der 1989 im Moselbahnhof Koblenz gegründeten „BSW-Freizeitgruppe zur Erhaltung historischer Eisenbahnfahrzeuge Koblenz" der E 16 03, später kamen eine Köf, einige Salonwagen und schließlich der ET 30 hinzu und man zog ins frühere Güterwagenausbesserungswerk (ehem. Bw) Koblenz-Lützel um. Die enge Zusammenarbeit mit dem DB-Museum Nürnberg führte dazu, daß im April 2001 hier ein Standort des DB-Museums eröffnet werden konnte.
Geöffnet: Samstags von April bis Oktober (10-14 Uhr) sowie am 13./27.11. und 11.12.2004 (10-13 Uhr)
Weitere Termine: 10.-12.4. (Dampf am Deutschen Eck) und 23.10.2004 (100 Jahre T 3)
Info: DB-Museum / Wolfgang Ihrlich, Schönbornsluster Str. 3, 56070 Koblenz, Tel. 0261 39613-39, Fax -40, Wolfgang.Ihrlich@bahn.de
Internet: www.dbmuseum-koblenz.de.vu/
Lokomotiven (1.435 mm):
Dl: 89 7462, Cn2t, Hagans 499/1904, 1999 ex Spielplatz im Kölner Zoo, bis 1960 DB Hamm (89 7462), urspr. preuß T 3, i.A.

El: 103 184, Co'Co', Krauss-Maffei/SSW 19549/1971, 2001 ex DB (103 184), btf.
El: 113 311, Bo'Bo', Krauss-Maffei/SSW 19028/1964, 2004 ex DB (113 311 / 112 311 / E 10 1311), abg.
El: E 16 03, 1'Do1', Krauss-Maffei/BBC 8168/1927, 1995 ex Technische Hochschule Aachen, bis 1976 DB (116 003 / E 16 03), urspr. Bayerische ES1 21003, abg.
El: E 18 03, 1'Do1', AEG 4876/1935, bis 1984 DB (118 003 / E 18 03), abg.
El: E 41 001, Bo'Bo', Henschel/BBC 29073/1957, 2.200 kW, 2001 ex DB (141 001 / E 41 001), abg.
El: 141 055, Bo'Bo', Henschel/BBC 29686/1958, Ersatzteilspender
El: E 44 002, Bo'Bo', Henschel/SSW 22132/1932, 2.200 kW, ex DB (144 002 / E 44 002), abg.
El: 150 091, Co'Co', Krupp/AEG 4432/1963, 4.440 kW, 2001 ex DB (150 091 / E 50 091)
El: E 60 10, 1'C, AEG 4706/1932, 1.074 kW, 2001 ex Standort Haltingen, bis 1977 DB (160 010 / E 60 10), abg.
El: 181 001, Bo'Bo', Krupp/AEG 4839/1968, 3.000 kW, Mehrsystemlok, ex DB (181 001 / E 310 01), abg.
El: 182 001, Bo'Bo', Krupp/AEG 3778/1960, 2.460 kW, bis 1981 AEG-Versuchslok, bis 1977 DB (184 001 / E 320 01), abg.
El: 184 003, Bo'Bo', Krupp/AEG 4886/1966, 3.000 kW, Viersystemlok, 2002 ex DB (184 003 / E 410 03), abg.
Et: ET 30 014, (Bo'2')(2'2')(2'2')(2'Bo'), Düwag 27189/1958 und 27190/1958, ex DB (430 114/414 / ET 30 014), abg.
Vl: 323 852, B-dh, Jung 13220/1960, 128 PS, Köf II, 1998 ex DB (323 852 / Köf 6782), abg.
Vl: 333 068, B-dh, Gmeinder 5464/1969, 240 PS, Köf III, ex DB (333 068), btf.
Vl: B-dm, Deutz 56762/1958, A4L 514R, Privateigentum, ex Didier-Werke, abg.

Eifelbahn e.V., Gerolstein

Der 1995 gegründete Eifelbahn e.V. will Zeugnisse der Eisenbahngeschichte als kulturelle und technische Denkmäler bewahren. Ein Hauptaugenmerk gilt der betriebsfähigen Erhaltung des denkmalgeschützten Bw Gerolstein, wo die Vereinsfahrzeuge untergebracht sind.

Feierabend im Bw Gerolstein am 3.4.1999: Die 94 1538 hatte an diesem Tag einen Zug nach Losheim (bei Hellenthal) und zurück befördert. *Foto: Ludger Kenning*

Termine: 12.4. (Gerolstein – Merzig mit 795), 20.5. (Pendelzüge Bitburg – St. Thomas), 22./23.5. (Bahnhofsfest Daun), 20.5. – 31.10. (samstags, sonn- und feiertags Gerolstein – Kaisersesch u. a. mit 795), 7.7. – 1.9. (mittwochs mit 795 von Gerolstein nach Kaisersesch), weitere Fahrten in Planung
Info: Eifelbahn e.V., Postfach 1161, 54561 Gerolstein, Tel. 06591 98292-50, Fax -51, eifelbahn@t-online.de
Internet: www.eifelbahn.de
Triebfahrzeuge (1.435 mm):
Dl: 94 1538, Eh2t, BMAG 8085/1922, 1997 ex Denkmal Gönnern, bis 1972 DB (094 538 / 94 1538), urspr. KPEV T 16[1] „Essen 8763", btf.
Vl: 311 221, B-dm, Windhoff 304/1935, Kö I, 1987 ex Basaltwerk Clement (Ochtendung), bis 1973 DB (311 221 / Kö 0221), abg.
Vl: Köf 4572, B-dh, Krupp 1347/1934, 128 PS, Köf II, 1993 ex Proctor & Gamble (Euskirchen), bis 1981 DB (322 618 / Köf 4572), abg.
Vl: Kdl 91 0005, B-dm, Schöma 1429/1953, 15 PS, 1989 ex Museumseisenbahn Paderborn, bis 1986 DB Bremen, abg.
Vt: 795 256, A1-dm, Uerdingen 57635/1953, 150 PS, 1995 ex AHE Almstedt-Segeste (VT 21), bis 1976 DB (795 256 / VT 95 9256), btf. (mit 995 295, Donauwörth 1954)
Nf: Klv 12-4204 (1987 ex DB, abg.) und Klv 12-4923 (1986 ex DB, abg.)

Feldbahn im Eifelzoo, Lünebach bei Prüm

Durch den Eifelzoo führt seit 1991 eine Feldbahn. Beachtlich sind nicht nur die soliden Gleisanlagen und Signale, sondern auch das Bahnhofsgebäude mit Turm und Sandsteinsegmenten. Vom 1,8 km langen Rundkurs zweigt ein Gleis zum Steinbruch ab. Für den Personenverkehr sind fünf zweiachsige Wagen vorhanden.
Geöffnet: Täglich 9-18 Uhr
Info: Eifelzoo, 54597 Lünebach-Pronsfeld, Tel. 06556 816, Fax 323, info@eifel-zoo.de
Internet: www.eifel-zoo.de
Lokomotiven (600 mm):
Vl: 3 Stück, B-dm, LKM 262043/1958 (btf.), 248789/1956 (btf.) und 248683/1955 (abg.), Ns2f, 1991 ex Thüringische Ziegelwerke Erfurt (Höngeda/Bollstedt)
Vl: B-dm, LKM 248760/1956, Ns2f, 1995 ex Ziegelei Ducherow, btf.
Vl: B1'dm, Deutz 21350/1937, OMZ 117, 1991 ex Grube „Fortuna" Lonning (10), zuvor Thonwerke Ludwig (Ransbach), urspr. Märkische Baugesellschaft Berlin-Charlottenburg, Spielgerät
Vl: B-dm, Deutz 43062/1942, OMZ 117, 1991 ex Grube „Fortuna" Lonning (11), zuvor Thonwerke Ludwig (Ransbach), urspr. Feldspatwerke Sch'meyer & Vollmer (Birkenfeld/Nahe), abg.
Vl: 2 Stück, B-dm, Unio (Rumänien), 1995 ex Ziegelei Ducherow, davon eine Lok btf.
Vl: B-dh, O&K 26581/1966, MV 6b, 1997 ex Ferro-Stahl (Düsseldorf), über Mainische Feldbahnen ex Shell (Ludwigshafen / Regensburg / bis 1980 Flörsheim/Mainz), Spielgerät

Hochwaldbahn (HWB), Hermeskeil

Der 1991 gegründete Hochwaldbahn e.V. befuhr 1993-97 mit Schienenbussen die Hochwaldbahn Ruwer – Hermeskeil, doch wurde daraufhin die Strecke stillgelegt. Museal setzt der Verein seine Fahrzeuge seither auf verschiedenen Strecken vor allem im Hunsrück ein. Seine Fachwerkstatt setzt seit 2000 auch fremde Schienenbusse instand. Im November 2002 gründete die Hochwaldbahn zusammen mit der Sächsisch-Oberlausitzer Eisenbahngesellschaft (SOEG) und der Böhmischen Nordbahn CSD (Ceska severni draha s.r.o., Ceska Kamenice) die Sächsisch-Böhmische Eisenbahn-GmbH (SBE), die seit Dezember 2002 den Personenverkehr Zittau – Seifhennersdorf – Eibau bedient. Seit Oktober 2003 ist die Hochwaldbahn alleiniger Gesellschafter der SBE. Im Jahr 2004 übernimmt der HWB-Schwesterverein Hunsrückbahn e.V. die Betriebsführung der „Hausstrecke" Hermeskeil – Türkismühle.
Termine: 20.5., 31.5., 18.7., 1.5., 15.8., 12.9., 10.10. und 5.12.2004 (je vier Zugpaare Hermeskeil – Türkismühle)

Info: Hochwaldbahn, Postfach 1518, 54405 Hermeskeil, Tel. 06503 92149-0, Fax -19, info@hochwaldbahn.de
Internet: www.hochwaldbahn.de
Triebfahrzeuge (1.435 mm):
Vl: VL 1 „Emma", C-dh, Jung 12255/1956, 320 PS, R30C, 1992 ex Birkenfelder Eisenbahn (1), btf.
Vl: VL 2 „Norbert", C-dh, Jung 12991/1958, 340 PS, R30C, 2004 ex Euregio Eisenbahn (Alstätte), bis 2002 Ahaus-Alstätter Eisenbahn („Alstätte I"), bis 1992 Bad Zwischenahn-Edewecht, i.A.
Vl: VL 3 „Molli II", B-dh, LKM 253010/1960, 180 PS, V15, Einsatz in Trier West, 2001 ex Dampflokmuseum Jüterbog (ehem. Basdorf), bis 1994 DB/DR (311 009 / 101 009 / V 15 1009), btf.
Vl: VL 5, C-dh, Deutz 57452/1962, 570 PS, MS530C, 2002 ex Osnabrücker Dampflokfreunde, bis 1989 Georgsmarienhütte (V 11), bis 1981 Klöckner-Hütte Hagen-Haspe, abg.
Vt: VT 50, AA-dm, Uerdingen 72448/1966, 2 x 180 PS, dreiteilige kurzgekuppelte Schienenbuseinheit VT/VM/VS, 2001 ex Eisenbahntours Nahe-Hunsrück, bis 1997 Hersfelder Kreisbahn (VT 54), i.A.
Vt: VT 51, AA-dm, Donauwörth 1297/1962, 2 x 150 PS, Einsatz in Zittau, 2003 ex CSD Ceska Kamenice (815 001), bis 2000 DB (796 757 / VT 98 9757), btf.
Vt: VT 52, AA-dm, MAN 146567/1961, 2 x 150 PS, Einsatz in Zittau, 2002 ex EBM Dieringhausen, bis 1996 DB (796 785 / VT 98 9785), btf.
Vt: VT 53, AA-dm, MAN 145115/1906, 2 x 150 PS, 2003 ex CSD Ceska Kamenice, bis 2000 DB (796 724 / VT 98 9724), i.A. für Zittau
Vt: VT 54, AA-dm, Uerdingen 66592/1960, 2 x 150 PS, 2001 ex Eisenbahnfreunde Betzdorf, bis 1987 VM Nürnberg („Erlebte Eisenbahn") bzw. DB (798 711 / VT 98 9711), btf.
Vt: VT 55, AA-dm, MAN 145112/1960, 2 x 150 PS, 1991 ex Dampflokmuseum Hermeskeil, bis 1988 Historische Eisenbahn Birkenfeld, bis 1985 Kahlgrundbahn (VT 55 „Falke II"), i.A.
Vt: VT 56, AA-dm, Donauwörth 1212/1956, 2 x 150 PS, Einsatz in Zittau, 2000 ex Dürener Kreisbahn (202), bis 1993 DB (798 576 / VT 98 9576), btf.
Vt: VT 57, AA-dm, MAN 146590/1962, 2 x 150 PS, Einsatz in Zittau, 2000 ex Dürener Kreisbahn (206), bis 1993 DB (798 808 / VT 98 9808), btf.

Eisenbahnmuseum Hermeskeil

Der sechsständige Hermeskeiler Rundlokschuppen und seine noch funktionsfähige Drehscheibe sind gut erhalten. Seit 1986 hat Bernd Falz hier seine ab 1976 angesammelten Lokomotiven untergebracht.
Geöffnet: Samstags, sonn- und feiertags (10-18 Uhr), im Juli/August täglich (10-16 Uhr)
Info: Dampflokmuseum Hermeskeil / Bernd Falz, Bahnhofstr. 20, 65503 Hermeskeil, Tel./Fax 06503 1204, info@dmhk.de
Internet: www.dmhk.de
Lokomotiven (1.435 mm):
Dl: 01 204, 2'C1'h2, Henschel 23256/1937, 1982 ex DR (01 2204 / 01 204)
Dl: 22 066, 1'D1'h3, Borsig 11636/1923, 1991 ex DR (22 066 / 39 033)
Dl: 41 1025, 1'D1'h2, Henschel 24327/1939, 1991 ex DR (41 1025 / 41 025)
Dl: 41 1137, 1'D1'h2, Schichau 3343/1939, 1991 ex DR (41 1137 / 41 137)
Dl: 44 167, 1'E-h3, BMAG 10882/1939, 1992 ex DR (44 0167 / 44 2167 / 44 167)
Dl: 44 177, 1'E-h3, Krupp 1997/1940, 1991 ex DR (44 0177 / 44 9177 / 44 177)
Dl: 44 196, 1'E-h3, Krupp 2018/1940, 1991 ex DR (44 2196 / 44 0196 / 44 196)
Dl: 44 264, 1'E-h3, Schichau 3390/1940, 1991 ex DR (44 2264 / 44 0264 / 44 264)
Dl: 44 1040, 1'E-h3, Floridsdorf 9396/1942, 1991 ex DR (44 0040 / 44 1040)
Dl: 44 500, 1'E-h3, Krauss-Maffei 16105/1941, 1992 ex DR (44 2500 / 44 0500 / 44 500)
Dl: 44 635, 1'E-h3, Schichau 3460/1941, 1992 ex DR (44 2635 / 44 0635 / 44 635)
Dl: 44 1056, 1'E-h3, Floridsdorf 9412/1942, 1992 ex DR (44 0056 / 44 1056)
Dl: 44 1106, 1'E-h3, Borsig 15155/1942, 1991 ex DR (44 1063 / 44 1106)
Dl: 44 1251, 1'E-h3, Borsig 15237/1942, 1991 ex DR (44 0251 / 44 1251)
Dl: 44 1412, 1'E-h3, Schichau 3604/1942, 1991 ex DR (44 0412 / 44 1412)
Dl: 44 1537, 1'E-h3, Borsig 15376/1942, 1991 ex DR (44 0537 / 44 1537)
Dl: 44 2167, 1'E-h3, BMAG 10882/1939, 1992 ex DR (44 0167 / 44 167)
Dl: 44 434, 1'E-h3, Henschel 26043/1941, ex DB (044 434 / 44 434)

Dl: 50 607, 1'E-h2, Henschel 25826/1940, ex DB (050 607 / 50 607)
Dl: 50 1446, 1'E-h2, Henschel 26256/1941, ex DB (051 446 / 50 1446)
Dl: 50 1832, 1'E-h2, BMAG 1137/1941, ex DB (051 832 / 50 1832)
Dl: 50 3014, 1'E-h2, Esslingen 4505/1942, 1982 ex DR (50 3014)
Dl: 50 1423, 1'E-h2, Esslingen 4609/1943, 1982 ex DR (50 1423)
Dl: 50 3553, 1'E-h2, Krauss-Maffei 15754/1939, 1991 ex DR (50 3553 / bis 1959: 50 235)
Dl: 50 3555, 1'E-h2, Floridsdorf 9582/1942, 1992 ex DR (50 3555 / 50 2995)
Dl: 50 3649, 1'E-h2, BMAG 11932/1942, 1992 ex DR (50 3649 / 50 2876)
Dl: 50 3662, 1'E-h2, Floridsdorf 9183/1941, 1991 ex DR (50 3662 / bis 1961: 50 1249)
Dl: 52 662, 1'E-h2, Schichau 4114/1944, 1991 ex DR (52 1662)
Dl: 52 2093, 1'E-h2, Henschel 26843/1943, 1982 ex DR (52 2093)
Dl: 52 6721, 1'E-h2, WLF 16172/1943, 1991 ex DR (52 6721)
Dl: 52 8006, 1'E-h2, Henschel 27822/1943, 1992 ex DR (52 8006 / 52 2644)
Dl: 52 8090, 1'E-h2, MBA 14362/1944, 1991 ex DR (52 8090 / bis 1962: 52 7778)
Dl: 52 8113, 1'E-h2, DWM 573/1943, 1991 ex DR (52 8113 / bis 1963: 52 1159)
Dl: 52 8120, 1'E-h2, Henschel 27830/1943, 1992 ex DR (52 8120 / 52 2652)
Dl: 52 8123, 1'E-h2, Grafenstaden 7900/1943, 1992 ex DR (52 8123 / 52 1633)
Dl: 52 8197, 1'E-h2, Floridsdorf 16929/1944, 1991 ex DR (52 8197 / bis 1966: 52 7581)
Dl: 58 1616, 1'E-h3, Borsig 9148/1918, 1991 ex DR (58 1616), urspr. G 12[1] „5582 Breslau"
Dl: Crefeld, C-n2t, Hohenzollern 3295/1914, 1989 ex Museumsbahn Paderborn, bis 1987 Spielplatz Brühl, zuvor Rheinbraun (RBW 310)
Dl: KDL 8, B-n2t, Floridsdorf 17324/1944, Typ Kdl 8, 1989 ex Museumsbahn Paderborn, bis 1988 Schoeller-Bleckmann Stahlwerke Ternitz/Niederösterreich (SBS 02)
Vl: 220 355, Co'Co', Woroschilowgrad 2087/1974, 1992 ex DR (220 355 / 120 355)
Vl: Köf 6449, B-dh, Deutz 57307/1960, 1985 ex DB (323 156 / Köf 6449)
Vl: Köf 4285, B-dh, Krauss-Maffei 15421/1934, 1990 ex Richtberg KG (Bingen), bis 1982 DB (322 137 / Köf 4285)
Vl: 100 131, B-dm, Raw Dessau 1962, 1992 ex DR (310 131 / 100 131 / Kö 4031)
Vl: 100 309, B-dm, BMAG 10208/1934, 1994 ex Tunnelbau Greuter (Saarlouis), bis 1992 DR (310 309 / 100 309 / Kö 4309)
Vl: 100 881, B-dm, Deutz 47357/1944, 1994 ex Greuter (Saarlouis), bis 1992 DR (310 881 / 100 881 / Kbf 5261)
Vl: 323 861, B-dh, Jung 13229/1960, 1994 ex Greuter (Saarlouis), bis 1992 DB (323 861 / Köf 6791)
El: E 44 148, Bo'Bo', Henschel/SSW 25389/1942, 1992 ex DR (244 148 / E 44 148), bis 1952 SZD, bis 1946 DRB
El: E 94 066, Co'Co', AEG 5410/1942, 1992 ex DR (254 066 / E 94 066), bis 1952 SZD, bis 1946 DRB
Nf: Klv 12-4977, A1-dm, Beilhack 3062/1962, 1989 ex EF Daun, bis 1987 DB (Klv 12-4977)

Museumsfeldbahn der Weinbaudomäne Serrig

1904-06 entstand in der staatlichen Weinbaudomäne Serrig im Saartal eine Feldbahn, die in ihrer Blütezeit eine Streckenlänge von 14 km umfaßte. Die zuletzt mit drei Dieselloks, einer Spritzlok und etwa 30 Wagen betriebene Bahn wurde nach der Privatisierung der Domäne 1991 im vorderen Teil des Weinbergs abgebaut oder zugeschüttet. Nach dem Konkurs des Eigentümers übernahm das Hofgut Serrig der Lebenshilfewerkstatt Trier eine Lok und die meisten Wagen. Zusammen mit einigen Feldbahnfreunden begann das Hofgut 1997 mit den Planungen zur Reaktivierung der Feldbahn, wobei eine Rückkehr in den Weinberg noch nicht möglich war. Mit einem Aufwand von 700.000 DM verlegten die Behindertenwerkstatt und der im Jahr 2000 gegründete Feldbahnfreunde Serrig e.V. (FFS) auf dem an den Weinberg angrenzenden Gelände des Hofguts eine Ringstrecke von 1,2 km Länge, errichteten einen Bahnhof mit Fachwerklokschuppen, legten die Stationen Am Schweinestall, Teich, Am Rinderstall, Weinberge und Backhaus an und restaurierten die Dieselloks, vier Traubenloren, zwei Kipploren, zwei Tankwagen und die „Härewagen", die einst für die Besichtigungen der Aufsichtsbehörde dienten. Weitere Wagen wurden zu Sitzwagen umgebaut. Am 16.9.2001 fand mit der Guldentaler Dampflok die Wiedereröffnung der Weinbergbahn statt.

Fahrbetrieb: Sonn- und feiertags vom 11.4. bis 31.10.2004 (11-18 Uhr), sonst für Gruppen nach Absprache
Info: Feldbahnfreunde Serrig e.V., Zum Höchst 23, 54296 Trier-Kernscheid, Tel. 0651 16875, info@feldbahnfreunde-serrig.de
Internet: www.feldbahnfreunde-serrig.de
Lokomotiven (600 mm):
Vl: 1, B-dm, Diema 2188/1958, 10 PS, DL 8, neu über Feldbahnfabrik Breidenbach (Mannheim) an Staatliche Weinbaudomäne Trier (Weingut Serrig), seit 2002 Denkmal am Ortseingang
Vl: 2, B-dm, Diema 1588/1953, 22 PS, DS 12, Eigentum Barthel (Luxemburg), 1994 ex Weinbaudomäne Serrig (1), bis 1967 Hartbasaltwerk Nickel (Ober-Widdersheim), btf.
Vl: 3, B-dm, Diema 1277/1949, 22 PS, DS 12S, Eigentum Lebenshilfe Trier, 1994 ex Weinbaudomäne Serrig („Avelsbacher"), bis 1978 Weinbaudomäne Avelsbach, urspr. Dampfziegelei Westerfrölke (Loxten bei Versmold), btf.
Vl: Spritzlok, B-dm, Eigenbau Domäne Serrig, 52 PS, 2002 ex Weinbaudomäne Serrig, abg.
Vl: B-dm, LKM 248924/1958, 32 PS, Ns2h, Eigentum FFS, 1991 ex Werk Gotha der Thüringer Ziegelwerke Erfurt, btf.

Auf der Merzig-Büschfelder Eisenbahn zwischen Bachem und Losheim am See beförderte die Lok 34 des MECL Losheim am 1.4.2002 einen Personenzug bergwärts.
Foto: Georg Dollwet

Museumsbahn Merzig Ost – Dellborner Mühle

Der 1981 gegründete Museumseisenbahnclub Losheim (MECL) nahm 1982 auf dem 16 km langen Reststück der Merzig-Büschfelder Eisenbahn (MBE) den Museumsverkehr auf. Sein Domizil hat er im Bahnhof Losheim am See, wo er u. a. mit Hilfe der Gemeinde, der jetzt die Strecke gehört, das Empfangsgebäude restaurierte, einen Teil des Lokschuppens anmietete und ein Museum zur regionalen Eisenbahngeschichte einrichtete. Hier ist ein Bahnpostwagen der Bundesarbeitsgemeinschaft Bahnpost stationiert und an Fahrtagen geöffnet.
Museum: Geöffnet dienstags, donnerstags und sonntags vom 10.4. bis 16.10.2004 (jeweils 11-17 Uhr)
Fahrbetrieb: 12.4., 1.5., 30.5., 20.6., 11.7., 25.7., 7./8.8. (Dampflok- und Bahnpostfest), 22.8., 12.9., 17.10., 27./28.11. und 5.12.2004 (Losheim ab 13.30, 14.30, 15.30, 16.30 und 17.30 Uhr; Merzig Ost ab 14, 16 und 18 Uhr; Dellborner Mühle ab 15 und 17 Uhr)
Info: MECL Eisenbahnfreunde, Streifstraße 3, 66679 Losheim, Tel. 06872 8158 (Do 18-20 Uhr, Sa 14-19 Uhr, an Fahrtagen ab 10-19 Uhr), dermodellversand@t-online.de
Oder: Verkehrsbüro Losheim, Tel. 06872 6169, Fax 8489
Internet: www.losheim.de

Triebfahrzeuge (1.435 mm):
- Dl: 26 „Merzig", Cn2t, Henschel 23701/1937, 1987 ex Denkmal Ensdorf, bis 1987 Saarbergwerke (26), btf.
- Dl: 34 „Losheim", Dn2t, Henschel 29892/1948, 1983 ex Saarbergwerke (34), Rahmen ex SBW 25, btf.
- Dl: 36, Dn2t, Krauss-Maffei 17575/1949, 2000 leihweise ex Hist. Eisenbahn Frankfurt (81 1001), bis 1980 Saarbergwerke (36), abg.
- Dl: „Anna 3", Dn2t, Henschel 25169/1949, 1999 Dampfbahn Kochertal, zuvor EBV-Grube „Anna" (Alsdorf), abg.
- Vl: 51, C-dh, Jung 12995/1959, 330 PS, 1988 ex Merzig-Büschfelder Eisenbahn, btf.
- Vl: 52, C-dh, Jung 12996/1959, 330 PS, 1995 ex Gemeinde Losheim / Spedition Konz, bis 1988 Merzig-Büschfelder Eisenbahn, abg.
- Vl: 1, B-dm, Deutz 56148/1956, 56 PS, 1987 ex Burbacher Hütte / Stahlwerk Röchling (1), abg.
- Vl: D II, B-de, St. Chamond (Frankreich) 1955, 1987 ex Dillinger Hütte (D II), abg.
- Vl: V 2, B-dm, Deutz 22762/1938, 600 mm, 1981 ex Erzabbau Greimerath, 600 mm, abg.
- Vl: Köf 6617, B-dh, O&K 26024/1959, 128 PS, Köf II, Privatbesitz (Püttlingen), 1994 ex Ferrum Saarbrücken (185), zuvor DB (323 185 / Köf 6617), abg.
- Vl: Köf 6526, B-dh, Gmeinder 5160/1960, 2003 leihweise ex Werk Mettlach von Villeroy & Boch (2), bis 1986 DB (323726 / Köf 6526), abg.
- Nf: Klv 12-4901, A1-dm, FKW Frankfurt E-825-D3/1959, 28 PS, 1997 ex DB, abg.
- Nf: Klv 51-9130, A1-dm, Sollinger Hütte K1178/1963, 72 PS, 1993 ex DB (Klv 51-9130), abg.
- Nf: Klv 53-0397, B-dm, Waggon-Union 18387/1974, 116 PS, 1998 ex DB (Klv 53-0397), btf.
- Nf: Klv 53-0406, B-dm, Waggon-Union 18396/1974, 116 PS, 1999 ex DB (Klv 53-0406), btf.

Bruchwaldhof-Feldbahn, Weiskirchen (Saar)

Auf seinem landwirtschaftlichen Anwesen verlegte Bernhard Schramm 1988 eine Materialbahn, die u. a. dem Transport von Brennholz, Futtermitteln (in wasserdichten Containerwagen) und Materialien für sonstige Betriebsarbeiten dient und nach Absprache besichtigt werden kann. Zum 400 m langen Gleisnetz gehören zwei Bachbrücken, ein Damm in einem Teich, eine zweigleisige Lokwerkstatt, neun Weichen, eine O&K-Drehscheibe sowie 32 Holztransportloren, Containerfahrzeuge (ex V&B) und Muldenkipper.

Info: Familie Schramm, In der Trift 18, 66709 Weiskirchen, Tel. 06876 7320, Bruchwaldhof@gmx.de

Lokomotiven (600 mm):
- Vl: B-dm, Jung 8088/1938, 11/12 PS, EL 105, 1989 ex Dampfziegelei Puchner in Regenstauf (dort 500 mm), neu geliefert über F. Kirchhoff (München) an Straßenbauausstellung München, btf.
- Vl: B-dm, Jung 8860/1939, ZL 114, 1995 ex privat, zuvor Baufirma Baumann (Ansbach), i.A.
- Vl: B-dm, Diema 1336/1949, 12/14 PS, DS 12, 1996 ex Feldbahnmuseum Guldental, bis 1994 Intu-Bau (Maintal-Dörnigheim), urspr. Baufirma Bödicker (Eschwege), btf.
- Vl: B-dm, Whiting Corp. (Illinois/USA), 1997 ex Spl. Merzig, bis 1982 V&B Merzig, i.A.
- Vl: B-dm, Deutz, 45 PS, 36,5 PS, OMZ 117, 1999 ex Feldbahnmuseum Guldental (34), bis 1995 Kindergarten Ispringen bei Pforzheim, zuvor Steinwerk Herrenberg der Firma Wolfer & Goebel (Stuttgart), btf.

Privatfeldbahn Könen, Losheim am See

In Losheim baut Bernhard Könen eine Feldbahn mit 400 m Gleis mitsamt einer Drehscheibe und fünfständigem Rundlokschuppen auf. Raritäten sind ein Pechot-Rungenwagen von 1915 und ein Decauville-Heeresfeldbahnwagen von 1912.

Info: Bernhard Könen, Trierer Str. 39, 66679 Losheim, Tel. 06872 7804

Lokomotiven (600 mm):
- Dl: Bn2t, Hohenzollern 4612/1927, 1987 ex Denkmal Limbach, bis 1970 Neunkircher Eisenwerke (53)
- Dl: Bn2t, Krauss 6850/1914, 1995 ex Spielplatz St. Ingbert, bis 1971 Neunkircher Eisenwerke (6)

Dl: Bn2t, Krauss 6024/1908, 1998 ex Spielplatz, bis 1970 Neunkircher Eisenwerke (41)
Dl: Bn2t, Krauss 7972/1921, 1996 ex Gärtnerei Landstuhl, bis 1970 Neunkircher Eisenwerke (14)
Vl: B-dm, Deutz 34996/1940, 1982 ex Feldhaus Schwerspat (Nohfelden-Eisen)
Vl: B-dm, LKM 248684/1955, Ns2f, 1992 ex privat (Ilmenau), zuvor Papierfabrik Crossen/Elster
Vl: eine Jung- und drei O&K-Loks, 1992-95 ex privat (Ilmenau)
Vl: B-dm, LKM 249229/1957, Ns3, 1993 ex Thüringer Ziegelwerke Erfurt-Gispersleben (3), zuvor Kieswerk Ottendorf-Okrilla
Vl: B-dm, Unio 1158/1977, 1993 ex privat (Ilmenau), zuvor Baustoffwerke Geithain (Lübschütz)
Vl: B-dm, Decauville 0160/?, 1995 ex Leininger (Frankreich), zuvor Bergwerk Merlebach
Vl: B-dm, Deutz 55894/?, 1994 ex privat (Ilmenau), zuvor Tonwerk Kandern
Vl: B-dm, Deutz 36465/1942, 1995 ex privat (Ilmenau), zuvor Silikatwerk Brandis
Vl: B-dm, Henschel, 1995 ex privat (Ilmenau), zuvor Torfwerk Bley (Wardenburg-Habern)
Vl: B-dm, Jung 11650/1954, 1995 ex privat (Ilmenau), bis 1994 Oving (Rotterdam)
Vl: B-dm, Jung 8208/1939, 1995 ex privat (Weißkirchen), zuvor privat (Diepoldsau), bis 1985 Schinznacher Baumschule, bis zuvor Ziegelwerk Hochdorf/Schweiz bzw. Eisenbahnbau M. Giese (Kiel)
Vl: B-dm, Deutz 42886/?, 1997 ex Firma Herdejürgen in Bremen (207)
Vl: B-dm, Deutz 18318/?, 1997 ex Torfwerk Gnarrenburg
Vl: B-dm, Deutz, 1997 ex Leininger (Frankreich)
Vl: B-dm, Heim 779760/?, 1997 ex Paradiesland (Frankreich), Gipsgruben Großbliedersdorf
Vl: B-dm, Deutz 21158/1938, ehemals Müller (Worpswede) bzw. Glaser & Pflaum (Hamburg)

Parkeisenbahn im Deutsch-Französischen Garten, Saarbrücken

Während der Deutsch-Französischen Gartenschau verkehrte in Saarbrücken eine Parkbahn, die zu Ostern 1960 mit drei Zügen eröffnet worden war. Zum Einsatz kommen zwei windschnittige, in Uslar am Solling gebaute Diesellokomotiven, die den Porsche-Sportwagen der 50er Jahre ähneln. Der Rundkurs mit 2,4 km Gleislänge und maximal 6% Steigung umrundet vom Bahnhof am Nordeingang ausgehend den Park, der sich seit seiner Eröffnung im April 1960 kaum verändert hat.
Fahrbetrieb: April – Juni sowie September/Oktober jeweils mittwochs, samstags, sonn- und feiertags, im Juli/August täglich außer Montag
Info: Messe- und Ausstellungsbahnen GmbH, Messegelände, 66117 Saarbrücken, Tel. 0681 703132 und 55855, kleinbahn@saarmesse.de
Lokomotiven (600 mm):
Vl: blau: B-dm, Sollinger Hütte 1960, seit 1979 Peugeot-Motor 504, btf.
Vl: rot/weiß: B-dm Sollinger Hütte 1960, 54 PS, seit 1995 Deutz-Motor F4L 1011, btf.

Ostertalbahn Ottweiler – Schwarzerden

Die 21 km lange „Ostertal-Kleinbahn" Ottweiler – Schwarzerden wurde 1937/38 in zwei Abschnitten eröffnet, doch schon 1980 stellte die DB den Personenverkehr ein. Eisenbahnfreunde, die sich ab Anfang 1998 um den Erhalt der Strecke bemüht hatten, gründeten im November 1999 den Arbeitskreis Ostertalbahn e.V. (AkO) und zum 1.1.2000 übernahm der Landkreis St. Wendel als Infrastrukturunternehmen die Strecke. Im April 2001 wurde der touristische Sonderverkehr eröffnet und seit 2002 befährt der AkO mit seinen 3yg-Wagen die reizvolle Strecke, die neben 32 Brücken auch Rampen von bis zu 26 Promille aufweist. Nach dem Ausbau des Bahnhofs Schwarzerden samt Erweiterung um drei Abstellgleise rollt seit 2003 wieder der Güterverkehr, den DB-Cargo zwei Jahre zuvor eingestellt hatte. Zur Sammlung gehören neben einem Original-Güterwagen der saarländischen Waggonfabrik Gebr. Lüttgens (Baujahr 1955) auch die beiden letzten Eichwagen des Bw Saarbrücken, ein Kranbelastungswagen, zwei Gleisbauschienenkräne und einige Kleinwagen.
Fahrbetrieb: 10./12.4., 1.5., 16.5., 20.5., 30.5., 13.6., 27.6., 18.7., 1.8., 14./15.8. (Bahnhofsfest mit Fahrzeugschau, Dampfzüge mit 50 3545), 5.9., 19.9., 3.10. und 17.10. (jeweils Schwarzerden ab 9.15, 13.15 und 17.15 Uhr; Ottweiler ab 10.40, 14.40 und 18.40 Uhr), Nikolauszüge am 27.11., 4./5.12. und 11./12.12.2004

Die 21 km lange Ostertalbahn, die über 32 Brücken sowie über Rampen von maximal 25 Promille verfügt, überwindet zwischen Haupersweiler und Schwarzerden die Wasserscheide zwischen Oster- und Glantal. Mit zwei 3yg- und einem Gs-Wagen erreicht die Lok 2 auf dem Weg nach Schwarzerden gleich den Haltepunkt Oberkirchen Süd (11.5.2003). Foto: Reiner Kunz

Unten: Seit 20 Jahren besteht auf dem „Kuckucksbähnel" Elmstein – Lambrecht ein regelmäßiger Museumsverkehr. Im Juni 2004 will die DGEG dieses Jubiläum feiern. Hier hat die 89 7159 gleich Lambrecht erreicht (22.8.1999). Foto: Ludger Kenning

Info: Arbeitskreis Ostertalbahn e.V. (AkO), Reiner Kunz, Zum Tal 20, 66606 St. Wendel, Tel. 06858 1465, Fax 01805 06033460150, ako@ostertalbahn.de
Internet: www.ostertalbahn.de
Lokomotiven (1.435 mm):
Vl: Lok 1, B-dh, Jung 13205/1960, 128 PS, Köf II, 2002 ex Schoeller & Hoesch in Gernsbach (V 15), bis 1984 DB (323 837 / Köf 6767), btf.
Vl: Lok 2, B-dh, O&K 26336/1963, 240 PS, Köf III, 2002 ex DB Saarbrücken (332 098 / Köf 11098), btf.
Vl: Lok 3, B-dh, Gmeinder 5455/1969, 240 PS, Köf III, 2003 ex DB Saarbrücken (335 059 / 333 059), btf.
Vl: Lok 4, B-dh, Gmeinder 5441/1968, 240 PS, Köf III, 2003 ex DB Saarbrücken (335 039 / 333 039), btf.
Nf: Klv 53-1, B-dm, Robel 54.13-AA344/1977, 116 PS, ex DB St. Wendel (Klv 53-0679), btf.
Nf: Klv 53-2, B-dm, Waggon Union 30541/1981, 150 PS, ex DB Homburg / St. Wendel (Klv 53-0816), btf.
Nf: Klv 54-1, B-dh, Schöma 4274/1979, 252 PS, 2003 ex DB (Klv 54-0013), btf.

DGEG-Eisenbahnmuseum Neustadt an der Weinstraße

Eine Arbeitsgruppe der Deutschen Gesellschaft für Eisenbahngeschichte (DGEG) mietete 1972 das frühere Bw Neustadt-Haardt an und restaurierte den Lokschuppen. Nach der Gründung der Kuckucksbähnel-Bahnbetriebs-GmbH und eines Fördervereins wurde 1984 auf dem von Lambrecht entlang des Speyerbaches nach Elmstein (13 km) führenden „Kuckucksbähnel" ein Museumsverkehr aufgenommen, und zwar mit C-Kupplern sowie süddeutschen Personenwagen mit offenen Plattformen. Im Oktober 1999 erwarb die DGEG das 10.000 m^2 große, nicht öffentlich zugängliche Bw-Gelände nahe des denkmalgeschützten Reiterstellwerks. Im dreiständigen Rest des Rundlokschuppens werden einige Museumsfahrzeuge Platz untergebracht und zudem die Lokomotiven des Kuckucksbähnels gewartet, doch zunächst sind die von der DB demontierten Gleisanlagen neu zu verlegen und weitere Schuppenstände rund um die wieder installierte Drehscheibe zu errichten.
Geöffnet: Dienstags – freitags (10-13 Uhr) sowie samstags, sonn- und feiertags (10-16 Uhr)
Fahrbetrieb: 11./12.4., 25.4., 1.5., 9.5., 16.5., 20.5., 23.5., 30./31.5., 20.6., 4.7., 18.7., 1.8., 15.8., 29.8., 12.9., 19.9., 26.9., 10.10. und 17.10.2004 (jeweils Neustadt Hbf 10.44 – Elmstein 11.56/13.50 – Lambrecht 14.38/14.55 – Elmstein 15.44/17.16 – Neustadt Hbf 18.21 Uhr)
Weitere Termine: 5./6.6. („20 Jahre Kuckucksbähnel", u. a. mit der Dresdener 89 6009 und weiteren Dampfsonderzügen), 2./3.10. (Museumstage mit Sonderfahrplan), 4.-6.12., 11./12.12. und 18./19.12. (Nikolauszüge)
Info: DGEG-Eisenbahnmuseum, Postfach 100318, 67403 Neustadt, Tel. 06321 30390 (di-fr 10-13 Uhr), info@eisenbahnmuseum-neustadt.de
Internet: www.eisenbahnmuseum-neustadt.de oder www.dgeg.de
Triebfahrzeuge (1.435 mm):
Dl: Die Pfalz, 2An2, Raw Weiden 1924, Eigentum DB-Museum, Nachbau der Crampton-Lok der Pfalzbahn (Maffei 134/1853)
Dl: Speyerbach, Cn2, Humboldt 210/1904, 1992 Umbau aus Cn2t, 1985 ex DGEG Bochum-Dahlhausen („Walsum 5"), bis 1973 MEC Essen, zuvor Zeche Walsum (5), urspr. Hafenbahn Köln, btf.
Dl: Berg, Bn2t, Krauss 1222/1883, 1967 ex Torfwerk Raubling, bis 1927 DRG (98 7508), urspr. bayr. D VI
Dl: 64 006, 1'C1'h2t, Borsig 1962/1928, 2001 ex Denkmal Elmstein, zuvor DB (64 006), abg.
Dl: 88 7306 „Schaidt", Bn2t, Krauss 2636/1892, 1997 ex Denkmal Stegen/Breisgau, bis 1962 DB-Werklok (805 8001), bis 1936 DRG (88 7306), urspr. Pfalzbahn T 1 „186 Schaidt"
Dl: 18 505, 2'C1'h4v, Maffei 5555/1925, 1977 ex DB (18 505), urspr. DRG (18 505)
Dl: 89 7159, Cn2t, Henschel 10037/1910, 1972 ex privat, bis 1968 Walzwerk Schwerte, btf.
Dl: 92 739, Dn2t, Union 2126/1914, Eigentum DB-Museum, bis 1991 Spielplatz Stadtallendorf, bis 1970 DB (92 739), urspr. preuß. T 13 „7964 Essen"
Dl: 307, En2t, Krauss-Maffei 5779/1907, 1975 ex EBV-Grube „Carl Alexander" Baesweiler, bis 1927 DRG (94 002), urspr. pfälz. T 5 (307)

Dl: 2100, B'B-n4vt, Maffei 1802/1896, Eigentum DB-Museum, ex DRG (a 1924, geplant als 55 7101), urspr. Bayr. Staatsbahn (2100), Teilschnitt
Dl: Oma, B-fl, Hohenzollern 4005/1920, 1973 ex Aral AG
Dl: Xb 175, Dn2t, Karlsruhe 2032/1918, 2002 ex Deutsches Technikmuseum Berlin (zuletzt hinterstellt in Techniksammlung Bad Säckingen, bis 1994 in Berlin), bis 1986 Händler Charles Focquet (Vilvoorde/Belgien), bis 1945 SNCB (9184), ab 1920 „Nord Belge 684" (Depot Kinkempois/Belgien), urspr. badische X b Nr. 175, abg.
Vl: V 36 116, C-dh, Henschel 26140/1942, 360 PS, 1987 ex Verkehrsbetriebe Grafschaft Hoya (V 36 001), bis 1963 DB (V 36 116), urspr. Wehrmacht (Heer)
Vl: V 36 127, C-dh, BMAG 11254/1941, 360 PS, 1974 ex BASF Ludwigshafen, urspr. IG Farben Ludwigshafen, btf.
Vl: Köf 6359, B-dh, Deutz 57024/1959, 128 PS, Köf II, 1983 ex DB (322 058 / Köf 6359), btf.
Vl: BBC, B-em, Henschel/BBC 24372/1939, 87 PS, 1986 ex BBC (Mannheim)
Vl: 1-B, B-dm, Breuer 1950, Lokomotor, 82 PS
Vl: B-dh, Henschel 29972/1959, 240 PS, DH240B, 2001 ex Firma Haltermann (Speyer), zuvor Verkehrsbetriebe Peine-Salzgitter, abg.
El: E 17 113, 1'Do1', AEG 3983/1928, 1980 ex DB (117 113 / E 17 113)
El: E 44 150, Bo'Bo', Henschel/SSW 25391/1942, Eigentum DB-Museum, ex DB (144 150)
El: 103 220, Co'Co', Krauss-Maffei 1973, 7.440 kW, Eigentum DB-Museum, 2003 ex DB
El: E 93 12, Co'Co', AEG 4966/1937, 1992 ex Denkmal Lünen, bis 1984 DB (193 012)
Et: ET 11 01 a/b, Bo'2'+2'Bo', Esslingen 18926+7/1935, 880 kW, 1972 ex DB (ET 11 01)
Nf: 1A-bm, Donauwörth 1955, 28 PS, auf Basis VW-Straßenbus, btf.
Nf: Skl 51, B-dm, Robel/Deutz 21.11.RC9/1959, 72 PS, abg.

Feldbahn Speyerdorf, Neustadt-Speyerdorf

Dieter Hofherr betreibt im Industriegebiet Altenschemel seit 1987 eine Feldbahn mit 300 m Gleislänge, elf Weichen, Gleisdreieck, Lokschuppen mit Schiebebühne, Werkstatt mit Zufahrtsgleis, je einem geschlossenen Personen-/Packwagen, drei offenen Personenwagen, zehn Kipploren, einer Handhebeldraisine (ex Waldbahn Bialystok/PL) und einem Schienenfahrrad.
Info: Dieter Hofherr, Im Altenschemel 32, 67435 Neustadt, Tel. 06327 2954, Fax 5905, Dieter.Hofherr@feldbahn-speyerdorf.de
Internet: www.feldbahn-speyerdorf.de
Lokomotiven (600 mm):
Vl: 1, B-dm, Diema 2223/1959, 6 PS, DL6, 1987 ex privat (Wiesbaden), urspr. Westfälische Zellstoff AG in Bonofort bei Hannoversch Münden, btf.
Vl: 2, B-dm, Diema 2448/1961, 8 PS, DL8, 1999 ex Landmaschinenhandel bei Crailsheim, bis 1987 Gipswerk Eltingen (Leonberg bei Gaildorf), btf.
Vl: 3, B-dm, Gmeinder 2557/1936, 10/12 PS, 1990 ex privat (Eisenberg/Pfalz), bis 1980 Tongrube Heulenburg (Berghausen bei Bruchsal), btf.
Vl: 4, B-dm, Strüver 60149/1948, 6 PS, Schienenkuli, 1999 ex privat, bis 1980 Hamburgische Wasserwerke (dort 500 mm), btf.
Al: 5, Bo, Still 1984, Umbau aus Akkuschlepper, 2000 ex Firma Vissmann, btf.

Technik-Museum Speyer

1991 wurde der erste Teil des Technikmuseums Speyer, einer Filiale des Auto- und Technikmuseums Sinsheim, eröffnet. Die filigrane Hallenkonstruktion diente ab 1913 in Lille (Frankreich) als Fabrikhalle, gelangte aber im 1. Weltkrieg nach Speyer, wo sie nun restauriert und zum Verkehrsmuseum ausgebaut wurde. Gezeigt werden neben einer Eisenbahnabteilung auch Straßenfahrzeuge und Flugzeuge.
Geöffnet: Täglich 9-18 Uhr
Info: Speyerer Veranstaltungs- und Messe-GmbH & Co. KG, Am Technik-Museum 1, 67346 Speyer, Tel. 06232 6708-0, Fax -20, info@technik-museum.de
Internet: www.technik-museum.de

Im Schatten der großen Lokomotiven stehen die für den Bahnunterhalt unentbehrlichen Nebenfahrzeuge. Besonders beim jungen Publikum des Eisenbahnmuseums Neustadt a.d. Weinstraße ist dieser Kleinbus sehr beliebt (21.8.1999).   Foto: Ludger Kenning

Triebfahrzeuge (1.435 mm):
Dl: Adler, 1A1n2, 1991 leihweise ex DB (Nachbau 1:1)
Dl: 01 514, 2'C1'h2, Krupp 1612/1937, 1991 ex Historische Eisenbahn Frankfurt, bis 1984 DR (01 1514 / 01 208)
Dl: 03 098, 2'C1'h2, Borsig 14449/1933, bis 1981 DR (03 2098)
Dl: 42 1504, 1'Eh2, Esslingen 4874/1944, 1992 ex Historische Eisenbahn Frankfurt, bis 1991 PKP (Ty 43-137)
Dl: 50 685, 1'Eh2, Floridsdorf 3405/1940, 1991 ex Historische Eisenbahn Frankfurt, bis 1978 Graz-Köflacher Bahn (50 685), bis 1972 ÖBB (50 685), zuvor Rumänien, urspr. DRB (50 685)
Dl: 52 3915, 1'Eh2, O&K 1944, 1998 ex Bigge, bis 1995 strategische Eisenbahnreserve Brest/ UdSSR (1.435 mm), zuvor Ukraine (Breitspur), nach Kriegsende Tschechoslowakei (1.435 mm)
Dl: 55 3528, Dh2, Hanomag 7587/1915, bis 1981 Denkmal Netphen-Deuz, bis 1971 DB (055 528 / 55 3528), urspr. preuß. G 8[1] „Münster 5626"
Dl: 95 007, 1'E1'h2t, Hanomag 10178/1923, bis 1984 DR (95 0020 / 95 020 / DRG 77 020)
Dl: 1, C-fl, LKM 146033/1953, 1993 ex BKK Weinert Deuben (1), zuvor Filmfabrik Wolfen (1)
Dl: 2, C-fl, LKM 146629/1957, 1993 ex BKK Weinert Wählitz (2), zuvor Filmfabrik Wolfen (9)
Dl: C-fl, LKM 146693/1961, 1993 ex BKK Deuben (5)
Dl: B-fl, Hohenzollern 3524/1916, bis 1985 Raschig GmbH Ludwigshafen (649 „Monika"), bis 1960 BASF Ludwigshafen (40)
Dl: QJ 2655, 1'E1'h2, Datong 1978, „Quai Jin", ex Verkehrshaus Luzern, bis 1994 China

Vl: 220 058 und 071, B'B'dh, KrM 18567 und 18580/1959, 1991 ex RAG Viechtach, bis 1987 Schrott-Zink (Luitpoldhütte), bis 1984 DB (urspr. V 200 058 bzw. V 200 071)
Vl: B-dm, Deutz 21558/1933, 1991 ex Fiat AG Heilbronn (40)
Vl: B-dm, Demag 1940, ex Schrott Fromm (Altenwiesloch), urspr. Zuckerfabrik Züttlingen
Vl: B-dm, Deutz 27356/1940, bis 1984 Flottmann (Herne)
Vl: B-dh, LKM 261319/1963, 1996 ex Chemiefaserwerk Guben (4)
El: 14267, (1Co)'(Co1)', SLM Winterthur 2703/1920, 1991 ex Historische Eisenbahn Frankfurt, bis 1984 SBB (Ce 6/8 14267)
El: E 431.037, 1'D1', TIBB 1924, bis 1989 Verkehrshaus Luzern, urspr. FS
El: 7, Bo'Bo', Henschel/SSW 25220/5128/1948, 900 mm, bis 1987 PREAG Borken/Hessen (7)
Nf: Dm 3629, A1-dm, Asper 1944, ehem. SBB (Sm 3629)

Pfalzbahn Tradition, Worms

Die zuvor nur regional tätige „Pfalzbahn Tradition" ist jetzt als überregionale Vereinigung „Freunde schwerer Güterzugdampflokomotiven" mit angeschlossenem „Reko-Klub" tätig.
Info: Lothar Kaminski, Postfach 1322, 70809 Korntal, Tel./Fax 0711 8620182
Lokomotiven (1.435 mm):
Dl: 52 8087, 1'Eh2, Henschel 27623/1943, ex privat (Hamburg), bis 1995 DR (52 8087 / 52 2455), i.A.
Dl: 52 8165, 1'Eh2, Krenau 1259/1943, ex Denkmal Hamburg-Farmsen, zuvor DR (52 8165), Ersatzteilspender
Dl: 52 8173, 1'Eh2, Floridsdorf 17082/1944, ex privat (Hamburg), zuvor DR (52 8173), btf. in Helbra
Vl: V 1 „Caroline", B-dm, DWK 1939, 80 PS, Kö II, 1994 ex Royal Aalen, bis 1993 DR (310 930 / 100 930 / Kö 5730), abg.
Vl: V 2 „Vera", B-dh, O&K 26525/1965, 140 PS, MV 6b, 2003 ex Stadtwerke Hameln (1), btf.

Straßenmuseum Germersheim

Das 1989 gegründete Straßenmuseum im ehemaligen Zeughaus von Germersheim ist das einzige Museum in Deutschland, das die Geschichte des Straßenwesens darstellt. Für Eisenbahnfreunde sind das Modellbahnprojekt Schiene-Straße (in Betrieb am ersten Sonntag im Monat, 14-17 Uhr) und drei Dieselloks interessant.
Geöffnet: Dienstags bis freitags (10-18 Uhr), samstags und sonntags (11-18 Uhr)
Info: Deutsches Straßenmuseum, Im Zeughaus, 76726 Germersheim, Tel. 07274 45005-00, Fax -05, info@strassenmuseum.de
Internet: www.deutsches-strassenmuseum.de
Lokomotiven (600 mm):
Vl: B-dm, Gmeinder 1645/1936, 15/18 PS, ex Baufirma Scherer (Sondernheim)
Vl: B-dm, Gmeinder 2232/1938, 2000 ex Denkmal Koblenz-Metternich (ab 1987), urspr. Feldbahnhandel W. Schreiber (Bremen) für Rhein-Mosel-Bau Koblenz
Vl: B-dm, Gmeinder 4497/1949, 24 PS, 1987 ex Feldbahnmuseum Guldental, bis 1985 Museumsbahn Paderborn, bis 1984 FWM Oekoven (30), bis 1983 Ziegelei E. Lueb (Bocholt), neu geliefert über Dolberg. Glaser & Pflaum

Bahnfreunde Rhein-Neckar-Pfalz, Ludwigshafen

Einen Museumszug besitzt die Rhein-Haardtbahn (RHB) nicht, doch ist der Triebwagen RHB 1122 (Bo'Bo', Fuchs/Siemens 1939, 2001 ex DGEG, bis 1977 RHB) noch vorhanden. Er gehört dem 1983 aus einer Arbeitsgruppe des Schmalspurmuseums Viernheim hervorgegangenen Bahnfreunde Rhein-Neckar-Pfalz e.V., der Anfang 2003 mit der betriebsfähigen Aufarbeitung des Tw 1122 begann und auch den gedeckten Güterwagen RHB 29 (Busch 1907) besitzt.
Info: Bahnfreunde Rhein-Neckar-Pfalz e.V., Fritz-Haber-Str. 13, 67133 Maxdorf, Tel. 06237 4035-49, Fax -47, lokleitung@die-bahnfreunde.de

Pfalzbahn-Eisenbahnbetriebsgesellschaft, Frankenthal

Die 1995 von acht Gesellschaftern gegründete und als EVU zugelassene Pfalzbahn GmbH führt sporadisch Sonderfahrten durch. Als „Star" der Pfalzbahn steht der Schienenbusnug für Gesellschaftsfahrten bereit.
Termine: vsl. 3.10. bis 1.11.2004 (Monsheim – Langmeil)
Info: Pfalzbahn GmbH, Dürkheimer Str. 109, 67227 Frankenthal, Tel. 06233 5790209, Fax 56122
Internet: www.pfalzbahn.de
Triebfahrzeuge (1.435 mm):
Vl: Kö 4178, B-dm, O&K 20272/1934, Kö II, Privateigentum, 1994 ex DB/DR (310 278 / 100 278 / Kö 4178), btf.
Vt: VT 50, (1A)'(A1)'dh, Esslingen 23608/1954, 2 x 180 PS, Privateigentum, 1994 ex Kahlgrundbahn (VT 50), i.A.
Vt: 798 622, AA-dm, Uerdingen 61977/1956, 2 x 150 PS, 1997 ex DB (798 622 / VT 98 9622), btf., mit 998 250 (Uerdingen 1961) und 998 746 (MAN 1960)
Vt: 798 818, AA-dm, MAN 146600/1962, 2 x 150 PS, 2002 gemietet von DB-Museum (798 818 / VT 98 9818), btf.
El: E 44 059, Bo'Bo', Krauss-Maffei/SSW 15569/1936, Eigentum DB-Museum, abg. in Worms
El: E 44 084, Bo'Bo', Krauss-Maffei/SSW 15650/1938, Eigentum DB-Museum, abg. in Worms
El: E 44 1180, Bo'Bo', Henschel/SSW 25585/1947, Eigentum DB-Museum, zuvor BSW Freiburg, ex DB (145 180 / E 44 1180), abg. in Worms

Stumpfwaldbahn Ramsen (SWB), Ramsen (Pfalz)

Am Fuß des großen Viadukts der Nebenbahn Ramsen – Enkenbach steht am Badesee Eiswoog das Fachwerk-Empfangsgebäude der Stumpfwaldbahn, einer 1994-96 erbauten, 2 km langen und idyllisch einem Waldweg folgenden Feldbahn zum Gasthaus Kleehof. U.a. sind fünf vierachsige Personen- und 50 Güterwagen vorhanden. Geplant sind die Streckenverlängerung nach Ramsen und der Aufbau eines Feldbahnmuseums.
Fahrbetrieb: Sonntags vom 30.5. bis 3.10.2004, außer Fronleichnam (jeweils 10.00-17.46 Uhr), Dampfbetrieb am zweiten Sonntag im Monat und am 3.10.2004. Am 10.-12.4.2004 Teilnahme am Dampftreffen in Koblenz.
Info: Stumpfwaldbahn Ramsen e.V., Bernd Bormann, Pfaffenhecke 2, 67305 Ramsen, Tel. 06351 2725, info@stumpfwaldbahn.de
Internet: www.stumpfwaldbahn.de
Lokomotiven (600 mm):
Dl: D 1, Bn2t, Krauss 6625/1912, 1997 ex Stahlwerk Kladno/CZ (20), i.A.
Dl: D 2, Bn2t, Henschel 23148/1936, Typ Fabia, 2001 ex FFM, zuvor Mosambik, abg.
Dl: D 3, Bn2t, Eigenbau Scholz 7/1995, Typ FEBA, Privateigentum (Kraichtal/Baden), btf.
Vl: V 1 „Emma", B-dm, Diema 1904/1956, 11 PS, DL 8, 1988 ex Firma Kuffler (Frankenthal), zuvor Speyerer Ziegelwerke, btf.
Vl: V 2 „Auguste", B-dm, Deutz 56406/1956, 24 PS, OMZ 117, 1989 ex Tonwaren Wiesloch, abg.
Vl: V 4, B-dm, Diema 799/1936, 20 PS, DS 20, 1990 ex Hahn & Wedel (Groß Gerau), abg.
Vl: V 5 „Schwesterchen", B-dm, Diema 2023/1957, 6 PS, DL 6, 1991 ex Schrotthandel in Heidelberg, zuvor Ziegelwerk Pottierz (Eppingen-Sulzfeld), btf.
Vl: V 6, B-dm, LKM 247171/1964, 16 PS, Ns1, 1991 ex Tonwerk Wiesa bei Kamenz, btf.
Vl: V 7, B-dm, Gmeinder 4847/1956, 18/20 PS, 1991 ex Didier AG (Eisenberg), zuvor Lehmschiefergrube Ramsen der Eisenberger Dachziegelwerk, btf.
Vl: V 8, B-dm, Diema 2020/1957, 45 PS, DS 40, 1994 ex Eisenberger Klebsandwerke (9), Neulieferung über Breidenbach (Mannheim), btf.
Vl: V 9, B-dm, LKM 262029/1958, 34 PS, Ns2f, 1996 ex privat, bis 1995 Ottiliaeschacht (Clausthal-Zellerfeld), bis 1991 Kalkwerk Gernrode, i.A.
Vl: V 10, B-dm, LKM 248704/1956, 34 PS, Ns2f, 1997 ex privat, bis 1993 Werk Pödelwitz der Quarzsand GmbH Nudersdorf (11), i.A.
Vl: V 11, B-dm, LKM, 34 PS, Ns2f, 2001 ex Brendlin (Sembach), btf.
Vl: V 12, B-dm, Gmeinder ca. 1937, 30 PS, 2001 ex Didier-Werke Hettenleidelheim, abg.
Al: A 1, Bo, BBA Aue 1989, 2 x 2 kW, B 360, 1997 ex privat, btf.
Al: A 2, Bo'Bo', BBA Aue 1989, 4 x 2 kW, B 660, 1999 ex Brendlin (Sembach), zuvor Wismut AG, abg.

Waldbahn Carlsberg, Carlsberg (Pfalz)

Seit 2000 baut die Familie Münster aus Speyer auf ihrem Grundstück in Carlsberg (Rheinland-Pfalz) eine Feldbahn mit 100 m Gleis, drei Weichen, Drehscheibe und zehn Wagen auf.
Info: Florian Münster, 67346 Speyer, Tel. 06232 44424, florianmuenster@freenet.de
Internet: www.feldbahn-fan.de/carlsbg.htm
Diesellok (600 mm): B-dm, LKM 247358/1956, 24 PS, Ns1, 2001 ex B. Könen (Losheim am See), zuvor Ziegelwerke Zehdenick, btf.

Eisenbahnmuseum Bockenau

1978 kehrte die Lok 1 der 1935 stillgelegten Kreis Kreuznacher Kleinbahn heim, doch erst 1984 ließ die Gemeinde Bockenau Gleise verlegen, den Winterburger Güterschuppen und den Wallhausener Lokschuppen hierher umsetzen und die Lok mit einem Postwagen unter einer Überdachung aufstellen.
Lokomotiven:
Dl: C1'n2t, Krauss Linz 7651/1920, 760 mm, 1985 ex Freilichtmuseum Sobernheim, bis 1978 Kärntner Museumsbahnen (Treibach-Althofen/Österreich), bis 1974 ÖBB (998.01), bis 1936 Kreis Kreuznacher Kleinbahn (1)
Dl: B-fl, O&K 10263/1923, 1.435 mm, 1992 ex Denkmal Gaulsheim, bis 1980 Richtberg (Bingen, zuvor Bergrheinfeld), urspr. Himmelsbach KG (Freiburg)

Die rot/weiß lackierte V 6, eine Babelsberger Ns2f, wartet im unterhalb vom großen Eisenbahnviadukt gelegenen Bahnhof Eiswoog der Stumpfwaldbahn auf Abfahrt.
Foto: Udo Diemer

Im September 2000 kam diese OMZ 122F normalspurig und ziemlich desolat ins Guldentaler Museum. Schon ein halbes Jahr später präsentierte sie sich wie neu, dunkelgrün lackiert, 600-mm-spurig und als Lok 37 „Anna" bezeichnet.
Foto (14.4.2001): Ludger Kenning

Heddesheimer Feldbahnmuseum (HFB), Guldental

Die Brüder Faust begannen 1985 mit dem Bau einer Feldbahnstrecke, mußten sie dann aber aus Wasserschutzgründen wieder demontieren. Dafür entstand ab 1995 eine 1,5 km lange Bergstrecke sowie 1999 zur Unterbringung der Fahrzeuge eine Museumshalle. Die Anlage wurde am 1. Mai 2000 feierlich eröffnet.
Fahrbetrieb: 1.5.(Dampf), 2.5., 6.6., 4.7., 1.8., 5.9. und 3.10.2004 (Dampf)
Info: Gerhard Faust, Friedhofstr. 3, 55452 Guldental, Tel. 06707 692, info@feldbahnmuseum-guldental.de
Internet: www.feldbahnmuseum-guldental.de
Lokomotiven (600 mm):
Dl: 1, Bn2t, O&K 1167/1903 (Kessel: Meiningen 1993), 50 PS, 1985 ex L. Guttwein (Borchen), bis 1983 Minas de Utrillas in Spanien (3 „Turba"), btf.
Vl: 2, B-dm, Schöma 566/1941, 45 PS, Lo 40, 1988 ex Denkmal Guldental, bis 1984 Spielgerät Campingplatz Guldental, bis 1972 Formsandwerk Faust (Guldental), btf.
Vl: 3, B-dm, Deutz 22687/1938, 8/9 PS, MLH 714F, 1987 ex Denkmal Guldental, bis 1972 Formsandwerk Faust (Guldental), btf.
Vl: 4, B-dm, Gmeinder 2099/1938, 30 PS, 1984 ex Dampfbahn Rhein-Main (Lok 16; zuletzt auf Moorbahn Bad Schwalbach), bis 1980 Baufirma J. Müller (Frankfurt-Griesheim), btf.
Vl: 5, B-dm, Gmeinder 4771/1957, 28 PS, 1987 ex Ziegelei Stubenrauch (Sondernheim bei Germersheim/Rhein), btf.
Vl: 6, B-dm, Schöma 1026/1949, 45 PS, Lo 45, 1985 ex Sandwerke A. Nottekämper (Haddorf bei Rheine/Westf.), bis 1972 Nordwestdeutsche Kraftwerke AG Wiesmoor (25), btf.

Vl: 7, B-dm, Jung ?/1935, 24 PS, ZL 114, 1987 ex FGF Solms-Oberbiel, zuvor Schamottewerk Dr. Otto (Breitscheid bei Haiger), btf.
Vl: 8, B-dm, Diema 1082/1940, 28 PS, DS 26, 1986 ex Didier-Werke (Witterschlick), btf.
Vl: 9, B-dm, O&K 9805/1939, 28 PS, MD 2, 1987 ex D. Hofherr (Neustadt/Weinstraße), bis 1985 Ziegelei Gugel (Neuhausen/Filder), btf.
Vl: 10, B-dm, Deutz 22891/1938, 11/12 PS, OME 117F, 1986 ex Schrotthandel Fromm, urspr. Wasserwirtschaftsamt Franken (Würzburg) bzw. Badisches Wirtschaftsministerium (Karlsruhe), btf.
Vl: 11, B-dm, Deutz 23025/1938, 70 PS, OMZ 122F, 1986 ex Didier-Werke bzw. Pfälzische Thon- und Chamottewerke Hettenleidelheim (5), urspr. Niederschlesische Bergbau-AG Neu Weißstein (für Fuchsgrube), btf.
Vl: 12, B-dm, Deutz 8573/1928, 11/12 PS, ML 222F, 1986 ex Denkmal Celle, bis 1962 Eisenbahnbau Masahrens Nachf. H. Thiele (Westercelle bei Celle), bis 1930 Hartsteinwerke Tambach-Dietharz GmbH (Tambach-Dietharz), Denkmal in Campinggaststätte
Vl: 13, B-dm, O&K 7561/1937, 20 PS, LD 2, 1988 ex Stoomcentrum Maldegem in Belgien, zuvor Zementwerk bei Brüssel, urspr. Nieuwport in Ville (Belgien), btf.
Vl: 14, B-dm, Diema 2601/1963, 48 PS, DS 30 III, 1987 ex Didier-Werke (Siershahn), urspr. J. Itschert KG in Vallendar am Rhein, btf.
Vl: 15, B-dm, Deutz/Spoorijzer 25640/1939, 36,5 PS, OMD 117F, 1987 ex Didier-Werke Siershahn/Marienrachdorf (dort 700 mm), zuvor Chamotte- und Dinas-Werke Siershahn, urspr. Klinkerwerk Dülmen, btf.
Vl: 16, B-dm, Diema 1341/1950, 14 PS, DS 12, 1994 ex INTU-Bau Maintal-Dörnigheim (2), urspr. Baufirma G.-Ch. Bödicker (Eschwege), btf.
Vl: 17, B-dm, Henschel D1775/1939, 26/29 PS, DG 26, 1988 ex Tonwarenindustrie Wiesloch, neu geliefert über Dolberg (Hanau), btf.
Vl: 18, B-dm, Schöma 2394/1960, 10 PS, KDL 6, 1988 ex Ziegelei Brackenheim der Baufirma Neuschwander, neu geliefert über Feldbahnhandel Hald (Stuttgart), btf.
Vl: 19, B-dm, Schöma 2680/1963, 60 PS, CFL 60D, 1989 ex Alpines Hartschotterwerk G. Kässbohrer (Senden/Iller), bis 1965 Erdbau H. Rahn (Stadtoldendorf), btf.
Vl: 20, B-dm, Jung 11888/1953, 72 PS, DL 233, 1989 ex Hartschotterwerk Kässbohrer (Senden/Iller), urspr. Heggener Kalkwerke GmbH (Heggen/Kreis Olpe) der Rheinisch-Westfälische Kalkwerke Dornap, btf.
Vl: 21, B-dm, Diema 1930/1956, 45 PS, DS 40, 1990 ex privat/Reindlstollen (Eisenberg/Pfalz), bis 1988 Tonwarenindustrie Wiesloch, neu geliefert über Feldbahnfabrik Breidenbach (Mannheim), btf.
Vl: 22, B-dh, Schöma 2873/1965, 48 PS, CFL 45DC, 1989 ex Kalksandsteinwerk Dr. Bauer (Raunheim/Main), btf.
Vl: 23, B-dh, Schöma 3964/1975, 49 PS, CHL 40G, Umbau 1999 bei H. Hentschel (Ippesheim) aus 2'B-Westernlok (750 mm), bis 1990 Safaripark Groß Gerau (dort 1981 abg.), 1975 Neuaufbau Schwingel (Leverkusen), btf.
Vl: 24, B-dm, Schöma 396/1938, 28 PS, Lo 20, 1994 ex INTU-Bau (Maintal-Dörnigheim), neu über H. Blencke (Berlin) an Baufirma Bödicker (Eschwege), abg.
Vl: 25, B-dm, LKM 262060/1959, 36 PS, Ns2f, 1998 leihweise ex privat (Dolgesheim), bis 1994 Kieswerk Merseburg, zuvor Kaolinwerk Salzmünde (BT Bennstedt), btf.
Vl: 26, B-dm, LKM 248523/1954, 36 PS, Ns2f, 1990 ex Werk Sömmerda der Thüringer Ziegelwerke (607), btf.
Vl: 27, B-dm, LKM 262042/1958, 36 PS, Ns2f, 1990 ex Werk Sömmerda der Thüringer Ziegelwerke (903), btf.
Vl: 28, B-dm, LKM 249220/1957, 60 PS, Ns3, 1990 ex Werk Erfurt-Gispersleben der Thüringer Ziegelwerke (2), btf.
Vl: 29, B-dm, LKM 248676/1955, 36 PS, Ns2f, 1990 ex Werk Erfurt-Gispersleben der Thüringer Ziegelwerke (037), btf.
Vl: 30, B-dm, Unio 1157/1977, 45 PS, LDI 45N, 1994 ex privat (Ilmenau), zuvor Ziegelei Lübschütz der Baustoffwerke Geithain, btf.
Vl: 31, B-dm, LKM 247258/1955, 16 PS, Ns1, 1994 ex privat (Ilmenau), zuvor Ziegelei Plau am See bzw. Göschwitz, btf.
Vl: 32, B-dm, Gmeinder 1685/1936, 46,5 PS, 1994 ex Eisenberger Klebsandwerke GmbH in Eisenberg/Pfalz (18.123 / Lok 5, dort 1975 abg.), btf.
Vl: 33, B-dm, Gmeinder 4402/1948, 20 PS, 1994 ex Eisenberger Klebsandwerke GmbH in Eisenberg/Pfalz (18.122 / Lok 2), bis 1974 Didier-Werke Eisenberg, btf.
Vl: 34, B-dm, Diema 1412/1950, 28 PS, DS 22, 1999 leihweise ex Kleinbahnverein Nidderau, bis 1984 Tonwerke Lassmann (Ebernhahn/Westerwald), btf.

Vl: 35, B-dm, LKM 247404/1957, 10 PS, Ns1, Privatbesitz, bis 1998 Faust (Guldental) bzw. D. Krill (Ramsen), bis 1992 Ton- und Schamottewerk Prietitz-Thonberg bei Kamenz, btf.
Vl: 36, B-dm, LKM 247413/1957, 12,5 PS, Ns1, Privatbesitz, 1992 ex Ziegelei Lübschütz bei Leipzig, btf.
Vl: 37 „Anna", B-dm, Deutz 13643/1935, 36/40 PS, OMZ 122F, 2000 ex Porphyrwerk H. Vatter (Dossenheim bei Heidelberg), urspr. Deutsche Tiefbau GmbH (München), von 1938 bis 2000 normalspurig, btf.
Vl: 38, B-dm, Jung 7130/1936, 11/12 PS, EL 105, 500 mm, 2000 ex Waldgasthof Steigermühle (Willroth), zuvor Antiquitätenhändler in Westfalen, neu über P. Krausen (Köln) an Baufirma Schneider (Köln-Nippes), abg.
Vl: 39, B-dm, O&K 25757/1957, 40 PS, MV2A, 1.435 mm, Privatbesitz, bis 2001 Harpen-Transport AG, bis 2000 Ruhrkohle AG, bis 1996 Raab-Karcher Kohlenhandel (Mannheim), Denkmal
Vl: 40, B-dh Schöma 3965/1975, 49 PS, CHL 40G, Umbau 1999 bei H. Hentschel (Ippesheim) aus 2'B-Westernlok (750 mm), bis 1990 Safaripark Groß Gerau (dort 1981 abg.), 1975 Neuaufbau Schwingel (Leverkusen), btf.
Vl: 41, B-de, Schöma 1993/1956, 42 PS, L 036, 2002 ex Schrotthandel in Laar-Niederkrüchten, bis 1999 Idunahall AG (Brüggen/Schermbeck), urspr. Tonwarenindustrie Brüggen-Oebel, btf.

Privatfeldbahn Köhn, Waldalgesheim

In Waldalgesheim bei Rüdesheim besteht seit 1993 eine private, nach Absprache zu besichtigende Feldbahnanlage mit 140 m Gleis, sechs Weichen, einer Drehscheibe und einem Lokschuppen.
Info: Walter Köhn, Hasselbachweg 45, 55425 Waldalgesheim, Tel. 06721 34924
Lokomotiven (600 mm):
Vl: V 1, B-dm, Jung 8381/1938, 11/12 PS, EL 105, 1989 ex Dampfziegelei Puchner (Regenstauf, dort 500 mm), neu geliefert über E. Brangsch an Gebr. Wildanger (Regensburg), btf.
Vl: V 2, B-dm, Strüver, 6/7 PS, Schienenkuli, bis 1999 im Feldbahnmuseum Guldental (25), zuvor Baufirma Schäfer (Biebesheim/Rhein), btf.
Vl: V 3, B-dm, LKM 260175/1960, 10 PS, Ns1b, bis 1999 im Feldbahnmuseum Guldental (37), 1994 ex privat (Ilmenau), zuvor Ziegelwerk Oberlungwitz bzw. Crimmitschau, abg.
Vl: V 4, B-dm, Gmeinder 1349/19??, 10/12 PS, 2001 ex Firma Brendlin (Sembach), abg.
Vl: V 5, B-dm, Jung 7731/1937, 11/12 PS, EL 105, 2002 ex Baufirma Kessler (Wackernheim), abg.

Straßenbahn Mainz

Der 1995 gegründete Mainzer Straßenbahnfreundeverein befaßt sich mit der Geschichte des Mainzer Stadtverkehrs, beteiligt sich an Ausstellungen, baut eine Modellstraßenbahnanlage auf und organisiert und begleitet Sonderfahrten auf dem Mainzer Liniennetz.
Termin: 3.7.2004 („100 Jahre elektrische Straßenbahn in Mainz")
Info: Straßenbahnfreunde Mainz, Postfach 250204, 55055 Mainz, Tel. 06132 2824, info@strassenbahnfreunde-mainz.de
Triebwagen (1.000 mm):
Et: Tw 93, Bo, Gastell/SSW 1929 (Neuaufbau 1945), 82 kW, 2xZR, seit 1980 Htw, btf.
Et: Tw 97, A1A, Westwaggon/SSW 1950, 2 x 60 kW, 3xZR, seit 1986 Htw, zuvor Tw 257, 297 bzw. 97, btf.
Et: Tw 226, Bo'2'Bo', Westwaggon-Gastell/AEG 1958, 4 x 55 kW, 6xZR, seit 1998 Htw, btf.

Parkbahn im Volkspark, Mainz

Im Mainzer Volkspark (Am Viktorstift, 55131 Mainz) besteht ein 600-mm-spuriger Rundkurs mit 700 m Länge. Er führt durch einen Schuppen, in dem die dampflokartige Diesellok und die Wagen untergebracht sind.

Hessen

Eisenbahnmuseum Darmstadt-Kranichstein (EDK)

Eisenbahnfreunde, die ab 1970 einige Dampfloks erworben und den Verein Deutsche Museums-Eisenbahn (DME) gegründet hatten, fanden im Kranichsteiner Lokschuppen Platz für ihre Sammlung und gestalteten ihn als Museums-Bw aus. In der Werkstatt sind jegliche Geräte (u. a. die Rohrschmiede des Aw Braunschweig) zur Dampflokausbesserung vorhanden. 1984 erwarb die DME die Strecke Darmstadt Ost – Bessunger Forsthaus (4,7 km), nahm sie als Museumsbahn in Betrieb und stattete sie mit historischem Zubehör aus. Als Darmstädter Kreis-Eisenbahn (DKE) erbringt sie auch Auftragsdienste für die DB AG.
Geöffnet: Sonntags, von April bis September auch mittwochs sowie am 9./12.4., 1.5., 31.5. und 10.6.2004 (jeweils 10-16 Uhr)
Museumsbahn: Pendelzüge mit Wismarer VT (Termin noch unklar), 11./12.4. (Dampf), 1./2.5. (Stundentakt DA Ost ab 10-12 und 14-17 Uhr mit Dampf), 4.-6.12.2004 (Nikolauszüge)
Weitere Termine: 4.4., 6.6., 4.7., 1.8. und 5.9.2004 (Dampftage im Museum), 9.4. (Dampfzüge Bensheim – Worms), 20.-23.5. (Kranichsteiner Eisenbahntage mit Pendelzügen und Gastloks), 18./19.9. (Dampflokfest im Museum)
Info: DME Eisenbahnmuseum, Steinstr. 7, 64291 Darmstadt, Tel. 06151 376401, Fax 377600, info@museumsbahn.de
Internet: www.museumsbahn.de
Triebfahrzeuge (1.435 mm):
Dl: 01 1056, 2'C1'h3, BMAG 11312/1940, Eigentum DB-Museum, 1988 ex Denkmal Rheine, bis 1976 DB (011 056 / 01 1056), abg.
Dl: 23 042, 1'C1'h2, Henschel 28542/1954, 1975 ex DB (023 042 / 23 042), i.A.
Dl: 38 3999, 2'Ch2, Schichau 2198/1923, 2001 ex CFR Rumänien (230.199), bis 1926 DRG (38 3999), i.A.
Dl: 41 024, 1'D1'h2, Henschel 24326/1939, 1977 ex DB (042 024 / 41 024), abg.
Dl: 44 404, 1'Eh3, Henschel 26013/1941, 1977 ex DB (044 404 / 44 404), abg.
Dl: 56 3007, 1'Dh2, LH Breslau 3128/1929, 1975 ex EBV-Grube „Carl Alexander" Baesweiler bzw. Hessische Industriewerke, bis 1951 DB/DRG (56 3007), bis 1938 Lübeck-Büchener Eisenbahn (97), abg.
Dl: 89 339, Cn2t, Esslingen 3154/1901, 1975 ex Zementwerk Leimen, bis 1928 DRG (89 339), urspr. württ. T3 Nr. 947, abg.
Dl: 97 210, C1'zzn4t, Floridsdorf 862/1893, 1979 ex ÖBB (97 210) bzw. BBÖ (69.10), btf.
Dl: 98 727, B'B'n4vt, Maffei 2291/1903, 1972 ex Zuckerfabrik Regensburg (4), bis 1943 DRB (98 727), urspr. bayr. 2527, abg.
Dl: 4981 Mainz, Dh2, Hanomag 6721/1913, 1987 ex TCDD 44.079, bis 1917 preuß. G8 „Münster 4981", btf.
Dl: 1, Bn2t, Hohenzollern 423/1887, 1976 ex Neuhoffnungshütte Sinn/Dillkreis (1), bis 1907 Zschipkau-Finsterwalder Eisenbahn (1 „von Manteuffel"), abg.
Dl: 7, Bn2t, Henschel 17784/1919, 1.000 mm, 1979 ex privat, bis 1968 Kalkwerk Oertelshofen (Dornap) bzw. bis 1957 Baufirma Holzmann, btf. für Dampfstraßenbahn
Dl: 184, Dh2t, Henschel 25657/1946, 1972 ex Rinteln-Stadthagener Eisenbahn (184), bis 1967 Eisenbahn Bremen-Thedinghausen (DEG 203 bzw. 184), bis 1965 Farge-Vegesacker Eisenbahn (203), i.A.
Dl: 13 „Olga", B-fl, Hohenzollern 2799/1911, 1978 ex Raschig (Ludwigshafen), bis 1932 BASF Ludwigshafen (13), abg.
Vl: Kö 0295, B-dm, Gmeinder 4337/1948, 50 PS, Kö I, 1985 ex Freudenberg KG Weinheim (295), abg.
Vl: Kö 1002, B-dm, Deutz 36831/1940, 40 PS, Kö I, 1995 ex Gernsheimer Hafenbetriebs-GmbH, bis 1951 DB (Kö 1002), urspr. Heeresbauamt Gießen, btf.
Vl: Kö 3504, B-dm, Gmeinder 4629/1956, 50 PS, 1983 ex Hoechst AG Wiesbaden (35-04), urspr. Albert-Chemiewerke Wiesbaden, btf.
Vl: Köf 4290, B-dm, Krauss-Maffei 15426/1934, 125 PS, Kö II, 1991 ex Altwarenwerk Weinand (Bad Kreuznach), bis 1975 DB (322 143 / 321 023 / Kö 4290), btf.

Vl: Köf 6203, B-dh, Deutz 55745/1954, 125 PS, Köf II, 1995 ex Glashütte Budenheim, bis 1980 DB (322 043 / Köf 6203), abg.
Vl: V 36 102, C-dh, O&K 21303/1940, 360 PS, WR360 C14, 1998 ex VEFS Bocholt, zuvor Schwenk-Zementwerk Karlstadt, bis 1980 DB (236 102 / V 36 102), i.A.
Vl: V 36 401, C-dh, MaK 360010/1950, 360 PS, WR360 C14, 1978 ex DB (236 401 / V 36 401), i.A.
Vl: V 36 411, C-dh, MaK 360020/1950, 360 PS, 1982 ex DB (236 411 / V 36 411), abg.
Vl: 212 001, B'B'dh, MaK 1000025/1958, Eigentum DB-Museum, betreut vom „Freunde der 212 001-2 e.V." (www.baureihe212.de), 2001 ex DB (212 001 / V 100 2001 / V 100 006), abg.
Vl: V 1, B-dm, LKM 251100/1956, 90 PS, N4, 1997 ex Spannbetonwerk Stockstadt/Rhein, bis 1992 Seilwerke Ohrdruff, bis 1979 Betonwerk Heringen, btf.
Vl: V 2, C-dh, Krauss-Maffei 18346/1957, 440 PS, 1994 ex Hafenbahn Worms (2), btf.
Vl: V 3, C-dh, MaK 400045/1962, 450 PS, 1998 ex Esso Karlsruhe/Ingolstadt (1/209), abg.
Vl: V 11, C-dh, MaK 220036/1959, 240 PS, 1997 ex Gelnhäuser Kreisbahn (VL 11), abg.
Vl: V 12, C-dh, MaK 220037/1959, 240 PS, 1997 ex Gelnhäuser Kreisbahn (VL 12), btf.
Vl: Kdl 02-01, B-dm, Jung 6975/1936, 11 PS, 1995 ex Raiffeisengenossenschaft Stockheim/Hessen, btf.
Vl: V 40, C-dh, Krauss-Maffei 17680/1951, 400 PS, 1997 ex Hafenbahn Regensburg (V 40-2), btf.
El: 103 101, Co'Co', Krauss-Maffei/Siemens 19461/1971, Eigentum DB Reise und Touristik, btf.
El: E 16 08, 1'Do1', Krauss-Maffei/BBC 8173/1927, Eigentum DB-Museum, ex DB (116 008 / E 16 08), abg.
El: 141 228, Bo'Bo', Henschel/BBC 30431/1962, Eigentum DB Regio, btf.
El: E 60 09, 1'Co, AEG 4705/1932, 1982 ex DB (160 009 / E 60 09), abg.
Vt: T 141, AA-bm, Wismar 20203/1933, 2 x 75 PS, 1985 ex Almetalbahn Bodenburg, bis 1972 Lüchow-Schmarsauer Eisenbahn (T 141 / VT 1), btf.
Vt: VT 70 921, A1-dm, LHB 5/1937, 125 PS, bis 1986 Regentalbahn (VT 08), bis 1973 Lam-Kötzting (VT 03), bis 1960 DB (VT 70 921), urspr. DRG (VT 135 071), i.A.
Vt: VT 79 902, A1-dm, Wumag 7943/1932, 145 PS, 1990 ex VEFS Bocholt, bis 1987 SWEG (VT 5), bis 1955 DB (VT 79 902), urspr. DRG (VT 133 005), i.A.
Nf: Klv 12-4973, A1-bm, FKF-Werke 12682/1962, 24 PS, 1987 ex DB (12-4973), btf.
Nf: Skl 51-9136, A1-dm, Sollinger Hütte K1184/1963, ex DB, i.A.
Nf: Skl 53-0475, A1-dm, Robel 54.13-5-RW6/1975, 115 PS, 1998 ex DB (53-0475), btf.

An Tagen der offenen Tür und vor Sonderzügen ist die länderbahnartige G 8 „4981 Mainz" des Museums Darmstadt-Kranichstein stets ein Blickfang.
Foto (1.6.2000): Ludger Kenning

Neben dem „Feurigen Elias" sind auch die historischen Fahrzeuge der Darmstädter Straßenbahn (HEAG) sehenswert. Der Tw 57 passiert Eberstadt in Richtung Darmstädter Innenstadt (1.6.2000).   *Foto: Ludger Kenning*

Historische HEAG-Straßenbahnwagen im EDK (Arge HEAG)

      1997 rollte aufgrund einer Kooperation zwischen der HEAG und dem Eisenbahnmuseum Kranichstein zum 100. Geburtstag der elektrischen Straßenbahn in Darmstadt erstmals der „Feurige Elias" über die Gleise der HEAG. Heute gehört der Dampfzug zum jährlichen Veranstaltungsprogramm der Stadt. Die 1998 gegründete Arbeitsgemeinschaft Historische HEAG-Fahrzeuge holte viele ausgelagerte oder abgegebene Fahrzeuge zurück, die jetzt im Btf Eberstadt-Frankenstein untergebracht sind. Gegenüber vom Eisenbahnmuseum Kranichstein ist ein Museum für die Straßenbahnfahrzeuge geplant.

Dampfzüge Eberstadt-Frankenstein – Alsbach Beuneweg: Sonn- und feiertags vom 16.5. bis 20.6.2004 (Frankenstein ab 10.15, 12.15, 14.15, 16.15 und 17.45 Uhr; Beuneweg ab 10.48, 12.48, 14.48, 16.48 und 18.18 Uhr)

Dampfzüge Darmstadt Schloß – Griesheim Wagenhalle: Sonn- und feiertags vom 28.8. bis 26.9.2004 (Samstags: Schloß ab 11.30, 13.00, 14.30 und 16 Uhr; Griesheim ab 12.30, 14.00, 15.30 und 17 Uhr. Sonntags: Schloß ab 10.20, 11.50, 13.30, 15.00 und 16.30 Uhr; Griesheim ab 11.15, 13.00, 14.30, 16.00 und 17.30 Uhr)

Weitere Termine: Eberstädter Dampfstraßenbahn-Spektakel (Termin noch ungewiß)

Info: Arge Historische HEAG-Fahrzeuge, Klappacher Str. 172, 64285 Darmstadt, BBickelhaupt@t-online.de

Internet: www.heag.de und www.museumsbahn.de

Triebwagen (1.000 mm):
Et: 15, Bo, Rathgeber/SSW 1956, Verbands-Tw, „Datterich-Express" seit 1994, abg.
Et: 25, 26 und 31, jeweils Bo'2'Bo', DWM Berlin/SSW/AEG 1961, 2 x 110 kW, btf.
Et: 37, Bo, Gastell/SSW 1913, 2 x 48 kW, abg.
Et: 49, Bo, Gastell/SSW 1914, 2 x 48 kW, zuletzt (ab 1970) „Kinderbahn", abg.
Et: 57, Bo, Gastell/SSW 1925/26, 2 x 41 kW, für Sonderfahrten, btf.
Et: 66, Bo, Gastell/LEW 1927, ex Naumburg, bis 1978 Darmstadt (Atw 6 bzw. Tw 66), i.A.
Et: 71, Bo, Gastell/SSW 1929, 2 x 51 kW, 1979-97 Kindergarten Wixhausen, abg.

Eisenbahnverkehrsunternehmen René Rück

Die Firma Rück bietet seit 1998 u. a. Ausflugsfahrten mit Schienenbus an. Man kann die mit Sitzgruppen, Tischen, WC und Bar ausgestattete Garnitur mieten und sich vielerlei Ausflugstouren arrangieren lassen.
Info: René Rück, Flurstr. 21, 64372 Ober-Ramstadt, Tel. 06154 57783-90, Fax -91, evu-rene.rueck@t-online.de
Triebwagen (1.435 mm): 798 731, AA-dm, MAN 145122/1960, 2 x 150 PS, 1996 ex Kahlgrundbahn (VT 58), bis 1976 DB (798 731 / VT 98 9731), btf.

Nassauische Touristik-Bahn (NTB), Wiesbaden

Eisenbahnfreunde konnten die Stadt Wiesbaden dazu bewegen, den Abschnitt Wiesbaden-Waldstraße – Bad Schwalbach – Hohenstein/Nassau – Kettenbach (38 km) der Aartalbahn anzupachten. 1985/86 fuhren die ersten Dampfsonderzüge über die „Eiserne Hand" nach Hahn-Wehen. Der 1986 gegründete Verein NTB fördert den Museumsverkehr, der 1991 bis Bad Schwalbach und 1994 bis Hohenstein ausgeweitet wurde. Am Betriebsmittelpunkt in Wiesbaden-Dotzheim, zugleich Ausgangspunkt der Museumszüge, befinden sich die Werkstatt und die Zugleitstelle.
Fahrbetrieb: 11./12.4. sowie sonn- und feiertags vom 1.5. bis 3.10.2004 (jeweils Dotzheim ab 10 und 14 Uhr; Hohenstein ab 12 und 16 Uhr; am 1. Sonntags im Monat und an Feiertagen als Dampfzug), zusätzlicher Dieselzug am 1. Sonntag im Monat (Dotzheim ab 12 und 16 Uhr; Hohenstein ab 14 und 18 Uhr)
Weitere Termine: 10.4. (Osterhasenzüge Dotzheim – Bad Schwalbach), 30.4. (Walpurgisfahrt), 29.5. (Folk mit Dampf), 30.5. (Pendelzüge mit Dampf und Diesel), 17.7. (Sommernachtsfahrt), 22.8. (Teddybärenfahrt), 12.9. (Tag des offenen Denkmals), 26.9. (Dampffahrt in den Taunus), 27./28.11. (Dampf und Diesel), 4./5.12. und 11./12.12.2004 (Nikolauszüge), 1.1.2005 (Neujahrsfahrt)
Info: Nassauische Touristik-Bahn e.V., Moritz-Hilf-Platz 2, 65199 Wiesbaden, Tel. 0611 18433-30, Fax -39, ntb@aartalbahn.de
Internet: www.aartalbahn.de

Mit einem Zug nach Hohenstein fährt die TKp 4408 der Nassauischen Touristik-Bahn (NTB) das Aartal aufwärts, hier kurz vor Bad Schwalbach (14.4.2001).
Foto: Ludger Kenning

Lokomotiven (1.435 mm):
Dl: Tkp 4408, Dh2t, Chrzanow 14122/1955, 800 PS, 1990 ex Friedenshütte Ruda Slaska (bei Kattowitz), bis 1974 Leninhütte Nova Huta (Tkp 4408), btf.
Dl: 50 3576, 1'Eh2, Skoda 1185/1940, 2001 ex Schwabendampf Neuoffingen, zuvor DBK Historische Bahn, bis 1991 DR (50 3576 / bis 1959: 50 1106), btf.
Vl: V 2 „Taunusstein II", D-dh, MaK 600152/1958, 650 PS, 1994 ex WVG Lippstadt (29), bis 1988 Ruhr-Lippe Eisenbahn (D 63), btf.
Vl: V 3 „Hohenstein", D-dh, MaK 500006/1953, 575 PS, 1989 ex Altona-Kaltenkirchen-Neumünster (V 2.003 / V 3), btf.
Vl: V 4 „Taunusstein", B-dh, Henschel 29198/1956, 240 PS, 1988 ex ITR Mannesmann (Düsseldorf), btf.
Nf: Klv 53 0302, Robel 530302/1976, 116 PS, Eigentum DB-Museum, ex DB Hamm

Bad Schwalbacher Kurbahn (BSK), Bad Schwalbach

Die Feldbahn, die bis 1991 dem Transport des Heilmoores zum Moorbadhaus diente, blieb durch den 1998 gegründeten Kurbahnverein als „Zeugnis der regionalen Industrie- und Badekultur" erhalten und wurde für den Personenverkehr umgebaut. Seit Ostern 2001 verkehren auf der steigungsreichen Strecke regelmäßig Personenzüge zwischen dem Moorbadhaus und den 1,3 km entfernten Moorgruben im Gerstruthtal. Zu besonderen Anlässen findet ein Zweizugbetrieb statt. Vorhanden sind neben zwei offenen Personenwagen (Bj. 2000) und den Kipploren der ehemaligen Moorbahn ein Fahrradtransport-, ein Feuerwehrgeräte- und ein gedeckter Güterwagen.
Fahrbetrieb: April bis Oktober an Sonn- und Feiertagen, jeweils 10.30-12.00 und 13.15-17.00 Uhr, Mai bis September auch 17.45 Uhr, alle 45 Minuten ab Moorbadhaus
Info: Bad Schwalbacher Kurbahn-Verein, Reitallee 18, 65307 Bad Schwalbach, Tel. 06124 726342, info@kurbahn.info
Internet: www.kurbahn.info
Lokomotiven (600 mm):
Vl: 1, B-dh, Schöma 4833/1985, 28 PS, CHL 20G, 1999 ex Hessisches Staatsbad Bad Schwalbach, bis 1991 Einsatz auf Moorbahn, btf.
Vl: 2, B-dh, Schöma 4965/1988, 60 PS, CHL 45G, 2002 ex Schöma Diepholz, ehem. 900 mm, bis 1996 MT-Group für Storebaelt-Baustelle (Dänemark), bis 1992 TML Frankreich für französische Seite der Baustelle des „Channel-Tunnel", btf.
Vl: 3, B-dm, Jung 8142/1938, 12 PS, EL 105, 2003 ex Bauunternehmen Wiesbaden, i.A.

Frankfurter Feldbahnmuseum (FFM), Rebstockpark

Aus der 1980 von Feldbahnfreunden gegründeten Dampfbahn Rhein-Main (DRM), deren Sammlung in Mainflingen, Frankfurt-Nied bzw. Bockenheim untergebracht war, ging später das FFM hervor. Am Rebstockpark entstand 1985 eine Halle mit Werkstatt, Ausstellungsraum und Sozialtrakt, 1993 ein Diesellokschuppen mit Schiebebühne, 1994 ein Wasserturm mit -kran sowie 1999 eine Fahrzeughalle. Von hier aus führt eine 1,2 km lange Strecke durch eine Kleingartenkolonie in den Park. Für Sommer 2004 ist der Baubeginn einer etwa 300 m langen Strecke vom Bf Alter Flugplatz bis zu einer neuen Endstation vorgesehen.
Geöffnet: Am 1. Sonntag des Monats (14-17 Uhr) und am 1. Freitag des Monats (17-19 Uhr), jeweils ohne Fahrbetrieb
Fahrbetrieb (10-17 Uhr): 4.4., 2.5., 1.-4.6. (Schulwoche), 5./6.6. (Feldbahnfest), 4.7., 5.9., 25./26.9. (Oldtimertreffen), 24.10., 7.11. und 12.12.2004 sowie 16.1.2005 (Dampf)
Info: Frankfurter Feldbahnmuseum, Am Römerhof 15a, 60486 Frankfurt, Tel. 069 709292, ffmev@feldbahn-ffm.de
Internet: www.feldbahn-ffm.de
Triebfahrzeuge (600 mm):
Dl: 1 „Heilbronn", Bn2t, Heilbronn 393/1900, Typ II, 1986 ex Spielplatz Besigheim, bis 1961 Portland-Zementwerk Lauffen/Neckar, bis 1939 Saline Friedrichshall bei Jagstfeld, urspr. 720 mm, btf.

Am Ostersamstag 2001 nahm der Bad Schwalbacher Kurbahnverein zwischen dem Moorbadehaus und den Moorgruben im Gerstruthtal offiziell den Betrieb auf. Die Lok 1 erreicht soeben den Haltepunkt Schwalbenbrunnen (14.4.2001).
Unten: Lokführer Günter H. Köhler auf der Akkulok E 1 vor einem Grubenbahnzug des Frankfurter Feldbahnmuseums in der Schrebergartenkolonie (30.5.1999).
Foto: Ludger Kenning

Dl: 2, Bn2t, Henschel 20517/1925, Typ Fabia, 1977 ex Denkmal am Pony-Märchenland Miltenberg/Main, bis 1968 Baufirma K. Rothenbücher (Aschaffenburg), urspr. Gerätevereinigung Köln, btf.
Dl: 3, Bn2t, Decauville 638/1912, 1992 ex privat, bis 1982 Chrombergwerk Lurco bei Lamia/Griechenland, zuvor Thessalische Eisenbahn („Dimitrias"), i.A.
Dl: 4, Bn2t, O&K Berlin 2053/1906, 1979 ex Denkmal Walldorf bei Groß Gerau, bis 1960 Hochtief AG (Frankfurt/Main), urspr. E. Pack (Hoffnungsthal bei Letmathe), btf.
Dl: 5, Bn2t, Jung 9295/1941, Typ Hilax, 1979 ex Spielplatz Lang-Göns, bis 1956 Baufirma Faber & Schnepp (Großen-Linden bei Gießen), bis 1951 Gießener Brauneisensteinbergwerke, btf.
Dl: 6, Bn2t, Henschel 24011/1939, Typ Fabia, 1981 ex Schrotthandel Eckert (Schwarzenfeld/Opf.), urspr. Heeresfeldbahn (5026), btf.
Dl: 7, Cn2t, Decauville 1593/1915, 1982 ex Chrombergwerk Lurco (Lamia/Griechenland), zuvor Kleinbahn Skydra – Ardea bzw. Saracli – Stavros der Mazedonischen Lokalbahnen, urspr. französisches Kriegsministerium (mazedonische Front), i.A.
Dl: 8 „312", Dn2t, Borsig 8836/1914, Brigadelok mit HF-Wasserwagen (ex Bulgarien), 1984 ex DR (99 3313, dort 1976 abg.), bis 1949 Waldeisenbahn Muskau, bis 1922 Baufirma Krause (Küstrin), urspr. Heeresfeldbahn-Übungsplatz Rehagen-Klausdorf (HF 312), btf.
Dl: 9, Cn2, Chrzanow 3812/1958, Typ Las 49, 1986 ex Waldbahn Lipa bei Lublin/Polen (Ty 3812), bis 1961 Waldbahn Annopolu/Polen (Ty 3812), abg.
Dl: 10 und 11, Cn2, Jung 10142/1950 und 10137/1952, 610 mm, HF110C, 1988 ex Orissa Cement Ltd. (Raijangpur/Indien), bis 1950 Firma Jung, urspr. vorgesehen für Wehrmacht, abg.
Dl: 12 „Kauz", B-fl, Hohenzollern 1705/1903, 500 mm, 1995 ex Feldbahnmuseum Deinste, bis 1974 Spielplatz Obernkirchen, zuvor Glasfabrik H. Heye (Obernkirchen), i.A. (Inbetriebnahme vsl. 2004 auf eigenem Neubaugleis), i.A.
Dl: 13, B'Bn4vt, O&K Berlin 3902/1909, 1997 ex Zuckerfabrik Gending in Probolinggo/Java (4), i.A. (Inbetriebnahme vsl. 2004)
Dl: 14 „Jacobi", C1'n2t, Jung 989/1906, 1998 ex Eddaville Railroad (Boston/USA), zuvor Heston steam museum (Indiana/US), bis 1985 privat (Novato/Kalifornien), bis 1973 privat (Buchen), bis 1970 DR (99 3351), bis 1949 Mecklenburg-Pommersche Schmalspurbahnen (1 „Jacobi"), i.A.
Dl: 15, Bn2t, Henschel 25180/1942, Typ Fulda, 2002 ex Spielplatz am Opel-Zoo Kronberg/Taunus, bis 1969 Kies- und Sandgrube Gehspitz in Neu Isenburg der Baufirma Ph. Holzmann (dort 700 mm), i.A.
Dl: 16, En2t, O&K Berlin 11073/1925, mit Luttermöller-Antrieb, 2002 ex Gemeinde Maruseppu (Hokkaido/Japan), 1971-93 ausgestellt im Seibu Unesco Park in Tokorozawa bei Tokio, bis 1951 Kieswerk Ahina der Seibu Eisenbahn (3), bis 1945 Armeelager Chiba/Japan, urspr. Kaiserliche japanische Heeresfeldbahn (E 103), abg.
Vl: D 1, B-dm, Gmeinder 2176/1938, 20-24 PS, 1976 ex Firma Müller-Gönnern (Griesheim), btf.
Vl: D 2, B-dm, Gmeinder 1987/1938, 15-18 PS, 1979 ex Firma Müller-Gönnern (Griesheim), btf.
Vl: D 3, B-dm, Deutz 56349/1956, 28 PS, OMZ 117, 1979 ex Klebsandwerke Eisenberg/Pfalz, btf.
Vl: D 5, C-dh, Gmeinder 4313/1947, 130 PS, HF130C, 1983 ex Zementwerk Kiefersfelden (2), btf.
Vl: D 6, B-dm, Jung 7798/1938, 22/24 PS, ZL 105, 2003 ex Firma Gaiser (Ulm), bis 50er Jahre u. a. Trümmerbahn Ulm, neu geliefert über F. Kirchhoff (München) an Baufirma A. Schüle (Ulm) für Reichsautobahnbau, btf.
Vl: D 7, B-dm, Ruhrthaler 3347/1955, 10 PS, G9Z, 1988 ex Wayss & Freytag (Frankfurt), btf.
Vl: D 8, B-dm, Deutz 1940, 20 PS, MLH 220, 1989 ex Kohlengrube bei Aachen, i.A.
Vl: D 9, B-dm, Moes ca. 1930, 28 PS, 1989 ex Stahlwerk Framatec (Dinozé/Vogesen), btf.
Vl: D 10, B-dm, O&K 9193/1939, 11 PS, RL1c, 1990 ex Spielplatz Frankfurt-Eschersheim, urspr. vermutlich Kieswerk Groß Krotzenburg am Main, abg.
Vl: D 11, B-dm, LKM 248837/1957, 37 PS, Ns2f, 1991 ex Ziegelei Höngeda, btf.
Vl: D 12, B-dm, Jung 6474/1935, 12 PS, EL 105, 1993 ex ISF Frankfurt, bis 1977 Praunheimer Ziegelwerke (Frankfurt/Main), i.A.
Vl: D 13, B-dm, Eichelgrün 1928-34, 10 PS, 1995 ex Sinzheim (bei Baden-Baden), urspr. Eichelgrün & Co. (Frankfurt/Main), btf.
Vl: D 14, B-dm, Henschel D1083/1935, 12 PS, DG 10, 2004 ex Britzer Museumseisenbahn in Berlin-Britz (4), bis 1986 privat, bis 1970 Eisenbahnbau Pfau (Berlin), btf.
Vl: D 15 bzw. B 2, B-bm, Oberursel 1907, 16 PS, vmtl. Typ 22, letzte noch erhaltene originale Oberurseler Benzollok, 2003 leihweise ex Hedelands Veteranbane (Hedehusene bei Kopen-

hagen), bis 1982 Spielplatz im Fort Kastrup bei Kopenhagen, bis 1949 Baufirma Jespersen & Sohn (Kopenhagen), abg.
Vl: B 1, B-bm, Baldwin 49581/1918, 50 PS, 1998 ex Museumsbahn Froissy – Dompierre/Frankreich, bis 1997 privat, zuvor Denkmal Romoratin/Frankreich, zuvor Luftwaffenlager Romoratin/Frankreich, abg.
Al: E 1, 1A, Schalke/SSW 54920/5904/1957, 6 kW, 1986 ex Tongrube Hermann (Beilstein/Westerwald), bis 1985 Grube Fortuna (Solms-Oberbiel), btf.
El: E 2, Bo, SSW 2212/1925, 38 kW, 1992 ex DKB Mühlenstroth (E 14), bis 1980 Teutonia-Zement (Misburg bei Hannover), i.A.
Al: E 3, Bo, Bartz 2213/1969, 2 x 4,5 kW, GA 03-D, 1999 ex Denkmal am Stahlberg-Museum Hilchenbach-Müsen, zuvor RAG-Zeche „Heinrich Robert" Hamm, urspr. Zeche Werne/Lippe, abg.
Nf: 20, B-dm, Hatlapa 8683/1947, 5 PS, Schienenkuli, 1981 ex Ziegelei K. Ehrenfels (Riedstadt/Erfelden), btf.
Vt: 23, 1A-A1-dh, Diema 3311/1973, 47 PS, Gütertriebwagen GT 10/2, 1987 ex Ziegelei Becher (Niederbrechen), btf.
Pl: 25, B-pr, ZPCHS Praha 122/1958, 35 PS, Typ BVD 35, 1996 ex privat (Schönbach/Niederösterreich), bis 1992 Firma Kolomna O. Kollert (Pribram bei Prag, zuvor Ostrau-Karwiner Kohlengruben bzw. Karwiner Revier, btf.

Parkeisenbahn im Palmengarten Frankfurt (Main)

Seit 1972 fährt der 600-mm-spurige Palmen-Express von April bis Oktober je nach Bedarf durch den Frankfurter Palmengarten. Den Zug aus bunten Wagen führt eine dampflokartige E-Lok (Bj. 1972, CEL 20, 7,5 kW) an.
Info: Jürgen Schweiger, Im Grundsee 5, 65428 Rüsselsheim, Tel. 06142 9775-47, Fax -48, mail@palmen-express.de
Internet: www.palmen-express.de

Verkehrsmuseum Frankfurt-Schwanheim

In zwei FWG-Wagenhallen an der Schwanheimer Rheinlandstraße wurde 1984 das Frankfurter Verkehrsmuseum eröffnet. Ergänzt wird die Ausstellung historischer Fahrzeuge von Dokumenten, Fotos, Uniformen, Signalschildern, Fahrmotormodellen, Fernsprechanlagen und einer Sammlung aller jemals in Frankfurt gültigen Fahrscheine. In der „Kinderfahrschule" kann der Nachwuchs erste Erfahrungen im Straßenbahnbetrieb sammeln. Neben dem Museum steht das restaurierte Empfangsgebäude der Waldbahn. Die Öffnungszeiten sollen bald auf je einen Samstag und Sonntag im Monat reduziert werden. Mit Hilfe eines noch zu gründenden Fördervereins ist die betriebsfähige Aufarbeitung einiger Wagen vorgesehen. Seit 1977 schaukelt der Ebbelwei-Express durch Frankfurt, und zwar zeit 2003 auf der Route Zoo – Altstadt – Hbf – Messe – Hbf – Südbahnhof – Lokalbahnhof – Zoo.
Geöffnet: Samstags, sonn- und feiertags (10-18 Uhr)
Ebbelwei-Express: Samstags, sonn- und feiertags, außer 9.4., 10.6., 14.11. und 21.11.2004 (jeweils ab Zoo um 13.30, 14.05, 14.40, 15.15, 15.50, 16.25, 17.00 und 17.35 Uhr; vom 1.11. bis 31.3.2005 entfallen sonn- und feiertags die Fahrten 14.05, 15.15, 16.25 und 17.35 Uhr)
Info: VGF / Rolf Jerman, Kurt-Schumacher-Str. 10, 60311 Frankfurt, Tel. 069 213-25181
Internet: www.vgf-ffm.de
Triebfahrzeuge:
Dl: 2 „Hohemark", Bn2t, Hagans 438/1900, bis 1962 Taunusbahn, bis 1955 FLAG (2)
Pf: 167, Herbrand 1872, Pferdebahnwagen der Frankfurter Trambahngesellschaft
Et: 8, Bo, Herbrand/S&H 1884, 11 kW, 1.000 mm, bis 1906 Frankfurt-Offenbacher Trambahn (8)
Et: 15, Bo, Werdau/SSW 1908, 50 kW, bis 1949 Stadtwerke Offenbach (011 / 1015)
Et: 104, Bo, Credé/Siemens 1954, Verbandswagen, 1978 ex Tw 104
Et: 236, Bo'Bo', Düwag/AEG/SSW 1957, Großraum-Tw, 1986 ex Tw 236
Et: 345, Bo, Gastell/S&H 1907, 50 kW, 1984 ex Tw 275 / 345
Et: 375, Bo, Gastell/Herbrand/S&H 1913, 2 x 43 kW, 1962 ex Tw 375

Et: 392, Bo, Gastell/AEG/Siemens 1914, 2 x 43 kW, 1931 zus. mit Tw 393 umgebaut in DD-Wagen „Max und Moritz" für Stadtrundfahrten, ex Fahrschul-Tw, Tw 2012 bzw. Tw 392, abg.
Et: 400, Bo, Uerd./AEG 1909, Vorortwagen, 144 kW, ex Atw 2027 / VHe 400 / V 483 / Bw 803
Et: 411, Bo, Uerdingen/AEG 1925, 2 x 36 kW, 1972 ex Tw 429 / 469 / Bw 605
Et: 510, Bo, Westwaggon/AEG 1939, 2 x 58 kW, Aufbau-Tw (Umbau 1950), 1973 ex Tw 510
Et: 580, Bo, Fuchs/BBC 1947, KSW-Tw, 1976 ex 580
Et: 602, Bo'2'Bo', Düwag/AEG/Siemens 1959, 2 x 100 kW, 1998 ex Tw 602
Et: 1001, Bo'2'Bo', Düwag/AEG/SSW 1965, 6xZR Gelenk-Tw, U-Bahn-Prototyp, 2 x 150 kW, 1976 ex Tw 301 / 1001
Et: 105 bis 108, Bo, Credé-Düwag/AEG-SSW 1954, 2 x 60 kW, btf. (für Ebbelwei-Express)

Historische Eisenbahn Frankfurt (HE)

Der HE e.V. nahm 1979 einen Museumsverkehr auf der Frankfurter Hafenbahn zwischen Eiserner Steg, Mainkur (Stellwerk IV) und Griesheim Ügbf auf. Einmal jährlich zeigen die Loks auf der Frankfurt-Königsteiner Eisenbahn ihr Leistungsvermögen. Das Betriebsgelände befindet sich am Frankfurter Osthafen (Intzestr. 34, Tel. 069 436093). **Termine:** 25.4., 27.6., 26.9., 31.10., 27./28.11. und 4./5.12.2004. Samstags: Eiserner Steg ab 13, 15 und 17 Uhr nach Griesheim sowie Eiserner Steg ab 14 und 16 Uhr nach Mainkur. Sonntags: Eiserner Steg ab 10.45, 13, 15 und 17 Uhr nach Griesheim sowie Eiserner Steg ab 12, 14 und 16 Uhr nach Mainkur.
Info: Historische Eisenbahn Frankfurt e.V., Postfach 900345, 60443 Frankfurt, Tel. 069 436093 und 06171 700712, info@HistorischeEisenbahnFrankfurt.de
Internet: www.historischeeisenbahnfrankfurt.de
Triebfahrzeuge (1.435 mm):
Dl: 01 118, 2'C1'h2, Krupp 1415/1934, 1981 ex DR (01 2118 / 01 118), btf.
Dl: 52 4867, 1'Eh2, O&K/MBA 13931/1943, 1985 ex Graz-Köflacher Bahn (152.4867), bis 1968 ÖBB (152.4867), btf.
Dl: 81 1001, Dn2t, Krauss-Maffei 17575/1949, 1980 ex Saarbergwerke (36), abg.
Vl: V 36 405, C-dh, MaK 360014/1950, 360 PS, WR360 C14, 1981 ex DB (236 405), abg.
Vl: V 36 406, C-dh, MaK 360015/1950, 360 PS, WR360 C14, 1981 ex DB (236 406), btf.
Vl: 332 238, B-dh, Gmeinder 5404/1966, 1998 ex DB (332 238 / Köf 11238), btf.
Vl: 310 912, B-dm, BMAG 11494/1940, 1996 ex DB, zuvor DR (100 912 / Kö 5712), urspr. Beschaffungsstelle für Flughafenbau Berlin für Peenemünde (8), abg.
Vl: B-dm, Breuer 3083/1954, 1989 ex Texaco AG Frankfurt (1), abg.
Vt: 798 629, AA-dm, Uerd. 61984/1956, 2 x 150 PS, 1996 ex DB (798 629 / VT 98 9629), btf.

Feldbahnsammlung Felten, Kelsterbach

Die Sammlung Felten, zu der auch etliche Wagen gehören, hat ihr Domizil jetzt auf einem Grundstück in der Nähe von Hanau, wo eine Fahrstrecke entsteht.
Info: Christian Felten, Mönchbruchstr. 21, 65451 Kelsterbach, Tel. 06107 630824, feldbahnsammlung@gmx.de
Internet: www.feldbahnsammlung.de
Lokomotiven (600 mm):
Dl: Bn2t, O&K Berlin 9244/1921, 40 PS, 2002 ex Kleinbahn Adenau, bis 1990 Denkmal Mayen, bis 1981 Baufirma Dietrich in Mayen (u. a. für Trümmerbahn Mayen, 1948 abg.), urspr. J. Morgenschweiß (Mönchengladbach), btf.
Vl: Strüver I, B-dm, Strüver 60578/1962, 6 PS, Schienenkuli, 1998 ex Schwerspatwerke Stulln/Oberpfalz, btf.
Vl: Strüver II, B-dm, Strüver 1962, 6 PS, Schienenkuli, ex Schwerspatgrube Stulln, btf.
Vl: Strüver III, B-dm, Strüver ca. 1940, 5 PS, Schienenkuli, ex Denkmal bei Baufirma P. Speeck (Frankfurt-Seckbach), btf.
Vl: B-dm, Jung 6449/1936, ZL 105, ex Quarzitsteinbruch Gräfenhain, urspr. E. Brangsch (Engelsdorf), btf.
Vl: B-dm, Jung 8583/1939, 11/12 PS, EL 110, 2004 ex privat (Mettenhausen), zuvor W. Schnitger (Bega a.d. Lippe), Torfwerk H. Suhl (Neudorf-Platendorf) bzw. Ludwig Student (Bottrop), neu geliefert über F. Kirchhoff (München), btf.

Der Stolz der Historischen Eisenbahn Frankfurt ist die 01 118, die am 13.3.2004 nach einer in Meiningen mustergültig durchgeführten Hauptuntersuchung in die Mainmetropole zurückkehrte (Bayreuth, 21.7.1985).
Unten: Christian Felten aus Kelsterbach besuchte am 14.4.2001 mit einem seiner Strüver-Schienenkulis die Bad Schwalbacher Moorbahn.   Fotos: Ludger Kenning

IG Blumörsche Ziegeleibahn, Hainburg-Hainstadt

Joachim Blumör, der von der letzten Ziegeleibahn des Raums Hainburg-Hainstadt einen 1,6 km langen Abschnitt, zwei Lokomotiven und die Loren gerettet hatte, gründete 1995 die IG Blumörsche Ziegeleibahn. Nach der Restaurierung der Fahrzeuge und der Strecke fand zeitweise ein Fahrbetrieb statt, doch inzwischen ruht das Projekt.
Info: Jürgen Kray, Beethovenstr. 12, 63512 Hainburg, Tel. 06182 66194
Lokomotiven (600 mm):
Vl: 1, B-dm, Gmeinder 2254/1938, 48 PS, 1980 ex Ziegelei Blumör (Hainstadt), btf.
Vl: 2, B-dm, Gmeinder 4485/1950, 48 PS, 1980 ex Ziegelei Blumör (Hainstadt), btf.
Vl: 3, B-dm, Gmeinder 4741/1953, 22 PS, 1997 ex Ziegelei Heuser (Hainburg-H.), i.A.
Vl: 4, B-dm, Gmeinder 2044/1937, 11 PS, 1997 ex Ziegelei Heuser (Hainburg-H.), abg.
Vl: 7, B-dm, O&K 26278/1964, 48 PS, Eigentum Ziegelei Wenzel (Hainstadt), btf.
Vl: 8, B-dm, Bayernwerke um 1962, 7 PS, 1997 ex Schwemmholzbahn der Bayernwerke, btf.
Vl: B-dm, Kröhnke 1970, letzter gebauter Lorenknecht, 2001 ex Niedersächsisches Deich- und Küstenschutzamt Brake, btf.

Museumseisenbahn Hanau (MH), Hanau

Dampfsonderfahrten auf der Kahlgrundbahn Kahl – Schöllkrippen hatte es bereits 1977 gegeben, doch erst durch den 1988 gegründeten Verein Dampfbahnfreunde Kahlgrund e.V. wurden sie zu einer regelmäßigen Einrichtung. Sein Domizil hat der im Mai 2001 in „Museumseisenbahn Hanau" umbenannte Verein im ehemaligen Bw Hanau.
Termine: 12.4., 20.5., 7.11. und 5.12.2004 (Kahlgrundbahn mit 89 906, jeweils Hanau 9.15 – Kahl 10.00 – Schöllkrippen 11.15/12.45 – Kahl 13.50/14.25 – Schöllkrippen 15.30/16.45 – Hanau 18.30 Uhr), weitere Fahrten in Planung
Info: Museumseisenbahn Hanau e.V., Bahnhofstr. 2, 61138 Niederdorffelden, Tel. 06187 479245 und 0179 6783055, info@Museumseisenbahn-Hanau.de
Internet: www.museumseisenbahn-hanau.de
Lokomotiven (1.435 mm):
Dl: 89 906, Cn2t, LHB 3129/1929, 560 PS, 1990 ex Hydrierwerk Rodleben (6), bis 1961 IG Farben Wolfen, btf.
Vl: VL 1 „Frosch", B-dm, Deutz 55332/1952, 55 PS, A4L 514R, 1993 ex Landmaschinen Tröster KG (Butzbach), bis 1967 Hassia Mineralquelle (Bad Vilbel), urspr. Chlorbetriebe Rheinfelden der Dynamit-Nobel AG (186), btf.
Vl: VL 2, B-dh, Jung 5483/1933, 128 PS, Köf II, bis 1994 Rütgerswerke Hanau, bis 1986 Dunlop-Reifenwerke Hanau, bis 1981 DB (322 128 / 321 016 / Köf 4146), btf.
Vl: VL 3 „Teufel", B-dm, Deutz 47405/1951, 55 PS, A4L 514 R, 1998 ex Offenbacher Localbahn-Verein, bis 1987 Imprägnierwerk Rütgers (Hanau), bis 1981 Büssing (Braunschweig), urspr. Klöckner & Co. (Duisburg) für Goldschmidt AG (Essen), btf.
Vl: VL 4, B-dh, Deutz 46918/1948, 128 PS, Köf II, 1996 ex Kling-Furnierwerke Maintal-Hochstadt (1), bis 1989 DB (323 650 / Köf 6338), btf.
Vl: VL 5, B-dh, Deutz 14625/1935, 128 PS, Köf II, Eigentum Stadt Hanau, 1990 ex Technikmuseum Großauheim, bis 1989 BBC Großauheim, bis 1988 DB (323 017 / Köf 4842), abg.
Vl: VL 6, B-dh, Gmeinder 2715/1939, 250 PS, 1994 ex Hoechst AG Frankfurt-Höchst (6), bis 1967 Werk Marl der Chemischen Werke Hüls (12), i.A.
Nf: 5320-01, B-dm, Deutz 21334/1939, 12,5 PS, OME 117R, 1998 ex Kling-Furnierwerke Maintal-Hochstadt, zuvor Collert & Engelhart Werkzeugmaschinen Offenbach, i.A.
Nf: Skl 51, B-dm, Sollinger Hütte 1960, 55 PS, 2000 ex Kahlgrundbahn, bis 1977 DB, btf.
Nf: Skl 53, B-dm, 2000 ex DB (Klv 53)

Dampfkleinbahn Bad Orb – Wächtersbach

94 Jahre lang war die Kurstadt Bad Orb durch eine normalspurige Kleinbahn mit dem Staatsbahnhof Wächtersbach verbunden, dann stellten die Betreiber, die Kreiswerke Gelnhausen, im März 1995 den Verkehr ein. Eine Gruppe, die bereits in Bad Brückenau die König-Ludwig-Dampfbahn „Böhje" angelegt hatte, begann im Jahr

Die Stammstrecke der Museumseisenbahn Hanau ist die Kahlgrundbahn Kahl – Schöllkrippen. Am 4.6.2000 verließ die 89 906 den Bahnhof Königshofen in Richtung Schöllkrippen.
Foto: Ludger Kenning

2000 mit der Reaktivierung der Bahnanlagen, allerdings in 600-mm-Spurweite. Sie setzten ihren gesamten Fahrzeugbestand von Bad Brückenau hierher um und nahmen im August 2002 zunächst auf dem Abschnitt Bad Orb – Aufenauer Berg den Betrieb auf. Ab 2004 fahren die Züge über die Kinzig hinweg und parallel zur ICE-Strecke bis zum Bahnhof Wächtersbach, so daß die Streckenlänge 6,5 km beträgt. Aus der Feldbahn „Böhje" ist also eine „richtige Eisenbahn" mit Empfangsgebäude, Lokschuppen, Brücken, Tunnel und reizvoller Streckenführung geworden.

Fahrbetrieb: Sonn- und feiertags von April bis Oktober je nach Wetterlage, jeweils 11.00, 13.00, 14.30, 16.00 und 17.30 Uhr ab Bad Orb

Info: Kurdirektion Bad Orb Werbung GmbH, Postfach 1320, 63619 Bad Orb, Tel. 06052 8383, kurgesellschaft@bad-orb.de

Oder: Rolf Jirowetz, Krämerstr. 12, 36381 Schlüchtern, Tel./Fax 06661 1840

Oder: Siegfried Theimer, Rohler Str. 10, 63633 Birstein-Obersotzbach, Tel. 06054 91120, Fax 2619, info@theimer.de

Internet: www.bad-orb.de/dampfkleinbahn

Lokomotiven (600 mm):

Dl: Emma, Bn2 (bis 2003 Bn2t), Hohenzollern 4382/1923, ab 2004 mit Schlepptender, 1987 ex Spielplatz Rödental, zuvor Keramikwerk Coburg, btf.

Vl: B-dm, LKM 248638/1955, 30 PS, Ns2f, 1992 ex Werk Höngeda der Thüringischen Ziegelwerke Erfurt, btf.

Vl: B-dm, LKM 262049/1958, 30 PS, Ns2f, 1992 ex Werk Höngeda der Thüringer Ziegelwerke Erfurt (051 / 07), urspr. VEB Baustoffwerke Mühlhausen/Thüringen, btf.

Eisenbahnfreunde Wetterau (EFW)
Deutsche Draisinen-Sammlung (DDS), Bad Nauheim

Der 1974 gegründete EFW e.V. veranstaltete 1976 erste Dampffahrten auf der Butzbach-Licher Eisenbahn. Seit 1979 setzt er seinen eigenen Museumszug ein. In Bad Nauheim entstand ein kleines Eisenbahnmuseum. Mit der Übernahme einer BLE-Draisine begann 1979 der Aufbau der DDS, die sich – ebenso wie die Zahl der

Die blaue Lok 2 der Eisenbahnfreunde Wetterau vertrat 2003 zeitweise die Jung-Lok der Butzbach-Licher Eisenbahn und erbrachte Übergabedienste zwischen dem Bahnhof Butzbach und dem Weichenwerk. Foto (10.7.2003): Helmut Roggenkamp

Aktiven – ständig vergrößerte, denn es galt nicht nur, die Fahrzeuge zu restaurieren, sondern sie auch gelegentlich vorzuführen.
Fahrbetrieb: 11./12.4., 9.5., 31.5., 6.6., 27.6., 25.7., 15.8., 5.9., 26.9. und 17.10.2004 (jeweils Bad Nauheim ab 9.45, 13.05 und 15.55 Uhr; Münzenberg ab 11.05, 14.50 und 17.30 Uhr)
Weitere Termine: 18.7. (Steinfurther Rosenfest, Bad Nauheim – Rockenberg alle 20 Min.), 29.8. (30 Jahre EFW, Tag der offenen Tür), 27./28.11.2004 (Nikolauszüge), 1.1.2005 (Neujahrsfahrt)
Info: Eisenbahnfreunde Wetterau e.V., Am Goldstein 12, 61231 Bad Nauheim, Tel. 06032 9292-29, Fax -38, draisine@gmx.de
Internet: www.efw-wetterau.de
Lokomotiven (1.435 mm):
Dl: EFW 1 „Bernd", Cn2t, Henschel 6676/1904, Typ Bismarck, 1988 ex Denkmal Dreihausen, Eigentum Firma Nickel (Oberwiddersheim/Ebsdorfergrund), bis 1972 Marburger Kreisbahn (1), btf.
Vl: EFW 2, C-dh, BMAG 11458/1942, 360 PS, WR360 C14, 1984 ex Aktienzuckerfabrik Wetterau (Friedberg), bis 1969 US-Armee München (11458), bis 1945 Wehrmacht / WiFo Nienburg (31), btf.
Vl: Köf 6463, B-dh, Deutz 57321/1960, 128 PS, Köf II, 2003 ex Eisenbahntradition e.V. (Lengerich), bis 2003 Deutsche Hyperphosphat GmbH (Glashütte Budenheim), bis 1983 DB (323 219 / Köf 6463), abg.
Vl: Köf 6128, B-dh, Gmeinder 4677/1951, Köf II, 2003 ex Mitteldeutsche Hartstein-Industrie Wächtersbach (1), bis 1980 DB (322 182 / 321 160 / Köf 6128), btf.
Nebenfahrzeuge und Draisinen (1.435 mm):
1: BLE 1, A1-dm, Beilhack 2082/1948, 1979 ex Butzbach-Licher Eisenbahn, btf.
2: BLE 2, A1-dm, Beilhack 1945, 1989 ex Butzbach-Licher Eisenbahn / AHEF, btf.
3: 01-1051, A1-dm, Beilhack 1940, 1986 ex Regentalbahn(1), zuvor DB(01-1051), btf.
4: 04-1052, A1-dm, Beilhack 2021/1948, 1986 ex Regentalbahn (2), zuvor DB (04-3601), btf.
5: 04-3249, A1-dm, FKF Frankfurt 12038/1950 (Eigenumbau 1988), 1987 ex BEM Nördlingen, zuvor DB Kauferung (04-3249), ä.r.
6: 01-0422, A1-dm, 1989 ex DB Kempten (01-0422), btf.
7: 711.060, A1-dm, Steyr-Daimler-Puch 1952, 1988 ex ÖBB Zellerndorf (X 711.060), btf.
8: 712.512, A1-dm, Dr. Alpers 1951, 1987 ex ÖBB Hartberg (X 712.512), btf.
9: 712.516, A1-dm, Steyr-Daimler-Puch 1948, 1987 ex ÖBB Graz (X 712.516), btf.
10: 713.100, A1-dm, Stabeg-Werke 1959, 1988 ex ÖBB Linz (X 713.100), abg.
11: 11-4165, A1-dm, FKF 12561/1959, 1986 ex DB Marburg (11-4165), btf.

12: 12-4528, A1-dm, FKF 12290/1956, 1978 ex AEF Aschaffenburg, zuvor DB Lohr/Main (12-4528), btf.
13: 04 AKN C3, A1-bm, 1990 ex DG 41 096 (Salzgitter), zuvor Altona-Kaltenkirchen-Neumünster (C3), btf.
14: 614.052, A1-dm, ÖBB-Werke Wörth, 1994 ex ÖBB Linz (X 614.052), btf.
15: 12-4558, A1-dm, FKF 12320/1956, 1990 ex DFS Ebermannstadt, zuvor DB Weiden (12-4558), abg.
18: Kl 3, A1-dm, Busch 2779/1957, 1988 ex VKSF Schleswig (Kl 1), btf.
20: 20-5011, A1-bm, Beilhack 2647/1955, VW-Bus-Draisine, 1988 ex DB Nürnberg (20-5011), btf.
28: 716.009, A1-bm, Beilhack/Amsler 1956, Gleismeßdraisine, 1994 ex ÖBB Wien (X 716.009), btf.
29: 09-0002, A1-dm, FKF Frankfurt 12559/1959, 28 PS, 1.000 mm, 1995 ex DB Wangerooge (09-0002), 1977 umgespurt aus Klv 11-4163, abg.
30: 713.005, A1-dm, Stabeg 1959, 1997 ex ÖBB Lackenbach (X 713.005), ä.r.
35: 12-45??, A1-dm, FKF Frankfurt 1959, 1993 ex Lokalbahn Aischgrund (Adelsdorf), abg.
36: 12-4548, A1-dm, FKF 12310/1957, 1993 ex Lokalbahn Aischgrund, zuvor DB Nürnberg (12-4548), abg.
38: 12-4704, A1-dm, FKF 12437/1958, 1994 ex Hanomag-Museum Hannover, zuvor DB Altenbeken (12-4704), btf.
39: 1859, A1-dm, Cesab Bologna 1859/1965, 1997 ex FS Bologna (1859), abg.
40: 250, A1-dm, MAV Rt 1960, 1995 ex MAV Miscolc (Pft-P 250), abg.
41: 270, A1-dm, MAV Rt 1960, 1995 ex MAV Debrecen (Pft-P 270), abg.
42: 237, A1-dm, MAV Rt 1960, 1997 ex MAV Kaposvar (TBFF-P 237), abg.
44: 186, A1-dm, MAV Rt 1960, 1997 ex MAV Tab (Pft-P 186), abg.
46: 566, A1-dm, MAV Rt 1960, 1995 ex MAV Szeged-Rendezö (Pft-P 566), abg.
47: DHE 1, A1-dm, Dr. Alpers 10561/1948, 6 PS, 1999 leihweise ex DHEF Delmenhorst (Klv 201), bis 1981 Bremen-Thedinghausen (B-Th 1), bis 1957 Suchsdorf – Kiel-Wik (Kiel 1), abg.
48: 576, A1-dm, MAV Rt 1960, 1995 ex MAV Fönöség Miskolc (Pft-P 576), abg.
51: 51-9183, A1-dm, IWK 61051-10/1964, 1994 ex OnRail Mettmann, zuvor DB Kornwestheim (51-9183), btf.
75: KL 3832, A1-dm, Raw Schöneweide 10901/1975, 1996 ex DB/DR Nordhausen (KL 3832), btf.
78: KL 3892, A1-dm, Schöneweide, 1998 ex DR Oberhof (KL 3892), btf.
80: KL 4248, A1-dm, 1998 ex DB Erfurt (ex DR), btf.
82: 51-8778, B-dm, Robel 2111 RA37/1957, 72 PS, Kran, 1999 ex Berliner Eisenbahnfreunde (Basdorf), bis 1981 DB Heilbronn (Klv 51-8778), abg.
83: 51-8808, A1-dm, 1998 ex Hessencourrier Kassel, zuvor Butzbach-Licher Eisenbahn bzw. DB Friedberg (51-8808), btf.
85: 51-9188, A1-dm, 1998 ex DB Heidelberg, btf.
118: 614.088, A1-dm, 1998 ex ÖBB Wiener Neustadt (X 614.088), abg.
119: 616.907, A1-dm, 1998 ex ÖBB Bruck-Fusch (X 616.907), abg.
120: 12-4976, A1-dm, 28 PS, 1999 ex Fränkische Museumseisenbahn (Nürnberg), zuvor DB Passau, ä.r.
121: 616.908, A1-dm, Werke Wörth, 35 PS, 1999 ex ÖBB (X 616.908), abg.
122: 616.909, A1-dm, Werke Wörth, 35 PS, 1999 ex ÖBB (X 616.909), abg.
123: TreRto 123, A1-dm, Teijo 125/1960, Motordraisine, 1999 ex VR (Tampere), abg.

Besucherbergwerk Grube Fortuna
Feld- und Grubenbahnmuseum Fortuna (FGF), Solms-Oberbiel

Mit der Schließung der Grube Fortuna ging 1983 der Eisenerzbergbau in Hessen zu Ende. Das denkmalgeschützte Bergwerk kann seit 1987 besichtigt werden. Man gelangt mit einem Förderkorb in 150 m Tiefe und steigt dort in die Grubenbahn um.
Geöffnet: Dienstags bis samstags 10-17 Uhr, sonn- und feiertags 10-18 Uhr
Info: Freizeitregion Lahn-Dill, Kellner-Ring 51, 35576 Wetzlar, Tel. 06443 82460, Fax 2043
Internet: www.grube-fortuna.de
Akkuloks (600 mm): Drei Stück, 1A, Schalke/SSW 54919/1957, 58882/1960 und 58881/1960, ex Grube Fortuna, Untertagelok, btf.

Mit „hohem Besuch", dem Fürsten von Braunfels, stand die Lok 35 des Feld- und Grubenbahnmuseums Fortuna (FGF) am 22.8.1999 zur Abfahrt bereit.
Foto: Ludger Kenning

Seit 1986 baut ein Förderverein neben dem Besucherbergwerk eine Feld- und Grubenbahnsammlung auf, die in zwei großen Hallen untergebracht ist. 1993 begann der Fahrbetrieb auf der neuen Feldbahnstrecke (1,4 km), die inzwischen zu einem Rundkurs erweitert worden ist. Vereinsdomizil ist das restaurierte Steigerhaus.
Termine: 18.4. (Rundkurseröffnung), 1.5., 31.5., 4.7. und 5.9. (jeweils Sondervorführungen), 25.7. und 3.10.2004 (mit Personenverkehr, 10-17 Uhr)
Info: Förderverein Besucherbergwerk Fortuna e.V., Lahnstr. 35, 35578 Wetzlar, Tel. 06473 2308, Fax 47772, r.stahl@foerderverein-grube-fortuna.de
Internet: www.foerderverein-grube-fortuna.de
Lokomotiven (600 mm):
Dl: 01, Bn2t, Henschel 23170/1936, Typ Preller, 1988 ex Textilmaschinen Meyer (Obertshausen), bis 1968 Kieswerk Holzmann AG (Gehespitz bei Neu Isenburg), btf.
Dl: 02, Bn2t, Budich 1029/1944, ähnlich Henschel-Typ Riesa, 1987 ex Denkmal Mücke-Groß Eichen, urspr. Faber & Schnepp (Gießen) bzw. Braunsteinwerke Großen-Linden, abg.
Dl: 3, Bn2t, O&K 6625/1913, 1989 ex privat, bis 1970 Schrotthändler, bis 1965 Zellstoffwerk Kelheim/Donau, urspr. Straßenbau AG, abg.
Dl: 4, Bn2, Krauss Linz 6616/1912, 1986 ex Freizeitpark Fort Fun (Kassel), bis 1977 ex Stahlwerk Leoben-Donawitz/Steiermark (100-4 bzw. Lok 4, dort 785 mm), btf.
Dl: 05, Dn2t, Henschel 14913/1916, Brigadelok, 2000 ex Händler (Großbritannien), bis 1998 Zuckerrohrplantage Marrameu/Mosambik (SSE 19), abg.
Vl: 10, B-dm, O&K 7551/1937, 18 PS, MD 1, 1986 ex privat, bis 1975 Schelderhütte der Burger Eisenwerke (Dillenburg-Niederscheld), abg.
Vl: 11, B-dm, O&K 5462/1934, 11 PS, RL 1c, 1987 ex Tongrube Fortuna (Lonnig-Ochtendung), urspr. Baufirma Baresel (Stuttgart), btf.
Vl: 12, B-dm, Jung 7258/1939, 12 PS, EL 105, 1986 ex Firma Eller (Grünberg), bis 1972 Dampfziegelei in Hungen/Lich, btf.
Vl: 13, B-dm, Gmeinder 3364/1941, 18/20 PS, 1986 ex Eller (Grünberg), ehemals Baufirma, btf.
Vl: 14, B-dm, Gmeinder 2483/193?, 45/50 PS, 750 mm, 1988 ex Basaltbruch Steinefrenz (Dreikirchen bei Hadamar), abg.
Vl: 15, B-dh, Schöma 2832/1964, 48 PS, CFL 45DC, 1989 ex Didier-Quarzitbruch (Leimsfeld bei Alsfeld), bis 1976 Tongrube Großholbach/Westerwald, btf.
Vl: 16, B-dm, Diema 1228/1948, 12 PS, DS 12, 500 mm, 1986 ex Didier-Quarzit Mainzlar, abg.

Vl: 17, B-dm, Diema 1387/1950, 38 PS, DS 22, 1989 ex Didier-Quarzit Leimsfeld bzw. Selters/Lahn, btf.
Vl: 18, B-dh, Diema 2884/1966, 45 PS, DS 40/1, 1992 ex Schmidt KG (Grube Birkenheck bzw. Wimpfsfeld/Westerwald), btf.
Vl: 19, B-dm, Ruhrthaler 2802/1949, 32 PS, KML 7, 1983 ex Harz-Lahn-Erzbergbau (Grube Waldhausen b. Weilburg, zuvor Grube Laubach, urspr. Grube Strichen), btf.
Vl: 20, B-dh, Ruhrthaler 3899/1968, 23 PS, G22 HL2, 1988 ex Schiefergrube Batzbach (Wissenbach), btf.
Vl: 21, B-dh, Schöma 2379/1960, 45 PS, CHL40 PS45, 1995 ex Fuchssche Tongruben (Wilsenroth), urspr. V&B (Tongruben um Dornburg/Westerburg), btf.
Vl: 22, B-dm, Deutz 27388/1940, 75 PS, A6M 517, 1988 ex EBV Westfalen Ahlen (1), btf.
Vl: 23, B-dm, Deutz 55952/1956, 9 PS, MAH 914, 1989 ex Schaubergwerk Schauinsland, zuvor Flußspatgruben Köfersteige/Gottesehre, zuvor Gewerkschaft Finstergrund im Wiedener Tal (Utzenfeld bei Todtnau), btf.
Vl: 24, B-dm, Deutz 12518/1934, 12 PS, OME 117, 1990 ex Baufirma Schneider (Heuchelheim), urspr. Ladda & Meyer (Wenzken/Ostpreußen), abg.
Vl: 26, C-dm, LKM 250316/1963, 102 PS, V10C, ehem. 630 mm, 1991 ex Zehdenicker Sand- und Tonwerke GmbH, bis 1969 VEB Spezialbaukombinat Wasserbau Weimar (Erdbau Eberswalde), btf.
Vl: 27, B-dm, Deutz ca. 1933, 55 PS, A4M 517, 1991 ex Besucherbergwerk Marsberg, abg.
Vl: 28, B-dm, Deutz 8431(?)/ca. 1927-28, 25 PS, ML 228G, 1992 ex Denkmal Moschheim, bis ca. 1976 Tongrube Pfeul (Niederahr/Westerwald), abg.
Vl: 29, B-dm, LKM 248485/1954, 35 PS, Ns2f, 1991 ex Ziegelwerke Halle (Neukönigsaue), bis 1990 VEB Gießereisandwerke Nudersdorf, urspr. Kiesbahn Leipzig-Lindenau, btf.
Vl: 30, B-dm, Demag 2025/1937, 15 PS, ML 15, 1995 ex Denkmal Hermannstein, zuvor Buderus Kalkbruch Grube Malapertus (Wetzlar-Niedergirmes), btf.
Vl: 31, B-dm, Skoda 2434/1956, 30 PS, BND 30, 1991 ex privat, bis 1990 Dachziegelwerk Sömmerda, urspr. Quarzporphyr-Steinbrüche Lüptitz, btf.
Vl: 32, B-dm, LKM 247418/1957, 11 PS, Ns1b, 1991 ex VEB Baustoffwerke Radeberg (Ziegelwerk Wiesa, Tongrube Thonberg b. Kamenz), btf.
Vl: 33, B-dm, Gmeinder 3365/1941, 18/20 PS, 1991 ex Tongrube Gernbacher Wies (Wilsenroth/Westerwald), bis 1976 Westen Tonbergbau, aufgestellt am Spielplatz
Vl: 34, B-dm, Deutz 57692/1964, 30 PS, GZ 30B, 1992 ex Zeche Westfalen Ahlen (30), btf.
Vl: 35, B-dh, Deutz 56547/1957, 90 PS, GG 90B, 1992 ex Zeche Westfalen Ahlen (15), btf.
Vl: 36, B-dm, Ruhrthaler 3449/1956, 75 PS, G90 Ö/V, 1993 ex Zeche Niederberg Neunkirchen-Vluyn, btf.
Vl: 37, C-dh, Gmeinder 4046/1943, 130 PS, HF130C, 1993 ex Museumsbahn Ochsenhausen, bis 1984 Bonner Zement AG (Kalkbruch Mainz-Budenheim), urspr. Wehrmacht, btf.
Vl: 39, B-dh, Ruhrthaler 3781/1964, 75 PS, G90 HVE, 1995 ex RAG-Zeche Niederberg (41), btf.
Vl: 40, C-dm, Ruhrthaler 3772/1963, 100 PS, G100Z, ehem. 580 mm, 1995 ex WTK Ampflwang/Oberösterreich, btf.
Vl: 41, B-dm, Deutz 39616/1938, 85 PS, OMZ 122F, 1997 ex Baufirma Herdejürgen (Bremen) für Deichbau Nieder-Ochtenhausen (205), btf.
Vl: 42, B-dm, Deutz 16316/1938, 17 PS, MLH 322G, bis 1974 Schrott Krause (Dillenburg), bis 1973 Auguststollen (Oberscheld), bis 1956 Erzgrube Georg-Joseph (Gräveneck), btf.
Vl: 43, B-dm, Deutz 12850/1934, 25 PS, OME 117, 1994 ex Silikatwerk Brandis (5), btf.
Vl: 44, B-dm, Jung 6581/1939, 24 PS, ZL 105, 1993 ex Schrotthandel in Limburg, zuvor Baufirma Buschung (Selters), btf.
Vl: 45, B-dm, Strüver, 6 PS, 1996 ex privat (Schönbach/Niederösterreich), bis 1988 Schrott Eisen-Wimmer (Wels/Oberösterreich), btf.
Vl: 46, B-dm, Ruhrthaler 2731/1948, 32 PS, KML 7, 1999 ex Besucherbergwerk Fortuna, zuvor Grube Fortuna bzw. Waldhausen, btf.
Vl: 47, B-dh, Deutz 56433/1957, 90 PS, GG 90B, ehem. 700 mm, 2000 ex EBV-Bergwerk „Westfalen" Ahlen (34), 1986 Umbau durch Rensmann (Dortmund), zuvor Salzbergwerk „Fernand" der Mines Dominiales de Potasse d'Alsace (Mulhouse), btf.
Vl: 49, B-dh + B-dh + 2', Ruhrthaler 3894/1969, 181 PS, G160 Trio, 2002 ex Niederberg, 1996 umgebaut durch Ruhrthaler in dreiteilige TRIO-Grubenlok, urspr. zweiteilig geliefert als G150H an Zeche Niederberg in Neunkirchen-Vluyn, btf.
Al: 60, Bo, Bartz 1341/1958, 2 kW, BL 1/4, 1986 ex Tongrube Hermann (Greifenstein-Beilstein), urspr. Martin & Pagenstecher (Köln), btf.
El: 61, Bo, AEG 8144/1962, 50 kW, HF1, 1987 ex Erzgrube Leonie in Auerbach/Oberpfalz (III), urspr. Maxhütte Schacht Maffei (Nitzlbuch), abg.

El: 62, Bo, AEG 1930, 50 kW, EL 5, 1989 ex Zeche Friedrich-Heinrich in Kamp-Lintfort (28), aufgestellt am Eingang
Al: 64, Bo, Bartz U375/1968, 27 kW, KGA 07-b05, 1990 ex Zeche Heinrich-Robert (Hamm), bis 1983 Harpener Bergbau / Zeche Victoria, abg.
Al: 65, 1A, Schalke/SSW 10944/5199/1951, 4,5 kW, 1990 ex Spielplatz Solms-Oberbiel, urspr. Erzgruben Strichen und Lindenberg (Münster / Kreis Limburg-Weilburg), btf.
Al: 66, 1A, Bartz 1417/1958, 5,5 kW, BL 1/6, urspr. Hessische Berg- und Hüttenwerke (Wetzlar) für Grube Königszug, zuletzt Grube Falkenstein, abg.
El: 67 „Berta", Bo, Schalke/BBC 5781/1967, 2 x 60 kW, G 509, 2001 ex Steinkohlenbergwerk Blumenthal-Haard (Recklinghausen), abg.
Pl: 70, B-p, Jung 12982/1958, 50 PS, Pz45, ehem. 550 mm, urspr. Zeche Salomon (Ostrawa/Tschechien), btf.

Oberhessische Eisenbahnfreunde (OEF), Gießen

Als das Ende der Gießener Schienenbusse bevorstand, gründeten sich die BSW-Gruppe Historische Schienenfahrzeuge Gießen und der Verein OEF. Beide Gruppen legten sich bald auf gemeinsame Aktivitäten fest und erwarben drei Trieb-, drei Bei- und zwei Steuerwagen, die jetzt für Fotosonder- und Gesellschaftsfahrten bereitstehen.
Termine: 12.4. (nach Biedenkopf), 15.5. (nach Darmstadt, dort Fahrt mit Dampfstraßenbahn), 16.5. (zum Bergbaumuseum Borken), 30./31.5. (Tag der offenen Tür), 11.-13.6. (nach Fond de Gras/Luxemburg), 26.6. (Fotofahrt in die Wetterau), 17.7. (nach Bad Brückenau und Kreuzberg), 11.9. (nach Bochum-Dahlhausen), 18.9. (nach Oberlahnstein), 17.10. (nach Neustadt/Weinstraße), 6.12. (nach Nidda), 11.12. (nach Limburg), 19.12.2004 (nach Michelstadt)
Info: Oberhessische Eisenbahnfreunde e.V. / Erhard Hemer, Karlsbader Str. 1, 35457 Lollar, Tel. 06406 6506, Fax 77419, info@oef-online.de
Internet: www.oef-online.de
Triebfahrzeuge (1.435 mm):
Vl: 323 903, B-dh, Krauss-Maffei 15406/1933, 128 PS, Köf II, 2001 ex BSW Glückstadt, bis 1989 DB (323 903 / Köf 4270), abg.
Vt: 798 589, AA-dm, Donauwörth 1225/1956, 2 x 150 PS, 1996 ex DB (VT 98 9589), btf.
Vt: 796 597, AA-dm, Donauwörth 1233/1956, 2 x 150 PS, 1996 ex DB (798 597 / VT 98 9597), btf.
Vt: 798 829, AA-dm, MAN 146611/1962, 2 x 150 PS, 1996 ex DB (VT 98 9829), btf.

Privatfeldbahn Heuser, Löhnberg

Aus einer 1977 begonnenen Sammlung entstand ab 1986 eine Feldbahn mit 100 m Länge, einigen Abstellgleisen, Drehscheibe, dreigleisigem Lokunterstand und rund 30 Feldbahn- und Untertageloren.
Info: Werner Heuser, Forsthausstr. 11, 35792 Löhnberg, Tel. 06471 8931, 1559-756@onlinehome.de
Internet: www.loehnberger-feldbahn.de
Lokomotiven (600 mm):
Vl: 1, B-dm, Strüver 60342/1955, 6 PS, Schienenkuli, 2000 ex privat (Köln), bis 1987 Ziegeleibedarf Heutz-Homburg (Hauset/Belgien), urspr. Kalkw. L. Thelen (Eilendorf bei Aachen), btf.
Vl: 2, B-dm, Jung 6843/1936, 23 PS, ZL 114, 1993 ex Schrotthandel Roth (Limburg), bis 1991 Baufirma A. Buschung (Niederselters), abg.
Vl: 3, B-dm, Diema 2460/1961, 22 PS, DS 20, 1987 ex Tonbergbau St. Schmidt KG (Langendernbach), btf.
Vl: 4, B-dm, Diema 2722/1964, 42 PS, DS 30, 2000 ex Tongrube St. Schmidt KG (Winkels), i.A.
Vl: 5, B-dm, LKM, 12 PS, Ns1, 1991 ex Töpfer und Schamotte GmbH (Wiesa bei Kamenz), urspr. Tongrube Kamenz-Thonberg der Baustoffwerke Radeburg, btf.
Vl: 6, B-dm, Schöma 1637/1955, 22 PS, CDL20, 1998 ex Denkmal Hintermeilingen, zuvor Tongrube „Maria" Hintermeilingen der Gail'schen Tonwerke AG Gießen, abg.
Vl: 7, B-dm, Gemeinder 1126/1934, 33 PS, 2003 ex Pfleiderer (Winnenden), urspr. Dachziegelwerke E.C. Spingler GmbH (Winnenden), btf.
Vl: 8, B-dm, Gemeinder 1127/1934, 25 PS, 2003 ex Pfleiderer (Winnenden), urspr. Dachziegelwerke E.C. Spingler GmbH (Winnenden), i.A.

Bergbau- und Feldbahnverein Schelderwald, Dillenburg

Aus dem 1987 gegründeten Museumseisenbahn- und Bergbauverein Scheldetal ging u. a. der Bergbau- und Feldbahnverein Scheldetal hervor, der einen Besucherstollen betreibt und auf einer alten Bahntrasse zwischen Ober- und Niederscheld eine 3 km lange Feldbahn aufbauen will. Bis zu deren Fertigstellung setzt er eine mobile Feldbahn ein. Eine gebraucht erworbene Wellblechhalle dient als Abstell- und Arbeitshalle.
Termin: 20.6.2004 (Mobile Feldbahn bei einem Bergmannfest im Auguststollen Oberscheld)
Info: Joachim Hartmann, Ludwigstr. 14a, 35688 Dillenburg, Tel. 02771 21193
Lokomotiven (600 mm):
Vl: B-dm, Diema 1929/1956, 10 PS, 1988 ex privat, bis 1986 Rotes Moor (Gersfeld), btf.
Vl: B-dm, Unio, 45 PS, 1993 ex Knauf-Gips (Rottleberode), btf.
Vl: B-dm, Jung 9175/1940, 1992 ex Westerwälder Tonindustrie Otto (Breitscheid), abg.

Bahnbetriebswerk Dillenburg e.V.

Der 1989 gebildete Bw Dillenburg e.V. bezog 1993 einen Teil der ehemaligen Bahnmeisterei Herborn und brachte seine Kleinloks in zwei Lokschuppen unter. Neben der Fahrzeugaufarbeitung und der Veranstaltung von Sonderfahrten will er das Domizil weiter ausbauen und die Kleinloksammlung vergrößern.
Termin: vsl. 12.6.2004 (Tag der offenen Tür)
Info: Bahnbetriebswerk Dillenburg e.V., Postfach 1933, 35729 Herborn, Tel. 0271 / 3 35 67 49
Internet: www.bw.dillenburg.de.vu
Lokomotiven (1.435 mm):
Vl: 1, B-dm, O&K 25783/1957, 140 PS, 1994 ex Buderus Eibelshausen, bis 1972 Hochofenwerk Oberscheld, urspr. Berg- und Hüttenwerke Oberscheld, abg.
Vl: Kö 0206, B-dm, Gmeinder 1255/1935, 50 PS, 1996 ex Basaltwerk Büdingen (WHH 057), bis 1965 DB (Kö 0206), i.A.
Vl: 323 336, B-dh, Deutz 57916/1965, 128 PS, 1997 ex Firma Juno (Herborn-Burg), bis 1985 DB (323 336 / Köf 6816), i.A.

Eisenbahnfreunde Bebra

Die Stadt Bebra übernahm 1984 den markanten Wasserturm mit Kugelbehälter und übergab ihn den Eisenbahnfreunden Bebra, die darin ein Eisenbahnmuseum einrichteten. Durch das Gelände führt der Wasserturm-Express – eine zunächst 700 m lange Museumsfeldbahn, die inzwischen um 900 m bis Weiterode West erweitert worden ist.
Fahrbetrieb: 4.4., 12.4., 2.5., 16.5., 6.6., 4.7., 1.8. und 5.9.2004 (jeweils 10-17 Uhr) sowie 31.10. (14-20 Uhr) und 6.12.2004 (14.30-17.30 Uhr)
Info: Eisenbahnfreunde Bebra, Postfach 1221, 36172 Bebra, Tel. 06623 7964, Fax 06621 71870, m.schreiner@t-online.de
Internet: www.ef-bebra.de
Lokomotiven (600 mm):
Dl: „Lindlar", Bn2t, Henschel 20874 oder 20875/1927, Typ Monta, bis 1983 Bongsche Mahlwerke, Denkmal in Weiterode
Vl: 1, B-dm, Eigenbau ca. 1950, mit Güldner-Motor, 1989 ex Tonwerke Braun (Alfter-Witterschlick), btf.
Vl: 2, B-dm, Deutz 12580/1934, OMZ 117F, bis 1982 Westfälische Sandgräberei (Bottrop), btf.
Vl: 3 „Winfried", B-dm, Deutz ca. 1935, MLH 714, bis 1987 Ziegelei Gumpel (Gilsenberg), btf.
Vl: 5, B-dm, Jung 8044/1938, EL 105, 1996 ex Baufirma Witzel (Bebra), i.A.
Vl: 6 „Manne", B-dm, Ruhrthaler 3267/1955, 28 PS, D28Z, ehem. Westerwald AG (Wirges), btf.
Vl: 7, B-dm, Diema 2786/1965, DS 20, 2000 ex Ziegelei Schenklengsfeld, btf.
Vl: 8 „Wolfgang", B-dm, Schöma 1593/1954, CDL 10, 2004 ex Schodersbahn (Eiterfeld-Arzell), bis 1983 Sägewerk Hartmann (Fulda-Horas), bis 1974 Wuppertaler Dampfziegelei (Wuppertal-Wichlinghausen), btf.
Vl: „Biber-Blitz", Bücking/Rappold 1963, zweiteiliger Triebzug, 2000 ex Gruga-Park Essen, btf.

Der denkmalgeschützte Wasserturm gegenüber vom Bahnhof Bebra ist das Domizil der Eisenbahnfreunde Bebra, die auf dem Gelände eine Feldbahn betreiben. Am 4.7.1999 zog die Lok 6 den „Wasserturm-Express". Foto: Ludger Kenning

Eisenbahnfreunde Schwalm-Knüll (EFSK), Treysa

Der 1988 gegründete EFSK e.V. führte 1990 einen Nostalgieverkehr auf den Strecken von Treysa nach Homberg/Efze und Oberaula ein. Untergebracht sind die Fahrzeuge im früheren Bw Treysa, wo ein sechsgleisiger Teil des Rundlokschuppens noch existiert (geöffnet samstags 13-17 Uhr). Der Verein bemüht sich um die Übernahme der im Jahr 2000 stillgelegten Strecke Treysa – Oberaula als Museumsbahn und die Ausgestaltung im Stil der 50er Jahre.
Termine: 12.4. (Treysa – Frankenberg/Eder – Allendorf), 25.4. (Treysa – Oberlahnstein), 1.5. (Treysa – Goslar), 6.6. und 12.9. (Marburg – Frankenberg), 19./20.6. (Dampflokfest Treysa), 10.10. (Treysa – Korbach), 28.11. (Treysa – Frankenberg), 4.12. (Treysa – Fritzlar), 5.12. (Treysa – Limburg) und 11.12.2004 (Treysa – Erfurt)
Info: Eisenbahnfreunde Schwalm-Knüll e.V., Am alten Bahnbetriebswerk, Ulrichsweg 26, 34613 Schwalmstadt, Tel. 06691-928655 und -71212, info@efsk.de
Internet: www.efsk.de

Triebfahrzeuge (1.435 mm):
Dl: 50 3673, 1'Eh2, Borsig 15062/1941, Privateigentum, bis 1991 DR (50 3673 / 50 1347), btf.
Dl: 50 3684, 1'Eh2, Borsig 14938/1940, 1992 ex DR (50 3684 / 50 490), i.A.
Dl: 50 3705, 1'Eh2, O&K 13542/1941, Privateigentum, 1994 ex DR (50 3705 / 50 1280), abg.
Dl: 52 8106, 1'Eh2, BMAG 12600/1943, 1989 ex DR (52 8106 / 52 6159), btf.
Dl: 2455 Posen, 2'Ch2, LHB 1804/1919, Privateigentum, 2001 ex CFR Rumänien (230.094), zuvor DRG (38 2460), urspr. preuß. P8 „2455 Posen", btf.
Dl: C-fl, Krupp 3777/1958, Eigentum Museumseisenbahn Hanau, 1993 ex Dampfkraftwerk Altbach (2 bzw. 262), abg.
Vl: Köf 5186, B-dh, BMAG 10777/1938, 128 PS, Köf II, 1992 ex DB (324 043 / 321 539 / Köf 5186), i.A.
Vl: Köf 6046, B-dh, Deutz 36676/1941, 107 PS, Köf II, 1988 ex Basaltindustrie Kirchenwald (Ottrau), bis 1979 DB (322 173 / 321 090), urspr. Wehrmacht (OKH Niederlahnstein), i.A.
Vl: Köf 6265, B-dh, Gmeinder 4895/1956, 128 PS, Köf II, 1998 ex DB (323 582 / Köf 6265), btf.
Vl: Köf 11227, B-dh, Gmeinder 5393/1966, 240 PS, Köf III, 1998 ex DB (332 227 / Köf 11227), btf.
Vl: V 4, B-dm, LKM 251128/1956, N4, Privateigentum, 1994 ex Waggonbau Ammendorf (Halle/Saale), abg.
Vt: 798 766, AA-dm, Donauwörth 1306/1960, 2 x 150 PS, 1997 ex DB (798 766 / VT 98 9766), btf.
Nf: Klv 51 9081, A1-dm, Sollinger Hütte 19??, 1998 ex DB (51 9081), btf.

Nordhessisches Braunkohle-Bergbaumuseum, Borken (Hessen)

In den 90er Jahren, nach dem Ende der 70-jährigen Braunkohlenbergbau- und Kraftwerksära in Borken, begann der Aufbau eines Bergbaumuseums, das die industrielle Kultur, die wiederentstehende Natur und die Lebens- und Arbeitswelt der Bergbauregion darstellt. In einem Besucherstollen wird u. a. der Streckenvortrieb mit Hilfe von Sprengstoffen, Gleisanlagen und einer Kettenbahn aus den 20er Jahren gezeigt, während man sich im Themenpark „Kohle & Energie", einem 3 ha großen Freigelände, u. a. über den Tagebau mit seinen (teils funktionsfähigen) Großgeräten wie Turbinen, Lokomotiven und Großbagger informieren kann. An Wochenende ist das Gelände per Besucherbahn (600 mm) erfahrbar.
Geöffnet: Di/Do (10-12), Di-So (14-17 Uhr), Außenbereich vom 4.4. bis 31.10.2004 offen
Info: Hessisches Braunkohle-Bergbaumuseum, Am Rathaus 7, 34582 Borken, Tel. 05682 5738 (Besucherservice) und 808-186 (Museumsleitung), Fax 808-165, bergbaumuseum@borken-hessen.de
Internet: www.borken-hessen.de
Lokomotiven:
Dl: 11, B-fl, Henschel 22508/1952, 1.435 mm, 1991 ex Preußen-Elektra (PE) Borken/Hessen
Vl: 60, B-dm, Jung 9894/1941, 12 PS, EL 110, 600 mm, 1991 ex PE Borken/Hessen, neu geliefert über Held KG (Mannheim) an Preußische Elektrizitäts-AG Borken/Bez. Kassel (60), btf.
Vl: 63, B-dm, Deutz 57645/1963, KG 125 BS, 900 mm, 1991 ex Preußen-Elektra Borken/Hessen (63)
Vl: 1, B-dm, Henschel 2228/1954, 30 PS, 1.435 mm, 1996 ex PE Wölfersheim
Vl: B-dm, Deutz 23354/1935, 24 PS, OMZ 117F, 600 mm, 1998 ex R. von Rönne (für „Alsumer Kleinbahn" AKB, Dorum bei Bremerhaven, Lok V 02), bis 1988 Klöckner-Hütte AG Bremen, neu geliefert über W. Schreiber (Bremen) an Hoch- und Tiefbau G.W. Rogge (Bremerhaven), btf.
Vl: B-dm, Schöma 497/1939, 16 PS, 600 mm, 1998 ex Firma Lüssen (Rohrsen bei Nienburg), btf.
El: 4, Bo'Bo', Henschel/SSW 25289/5116/1954 oder 29787/5116/1947, 900 mm, 1991 ex PE Borken
El: 50, Bo'Bo', Henschel/SSW 22651/3032/1935, 1.435 mm, 1991 ex PE Borken
El: 52, Bo'Bo', Krupp/SSW 3460//5818/1957, 1.435 mm, 1991 ex PE Borken (52)
El: 71, Bo, Henschel 25488/1955, AEG 7332/1954, 900 mm, 1991 ex PE Borken
El: 72, Bo, Henschel/AEG 26509/1956, 900 mm, 1991 ex PE Borken
El: 73, Bo, Henschel/AEG 26528/1957, 900 mm, 1991 ex PE Borken
Nf: G 2, B-dm, Robel 2109/1962, 24 PS, Leichtkraftwagen, 900 mm, 1991 ex PE Borken
Nf: G 18, A1-dm, Beilhack 3037/1961, 28 PS, 1.435 mm, 1991 ex PE Borken

Bergbaumuseum und Besucherbergwerk „Kilianstollen", Marsberg

Der Kilianstollen ist nicht nur für Mineralogen eindrucksvoll, sondern vermittelt auch auf verschiedene Weise ein Bild von der Arbeit untertage und hilft schließlich bei Atemwegserkrankungen. Mit der Wiedereröffnung der Grube Friederike ging 1988 auch die Grubenbahn in Betrieb, die nun Teil der „großen Führung" zu den Gruben Alte und Neue Friederike und samt Abzweigungen 3 km lang ist.
Geöffnet: April bis Oktober jeweils samstags um 14 Uhr Führung mit Grubenbahn), sonn- und feiertags 14-17 Uhr kleine Führung
Info: Marsberger Heimatbund e.V., Lillers-Str. 8, 34431 Marsberg, Tel. 02992 602-1, Fax -02, info@kilianstollen.de
Internet: www.kilianstollen.de
Dieselloks (600 mm): K5 bis K8, B-dm, Deutz 56263/1960 (K5), 57243/1960 (K6) bzw. 56843/1958 (K7), 30 PS, 1994 ex Grube Matzfeld bei Aachen, btf.

K & K Feldbahn, Wolfhagen/Fuldatal

1974 begannen zwei Privatleute mit dem Aufbau einer Feldbahnsammlung, der „K&K Feldbahn". Eine Vorführstrecke in Fuldatal (Gleisoval mit Weiche und Drehscheibe) ist bereits fertig, während sich die eigentliche Sammlung seit 1988 in Wolfhagen befindet, wo auf einem 2.700 m^2 großen Grundstück eine Gleisanlage entsteht. Ein Fahrbetrieb ist noch nicht möglich.
Info: Horst Kühnhackl, Elmarshäuser Str. 35, 34466 Wolfhagen-Viesebeck
Lokomotiven (600 mm):
El: 1, Bo, Eigenbau DST, 11 kW, 1974 ex Dörentruper Sand- und Thonwerke (DST) in Bornhausen bei Seesen (1), bis 1951 Werk Dörentrup, abg.
Vl: 2, B-dm, Gmeinder, 12 PS, 1977 ex Schrott Bachmann (KS), zuvor Ziegelei in Korbach, abg.
Vl: 3, B-dm, Strüver 60523/1961, 6 PS, Schienenkuli, 1978 ex Ziegelwerk Zuschlag (Niedenstein), i.A.

Mit einer originalen Zuggarnitur der Kleinbahn Kassel – Naumburg legte die Lok 206 des Hessencourriers (HC) am 12.3.1999 einen Halt in Elgershausen ein.
Foto: Joachim Hund

Vl: 4, B-dm, Diema 2647/1963, 16 PS, DFL 10, 1978 ex Ziegelei Laudenbach (Rauschenberg b. Marburg), bis 1970 Ziegelwerk Pasel & Lohmann (Borchen-Alfen), i.A.
Vl: 5, B-dm, Diema 3031/1968, 8,5 PS, DL 6/3, 2001 ex D. Resinger (Fredenbeck), zuvor Amt für Land- und Wasserwirtschaft Heide, btf.
Vl: 6, B-dm, Gmeinder 2555/1939, 12 PS, 1978 ex Kalkwerk Fissler (Korbach), abg.
Vl: 7, B-dm, Schöma 1119/1949, 12 PS, CDL 10, 1980 ex Ziegelei Parensen bei Nörten-Hardenberg, zuvor Ziegelei Levin (Luisenhall bei Göttingen), bis 1956 Ziegelei Natrup-Hagen, abg.
Vl: 8, B-dm, Henschel D2008/1948, 15 PS, DG 13, 1980 ex Ziegelei Hente & Spies (Rosdorf), abg.
Vl: 9, B-dm, LKM 260090/1958, 10 PS, Ns1, 1992 ex M. Richter (Dresden), bis 1992 Ziegelei Pettstädt bei Naumburg/Saale, btf.
Vl: B-dm, Deutz 56987/1959, 28 PS, OMZ 117F, 1988 leihweise ex privat, bis 1973 Nordcement AG (Vogelbeck bei Einbeck, bis 1969 Werk Wunstorf), btf.

Privatfeldbahn Horst, Kassel

Info: Michael Horst, Sängelsrain 33, 34128 Kassel, Tel. 0561 65726
Lokomotiven (600 mm):
Dl: Bn2t, O&K 2908/1908, 1991 ex EF Bebra, bis 1987 Verkehrssschulgarten Kassel, zuvor Casseler Basalt AG, zuvor Cöln-Frechener Cristall-Sand (Frechen), btf.
Vl: B-dm, Diema 1921/1956, 10 PS, 1985 ex Torfbahn im Roten Moor (Gersfeld/Rhön), btf.
Vl: B-dm, LKM 248896/1957, 39 PS, 1991 ex Ziegelei Gotha, btf.
Al: Bo, LEW 21116/1989, 8,8 kW, ex Braunkohlenkokerei Lauchhammer, btf.
Vl: B-dm, LKM 260196/1960, Ns1b, 2002 ex privat (Ilmenau), urspr. Baustoffwerke Wernshausen, abg.

Hessencourrier (HC), Kassel

Zwei 1970 erworbene KNE-Personenwagen bildeten den Grundstock einer preußisch-hessischen Fahrzeugsammlung einiger Kasseler Eisenbahnfreunde. Seit 1975 ist die Kassel-Naumburger Eisenbahn die Hausstrecke des Hessencourriers. Der 1992 gegründete Regionalmuseum Naumburger Kleinbahn e.V. betreibt den 23 km langen Abschnitt Großenritte – Naumburg. 1993 richtete der HC im Naumburger Lokschuppen eine Lok- und Wagenwerkstatt ein. Im Bahnhof Naumburg betreibt der Verein „Eisenbahnmuseum Naumburg" ein Kleinbahnmuseum.
Termine: Nach Naumburg am 11.4., 1.5., 13.6., 27.6., 25.7., 8.8., 22.8., 12.9., 26.9., 7.11., 4./5.12., 12.12. und 30.12.2004 (jeweils Kassel Wilhelmshöhe Süd ab 12.30 Uhr), 20.5. (KS-Wilh. Süd ab 10.30 Uhr), 12.11. (KS-Wilh. Süd ab 18. Uhr) sowie 10./11.7. (Sonderfahrplan „100 Jahre Kassel – Naumburg"). Naumburg – Bad Emstal am 1.5. (Naumburg ab 15 Uhr). Nach Zierenberg am 28.11. (KS-Wilh. Süd ab 14 Uhr)
Info: Hessencourrier, Kaulenbergstr. 5, 34131 Kassel, Tel. 0561 581550, 35925 und 8075700, info@hessencourrier.de
Internet: www.hessencourrier.de
Triebfahrzeuge (1.435 mm):
Vl: HC 1, B-dh, Deutz 46391/1948, 107 PS, Köf II, 1986 ex Continental Korbach (1), btf.
Vl: HC 2, B-dh, Deutz 57330/1960, 128 PS, Köf II, 1985 ex DB (323 227 / Köf 6472), btf.
Dl: HC 3, B-fl, Henschel 27006/1949, 250 PS, 1985 ex Enka AG Kassel-Bettenhausen (3), abg.
Dl: HC 4 / 52 4544, 1'Eh2, Cegielski 861/1944, 1989 ex polnische Sandbahn PMP (Ty2 4544), bis 1963 SMAD (TE 4544), bis 1947 DRB (52 4544), i.A.
Dl: HC 5, Bn2t, Henschel 25090/1952, Ölfeuerung, 1977 ex Edelstahlwerk Witten (5), btf.
Dl: HC 6 „Naumburg", Eh2t, Krauss-Maffei 15721/1941, 1982 ex Denkmal Naumburg, bis 1970 Kassel-Naumburger Eisenbahn (206), btf.
Dl: HC 7 / DEL 110, B'B', Henschel 24928/1941, 2003 ex Bombardier
Dl: HC 8 / 81 004, Dh2t, Hanomag 10558/1927, 1996 ex privat, bis 1983 DB (81 004), abg.
Vl: HC V15, D-dh, MaK 600148/1958, 650 PS, 2001 ex Mittelweserbahn (V 651), bis 1998 Emsländische Eisenbahn bzw. Hümmlinger Kreisbahn (L 4), bis 1984 Köln-Bonner Eisenbahn (V 15), btf.
Nf: Klv 20-5022, 1A-bm, Donauwörth/VW 1955, 24 PS, 1978 ex DB (20-5022), btf.
Nf: Klv 53-0675, 1A-dm, Robel 1977, 116 PS, 1998 ex DB Kassel (53-0675), btf.

Interessengemeinschaft Nahverkehrsbetrieb Kassel (IGK)

Zu ihrem 100-jährigen Bestehen restaurierte die KVG 1977 die Tw 110 und 144. Die IG Nahverkehrsbetrieb Kassel betreibt gemeinsam mit der Kasseler Verkehrsgesellschaft im Btf Sandershäuser Straße, wo neuerdings auch die Museumswagen untergebracht sind, einen Ausstellungsraum zum Thema Bus und Bahn.
Geöffnet: Am ersten Samstag des Monats (11-17 Uhr)
Oldtimerlinie: Am ersten Samstag der Monate Mai bis September, jeweils 10-16 Uhr zur vollen Stunde ab Königsplatz, wobei auch der Btf Sandershäuser Straße angefahren wird
Info: Klaus Peterzelka, Hansteinstr. 54, 34121 Kassel, Tel. 0561 37731, klaus.peterzelka@planet-interkom.de
Triebwagen (1.435 mm):
Et: Tw 110, Bo, v.d.Zypen/S&H 1907, 2 x 40 kW, 1977 restauriert, ex Atw 719 bzw. Tw 110, btf.
Et: Tw 144, Bo, v.d.Zypen/S&H 1909, 2 x 34 kW, 1977 restauriert, ex Atw 720 bzw. Tw 144), btf. (mit Bw 655, Bj. 1909)
Et: Tw 214, Bo, Credé/SSW 1936, 2 x 60 kW, auch als Arbeitswagen i.E., btf.
Et: Tw 228, Bo, Credé 1941, 2 x 74 kW, auch als Atw i.E., btf. (mit Bw 521, Bj. 1941)
Et: Tw 273, Bo'Bo', Credé 1956, 2 x 60 kW, Gelenkwagen, 1984 abgestellt, i.A.
Et: Tw 355, Bo'2'Bo', Credé 1966, seit 2003 Htw (mit Bw 569, Wegmann 1971)

„Eichenberger Waldbahn" der IG Feldbahn, Eichenberg

Seit 1989 betreibt die 1986 gegründete IG Feldbahn am Bahnhof Eichenberg die „Eichenberger Waldbahn", eine Museumsfeldbahn mit 1.000 m Gleislänge in einer Umgebung, die dem rauhen Feldbahnbetrieb gerecht wird.
Fahrbetrieb: 5.9. (10-18 Uhr), nach Absprache und am 12./13.6.2004 (Friedland-Ausstellung in Groß Schneen mit mobiler Feldbahn)
Info: Andreas Röder, Jahnstr. 6, 37073 Göttingen, Tel. 0551 3894719, info@eichenberger-waldbahn.de
Internet: www.eichenberger-waldbahn.de
Lokomotiven (600 mm):
Vl: 1, B-dm, Henschel D2180/1955, 13/15 PS, DG 13, 1986 ex Hochbau- und Maschinenisolierung E. Zorn (Eichenberg), abg.
Vl: 2, B-dm, Henschel D1988/1947, 13/15 PS, DG 13, 1986 ex Hochbau- und Maschinenisolierung E. Zorn (Eichenberg), bis 1974 Kurhessische Gipswerke P. Orth (Hundelshausen), abg.
Vl: 3, B-dm, Hatlapa, 5,5 PS, Typ Junior, 1986 ex Ziegelei H. Abhau (Reichensachsen bei Eschwege), btf.
Vl: 4, B-dm, O&K 5918/1934, 11 PS, MD 1, 1987 ex Torfbrandklinkerwerk J.B. Kaufmann (Nenndorf/Ostfriesland), btf.
Vl: 5, B-dm, Diema 2684/1964, 16 PS, DS 14, 1989 ex Ziegelei Hente & Spies (Rosdorf), neu über Krupp-Dolberg (Essen) an Ziegelwerk H. Friedrich (Westerode bei Duderstadt), btf.
Vl: 6, B-dm, LKM 248787/1956, 34 PS, Ns2f, 1984-91 in Quarzitgrube Glossen (1), Neulieferung an Silikatwerk Bad Lausick, btf.
Vl: 7, B-dm, Eluco L1024/1925, 7 PS, Triebwagen, 1994 ex privat, zuvor Sägewerk C. Gluud (Veckerhagen), abg.
Vl: 8, B-dm, Strüver 60451/?, 6 PS, Schienenkuli, 1996 ex privat, zuvor Kieswerk bei Ulm, btf.
Vl: 9, B-dm, Deutz 21247/1937, 11/12 PS, OME 117F, 2000 x privat (Höxter), zuvor Museumseisenbahn Paderborn, bis 1987 Werk Sassenberg-Füchtorf bzw. Paderborn-Sennelager der Kalksandstein- und Gasbetonwerke P. Wüseke, nach 1945 Trümmerbahn Paderborn, urspr. H. Kraushaar (Paderborn), i.A.
Vl: 10, B-dm, Diema 1692/1954, 8 PS, DL 8, 2001 ex Dampfziegelei und Straßenbau C. Bernhard (Duderstadt), ehem. 500 mm, btf.
Vl: 11, B-dm, Diema 1525/1952, 22 PS, DL 8, 500 mm, 2001 ex C. Bernhard (Duderstadt), urspr. Sarstedter Dachsteinfabrik O. Gott (Sarstedt), abg.
Vl: B-dm, Hatlapa 4113/1949, 10 PS, Typ Junior I, 2001 ex Waldbahn Waldesruh für Weihnachtsbäume (Höhr-Grenzhausen), abg.
Vl: B-dm, Deutz 19912/1938, 11712 PS, OME 117F, 2001 ex Spielplatz Goetheschule (Gießen), bis 1990 Baufirma L. Schneider (Gießen, für „Lager Heuchelheim"), urspr. O. Pfisterer (Karlsruhe-Daxlanden), abg.

Eisenbahnfreunde Walburg (EFW), Hessisch Lichtenau

Der 1993 aus dem Eisenbahnfreunde Wanfried e.V. hervorgegangene Verein EFW nutzt seit 1994 das Walburger Bahngelände samt Empfangsgebäude, Bahnsteigen, Nebengleisen und Bahnmeisterei. Er hatte sich zum Ziel gesetzt, Strecken des Werra-Meißner-Kreises museal zu erhalten und ein Museum aufzubauen. In Walburg stehen u. a. vier Salonwagen aus dem ehemaligen DDR-Regierungszug.
Info: Eisenbahnfreunde Walburg, Bahnhofstr. 5, 37235 Hessisch Lichtenau, EFW@onlinehome.de
Internet: www.bahn-web.de/efw
Triebfahrzeuge (1.435 mm):
- Dl: 2, Dn2t, Krupp 2838/1953, Typ Rheinhausen, 1999 ex Dampfbahn Rur-Wurm-Inde (Düren), bis 1993 EBV-Grube „Emil-Mayrisch" Siersdorf („Emil Mayrisch 2" / zuvor 3), bis 1967 Zeche „Gneisenau" der Harpener Bergbau AG in Dortmund-Derne, zuvor Zeche „Robert Müser" Bochum-Werne, bis 1963 Zeche Dortmund-Dorstfeld (II)
- Dl: 50 3645, DWM Posen 419/1942, 2001 ex privat (Rommerode), zuvor DR (50 3645 / 1961 ex 50 2245), abg.
- Dl: 52 8060, Jung 11204/1943, 2001 ex privat (Rommerode), zuvor DR (52 8060 / 52 3193), abg.
- Vl: 1, C-dh, O&K 21114/1939, 360 PS, WR360 C14, 1997 ex Eisenbahnfreunde Bebra, bis 1992 Kali+Salz AG Heringen (1), urspr. Heeresmunitionsanstalt Herfagrund
- Vl: 310 579, B-dm, Krupp 1354/1934, bis 1992 DR (310 579 / 100 579 / Kö 4579)
- Vl: V 22, B-dh, LKM 262163/1969, 220 PS, V22B, bis 1994 Saat- und Erntetechnik Wutha bei Eisenach (2), bis 1992 Betonkombinat Suhl (Leimbach)
- Vl: 2, C-dh, MaK 400021/1959, 375 PS, bis 1994 Kali + Salz Philippsthal (2)
- Vl: Kö 0258, B-dm, Gmeinder 1619/1936, 50 PS, Kö I, Eigentum DB-Museum, bis 2003 in Glückstadt, bis 1990 DB (311 258 / Kö 0258), abg.
- Vl: Kö 0225, B-dm, Windhoff 308/1935, 50 PS, Kö I, Eigentum DB-Museum, bis 2003 in Glückstadt, bis 1990 DB (311 225 / Kö 0225), abg.
- Vl: Köf 6124, B-dh, Gmeinder 4673/1951, 128 PS, Eigentum DB-Museum, bis 2003 in Glückstadt, bis 1989 DB (322 036 / Köf 6124)
- Vl: Kdl 91 0006, A1-dm, Schöma 2123/1958, 22 PS, Kleinstdiesellok Kdl, Eigentum DB-Museum, bis 2003 in Glückstadt, bis 1989 DB (91 0006 / Kdl 01-06), abg.
- Vt: 796 761, AA-dm, Donauwörth 1301/1960, 2 x 150 PS, 1995 ex DB Kassel (796 761 / 798 761 / VT 98 9761)
- Et: 475 049, Bo'Bo', Wumag 1928, 1997 ex S-Bahn Berlin (ex 275 407 / 165 241 / 3313+2391)
- Et: 475 601, Bo'Bo', Bautzen 1928, 1997 ex S-Bahn Berlin (275 319 / 165 028 / 3616+2690)
- Nf: Klv 53 0170, A1-dm, Robel 5413/1970, 1997 ex DB Hannover-Leinhausen (Klv 53 0170)
- Nf: Klv 51 9212, A1-dm, IWK 6151-42/1964, 1996 ex DB Marburg (Klv 51 9212)

Die O&K-Lok 4 (hinten) und die Diema-Lok 10, die soeben eine neue Vorderachse bekommen hat, vor dem Eichenberger Lokschuppen (Oktober 2003). Foto: Andreas Röder

Bayern

Mainschleifenbahn Volkach – Seligenstadt

Die 1909 eröffnete Strecke Seligenstadt – Volkach (10 km) ist eine der letzten verbliebenen Nebenbahnen aus der Zeit der Kgl. Bayerischen Staatsbahn. Im Jahr 19.. wurde der Personen-, 19.. auch der Güterverkehr eingestellt. Die 1994 gegründete Interessengemeinschaft (seit 1999 Förderverein) Mainschleifenbahn konnte den Abbau verhindern. Die Betriebsgesellschaft Mainschleifenbahn pachtete die Strecke an, sanierte sie und nahm im September 2003 einen saisonalen Personenverkehr auf.
Fahrbetrieb: Sonn- und feiertags vom 1.5. bis 31.10.2004, außer 10.6. und 15.8. (jeweils Seligenstadt MSB ab 9.08, 11.08, 13.08, 14.08, 15.08, 16.08 und 17.08 Uhr; Volkach ab 10.35, 12.35, 13.35, 14.35, 15.35, 16.35 und 18.35 Uhr), ab 17.10. entfällt der letzte Zug, Sonderfahrplan am 26.6. (Stundentakt) und 13.-16.8. (Volkacher Weinfest)
Info: IG Mainschleifenbahn, Postfach 1110, 97326 Volkach, Tel. 0931 3537488, webmaster@mainschleifenbahn.de
Internet: www.mainschleifenbahn.de
Triebwagen (1.435 mm):
Vt: 796 702, AA-dm, Uerdingen 66599/1960, 2 x 150 PS, 2004 ex Westf. Almetalbahn Altenbeken (WAB T 1), zuvor Klub Pratel Lokalby (Tschechien), bis 2000 DB (796 702 / 798 702 / VT 98 9702), btf. (mit VS 996 726, i.A.)
Vt: 796 710, AA-dm, Uerdingen 66607/1960, 2004 ex Westf. Almetalbahn Altenbeken, bis 1997 DB (796 710 / 798 710 / VT 98 9710), Ersatzteilspender

Rhön-Zügle Mellrichstadt – Fladungen

Der Zweckverband Freilandmuseum Fladungen erwarb 1993 den Abschnitt Fladungen – Ostheim (10 km) der Nebenbahn Mellrichstadt – Fladungen und nahm 1996 den Museumsverkehr auf. Für den Fahrbetrieb zuständig ist der in Aschaffenburg ansässige Eisenbahnfreunde Untermain e.V., der aus dem 1980 gegründeten Offenbacher

Am 12.5.2001 fanden auf dem im Vorjahr bis Mellrichstadt verlängerten „Rhön-Zügle" Fotofahrten mit der ebenfalls 2000 reaktivierten 98 886 statt (hier bei Stockheim).
Foto: Ottmar Luppert

Lokalbahn e.V. hervorgegangen ist. 1998 übernahm die Stadt Mellrichstadt den Abschnitt Mellrichstadt – Stockheim und der Landkreis Rhön-Grabfeld das Zwischenstück Stockheim – Ostheim. Seit 2000 wird wieder bis Mellrichstadt gefahren.
Fahrbetrieb: Mit Dampf am 1.5., 20.5., 30.5., 13.6., 4.7., 18.7., 1.8., 15.8., 29.8., 19.9., 26.9. und 10.10.2004; mit Diesel am 2.5., 10.6., 11.7., 25.7., 8.8., 22.8. und 28.8.2004 (Fladungen 10.00 – Mellrichstadt 10.50/11.05 – Fladungen 11.55/14.00 – Ostheim 14.30/15.10 – Fladungen 15.40/16.00 – Mellrichstadt 16.50/17.05 – Fladungen 17.55 Uhr)
Weitere Termine: 2.5. (Aktionstag mit Dampf und Diesel) und 28./29.8.2004 (Museumsfest)
Info: Fränkisches Freilandmuseum, Bahnhofstr. 19, 97650 Fladungen, Tel. 09778 9123-0 info@freilandmuseum-fladungen.de
Internet: www.ef-untermain.de
Triebfahrzeuge (1.435 mm):
Dl: OLB 2 „Alfred", Bn2t, Hohenzollern 1669/1903, 270 PS, Typ Schlägel, 1979 ex Eisenwerke Stumm in Homburg/Saar (32), btf.
Dl: 98 886, Dh2t, Krauss-Maffei 8275/1924, 450 PS, Eigentum Stadt Schweinfurt, 1998 ex Denkmal Schweinfurt, bis 1970 DB (098 886 / 98 886), urspr. Bayr. GtL 4/4 Nr. 2636, btf.
Dl: 89 7373, Cn2t, Humboldt 143/1902, 1987 ex Denkmal Wiesloch, bis 1974 SWEG Wiesloch – Waldangelloch (14), urspr. BLEAG (14b), i.A.
Vl: 322 613, B-dh, Krauss-Maffei 15423/1934, 128 PS, 1986 ex Sägewerk Rothhaupt (Stockheim/Rhön), bis 1980 DB (322 613 / Köf 4287), btf.
Vl: 323 760, B-dh, Gmeinder 5194/1960, 128 PS, Köf II, 2000 ex DB (323 760 / Köf 6560), btf.
Vl: 323 811, B-dh, Jung 13179/1960, 128 PS, Köf II, 1998 ex DB (323 811 / Köf 6741), i.A.
Vl: 332 066, B-dh, Gmeinder 5307/1964, 240 PS, KöfIII, 2002 ex DB (332 066 / Köf 11066), btf.
Vl: OLB 1, B-dh, Gmeinder 2582/1940, 270 PS, 1982 ex Industrie- und Hafenbahn Offenbach, bis 1951 Dynamit AG (Glogau / Troisdorf), btf.
Vl: 323 811, B-dh, Jung 13179/1960, 128 PS, Köf II, 1998 ex DB (323 811 / Köf 6741), i.A.
Vt: VT 103, (1A)'(A1)'dh, Esslingen 23499/1952, 2 x 145 PS, 1994 ex SWEG / DEBG (VT 103), btf.
Nf: Klv 51-9112, A1-dm, Robel 1964, 72 PS, 1992 ex DB (Klv 51-9112), abg.
Nf: Klv 53-0466, A1-dm, Waggon-Union 18456/1974, 144 PS, 1998 ex DB (Klv 53-0466), btf.

Unterfränkisches Verkehrsmuseum Gemünden

Im Huttenschloß besteht seit 1988 ein Verkehrsmuseum, das epochenweise verschiedene Verkehrsträger präsentiert. Im nur der Eisenbahn gewidmeten Stockwerk sind u. a. Modelle der Strecke Kitzingen – Iphofen und des Bw Gemünden zu sehen.
Geöffnet: Di-Fr 10-17 Uhr, sonn- und feiertags 11-17 Uhr
Info: Unterfränkisches Verkehrsmuseum, Frankfurter Str. 2, 97737 Gemünden, Tel. 09351 8001-50, Fax -60
Lokomotiven (1.435 mm):
Dl: 044 424, 1'Eh3, Fives Lille 5004/1943, 1988 ex Denkmal Bad Münster am Stein, bis 1977 DB
Vl: 322 172, B-dh, Gmeinder 4688/1952, 1988 ex DB (322 172 / 321 168 / Köf 6139)
Nf: Klv 11-4144, A1-dm, FKF Frankfurt 12488/1958, ex VM Nürnberg, bis 1976 DB (Klv 11-4144)

Straßenbahn Würzburg

Für Gesellschaftsfahrten unterhält die WVV den grünen „Schoppen-Express", den man zusammen mit dem Bw 292 anmieten kann. Donnerstags (15.00-18.30 Uhr) ist im Turm des ehemaligen Gaswerks an der Ständerbühlstraße das WVV-Museum mit seinen zahlreichen Utensilien und Dokumenten aus der 150-jährigen WVV-Geschichte geöffnet.
Info: Würzburger Versorgungs- und Verkehrs-GmbH, Haugerring 5, 97070 Würzburg, Tel. 0931 36-0, Fax -1354, info@wvv.de
Internet: www.wvv.de
Triebwagen (1.000 mm): 291, Bo, Rathgeber 1956, 1983 ex Darmstadt (13), btf. (mit Bw 292, Bj. 1951, 1989 ex Darmstadt)

BSW-Freizeitgruppe Lichtenfels

Als 1983 das Ende der BR 144 bevorstand, bemühten sich einige Lokführer und Eisenbahnfreunde um den Erhalt einer E44er beim Bw Lichtenfels. 1984 bekamen sie als Museumslok die 144 119 zugeteilt, deren Fristen jedoch 2001 abliefen. Die meisten der auf dem ehemaligen Bw-Gelände abgestellten Lokomotiven gehören dem DB-Museum.

Lokomotiven (1.435 mm):
Dl: 01 164, 2'C1'h2, Henschel 22712/1935, mit Neubaukessel, Privateigentum, bis 2003 in Nürnberg-Gostenhof, ex DB (001 164 / 01 164), ä.r.
El: E 03 004, Co'Co', Henschel/SSW 30718/1965, 6.420 kW, ex 103 004 / E 03 004, Ersatzteilspender
El: 103 224, Co'Co', Krauss-Maffei/SSW 19637/1973, betreut von DDM Neuenmarkt-Wirsberg, Eigentum DB Reise+Touristik, btf.
El: E 10 002, Bo'Bo', Krupp/BBC 2527/1952, 3.020 kW, zuvor in Passau, ex 110 002 / E 10 002
El: E 17 103, 1'Do1', AEG 3992/1929, 2.300 kW, ex 117 103 / E 17 103
El: E 18 19, 1'Do1', AEG 4937/1936, betreut von DDM Neuenmarkt-Wirsberg, zuvor FzS Stuttgart, ex DR (218 019 / E 18 19)
El: E 44 119, Bo'Bo', Floridsdorf 3229/1941, 1.860 kW, ex 144 119 / E 44 119
Vl: V 36 108, C-dh, BMAG 11218/1940, 360 PS, bis 1999 in Nürnberg, ex DB Mannheim (236 108 / V 36 108), urspr. Wehrmacht (Luftwaffe), abg.
VL: 323 757, B-dh, Gmeinder 5191/1960, Köf II, ex 323 747 / Köf 6557
Vl: 332 262, B-dh, Jung 13907/1965, 240 PS, Köf III, ex Köf 11262, btf.
Al: E 1, Bo, Jung/BBC 1929, 46 kW, bis 1946 V-Lok, bis 1993 in Nürnberg, bis 1985 DB-Werklok Hamburg-Ohlsdorf
At: 517 001, Bo'2', Wegmann 918/1952, zuvor BSW Braunschweig, 1982 ex 517 001 / ETA 176 001
Nf: Klv 51 8770, B-dm, 72 PS, ex DB (51 8770), abg.

Auf der Trasse der Bahnlinie Haßfurt – Hofheim verläuft zwar jetzt ein Wanderweg, doch im Endbahnhof Hofheim liegen noch Gleise. Zum Eisenbahnmuseum der Familie Lehmann gehört auch diese 80 Jahre alte E-Lok. Foto: Ludger Kenning

Die Würzburger BSW- bzw. DGEG-Gruppe besuchte am 1.-4.6.2000 mit der 52 7409 das Dampflokfest in Darmstadt-Kranichstein (Darmstadt Nord, 2.6.2000).
Foto: Ludger Kenning

BSW-Gruppe Historische Fahrzeuge Würzburg/Schweinfurt

Nach dem Ausscheiden der Würzburger E18er wurde die E 18 047 als DB-Museumslok auserkoren und 1987 in die Obhut der Würzburger BSW-Gruppe gegeben. Deren Mitarbeiter arbeiteten schon ab 1984 die durch die Stadt Würzburg erworbene 52 7409 auf, die seit 1998 in Kooperation mit DB-Regio zum Einsatz kommt. Die wirtschaftliche Abwicklung der Fahrten obliegt seit 1997 dem DGEG-Arbeitskreis Würzburg, der schon in den 60er Jahren am Aufbau des Museumsbetriebs Möckmühl – Dörzbach beteiligt gewesen war.
Termine: 1.5. (nach Bad Windsheim), 15.5. (Lokschuppenfest Würzburg), 16.5. (nach Heidelberg), 30.5. (nach Rothenburg o.d.T.), 20.6. (Hafenfest Würzburg), 26.6. (Bahnhofsfest Würzburg, Pendelzüge Veitshöchheim – Seeligenstadt alle 2 Std.), 27.6. (nach Fladungen), 10.7. (nach Coburg), 25.7. (nach Bad Kissingen), 5.9. (nach Meiningen), 18.9 (Stadtfest Würzburg, Pendelzüge Veitshöchheim – Ochsenfurt), 5.12. (nach Ludwigsburg) und 12.12.2004 (nach Rothenburg o.d.T.)
Info: Albrecht Hufsky, Segnitzer Str. 7, 97320 Sulzfeld, Tel. 09321 22184, albrecht.hufsky@dgeg.de
Internet: www.dampflok527409.de
Lokomotiven (1.435 mm):
Dl: 52 7409 „Stadt Würzburg", 1'Eh2, Floridsdorf 16862/1943, 1984 ex ÖBB (52 7409), btf.
Vl: V 100 1200, B'B'dh, Henschel 30549/1962, 1.350 PS, ex DGEG Bochum-Dahlhausen, bis 1997 DB (211 200 / V 100 1200), i.A.

Eisenbahnmuseum Lehmann, Hofheim (Unterfranken)

Emil Lehmann, der frühere Hofheimer Bahnhofsvorsteher, richtete im Bahnhof ein 2.000 Exponate umfassendes Eisenbahnmuseum in Erinnerung an die 1995 eingestellte Nebenbahn nach Haßfurt ein.
Info: Elfriede Lehmann, Bahnhofstr. 18, 97461 Hofheim, Tel. 09523 1305
Lokomotiven (1.435 mm):
Vl: 323 922, B-dh, Deutz 11539/1935, 1985 ex DB (323 922 / Köf 4706)
El: Bo, SSW 1976/1924, 1992 ex BayWa Lagerhaus (Bamberg)
Nf: 2 Stück, Klv 40-8018 bzw. Klv 53, B-dm, Deutz 1953 bzw. Deutz 1971, ex DB

An Tagen der offenen Tür sind stets einige Exponate des Dampflokmuseums Neuenmarkt-Wirsberg im Freien zu sehen, wie hier die 18 612 am 18.5.2002.
Foto: Rainer Vormweg

Deutsches Dampflokmuseum (DDM), Neuenmarkt-Wirsberg

1975 begann Herr Knauss – unterstützt von den Freunden des DDM – mit dem Sammeln von DB-Dampfloks. Ein Domizil fand er im ehemaligen Bw Neuenmarkt-Wirsberg, wo der Rundlokschuppen mit Drehscheibe erhalten geblieben war. Der Lokpark des 1977 eröffneten Eisenbahnmuseums nahm ständig zu und wurde sorgfältig restauriert. Nach dem Rückzug von Knauss übernahm ein aus Gemeinde, Kreis und Bezirk gebildeter Zweckverband die meisten Lokomotiven. Kleinbahnatmosphäre kommt durch die 1980 fertiggestellte Feldbahn auf. Hierzu gehören zwei Eigenbau-Personenwagen, ein Sommerwagen (ex Muskau), ein O-Wagen (ex Mecklenburg-Pommersche Schmalspurbahnen), je ein O- bzw. G-Wagen (ex Heeresfeldbahn), ein G-Wagen (Eigenbau), ein Packwagen (Eigenbau), ein Triebwagenanhänger, ein Kesselwagen und zehn Loren.

Geöffnet: Täglich außer montags sowie an Feiertagen (10-17 Uhr)
Feldbahnbetrieb: 3.4. bis 7.11.2004 während der Öffnungszeiten
Feldbahndampf: 9.-18.4., 8./9.5., 20.-23.5., 29.-31.5., 10.-13.6., 17.-31.7., 1.8., 5.-8.8., 21./22.8., 28./29.8., 11./12.9., 25./26.9., 9./10.10., 30.10.-1.11. und 26.-30.12.2004
Bahnhofsrundfahrten mit 89 6024: 1./2.5., 15./16.5., 29.-31.5., 5./6.6., 19./20.6., 3./4.7., 10./11.7., 14./15.8., 4./5.9., 18./19.9., 2./3.10., 16./17.10. und 23./24.10.2004
Weitere Termine: 20.-23.4. (mit Schienenbus nach Usedom) und 29.-31.5.2004 (Pfingstdampftage)
Museumsbahn: „Vom Eisenbahnerhimmel ins Bierparadies" mit 50 3616 am 30.5. und 26.6., mit Schienenbus am 18.9., 2.10. und 16.10.2004 (Neuenmarkt 11.40 – Marktschorgast 11.52/12.05 – Kulmbach 12.37/50 – Neuenmarkt 13.25/15.40 – Marktschorgast 15.52/16.05 – Kulmbach 16.37/50 – Neuenmarkt 17.25 Uhr)
Info: Deutsches Dampflokmuseum, Birkenstr. 5, 95339 Neuenmarkt, Tel. 09227 5700, Fax 5703, bergmann.barbara@landkreis-kulmbach.de
Internet: www.dampflokmuseum.de
Lokomotiven (1.435 mm):
Dl: 01 111, 2'C1'h2, BMAG 10309/1934, 1974 ex DB (001 111 / 01 111)
Dl: 01 1061, 2'C1'h3, BMAG 11317/1939, 1975 ex DB (012 061 / 01 1061)
Dl: 03 131, 2'C1'h2, Henschel 22211/1933, 1975 ex DB (003 131 / 03 131)
Dl: 10 001, 2'C1'h3, Krupp 3351/1956, 1976 ex DB (10 001)

Dl: 18 612, 2'C1'h4v, Maffei 5672/1927, 1975 ex DB (18 612 / 18 520)
Dl: 23 019, 1'C1'h2, Jung 11474/1952, 1975 ex DB (023 019 / 23 019)
Dl: 38 2383, 2'Ch2, Henschel 16539/1919, 1974 ex DB (038 382), preuß. P 8 „Elberfeld 2535"
Dl: 39 230, 1'D1'h3, Karlsruhe 2308/1925, Eigentum DB-Museum, bis 1966 DB (39 230), preuß. P 10
Dl: 44 276, 1'Eh3, Krauss-Maffei 14745/1940, 1975 ex DB (044 276 / 44 276)
Dl: 50 904, 1'Eh2, Krupp 2365/1941, 1990 leihweise ex privat, bis 1977 DB (050 904 / 50 904)
Dl: 50 975, 1'Eh2, Krupp 2340/1941, 1975 ex DB, mit Riggenbach-Gegendruckbremse
Dl: 50 3690, 1'Eh2, Henschel 26275/1941, 2000 leihweise ex privat (Nossen), bis 1992 Dampfspender, zuvor DR (50 3590 / bis 1961: 50 1465), abg.
Dl: 52 5804, 1'Eh2, Schichau 4101/1944, 1975 ex ÖBB (52.5804)
Dl: 64 295, 1'C1'h2t, Esslingen 4249/1934, 1975 ex DB (064 295 / 64 295)
Dl: 75 501, 1'C1'h2t, Hartmann 3836/1915, 1977 ex DR (75 501), urspr. Sächs. Staatsbahn (1851)
Dl: 78 246, 2'C2'h2t, Vulkan 3772/1922, 1974 ex DB (078 246), urspr. KPEV („Essen 8473")
Dl: 80 013, Ch2t, Wolf 1227/1928, bis 1974 Zeche Königsborn (D 722), bis 1959 DB (80 013)
Dl: 86 283, 1'D1'h2t, O&K 12941/1937, 1975 ex DB (086 283 / 86 283)
Dl: 89 6024, Cn2t, Henschel 13025/1914, bis 1977 DR (89 6024), bis 1949 Kleinbahn Bebitz-Alsleben (269), bis 1940 Kleinbahn Erfurt-Nottleben (2), bis 1925 Kyffhäuser Kleinbahn (41), btf.
Dl: 93 526, 1'D1'h2t, Hohenzollern 3949/1919, 1976 ex DB, urspr. KPEV („Hannover 8550")
Dl: 94 1730, Eh2t, LHW 2899/1924, 1975 ex DB (094 730 / 94 1730)
Dl: 95 016, 1'E1'h2t, Borsig 11653/1923, bis 1993 DR (95 1016 / 95 0016 / 95 016)
Dl: 98 307, Bh2t, Krauss-Maffei 5911/1908, Eigentum DB-Museum, ex DB (98 307), Bayr. PtL 2/2 Nr. 4529
Dl: 99 1562, B'Bn4vt, Hartmann 3215/1909, 750 mm, 1993 ex DR Mügeln ((099 704 / 99 1562 / 99 562), urspr. sächs. IVk 152
Dl: 44, Bn2t, Jung 11945/1953, 1984 ex Hütte Völklingen (44)
Dl: 2542, B-fl, Hohenzollern 2542/1910, 1978 ex Zuckerfabrik Pfeiffer & Langen (Elsdorf)
Dl: 2 „Ploxemann", Bn2t, Hanomag 9444/1923, Eigentum Dampfbahn Fränkische Schweiz, 1975 ex Städtische Werke Nürnberg
Vl: 310 284, B-dm, O&K 20278/1933, Kö II / RL 6d, 1995 ex DB/DR Dresden (310 284 / 100 284 / Kö 4184)
Vl: 322 636, B-dh, BMAG 10222/1933, 118 PS, 1975 ex DB (322 636 / 321 506 / Köf 4323)
Vl: V 20 043, B-dh, Deutz 39624/1941, WR200 B14, 1989 ex Museumsbahn Paderborn, bis 1986 Diema, bis 1981 Britische Rheinarmee Wetter/Ruhr, urspr. Wehrmacht (Heer)
Vl: V 45 009, B-dh, SACM Grafenstaden 10046/1956, 1991 leihweise ex DB-Museum, zuvor DB (245 009), urspr. Eisenbahnen des Saarlandes (EDS)
Vl: D I, B-dm, Deutz 25205/1950, 50 PS, A4L 514, 1987 ex Firma Wolff (Nürnberg)
Vl: D II, B-dh, Deutz 56579/1957, 130 PS, A8L 614, 1984 ex EVO-Kraftwerk Arzberg (2)
Vl: B-dm, O&K 25118/1951, 75 PS, MV 4a, 1989 ex Muttenthalbahn (Witten), zuvor O&K-Werklok (Hattingen)
Vt: 796 739, AA-dm, MAN 145130/1960, 2 x 150 PS, 2002 ex René Rück (Darmstadt), bis 1999 DB (796 739 / 798 739 / VT 98 9739), btf. (mit 996 701, MAN 1959)
Nf: Klv 12 4910, B-dm, FFK Frankfurt 12616/1961, 1988 ex DB (12 4910), btf.
Nf: Klv 12 4987, B-dm, Beilhack 3072/1962, 2003 ex privat, bis 1991 DB (12 4987), btf.
Nf: Klv 53 0714, B-dm, Sollinger Hütte / Waggonunion 7830/1979 bzw. 16787/1971, 1999 ex privat, zuvor DB (53 0714)

Lokomotiven (600 mm):
Dl: 1, Bn2t, Henschel 20292/1928, Umbau Loos 44428/1980, Typ Santa, 2002 ex G. Knauss (Blankenfels), btf.
Dl: 2, Bn2t, Henschel 28039/1948, Typ Riesa, 1980 ex Firma Burmeister (Hamburg), btf.
Dl: 3, Bn2t, Budich 1028/1944, KDL 13, 1980 ex Firma Burmeister (Hamburg), btf.
Dl: 4, Bn2t, Henschel 12318/1918, Typ Fabia, 2002 ex G. Knauss (Blankenfels), abg.
Dl: 5, Bn2t, Jung 6001/1935, Typ Hidalgo, 1983 ex Firma Neumann (Norden), abg.
Dl: 6, Bn2t, Henschel 28477/1948, Typ Riesa, 2002 ex G. Knauss (Blankenfels), zuvor Baufirma Burmeister (Hamburg), abg.
Dl: 1757, Dn2t, Henschel 15556/1917, Brigadelok, 1976 ex Spielplatz Oeslau, bis 1960 Firma Wischniowsky (Coburg), bis 1942 Firma Banzhaf (Schlesien), urspr. Heeresfeldbahn (HF 1757), abg.
Vl: V 1401, B-dm, Diema 1880/1956, 14 PS, DS 14, 1979 ex Koepp (Oestrich), btf.
Vl: V 2501, B-dm, Gmeinder 1935, 25 PS, ex Kieswerk von Bülow (Segrahner Berg), btf.

Am 11.6.2000 ging im DDM die Lok 2 (rechts) mit einem kleinen Festakt wieder in Betrieb. Links fährt die Lok 3 mit einem gemischten Zug aus. Foto: Ludger Kenning

Vl: V 4501, B-dm, Gmeinder 1518/1936, 45 PS, 1985 ex Firma Steinhage (Ashausen-Stelle), btf.
Vl: V 7201, B-dm, Deutz 46503/1943, 72 PS, OMZ 122, ex Firma Wischniowsky (Oeslau), btf.
Vl: V 7202, B-dm, Deutz, OMZ 122, 2002 ex G. Knauss (Blankenfels), zuvor Kieswerk von Bülow (Segrahner Berg), btf.
Vl: B-dm, O&K 20863/1937, 52 PS, ex Amberger Kaolin (Hirschau), abg.
Vl: B-dm, Gmeinder 826/?, 18 PS, ex Anna-Werke (Rödental), btf.
Vl: B-dm, Strüver 60550/1961, 6 PS, Schienenkuli, ex Amberger Kaolin (Hirschau), btf.
Vl: B-dm, Jung 6549/1936, 12 PS, EL 110, Privateigentum, ex Baufirma in Coburg, btf.
Vl: B-dm, Jung 8582/1939, 12 PS, ZL 110, ex Anna-Werke Rödental, abg.
Vl: B-dm, Jung 9570/1950, ZL 114, 2002 ex G. Knauss (Blankenfels), abg.
Vl: B-dm, Deutz 33582/1941, 12 PS, OME 117, ex Baufirma Burmeister (Hamburg), abg.
Vl: B-dm, Deutz 21193/1937, 26 PS, OMZ 117, ex Baufirma Burmeister (Hamburg), abg.
Vl: B-dm, Deutz 55431/1953, ex Amberger Kaolin (Hirschau), abg.
Vl: B-dm, Deutz 12552/?, Grubenlok, ex Amberger Kaolin (Hirschau), abg.
Vl: B-dm, Schöma 359/1938, 10 PS, Grubenlok, ex Amberger Kaolin (Hirschau), abg.
Vl: B-dm, Diema 1214/1946, 38 PS, DS 40, ex Baufirma Burmeister (Hamburg), abg.

MEC 01 Münchberg / BSW-Gruppe „V 100 Bw Hof"

Aus dem 1974 gebildeten Pfiff-Club 001 ist der heute im Bahnhof Münchberg ansässige MEC 01 Münchberger Eisenbahnfreunde hervorgegangen. Die 1996 gegründete BSW-Gruppe „V 100 Bw Hof" betreute in Hof bis 2002 die Museumslok V 100 1023, die jetzt in Nürnberg beheimatet ist. Als „Porzellan- und Bäderzug" zwischen Bad Steben und Selb kommt der 614 005/006 zum Einsatz (am 8.5., 5.6., 10.7., 7./14.8., 4.9. und 2.10.2004).
Info: MEC 01 Münchberg e.V., Bahnhof 2, 95213 Münchberg, Tel. 09251 850505, Fax 7899, info@mec01.muenchberg.de

Oder: BSW-Gruppe V 100, Michael Ziegler, Bussardweg 12, 95030 Hof, Tel./Fax. 09281 65564, bsw-v100@mec01.muenchberg.de
Internet: www.mec01.muenchberg.de und http://come.to/bsw-v100
Lokomotiven der EBG Münchberg (1.435 mm):
Vl: 310 914, B-dm, Deutz 46611/1942, 80 PS, Kö II, 1993 ex DR (310 914 / 100 914 / vmtl. Köf 5192), abg.
Vl: 323 871, B-dh, Gmeinder 5213/1961, 128 PS, Köf II, 2001 ex DB (323 871 / Köf 6579), btf.

Feldbahn „Pechbrunner Bockelbahn", Niederlamitz

Die seit 1989 bestehende „Pechbrunner Bockelbahn" zog nach dem Abbau der 400 m langen Strecke von Rehau nach Niederlamitz um. Seit 2002 sind hier eine Werkstatt, zwei Lokschuppen und eine wachsende Gleisstrecke von mittlerweile über 250 m Länge entstanden. Die Feldbahn fährt bis vor das Wohnzimmer (für Brennholztransporte etc.). Vorhanden sind u. a. drei Draisinen und über 30 Bergbau- bzw. Feldbahnwagen.
Info: Michael Ernstberger, Martinlamitzerstr. 2, 95158 Niederlamitz, Tel. 09285 968601, mer@vr-web.de
Lokomotiven (600 mm):
Vl: 1, B-dm, Diema 2419/1961, 8 PS, 1990 ex Ziegelei Schaller (Oberkotzau), zuvor Süddeutscher Eisenbau (Nürnberg), btf.
Vl: 2, B-dm, Diema 2510/1962, 8 PS, 1992 ex Ziegelei Schaller (Oberkotzau), btf.
Vl: 3, B-dm, Diema 2229/1959, 7,5 PS, 1992 ex Ziegelei Schaller (Oberkotzau), abg.
Vl: 4, B-dm, Deutz 46682/1948, 11 PS, 1991 ex Torfwerk Peiting, ab 1952 BHS Peißenberg, btf.
Vl: 5, B-dm, Strüver 739161/vor 1941, 5 PS, 1992 ex Baumeister Detzer (Passau), btf.
Vl: 6, B-dm, O&K 5803/1934, 11 PS, 1993 ex Hessit-Werke (Wurlitz), i.A.
Al: 7, Bo, BBA Aue vor 1960, 4,2 kW, 1994 ex Steinwerke Hohwald, btf.
Vl: 8, B-dm, Diema 2401/1960, 11 PS, 1994 ex Ziegelei Wadenspanner (Altdorf), bis 1978 Ziegelei Friedl (Lindach), btf.
Al: 9, Bo, Bartz U451/1969, 2 kW, 1998 ex Deutsche Steingut AG (Feldspatgrube Prünst), i.A.
Nf: 12, Eigenbau-Motordraisine, 1,5 PS, btf.

Michael Ernstberger bei der Gartenarbeit auf der Pechbrunner Bockelbahn (damals noch in Rehau), links die blaue Akku-Lok 7 (10.6.2000).   *Foto: Ludger Kenning*

Modell- und Eisenbahnclub Selb/Rehau

Vom Rückbau der Gleise des Bahnhofs Selb Stadt (und so auch des Zufahrtsgleises zum Lokschuppen) war 1996 auch der 1973 gegründete MuEC Selb/Rehau betroffen. Dennoch restauriert er das vierständige Maschinenhaus mit Sozialanbau, Drehscheibe, Kohlenbansen und Abstellgleisen sowie das Stellwerk. Seit 1.1.2003 ist er Eigentümer des Geländes. Seine Fahrzeuge (u. a. ein Gepäck-, ein Personen- und zwölf Güterwagen) erstrahlen großteils wieder wie neu und können samstags (10-18 Uhr) besichtigt werden. Im Sommer 2003 begann er mit dem Einbau einiger Weichen am Westkopf des Bahnhofs mit dem Wiederaufbau der Gleisanlagen möglichst im Originalzustand.
Termine: 17.7. (Rehauer Stadtfest mit E-Lok „Rehau") und 25./26.9.2004 (Lokschuppenfest)
Info: MuEC Selb-Rehau e.V., Carsten Kunstmann, Ahornberger Str. 6, 95173 Schönwald, Tel. 09287 870019, info@muecselb.de
Internet: www.muecselb.de
Lokomotiven (1.435 mm):
Dl: D 1 / 64 019, 1'C1'h2t, Henschel 20731/1927, 1979 ex DB (064 019 / 64 019)
Dl: D 2 / 50 3523, 1'Eh2, Krupp 2546/1941, Privateigentum, bis 1992 DR (50 3523 / 50 1706)
Vl: V 1 „Heinrich Bockel" / „Hare-Bockl", B-dh, Gmeinder 4552/1948, 110 PS, 1977 ex Porzellanfabrik Heinrich & Co. (Selb)
Vl: V 2 / Kö 0181, B-dm, Gmeinder 1185/1934, 25 PS, Privateigentum, 1981 ex Hartsteinwerk Hessit (Rehau-Wurlitz), 1963 ex DB (Kö 0181)
Vl: V 3 / Kö 5065, B-dh, Deutz 46547/1943, 80 PS, Privateigentum, 1992 ex DR (310 865 / 100 865)
Vl: V 4 „Kirchenlamitz", B-dm, Deutz 12638/1934, 42 PS, OMZ 122, 1993 ex Porzellanfabrik Winterling AG (Kirchenlamitz)
Vl: V 5 „Röslau", B-dm, Deutz 12637/1934, 42 PS, OMZ 122, 1994 ex Porzellanfabrik Winterling AG (Röslau)
Vl: V 6 „Marktredwitz", B-dh, O&K Lübeck 26268/1964, 154 PS, MV 6b, 1996 ex Didier-Werke (Marktredwitz)
Vl: V 7 „Schwarzenbach", B-dh, Deutz 46919/1948, 107 PS, A6M 517R, 2001 ex EF Müncherg, bis 1994 Porzellanfabrik Winterling (ehem. Schaller & Co.) in Schwarzenbach/Saale (1)
Vl: V 8 „Arzberg", B-dm, Deutz 55692/1953, 55 PS, A4L 514R, 2003 ex Kraftwerk Arzberg der Bayerischen Elektrizitäts-Lieferungsgesellschaft AG Bayreuth (BELG 1)
Vl: VS 1 „750 mm", B-dm, Henschel 25683/1955, 39 PS, DG 39, 750 mm, 1986 ex Tongrube Wiesau-Pechbrunn der Hutschenreuther AG
Vl: VS 2 „600 mm", B-dm, Diema 2296/1959, 28 PS, DS 28, 600 mm, 1988 ex Kaolingrube Schmelitz (bei Tirschenreuth) der Hutschenreuther AG
Nf: Md 1 / Klv 12-4995, A1-bm, Beilhack 3080/1962, 23,5 PS, Motordraisine D3 Klv 12, 1983 ex DB (Aw Nürnberg)
Nf: Md 2 / Klv 14-4529, A1-bm, FKF Frankfurt 12630/1958, 23,5 PS, Motordraisine D3 Klv 12, 1983 ex DB (Aw Nürnberg)
El: E 1 / E 44 508, Bo'Bo', AEG 4803/1934, Eigentum DB-Museum
El: E 2 „Rehau", 1Ao, AEG 173/1902, 1999 ex Rehau AG (Rehau), zuvor Porzellanfabrik Zeh, Scherzer & Co. (Rehau), bis 1905 Lokhändler Groß & Bohrer (Bamberg)

Privatfeldbahn Friedrich, Pegnitz (Oberfranken)

Seit 1999 baut Robert Friedrich in Pegnitz eine Feldbahn um eine Halle herum. Derzeit fehlen noch 30 m bis zum Schließen des Rundkurses, der einmal eine Gleislänge von 120 m mit drei Weichen und zwei Abstellgleisen haben soll. Der stilvolle Backstein-Lokschuppen ist bereits fertig.
Info: Robert Friedrich, Norisstr. 16, 91257 Pegnitz, Tel. 09241 70200, info@friedrich-anlagenbau.de
Lokomotiven (600 mm):
Vl: B-dm, Jung 6609/1936, 12 PS, EL 110, 1997 ex G. Knauss (Blankenfels), zuvor Baufirma bei Ebermannstadt, btf.
Vl: B-dm, Strüver 60524/1961, 6 PS, Schienenkuli, 2003 ex privat (Nürnberg), zuvor Beton- & Monierbau Nürnberg (zuletzt beim Bau des Nürnberger Fernsehturms i.E.), btf.

Als Ferienzug pendelte der VT 135 069 der Dampfbahn Fränkische Schweiz (DFS) am 29.9.2002 zwischen Forchheim und Hemhofen. Hier verläßt er Heroldsbach in Richtung Forchheim.   *Foto: Stephan Herrmann*

Dampfbahn Fränkische Schweiz (DFS), Ebermannstadt

Der 1974 gegründete Verein DFS konnte 1978 die reizvolle Wiesenttalbahn (16 km) erwerben, 1980 als Museumsbahn reaktivieren und 1983 den Dampfbetrieb aufnehmen. Regelmäßig kommen die „Ebermannstadt", die Lok 4 (ELNA) oder die 64 491 zum Einsatz, wobei die sonntäglichen Museumszüge abwechselnd mit Dampf- oder Diesellok bespannt werden. In Ebermannstadt entstand ein Betriebshof mit zweigleisiger Fahrzeughalle von 60 m Länge.

Diesel: 2.5., 9.5., 23.5., 31.5., 13.6., 27.6., 4.6., 18.7., 1.8., 4.8., 19.9., 10.10., 17.10., 24.10. und 31.10.2004
Dampf: 1.5., 16.5., 20.5., 30.5., 6.6., 20.6., 25.7., 8.8., 11.8., 15.8., 22.8., 29.8., 12.9. und 26.9.2004, jeweils die ersten beiden Zugpaare mit Dampflok, das letzte mit VT 135 oder V 36
Fahrzeiten: Ebermannstadt ab 10, 14 und 16 Uhr; Beringersmühle ab 11, 15 und 17 Uhr
Weitere Termine: 20.6. (Historischer Markt Ebermannstadt), 10./11.7. („30 Jahre DFS", Stundentakt, Fahrzeugschau, Gastfahrzeuge), 4.8. (Ferienzüge mit VT 135), 12.9. und 3.10. (zus. Dieselzug um 12 Uhr ab Ebermannstadt), 27./28.11. und 4./5.12.2004 (Nikolauszüge)
Info: Dampfbahn Fränkische Schweiz, Postfach 1101, 91316 Ebermannstadt, Tel. 09131 640122, vorstand@dfs.ebermannstadt.de
Internet: www.dfs.ebermannstadt.de
Triebfahrzeuge (1.435 mm):
Dl: 1 „Ebermannstadt", Bn2t, Hanomag 9442/1923, 1975 ex Städtische Werke Nürnberg, btf.
Dl: 4 „Anna 10", Dh2t, BMAG 9963/1930, 1989 ex EBV-Zeche Alsdorf („Anna 10", bis 1961 Hersfelder Kreisbahn (Lok 2), btf.
Dl: 8 / 64 491, 1'C1'h2t, O&K 13298/1940, 1995 ex VEFS Bocholt, bis 1984 DB, btf.
Vl: 5 / Köf 6204, B-dh, Deutz 55746/1954, 118 PS, 1981 ex DB (322 044), btf.
Vl: 6 / V 36 235, C-dh, Jung 8506/1939, 360 PS, 1985 ex Britische Rheinarmee Mönchengladbach-Rheindahlen (36235), urspr. Wehrmacht (Heer), btf.
Vl: 7 / V 36 123, C-dh, BMAG 11382/1940, 360 PS, WR360 C14, 1991 leihweise ex DB-Museum, bis 1978 DB (236 123 / V 36 123), urspr. Wehrmacht (Heer), btf.
Al: 3, Bo, Schalke/SSW 53171-581/1957, 150 kW, 1978 ex Kraftwerksunion (Mülheim/Ruhr), btf.
Vt: VT 135 069, A1-dm, LHB 3/1937, 150 PS, 1979 ex Regentalbahn (VT 19 / VT 09), bis 1973 Lokalbahn Lam-Kötzting (VT 04), bis 1962 DB (VT 70 919), urspr. DRG (VT 135 069), btf.
Vt: VT 2, A1-dm, LHB Werdau 91602/1931, 130 PS, 1994 ex Dampfeisenbahn Weserbergland (T 10), bis 1975 Mindener Kreisbahnen (T 7), bis 1953 DB (VT 78 901), urspr. DRG (VT 133 001 / VT 718), i.A.
Nf: L 11, O&K 1976, 51 PS, Zweiwegebagger, 1997 ex Gleisbaufirma, btf.
Nf: L 13 / Klv 60-9001, A1-dm, FKF 12177/1954, 110 PS, 1996 ex VM Nürnberg / DB, abg.

Bergbau- und Industriemuseum Ostbayern, Kümmersbruck-Theuern

Das Museum im Schloß Theuern hat zahlreiche Gruben- und Feldbahnfahrzeuge gesammelt und restauriert, doch sind bislang nur wenige zu besichtigen. Viele stehen noch in der Außenstelle, wo am 28.5.2000 die Maffei-Schächte der Grube Auerbach-Nitzlbuch eröffnet werden.
Geöffnet: di-sa 9-17 Uhr, sonn- und feiertags 10-17 Uhr
Info: Bergbau- und Industriemuseum, Portnerstr. 1, 92245 Kümmersbruck, Tel. 09624 832, Fax 2498, museumtheuern@t-online.de
Internet: www.museum-theuern.de
Lokomotiven (600 mm):
Vl: 2 Stück, B-dm, Deutz (u. a. 21300/1938), ex Maxhütte Sulzbach-Rosenberg
Vl: 2 Stück, B-dm, Deutz 23021/1939 und 23058/1938, 1980 ex Amberger Kaolin (Hirschau)
Vl: 2 Stück, B-dm, Deutz 55982/1956 und 15670/1936, 1977 ex Maxhütte Amberg
Vl: 3 Stück, B-dm, Deutz 18427/1937, 33217/1940, 36891/1941, 1983 ex Buchtal (Schwarzenfeld)
Vl: B-dm, Diema 2373/1960, 8 PS, ex Maxhütte Sulzbach-Rosenberg
Vl: B-dm, O&K 25668/1955, ex Ziegelei Thaldorf
Vl: B-dm, Gmeinder 2183/1938, 28 PS, ex Zapfwerke (Behringersdorf)
Vl: B-dm, O&K 26250/1964, ex Gebr. Dorfner (Hirschau)
Vl: B-dm, Deutz 33621/1941, 24 PS, ex Porphyrwerke (Freyung)
Vl: B-dm, Gmeinder 2649/1939, 18 PS, 1983 ex Ziegelei Merkl (Schlicht)

Parkeisenbahn im Freizeitpark Schloß Thurn, Heroldsbach

1978 ging im Heroldsbacher Schloßpark ein kleiner Rundkurs als Besucherbahn in Betrieb. Seit einem Umbau 1998 ist die Bahn 2,1 km lang und hat vier Bahnhöfe.
Geöffnet: 9.-18.4., 24./25.4., Sa/So vom 1.5. bis 26.7. und am 20./21.5., 31.5., 1.-4.6., 7.-11.6., täglich vom 1.7. bis 14.9., 18./19.9., 25./26.9., 2./3.10., sonntags im Oktober und 1.11.-7.11.2004 (jeweils ab 10 Uhr)
Info: Erlebnispark Schloß Thurn, Schloßplatz 4, 91336 Heroldsbach, Tel. 09190 929-898, Fax -888, info@schloss-thurn.de
Internet: www.schloss-thurn.de
Lokomotiven (600 mm):
Dl: 1, „Little Toot", 2'Bn2, Munroe & Sons (Pittsburgh/USA) G7622/1977, btf.
Dl: 2, Cn2t, Chrzanow 3471/1957, Holzkohlefeuerung, 1997 ex privat, bis 1994 Schrottplatz in Polen, zuvor Dampferzeuger einer polnischen Molkerei, btf.

Straßenbahn Nürnberg

Seit 1977 werden in Nürnberg alte Straßenbahnwagen restauriert und im Sonderverkehr eingesetzt. Von den im 1985 eröffneten Historischen Straßenbahndepot im Stadtteil St. Peter stehenden Wagen sind zwölf betriebsfähig. Für den Oldtimerverkehr und die Ausstellung ist der Verein Freunde der Nürnberg-Fürther Straßenbahn e.V. zuständig.
Termine: 1./2.5. und 5./6.6. (Museumswochenende, Historische Linie stündlich ab Hbf) sowie 15./16.5.2004 (Museumswagen die ganze Nacht unterwegs)
Info: Freunde der Nürnberg-Fürther Straßenbahn, Schloßstr. 1, 90478 Nürnberg, Tel. 0911 499833 und 2834623, info@strassenbahnfreunde-nuernberg.de
Internet: www.strassenbahnfreunde-nuernberg.de
Triebwagen (1.435 mm):
Et: 3, Bo, Herbrand/AEG 1896, 30 kW, seit 1924 Htw, fahrbereit
Et: 101, Bo, MAN/SSW 1951, 2 x 80 kW, seit 1994 Htw, zuvor Fahrschulwagen A 42, abg.
Et: 111, Bo, MAN/SSW 1953, 2 x 80 kW, seit 1984 Htw, btf.
Et: 144, (A1)'(1A)', MAN/SSW 1909, 2 x 32 kW, „Zeppelinwagen", seit 1984 Htw, bis 1984 Krakau (Tw 92), bis 1941 Nürnberg (Tw 144), fahrbereit
Et: 201, Bo'Bo', MAN/SSW 1955, 2 x 95 kW, Prototyp, seit 1981 Htw, abg.

Et: 204, Bo (ex A'A'), MAN/SSW 1904, 2 x 32 kW, seit 1985 Htw, zuvor Atw A 12 bzw. Tw 204, i.A.
Et: 208, Bo'Bo', MAN/SSW 1958, 2 x 95 kW, SIMATIC-Versuchswagen, seit 1981 Htw, abg.
Et: 250, Bo'Bo', MAN/SSW 1960, 2 x 95 kW, seit 1996 Htw, btf.
Et: 641, Bo, MAN/SSW 1913, 2 x 40 kW, seit 1985 Htw, zuvor Atw A 62 bzw. Tw 641, abg.
Et: 701, Bo, MAN/SSW 1913, 2 x 40 kW, seit 1977 Htw, zuvor Fahrschulwagen A 41 bzw. Tw 701, btf.
Et: 801, Bo, MAN/SSW 1926, 2 x 50 kW, seit 1981 Htw, zuvor Atw A 80 bzw. Tw 801, abg.
Et: 814, Bo, MAN/SSW 1926, 2 x 50 kW, seit 1991 Htw, zuvor Atw A 87 bzw. Tw 814, abg.
Et: 867, Bo, MAN/SSW 1929, Neuaufbau 1950, 2 x 65 kW, seit 1979 Htw, btf.
Et: 876, Bo, MAN/SSW 1935, 2 x 60 kW, seit 1980 Htw, btf.
Et: 877, Bo, MAN/SSW 1935, 2 x 60 kW, seit 1979 Htw, btf.
Et: 901, Bo, Düwag/SSW 1940, 2 x 75 kW, seit 1985 Htw, abg.
Et: 910, Bo, Düwag/SSW 1940, 2 x 75 kW, seit 1978 Htw, btf.
Nf: A 1, Bo, Schörling 1914, Schleifwagen, seit 1987 Museumswagen, abg.

Am 4.6.2000 verkehrte der Tw 876 auf der historischen Burgringlinie 5. Am Nürnberger Hauptbahnhof wartete ein alter Postbus auf Übergangsfahrgäste.

Foto: Ludger Kenning

Eisenbahnsammlung Friedrich, Kriegenbrunn

Am Haltepunkt Kriegenbrunn der Strecke Erlangen-Bruck – Herzogenaurach besteht auf dem Gelände der Baustoffhandlung Friedrich eine gepflegte Sammlung verschiedener Eisenbahnfahrzeuge, die z.T. beim Verschub auf dem werkseigenen Anschlußgleis tätig sind bzw. Besuchern vorgeführt werden können.

Info: Werner und Roland Friedrich, Reinigerstr. 8, 91052 Erlangen, Tel. 09131 120600
Lokomotiven (1.435 mm):
El: E 63 02, C, AEG 4847/1935, 1982 ex DB (163 002 / E 63 02), betriebsfähig über Kabelanschluß
Vl: B-dm, Jenbach 70.503/1952, 100 PS, 1988 ex Rigips Austria in Bad Aussee/Steiermark, btf.
Vl: B-dm, Jung 5665/1934, 80 PS, 1990 ex Firma Bauknecht in Rottenmann/Steiermark, bis 1970 ÖBB (X 110.02 / Kö 4638), btf.
Vl: B-dm, Breuer 2230/1944, 60 PS, 1995 ex Veitscher Magnesitwerke Trieben/Steiermark
Dl: B-fl, O&K 1919, ex Kohle-Großkraftwerk Nürnberg-Gebersdorf
Vs: VS 998 236, Donauwörth 1356/1959, 1995 ex DB Bamberg/Mühldorf

Fränkische Museums-Eisenbahn (FME), Nürnberg Nordost

Der seit 1985 bestehende Verein FME, der 1988 einen Museumsverkehr Nürnberg Nordost – Gräfenberg aufnahm und 1996 die EVU-Zulassung erhielt, besitzt u. a. einen Reko-Speisewagen, einen 1.-Klasse-Wagen A4üe30, einen BD4yg, einen B4yg und zwei B3yg. Bespannt wird der Zug in der Regel mit der 52 8195, gelegentlich auch mit der V 60 11011. Nach dem Umbau kann die Gräfenberger Bahn allerdings nicht mehr von der Dampflok befahren werden.
Termine: 10.4. (Stadtrundfahrt Nürnberg), 11.4. und 26.6. (mit Dampf nach Bad Windsheim), 1./2.5. (Betriebshoffest, Fahrzeugschau, Dampfpendel Nürnberg Nordost – Fürth), 16.5. (mit Dampf nach Heilbronn), 20.5. (nach Kloster Weltenburg), 10./11.7. und 29.8. (Nürnberg Nordost – Behringersmühle), 8.8. (nach Furth im Wald), 9.10. (nach Volkach), 7.11. (Dampfzug nach Neuenmarkt-Wirsberg), 5./12.12. (nach Bad Windsheim und Rothenburg o.T.) und 11.12.2004 (Rundfahrten um Nürnberg)
Info: Fränkische Museums-Eisenbahn e.V., Klingenhofstr. 70, 90411 Nürnberg, Tel. 0911 5109638, info@fraenkische-museumseisenbahn.de
Internet: www.fraenkische-museumseisenbahn.de
Lokomotiven (1.435 mm):
Dl: 52 8195, 1'Eh2, MBA 13971/1943, 1992 ex DR (52 8195 / bis 1967: 52 4901), btf.
Vl: V 200 001, B'B'dh, Krauss-Maffei 17900/1954, 2 x 1.100 PS, 2002 ex privat, bis 1985 DB (220 001 / V 200 001), abg.
Vl: V 60 11011, B-dh, LEW 11011/1965, 650 PS, V60D, 1993 ex Reifenwerk Dresden (1), btf.
Vl: 323 016, B-dh, O&K 20381/1935, 128 PS, 1985 ex DB (323 016 / Köf 4667), btf.
Vl: Kö 1, B-dm, O&K 1938, 90 PS, RL 12, 1990 ex Südzucker Regensburg, abg.
Vl: Kö N4, B-dm, LKM 251026/1953, 90 PS, N4, 1992 ex Südzucker Zeitz (Delitzsch), abg.
Vl: 322 614, B-dh, Gmeinder 4829/1953, 128 PS, 1999 ex Felten & Guillaume (Nürnberg-Altenfurt), bis 1980 DB (322 614 / Köf 6190), btf.
Vl: 323 733, B-dh, Gmeinder 5167/1960, 128 PS, 1994 ex Papierfabrik Heroldsberg, bis 1984 DB (323 733 / Köf 6533), btf.
Vl: 323 958, B-dh, Gmeinder 4812/1954, 128 PS, Köf II, 2003 leihweise ex Raiffeisen-Kraftfutterwerk Würzburg (3), bis 1980 DB (323 958 / Köf 6183), btf.
Vl: V10b, B-dh, LKM 252335/1962, 102 PS, V10B, 1994 ex Niles-Simmons (Chemnitz), zuvor Großdrehmaschinen „8. Mai" (Karl-Marx-Stadt), btf.
Vl: TGK 2, B-dh, Kaluga 50/1978, 250 PS, Typ TGK 2, 1992 ex Reifenwerk Dresden (2), btf.
Vl: MV6a, B-dm, O&K Dortmund 25412/1954, 125 PS, MV 6a, 1996 ex Grundig (Nürnberg), bis 1978 Royal Airforce (Hesedorf), btf.
Nf: Klv 12-4904, 1A-dm, Beilhack 3027/1959, 28 PS, ex DB (Klv 12-4904), btf.
Nf: Klv 11-4180, A1-dm, Bj. 1960, 28 PS, 1993 ex DB (Klv 11-4180), abg.
Nf: Klv 4-4772, A1-dm, 1988 ex privat, 28 PS, abg.
Nf: Sld 51-9355, 1A-dm, FKF 1960, 72 PS, 1986 ex DB (Klv 51-9355), btf.
Nf: Sld 53-306, 1A-dm, ca. 140 PS, hydr. Krananlage, 1999 ex DB (Skl 53-306), btf.

DB-Museum im Verkehrsmuseum Nürnberg

Das Nürnberger Verkehrsmuseum, das die Geschichte der deutschen Eisenbahnen darstellt, war 1899 von der Bayerischen Staatsbahn eröffnet worden. Es hat eine Ausstellungsfläche von 6.500 m^2 im Haupthaus und 1.000 m^2 im Freigelände sowie wertvolle Originalfahrzeuge, etwa 160 Modelle (1:10), umfangreiche Eisenbahnbau- und Signaltechnik, eine Bibliothek und eine Dokumentationsstelle. Die DB AG, die 1996 die Bahnabteilung übernahm, ergänzte die Technikgeschichte um die kultur- und sozialgeschichtlichen Aspekte. Die Ausstellung über die Entwicklung der deutschen Eisenbahnen bildet das Herzstück des Museums. Über drei Etagen geht die multimedial inszenierte Reise auf 2.500 m^2 durch zwei Jahrhunderte mit all ihren Beziehungen zu Technik, Wirtschaft, Politik und Kultur. 1997 entstand auf 1.000 m^2 ein „Museum zum Anfassen", das Eisenbahntechnik vom beweglichen Modell über einen Fahrsimulator bis hin zu einem begehbaren, mit Soundeffekten ausgestatteten Tunnel erfahrbar macht. Sonderveranstaltungen wie Jazzfrühschoppen, Dampflokmitfahrten, Familientage und

Vorträge finden ganzjährig statt. Das DB-Museum verfügt über zahlreiche historische Fahrzeuge, die nicht alle in Nürnberg gezeigt werden können, sondern in den Standorten Halle (Saale), Koblenz, Neumünster und Dresden oder in verschiedenen Orten untergebracht sind und von BSW-Freizeitgruppen ehrenamtlich gepflegt werden.
Geöffnet: Dienstags bis sonntags 9-17 Uhr
Info: DB-Museum, Lessingstr. 6, 90443 Nürnberg, Tel. 01804 442233, Fax 0911 2192121, info@db-museum.de
Internet: www.dbmuseum.de
Ausgestellte Triebfahrzeuge:
Dl: Adler, 1A1n2, Aw Kaiserslautern 1935, Nachbau der ersten deutschen Dampflok (Stephenson 1835), btf.
Dl: Phoenix, 2An2, Karlsruhe 1863, Crampton-Lok, urspr. Badische Staatsbahn
Dl: S 2/6 3201, 2'B2'h4v, Maffei 2519/1906, ex DRG 15 001, bis 1925 bayr. S 2/6 Nr. 3201
Dl: Stettin 2517, 2'Ch2, Vulcan 3641/1921, 1968 ex DB (38 2884), urspr. preuß. P 8 „Stettin 2517"
Dl: Cöln 1100, Cn2, Hanomag 1759/1884, 1911 ex preuß. G 3 „Saarbrücken 3143" / „Saarbrücken 1021" / „Saarbrücken 1100" / „Coeln 1100"
Dl: 05 001, 2'C2'h3, Borsig 14552/1935, 1958 ex DB (05 001), Stromlinienverkleidung
Dl: 78 510, 2'C2'h2t, Vulcan 3972/1924, 1968 ex DB (78 510), urspr. preuß. T 18
Dl: 89 801, Cn2t, Krauss 7851/1921, 1964 ex DB (89 801), urspr. bayr. R 3/3 Nr. 4701
Dl: 98 319, Bh2t, Krauss 5897/1908, ex DB 98 327, urspr. bayr. PtL 2/2 4515 („Glaskasten")
Dl: 99 606, B'B'n4vt, Hartmann 3907/1916, 750 mm, 1993 ex DR 99 1606, urspr. sächs. IVk 196
Dl: 99 781, 1'E1'h2t, LKM 32022/1953, 750 mm, 1993 ex DR (099 745 / 99 1781 / 99 781)
El: Bo, Nachbau Aw Freimann 1979 der ersten deutschen E-Lok von 1879, 500 mm
El: E 19 12, 1'Do1', Henschel 23664/1940, 1977 ex DB (119 012 / E 19 12)
El: E 52 34, 2'BB2', Maffei 5532/1925, 1972 ex DB (152 034), urspr. bayr. EP 5 Nr. 21534
El: E 71 19, Bo'Bo', AEG 1583/1916, 1985 Leihgabe ex DB (E 71 19), urspr. preuß. EG 519
El: E 75 09, (1'B)(B1'), Maffei 5739/1927, ex BSW Ulm bzw. DB (175 009 / E 75 09)
Et: 165 334, Bo'Bo', LHB/SSW/AEG 1928, 1990 ex S-Bahn Berlin (275 737 / elT 3412 / 2490)
Et: 201, Bo'Bo', Bj. 1913, 1990 ex U-Bahn Berlin
Vt: SVT 877, Wumag 1932, nur Triebkopf, 1957 ex DB (SVT 04 000), urspr. DRB (SVT 877 „Fliegender Hamburger")
Vt: 602 003, B'2'dh, MAN 143491/1957, 1979 ex DB (602 003 / 601 003 / VT 11 5012)
Vt: 796 683, AA-dm, Uerdingen 66560/1960, 1994 ex DB (796 683 / 798 683 / VT 98 9683)
El: E 23, Bo, Krauss-Maffei 8106/1910, ex DBP München, im Museum für Post und Kommunikation
Vl: B-dm, Jung 11371/1950, 600 mm, 1991 ex DDM Neuenmarkt-Wirsberg, zuvor Kaolinwerk Hirschau

DB-Museumslokomotiven im ehemaligen Bw Nürnberg Hbf

Für den Einsatz der zum Jubiläum „150 Jahre Eisenbahnen in Deutschland" reaktivierten Lokomotiven 01 1100, 23 105, 50 522 und 86 457 erhielt das Bw Nürnberg Hbf wieder Anlagen zur Dampflokunterhaltung. Heizer, Lokschlosser und Lokführer wurden neu angelernt.
Lokomotiven (1.435 mm):
Dl: 01 150, 2'C1'h2, Henschel 22698/1935, 1988 ex privat (Bielefeld), bis 1974 DB (001 150), abg.
Dl: 23 105, 2'C1'h2, Jung 13113/1959, 1972 ex DB (023 105 / 23 105), abg.
Dl: 45 010, 1'E1'h2, Henschel 24803/1941, bisher im Verkehrsmuseum, 1969 ex DB (45 010), abg.
Dl: 50 622, 1'Eh2, Henschel 25941/1940, 1976 ex DB (050 622 / 50 622), abg.
Dl: 86 457, 1'D1'h2t, DWM Posen 442/1942, ex DB (086 457 / 86 457), abg.
Vl: V 80 002, B'B'dh, Krauss-Maffei 17717/1952, 1978 ex DB (280 002 / V 80 002), btf.
Vl: V 100 1023, B'B'dh, MaK 100041/1961, 1.350 PS, bis 2003 BSW-Gruppe Hof, ex DB (211 023), abg.
Vl: V 200 002, B'B'dh, Krauss-Maffei 17901/1954, 1978 ex DB (220 002 / V 200 002), btf.
El: E 51 049, Co'Co', Krauss-Maffei 19668/1974, 5.982 kW, ex DB (151 049 / E 51 049)
Vl: V 60 150, C-dh, MaK 600071/1957, 650 PS, ex DB (260 150 / V 60 150)

Feldbahn-Museum 500, Reichelsdorf

Das Feldbahn-Museum 500 führt die meisten seiner Feld- und Grubenbahnfahrzeuge fahrbereit vor und macht die interessante alte Technik wieder lebendig. Vor allem will es z. B. Motoren sowie Details an laufenden Maschinen erklären. Aus den 408 Wagen können 34 stilreine Garnituren gebildet werden. Bisher sind 1 km verlegte Gleise mit 25 Weichen sowie drei Fachwerk- und ein Rundlokschuppen vorhanden.
Info: Karl-Heinz Rohrwild, Drahtzieherstr. 20, 90453 Nürnberg, Tel. 0911 68022-00, Fax -22, info@feldbahn500.de
Internet: www.feldbahn500.de

Lokomotiven (500 mm):
Vl: 1, B-dm, Deutz 21375/1937, 9 PS, MLH 714F, 1976 ex Ziegelei Walther (Langenzenn), abg.
Vl: 2, B-dm, Deutz 56660/1960, 9 PS, GK 9B, 1976 ex Ziegelei Walther (Langenzenn), abg.
Vl: 3, B-dm, Strüver vor 1944, 5 PS, 1977 ex Ziegelei Strobl (Kagenhof-Siegelsdorf), btf.
Vl: 4, B-dm, Diema 2481/1962, 28 PS, DS 20, 1979 ex Ziegelei Ernst (Gaimersheim), btf.
Vl: 5, B-dm, O&K 5787/1935, 10 PS, RL 1a, 1980 ex Ziegelei Kirchenroth, btf.
Vl: 6, B-dm, O&K 25820/1958, 20 PS, 1982 ex Papierfabrik Pfleiderer in Teisnach („Gisela"), btf.
Vl: 7, B-dm, Diema 1401/1950, 12 PS, DS 12, 1982 ex Ziegelei Ernst (Gaimersheim), btf.
Vl: 8, B-dm, Kröhnke 228/1952, 11 PS, 1982 ex Ziegelei Fuchs (Feuchtwangen), abg.
Vl: 9, B-dm, O&K 25057/1950, 26 PS, MD 2B, 1984 ex Dachziegelwerk Jungmeier (Straubing), abg.
Vl: 10, B-dm, Gmeinder 3293/1941, 16,5 PS, 1984 ex Ziegelei Puchner (Regenstauf), abg.
Vl: 11, B-dm, Hatlapa 5097/1951, 6 PS, Junior II, 1984 ex Ziegel Puchner (Regenstauf), btf.
Vl: 12, B-dm, Deutz 23334/1938, 42 PS, OMZ 117F, 1987 ex FGF Solms-Oberbiel, zuvor Quarzitwerk Mainzlar, btf.
Vl: 13, B-dm, Deutz 55187/1950, 30 PS, GZ 30B, 1988 ex Ruhrkohle AG Gneisenau in Dortmund-Derne (24), abg.
Vl: 14, B-dm, Gmeinder 2140/1938, 11 PS, 1988 ex Kalkwerk Ruprechtstegen, abg.
Vl: 15, B-dm, Henschel 1703/1939, 18 PS, DG 13, 1988 ex Kalkwerk Ruprechtstegen, abg.
Vl: 16, B-dm, O&K 9677/1938, 9 PS, MD 1, 1988 ex DFWB Fürstenfeldbruck (V 12), bis 1987 privat (Geretsried), bis 1986 Tonwerk Enzinger (Eiselfing-Kircheiselfing), urspr. Dortmund-Hörder Hüttenverein, btf.
Vl: 17, B-dm, Diema 918/1938, 17 PS, DS 12, 1988 ex Ziegelei Schiele (Adelschlag), zuvor Ziegelei Ernst (Gaimerheim), abg.
Vl: 18, B-dm, O&K 7319/1936, 12 PS, RL 1c, 1988 ex Steinbruch Schlarbaum in Feldbach/Steiermark, btf.
Vl: 19, B-dm, O&K 11587/1941, 22 PS, MD 2, 1988 ex Steinbruch Schlarbaum (Feldbach/Steiermark, btf.
Vl: 20, B-dm, Jenbach 342/1958, 8 PS, „Pony", 1988 ex Ziegelei Aschach a.d. Donau (Österreich), btf.
Vl: 21, B-dm, O&K 26248/1963, 33 PS, MV 2, 1988 ex Dachziegelwerk Jungmeier (Straubing), btf.
Vl: 22, B-dm, O&K Milano 1474/1951, 30 PS, MD 2S, 1989 ex Züricher Ziegeleien (CH), abg.
Al: 23, Bo, Oehler 701/1946, 4 kW, ELG 1042, 1989 ex Ziegelei Oberdiessbach (Schweiz), btf.
Al: 24, Bo, Bartz U222/1961, 2 kW, GA0 1b-02, 1989 ex Tongrube Otto (Melsbach/Westerwald), btf.
Vl: 25, B-dm, Deutz 1952, 9 PS, MAH 914G, 1989 ex Steiber (Schauinsland), zuvor Schwerspatwerke Pforzheim, abg.
Vl: 26, B-dm, Jung 9078/1940, 12 PS, EL 105, 1989 ex Ziegelei Puchner (Regenstauf), btf.
Vl: 27, B-dm, Deutz 14539/1935, 9 PS, MLH 514F, 1989 ex privat (Nürnberg), zuvor Ziegelei Walther (Langenzenn), btf.
Vl: 28, B-dm, Diema 2030/1957, 20 PS, DGL 20, 1989 ex Besucherbergwerk Solms-Oberbiel, zuvor Didier-Tongrube Wohlfeil (Allendorf), btf.
Al: 29, Bo, Bartz U2342/1969, KGA05 BIII.2, 15 kW, 1990 ex RAG Schacht Pluto 2/3-7, btf.
Vl: 30, B-dm, LKM 248509/1954, Ns2f, 1990 ex Chemnitzer Ziegelwerke (Limbach), btf.
Vl: 31, B-dm, LKM 260107/1960, 10 PS, Ns1b, 1991 ex Ziegelwerke Waldenburg, btf.
Vl: 32, B-dm, Strüver, 5 PS, Schienenkuli, 1991 ex Ziegelei Obermayr (Aschach a.d. Donau (Österreich), abg.
Vl: 33, B-dm, LKM 247461/1957, 15 PS, Ns1, 1991 ex HFD Dresden, zuvor Keramik- und Plattenwerke Niedersedlitz, btf.

Al: 34, Bo, LKM, umgebaut in Akkulok, ex Ns2f, 1991 ex Kodersdorfer Dachziegelwerke, abg.
Vl: 35, B-dm, CKD 132080/1962, BN 15R, 1991 ex Torfwerk Reitzenhain, btf.
Al: 36, Bo, LEW 8298/1958, 9 kW, EL 9, 1991 ex Mansfeld-Kraftwerk (Helbra), btf.
Al: 37, Bo, LEW 18406/1982, 9 kW, EL 9.01, 1991 ex Mansfeld-Kraftwerk (Helbra), btf.
Al: 38, Bo, LEW 21140/1989, 9 kW, EL 9.01, 1991 ex Mansfeld-Kraftwerk (Helbra), abg.
Vl: 39, B-dm, LKM 247399/1957, Ns1, 1991 ex Ziegelei Reuden, btf.
Vl: 40, B-dm, ex DDR, Schienenkuli, 1991 ex Ziegelei Bad Freienwalde, btf.
Vl: 41, B-dm, CKD 5000611/1963, 15 PS, BND15, 1992 ex Heizkraftwerk Hoop (Zwickau), btf.
Vl: 42, B-bm, O&K Nordhausen 2913/1929, 4,5 PS, Typ M, 1992 ex privat (Irfersgrün), btf.
Vl: 43, B-dm, Martin, 30 PS, BND30, 1992 ex CSFR (ex 430 mm), btf.
Pl: 44, B-pr, Jung 12870/1955, 20 PS, PZ 20, 1992 ex RAG Schacht Pluto 2/3-7, abg.
Vl: 45, B-dm, CKD, 15 PS, BND15, 1992 ex CSFR, abg.
Al: 46, Bo, LEW 8833/1960, 19 kW, EL 8, 1992 ex Parkbahn, btf.
Al: 47, Bo, SSW 5331/1951, 15 kW, 1992 erworben, abg.
Vl: 48, B-dm, Deutz 21132/1939, 9 PS, MLH 714G, 1993 ex Baufirma Richter (Kassel), btf.
Vl: 49, B-dm, Martin, 30 PS, BND30, 1992 ex CSFR (ex 430 mm), btf.
Al: 50, Bo, „Metallist", 1993 ex CSFR (ex 430 mm), btf.
Vl: 51, B-dm, LKM, Ns1, 1993 ex Ziegelei Apolda, abg.
Vl: 52, B-dm, Gmeinder 4766/1955, 14 PS, 1993 ex Papierfabrik Okriftel, abg.
Vl: 53, B-dm, Diema 1879/1956, DS12, 1993 ex Ziegelei Bernhardt (Duderstadt), abg.
Vl: 54, B-dm, Diema 1203/1949, DS14, 1993 ex Ziegelei Bernhardt (Duderstadt), abg.
Al: 55, Bo, Typ ALD, 1993 ex CSD (ex 450 mm), btf.
Al: 56, Bo'Bo', AEG/Schalke, 30 kW, 2xKGA05, 1993 ex RAG Consolidation (23-24), abg.
Al: 57, Bo'Bo', AEG/Schalke, 49 kW, 2xKGA07, 1993 ex RAG Consolidation (121-122), abg.
Al: 58, Bo, Bj. 1984, 11 kW, Typ ELDAG, 1993 ex Thores (Waldenburg, ex 470 mm), abg.
Al: 59, Bo, „Metallist", 1994 ex CSD (ex 450 mm), abg.
Al: 60, Bo, Bartz 739/?, 11 kW, GA04, ex RAG-Schacht Königsborn (Unna), abg.
Vl: 61, B-dm, Deutz, 75 PS, A6M 517, 1999 ex RAG Haus Aden, abg.
Al: 62, Bo, SSW 5331/?, 22,5 kW, 1999 ex RAG Schlägel & Eisen, btf.
Al: 63, 1'Bo'Bo'1', Walcher 001/1969, 50 kW, Typ WAG 240, 1999 ex RAG Consolidation, abg.
Al: 64, Walcher 005/1992, 39 kW, 1999 ex RAG Schlägel & Eisen, abg.
Vl: 65, B-dh, Deutz 56973/1959, 66 PS, GG66B, 1999 ex RAG Haard (61), btf.

Fränkisches Feldbahnmuseum, Rügland (Mittelfranken)

1988 begannen einige Feldbahnfreunde mit dem Aufbau eines 600-mm-Museums. Ihre Fahrzeuge setzten sie auf einem Rundkurs und auf Dorffesten ein, doch dann mußten sie das Grundstück räumen. Derzeit ist die Sammlung auf einem Bauernhof in Aurach eingelagert. Gemeinsam mit den Gemeinden Rügland und Weihenzell sowie der Direktion für ländliche Entwicklung in Ansbach wurde 2003 eine 1 km lange Trasse von Rügland zur Methlachmühle festgelegt und an den Verein verpachtet. Zudem stellte die Gemeinde Rügland ein Grundstück für den Lokschuppen und die Betriebsanlagen bereit. Der Bahnbau soll 2004 beginnen.
Info: Jürgen Wening, Tannenstr. 10, 91580 Petersaurach-Wicklesgreuth, Tel. 09802 80529, frankenfeldbahn@web.de
Internet: www.frankenfeldbahn.de
Lokomotiven (600 mm):
Vl: B-dm, Jung 7831/1937, 22/24 PS, ZL 114, 1989 ex Baufirma J. Stamminger (Ansbach), neu geliefert über F. Kirchhoff (München)
Vl: B-dm, Jung 9656/1940, 11/12 PS, EL 110, 1989 ex Baufirma J. Stamminger (Ansbach), neu geliefert über G. Kirchhoff (München)
Vl: 2323, B-dm, Jung 10735/1942, 22/24 PS, ZL 105, 1991 ex Gundelsheimer Marmorwerk K. Teich, bis 1963 Friedrichs & Theisen (München), bis 1963 Quetschwerk F. Roth (München), bis 1948 Kies- und Quetschwerk A. Strebel (München-Milbertshofen), neu geliefert über E. Brangsch (Engelsdorf), abg.
Vl: B-dm, Strüver 1939, 5 PS, Schienenkuli, 1989 ex Dampfziegelei Ballwieser (Wilhelmsdorf, dort ab 1960), i.A.
Vl: B-dm, Strüver 60343/1955, 5,5 PS, Schienenkuli, 1964-95 bei Ziegelwerk Waldsassen AG (Waldsassen), neu geliefert über Hannoversche Handelsgesellschaft (Visselhövede), abg.

Vl: B-dm, Strüver 60471/1960, 6 PS, Schienenkuli, 1999 ex Ziegelei Lindner (Cham-Siechen)
Vl: B-dm, Strüver 60495/196?, 6 PS, Schienenkuli, 2000 ex Ziegelei Schmeilsdorf
Vl: B-dm, Gmeinder ca. 1928, 10 PS, urspr. vertrieben als „Meco-Dieseltriebwagen 10 PS", 1995 ex Klinker- und Ziegelwerk F. Wenzel (Hainstadt), neu geliefert über M. Eichelgrün & Co. (Frankfurt/Main), abg.
Vl: 8, B-dm, Gmeinder 1934, 25/30 PS, Tunnellok, 1996 ex Ziegelwerke Schorndorf (8), abg.
Vl: B-dm, O&K 25595/1955, 20 PS, MV Oa, 1998 ex privat (Spiegelberg), bis 1991 Sandwerk Kiener (Goldshöfe), urspr. G. Voegtlin & Co. KG (Haltingen, dort 700 mm), abg.
Vl: B-dm, O&K 25814/1957, 30 PS, MV 2, 1996 ex Quarzsandwerk J.W. Strobel (Freihungsand/Oberpfalz), abg.
Vl: 12, B-dm, Demag 1942, 55 PS, ML 55, 1990 ex Baufirma Rödl (Nürnberg), btf.
Vl: B-dm, Deutz 9254/1929, 8/9 PS, PME 117, 1989 ex Ziegelwerk G. Wenderlein (Bechhofen), bis 1945/46 Baufirma Heilmann & Littmann (München) für Baustelle Schlierbach-Ziegelhausen, neu geliefert über M. Kallmann (München), abg.
Vl: B-dm, Hatlapa 3705/1947, 18/22 PS, Typ Senior, 2001 ex DFKM Deinste, bis 1990 Hamburger Justizvollzugsanstalt Glasmoor, i.A.
Vl: B-dm, Hatlapa 5822/1952, 5 PS, Junior II, 1991 ex BHS-Humuswerke Wolfsbrucher Moor, btf.
Vl: B-dm, Henschel D2161/1951, 15 PS, DG 13, 1989 ex Ziegelei G. Wenderlein (Bechhofen), btf.
Vl: B-dm, Eigenbau Stölzle 1947, 8/11 PS, 1996 ex Ziegelei Anton Stölzle (Illerberg), urspr. Ziegelei Thomas Stölzle (Illerberg), abg.
Vt: B-dh, Eigenbau Wöllmer 1975, 12 PS, Gütertriebwagen für Baumstammtransporte, 1994 ex Sägewerk W. Wöllmer (Auernheim), abg.
El: 6, Bo-e, Gmeinder 560/192?, 18 kW, Gruben-Fahrdrahtlok 220 V, 1996 ex Ziegelei Gross in Schorndorf (6), abg.
El: 5, Bo-e, BMAG/MSW 147/1924, 27 kW, Gruben-Fahrdrahtlok 220 V, 1996 ex Ziegelei Gross in Schorndorf (5), abg.
El: B-em, Eigenbau Waldsassen AG ca. 1955, 2,5 kW, Feldbahn-Fahrdrahtlok 110 V, 1991 ex Ziegelwerk Waldsassen AG (Waldsassen), abg.
Al: Ao1-e, Eigenbau Buchtal AG ca. 1952, Akku-Grubenlok, 2000 ex Grube „Monika" der Buchtal AG (Ehenfeld)
Al: Ao1-e, Eigenbau ca. 1952, 2,4 PS, Grubenlok, 2004 ex Händler Patry (Paris/Frankreich)

Während die E 69 03 im Eisenbahnmuseum Nördlingen für Sonderfahrten betriebsfähig vorgehalten wird, ist die TAG 8 nur rollfähiges Ausstellungsstück.
Foto (20.5.2002): Rainer Vormweg

Bayerisches Eisenbahnmuseum (BEM), Nördlingen

Die Anfänge des BEM gehen bis 1969 zurück, als der Eisenbahnclub München (ECM) sich der Pflege von Lokdenkmälern und der Organisation von Sonderfahrten widmete. 1971 erwarb er sein erstes Fahrzeug, den einstigen Salonwagen der Kaiserin Auguste Viktoria Louise. Ein regelmäßiger Museumsverkehr fand von 1981/82 bis 1998 zwischen Fünfstetten und Monheim statt. 1985 verlagerte der Verein – nun als „Bayerisches Eisenbahnmuseum" – seine rasch angewachsene Sammlung nach Nördlingen, wo der 15-ständige Rundlokschuppen, die Drehscheibe, die Lokbehandlungsanlagen, ein zweiständiger Rechteckschuppen und der Wasserturm erhalten geblieben sind. Das im Stil der 50er Jahre restaurierte Bw zeigt zahlreiche (vor allem bayerische) Eisenbahnfahrzeuge, die großteils äußerlich, teilweise auch betriebsbereit aufgearbeitet wurden. Für den Güterverkehr auf den Strecken von Nördlingen nach Dombühl und Gunzenhausen gründete das BEM die Bayern-Bahn Betriebs-GmbH.

Geöffnet: März bis Oktober (samstags 12-16 Uhr, sonn- und feiertags 10-17 Uhr), Juli und August (Di-Sa 12-16 Uhr, sonntags 10-17 Uhr)
Weitere Termine: 9.-12.4. (Fahrzeugschau), 10.4. (Abschied von der 18 478, Rundfahrt ins Blaue ab Nördlingen), 11./12.4. (Dampfzugfahrten), 22./23.5. („35 Jahre BEM", Dampflokfest mit Lokparade, Gastsonderzüge und Nostalgiefahrten, Fotostunde am Sa und So jeweils 9-10 Uhr), 13.6. (Rieser Teddybärentag, Fahrzeugschau, Dampfzüge nach Gunzenhausen), 11.7. (Oldtimertreffen) sowie 21./22.8. und 9./10.10. (Rieser Dampftage, Darstellung eines Dampf-Bw's der 50er Jahre, Fahrzeugschau, Nostalgiefahrten)
Sonderfahrten: 20.5. (Nördlingen – Augsburg – Dießen am Ammersee), 25.9. (Nördlingen – Ingolstadt – Regensburg) und 27.11.2004 (Nördlingen – München – Innsbruck)
Dampfzüge Nördlingen – Dinkelsbühl: 25.4., 30./31.5., 27.6., 18.7., 25.7., 26.9., 24.10. und 5.12.2004 (Nördlingen ab 10, 13 und 16 Uhr; Dinkelsbühl ab 11.30, 14.30 und 17.10 Uhr)
Seenland-Express Nördlingen – Gunzenhausen: 11./12.4., 9.5., 22./23.5., 13.6., 11.7., 8.8., 21./22.8., 12.9., 10.10. und 4.12.2004 (Nördlingen ab 10.00 und 14.50 Uhr; Gunzenhausen ab 11.50 und 16.30 Uhr)
Mit E 69 03 Nördlingen – Harburg: 22./23.5., 22.8. und 9.10.2004 (Nördlingen ab 13.10 und 15.10 Uhr; Harburg ab 14.10 und 16.10 Uhr)

Gegenüberstellung einer 44er West und einer 44er Ost sowie der ebenfalls dreizylindrigen 42 2768 am 20.5.2002 im Bw Nördlingen.   Foto: Rainer Vormweg

Info: Bayerisches Eisenbahnmuseum, Postfach 1316, 86713 Nördlingen, Tel. 09083 340, Fax 388, ries-express@bayerisches-eisenbahnmuseum.de
Internet: www.bayerisches-eisenbahnmuseum.de
Triebfahrzeuge (1.435 mm):
Dl: 01 024, 2'C1'h2, Henschel 20827/1927, ex Heizlok Est. Staßfurt des Bw Güsten, bis 1967 DR (01 024), Ersatzteilspender
Dl: 01 066, 2'C1'h2, BMAG 9020/1928, 1989 ex Heizlok im Werk Nauen des Waschmittelwerks Genthin, bis 1978 DR (01 2066 / 01 066), btf.
Dl: 03 2295, 2'C1'h2, Borsig 14692/1937, 1992 ex Dampfspender Bw Leipzig Hbf Süd, ex DR (03 2295 / 03 295), btf. (in München)
Dl: 18 478, 2'C1'h4v, Maffei 4536/1918, 1993 ex privat (Schweiz), bis 1960 DB (18 478), urspr. bayr. S 3/6 Nr. 3673, btf.
Dl: 22 029, 1'D1'h3, LHW 2925/1924 (Umbau Meiningen 30/1959), 1996 ex EBG Altenbeken, bis 1994 DR (22 029 / 39 1029 / 39 197), Ersatzteilspender
Dl: 22 064, 1'D1'h3, Henschel 20216/1924, 1992 ex DR (22 064 / 39 165), ä.r.
Dl: 38 3180, 2'Ch2, LHB 2257/1921, 1998 ex CFR Rumänien (230.105), bis 1926 DRG (38 3180), urspr. preuß. P8 „Halle 2586", ä.r.
Dl: 41 122, 1'D1'h2, BMAG 11061/1939, 1996 ex EBG Borchen, bis 1991 Betonwerk Erfurt, zuvor DR (41 1122 / 41 122), i.A.
Dl: 41 1150, 1'D1'h2, Schichau 3356/1939, 1993 ex DR (41 1150 / 41 150), btf.
Dl: 42 2768, 1'Eh3, Floridsdorf 17654/1949, 1994 ex Bulgarien (BGZ 16.16), bis 1952 DRB/ÖBB (42.2768), ä.r.
Dl: 44 381, 1'Eh3, Esslingen 4446/1941, 1986 ex Metallwerke Sommer (Emmering), bis 1978 DB (043 381), ä.r.
Dl: 44 546, 1'Eh3, Krauss-Maffei 16151/1941, 1992 ex DR (44 2546 / 44 546), ä.r.
Dl: 50 0072, 1'Eh2, Krauss-Maffei 15832/1940, Ölhauptfeuerung, 1992 ex DR (50 0072 / 50 3502 / bis 1957: 50 481), btf. (in München-Neuaubing)
Dl: 50 778, 1'Eh2, Henschel 25862/1941, 1983 ex MEC Mannheim, zuvor DB (050 778), ä.r.
Dl: 50 955, 1'Eh2, Krupp 2320/1941, 1990 ex Heizlok Demmin (zuvor Loitz), bis 1981 DR (50 955), Ersatzteilspender
Dl: 50 3600, 1'Eh2, Henschel 25859/1941, 1991 ex DR (50 3600 / 50 775), ä.r.
Dl: 50 4073, 1'Eh2, LKM 124073/1959, 1990 ex Heizlok Demmin, urspr. DR (50 4073), ä.r.
Dl: 52 2195 (Henschel 27046/1943), 52 3548 (Krauss-Maffei 16685/1943) und 52 8168 (Krauss-Maffei 16711/1943, ex 52 3574), 1989-92 ex DR, ä.r.
Dl: 57 3525, Eh2, Rheinmetall (D) 913/1926, 1998 ex CFR Rumänien (50.227), wie preuß. G 10, ä.r.
Dl: 89 837, Cn2t, Krauss-Maffei 7917/1921, 1985 ex Schrotthandel Wolf (Graz), bis 1972 Grazer Schleppbahn, bis 1956 ÖBB (789.837), bis 1945 DRB (89 837), urspr. bayr. R 3/3 „4737 Bayern", ä.r.
Dl: 94 1697, Eh2t, BMAG 8401/1924, 1980 ex DB (094 697 / 94 1697), Nachbau preuß. T 16^1, ä.r.
Dl: 3 „Luci", Bn2t, O&K 7790/1916, 1975 ex Hoechst, zuvor Lech-Chemie in Gersthofen bei Augsburg (3), bis 1931 IG Farben Höchst/Main (28), ä.r.
Dl: 4 „Karl", B-fl, Maffei 3884/1913, 1975 ex Süd-Chemie (Heufeld), bis 1942 Tonwerk Ostenrieder (Moosburg), btf.
Dl: 5, B-fl, Hohenzollern 3869/1918, 1992 ex EWAG-Gaswerk (Nürnberg), bis 1957 BASF Ludwigshafen (43), ä.r.
Dl: TAG 8, 1'C2'h2t, Krauss-Maffei 16317/1943, 1986 ex Denkmal München-Pasing, bis 1970 Tegernseebahn (TAG 8), ä.r.
Dl: 9 „Ries", Bn2t, Henschel 26165/1941, Typ B250 Riebeck, 1982 ex Metallhüttenwerk Lübeck (9), btf.
Dl: „Grüner Heiner", Bn2t, Krauss-Maffei 8478/1929, 710 mm, 1986 ex Denkmal Nördlingen (ab 1971), urspr. Zementwerk Blaubeuren, ä.r.
Dl: LAG 7, Cn2t, Krauss 2051/1889, 2002 ex Papierfabrik Baienfurt (1 „Füssen"), bis 1930 Lokalbahn AG München (LAG 7 „Füssen"), btf.
Vl: Köf 6501, B-dh, Gmeinder 5135/1959, 1985 ex Eisenbahnjahr GmbH (Nürnberg), bis 1985 DB (323 683 / Köf 6501), btf.
Vl: B-dm, DWK 639/1939, 1986 ex Isar-Amper Werke Anglberg (1), bis 1957 IVG, urspr. Dynamit Nobel (Geretsried), abg.
Vl: V 36 211, C-dh, BMAG 11460/1942, 1988 ex VTG-Tanklager München-Milbertshofen, bis 1966 VTG Unterhausen, bis 1956 DB (V 36 211), urspr. Wehrmacht / WiFo Farge (33), abg.
Vl: V 36 224, C-dh, O&K 21134/1939, 360 PS, WR360 C14, 1999 ex Denkmal München-

Milbertshofen, bis 1985 Tanklager Regensburg, bis 1963 Tanklager Unterpfaffenhofen, bis 1959 u. a. in Bremen-Farge, bis 1950/51 Tanklager Neuburg/Donau (7), urspr. Wirtschaftliche Forschungsgesellschaft, abg.
Vl: V 100 1365, B'B'dh, Esslingen 5301/1963, 1.375 PS, 2002 ex ÖBB (2048.014), bis 1992 DB (211 365 / V 100 1365), btf.
Vl: 350 001, C-dh, Henschel 26750/1960, 500 PS, DH 500, 2001 ex eon-Kraftwerk Anglberg bei Freising (3), btf. in München-Neuaubing
Vl: 105, B-dh, Ardelt 28/1934, 1988 ex Süddt. Kalkstickstoff (Saal/Donau), ä.r.
Vl: 111, B-dm, Deutz 2692/1916, 1974 ex Holzstoffabrik Olching, Holzgasantrieb seit 1933, ä.r.
Vl: 112, B-dm, Windhoff 144/1924, 1985 ex Städtischer Holz- und Kohlehof München-Obersendling, urspr. Hochbauamt Obersendling, ä.r.
Vl: Kö 0116, B-dm, Windhoff 276/1934, 25-38 PS, Kö I, 1985 ex Basalt AG Linz (Ortenberg), bis 1961 DB (Kö 0116), ä.r.
Vl: B-dm, Demag, 1989 ex Spielplatz Unterhaching, urspr. Schrott Schulz (München-Pasing), abg.
Vl: B-dm, Deutz 22759/1938, 1988 ex Monforts Maschinenbau (Mönchengladbach), abg.
Vl: Kö 4880, B-dh, Jung 6715/1937, 1993 ex Firma Epple (Stuttgart, Nr. 348), bis 1979 DB (322 157 / Köf 4880), btf.
Vl: 323 680, B-dh, Gmeinder 5132/1959, Köf II, 1997 ex DB (323 680 / Köf 6498), btf. in München-Neuaubing
Vl: 323 703, B-dh, Jung 13143/1959, Köf II, 2002 ex Hartsteinwerk Werdenfels in Eschenlohe (1), bis 1985 DB (323 703 / Köf 6705), btf. in München-Neuaubing
El: E 10 005, Bo'Bo', Henschel/AEG 28467/7174/1952, Eigentum DB-Museum (ex 110 005 / E 10 05), ä.r.
El: E 36 02, 1'Co2', Krauss-Maffei/SSW 8110/E29/1914, ex DB (ab 40er Jahre als Schneepflug 974 3032-3 / München 6453), zuvor DRG (E 36 02), urspr. bayr. EP 3/6 Nr. 20102, abg.

Die 03 2295 des Bayerischen Eisenbahnmuseums als Vorspann vor der 75 1118 der Ulmer Eisenbahnfreunde im April 1998 im frühlingshaften Metzingen.

Foto: Rainer Vormweg

El: E 44 051, Bo'Bo', Krauss-Maffei/SSW 15554/3104/1936, 2.200 kW, 1991 leihweise ex Deutsches Museum München, bis 1991 DR (244 051 / E 44 051), abg.
El: E 69 03, Bo, Krauss-Maffei E25/1913 (Umbau BBC 5185/1938), 370 kW, 2000 leihweise ex DB-Museum, bis 1982 DB (169 003 / E 69 03), urspr. Lokalbahn Murnau-Oberammergau (LAG 3 „Hermine"), btf.
Dl: E 94 135, Co'Co', Krauss-Maffei/SSW 16308/1944, 2003 ex ÖBB (1020.17), abg.
El: E 94 192, Co'Co', Krauss-Maffei/AEG 18185/1956, 3.230 kW, 1989 ex DB (194 192 / E 94 192), btf. in München-Neuaubing
Al: Ka 4015, Bo, AEG 4561/1930, 35 kW, 1992 ex Interfrigo Basel (IF 330), bis 1973 DB (381 101 / Ka 4015), urspr. DRG (A 6003), ä.r.
El: Ka 4909, Bo, Windhoff/SSW 359/3153/1937, 1996 ex DB (721.90.00.01 / 381 011 / Ks 4909), ä.r.
El: Ka 4947, Bo, Windhoff/SSW 398/3370/1938, 1996 ex DB (721.90.00.03 / 381 016 / Ks 4979), ä.r.
El: „Siemens 4", Bo, Jung/SSW 13832/6228/1965, 1989 ex Siemens-Güterbahn Berlin (4), ä.r.
Al: IF 330, Bo, AEG 4561/1930, 1992 ex Interfrigo Basel (IF 330), bis 1977 DB (381 101 / Ks 4015), abg.
Vt: 798 522, AA-dm, Uerdingen 60262/1955, 2 x 150 PS, 1984 ex DB (798 522 / VT 98 9522), btf.
Vt: 798 632, AA-dm, Uerdingen 61987/1956, 2 x 150 PS, 1997 ex DB (798 632 / VT 98 9632), abg. in Wilburgstetten
Vt: 798 675, AA-dm, Uerdingen 66567/1959, 2 x 150 PS, 1997 ex DB (798 675 / VT 98 9675), abg. in Wilburgstetten
Vt: 5081.51, AA-dm, SGP Wien 78190/1965, 2 x 150 PS, 1991 ex ÖBB (5081.051 / 5081.51), abg.
Vt: VT 10.08, AA-dm, Uerdingen 66574/1962, 2 x 150 PS, Privateigentum, 1993 ex Graz-Köflacher Bahn (VT 10.08), abg. (in Wilburgstetten)
Vt: VT 52, A1-dm, Uerdingen 65316/1959, 150 PS, 1989 ex Museumsbahn Paderborn, bis 1987 Hersfelder Kreisbahn (VT 52), abg.
At: 515 011, Bo'Bo', O&K 77101/1955, 280 PS, 1996 ex DB (515 011 / ETA 150 011), ä.r.
Nf: Klv 51-8712 (Bauj. 1955, abg.) und 53-0059 (Bauj. 1967, btf.)
Nf: Klv 12-4984, A1-dm, Beilhack 3069/1962, 1990 ex Draisinen-Sammlung Bad Nauheim (15), urspr. DB (Klv 12-4984), abg.
Nf: Klv 51-8712, B-dm, Robel 2111 W16/1955, 1991 ex DB (95.55.98.001 / Klv 51-8712), abg.

Private Feldbahn, Weißenburg

In Weißenburg besteht eine kleine, nicht zugängliche Feldbahn mit 250 m Gleislänge, drei Weichen, Signal, Drehscheibe und einigen Wagen.
Info: Rolf Bacher, Nürnberger Str. 31, 91781 Weißenburg
Diesellokomotiven (700 mm): B-dm, Gmeinder 4394/1948 und 4652/1951, 22/24 PS, ex Sägewerk Rothhaupt (Stockheim/Unterfranken), btf.

Wanderbahn im Regental (WIR), Viechtach – Gotteszell

Nach der Stillegung des Personenverkehrs Gotteszell – Blaibach (1991) richtete die IG Schienenverkehr Niederbayern (IGSN) zwischen Viechtach und Gotteszell einen Ausflugsverkehr ein. Die beiden 1993 beschafften vierachsigen Umbauwagen werden von einer RBG-Lok gezogen.
Termine: Sonntags im Juli und August sowie am 11.4., 16.5., 22.5., 30.5., 12.6., 20.6., 27.6., 12.9., 26.9., 10.10., 5.12. und 29.12.2004 (jeweils Viechtach ab 10.00, 12.50 und 15.10 Uhr; Gotteszell ab 11.35, 14 und 17 Uhr; das Mittagszugpaar fährt nur Mai-August und Dezember, das erste Zugpaar nicht am 5.12.2004)
Info: Wanderbahn im Regental e.V., Postfach 1329, 82181 Gröbenzell, Tel. 089 23392119, Fax 08142 8806, Toni.Koestlbacher@wanderbahn.de
Internet: www.wanderbahn.org
Diesellok (1.435 mm): B-dh, Jung 13197/1960, 128 PS, 1995 ex Bischof & Klein (Konzell-Streifenau), bis 1985 DB (323 829 / Köf 6759), abg.

Bayerischer Localbahn-Verein (BLV), Bayerisch Eisenstein

Der 1975 am Tegernsee gegründete BLV bot von 1978 bis 1992 auf der Regentalbahn einen Dampfzugverkehr an. Bereits 1981 hatte er das denkmalgeschützte Bw Bayerisch Eisenstein angemietet. Nach der Sanierung des Rundlokschuppens und der Instandsetzung der Drehscheibe wurde 1993 das Lokalbahnmuseum eröffnet.
Geöffnet: Donnerstag – Sonntag vom 1.4. bis 27.6. und vom 23.9. bis 31.10., täglich vom 1.7. bis 19.9., an Wochenenden im Februar und März sowie in den Weihnachts-, Oster- und Pfingstferien (jeweils 11-15 Uhr)
Dampfzüge: 15.8., 17.8., 20.8. und 22.8.2004 (Hojsova Straz – Bayr. Eisenstein mit tschechischer Dampflok)
Info: Localbahnmuseum, Bahnhofstr. 44, 94252 Bayerisch Eisenstein, Tel. 09925 1376, Fax 903210, karl.niederwieser@t-online.de
Internet: www.localbahnverein.de
Triebfahrzeuge (1.435 mm):
Dl: Anna, Cn2t, Krauss 2264/1890, 1980 ex Regentalbahn (01), bis 1928 Lokalbahn Gotteszell-Viechtach (2 „Anna")
Dl: Osser, Cn2t, Maffei 5478/1922, 1980 ex Regentalbahn, bis 1966 Lokalbahn Lam-Kötzting („Osser" II)
Dl: Bayerwald, Dh2t, Maffei 5683/1927, 1980 ex Regentalbahn (04), bis 1928 Lokalbahn Gotteszell-Viechtach („Bayerwald")
Dl: Deggendorf, Dh2t, Maffei 5684/1927, 1980 ex Regentalbahn (05), bis 1928 Lokalbahn Gotteszell-Viechtach („Deggendorf")
Dl: Schwarzeck, Dh2t, Maffei 4321/1928, Eigentum Schrotthandel Andörfer (Straubing), bis 1965 Lokalbahn Lam-Kötzting („Schwarzeck")
Dl: 98 7658, Cn2t, Krauss 2562/1892, 1981 ex Denkmal Wiesbaden, bis 1971 Schmitz-Scholl (Mülheim/Ruhr), bis 1966 „Dampfkessel 1017" des Bw Würzburg, bis 1933 DRG (98 7658), urspr. Bayr. D VII Nr. 1854
Dl: J.A. Maffei, Cn2t, Maffei 2312/1902, 2002 ex BLV Tegernsee, bis 1985 PWA-Werk Raubling-Redenfelden, bis 1934 Werklok Krauss-Maffei
Dl: 2, B-fl, Maffei 3959/1915, 1992 ex Spiritus Wittenberg (2), urspr. Chemische Fabrik Griesheim Elektron
Dl: Bn2t, CKD 16026/1940, 600 mm, 1986 ex Baufirma Jung in München (162)
Vl: B-dh, Deutz 36659/1941, WR200 B14, 1979 ex OHE Celle (DL 0602 /DL 00602), urspr. Wehrmacht (OKH Berlin)
Vl: B-dm, O&K 20520/1935, RL3, 1988 ex Baufirma Grün & Bilfinger Mannheim (202), urspr. G&B München für Arge Dammbau Turawa, btf.
Vl: B-dh, Deutz 47010/1949, A6 11517, 1994 ex Bayernwerke Schwandorf (M17), bis 1982 BBI Schwandorf (M 17), urspr. Wasserkraftwerk Aufkirchen der Bayernwerke, i.A.
Vt: VT 07, A1-dm, MAN 128175/1939, 1985 ex Regentalbahn (VT 17 / VT 07), bis 1973 Lokalbahn Lam-Kötzting (VT 02)
Vt: VT 10.05, AA-dm, Uerdingen 60290/1955, Privateigentum, 1993 ex Graz-Köflacher Bahn
Et: ET 5, Bo, MAN/ÖSSW 1908, 1993 ex Salzburger Verkehrsbetriebe (ET 5 / MBC 8)
Nf: Klv 1-547, A1-dm, Bauj. ca. 1930, Eigentum Deutsches Museum München, ex DB

Feld- und Waldbahn Riedlhütte, St. Oswald bei Spiegelau

Der 1988 gegründete Feldbahn Fränking e.V. hatte seine Sammlung bisher in Mark Indersdorf eingelagert. Weil er dort aber keine Gleise fest verlegen konnte, führte er seine mobile Anlage gelegentlich bei Veranstaltungen vor. Nach achtjähriger Suche stieß er 2002 in St. Oswald-Riedlhütte auf positive Resonanz. Zusammen mit der Gemeinde und dem Fremdenverkehrsamt wurde in Ortsnähe auf Feld- und Wanderwegen entlang der Ohe eine reizvolle Trasse festgelegt. Die nahegelegene Trasse der einstigen Spiegelauer Waldbahn konnte nicht genutzt werden, zumal sie durch den Nationalpark führt. Der mittlerweile in „Feld- und Waldbahn Riedlhütte e.V." umbenannte Verein konnte bereits am 15.8.2003 auf einem ersten Abschnitt von 750 m Länge einen öffentlichen Probebetrieb aufnehmen. Eingeweiht werden soll die Anlage nach Vollendung des neuen Lokschuppens, in dem u. a. eine Ausstellung über die Spiegelauer Waldbahn

geplant ist. Im Streckenverlauf soll auch der Umschlag von Torf, Schüttgütern, Lang- und Brennholz demonstriert werden.
Fahrbetrieb an ein bis zwei Wochenenden im Monat (Mai bis September)
Info: Claus Schmidwenzl, Parkstr. 29, 82223 Eichenau, Tel. 08141 537653, info@feldbahn-fraenking.de
Internet: www.feldbahn-fraenking.de
Lokomotiven (600 mm):
- Vl: D 1, B-dm, Jung 6160/1935, EL 105, bis 1984 Torfwerk Patzer (Reichermoos), btf.
- Vl: D 2, B-dm, Jung 12392/1962, ZL 114, ehemals Ziegelei Fahrner (Pfaffenberg), btf.
- Vl: D 4, B-dm, Jung 6761/1936, EL 110, 1985 ex Ziegelei Reissl (Neumarkt-St.Veit), neu geliefert über F. Kirchhoff (München), btf.
- Vl: D 5, B-dm, Deutz 55238/1952, MLH 914, 1988 ex BHS Alpentorf Peiting (3), abg.
- Vl: D 6, B-dm, Deutz 55957/1952, MLH 914, 1988 ex Torfwerk Peiting, zuvor Kohlenbergwerk Marienstein
- Vl: D 8, B-dm, Gmeinder, 24 PS, 1988 ex Spielplatz Lochhausen, zuvor Firma Wahlner (München)
- Vl: D 9, Gmeinder, Typ 15/18, 1997 ex privat, zuvor Ziegelei in Österreich
- Vl: B-dm, Jung 12391/1962, ZL 114, ex Ziegelei Müllner (Mallersdorf-Pfaffenberg), bis 1982 Baufirma Fahrner (Mallersdorf), btf.

Regensburger Straßenbahn-, Walhallabahn- und Eisenbahnfreunde (RSWE)

Der 1990 gegründete RSWE e.V. dokumentiert die Geschichte der Eisenbahn in Regensburg und der Oberpfalz, und zwar u. a. in Form einer Modellbahn und einer Sammlung von eisenbahntypischen Utensilien und Fahrzeugen. Auf dem Vereinsgelände am Regensburger Hafen soll in den nächsten Jahren für die Fahrzeuge ein Gleisanschluß mit Unterstell- und Werkstatthalle entstehen.
Info: RSWE e.V., Hans Niederhofer, Postfach 120403, 93026 Regensburg, Tel. 09407 3672 und 0941 500437, hans.niederhofer@t-online.de
Internet: www.rswe.de
Lokomotiven (1.435 mm):
- Vl: V 40-1, C-dh, Krauss-Maffei 17679/1951, 400 PS, ML440C, ex Hafenbahn Regensburg (V 40-1) der Obersten Baubehörde München, abg.
- Vl: „Büchl-Köf", B-dh, Deutz 46966/1949, 128 PS, A6M 517R, 2001 ex Kalkwerk A. Büchl (Regensburg), urspr. Klöckner & Co. (Duisburg) bzw. Westdeutsche Maschinenfabrik Liblar, btf.
- Vl: LH 2, B-dh, Deutz 56788/1957, 200 PS, A12L 614R, 2002 ex Luitpoldhütte Amberg (LH 2), abg.
- Vl: 323 646, B-dh, Gmeinder 5046/1958, 128 PS, Köf II, 2002 ex DB Regensburg (zuletzt „Gerät" / 323 646 / Köf 6334), i.A.
- Vl: Kö 0204, B-dm, Gmeinder 1253/1935, 50 PS, Kö I, 2003 ex Südstärke GmbH in Sünching (2), bis 1969 DB (311 204 / Kö 0204), abg.
- Vl: RFC-Lok, B-dh, Gmeinder 5371/1965, 50 PS, 2004 ex Regensburger Fein-Chemie, zuvor DSM Fine Chemicals GmbH (Regensburg), urspr. Firma von Heyden (Regensburg), btf.
- Vl: „Renz-Lok", B-dm, Diema 2902/1966, 32 PS, DS 30/1, 500 mm, 2003 ex Ziegelei Renz (Regensburg) bzw. Tonwerk Renz der Reinhard KG (Regensburg), zuvor Ziegelwerk I. Schiele (Adelschlag/Mfr.), neu geliefert über Ziegeleibedarf M. Schotter (München), ä.r.
- Vl: „Schrottag I", B-dm, Deutz 57964/1966, 50 PS, KS 55B, 2003 ex Thyssen-Dück GmbH (Haidhof-Teublitz), zuvor Schrottin in Maxhütte-Haidhof (1), bis 1973 Bayerische Schrott AG „Schrottag" (München), abg.
- Al: Ks 1, Bo, Gottwald Müller 483/1940, 5,5 kW, 1999 ex DSM Fine Chemicals GmbH (Regensburg), zuvor Bristol-Myers-Sqibb (Regensburg), zuvor Firma von Heyden (Regensburg), urspr. Süddeutsche Holzverzuckerungs-AG in Regensburg-Schwabelweis (01), i.A.
- Nf: Klv 51-1, B-dm, Robel 1961, 72 PS, Schwerkleinwagen, 2000 ex Hafenbahn Regensburg, bis 1982 DB (51-9002), ä.r.
- Nf: Klv 53 0468, B-dm, Waggon-Union 1974, 110 PS, Schwerkleinwagen, Privateigentum, 2000 ex DB (Klv 53 0468), btf.
- Nf: Klv 60 9001, A1-dm, FKF Frankfurt, 110 PS, Fahrleitungsmeßwagen, Eigentum DB-Museum, abg.

Auf der Laabertalbahn Schierling – Langquaid fahren seit 2003 wieder Personenzüge. Hier hat die V 1 mit dem grün/weißen VB 11 gleich Eggmühl erreicht (4.5.2003).
Foto: Wolfgang Treppesch

Lokalbahn Schierling – Langquaid (LSL)

Seit 1903 verläuft eine 10,3 km lange Nebenbahn von Eggmühl durch das Tal der Großen Laaber nach Langquaid. Bereits 1968 legte die DB den Personenverkehr still, und als sich auch das Ende des Güterverkehrs abzeichnete, setzten sich ab 1996 einige Eisenbahnfreunde vehement für den Fortbestand der Bahn ein. Zum 1.1.2000 übernahmen die Anliegerkommunen das 4,3 km lange Reststück bis Langquaid, während die Rhein-Sieg-Eisenbahn in Bonn-Beuel als EVU beauftragt wurde. Seit 2003 bietet der Verein mit dem Aufwärter-Triebwagenanhänger VB 109 (ex WEG) Ausflugsfahrten ins Laabertal an.
Termine: 4.4., 20.5., 18.7., 1.8., 12.9., 19.9. und 28.11.2004 (jeweils Eggmühl ab 11.05, 13.05, 15.05 und 17.05 Uhr; Langquaid ab 12.15, 14.15, 16.15 und 18.15 Uhr), weitere Sonderfahrten geplant
Info: Lokalbahn Schierling-Langquaid, Am Bahnhof 5, 84085 Langquaid, Tel./Fax 09452 949707, info@rse-bonn.de
Internet: www.laabertalbahn.de
Diesellok (1.435 mm): V 1, B-dh, O&K 25910/1959, 190 PS, MV 9, 2000 ex Südzucker Zeil am Main, btf.

Historischer Eisenbahnverein Plattling (HEV)

Der HEV restaurierte die 64 344, die zusammen mit Wasserkran, Schrankenanlage und Signalanlagen in den nächsten Jahren auf dem dann neugestalteten Bahnhofsvorplatz aufgestellt werden soll. Im November 2001 übernahm der Verein das Gelände der Bahnmeisterei samt Neben- und Sozialgebäuden.
Info: Max Albrecht, Straubinger Str. 4, 94569 Stephansposching, Tel. 09935 322, Fax 211, info@hev-plattling.de
Internet: www.hev-plattling.de
Dampflok (1.435 mm): 64 344, 1'C1'h2t, Krauss-Maffei 15501/1934, 1986 ex Denkmal Waldkirchen, bis 1970 DB (64 344)

Passauer Eisenbahnfreunde (PEF)

Der 1978 gegründete Verein PEF unterhält eine im Stil der 50er Jahre restaurierte Schnellzuggarnitur, bestehend aus drei Fernschnellzugwagen (Bj. 1939-40), einem Halbspeisewagen (1954), einem Schlafwagen (1950) und einem Salonwagen (1937). Mit seinem Schienenbus veranstaltet der Verein vielfältige Ausflugsfahrten auf den Passauer Nebenbahnen und nach Oberösterreich.
Termine: 1.5. (nach Budweis und Krumau, u. a. mit ÖGEG 1020.37 und 12.14), 8.5., 12.6., 10.7. und 14.8. (nach Ried im Innkreis mit 86 501), vsl. 9.5. und 13.6. (nach Obernzell mit Dampf), 30.5. (nach Bad Ischl mit 798), 6.6. (zur Salzburger Lokalbahn mit 798), 11.7. und 15.8. (nach Hauzenberg mit Dampf), 4.9. (Landkreissonderzug nach Bayreuth mit 01 533), 11.9. („Kultur mit Dampf" auf der Rottalbahn nach Pocking – Karpfham) und 19.9.2004 (nach Aschach/Donau mit 798, Anschluß an Dampfschiff „Schönbrunn")
Info: Passauer Eisenbahnfreunde e.V., Haitzinger Str. 12, 94032 Passau, Tel. 0851 9663971, Fax 753444, pef@passauer-eisenbahn.de
Internet: www.passauer-eisenbahn.de
Triebfahrzeuge (1.435 mm):
- Vl: 018 „Auerhahn", B-dm, Deutz 55789/1954, 28 PS, 1986 ex Stahlwerke Peine-Salzgitter (018), bis 1972 VPS Salzgitter, btf.
- Vl: V 40-7, C-dh, Krauss-Maffei 1951, 400 PS, ML440C, 2000 ex Hafenbahn Regensburg (40-7), btf.
- Vt: 798 706, AA-dm, Uerd. 66591/1960, 2 x 150 PS, 1995 ex DB (798 706 / VT 98 9706), btf.
- Vt: 798 776, AA-dm, Donauwörth 1368/1960, 2 x 150 PS, ex DB (798 776 / VT 98 9776), btf. ab Mitte 2004
- Nf: Klv 053 0238, B-dm, Waggon-Union 1972, 125 PS, mit Atlas-Kran, 1998 ex DB (053 0238), btf.
- Nf: Kla 03 0354, B-dm, Schöma 1973, 1998 ex DB (03 0354), btf.

Feldbahnsammlung Detterbeck, Moosburg an der Isar

Den Grundstock seiner Sammlung legte Markus Detterbeck 1986 mit dem Kauf einer Kipplore und zwei Gleisjochen. Heute besteht die Anlage aus 40 m Gleis, zwei Weichen, einer Remise und drei Kipploren.
Info: Markus Detterbeck, 85368 Moosburg, Tel. 08761 5592, mdetterbeck@aol.com
Diesellokomotiven (600 mm): „Olga" und „Rosa", B-dm, Kröhnke 308/1958 und 309/1959, 5,5 PS, Lorenknecht, 1987/88 ex privat, urspr. Ziegelei Wadenspanner (Altdorf bei Landshut), btf.

Österreichische Gesellschaft für Eisenbahngeschichte Ampflwang (Oberösterreich)

Zur Ampflwanger Normalspursammlung der ÖGEG zählen auch einige interessante deutschstämmige Lokomotiven, die bei ihren Fahrten durch Oberösterreich und Salzburg auch in den grenznahen Bereich gelangen.
Grenznahe Sonderfahrten: 20.5. (Salzburg – Selzthal), 5.6. (Salzburger Lokalbahn), 10.-13.6. (Bludenz – Selzthal / Gmunden / Passau mit 1020.042, ex E 94 104, AEG 1943), 27.6. (Innviertel mit neuer Dampflok), 11.7. (Oldtimertreffen Salzburger Lokalbahn), 7.8. (mit Dampf durch das Land Salzburg), 4.9. (Linz – Neuenmarkt-Wirsberg), 9.10. (Salzburg – Steyr und Simbach – Steyr), 5.12. (Nikolauszüge Innviertel und Salzburger Lokalbahn), 12. und 24.12.2004 (Salzburger Lokalbahn)
Info: ÖGEG, Postfach 11, A-4018 Linz, Tel. 0043 664 4036093 (Zehetner), sonderzuege@oegeg.at
Internet: www.oegeg.at
Lokomotiven deutscher Herkunft (1.435 mm):
- Dl: 01 533, 2'C1'h2, Krupp 1413/1934, 1992 ex DR (01 533 / 01 116), btf.
- Dl: 638.1301, 2'Ch2, Resita 316/1935, 2001 ex CFR Rumänien (230 301), btf.
- Dl: 638.2174, 2'Ch2, Resita 204/1933, Nachbau der preuß. P 8, 1999 ex CFR (230.174), abg.

Feierabend in der Zugförderungsstelle Bischofshofen am 17.9.1994; die 44 661 wird für die Nachtruhe vorbereitet.   *Foto: Dietmar Zehetner*

Dl: 42.2750, 1'Eh2, Floridsd. 17636/1948, 1996 ex BDZ (16.19), bis 1952 DR (42 2750), abg.
Dl: 42.2753, 1'Eh2, Floridsd. 17639/1948, 1996 ex BDZ (16.18), bis 1952 DR (42 2753), abg.
Dl: 44 661, 1'Eh3, Borsig 15117/1941, 1992 ex DR (44 0661 / 44 1661), btf.
Dl: 50 1002, 1'Eh2, Schichau 3427/1940, 1992 ex DR (50 1002), i.A.
Dl: 50 3506, 1'Eh2, Krupp 2364/1940, 1992 ex DR (50 3506 / 50 903), abg.
Dl: 50 3519, 1'Eh2, Henschel 24976/1940, 1992 ex DR (50 3519 / 50 342), btf.
Dl: 50 3689, 1'Eh2, Henschel 25766/1940, 1992 ex DR (50 3689 / 50 547), abg.
Dl: 52.1198, 1'Eh2, DWM Posen 612/1943, 1984 ex ÖBB (52.1198), abg.
Dl: 52.3316, 1'Eh2, Jung 11327/1944, 1979 ex ÖBB (52.3316), abg.
Dl: 52.3517, 1'Eh2, Krauss-Maffei 16643/1943, 1981 ex ÖBB (52.3517), abg.
Dl: 52.4552, 1'Eh2, DWM Posen 869/1944, 1984 ex ÖBB (52.4552), abg.
Dl: 52 8003, 1'Eh2, BMAG 12810/1943, 1992 ex DR (52 8003 / 52 6357), abg.
Dl: 52 8096, 1'Eh2, Henschel 27480/1943, 1992 ex DR (52 8096 / 52 2312), abg.
Dl: 52 8124, 1'Eh2, Henschel 27669/1943, 1992 ex DR (52 8124 / 52 2501), abg.
Dl: 52 8186, 1'Eh2, Jung 11858/1944, 1996 ex DR (52 8186 / 52 632), i.A.
Dl: 52 8196, 1'Eh2, Krenau 1407/1944, 1992 ex DR (52 8196 / 52 5374), abg.
Dl: 657.2519, Eh2, Malaxa 45/1931, Nachbau preuß. G 10, 1999 ex CFR (50 519), abg.
Dl: 657.2770, Eh2, Malaxa 299/1938, Nachbau preuß. G 10, 2001 ex CFR (50 770), btf.
Dl: 657.3459, Eh2, AEG 4414/1930, 1999 ex CFR (50.459), urspr. DRG (57 3459), abg.
Dl: 86 056, 1'D1'h2t, Borsig 14428/1932, 1992 ex DR (86 056), i.A.
Dl: 86 501, 1'D1'h2t, Henschel 26720/1942, 1992 ex DR (86 1501), btf.
Dl: 694.503, Eh2t, BMAG 5122/1913, 1991 ex Denkmal Graz-Liebenau, zuvor ÖAM-Stahlwerk Leoben-Donawitz (1000.1), bis 1954 ÖBB (694.503), abg.
Vl: „Peter", B-dh, Gmeinder 3429/1941, 130 PS, 1986 ex Chemie Linz (2061.101 „Peter"), btf.
Vl: „Walter", B-dh, Gmeinder 3303/1941, 265 PS, 1991 ex Chemie Linz AG („Walter"), btf.
Vl: D 1, D-dh, LKM 13775/1973, 650 PS, V60D, 1997 ex WTK Ampflwang (V60 D1), btf.
Vl: Böhler II, B-dh, Henschel 29573/1957, 240 PS, 1996 ex Böhler Kapfenberg (2), btf.
Vl: Böhler III, B-dh, Henschel 29571/1957, 240 PS, 1996 ex Böhler Kapfenberg (3), btf.
Vl: X 150.09, B-dh, Deutz 47287/1944, 150 PS, Köf II, 1998 ex ÖBB (150.09), btf.
Vt: 5081.02, AA-dm, Uerdingen 71225/1964, 2 x 150 PS, 2000 ex Steiermärkische Landesbahnen Gleisdorf - Weiz (VT 24), bis 1987 ÖBB (5081 002 / 5081.02)
El: 1020.03, Co'Co', Krauss-Maffei 15687/1940, 3.300 kW, 1999 ex ÖBB (1020 023 / 1020.03), urspr. DRB (E 94 011), abg.
El: 1020.22, Co'Co', AEG 5168/1940, 3.300 kW, 1999 ex ÖBB (1020 022 / 1020.22), urspr. DRB (E 94 005), abg.
El: 1020.37, Co'Co', AEG 5724/1943, 3.300 kW, 1996 ex ÖBB, urspr. DRB (E 94 099), btf.

Bayerischer Localbahn-Verein (BLV), Landshut

Mitte Januar 2000 mußte der BLV nach 25 Jahren den Stützpunkt Tegernsee räumen, da die TAG die Flächen anderweitig nutzen wollte. Eine neue Bleibe fand der Verein in Landshut, wo er den dreiständigen Lokschuppen anmietete. Die inzwischen vereinseigene Dampflok TAG 7 wird jetzt auf verschiedenen bayerischen Nebenbahnen eingesetzt.

Termine: 11./12.4. (Raum München mit E 69), 1./2.5. (nach Regensburg mit E 69, Pendelzüge Hafenbahn Regenburg mit TAG 7), 8./9.5. (nach Plattling mit E 69, weiter nach Zwiesel mit TAG 7, Pendelzüge nach Bayr. Eisenstein), 22./23.5. (München Ost – Aying, Pendelzüge nach München-Giesing), 13.6. (nach Landau/Isar, Pendelzüge nach Dingolfing mit TAG 7 und E 69), 10.7. („125 Jahre Weilheim – Murnau" mit TAG 7, E 69 und E 94 279), 11.7. (Murnau – Oberammergau mit TAG und E 69), 24./25.7. (nach Haag/Amper – Langenbach mit TAG 7 und E 69), 31.7. und 1./3./6.-8.8. (Zwiesel – Bayr. Eisenstein mit TAG 7), 15./17./20./22.8. (Tegernseebahn mit TAG 7), 3.9. (nach Freilassing), 4.9. (Freilassing – Bad Reichenhall mit TAG 7 und E 69), evtl. 5.9. (Salzburger Lokalbahn), 19.9. (Geiselhöring – Straubing mit TAG 7 und E 69) und 5.12.2004 (Tegernseebahn mit TAG 7)
Verein: Bayerischer Lokalbahnverein, Postfach 1311, 83682 Tegernsee
Info: Gunther Knoll, Sedanstr. 30, 81667 München, Tel. 089 4481288, karl.niederwieser@t-online.de
Internet: www.localbahnverein.de und www.e-169005.de
Lokomotiven (1.435 mm):
Dl: TAG 7, 1'D1'h2t, Krauss-Maffei 15582/1936, 1999 ex Tegernseebahn (TAG 7), btf.
Dl: 70 083, 1Bh2t, Krauss 6733/1913, Eigentum DB-Museum, bis 1994 Denkmal Mühldorf, bis 1969 DB (70 083), urspr. bayr. Pt 2/3 Nr. 6083, i.A.
Vl: Pfanni, B-dh, O&K 26293/1964, 175 PS, 1989 ex Pfanni-Werke Eckhart in München (2042), btf.
Vl: MV 3, B-dh, O&K 26253/1963, 175 PS, Typ MV 3, 2001 ex Firma Fritzmeir (Großhelfendorf), btf. (derzeit noch in Großhelfendorf)
El: E 69 05, Bo, Maffei/SSW 5866/2743/1930, 605 kW, 1982 ex DB (169 005 / E 69 05), urspr. Lokalbahn AG München (LAG 5 „Adolfine"), btf.

Nostalgiebetrieb bei der Salzburger Lokalbahn (SLB)

Gleich hinter der Staatsgrenze kommen sehr interessante deutschstämmige Triebfahrzeuge zum Einsatz. Die elektrischen Lokalbahntriebwagen fahren im Charterverkehr sowie im Sommer im öffentlichen Sonderverkehr. Auch eine Dampflok der Österreichischen Gesellschaft für Eisenbahngeschichte (ÖGEG) ist dort in diesem Jahr wieder vor Sonderzügen oder aber vor Bauzügen als „Plandampf" zu sehen.

Termine: Jeden Samstag vom 22.5. bis 18.9.2004 mit Altbau-ET (Salzburg Lb 12.15 – Lamprechtshausen 13.00/15 – Salzburg 14 Uhr) und 5./6.6.2004 (Dampflokfest und Boogie), weitere Fahrten siehe ÖGEG
Info: Salzburger Lokalbahn, Plainstr. 70, A-5020 Salzburg, Tel. 0043662 448061-01, Fax -15, heinz.eberhart@salzburg-ag.at oder mail@lokalbahn.info
Internet: www.salzburg-ag.at oder www.lokalbahn.info
Triebfahrzeuge der SVB mit deutscher Herkunft (1.435 mm):
Dl: 770.86, 1'Bh2t, Krauss-Maffei 6736/1913, 2002 ex Brenner & Brenner (Wien), bis 1990 Denkmal Pöchlarn, bis 1968 ÖBB (770.86) bzw. DRG (70 086), urspr. bayr. Pt 2/3 Nr. 6086, btf.
Et: 10, Bo, MAN/SSW 1910/19, 126 kW, Güter-Tw, urspr. Salzburger Eisenbahn- und Tramway-Gesellschaft (MG 1), btf.
El: E 11, Bo, AEG 1570/1913, 150 kW, 1981 ex Bahnen der Stadt Monheim (14), btf.
Et: ET 1, Bo, MAN/SSW 1908, 126 kW, 1994 ex Stern & Hafferl ET 20 105, bis 1954 SVB/SETG MBC 1, btf.
Et: ET 3, Bo, MAN/SSW 1908, 126 kW, urspr. Salzburger Eisenbahn- u. Tramway-Gesellschaft SETG (MBC 3), btf.
Et: ET 6, Bo, MAN/SSW 1908, 306 kW, urspr. SETG (MBC 5), btf.
Et: ET 7, Bo, MAN/SSW 1907, 306 kW, 1943 ex DRB (ET 184 01), urspr. Bayr. Staatsbahn für Berchtesgaden-Königsee (MBCL 101), btf.

Am 27.7.2002 bespannte die 169 005 des Bayerischen Lokalbahn-Vereins (BLV) planmäßige Regionalzüge zwischen Murnau und Oberammergau, hier auf der Ammerbrücke in Unterammergau.   *Foto: Stephan Herrmann*

Bockerlbahn Bürmoos (Salzburger Land)

Im Jahr 2000 legte die Gartenhilfe GmbH ihr Torfbahnnetz im Raum Bürmoos – Lamprechtshausen – St. Georgen in der nördlichen Spitze des Landes Salzburg still. Der 2003 gegründete Bockerlbahn Museumsbahn-Verein bemüht sich, Teile des Netzes für museale und touristische Zwecke zu erhalten.
Info: office@bockerlbahn.at und www.bockerlbahn.at
Lokomotiven (600 mm):
Vl: Eva, B-dm, Gmeinder 3455/1941, 24 PS, 1963 ex Lackner, Schnepf & Herz (Graz), abg.
Vl: Emma II, B-dm, Diema 4453/1957, 47 PS, DFL 30/1.7, ex Gartenhilfe GmbH bzw. SAKOG Trimmelkam, abg.
Vl: Cabrio, B-dm, Diema 2083/1957, 20/24 PS, DS 20, 1975 ex Ziegelei Schmidt (Marktoberdorf), btf.

Torfbahnhof Rottau mit Moor- und Torfmuseum des VITG, Rottau

Im Hochmoor Kendlmühlfilzen bestand einst ein großes Feldbahnnetz mit 880 mm Spurweite. Nach der Erklärung zum Industriedenkmal wurde die verbliebene Anlage in ein Moor- und Torfmuseum umgewandelt, das vom 1989 gegründeten Verein für Industrie- und Technikgeschichte im südlichen Chiemgau e.V. (VITG) betrieben wird. 2 km Feldbahnstrecke und einige Wagen sind noch vorhanden. Parallel zur Hauptbahn München – Salzburg entsteht jetzt auch eine 300 m lange 600-mm-spurige Strecke.
Geöffnet: Geführte Besichtigungen mit Feldbahnfahrt samstags Mai – Oktober (14.00 und 15.30 Uhr)

Info: VITG / Claus-Dieter Hotz, Samerweg 8, 83224 Grassau, Tel./Fax 08641 2126, mail@torfbahnhof-rottau.de
Internet: www.torfbahnhof-rottau.de
Lokomotiven:
Vl: Molly, B-dm, Diema 1945/1956, 14 PS, 880 mm, 1992 ex Torfwerk Raubling (Nicklheim), btf.
Vl: Fanny, B-dm, Gmeinder 4761/1954, 22 PS, Typ 10/12 PS, 600 mm, Privateigentum, ex Ziegelwerk Bauer (Kumhausen bei Landshut), btf.
Vl: B-dm, Strüver, 5 PS, Schienenkuli, 600 mm, Dauerleihgabe Wasserwirtschaftsamt Rosenheim, btf.
Al: Ka 4986, Bo, Windhoff/SSW 405/3377/1938, 1.435 mm, 1984 ex Heizkraftwerk der Stadtwerke Rosenheim, bis 1969 DB (381 013 / Ks 4986), abg.

Auf der Torfbahn Rottau mit ihrer seltenen Spurweite von 830 mm kommt je nach Bedarf die Diema-Lok „Molly" zum Einsatz.   Foto (24.7.1999): Bernd Schwarz

Chiemseebahn Prien – Stock

Seit ihrer Eröffnung im Jahr 1887 hat sich bei der 1,8 km langen Chiemseebahn nicht viel geändert. Die denkmalgeschützte Bahn, weltweit die letzte regulär verkehrende Dampfstraßenbahn, stellt zusammen mit den teils nostalgischen Chiemseeschiffen eine Touristenattraktion dar.
Info: Chiemsee-Schifffahrt Ludwig Feßler KG, Seestr. 108, 83209 Prien, Tel. 08051 6090, Fax 62943, info@chiemsee-schifffahrt.de
Internet: www.chiemsee-schifffahrt.de/main/chiemseebahn.htm
Lokomotiven (1.000 mm):
Dl: Bn2t, Krauss-Maffei 1813/1887, Neulieferung, btf.
Vl: B-dm, Deutz 57499/1962, 130 PS, 1984 ex Halberger Hütte, äußerlich einer Dampflok nachempfunden, btf.

Museumseisenbahn-Gemeinschaft Wachtl (MEGW), Kiefersfelden

Die 1990 gegründete MEGW erhielt von der Leitung des Kiefersfeldener Zementwerks die Zustimmung, auf der 5 km langen grenzüberschreitenden Werksbahn am Kieferer Grenzbach Museumszüge einzusetzen. Von der Wendelsteinbahn übernahm sie drei Personenwagen von 1912 und baute einen davon in den Barwagen „KGB-Bar"

(KGB = Kieferer-Grenz-Bahn) um. Der von einer E-Lok gezogene Wachtl-Express ist heute eine beliebte Einrichtung im Fremdenverkehr. Mit Hilfe des Landesverkehrsministeriums, der Regierung Oberbayerns, der DB AG und der Gemeinde Kiefersfelden wurde die Museumsbahn 1994 auf gesetzlich fundierte Füße gestellt. Obwohl das Zementwerk inzwischen geschlossen worden ist, fährt der Wachtl-Express weiter.
Fahrbetrieb: 26./27.6., 10./11.7., 24./25.7., 21./22.8., 4./5.9., 18./19.9. und 2./3.10.2004 (Kiefersfelden ab 14.30 und 16.30 Uhr; Wachtl/Tirol ab 15.20 und 17.20 Uhr; zusätzlich Kiefersfelden ab 12.20 [So] und 18.20 Uhr [Sa] bei Bedarf)
Info: Museumseisenbahn-Gemeinschaft Wachtl e.V., Pendlingstr. 6, 83088 Kiefersfelden, Tel. 08033 304813, webmaster@kiefersfelden.de
Internet: www.kiefersfelden.de/freizeit/wachtl.htm
Lokomotiven (900 mm):
El: 4, Bo'Bo', BBC 5082/1927, 250 kW, 1970 ex RBW 1081, bis 1960 Roddergrube (Brühl), btf.
El: 5, Bo'Bo', BBC 5084/1928, 250 kW, 1970 ex RBW 1082, bis 1960 Roddergrube (Brühl), btf.
Vl: 6, C-dh, Gmeinder 4247/1947, Zusammenbau aus Ersatzteilen, btf.

Privatfeldbahn Köpferl, Schaftlach

Als 1982 in seiner Nachbarschaft ein Sägewerk schloß, konnte Hartmut Köpferl Gleismaterialien und einige Holzloren retten. Rasch wuchs die Sammlung an. 1986 begann der Gleisbau, der bis heute nicht beendet ist, obwohl schon 1 km Gleis, 24 Weichen und eine Schiebebühne eingebaut sind. Die Bahn ist kein Rundkurs, sondern hat zwei Wendeschleifen und umfangreiche Nebengleise. Sie dient der Installationsfirma Köpferl vorwiegend beim Materialtransport zwischen Garage (Lokhalle) und dem im 1. Stock gelegenen Lager (Wagenhalle). Besucher sind willkommen und können in Wagen mit Sitzbänken mitfahren. Zu den 80 Loren entstanden einige Wagen im Eigenbau, wie ein Drehgestell-Tiefladewagen, einige Drehschemelwagen und ein elektrischer Gleisbaukran mit Schutzwagen.
Info: Hartmut und Michael Köpferl, Wendelsteinstr. 17, 83666 Schaftlach, Tel. 08021 7855
Lokomotiven (600 mm):
Vl: 1, B-dm, Jung 7068/1937, 22/24 PS, ZL 105, 1984 ex Ziegelwerk Tiefenthaler (Thannsau bei Rosenheim), btf.
Vl: 2, B-dm, Jung 8023/1938, 11/12 PS, EL 105, 1984 ex Ziegelwerk Hartl (Oberföhring), btf.
Vl: 3, B-dm, Gmeinder, 22/24 PS, 1990 ex Kieswerk Aßbichler (Rosenheim Schloßberg), zuvor Kieswerk bei Nördlingen, abg.
Vl: 4, B-dm, Kröhnke 296/1956, 6 PS, Lorenknecht LK 2, 1997 ex Flußbaumeisterstelle Lenggries, btf.
Vl: 5, B-dm, Jung 8757/1939, 11/12 PS, EL 110, 1999 ex Reifenhaus Schaal (Otterfing bei Holzkirchen), zuvor Kohlenhof der Stadtwerke München, i.A.

BSW-Gruppen in Garmisch-Partenkirchen

Drei BSW-Gruppen eröffneten 1998 im ehemaligen Bw Garmisch ein Ellok-Museum. Heute sind hier die 1984 im Bw München West (ex Hbf) gegründete „BSW-Freizeitgruppe zur Erhaltung der E 18" (mit E 18 08, E 91 99 und 120 003), die 1986 im Bw München Ost gegründete und bis 1993 dort ansässige „BSW-Freizeitgruppe zur Erhaltung der E 63 und historischer Schienenfahrzeuge" (mit E 63 05, E 63 08 und ASF 125), die seit 1985 bestehende „BSW-Freizeitgruppe zur Erhaltung der E 69" (mit E 69 02) sowie die in Neuried ansässige „BSW-Gruppe ET 491 – Gläserner Zug". Der Museumsbetrieb ruht jedoch bis auf weiteres, denn das Nürnberger DB-Museum will die Anlage als Außenstelle einrichten.
Info: BSW-Freizeitgruppe 169, Lagerhausstr. 12d, 82467 Garmisch-Partenkirchen, bwgarmisch@lycos.de oder info-BSW-Gruppe@glaesernerzug.de
Internet: www.bwgarmisch.de
Triebfahrzeuge (1.435 mm):
El: E 16 09, 1'Do1', Krauss-Maffei 8174/1927, 2.340 kW, Privateigentum, 1979 ex DB (161 009 / E 16 09), urspr. bayr. ES1 21009, abg.

El: E 18 08, 1'Do1', AEG 4901/1936, 3.040 kW, Eigentum DB-Museum, bis 2001 BSW-Gruppe „E 18 08" (München), ex DB (118 008 / E 18 08), abg.
El: E 63 05, Co, Krauss-Maffei/BBC 15496/5133/1936, 710 kW, bis 1978 DB (163 005 / E 63 05)
El: E 63 08, Co, AEG 5056/1940, 725 kW, bis 1977 DB (163 008 / E 63 08)
El: E 69 02, Bo, Krauss-Maffei/SSW E3/1909, 352 kW, bis 1982 DB (169 002 / E 69 02), bis 1938 Murnau – Oberammergau (LAG 2), abg.
El: E 91 99, C'C', AEG 2696/1929, 2.200 kW, bis 1975 DB (191 009 / E 91 99), abg.
El: 103 132, Co'Co', Krupp/AEG 5089/8704/1971, 2004 ex DB (103 132), abg.
El: 120 003, Bo'Bo', Krupp/BBC 5447/1979, 5.600 kW, ex DB (752 003 / 120 003), abg.
Et: 491 001 „Gläserner Zug", Bo'2', Fuchs/AEG 1935, 390 kW, betreut von BSW-Gruppe ET 491, Eigentum DB-Museum, 1997 ex DB (491 001 / ET 91 01), urspr. DRG (elT 1998), i.A.
Al: 125 „Akku-Bokki", Bo, AEG 1910, ex DB (Werkstatt München 4), btf.

Bergbaumuseum Peißenberg

Das oberhalb vom Bahnhof Peißenberg gelegene Bergbaumuseum erinnert an den bis 1971 durch die Bayerische Berg-, Hütten- & Salzwerke AG (BHS) betriebenen Pechkohlenbergbau im Pfaffenwinkel um Peißenberg, Hohenpeißenberg und Peiting. Vor dem Besucherstollen sind zwei Deutz-Grubenloks und in einem Park eine Dampflok aufgestellt worden.
Geöffnet: Am 1. und 3. Sonntag des Monats (14-16 Uhr) sowie vom 15.5. bis 15.9.2004 dienstags (9-11 Uhr) und mittwochs/donnerstags (14-16 Uhr)
Info: Bergbaumuseum, Am Tiefstollen 2, 82380 Peißenberg, Tel. 08803 5102
Internet: www.peissenberg.de/kultur/bergbaumuseum
Lokdenkmäler (600 mm):
Dl: Cn2t, Krauss-Maffei 17578/1949, 1984 ex Spielplatz München, bis 1971 Kohlenbergwerk Peißenberg (Peiting), aufgestellt im Park
Vl: 26, B-dm, Deutz 46335/1942, MLH 332G, 1984 ex Spielplatz München, urspr. BHS Peißenberg (Peiting), aufgestellt vor Besucherstollen
Vl: 80, B-dm, Deutz 55973/1956, MAH 914G, bis 1993 Denkmal vor Verwaltung, bis 1971 BHS Peißenberg (Peiting), vor Besucherstollen

IG Private Feld- und Waldbahn, Geretsried

Ab Anfang der 80er Jahre sammelte Egbert Wieland Feldbahnmaterial. Anfangs stand ihm für den Betrieb eine größere Gleisanlage zur Verfügung, heute liegen auf seinem Grundstück in Geretsried lediglich einige Schienen für Probefahrten, aber nicht für einen Vorführbetrieb. Neben dem u.g. Lokbestand sind etwa 25 verschiedene Loren vorhanden.
Info: Egbert Wieland, Fasanenweg 11, 82538 Geretsried, Tel. 08171 60206
Lokomotiven (600 mm):
Vl: 1, B-dm, Diema 2061/1957, 7,5 PS, DL 6, 1985 ex Torfwerk Daisenberger (Weihermühle), urspr. Madruck GmbH (Seeshaupt), btf.
Vl: 2, B-dm, Jung 9648/1941, 12 PS, EL 110, 1986 ex Ziegelwerk J. Haid (München-Unterföhring), neu über F. Kirchhoff (München) an Baufirma M. Schwarzenbeck (Gars/Inn), btf.
Vl: 3, B-dm, Jung 11885/1955, 11 PS, EL 110, 1986 ex Ziegelwerk J. Haid (München-Unterföhring), btf.
Vl: 4, B-dm, Gmeinder 2393/1938, 20 PS, Typ 20/24, 1988 ex Grube Leoni der Maxhütte Auerbach, zuvor Kalkwerk Vilshofen der Eisenwerksgesellschaft Maxhütte, neu über F. Kirchhoff (München) an J. Riepl (München), btf.
Vl: 5, B-dm, Diema 2712/1964, 28 PS, DS 28, 1987 ex Ziegelwerk Reischel (Dachau), neu an Vertretungen H.M. Lazarus (München), btf.
Vl: 6, B-dm, Diema 1818/1955, 28 PS, DS 28, 1987 ex Ziegelwerk O. Reischl (Dachau), bis 1968 Basaltwerk H. Sievers (Dransfeld), btf.
Vl: 7, B-dm, Eigenbau EW10/1987, 10 PS, ähnlich Diema DL 6, btf.
Vl: 8, B-dm, Diema 1793/1955, 25 PS, DS 20, 1987 ex Ziegelwerk O. Reischl (Dachau), neu geliefert über C.H. Keller (München), btf.

Vl: 9, B-dm, Eigenbau EW7/1988, 7 PS, ähnlich Diema DL 6, btf.
Vl: 12, B-dm, Diema 808/1936, 20 PS, DS 16, 1988 ex Torfwerk G. Eilers (Portsloge), neu geliefert über Glaser & Pflaum (Hamburg) an Louis de Cousser Nachf. bzw. Klinkerwerk Bramloge i.O., btf.
Vl: 14, B-dm, Jung, 12 PS, EL 110, 1997 ex Feldbahn Fränking, neu geliefert über Händler Eilers (Hamburg)
Vl: 18, B-dm, Strüver 60561/1963, 6 PS, Schienenkuli, 1992 ex Baufirma Gärtner (München), btf.
Vl: 22, B-dm, Strüver 60566/1963, 6 PS, Schienenkuli, 1992 ex privat (heutige MEB WTS Lübeck), zuvor Torfwerk C. Hornung vorm. Gewerkschaft Hausbach III (Quickborn), urspr. Gefängnis Glasmoor, btf.
Al: 23, Bo, BBA Aue 444/1984, 2 x 2,1 kW, B 360, 1993 ex SDAG Wismut (Aue), btf.
Al: 24, Bo, BBA Aue 301/1982, 2 x 2,1 kW, B 360, 1993 ex SDAG Wismut (Aue), abg.
Vl: 26, B-dm, Diema 2193/1958, 9 PS, DL 6, 1993 ex privat (heutige MEB WTS Lübeck), zuvor Torfwerk Meiners (Borstel), zuvor W. Krahnstöver (Bekum-Hohenhameln), btf.
Vl: 27, B-dm, Diema 2381/1960, 20 PS, DS 20, 1994 ex Holzwerk Benker (Haspelmoor), zuvor Tonwerk Emmering
Vl: 28, B-dm, Jung, 12 PS, EL 110, 1994 ex Holzwerk Benker (Haspelmoor), zuvor Ziegelwerk Neumaier (Puch)
Vl: 29, B-dm, Diema 2088/1957, 15 PS, DS 14, 1995 ex WBB Hattingen, bis 1994 Muttenthalbahn (Witten), bis 1993 Gartenbahn E. Strunk (Braunsfeld-Bonbaden), zuvor Ziegelwerk Pasel-Lohmann (Borchen-Alfen), bis 1983 Werk Hillegossen der Feldmühle AG Düsseldorf (1), btf.
Vl: 30, B-dm, Diema 2241/1959, 16 PS, DL 8, 1995 ex Britzer Museumsbahn Berlin (12), bis 1986 Diema (Diepholz), bis 1984 Heilmoor Gewinnungsanlage (Gersfeld), zuvor Klinkerwerk B. Weiers (Mönchengladbach), btf.
Vl: 33, B-dm, Diema 2507/1962, 7,5 PS, DL 6, ex privat (heutige MEB WTS Lübeck), zuvor Torfwerk Meiners (Westerhorn), urspr. H. Rewald (Vollmarshausen), btf.
Vl: B-dm, Diema 1033/1939, 18 PS, DS 16, ex Torfbetriebe K. Fischer (Tensfeld), bis 1960 Baufirma P. Faust (Kiel), btf.
Vl: B-dm, Diema 1366/1950, 22 PS, DS 22, 1988 ex Ziegelwerk Schwarz (Kastl-Burgkirchen), zuvor Ziegelwerk J.J. Wegener (Lübeck), btf.
Vl: B-dm, Deutz 56656/1961, 20 PS, GK 20B, 1991 ex Bergbau in der Oberpfalz (8), bis 1971 BHS Peißenberg (8), btf.

Deutsches Museum, München (Museumsinsel)
Verkehrszentrum des Deutschen Museums, Theresienhöhe

Die Lokfabrik Krauss war maßgeblich am seit 1903 bestehenden Deutschen Museum beteiligt, das dem Schienenverkehr breiten Raum widmet, täglich (9-17 Uhr) geöffnet ist und interessante Exponate aus allen Epochen des deutschen Eisenbahnwesens enthält. Anschaulich stellt es die Entwicklung von Dampf- und Elektrotraktionen sowie Bergbahnen mit ihren Zahnradsystemen und -fahrzeugen dar. Bis 2005 werden die Landverkehrssammlungen auf die Theresienhöhe verlagert, wo im Mai 2003 die erste Halle („Mobilität und Technik") eröffnet wurde. Die Ausstellung Schienenverkehr auf der Museumsinsel ist noch bis Ende 2004 zugänglich. Einige der Exponate kommen dann ins Verkehrszentrum (DMVC). Ab Sommer 2005 wird ein Teil der Schienenfahrzeuge im „Historischen Lokschuppen" Freilassing untergebracht sein, wo in Zusammenarbeit mit der Stadt ein begehbares Depot entsteht und neben regelmäßigen Öffnungszeiten auch Sonderfahrten geplant sind.
Info: Deutsches Museum, Museumsinsel 1, 80538 München, Tel. 089 2179-254, Fax -324, s.hladky@deutsches-museum.de
Internet: www.deutsches-museum.de
Lokomotiven:
Dl: „Puffing Billy", Bn2, Nachbau 1906 der Grubenlok (Headley 1814) von Wylam upon Tyne (England), btf. (im DMVC)
Dl: „Landwührden", Bn2, Krauss 1/1867, Personenzuglok ex Großherzoglich Oldenburgische Eisenbahn (auf Museumsinsel)

Dl: 1.000, 1'Bn2, Maffei 1.000/1864, aufgeschnittene Schnellzuglok, bis 1905 Bayr. B IX Nr. 634 (auf Museumsinsel)
Dl: 3834, 2'C1'h4v, Maffei 3315/1912, 1959 ex DB (18 451), urspr. Bayr. S 3/6 Nr. 3634 (auf Museumsinsel)
Dl: 97-019, Cn2t, Floridsdorf 1803/1908, Abt'sche Zahnradlok, 1975 ex JZ (97-019), urspr. Bosnisch-Herzegowinische Landesbahn IIIc 719 (auf Museumsinsel)
Dl: Bn2t, Krauss 4986/1904, 600 mm, Feldbahnlok, 1983 ex Baufirma Moll in München (auf Museumsinsel)
Dl: B-fl, Krauss 6601/1912, 1.435 mm, 2003 ex Denkmal am Ausbildungszentrum der Stadtwerke München, zuvor Denkmal am Krankenhaus München-Schwabing, urspr. Städtisches E-Werk München, unzugänglich abg.
Dt: 10, 1'A, SLM Winterthur 1309/1900, Locher'scher Zahnradtriebwagen, Eigentum Verkehrshaus Luzern, urspr. Pilatusbahn (auf Museumsinsel)
Vl: V 140 001, 1'C1'dh, Krauss-Maffei 15528/1935, eine der ersten Großdiesselloks der Welt, 1970 ex DB (V 140 001), urspr. DRG V 16 101 (auf Museumsinsel)
Vl: B-dm, Jung 6402/1934, 600 mm, 1982 ex Bauverwaltung München, neu geliefert über F. Kirchhoff in München (auf Museumsinsel)
Vl: Köf 4240, B-dh, Krauss-Maffei 15376/1933, 1987 ex DB (323 502 / Köf 4240)
Vl: B-bm, Deutz 320/1906, Typ C V, Grubenlok für Benzol-, Benzin- oder Spiritusbetrieb, 1906 ex Sächs. Landesausstellung Zwickau (derzeit im Haus99-AHS)
Vl: B-dh, Deutz 565??/1957, GG 90B, 600 mm, Grubenlok (auf Museumsinsel, Bergbau)
Pl: B-pr, Bj. 1907, Druckluft-Grubenlok (im Haus99-AHS)
El: „Siemens", B-el, S&H 1879, 480 mm, 1905 ex Siemens (erste E-Lok), urspr. gebaut für Senftenberger Braunkohlenrevier, vorgestellt jedoch auf der Berliner Gewerbeausstellung (im DMVC)
El: B-el, Siemens 1882/83, 628 mm, elektrische Grubenlok, ex Cons. Paulus-Hohenzollern-Steinkohlenwerke in Beuthen/Oberschlesien (auf Museumsinsel)
El: Bo, SSW, Fahrdraht-Grubenlok (auf Museumsinsel, Bergbau)
El: BTB 1, De 2/2, SLM Winterthur 1198/1899, erste elektrische Güterzuglok der Welt, 1933 ex Burgdorf-Thun-Bahn/Schweiz (auf Museumsinsel)
El: LAG 1, Bo, Katharinenhütte Rohrbach/SSW 29/1905, 1984 ex Denkmal Aw Freimann, zuvor DB (169 001 / E 69 01), urspr. Murnau – Oberammergau (auf Museumsinsel)
El: E 16 07, 1'Do1', Krauss-Maffei/BBC 8172/5045/1927, 1974 ex DB 116 007 (auf Museumsinsel)
El: E 21, Bo, Krauss/SSW 8104/1910, ferngesteuerte Kleinlok, 450 mm, 1967 ex Posttunnel Arnulfstraße des Bahnpostamts München (derzeit auf Museumsinsel)
El: Ge 6/6 „Krokodil" 411, Bj. 1925, ex Rhätische Bahn (derzeit in BSG-Halle Schleißheim)
El: 1, Bo/zz, Esslingen/BBC 3627/1912, 2 x 74 kW, 1990 ex Wendelsteinbahn Lok 1 (im Haus 99-AHS)
Et: MBB 1971, erstes Magnetschwebefahrzeug für Personenbeförderung
Et: Transrapid TR 06, Bj. 1982, Magnetschwebebahn (derzeit in Bonn)
Al: Bo, Bartz 1652/1955, Grubenlok, 600 mm, aufgestellt im Schaubergwerk der Abt. Bergbau (auf Museumsinsel)
Nf: KST 95, Plasser & Theurer 1964, Gleisstopfmaschine, ex DB 97 49 99 501 10-5 (auf Museumsinsel)
Pf: „Hannibal", Nachbau 1920 eines Wagens der Pferdebahn Linz – Budweis von 1841 (auf Museumsinsel)

Straßenbahn München

Die Ursprünge des 1984 gegründeten **Straßenbahnfreunde München e.V.** liegen im Kampf einiger Bürger gegen die Abschaffung der Tram, die vom Verein jetzt als Verkehrsmittel aufgewertet werden soll. Zudem sammelt er Dokumente, betreut ein Archiv, organisiert Sonderfahrten und Studienreisen und wirkt bei der Planung zum Reaktivieren oder Neubauen von Straßenbahnlinien mit.

Info: Straßenbahnfreunde München e.V., Postfach 152123, 80052 München, Tel. 089 634967-83, Fax -85, vorstand@strassenbahnfreunde.de
Internet: www.strassenbahnfeunde.de
Triebwagen (1.435 mm): 2401, A1A, Rathgeber 1956, 2 x 76 kW, Lenkdreiachser, btf. (mit Bw 3404)

Seit 1976 steht der ungefähr in den Zustand von 1925 zurückversetzte Münchener A-Wagen 256 für Sonderfahrten bereit (nahe Ostbahnhof, 1.7.1995).

Foto: Helmut Roggenkamp

Der Verein **Freunde des Münchner Trambahnmuseums e.V.** (FMTM) wurde 1989 von Mitarbeitern der Verkehrsbetriebe und von Münchener Bürgern gegründet und will die Münchener Verkehrsgeschichte in Form eines Archivs und eines Trambahnmuseums dokumentieren. Neben der Öffentlichkeitsarbeit restauriert und betreut er im historischen Betriebshof 3 an der Westendstraße die Museumswagen und bietet regelmäßig Führungen mit Fahrbetrieb an. Im April 2003 entschied sich der Stadtrat für die Straßenbahnhauptwerkstätte an der Ständlerstraße als Standort des künftigen Trammuseums. Das historische Depot an der Westendstraße bleibt deshalb bis zum Umzug, der für Frühjahr 2006 vorgesehen ist, geschlossen.

Info: FMTM, Postfach 210225, 80672 München, Tel./Fax 089 6256716, fmtm@tram.org
Internet: www.mvg-museum.de oder www.tram.org
Triebwagen (1.435 mm):
Pf: 273, SWM/MAN 1891/1951, 1951 ex Nürnberg (A 162), Museums-Pferdebahnwagen seit 1951
Et: 256, (1A)'(A1)', Rathgeber 1901, 2 x 33 kW, Typ A 2.2, seit 1960 Htw, bis 1976 restauriert, urspr. Münchner Trambahn AG, btf.
Et: 490, (1A)'(A1)', Rathgeber 1911, Eigenumbau 1955, 2 x 40 kW, Typ D 6.3, seit 1972 Htw, 1995-99 restauriert, urspr. Städtische Straßenbahnen München, btf. (mit Bw 1456, Rathgeber 1944)
Et: 539, (1A)'(A1)', LH Lauchhammer 1925, 2 x 40 kW, Typ E 2.8, seit 1981 Htw, abg. (mit Bw 1334, MAN 1927)
Et: 624, (1A)'(A1)', Schöndorff 1926, 2 x 40 kW, Typ E 3.8, seit 1981 Htw, abg.
Et: 642, (1A)'(A1)', HaWa 1929-30, 2 x 40 kW, Typ F 2.10, seit 1972 Htw, abg. (mit Bw 1351 [HaWa 1929] und Bw 1401 [Rathgeber 1930])
Et: 670, (1A)'(A1)', Neuaufbau Raw Neuaubing 1943, 2 x 45 kW, Typ G 1.8, seit 1978 Htw, zuvor Atw 2964, bis 1964 im Liniendienst, btf. (mit Bw 1472, Rathgeber 1944)
Et: 721, Bo, Fuchs 1944, 2 x 60 kW, KSW Typ J 1.30 „Heidelberger", seit 1973 Htw, btf. (mit Bw 1509, Uerdingen 1944)
Et: 2412, A1A, Rathgeber 1957, 2 x 75 kW, Typ M 4.65, seit 1993 Htw, 1996/97 restauriert, ex Personalwagen bzw. Tw 888, btf. (mit Bw 3407, Rathgeber 1956)
Et: 2443, A1A, Rathgeber 1958, 2 x 75 kW, Typ M 4.65, seit 1993 Htw, ex Tw 919, btf.
Et: 2616, A1A, Rathgeber 1965, 2 x 100 kW, Typ M 5.65, seit 1993 Htw, ex Tw 1025, btf.
Et: 2668, A1A, Rathgeber 1965, 2 x 100 kW, Typ M 5.65, seit 1995 Htw, ex Tw 1047, i.A. (mit Bw 3545, Rathgeber 1964)

- Weitere Bw: 3390 (Rathgeber/Westwaggon 1953), 3463 (Rathgeber 1958)
- Nf: 2903, Bo, Schörling 1958, 2 x 40 PS, Schienenschleif- und Reinigungswagen Typ SR 3.59, seit 1999 Htw, btf.
- Nf: 2924, A1A, Rathgeber 1959, Umbau 1975-77 aus Tw 2498 (urspr. 974), 2 x 100 kW, Fahrschultriebwagen Typ Sch 2.64, seit 2001 Htw, btf.
- Nf: 2930, Bo, Uerdingen 1949, Umbau 1973-75 aus KSW Tw 748, 2 x 60 kW, Salzstreutriebwagen Typ SA 2.30, seit 1999 Htw
- Nf: 2931, Bo, Uerdingen 1949, Umbau 1973-75 aus KSW Tw 743, 2 x 60 kW, Salzstreutriebwagen Typ SA 2.30, seit 1999 Htw, btf.
- Nf: 2942, Bo'Bo', Eigenbau 1961 auf Basis des Tw 7 der Münchner Posttram (MAN 1926), 2 x 44 kW, Fahrdrahtkontrollwagen Typ FK 1.8, bis 1970 Atw 42, btf.
- Nf: 2946, Bo'Bo', Eigenbau 1966 auf Basis des Tw 9 der Münchner Posttram (MAN 1926), 2 x 44 kW, Turmwagen Typ Tu 1.8, seit 1991 Htw, bis 1970 Atw 46, btf.

IG Deutsche Feld- und Waldbahnen (DFWB), Fürstenfeldbruck

Am Bahnhof Fürstenfeldbruck befindet sich westlich vom Empfangsgebäude der Lokschuppen der IG DFWB, einer 1983 gebildeten Abteilung des örtlichen Modelleisenbahnclubs. Ab 1981 wuchs die Sammlung zu einem stattlichen Feldbahnmuseum heran. Rund um den Lokschuppen wurden Rangier- und Abstellgleise verlegt, um die Fahrzeuge auch einsetzen zu können. Neben den 17 restaurierten Lokomotiven sind drei Draisinen, 62 aufgearbeitete Wagen sowie ein umfangreiches Feldbahnarchiv vorhanden.

Geöffnet: Freitags vom 1.5. bis 3.10.2004 (18-22 Uhr)
Termine: 1.5. (Waldbahnschau, Anfang der Feldbahnsaison), 10.7. (Feldbahnfest) und 2.10.2004 (Bergbauausstellung, Ende der Feldbahnsaison)
Info: Heinz-Dietmar Ebert, Senserbergstr. 66a, 82256 Fürstenfeldbruck, Tel. 08141 27335, info@mec-ffb.de, www.mec-ffb.de

Lokomotiven (600 mm):
- Vl: Lok 1, B-dm, O&K 5392/1937, 9 PS, MD-1, 1981 ex Kieswerk Brand & Huber (Rottach-Egern), btf.
- Vl: Lok 2, B-dm, Henschel D1186/1935, 13 PS, DG 13, 1983 ex Torfwerk Faltermaier (Weilheim/Obb.), zuvor Ziegelwerk J. Haid (München-Unterföhring), btf.
- Vl: Lok 3, B-dm, Gmeinder 4649/1951, 20 PS, 1984 ex Torfwerk Patzer (Waldburg-Reichermoos), btf.
- Vl: Lok 4, B-dm, Jung 13250/1962, 12 PS, EL 105, 1984 ex Torfwerk Patzer (Waldburg-Reichermoos), btf.
- Vl: Lok 5, B-dm, Jung 11039/1950, 12 PS, EL 105, 1985 ex Ziegelei Neumaier (Fürstenfeldbruck-Puch), btf.
- Vl: Lok 6, B-dm, Strüver 1956, 6 PS, Schienenkuli, 1986 ex Ziegelei Hanrieder (Haarland), btf.
- Vl: Lok 7, B-dm, Schöma, 6 PS, KDL 6, 1988 ex Lkw-Union (Dortmund-Deusen), btf.
- Al: Lok 8, Bo, BBA Aue 5350003/1980, 4,2 kW, B 360, 1993 ex SDAG Wismut Aue, btf.
- Nf: Lok 9, B-dm, Eigenbau 1990 auf Basis ex Torfwerk Peiting, 3 PS, Schienenkleinlaster, btf.
- Vl: Lok 10, B-dm, Gmeinder 4463/1948, 12 PS, Typ 10/12, 1991 ex Eisenbahnfreunde Kaufbeuren, btf.
- Vl: Lok 11, B-dm, Skoda CKD, 30 PS, BN 30R, Eigentum Wieland (Geretsried), 1992 ex Werk Papendorf des Baustoffkombinats Rostock, btf.
- Vl: Lok 12, B-dm, LKM 17130/1950, 30 PS, Ns2, 1992 ex Werk Papendorf des Baustoffkombinats Rostock, btf.
- Vl: Lok 13, B-dm, Deutz, 20 PS, A2M 514G, 1990 ex Torfwerk Peiting, zuvor Bergwerk Peißenberg, btf.
- Vl: Lok 14, B-dm, Deutz 46806/1947, 32 PS, KML 7, 1990 ex BHS Alpentorfwerk Peiting (4), zuvor Kalkgrube Marienstein, btf.
- Vl: Lok 15, B-dm, Diema 2747/1964, 22 PS, Eigentum Wieland (Geretsried), 1993 ex Tonwerk Lange (Schmidham-Höhenmühle bei Passau), zuvor Ziegelwerk Huber (Altenbuch bei Burghausen), neu geliefert über M. Schotter (München), btf.
- Vl: Lok 16, B-dm, Schöma 2298/1960, 20 PS, CDL 20, 1986 ex Tonwerk F. Strauch & Co. (Heppenheim), zuvor Ziegelwerk Zunke (Nandelstadt), btf.
- Vl: Lok 17, B-dm, Ruhrthaler ca. 1950-55, G22Z, 2000 ex Landau, btf.

Schon vor etwa 80 Jahren wurde in Augsburg der Tw 14 als Museumswagen hinterstellt. Im Juli 1981, beim 100. Geburtstag der Augsburger Straßenbahn, stand er neben dem 1913 gebauten Vierachser 101. *Foto: Sammlung Werner Stock*

Straßenbahn Augsburg

Der 1989 gegründete Freunde der Augsburger Straßenbahn e.V. pflegt historische Straßenbahnwagen, um sie in einem Nahverkehrsmuseum zu präsentieren oder sie in der Altstadt einzusetzen.

Termine: 22./23.5. (Depotfest Wagenhalle Lechhausen, Blücherstr. 35), 28.6. (Rundfahrt mit Tw 506), 12.9. (Tag des Denkmals, KSW-Einsatz) und 25.10.2004 (Weinfest in der Wagenhalle)
Info: Herbert Waßner, Zimmerer Str. 22, 86153 Augsburg, Tel./Fax 0821 5677121, info@f-d-a-s.de
Internet: www.f-d-a-s.de
Triebwagen (1.000 mm):
Et: 14, Bo, MAN/SSW 1898, 2 x 25 kW, seit ca. 1925 Htw, abg.
Nf: Atw 14, Bo, MAN/SSW 1898, Umbau 1918, 2 x 25 kW, Schneepflug, abg.
Et: 15, Bo, MAN/SSW 1898, Umbau 1918, 2 x 25 kW, Schneepflug, abg.
Nf: 22, Bo, Schörling 1950, Schleifwagen, Vereinseigentum, abg.
Et: 101, Bo'Bo', MAN/SSW 1913, 2 x 33 kW, seit 1978 Htw, zuvor Atw 101 bzw. Tw 101, abg.
Et: 165, Bo'Bo', MAN/SSW 1926, 2 x 25 kW, seit 1969 Htw, zuvor Atw 165 bzw. Tw 165, abg.
Et: 179, Bo'Bo', MAN/SSW 1938, Neuaufbau 1950, 2 x 55 kW, „Schwendwagen", seit 1997 Htw, zuvor Atw 179 bzw. Tw 179), i.A. (mit Bw 224, MAN 1938, abg.)
Et: 403, Bo'Bo', Talbot/Kiepe 1951, Verbandstyp, seit 1958 Gelenkwagen, 2 x 60 kW, seit 1977 Htw, bis 1973 Aachen (Tw 7104), abg.
Et: 501, Bo, Fuchs/SSW 1948, 2 x 55 kW, KSW, seit 1980 Htw, btf.
Et: 503, Bo, Fuchs/SSW 1948, 2 x 55 kW, KSW, seit 1995 Htw, ab 1972 „Kindertram", abg.
Et: 505, Bo, Fuchs/SSW 1948, 2 x 55 kW, KSW, Vereinsbesitz, 1990 ex privat, bis 1974 Augsburg (505), abg.
Et: 506, Bo, Fuchs/SSW 1948, 2 x 55 kW, KSW, seit 1985 Htw, zuvor Atw 506 bzw. Tw 506, btf.
Et: 507, Bo, Fuchs/SSW 1948, 2 x 55 kW, KSW, „Aktionstram" (ex Atw / Tw 507), btf.
Et: 520, A1A, MAN/SSW 1956, 2 x 60 kW, Großraumwagen GT5, Vereinseigentum, urspr. Lenkdreiachser, 1969 Umbau in Gelenkwagen, durch Verein in Dreiachser zurückgebaut, bis 1995 Stadtwerke Augsburg (Tw 520), abg.
Et: 535, MAN/SSW 1968, 2 x 60 kW, Gelenkwagen GT5, seit 2001 Htw, bis 1969 Lenkdreiachser, abg.

Bayerisch-Schwäbische Museumsbahn (BSM), Augsburg

Der 1986 in Augsburg gegründete Verein BSM e.V. unterhält für Sonderfahrten einige vierachsige Reisezugwagen und einen Speise-/Gesellschaftswagen. Zudem betreut er die Fahrzeuge der Bahnbetriebsgesellschaft Stauden (u. a. eine Schienenbusgarnitur 5081.5 ex ÖBB).
Info: Bayerisch-Schwäbische Museumsbahn e.V., Oberer Schleisweg 11, 86156 Augsburg, Tel. 0821 4423-56, Fax -61, BSMuseumsbahn@aol.com
Lokomotiven (1.435 mm):
VI: V 20 050, B-dh, Deutz 36656/1942, 200 PS, WR200 B14, 1985 ex MAN Augsburg (2), bis 1949 DRB (Schadlok), urspr. Wehrmacht (Heer), abg.
VI: V 6, C-dh, Krauss-Maffei 18155/1957, 440 PS, ML400C, 2000 ex Verein zur Erhaltung der Eisenbahn im Hoyaer Land (Nienburg/Weser), bis 2000 VTG-Tanklager Duisburg-Ruhrort (119), bis 1993 Hafenbahn Mülheim/Ruhr (6), btf.
VI: 323 829, B-dh, Jung 13197/1960, 128 PS, Köf II, 2003 ex Bischof & Klein (Konzell-Streifenau), bis 1985 DB (323 829 / Köf 6759), btf.

Bahnpark Augsburg

Der 2001 gegründete Eisenbahn + Technik Augsburg e.V. (E&TA) will das nördliche Rundhaus und die Montagehalle des Bw Augsburg denkmalgerecht erhalten. Bereits am 24.10.2003 konnte er den „Bahnpark" mit „begehbarem Depot" (Post- und Bahnmuseum) und „gläserner Dampflokwerkstatt" eröffnen. Nicht nur als Eisenbahnmuseum, sondern auch für Kultur-, Gastronomie- und Freizeitangebote soll das Objekt genutzt werden. Neben der 44 606 sind hier auch die 41 018 und 41 364 der Dampflokgesellschaft München untergebracht.
Sonderfahrten: 15.5. (Augsburg – München-Pasing – Garmisch-Partenkirchen), 30.5. (Nürnberg – Neuenmarkt-Wirsberg), 20.6. (Buchloe – Lindau), 10.7. (Augsburg – München-Pasing – Lindau) und 24.7.2004 (Augsburg – Prien)
Info: Förderverein Bahnpark Augsburg e.V., Markus Hehl, Gartenweg 6, 86807 Buchloe, Tel. 08241 90709, m.hehl@web.de
Internet: www.bahnpark-augsburg.de
Lokomotiven (1.435 mm):
Dl: 41 018, 1'D1'h2, Henschel 24320/1939, 1976 ex DB (042 018 / 41 018), btf.
Dl: 41 364, 1'D1'h2, Jung 9322/1940, 1983 ex privat, bis 1977 DB (042 364 / 41 364), abg.
Dl: 44 606, 1'Eh3, Krupp 2254/1941, 2003 ex Stadt Wilhelmshaven (ab 1981 Denkmal am Bonte-Kai), bis 1977 DB (44 606), abg.
Vl: Köf 6311, B-dh, Gmeinder 5011/1958, Köf II, ex DB (323 626 / Köf 6311)

Staudenbahn Gessertshausen – Markt Wald

Die Staudenbahn Gessertshausen – Türkheim stand nur bis 1982 durchgehend in Betrieb, dann wurde der Abschnitt Ettringen – Markt Wald stillgelegt. Zwischen Ettringen und Türkheim verkehren seit 1987 nur noch Güterzüge, 1991 endete der Personenverkehr Gessertshausen – Markt Wald und 1996 der Güterverkehr Fischach – Markt Wald. Das Aktionsbündnis „Staudenbahn hat Zukunft" will die Strecke zur modernen Regionalbahn ausgestalten und auch den Güterverkehr wiederbeleben. Im Jahr 2000 gründete der Staudenbahn e.V. die Bahnbetriebsgesellschaft Stauden mbH und einen Trägerverein, der den Abschnitt Gessertshausen – Markt Wald erwarb. Seit Juli 2001 wird der Abschnitt Fischach – Langenneufnach wieder befahren und am 1.5.2003 erreichte wieder ein Personenzug den Bahnhof Markt Wald.
Termine: 1./2.5., 16.5., 20.5., 30.5., 6.6., 10.6., 19./20.6., 26./27.6., 4.7., 18.7., 25.7., 1.8., 15.8., 22.8., 5.9., 19.9., 2./3.10. und 10.10.2004 (jeweils Augsburg Hbf 8.58 – Markt Wald 10.25/45 – Augsburg Hbf 12.05/58 – Markt Wald 14.25/45 – Augsburg Hbf 16.05/58 – Markt Wald 18.23/45 – Augsburg Hbf 20.05 Uhr)
Info: BBG Stauden mbH, An der Sägemühle 5, 86850 Fischach, Tel. 08236 9621-49, Fax -50, teichbahn@staudenbahn.de
Internet: www.staudenbahn.de

Triebwagen (1.435 mm):
Vt: BBG 05, B'2'dh, Esslingen 23350/1951, 300 PS, 2001 ex Regentalbahn (VT 03), bis 1977 Frankfurt – Königstein (VT 90), bis 1966 Tegernseebahn (VT 26), bis 1963 Altona – Kaltenkirchen – Neumünster (VT 7), btf. (mit VM 11, Esslingen 1952, ex Regentalbahn bzw. HzL)
Vt: 5081 561, AA-dm, SGP Wien 78200/1965, 2 x 150 PS, 19.. ex Bahnmuseum Augsburg, bis 1992 ÖBB (5081 561 / 5081.61), btf. (mit VB 7081 017 [Jenbach 1966] und VS 6581 054 [SGP Wien 1965])

IG Feld- und Gartenbahn („Bocksbergbahn"), Laugna-Hinterbuch

Schmid & Sohn arbeiteten ab 1989 ihre Loks im Feldbahn-Bw Augsburg-Oberhausen auf und bauten einen Dolberg-Personenwagen nach. 1997 siedelten sie die Sammlung nach Laugna (Kreis Dillingen/Donau) aus, wo sie nun bei einem alten Bauernhof eine Feldbahn aufbauen. Bislang wurden 220 m Gleise verlegt, vier Loren restauriert, zwei Lorengestelle in Sitzwagen umgebaut sowie ein Lokschuppen und ein „Bahnhof" errichtet.
Info: Hans-Peter und Bernd Schmid, Alte Landstr. 2, 86502 Laugna, Tel. 08272 6401-26, Fax -27
Lokomotiven (600 mm):
Vl: 1, B-dm, Jung 5755/1936, 12 PS, 1991 ex Baufirma Hopf (Augsburg), btf.
Vl: 2, B-dm, Hatlapa 3978/1950, 6 PS, 1990 ex Thosti AG (Augsburg), btf.
Vl: 3, B-dm, O&K (Fahrwerk), Eigenbau (Aufbau), 14 PS, 1989 ex Thosti (Augsburg), btf.

Schwaben-Dampf Neuoffingen (SDN), Offingen

Der 1995 gegründete Schwaben Dampf e.V. bemüht sich u. a. um die museale Erhaltung des Neuoffinger Lokschuppens, die Einrichtung eines Museums, den Wiederaufbau der Lokbehandlungsanlagen, die Erhaltung historischen Eisenbahnmaterials sowie die Organisation von Sonderfahrten. Zum Fahrzeugpark gehören u. a. ein Post-, ein Pack- und verschiedene Güterwagen.
Termine: 1.5. und 4.9.2004 (Lokschuppenfeste)
Info: Schwaben-Dampf e.V., Neuoffingen 3, 89362 Offingen, Tel. 08224 801140, schwabendampf@gmx.de
Internet: www.schwabendampf.de
Lokomotiven (1.435 mm):
Dl: 52 8087, 1'Eh2, Henschel 27623/1943, 1994 ex DR (52 8087 / 52 2455), btf.
Vl: 323 146, B-dh, Deutz 57291/1959, 128 PS, Köf II, 2001 ex Rail-Service Bremen (V 12), bis 1997 Salzgitter Kocks GmbH (Bremen), bis 1985 DB (323 146 / Köf 6433), btf.
Vl: 323 697, B-dh, Jung 13137/1959, 128 PS, Köf II, 2003 ex Reuschling bzw. Quelle, bis 1983 DB (323 697 / Köf 6699), i.A.
Vl: 323 714, B-dh, Gmeinder 5148/1960, 128 PS, Köf II, 2003 ex DB (323 714 / Köf 6514), abg.
Vl: 323 719, B-dh, Gmeinder 5153/1960, 128 PS, Köf II, 1987 ex Gebler-Malz (Gennach), bis 1990 DB (323 719 / Köf 6519), btf.
Vl: 323 771, B-dh, Gmeinder 5205/1960, 128 PS, Köf II, 2002 ex Rail-Service Bremen (V 15), bis 1985 DB (323 771 / Köf 6571), abg.

Privatfeldbahn Kaufbeuren-Neugablonz

Von den Eisenbahnfreunden Kaufbeuren übernahm Martin Antelmann eine Lok und zwei Loren. Zu seiner T-förmigen Feldbahn von derzeit 80 m Länge gehören auch ein kleiner Schuppen und ein Schienenfahrrad.
Info: Martin Antelmann, Gablonzer Ring 90, 87600 Neugablonz, Tel. 08341 68150, m.antelmann@vr-web.de
Lokomotiven (600 mm):
Vl: B-dm, Deutz 11600/1933, 6 PS, MAH 514F, 1990 ex Eisenbahnfreunde Kaufbeuren, bis 1980 Ziegelei Fleschhut (Leinau), btf.
Vl: B-dm, O&K 9429/1939, 25 PS, MD 2b, 1999 ex E. Wieland (Geretsried), bis 1996 Baufirma D&W (München), i.A.

Baden-Württemberg

Wutachtalbahn Zollhaus Blumberg – Weizen (Sauschwänzlebahn)

Zu den eindrucksvollsten Bahnstrecken Deutschlands zählt die vor 110 Jahren aus strategischen Gründen entstandene Wutachtalbahn, wegen ihrer engen Windungen auch „Sauschwänzlebahn" genannt. Die Stadt Blumberg verhinderte mit Hilfe der Eurovapor den Abbruch und nahm 1977 einen Museumsverkehr auf. Als Streckeneigentümerin kümmert sie sich gemeinsam mit der 1982 gegründeten IG Wutachtalbahn (WTB) neben der Vermarktung der Züge auch um die Unterhaltung der Bahnanlagen, deren historisch-getreue Rekonstruktion und um betrieblich sinnvolle Erweiterungen, wie z. B. Wasserkräne, Telegrafenmasten, Signale oder Baustofflager. Der seit 1997 bestehende Wutachtalbahn e.V. ist dagegen für die Fahrzeuge und den Fahrbetrieb zuständig. Auf einem 19 km langen Eisenbahn-Lehrpfad kann man die Strecke auch erwandern.
Ein Zugpaar: Nachmittagsfahrt (Blumberg 14.00 – Weizen 15.08/40 – Blumberg 16.45 Uhr) am 1.5., 5.5., 8.5., 12.5., 15.5., 19./20.5., 22.5., 29.5., 10.6., 8.7., 15.7., 22.7., 29.7., 5.8., 7.8., 12.8., 14.8., 19.8., 21.8., 26.8., 28.8., 2.9., 9.9., 16.9., 6.10., 9./10.10., 13.10., 16./17.10., 20.10. und 23./24.10.2004
Zwei Zugpaare: Vormittags- (Blumberg 10.00 – Weizen 11.08/30 – Blumberg 12.35 Uhr) und Nachmittagsfahrt (siehe oben) sonntags vom 2.5. bis 3.10., samstags vom 5.6. bis 31.7. und 4.9. bis 2.10. sowie mittwochs vom 26.5. bis 29.9.2004, „Dixie-Bähnle" am 17.7.2004
Info: IG Wutachtalbahn e.V., Postfach 241, 78171 Blumberg, Tel. 07627 8844, schatzmeister@ig-wtb.de
Oder: Stadt Blumberg, Postfach 120, 78170 Blumberg, Tel. 07702 51200, Fax 51222, info@sauschwaenzlebahn.de
Internet: www.wutachtalbahn.de und www.sauschwaenzlebahn.de
Triebfahrzeuge (1.435 mm):
Dl: 50 2988, 1'Eh2, Floridsdorf 9676/1942, 1983 ex Eurovapor, bis 1976 DB (052 988 / 50 2988), btf.
Dl: 52 8012, 1'Eh2, MBA 14014/1944, 1998 ex Denkmal Aalen, bis 1992 DR (52 8012 / 52 4944), Denkmal in Blumberg
Dl: 86 333, 1'D1'h2t, Floridsdorf 3211/1939, 1997 ex Eisenbahnmuseum Nördlingen, bis 1995 EVG Aalen, bis 1993 DR (86 1333), btf.
Dl: 93 1360, 1'D1'h2t, StEG 4779/1927, 1977 ex ÖBB (93.1360), urspr. BBÖ (378.60), btf.
Dl: 1 „Laufenburgerli", Bn2t, O&K 3081/1908, 1997 ex Dampfbahn Bern, bis 1972 Kraftwerk Laufenburg/Schweiz, bis 1915 Deutsch-Schweizer Wasserbau-Gesellschaft, btf.
Dl: 105, Ch2t, Esslingen 5053/1952, 2001 ex Denkmal Bonndorf/Schwarzwald, zuvor Lonza Werke (Waldshut-Tiengen), Denkmal in Blumberg
Vl: Köf 6315, B-dm, Gmeinder 5015/1958, 128 PS, 1989 ex DB (323 627 / Köf 6315), btf.
Vl: Kö 4024, B-dm, Raw Dessau 1962, 1998 ex Denkmal Aalen, bis 1992 DR (100 124 / Kö 4024), Denkmal in Blumberg
Vl: Köf 4607, B-dm, Krupp 1382/1934, 2002 ex Great Lakes (Konstanz-Petershausen), 1991 ex Degussa (Konstanz-Petershausen), bis 1980 DB (322 660 / 321 611 / Köf 4607), btf.
Vt: VT 3, (1A)'(A1)'dh, Esslingen 23494/1952, 310 PS, 1994 ex Eisenbahnfreunde Zollernbahn, bis 1993 Hohenzollerische Landesb. (VT 3), bis 1968 DEG (TWE bzw. RStE, VT 61), btf.
Nf: Klv 12, A1-dm, Beilhack, ex Hohenzollerische Landesbahn
Nf: Klv 51-9322, A1-dm, Schöma 1934/1957, 197? ex DB (51-9322)
Nf: Klv 53-0681, B-dm, Robel 1977, 116 PS, 2000 ex DB

Eisenbahnfreunde Hegau, Singen (Hohentwiel)

Singen, das Zentrum des Hegaus, wuchs durch den Bau der Gäubahn Stuttgart – Zürich, der Strecke nach Basel – Konstanz, der Schwarzwaldbahn und der Etzwiler Bahn zu einem wichtigen Bahnknoten heran. Der Stadtrat ließ am Bahnhof eine Lok der Baureihe E 94 als Denkmal aufstellen, doch wurde die Lok inzwischen von der Prig-

Sehenswert ist bei der Wutachtalbahn neben den imposanten Viadukten u. a. auch das 1996 von Konstanz nach Blumberg umgesetzte Reiterstellwerk.
Foto (14.7.1999): Ludger Kenning

nitzer Eisenbahn reaktiviert. Der 1993 für die Pflege der Lok gegründete Eisenbahnfreunde Hegau e.V. erwarb 1999 von der Dampfbahn Kochertal den Bahnpostwagen DT 77830 DR (Györ 1978) und arbeitet ihn auf.
Termin: 15./16.5.2004 („10 Jahre Seehas", Jubiläumsfest in Singen, Sonderfahrten mit Dampf und E-Lok)
Info: Eisenbahnfreunde Hegau Singen (Hohentwiel) e.V., Postfach 563, 78205 Singen, ef-hegau@swol.net
Internet: www.ef-hegau.de
E-Lok (1.435 mm):
E 94 051 „Stadt Singen", Co'Co', AEG 5330/1941, 1987 ex DB (194 051 (E 94 051), btf.

Verein zur Erhaltung der Bahnlinie Etzwilen – Singen (VES)

Die 1875 eröffnete grenzüberschreitende Strecke Etzwilen – Singen (Hohentwiel) war einst Teil einer Fernbahn Singen – Winterthur – Zürich – Lenzburg – Zofingen. Der Einstellung des Personenverkehrs (1969) folgte die Aufgabe des Güterverkehrs (1996) und zugleich die Stillegung des deutschen Abschnitts Ramsen – Singen. Ein im Mai 2001 gegründeter Verein will den Güterverkehr Etzwilen – Singen wiederbeleben und einen Museumsbetrieb aufziehen. Bautechnischer Höhepunkt ist die 254 m lange und 25 m hohe Hemishofer Rheinbrücke. Im Mai 2003 nahm der Verein vorerst zwischen Etzwilen und Ramsen den regelmäßigen Dampfzugverkehr auf.
Termine: 14.4., 1.5., 20.6., 18.7., 5.9., 3.10. und 5.12.2004 (Etzwilen ab 10.35, 12.35, 14.35, und 16.35 Uhr; Ramsen ab 11.45, 13.45, 15.45 und 17.45 Uhr), Sonderfahrplan am 15./16.5. (Seehasfest Singen), 19.6. (Rehblütenfest Hemishofen) und 1.8. (Ramsener Dampflokfest)
Info: Beat Joos, Hauptstr. 104, CH-8261 Hemishofen, info@etzwilen-singen.ch
Internet: www.etzwilen-singen.ch
Dampflok:
„Muni", Cn2t, Hohenzollern 4267/1922 (Triebwerk) und 4268/1922 (Kessel), Eigentum des „Vereins zur Erhaltung der Dampflok Muni", 2002 ex privat (La Chapelle-aux-Bois/Frankreich), bis 1973 Rheinbraun Weißweiler, bis 1969 Rheinbraun Neurath, bis 1959 BASF Ludwigshafen/Rhein (Lok 59 [Triebwerk] und 60 [Kessel]), btf.

Schinznacher Baumschulbahn (SchBB), Schinznach (Schweiz)

Etwa 18 km südöstlich von Bad Säckingen besteht in Schinznach Dorf in der Baumschule der Hermann Zulauf AG eine 3 km lange steigungsreiche Museumsfeldbahn mit interessanten Lokomotiven deutscher Herkunft. Die 1879 gegründete Landgärtnerei Zulauf nahm 1928 eine handbetriebene Feldbahn in Betrieb, doch entfernte sie die Gleise in den 50er Jahren. Im Hinblick auf das 100-jährige Bestehen der Baumschule begann 1976 der Wiederaufbau der Feldbahn und 1978 fanden erste Publikumsfahrten statt.

Fahrbetrieb: 17.4. bis 10.10.2004 samstags (12.55-15.30 Uhr, wenn keine Extrazüge bis 17 Uhr), sonntags außer 30.5. und 19.9. (13.30-17.00 Uhr), mittwochs (13.30-17.00 Uhr mit V-Lok), Zweizugbetrieb am 8./9.5. und an einem Septemberwochenende, Dreizugbetrieb am 5./6.6., Adventsdampf am 14.12.2004

Info: Verein Schinznacher Baumschulbahn, Postfach, CH-5107 Schinznach-Dorf, Tel. 0041 56 46362-82, Fax -00, info@schbb.ch

Internet: www.schbb.ch

Lokomotiven deutscher Herkunft 600 mm):

Dl: Taxus, Dn2t, Krauss 7349/1917, Brigadelok, Fahrwerk der HF 2373, 1977 ex DR Muskau (99 3311), bis 1951 Waldeisenbahn Muskau bzw. Gräflich von Arnimsche Kleinbahn Bas Muskau (7349), urspr. Heeresfeldbahn (HF 1575), i.A.

Dl: Pinus, Bn2t, Henschel 23672/1937, Typ Riesa, 1977 ex Kies- und Schotterwerke Nordmark (Lürschau bei Schleswig), 1955 bis 1962 Sauerländische Kalkindustrie (Messinghausen bei Brilon), im 2. Weltkrieg im Heeresdienst, urspr. vmtl. Baugeschäft (Limburg/Lahn), btf.

Dl: Sequoia, Cm2, BMAG 13285/1944, 1978 ex PKP-Strecke Witaszyce – Zagòròw der ehem. Jarociner Kreisbahn (Ty 3-194), bis 1945 Zuckerfabrik Zichenau/Ciechanòw (Polen), btf.

Dl: Drakensberg, (1'C1')(1'C1')h4t, Hanomag 10551/1927, Bauart Garrat NG/G 16, 1986 ex Strecke Umlaasroas – Nid Illovo (Provinz Natal) der Südafrikanischen Staatsbahnen (Lok 60), btf. (2004 keine Einsätze)

Dl: Emma, Bn2t, Maffei 4144/1925, 1992 ex Oswald Steam (Samstagern/CH), bis 1978 Holzverzuckerungs-AG Ems, bis 1941 Baufirma R. Aebi & Co. (urspr. Bf Brugg), btf.

Dl: Evi 1, Bn2t, O&K 7479/1918, 1996 ex Denkmal Lüsslingen/CH, abg.

Dl: Liseli, Bn2t, Jung 1693/1911, 1999 ex Baumschule Papinière Thonnex (Cheseaux/CH), neu geliefert über F. Marti (Bern) an Bellorini (Lausanne), abg.

Vl: Syringa, B-dm, Jung 9515/1936, Umbau Brun (Ebikon), ZL 105, ex Ziegelei Hochdorf/CH, bis 1966 Kemna Bau AG (Norderhevelkoog), bis 1963 Niedersachsenbau (Salzgitter Bad), bis 1962 P. Lang (Dortmund), neu geliefert über Dolberg (Berlin) nach Dortmund, i.A.

Vl: Azalea, B-dm, Deutz 39663/1940, Umbau Ruhrthaler 3325/1955, OMZ 122F, 1979 ex Manganerzgrube Fernie (Groß Linden bei Gießen), neu geliefert über Klöckner (Duisburg) an Gießener Braunsteinwerke „Ferne" (Weilburg), btf.

Vl: Paeonia, B-dm, Ruhrthaler 1955, Grubenlok, 1977 ex Manganerzgrube Fernie (Groß Linden bei Gießen), btf.

Vl: Abelia, B-dm, LKM 262005/1958, Ns2, 1996 ex G. Lindner (Possendorf bei Dresden), zuvor Mauerziegelwerk Wiesa bei Kamenz bzw. Töpfer- und Ofenschamotte Radeburg, btf.

Internationale Rheinregulierungsgesellschaft, Lustenau/Vorarlberg

Als die Internationale Rheinregulierungsgesellschaft (IRR) 1992 ihr 100-jähriges Bestehen feierte, gründete sich der Verein Rhein-Schauen, um auf der Dienstbahn der IRR einen Nostalgiebetrieb aufzuziehen und in Lustenau ein Museum über die IRR und ihre Bahn einzurichten. Beide Projekte erfreuen sich inzwischen einer guten Resonanz.

Dampfzüge: 4.5., 11.5., 18.5., 1.6., 9.6., 22.6., 20.7., 10.8., 24.8., 7.9., 21.9. und 5.10.2004

Info: Verein Rheinschauen, Höchster Str. 4, A-6893 Lustenau, Tel. 0043 5577 82395, Fax 87722, verein@rheinschauen.at

Internet: www.rheinschauen.at

Lokomotiven deutscher Herkunft (750 mm):

Dl: 200-90 „Liesl", Bn2t, Maffei 4124/1921, 90 PS, 1990 ex Denkmal Lustenau, zuvor IRR, btf.

Dl: „Widnau/St.Gallen", Bn2t, Jung 1516/1910, 80 PS, 1997 ex Widnau/CH, zuvor **IRR**, btf.

Vl: „Demag", B-dm, Demag 2610/1940, 100 PS, ML 100, 1997 leihweise ex Vereinigte Illwerke Tschaggurns, abg.

Deutsche Normalspurdampfloks in der Schweiz

In der Schweiz unterhalten der Verein 01 202 (Lyss), die Transeurop Eisenbahn AG (Basel), die Vereinigten Dampf-Bahnen (Huttwil), die Eurovapor (Sulgen) und die Dampflokomotiv- und Maschinenfabrik DLM AG (Räterschen bei Winterthur) deutsche Dampflokomotiven, die auf Sonderfahrten mitunter auch nach Deutschland gelangen.

Mit 01 202: 29.5. (Lyss – Basel Bad. Bahnhof, Rückfahrt mit Vorspann 01 509), 29./31.5. (Stuttgart – Heilbronn – Basel – Biel), 20.5. (Lysser Dampfrundfahrten zusammen mit 01 509), 10.7. (Lyss – Genfer See) und 19.9.2004 (Tag der offenen Tür in Lyss)
Mit 23 058: u. a. 1.5.2004 (Dampferparade Vierwaldstättersee)
Mit 52 8055: 11.4.2004 (zwei Rundfahrten ab Winterthur)
Info: Verein Pacifik 01 202, Wehrstr. 14, CH-3203 Mühleberg, Tel. 0041 32 3870087 (Tourismus Lyss), www.dampflok.ch
Oder: Transeurop Eisenbahn AG, Elisabethenstr. 1, CH-4051 Basel, Tel./Fax 0041 848 674-368, info@orient-express.ch, www.orient-express.ch
Oder: Regionalverkehr Mittelland AG, Bahnhofstr. 44, CH-3400 Burgdorf, Tel. 0041 34 4236900, sekretariat@verein-vdb.ch, www.verein-vdb.ch
Oder: Eurovapor Nostalgie-Rhein-Express, Gundeldingerstr. 135, CH-4053 Basel, Tel. 0041 61 36335-32, Fax -34, www.nostalgie-rhein-express.ch
Oder: DLM AG, Im Geren 14, CH-8352 Räterschen, Tel. 0041 52 3682100, www.dlm-ag.ch
Lokomotiven (1.435 mm):
Dl: 01 1102 „Blue Star", 2'C1'h3, BMAG 11358/1940, 2002 ex J. Klings / K&K Eisenbahn-Betriebsgesellschaft (Berlin/Wien), bis 1994 Denkmal Bebra, bis 1974 DB (012 102 / 01 1102), ab 1957 mit Ölhauptfeuerung, ab 1954 mit Neubaukessel, seit 1995 wieder btf. (mit blauer Stromlinienverkleidung)
Dl: 01 202, 2'C1'h2, Henschel 23254/1936, Eigentum „Verein Pacifik 01 202", 1975 ex DB (001 202 / 01 202), btf. in Lyss
Dl: 23 058, 1'C1'h2, Krupp 3446/1955, Eigentum Eurovapor Sulgen, 1976 ex DB (023 058 / 23 058), btf. in Sulgen
Dl: 52 8055 NG, 1'Eh2, Grafenstaden 7916/1942, Eigentum DLM AG, 2003 ex EF Zollernbahn, Umbau SLM Winterthur 1998, 1992 ex DR (52 8055 / bis 1962: 52 1646), btf. in Winterthur
Dl: 64 518, 1'C1'h2t, Jung 9268/1940, Eigentum Vereinigte Dampf-Bahnen, 1998 ex privat (Emmental, bis 1980 Tübingen), 1972 ex DB (064 518 / 64 518), btf. in Huttwil
Dl: 262, 1'D1'h2t, Henschel 25263/1953, Privateigentum, bis 1986 Oswald Steam (Samstagern bzw. Darmstadt-Kranichstein), bis 1973 Frankfurt-Königsteiner Eisenbahn (262 / Lok 7), i.A. in Huttwil

Die „Drakensberg", eine 1927 von Hanomag nach Südafrika gelieferte Garrat, bleibt 2004 in Schinznach wegen Bauarbeiten kalt. Foto (16.5.98): Markus Strässle

Eisenbahnfreunde Zollernbahn (EFZ)

Der 1973 von Dampflokfans aus dem Raum Balingen/Tübingen gegründete Verein EFZ hatte es sich zur Aufgabe gemacht, die bei der DB zu Ende gegangene Dampfloktradition aufrechtzuhalten, und machte rasch durch Sonderfahrten im Schwäbischen auf sich aufmerksam. Wegen des DB-Dampflokverbots befuhren die heute in Tübingen stationierten Lokomotiven einzig die Hohenzollersche Landesbahn und die Strecke Ebingen – Onstmettingen, doch heute sind sie in ganz Baden-Württemberg unterwegs. Unter dem Dach der EFZ firmiert die Eisenbahn-Betriebsgesellschaft Neckar-Schwarzwald-Alb mbH (NeSA). Die von EFZ-Mitgliedern gegründete Interessengemeinschaft 796 625 kümmert sich um die Erhaltung und Vermarktung des Schienenbusses.
Termine: 10./11.4. (Event in Hausach mit 01 519, V 200 135 und 796 625), 1.5. und 25.7. (Tübingen – Schwenningen, 01 519), 20.5. (Stuttgart – Nürnberg, 01 519), 31.5. (Stuttgart – Lindau, 01 519), 6.6. und 3.10. (Stuttgart – Neustadt/Wstr, 01 519), 10.6. (Stuttgart – Würzburg, 01 519), 11.7. (Pendelzüge Tübingen – Bieringen, 01 519), 4.8., 11.8., 18.8. und 25.8. (Gäubahn mit 01 519), 5.8., 12.8., 19.8. und 26.8. (Schwarzwaldfahrten mit V 200 135), 8.8. (Metzingen – Sigmaringen, 01 519), 4.9. (Stuttgart – Neuenmarkt-Wirsberg, 01 519) und 31.10./1.11.2004 (Neckarquelle – Neckarmündung, 01 519)
Info: Eisenbahnfreunde Zollernbahn e.V., Europastr. 61, 72072 Tübingen, Tel. 07071 76744, Fax -49, efz-nesa@t-online.de
Internet: www.eisenbahnfreunde-zollernbahn.de
Lokomotiven (1.435 mm):
Dl: 01 519, 2'C1'h2, Henschel 22929/1936, 1995 ex Touristikunternehmen Jelka (abg. in Haltingen), bis 1990 Heizlok Brauerei Greifswald, bis 1982 DR (01 0519 / 01 519 / bis 1964: 01 186), btf.
Dl: 50 245, 1'Eh2, Krauss-Maffei 15764/1939, 1991 ex DR (50 3580 / bis 1959: 50 245), 1991 Umbau Aw Meiningen in Originalzustand, abg.
Dl: 52 7596, 1'Eh2, Floridsdorf 16944/1944, 1978 ex ÖBB (52 7596), i.A.
Dl: 64 289, 1'C1'h2t, Krupp 1298/1934, 1975 ex Eisenbahn-Kurier Wuppertal, bis 1973 DB (064 289 / 64 289), i.A.
Vl: 221 135, B'B'dh, Krauss-Maffei 19255/1965, 2 x 1.350 PS, Eigentum Barbara-Birgit Pirch (Willich-Schiefbahn), 1993 ex Layritz (Rosenheim), bis 1992 DB (221 135 / V 200 135), btf.
Vl: B-dm, Henschel 2273/1951, 1994 ex Brüggemann in Heilbronn (1), bis 1963 Henschel, abg.
Vl: Kö 0247, B-dm, Gmeinder 1608/1936, 50 PS, Kö I, 1994 ex Chemiewerk Brüggemann in Heilbronn (2), bis 1972 DB (311 247 / Kö 0247), abg.
Vl: Kö 0265, B-dm, Gmeinder 1626/1936, 50 PS, Kö I, 1988 ex Zementwerk Rohrbach in Dotternhausen-Dormettingen, bis 1975 DB (311 265 / Kö 0265), abg.
Vl: Kö 4872, B-dm, Jung 6707/1936, 1995 ex privat, bis 1992 DR (310 774 / 100 774 / Kö 4872), abg.
Vl: Köf 5064, B-dh, Deutz 46546/1943, Köf II, 1995 ex privat, bis 1992 DR (310 864 / 100 864 / Köf 5064), btf.
Vt: 796 625, AA-dm, Uerdingen 61980/1956, 2 x 150 PS, betreut von „IG 796 625", ex DB (798 625 / VT 98 9625), btf.

Feldbahnsammlung Kneußle, Dürmentingen

In den 80er Jahren begann Walter Kneußle mit dem Sammeln von Feldbahnmaterial. Während er auf seinem Grundstück in Dürmentingen lediglich einige Gleise zum Bewegen der Fahrzeuge verlegt hat, nutzt er seit 1994 die Reste der Feldbahn der Rechtensteiner Zellstoff-Fabrik für den Fahrbetrieb.
Lokomotiven (600 mm):
Vl: B-dm, Gmeinder 4301/1947, 15/18 PS, 1981 ex Haidgau-Torfwerk (Bad Wurzach)
Vl: B-dm, Gmeinder 4399/1948, 28 PS, 1997 ex Öchsle-Museumsbahn (329 921), bis 1985 Ziegelei Doos & Goll (Reihen)
Vl: B-dm, Gmeinder 5088/1960, 22 PS, 680 mm, 1982 ex Ziegelei Scheerle in Mengen („Anton"), bis 1967 Kamin- und Ziegelwerk W. Schofer (Waiblingen)
Vl: B-dm, Jung 5896/1935, EL 105, 1983 ex Baustoffhandel bei Saulgau, neu geliefert über M. Eichelgrün (Frankfurt/Main)

Vl: B-dm, Jung 6880/1936, EL 105, 1994 ex Haidgau-Torfwerk (Bad Wurzach), bis 1987 Tonwerk H. Scharff (Leichendorf bei Nürnberg), neu geliefert über F. Kirchhoff (München)
Vl: B-dm, Schöma 661/1943, 10 PS, 1982 ex Ziegelei Gebr. Gairing (Unlingen), urspr. Hilstonwerk Hamann & Co. (Brunkensen/Hannover)
Vl: B-dm, Henschel D1432/1937, DG 13, 1983 ex Torfwerk Patzer (Buchenberg-Schwarzerd), neu geliefert über Dolberg
Vl: B-dm, Strüver, 6 PS, Schienenkuli, ex Ziegelei bei Ochsenhausen

Trossinger Eisenbahn

1990 setzte der Trossinger Gewerbeverein erstmals die historischen Fahrzeuge (T 1, E 4 und einen Personenwagen von 1898) ein. Unterstützt vom Landesamt für Denkmalpflege hatte er sie in den Urzustand zurückversetzen lassen. Als die Bahn 1998 ihr 100-jähriges Bestehen feierte, eröffnete sie in der Fahrzeughalle ein Museum, in dem neben dem Museumszug auch der Vierachser T 3 untergebracht ist. Nachdem der reguläre Betrieb am 13.7.2003 geendet hatte, fährt die Hohenzollerische Landesbahn jetzt mit Dieseltriebwagen bis Trossingen Stadt, doch will der noch zu gründende Freundeskreis Trossinger Eisenbahn e.V. den Nostalgieverkehr weiterhin ermöglichen.
Info: Trossinger Eisenbahn, Bahnhofstr. 9, 78647 Trossingen, Tel. 07425 94020
Internet: www.swtro.de
Triebfahrzeuge (1.435 mm):
El: E 4 „Lina", Bo, AEG 160/1902, 80 kW, seit 1990 Museumslok, btf.
Et: T 1 „Zeug Christe", Bo, MAN 369/1898, 100 kW, seit 1990 Htw, btf.

Öchsle-Schmalspurbahn Warthausen – Ochsenhausen

1979 – noch vor der Streckenstillegung – gab es Bestrebungen, die Schmalspurbahn Warthausen – Ochsenhausen (19 km) als Museumsbahn zu erhalten. Der 1982 gegründete Öchsle Schmalspurbahn e.V. bzw. die Gemeinden und der Landkreis übernahmen die Gleisanlagen, Grundstücke und Gebäude. Der Bahnhof Ochsenhausen samt Empfangsgebäude, Güterschuppen, Bahnhotel, Postamt, Viehrampe, Lagerhäusern und Eisenbahnerwohnhaus steht ebenso wie die gesamte Bahnstrecke und ihre Fahrzeuge unter Denkmalschutz.
Termine: Samstags, sonn- und feiertags sowie am 2. und 4. Donnerstag der Monate Mai bis Oktober (Ochsenhausen 9.00 – Warthausen 10.10/30 – Ochsenhausen 11.40/12.00 – Warthausen 13.10/14.45 – Ochsenhausen 15.55/16.15 – Warthausen 17.25/45 – Ochsenhausen 18.55 Uhr), der erste und der letzte Zug verkehren ab 7.8.2004 nicht. Winterdampf am 27./28.11. (Warthausen ab 11 und 14 Uhr; Ochsenhausen ab 12.30 und 17.30 Uhr), Nikolauszüge Warthausen – Maselheim am 4.-6.12.2004 (Warthausen ab 14 und 16.30 Uhr; am 4./5.12. auch 11 Uhr)
Info: Öchsle Bahnbetriebs-GmbH, Laubacher Weg 43, 88416 Ochsenhausen, Tel. 07352 2203, Fax 3866
Internet: www.oechsle-bahn.de
Triebfahrzeuge (750 mm):
Dl: 99 633, B'Bn4vt, Esslingen 3072/1899, 2002 leihweise ex DGEG (zuletzt abg. in Möckmühl), bis 1970 DB (99 633), urspr. württ. Tssd 43, abg.
Dl: 99 716, Eh2t, Hartmann 4673/1927, Eigentum DB-Museum, 1993 ex Denkmal Güglingen, bis 1965 DB (99 716), (btf.
Dl: 99 788, 1'E1'h2t, LKM 132029/1957, 2001 ex DB/DR Radebeul (099 752 / 99 1788 / 99 788), btf.
Vl: V 15 908, C-dh, Gmeinder 4227/1946, 160 PS, ähnlich HF130C, urspr. Teil einer Doppellok mit Vielfachsteuerung, 1987 ex Zementwerk Budenheim, zuvor Zementwerk Lengerich/Westf. (1), bis 1954 Baufirma Burmeister (Hamburg-Lokstedt), i.A.
Vl: Kö 0262, B-dm, Gmeinder 1623/1936, 1.435 mm, 1987 ex Spielplatz, bis 1978 Kalkwerk Mühlen (Blaustein), bis um 1976 DB (311 262), Standmodell an der Rollbockanlage Warthausen
Nf: 01 8004, A1-dm, Beilhack 1942, Bahnmeister-Draisine mit Anhänger, btf.

Straßenbahn Ulm

Nach dem Aufbau des Partywagens „Münster-Bierbähnle" gab es bei den Ulmer Verkehrsbetrieben Mitte der 80er Jahre erste museale Bestrebungen, als der Werkstattmeister der Straßenbahn den heutigen Tw 15 vor der Verschrottung bewahrte. 1996 gründete sich der Verein Ulmer/Neu-Ulmer Nahverkehrsfreunde im SKF/SWU e.V., um historische Fahrzeuge des Ulmer Verkehrsbetriebs zu erhalten, Utensilien aus Betrieb und Technik zu sammeln und die Betriebsgeschichte zu dokumentieren.
Info: Ulmer/Neu-Ulmer Nahverkehrsfreunde im SKF/SWU e.V., c/o Kuntze, Bauhoferstr. 9, 89077 Ulm, Tel. 0731 8001289, Fax 07304 435145, Kuntze-Blaustein@t-online.de
Internet: http://home.t-online.de/home/Kuntze-Blaustein/homepage_unf_htm.htm
Triebwagen (1.000 mm):
Et: 15, Bo'Bo', Esslingen 1958, seit 1987 Htw, zuvor Tw 14 bzw. Tw 1, btf.
Et: 16 „Münster-Bierbähnle", Bo, Lindner 1910 bzw. Linke-Hofmann 1920 / Eigenumbau 1954, 2 x 37 kW, Partywagen seit 1980, zuvor Tw 15, 13, A3 bzw. 9, urspr. Baden-Baden (5), btf.
Nf: 21, Bo, Esslingen 1925, Eigenumbau 1964, 2 x 36 kW, Schneepflug A1, btf.
Nf: 22, Bo, MAN 1906 (Aufbau ex Tw 13 bzw. 3) bzw. Linke-Hofmann 1920 (Fahrgestell ex KV Tw 23) / Eigenumbau 1956, 2 x 37 kW, Schleifwagen, btf.

Schienenbusfreunde Ulm

Die 1996 im Bh Ulm gegründete BSW-Freizeitgruppe „VT 798", die zunächst die E 75 09 betreute, bekam 1997 die beiden grün/weißen Schienenbusgarnituren der Chiemgaubahn Prien – Aschau und später weitere fünf Wagen zugeteilt, um sie im Ausflugsverkehr als „Ulmer Spatz" u. a. auf der Schwäbischen Alb und im Donautal einzusetzen. 2002 ging aus der Gruppe der Schienenbusfreunde Ulm e.V. hervor.
Termine: Sonn- und feiertags vom 1.5. bis 17.10. (Ulm ab 9.11 – Schelklingen – Münsingen – Kleinengstingen an 10.51 Uhr, danach ab 11 Uhr Pendelfahrten zweistündlich nach Münsingen, abends zurück in Ulm 18.38 Uhr) sowie 29.5.2004 (Sonderfahrt Nürnberg – Grafenau)
Info: Schienenbusfreunde Ulm e.V., Oliver Pfister, Zum Kreuzberg 16, 89601 Schelklingen, Tel. 07394 1318, o.pfister@albbahn.de

Im frisch restaurierten Bahnhof Münsingen auf der Schwäbischen Alb wartet der „Ulmer Spatz" auf die Weiterfahrt (12.10.2003). Foto: Michael Ulbricht

Oder: Regionalverkehr Alb-Bodensee (RAB), Karlstr. 31-33, 89073 Ulm, Tel. 0731 1550-0
Internet: www.ulmer-spatz.net
Triebwagen (1.435 mm):
Vt: 798 652, AA-dm, Uerdingen 66538/1959, 2 x 150 PS, Eigentum DB-Nostalgiereisen, 1997 ex DB (798 652 / VT 98 9652), btf.
Vt: 798 653, AA-dm, Uerdingen 66539/1959, 2 x 150 PS, Eigentum DB-Nostalgiereisen, 1997 ex DB (798 653 / VT 98 9653), btf.
– VM 998 069 (Fahrradwagen), VM 996 225, VM 996 257, VM 996 300 und VS 998 896

Ulmer Eisenbahnfreunde (UEF)

Die Dampfloks des 1971 gegründeten Vereins UEF erregten schon auf mancher Nebenbahn und mittlerweile auch wieder auf Hauptbahnen Aufsehen. Daneben gehören ihm u. a. 17 normalspurige Reisezug- und acht Güterwagen. Hervorzuheben ist eine elegante Schnellzuggarnitur, einst als FD 308 ein Glanzlicht der DB. Beheimatet sind die Lokomotiven im Süddeutschen Eisenbahnmuseum Heilbronn sowie in Gerstetten, Amstetten und Busenbach (siehe dort). Die Fernfahrten werden koordiniert vom UEF-Historischer Dampfschnellzug e.V.
Dampfsonderzüge: 25.4. (nach Baiersbronn), 1.5. (ab Ulm mit 75 1118), 8.5. (hist. Postsonderzug nach Basel), 10.6. (nach Bad Friedrichshall-Kochendorf und Bad Wimpfen) und 3.10.2004 (nach Neustadt/Weinstraße)
Dampfschnellzüge: 10.4. (Stuttgart – Dampffestival Koblenz), 1.5. (Stuttgart – Rorschach mit 01 509), 29.-31.5. (Stuttgart – Biel mit 01 509 und z.T. 01 202), 5.6. (Münster – Koblenz mit 01 1066), 6.6. (Dortmund – Koblenz mit 01 1066), 10.6. (Stuttgart – Wutachtal mit 01 1066 und 50 2988), 7.8. (Stuttgart – Konstanz), 20.-22.8. (Nürnberg – Dresden mit 01 509) und 5.9.2004 (Hannover – Osnabrück mit 01 1066)
Info: Ulf Haller, Nürnberger Str. 151, 70374 Stuttgart, Tel. 0711 5390-137, Fax -139, schnellzug@uef-dampf.de
Oder: Walter Sigloch, Distelweg 19, 73340 Amstetten, vorstand@uef-dampf.de
Internet: www.ulmer-eisenbahnfreunde.de

Lokalbahn Amstetten – Gerstetten

Nachdem 1996 die Württembergische Eisenbahngesellschaft ihre Amstetten-Gerstettener Bahn (20 km) eingestellt hatte, nahm die UEF-Verkehrsgesellschaft 1997 nach Kauf der Strecke durch die Gemeinden und die UEF den Güterverkehr wieder auf. So ist auch der Fortbestand des Museumsverkehrs gesichert. Untergebracht sind die Fahrzeuge im stilvollen Fachwerklokschuppen des Bahnhofs Gerstetten. Anfang 2000 gründete sich die Sektion UEF-Lokalbahn Amstetten-Gerstetten e.V. (LAG).
Termine: 20.5., 31.5., 13.6., 27.6., 11.7., 25.7., 29.8., 19.9. (Bahnhofsfest Gerstetten), 10.10. und 4./5.12.2004 (Amstetten ab 9.35, 12.35 und 15.50 Uhr; Gerstetten ab 11, 14.30 und 17.15 Uhr)
Info: Manfred Berka, Waldstr. 11, 89284 Pfaffenhofen, Tel./Fax 07302 6306, lokalbahn@uef-dampf.de
Lokomotiven (1.435 mm):
Dl: 75 1118, 1'D1'h2t, Karlsruhe 2150/1921, Eigentum TU Karlsruhe, 1986 ex DGEG Neustadt/Weinstraße, bis 1973 TU Karlsruhe, bis 1970 DB (75 1118), urspr. bad. VIc 1122, btf.
Dl: 98 812, Dh2t, Krauss 6911/1914, 1970 ex DB (098 812), urspr. bayr. GtL 4/4 2562, abg.
Vl: 2 „Blauer Klaus", B-dh, Deutz 55414/1953, 107 PS, A6M 517 R, 1988 ex Voith (2), btf.
Vl: 3, B-dh, Deutz 56325/1956, 130 PS, A8L 614R, 1997 ex Voith Heidenheim (3), btf.
Vt: VT 06, AA-dm, Fuchs 9056/1956, 2 x 200 PS, 2002 ex WEG (VT 06), i.A.
Vt: T 11, B'B'dm, Dessau 1928, 4 x 200 PS, 2002 ex WEG Gaildorf – Untergröningen (VT 401 / T 11), bis 1953 DB (VT 66 906), urspr. DRG (VT 764), abg.
NF: „Max", B-dm, Schöma 1965, 77 PS, mit Kipper, ohne Kran, btf.
Nf: „Moritz", B-dm, Schöma 1965, 77 PS, mit fester Pritsche und Kran, btf.
Nf: Klv 53 0757, Windhoff 1979, 150 PS, mit fester Pritsche und Kran, 2000 ex DB, btf.
Nf: Klv 11-4195, A1-dm, 24,5 PS, Bauart 110, ex Günztal-Museumsbahn Ungerhausen – Ottobeuren, zuvor DB Radolfzell (Klv 11-4195), btf.

Der 1957 von der Kleinbahn Bremen – Tarmstedt auf die Schwäbische Alb gekommene T 34 der Museumsbahn „Albbähnle" ist wieder vorzeigereif (Amstetten, 7.11.2003).
Foto: Rainer Vormweg

Albbähnle Amstetten – Oppingen

Als im Herbst 1986 der Abbau der Meterspurbahn Amstetten – Laichingen begann, konnten die Gemeinde Amstetten und die Ulmer Eisenbahnfreunde den bis zu 2,9% steilen Abschnitt Amstetten – Oppingen (5,7 km) noch rechtzeitig retten. Die UEF übernahmen die frühere Mosbach-Mudauer 99 7203, aus der Schweiz einige Wagen und von der Verschrottungsfirma den Rest der Strecke und errichteten eine Fahrzeughalle. Zusammen mit der Lok kam das Albbähnle im Juli 1990 wieder in Fahrt. Inzwischen wurden in Amstetten weitere Schmalspurwagen und die Rollbockgruben samt Rollböcke restauriert. Zudem richtete man in Oppingen das Bahnhofsgebäude her.

Termine: 1.5., 20.5., 6.6., 27.6., 18.7. (100 Jahre 99 7203), 1.8., 22.8. (Teddybärentag), 12.9., 26.9., 10.10., 24.10. und 4./5.12.2004 (Nikolauszüge) (jeweils Amstetten ab 10.10, 13.10, 14.40 und 16.10 Uhr; Oppingen ab 11, 14, 15.30 und 17 Uhr)

Info: Heinrich Biro, Drosselweg 13, 73340 Amstetten, Tel./Fax 07331 7979, alb-baehnle@uef-dampf.de

Triebfahrzeuge (1.000 mm):
- Dl: 99 7203, Cn2t, Borsig 5326/1904, 1986 ex DGEG-Schmalspurmuseum Viernheim, bis 1976 Albtalbahn, bis 1964 DB Mosbach – Mudau (99 7203), btf.
- Dl: 2s, Cn2t, Borsig 4871/1901, 1.000 mm, 2002 ex Sammlung Reichert (Marxzell), bis 1981 Denkmal Tiefenhöhle (Laichingen), bis 1962 WEG Amstetten – Laichingen (2s „Nellingen"), i.A.
- Vl: 007, C-dm, „23. August" Bukarest 25162/1986, 180 PS, 1992 ex August-Bebel-Hütte Helbra (007), abg.
- Vl: 399 008, C-dm, „23. August" Bukarest 25163/1986, 180 PS, 1992 ex August-Bebel-Hütte Helbra (008), btf.
- Vt: T 34, (1A)'B'dm, Wismar 20279/1937, 2 x 170 PS, 1987 ex WEG Amstetten – Laichingen, bis 1957 Bremen – Tarmstedt (VT 4), bis 1949 Euskirchener Kreisbahnen (T 1), ä.r.

Härtsfeld-Museumsbahn Neresheim – Sägmühle

Aus dem Freundeskreis Schättere ging 1985 der Härtsfeld-Museumsbahn e.V. hervor, der im Bahnhof Neresheim der 1972 stillgelegten meterspurigen Härtsfeldbahn Aalen – Neresheim – Dillingen sein Domizil hat und dort ein Museum einrichtete (geöffnet an den Betriebstagen). Die bisher 24 heimgeholten Fahrzeuge sind teilweise bereits restauriert. 1996 begann der Wiederaufbau des Abschnitts Neresheim – Sägmühle (3 km), der im Oktober 2001 zum 100-jährigen Bestehen der Härtsfeldbahn in Betrieb ging. Seither verkehren hier an mehreren Tagen im Jahr Dampfzüge und Triebwagen, wie sie für die Härtsfeldbahn typisch waren.

Termine: Sonderfahrtage am 1.5. (Saisonstart), 16.5. (Museumstag), 20.5. (Tag der offenen Tür), 30./31.5. (Pfingstdampf), 27.6. (Stadtfest), 7./8.8. (Bahnhofshocketse) und 12.9.2004 (Tag des offenen Denkmals). Regelfahrtag am 2.5., 6.6., 4.7., 1.8., 5.9. und 3.10.2004 (jeweils Neresheim ab 10.05, 11.20, 13.15, 14.35, 16.00 und 17.20 Uhr; Sägmühle 10.40, 11.55, 13.50, 15.10, 16.35 und 17.55 Uhr)
Info: Härtsfeld-Museumsbahn, Postfach 9126, 73416 Aalen, 0172 9117193
Oder: Dischinger Str. 11, 73450 Neresheim, Tel. 07326 5755, AuJRanger@t-online.de
Internet: www.hmb-ev.de
Triebfahrzeuge (1.000 mm):
Dl: WN 11, Bh2t, Esslingen 3710/1913, 1995 ex Denkmal Neresheim, bis 1965 Württembergische Nebenbahnen (11), abg.
Dl: WN 12, Bh2t, Esslingen 3711/1913, 1986 ex Spielplatz Heidenheim, bis 1965 Württ. Nebenbahnen (12), btf.
Vt: T 33, B'2'dh, Wismar 20233/1934, Umbau Auwärter 1960, 210 PS, 1984 ex WEG Amstetten-Laichingen (T 33), bis 1973 WNB Aalen-Neresheim-Dillingen (T 33), bis 1956 Kleinbahn Bremen-Tarmstedt (VT 1), btf.
Vt: VT 37, B'B'dh, MAN 145169/1960, 2 x 210 PS, 1987 ex WEG Amstetten-Laichingen (VT 37), bis 1973 WNB Härtsfeldbahn (VT 37), bis 1964 Südharz-Eisenbahn (VT 14), i.A.

Vor dem ehemaligen Empfangsgebäude von Neresheim wartet die Lok 12 der Härtsfeld-Museumsbahn auf die Abfahrt zur Sägmühle (10.8.2003).   *Foto: Michael Ulbricht*

Besucherbergwerk „Tiefer Stollen", Aalen-Wasseralfingen

Einige Stollen, Schächte und Gänge des Erzbergwerks am Braunenberg sind als Besucherbergwerk oder für Atemkuren zugänglich. Ein Erlebnis ist die 400 m lange Fahrt mit der Grubenbahn zu den großen Sandsteinhallen.
Geöffnet: Täglich außer Montag vom 20.3. bis 7.11.2004 (erste Führung um 9 Uhr, letzte um 16 Uhr)
Info: Besucherbergwerk Tiefer Stollen, Am Erzhäusle 1, 73433 Aalen, Tel. 07361 9702-49, Fax -59, tiefer-stollen@aalen.de
Internet: www.bergwerk-aalen.de
Lokomotiven (600 mm):
Vl: B-dm, Jung 8735/1939, 9 PS, 1991 ex Aisslinger (Aalen), urspr. Hald (Stuttgart), btf.
Al: 2 Stück: Bo, Bartz 1940 bzw. 1949, 11,5 kW, bis 1978 Grube Lüderich (Bensberg), btf.
Al: 109, Bo, Jung 13764/1964, 1987 ex Zeche General Blumental (109), Denkmal

Schwäbisches Bauern- und Technikmuseum, Eschach-Seifertshofen

Das täglich (10-18 Uhr) geöffnete Seifertshofener Bauern- und Technikmuseum zeigt u. a. Bauernstuben aus der Zeit um 1900, landwirtschaftliche Nutzfahrzeuge, Flugzeuge, Hubschrauber, Motorräder, Auto-Oldies, Feuerwehr- und Militärfahrzeuge und schließlich auch Eisen- und Straßenbahnen.
Info: Eugen Kiemele, Marktstr. 5, 73569 Eschach, Tel. 07975 360, Fax 5486
Internet: www.museum-kiemele.de
Lokomotiven:
Dl: 052 613, 1'Eh2, BMAG 11863/1942, ex DB (052 613 / 50 2613), 1.435 mm
Dl: Bn2t, O&K, 600 mm, ex Niederlande
Dl: 1, B-fl, Jung 3238/1921, 1982 ex Papierfabrik Scheufelen (Oberlenningen)
Vl: B-dm, SSW 1711/1922, 1982 ex Vereinigte Deutsche Metallwerke (Frankfurt-Heddernheim), urspr. Heddernheimer Kupferwerk (bis 1960 Akkulok)
Al: Bo, Kummer 1910, ex Hagen AG (Köln-Kalk)
Vl: B-dm, Diema 2455/1961, 30 PS, ex Klöckner Reederei (Stuttgart Hafen)
Vl: B-dm, KHD 33102/1940, urspr. Heimat-Pionierpark Siegburg
Vl: B-dm, Gmeinder, 600 mm, ex Ziegelei Koch (Weinsberg)

DBK – Historische Bahn, Crailsheim

1976 fuhren auf der inzwischen gesperrten Oberen Kochertalbahn Gaildorf – Untergröningen (18,5 km) erstmals Museumszüge der Eisenbahnfreunde Zollernbahn. Der Verkehr stieg derart an, daß sich die Arbeitsgruppe 1985 als Dampfbahn Kochertal e.V. eigenständig machte. Für die Arbeiten an den Fahrzeugen steht in Gaildorf ein altes Bahnmeistergebäude bereit. Die in Sulzbach-Laufen ansässige DBK, die seit 1992 ihren Dampfzug auch auf der Wieslauftalbahn Schorndorf – Rudersberg einsetzt, gründete 1997 mit dem Verein „Museum Bw Crailsheim" die Gesellschaft für Eisenbahnbetrieb (GfE). Untergebracht sind die Fahrzeuge jetzt im ehemaligen Bw Crailsheim, wo der Verein im Jahr 2001 eine Halle mit Gleisanschluß übernahm.
Schorndorf – Rudersberg: 11./12.4, 30./31.5., 4.7., 29.8., 10.10. und 5.12.2004 (Schorndorf ab 10.25 [außer 11.4. und 5.12.], 12.25 [außer 11.4.], 14.25 und 16.25 [außer 5.12.], Rudersberg jeweils 1 Std. später)
Weitere Termine: 22./23.5. (Crailsheimer Dampfloktage), 23.5. (Crailsheim – Schrozberg), 20.5. (Backnang – Schwäbisch Hall-Hessental), 26.9. (Waldenburg – Schwäbisch Hall) und 11.10.2004 (Rundfahrten Backnang – Esslingen – Ludwigsburg – Backnang)
Info: DBK-Historische Bahn e.V., Horaffenstraße 32, 74564 Crailsheim, Tel. 0711 7070256, info@dbk-historische-bahn.de
Internet: www.dbk-historische-bahn.de
Triebfahrzeuge (1.435 mm):
Dl: 50 3545, 1'Eh2, Esslingen 4460/1942, 1996 ex privat, bis 1994 DR (50 3545 / 50 1385), btf.
Dl: 52 8077, Esslingen 4640/1943, 1993 ex DLBG Stuttgart, bis 1992 DR (52 8077 / 52 1454), abg.
Dl: 64 419, 1'C1'h2t, Esslingen 4312/1937, 1996 ex „IG 64 419" (Crailsheim), bis 1986 Gewerbeverein Crailsheim, bis 1975 DB (064 419 / 64 419), btf.
Dl: 80 106, Cn2t, Esslingen 5054/1952, 1986 ex Eisenbahnfreunde Zollernbahn (80 106), bis 1983 Papierfabrik Albbruck in Waldshut (106), i.A.
Vl: V 36 510, C-dh, Esslingen 5056/1953, 440 PS, 1986 ex Trafowerk Bad Cannstatt (Lok „Cannstatt"), btf.
Vl: 323 328, B-dh, Deutz 57908/1965, 128 PS, 1996 ex VEHE Dollnstein, bis 1985 DB (323 328 / Köf 6808), i.A.
Vl: Kö 0186, B-dm, Esslingen 4288/1935, 50 PS, Kö I, 1991 ex Schrottverwertung Schuler (Singen/Hohentwiel), bis 1969 DB (311 186 / Kö 0186), btf.
Vl: 323 328, B-dh, Deutz 57908/1965, 128 PS, 1996 ex VEHE Dollnstein, bis 1985 DB (323 328 / Köf 6808), i.A.
Vl: V 20, B-dh, Esslingen 5288/1960, 1998 ex Daimler-Benz (Sindelfingen), abg.
Vl: 5, B-dh, Henschel 30313/1961, DH240, 2001 ex Voith Heidenheim (4)

Jagsttalbahnfreunde e.V. / Jagsttalbahn AG, Dörzbach

Gemeinsam mit der DGEG führte die SWEG 1971 zwischen Möckmühl und Dörzbach einen Nostalgieverkehr ein, mußte ihn jedoch 1988 wegen des schlechten Oberbauzustands einstellen. Der 1984 gegründete Jagsttalbahnfreunde e.v. will die Bahn zusammen mit dem Zweckverband Jagsttalbahn und der Jagsttalbahn AG (JTB) reaktivieren. Er pflegt die Fahrzeuge und Gebäude und wirbt mit Veranstaltungen für die Bahn. Der alte Oberbau ist mittlerweile abgetragen, so daß nun die neue Gleislage hergestellt werden kann.
Termine: 23.5. (Frühjahrsfest Bf Dörzbach), 21./22.8. (Bieringer Bahnhofshocketse) und 12.9.2004 (Tag des offenen Denkmals in Dörzbach und Bieringen)
Info: Jagsttalbahnfreunde e.V., Marktplatz 2, 74677 Dörzbach, Tel. 07937 9119-14, Fax -20, jagsttalbahn@doerzbach.de und post@jagsttalbahn.de
Internet: www.jagsttalbahn.de
Triebfahrzeuge (750 mm):
- Dl: 24 „Kunigunde", Cn2t, Henschel 20993/1929, Eigentum Gemeinde Krautheim, 2000 ex Denkmal Krautheim, bis 1967 SWEG Jagsttalbahn (24), abg.
- Dl: 14, C1'n2t, Krauss Linz 3816/1898, Privateigentum, ex Öchsle, bis 1994 Eurovapor, bis 1969 ÖBB (298.14), bis 1945 DRB (99 7843), bis 1937 Tschechische Staatsbahn (U 37 004), bis 1918 Röwersdorf – Hotzenplotz (U 14), abg. in Bieringen
- Vl: V 22-01, B-dh, Gmeinder 5413/1965, 190 PS, Typ V 12/16, Eigentum JTB AG, ex SWEG Jagsttalbahn (V 22-01), btf.
- Vl: V 22-02, B-dh, Gmeinder 5414/1965, 190 PS, Typ V 12/16, Eigentum JTB AG, ex SWEG Jagsttalbahn (V 22-02) btf.
- Vl: V 22-03 „Stoppelhopser", B-dh, Jung 11770/1953, 105 PS, L10B, Eigentum JTB AG, ex SWEG Jagsttalbahn (V 22-03), bis 1968 Kreisbahn Osterode-Kreiensen (V 11), bis 1963 Farbenwerke Hoechst, btf.
- Vl: V 32-01 „Götz", C-dh, Gmeinder 4043/1943, 130 PS, HF130C, Vereinseigentum, 1987 ex Öchsle, bis 1987 Zementwerk Budenheim (1), urspr. Heeresfeldbahn, i.A.
- Vl: V 32-02 „Josef", C-dh, Windhoff 753/1943, 130 PS, HF130C, 2001 ex Museumsbahn Stainz/Steiermark (VL 3), zuvor (ab 1960) Steiermärkische Landesbahnen Stainz – Wohlsdorf (VL 3), nach 1946 abg. in Garsten, neu geliefert an Oberkommando des Heeres Berlin (HF M 13982), i.A.
- Vt: VT 300, B'2'dm, Wismar 21147/1941, 130 PS, Eigentum JTB AG, ex SWEG Jagsttalbahn, bis 1959 Rhein-Sieg-Eisenbahn (T 5), btf. in Bieringen
- Vt: VT 303, (1A)'(A1)'dm, Dessau 3085/1935, 145 PS, Eigentum JTB AG, ex SWEG Jagsttalbahn, bis 1968 Osterode – Kreiensen (VT 1), abg. in Dörzbach

Privatfeldbahn Buchen

In Buchen im Odenwald befindet sich eine Feldbahn aus einem 200 m langen Rundkurs mit Querverbindung im Aufbau. Ein Besuch ist nur nach Absprache möglich.
Info: Familie Kurasch, Am Ring 24, 74722 Buchen, Tel. 06281 4122, philipp@kurasch.de
Internet: www.febabu.de.vu
Lokomotiven (600 mm):
- Vl: 2, B-dm, Gmeinder, 20/24 PS, 2004 ex Ziegelwerk G. Bauer (Kumhausen bei Landshut)
- Vl: 5, B-dm, Jung 9372/1940, EL 110, 2003 ex Torfwerk D. Meiners in Steinau (5), Neu über A. Hamm & Co. (Hamburg) an Hamburger Tiefbaugesellschaft (Hamburg-Altona), btf.

Süddeutsches Eisenbahnmuseum Heilbronn (SEH)

Als die DB AG beschlossen hatte, sich vom Gelände des Bw Heilbronn zurückzuziehen, ergriff der 1998 gegründete Verein SEH die Initiative, den letzten erhaltenen Ringlokschuppen der Kgl. Württembergischen Staatseisenbahnen, seine 23-m-Drehscheibe und die architektonisch markante Wagenhalle in ein lebendiges Museum umzugestalten. Im Juni 2000 begann die Restaurierung der Gebäude und der Lokomotiven. Auch haben hier die Schnellzuglokomotiven der Ulmer Eisenbahnfreunde ihr Domizil.

Geöffnet: Samstags, sonn- und feiertags von März bis Oktober (10-18 Uhr) sowie samstags November – Februar (11-17 Uhr)
Termine: 15./16.5. (Dampftage im Museum), 11./12.9. (Dampflokfest mit Gastloks) und 11./12.12.2004 (Nikolauszüge)
Info: SEH e.V., Judith Nicklich, Itterstr. 18, 73084 Salach, Tel./Fax 07162 3270, info@eisenbahnmuseum-heilbronn.de
Internet: www.eisenbahnmuseum-heilbronn.de
Lokomotiven (1.435 mm):
Dl: 01 1066, 2'C1'h3, BMAG 11322/1940, Eigentum UEF, 1975 ex DB (012 066 / 01 1066), seit 1957 ölgefeuert, urspr. stromlinienverkleidet, btf.
Dl: 01 1081, 2'C1'h3, BMAG 11337/1940, Eigentum UEF, 1988 ex Denkmal Bad Münster, bis 1977 DB (012 081 / 01 1081), seit 1957 ölgefeuert, urspr. stromlinienverkleidet, abg.
Dl: 01 1104, 2'C1'h3, BMAG 11360/1940, 2001 ex Steamtown Carnforth/England, bis 1974 DB Rheine (012 104), seit 1957 mit Ölfeuerung, 1954 neuer Hochleistungskessel, bis 1950 Stromlinienverkleidung, abg.
Dl: 01 509, 2'C1'h2, Krupp 1426/1935, Eigentum UEF, 1985 ex DR (01 0509 / 01 143), btf.
Dl: 38 3199, 2'Ch2, Linke-Hofmann 2276/1921, 1998 ex Schrottplatz in Rumänien, zuvor Rumänische Staatsbahn (230.106), 1974 abg., bis 1928 RBD Breslau, btf.
Dl: 44 1378, 1'Eh3, Krupp 2800/1943, bis 1992 DR (44 1378 / 44 0378 / 44 1378), ä.r.
Dl: 44 1489, 1'Eh3, Schneider (Le Creusot/Frankreich) 4732 oder 4731/1943, ehemals DR (44 0489 / 44 1489), abg.
Dl: 50 3031, 1'Eh2, Esslingen 4522/1942, 2003 ex Denkmal Linde bei Lindlar, bis 1976 DB (50 3031), mit Kabinentender, abg.
Dl: 52 8098, 1'Eh2, Krauss-Maffei 16546/1943, 2001 ex privat (Nördlingen), zuvor DR (52 8098, ex 52 3420), abg.
Dl: 57 3525, Eh2, Henschel 21660/1930, 2003/1998 ex Rumänische Staatsbahn (50.397), wie preuß. G 10, abg.
Dl: 80 014, Ch2t, Hagans/Wolf 1228/1928, 2002 ex privat (Schweiz), 1997 ex Nenevalley Museumsbahn bzw. Steamtown Carnforth/England, bis 1975 DGEG Bochum-Dahlhausen, bis 1974 Ruhrkohle AG (D-721), bis 1960 DB (80 014), i.A.
Dl: 89 407, Cn2t, Heilbronn 595/1912, 2003 ex Denkmal Technische Werke der Stadt Stuttgart, bis 1976 Eurovapor Stuttgart, bis 1968 Gaswerk Stuttgart (3), bis 1936 DRG (89 407), urspr. württ. T3 Nr. 888, abg.
Dl: 89 7531, Cn2t, Esslingen 2985/1898, 2003 ex Niederlausitzer Museumseisenbahn (2), bis 1998 Denkmal im Seepark Kirchheim/Hessen, bis 1977 DDM Neuenmarkt-Wirsberg, bis 1975 Werklok Aw Schwerte (6003; 1968 abg.), bis 1947 DR/DRB (89 7531), bis 1938 Braunschweigische Landeseisenbahn (13 „Rhueden"), abg.
Dl: T 9[3] „Saarbrücken 7318", 1'Cn2t, Henschel 6358/1903, bis 2003 Werklok in Rumänien, bis 1966 Rumänische Staatsbahn (7318), im 1. Weltkrieg bei Militäreisenbahndirektion 9 in Rumänien, urspr. preuß. T 9[3] „Saarbrücken 7318", abg.
Dl: 231 K22, 2'C1'h4v, Chantière de la Loire 1916, 2001 ex BEM Nördlingen, bis 1997 Steamtown Carnforth/Nordengland, bis 1969 SNCF (231 K22), 1948 Umbau durch André Chapelon aus 231 C22 der SNCF (dadurch 700 PS mehr), bis 1925 PLM Paris-Lyon-Mittelmeer-Bahn (6222), i.A.
Dl: 17, Bn2t, O&K Berlin-Drewitz 7685/1919, 2002 ex AHE Almstedt-Segeste, bis 1980 Gaswerke Karlsruhe (145), dort 1965 abgestellt, abg.
Dl: Bn2t, Hanomag 6039/1912, 2003 ex Niederlausitzer Museumseisenbahn (1), bis 1992 Spielplatz Neckargartach, zuvor Kali-Chemie Heilbronn (36/2), abg.
Dl: 6 „Margarete", Bn2t, Smoschewer 683/1920, Eigentum GES Kornwestheim, 1976 ex Fürstlich Hohenzollerische Hüttenwerke Laucherthal bei Sigmaringen, abg.
Vl: V 200 101, B'B'dh, Krauss-Maffei 18993/1962, 2 x 1.350 PS, 2003 ex Firma Stanga (Padova/Italien), zuvor Firma Jelka, bis 1990 DB (221 101 / V 200 101), abg.
Vl: V 200 120, B'B'dh, Krauss-Maffei 19012/1963, 2 x 1.350 PS, 2003 ex Firma Stanga (Padova/Italien), zuvor Firma Jelka (Schaan/Liechtenstein), bis 1990 DB (221 120 / V 200 101), abg.
Vl: V 20 042, B-dh, Deutz 39643/1943, 200 PS, WR200 B14, 2002 ex VEFS Bocholt, bis 1988 Museumsbahn Paderborn (V 20 042), bis 1985 Steinhuder Meer-Bahn (DL 262), 1955-63 US-Army Transportation Corps in der Pfalz, nach 1946 Österr. Staatsbahnen (Wels), urspr. Reichsluftfahrtministerium (Luftpark Wiener Neustadt), i.A.
Vl: B-dh, Gmeinder 4274/1947, 200 PS, Nachbau V 20, 2003 ex Stahlhandel Debrunner (Frenkendorf-Fullinsdorf im Kanton Basel-Land), zuvor Schrotth. Schuler (Deißlingen), bis 1967 Lkw-Werk Wörth/Pfalz, bis 1966 Traktorenwerk Gaggenau der Daimler-Benz AG, abg.

Aus der Niederlausitz kam ein 1912 von Hanomag gebauter B-Kuppler ins Heilbronner Eisenbahnmuseum. Zwischen der 012 104 und der 01 509 wirkt er geradezu winzig (1.4.2002). *Foto: Michael Ulbricht*
Unten: Die aus Rumänien nach Deutschland heimgekehrte 38 3199 präsentiert sich optisch als Länderbahnlok (Nürnberg, 14.6.2002). *Foto: Rainer Vormweg*

Vl: Köf 4610, B-dh, Krupp 1385/1934, 128 PS, Köf II, 2003 ex G. Rübelmann / Chemische Fabrik Friedlingen (Viernheim), bis 1980 DB (322 109 / Köf 4610), abg.
Vl: Kö 4825, B-dh, BMAG 10481/1936, 80 PS, Kö II, 1998 ex privat (Frankenthal), ca. 1990 ex DR (100 725 / Köf 4825), abg.
Vl: Köf 6382, B-dh, Gmeinder 5103/1958, 128 PS, Köf II, 2003 ex Milchindustrie Meggle (Wasserburg-Reitmehring), bis 1982 DB (322 520 / Köf 6382), btf.
Vl: Köf 6525, B-dh, Gmeinder 5159/1960, 128 PS, Köf II, 2003 ex DLW-Werk Bietigheim-Bissingen, bis 1985 DB (323 725 / Köf 6525), btf.
Vl: Köf 6580, B-dh, Gmeinder 5214/1961, 128 PS, Köf II, 1999 ex Firma Allgaier (Uhingen), bis 1985 DB (323 872 / Köf 6580), btf.
Vl: B-dh, BMAG 1940, 100 PS, Köf II, 2001 ex Trocknungswerk Ochsenfurt der Süddeutschen Zucker AG, btf.

Vl: B-dm, Deutz/Oberursel 6280/1922, 37 PS, C XIV R, 2002 ex AHE Almstedt-Segeste (VL 7), bis 1977 Küchenfabrik Becker bzw. ehem. Furnierwerk G. Hartmann (Berghausen/Baden), bis ca. 1957 Metallhandel Rosenfeld & Co. (Karlsruhe), i.a.
Vl: D-dh, MaK 800011/1953, 800 PS, Typ 800D, 2002 ex Modellbahn Markscheffel & Lennartz (Hamburg), bis 1996 Osthannoversche Eisenbahnen (800 011), abg.
Vl: B-dm, Deutz 21416/1937, OMZ 117R, 2002 ex MEC Solingen, zuvor Werk Krummenerl der Bergisch-Märkischen Steinindustrie Gummersbach, btf.

Feldbahn Neckarbischofsheim

Im November 1999 gründete sich ein 30-köpfiger Verein, um auf einem 4.000 m² großen Grundstück eine Feldbahn mit 800 m Streckenlänge aufzubauen und künftig das Feldbahnwesen des Rhein-Neckar-Raums darzustellen. Eine Wagenhalle für vier Gleise und eine Werkstatt sind schon fertig. Jetzt werden 350 m Gleise verlegt und fünf offene Personenwagen gebaut. Etwa 40 Wagengestelle verschiedener Bauart stehen zur Verfügung.
Info: Werner Herzog, von-Hindenburg-Str. 52, 74924 Neckarbischofsheim, Tel. 07263 64737, Fax 962122, info@feldbahn-nbh.de
Internet: www.feldbahn-nbh.de
Diesellok (600 mm): 1 „Bischesse", B-dm, Gmeinder 4697/1952, 35 PS, 1999 ex privat (Ehningen), bis 1986 privat (Holzgerlingen), bis 1983 Gerhahersches Dachziegelwerk Möding, bis 1958 Portland-Zementwerk Harburg/Schwaben, btf.

Auto + Technik Museum (ATM) Sinsheim

Einige Fahrzeugsammler eröffneten 1981 im Sinsheimer Industriegebiet ein Auto- und Technikmuseum. In mehreren Hallen und im Außenbereich sind neben 300 Straßenfahrzeugen und Flugzeugen auch viele Eisenbahnfahrzeuge zu sehen, die freizeitparkmäßig präsentiert werden.
Geöffnet: Werktags 9-18 Uhr, samstags, sonn- und feiertags 9-19 Uhr
Info: Auto- und Technikmuseum, Museumsplatz, 74889 Sinsheim, Tel. 07261 92990, Fax 13916, info@technik-museum.de
Internet: www.technik-museum.de
Triebfahrzeuge (1.435 mm):
Dl: 18 314, 2'C1'h4v, Maffei 5089/1919, bis 1984 DR 02 0314 / 18 314, urspr. bad. IVh 1003
Dl: 41 113, 1'D1'h2, Krupp 1935/1939, 1982 ex privat, bis 1981 DB (042 113 / 41 113)
Dl: 44 100, 1'Eh3, Henschel 24269/1939, bis 1977 DB (043 100 / 44 100)
Dl: 50 413, 1'Eh2, BMAG 11411/1940, bis 1977 DB (050 413 / 40 314)
Dl: 152 3109, 1'Eh2, Jung 11120/1943, 1986 leihweise ex Hist. Eisenbahn Frankfurt, zuvor Graz-Köflacher Bahn (152.3109), bis 1968 ÖBB (152.3109)
Dl: 99 3316, Dn2t, Borsig 9757/1919, 600 mm, bis 1984 DR (99 3316), ab 1950 Waldeisenbahn Muskau, 1948-50 im Werk Dornreichenbach und bis 1945 Werk Heyda & Meltewitz der Quarz-Porphyr-Werke Leipzig, um 1934 O. Kießling (Riesa) bzw. Firma Zachmann (Leipzig), ab 1921 Baumeister M. Förster (Riesa), um 1919 bei Sächs. Maschinenfabrik Chemnitz, urspr. Heeresfeldbahn Rehagen-Klausdorf (HF 634)
Dl: 28, Dn2t, Henschel 29885/1946, 1983 ex Saarbergwerke (28)
Dl: B-fl, O&K 3420/1909, 1983 ex F. Seltsam (Forchheim)
Dl: B-fl, Karlsruhe 2370/1929, 1984 ex Chemische Fabrik Weyl (Mannheim-Waldhof)
Vl: 2018, C-dh, BMAG 10865/1939, 300 PS, Eigentum Hist. Eisenbahn Frankfurt, bis 1985 Stadtwerke Frankfurt (2018), bis 1962 Steinhuder Meer-Bahn (V 271), bis 1954 Dortmund-Hörder Hüttenverein, bis 1943 EIBIA Bomlitz (13)
Vl: 275, B-dm, Gmeinder 4333/1948, 50 PS, 1983 ex Schweyer AG (Mannheim)
El: E 60 12, 1'C, AEG 4708/1932, 1984 ex DB (160 012 / E 60 12)
El: 101, Bo, AEG 1037/1910, 1982 ex MEC Karlsruhe, zuvor Stadtwerke Baden-Baden
El: 14282, (1'C)(C1'), SLM Winterthur 2779/1921, 1984 ex Hist. Eisenbahn Frankfurt, bis 1982 SBB (Ce 6/8)
El: 1089.06, (1'C)(C1'), Floridsdorf 2820/1924, 1989 ex Verkehrshaus Luzern, bis 1978 ÖBB (1089.06), zuvor DRG (E 89 006), urspr. BBÖ (1100.06)

Eisenbahnfreunde Kraichgau, Sinsheim

Der 1980 gegründete Verein befaßt sich u. a. mit Initiativen zum ÖPNV, der Organisation von Sonderfahrten (durch seine Betreibergesellschaft Elsenztalbahn) sowie mit der Aufarbeitung von Fahrzeugen. Sein Domizil ist der Sinsheimer Lokschuppen, den er samt Anlagen und Drehscheibe restaurierte. Der Reisezugwagenpark besteht aus fünf Bghw-, einem BDghws- und einem Wgr-Wagen.
Info: Eisenbahnfreunde Kraichgau, Postfach 1265, 74872 Sinsheim, Tel./Fax 07261 5809, info@eisenbahnfreunde-kraichgau.de
Internet: www.eisenbahnfreunde-kraichgau.de
Lokomotiven (1.435 mm):
Vl: KW/I, B-dh, Krupp 2296/1954, 1997 ex BBC bzw. ABB Mannheim (Lok KW/I), btf.
Vl: V 20 051, B-dm, DWK 731/1943, 200 PS, WR200 B14, Eigentum DB-Museum, bis 1978 DB (270 051 / V 20 051 / V 22 087), urspr. Wehrmacht / Luftwaffe (WL 218), abg.
Vl: 322 156, B-dh, Krauss-Maffei 15447/1935, 128 PS, Köf II, 1992 ex Denkmal Remshalden (322 156), bis 1985 Firma Layritz (Penzberg), bis 1980 DB (322 602 / Köf 4714), btf.
Vl: Kö 0110, B-dm, Windhoff 270/1935, 50 PS, Kö I, 1991 ex EF Wetterau (Bad Nauheim), bis 1981 Raiffeisen-Kraftfutterwerk Würzburg, bis 1955 DB (Kö 0110), abg.
Nf: Skl 51-9207 „Freddy", B-dm, IWK 1964, 72 PS, 1997 ex DB Karlsruhe (51-9207), btf.

*Vor dem Schaustollen des Feldbahn- und Industriemuseums Wiesloch stand im Juni 2003 die Deutz-Grubenlok 22622/1938.
Foto: Rafael Dreher*

Feldbahn- und Industriemuseum Wiesloch

Der 2001 gegründete Verein FIW bemüht sich um die Erhaltung des 1905 erbauten denkmalgeschützten Lokschuppens, um die Reaktivierung und den Ausbau der Feldbahn der Ziegelei der Tonwaren-Industrie Wiesloch (TIW) sowie um den Aufbau einer Sammlung von Feldbahnmaterial der Ziegelindustrie und des Erzbergbaues. Inzwischen ist eine Gleisanlage mit 200 m Länge entstanden. Geplant sind jetzt die Umspurung des normalspurigen Anschlußgleises, der Bau einer Strecke zur alten Tongrube (mit Demonstration der Tonförderung per Eimerkettenbagger) sowie die Einrichtung eines Schaustollens in Erinnerung an den Wieslocher Eisenerzbergbau.
Fahrbetrieb: 1.5., 5./6.6. (Lokschuppenfest), 4.7. (Baggertag), 12.9., 3.10. und 5.12.2004 sowie nach Absprache
Info: Franz Stier, Wieslocher Str. 30, 69231 Rauenberg, Tel. 06222 60807, franz.stier@feldbahnmuseum-wiesloch.de
Oder: Rafael Dreher, Auf der Pat 1b, 56332 Lehmen, Tel./Fax 02607 973639, rafael.dreher@t-online.de
Internet: www.feldbahnmuseum-wiesloch.de

Lokomotiven (600 mm):
Vl: B-dm, Diema 2086/1957, 8 PS, DL 6, 2003 ex Chemische Fabrik Friedingen (Viernheim/Hessen), i.A.
Vl: B-dm, Deutz 22622/1938, MLH 714G, 1999 ex Tagesförderbahn Clausthal-Zellerfeld, bis 1990 Kali+Salz Bad Salzdetfurth, urspr. Oberkommando des Heeres (Ahrbergen bei Sarstedt), btf.
Vl: B-dm, Deutz, OMZ 122F, ex Baufirma Vatter (Dossenheim), abg.
Vl: B-dm, Gmeinder 964/1937, 20/24 PS, ex Baufirma Vatter (Dossenheim), abg.
Vl: 2, B-dm, Gmeinder 4481/1948, 22/24 PS, 2000 ex Schrotthandel Klotz (Landau), bis 1979 Grube Ilsfeld der Ziegelwerke Heilbronn-Böckingen, i.A.
Vl: B-dm, Jung 6760/1936, EL 110, 2002 ex Stumpfwaldbahn (Ramsen/Pfalz), bis 1984 Feldbahnsammlung Reindl-Stollen (Eisenberg/Pfalz), zuvor Porphyrwerke Weinheim bzw. Eisen-Tiefbau Mannheim, urspr. Händler Liebrecht (München), btf.
Vl: B-dm, O&K 2640/1927, Typ M, bis 1984 Schrotthandel Huth, btf.
Vl: B-dm, Gmeinder 2466/1939, 18/20 PS, bis 1985 Museum Reichert (Marxzell), zuvor Ziegelei Bott (Rauenberg), btf.
Vl: B-dm, Jung 9881/1941, EL 110, bis 1984 Schrotthandel in Haßloch/Pfalz, neu geliefert über Breidenbach & Co. (Mannheim) an Ziegelwerk D. Geiger (Kuhardt/Pfalz), abg.
Vl: B-dm, Deutz 1938, OME 117, 2002 ex privat (Neuburg/Pfalz), bis 1993 Baufirma in Landau, abg.

Die Oberrheinische Eisenbahn-Gesellschaft ging 2002 in der MVV OEG AG auf, doch steht der Museumszug weiterhin für Sonderfahrten bereit (Großsachsen, 23.7.2000).
Foto: Helmut Roggenkamp

Straßenbahn Heidelberg

Ein Schmuckstück neben dem historischen Verbandswagen ist bei der HSB der Pferdebahn-Sommerbeiwagen Nr. 6, der bis 1960 als Beiwagen gedient hatte, während der Tw 80 für Charterfahrten bereitsteht.
Info: Heidelberger Straßen- und Bergbahn AG, Bergheimer Str. 155, 69115 Heidelberg, Tel. 06221 513-0, Fax -3333, info@hvv-heidelberg.de
Internet: www.hvv-heidelberg.de
Triebwagen (1.000 mm):
Pf: 6, 2-achsig, Baujahr 1903, bis 1960 Bw 102, 42 bzw. 36, btf.
Et: 44, Bo'Bo', Fuchs/BBC 1925, 1990 ex privat, bis 1973 Heidelberg (Tw 99 bzw. 44), abg.
Et: 59, Bo, Fuchs/SSW 1949, KSW, 1990 ex DGEG-Schmalspurmuseum Viernheim, abg.
Et: 80, Bo, Fuchs 1956, Verbandswagen, zuletzt Atw, btf. (zu mieten unter Tel. 513-2741)

Mannheimer Versorgungs- und Verkehrs-AG

Betriebsfähige Museumswagen gibt es bei der Mannheimer Straßenbahn nicht, doch sind im Betriebshof Luzenberg zwei Altbauwagen hinterstellt, um deren Restaurierung sich die Freizeitgruppe Transportwesen der MVV bemüht. Die Oberrheinische Eisenbahn-Gesellschaft (OEG; seit 2002 MVV OEG AG) setzte den Halbzug ET 45/46 annähernd in den Urzustand zurück und hält ihn für Sonderfahrten vor.
Info: MVV, Luisenring 49, 68159 Mannheim, Tel. 0621 2900
Oder: MVV OEG AG, Käfertaler Str. 9-11, 68167 Mannheim
Internet: www.mvv.de/text/gruppe/1_1_3.html
Triebwagen (1.000 mm):
Et: ET 45/46, (A1)'(A1)'+2'2', Fuchs/BBC 1928, 2 x 53 kW, Halbzug, ex OEG, btf.
Et: ET 2, (A1)'(A1)', Fuchs/Siemens 1914, 2001 ex DGEG, urspr. OEG (ET 2), i.A.
Et: 237, Bo, Rastatt 1913 / Fuchs 1952, 1997 ex HSM, bis 1973 Mannheim (Tw 237 / 196), abg.
Et: 382, Bo'2'Bo', Düwag 1962, Gelenkwagen

Landesmuseum für Technik und Arbeit (LTA), Mannheim

Das LTA stellt den technischen und gesellschaftlichen Wandel in Südwestdeutschland der letzten 250 Jahre dar. Für Bahnfreunde ist die Ebene E „Hochindustrialisierung" interessant, wo man u. a. durch die Ausstellung der Maschinenfabrik Esslingen gehen und mit dem Museumszug und der Lok „Eschenau" ins Freigelände fahren kann.
Geöffnet: Di/Do/Fr (9-17 Uhr), Mi (9-20 Uhr), Sa (10-17 Uhr), So + Ft (10-18 Uhr)
Info: LTA, Museumsstr. 1, 68165 Mannheim, Tel. 0621 4298-9, Fax -754, Stefanie.Roth@lta-mannheim.de
Internet: www.landesmuseum-mannheim.de
Triebfahrzeuge (1.435 mm):
Dl: 979 „Eschenau", C-fl, Esslingen 2792/1896 (1988-90 Umbau aus Cn2t-Lok), 1981 ex Denkmal Esslingen, bis 1962 Werklok Esslingen (2), bis 1944 Teuringertalbahn Friedrichshafen (2), bis 1926 DRG (89 312), urspr. württ. T3 „979 Eschenau", btf.
Dl: 56, Bn2t, Karlsruhe 1168/1886, 1.000 mm, bis 1989 DGEG Viernheim, bis 1976 Denkmal Mannheim, bis 1961 OEG (56), urspr. Süddeutsche Eisenbahn-Gesellschaft (SEG)
Dl: 102, Bn2t, Henschel 3618/1891, 1.000 mm, bis 1989 DGEG Viernheim, bis 1968 OEG (102), urspr. SEG
Vl: 202 004, Co'Co', Henschel/BBC 31405/1973, 1991 ex Henschel/BBC (DE 2500), bis 1985 Hersfelder Kreisbahn, ex DB (202 004)
Vl: B-dm, Gmeinder 4442/1948, 1987 ex Kampffmeyer Mühlen (Mannheim)

BSW-Gruppe Historische Eisenbahn Mannheim (HEM)

Die BSW-Freizeitgruppe Historische Eisenbahn Mannheim e.V. hat ihr Domizil in Mannheim-Friedrichsfeld westlich vom Mannheimer Rangierbahnhof und betreut u. a. die imposante, nicht mehr betriebsfähige 18 316.
Info: Historische Eisenbahn Mannheim e.V., Sulzer Str. 43, 68229 Mannheim-Friedrichsfeld (beim DB-Unterwerk)
Triebfahrzeuge (1.435 mm):
Dl: 18 316, 2'C1'h4v, Maffei 5091/1919, 2002 leihweise ex Landesmuseum für Technik und Arbeit (Mannheim), ab 1995 wieder betriebsfähig (Einsatz durch UEF), bis 1992 Denkmal Potts Park (bei Minden), bis 1970 DB (18 316), urspr. Badische IVh Nr. 1005, abg.
El: E 244 31, Bo'Bo', Krupp 1509/1936, 2003 leihweise ex TU Karlsruhe, bis 1960 DB (E 244 31), abg.
Vl: 322 640, B-dh, Gmeinder 4811/1954, 2000 ex Zevawell AG (Mannheim), bis 1981 DB (322 640 / 321 549 / Köf 6182)
Vl: 323 642, B-dm, Gmeinder 5030/1958, 2002 ex Staatliches Hafenamt Mannheim (437), bis 1989 DB (323 642 / Köf 6330)
Vl: 323 942, B-dh, Gmeinder 4788/1953, ex Sendlinger Zellstoffe (Mannheim), bis 1988 DB (323 942 / 321 180 / Köf 6159)
Vl: 2, B-dh, Diema 2585/1963, DLV 30, ex J. Vögele (Mannheim)

Am 20.5.2000 verkehrte der Karlsruher „Spiegelwagen" Tw 100 mit den Bw 298 und 299 auf einer historischen Ringlinie (hier auf der Kaiserstraße nahe Europaplatz).
Foto: Günter H. Köhler

Straßenbahn Karlsruhe

Der 1987 gegründete Treffpunkt Schienennahverkehr Karlsruhe e.V. sorgt gemeinsam mit den Verkehrsbetrieben für die betriebsfähige Unterhaltung der Museumsstraßenbahnwagen und archiviert die VBK- und AVG- Geschichte.
Info: Treffpunkt Schienennahverkehr Karlsruhe, Postfach 6303, 76043 Karlsruhe, Tel. 0721 961377-0, Fax -1, mail@tsnv.de
Internet: www.tsnv.de
Triebwagen (1.435 mm):
Et: 12, Bo'Bo'2'2', Rastatt/BBC 1959, 2 x 150 kW, seit 2000 Htw, ex Albtalbahn (Tw 12), btf.
Et: 14, Bo, Herbrand/AEG 1899, 2 x 26 kW, seit 1976 Htw, zuvor Reklame-Tw 398 bzw. 410, bis 1952 Tw 14, bis 1908 offene Plattformen und Akku („Automobilwagen"), btf.
Et: 92, Bo, Wismar/SSW 1922, 2 x 39 kW, Residenz- bzw. Inflationswagen, seit 2001 Htw, zuvor abg. in Htw Tullastr., bis 1978 Rangier-Tw, bis 1970 im Liniendienst, i.A.
Et: 95, Bo, Rastatt/SSW 1929, seit 1955 Stahlaufbau, 2 x 47 kW, Stahlumbauwagen, seit 1986 Htw, zuvor Atw 85, bis 1971 Tw 485 bzw. 95, btf. (mit Bw 299, Rastatt/SSW 1929, ex Tw 99)
Et: 100, Bo, Rastatt/SSW 1930, 2 x 47 kW, „Spiegelwagen", seit 1988 Htw, bis 1986 AVG (Atw 80), zuvor Karlsruhe (Tw 100), btf. (mit Bw 298, Rastatt/SSW 1930, ex Tw 101)
Et: 104, Bo'Bo'2'2', Düwag/BBC 1958, 2 x 150 kW, als Htw vorgesehen, derzeit noch Fahrradexpress der Albtalbahn (Tw 104, ehem. Tw 4), btf.
Et: 115, Bo, Fuchs/SSW 1948, 2 x 60 kW, KSW, seit 1999 Htw, zuvor Atw 482, btf.
Et: 139, Bo'Bo', Rastatt/BBC 1958, 2 x 110 kW, seit 1985 Htw, btf. (mit Bw 439, Rastatt 1961)
Et: 167, Bo'2'Bo', DWM/BBC 1963, 2 x 120 kW, seit 1999 Htw, abg.

Schloßgartenbahn Karlsruhe

Die den Verkehrsbetrieben unterstehende Schloßgartenbahn wurde 1967 zur Bundesgartenschau eröffnet. Ihr Bahnhof liegt hinter dem Schloß beim Botanischen Garten. Bei gutem Wetter kommt sonn- und feiertags die Dampflok zum Einsatz.
Fahrbetrieb: Von Ostern bis Oktober samstags und in den Ferien auch an Mo-Fr (13-19 Uhr) sowie sonn- und feiertags (11-19 Uhr)
Info: Verkehrsbetriebe Karlsruhe, Tullastr. 71, 76131 Karlsruhe, Tel. 0721 6107-5250
Internet: www.fh-karlsruhe.de/-ehfr0011/sgb/sgbneu.htm

Lokomotiven (600 mm):
Dl: „Greif", Bn2t, Henschel 24506/1939, „Westernlok" mit vierachsigem Tender, 1967 ex Firma Vatter (Mannheim), zuvor u. a. 1941 beim Flugplatzbau in Ulmen/Eifel und 1946 als Trümmerbahn Heilbronn, urspr. Generalinspektion für Straßenwesen Berlin(?), btf.
Vl: B-dm, Gmeinder 4732/1952, 19 PS, 1988 ex Tonwerke Strauch (Nußloch), btf.
Vl: B-dm, Sollinger Hütte 1953, 1967 ex Lausanne, btf.

UEF-Dampfbetrieb auf der Albtalbahn und der Murgtalbahn

1979 war die Einweihung der aus Baden-Baden stammenden Bahnhofshalle in Bad Herrenalb ein großes Ereignis. Zusammen mit den UEF führte die Albtal-Verkehrsgesellschaft (AVG) einen regelmäßigen Dampfzugverkehr ein, beschaffte von der DB vierachsige Reisezugwagen und renovierte sie. Zudem sind zwei Gesellschaftswagen vorhanden, die auch auf DB-Gleisen zum Einsatz kommen. Regelmäßig befahren die Dampfzüge auch die Murgtalbahn Rastatt – Baiersbronn.
Albtalbahn: 1.5., 30.5., 27.6., 25.7., 26.9. und 31.10.2004 (jeweils Ettlingen Stadt ab 10.40 und 13.40 Uhr; Bad Herrenalb ab 12.36 und 16.15 Uhr), Sonderfahrplan am 21./22.8. (Bahnhofsfest Bad Herrenalb) und 4./5.12.2004 (Nikolauszüge)
Murgtalbahn: 6.6., 4.7., 1.8. und 5.9.2004 (Rastatt ab 9.40 und 14.28 Uhr; Baiersbronn ab 12.25 und 17.48 Uhr)
Info: Otto Haas, Dammerstockstr. 28, 76199 Karlsruhe, Tel. 0721 883361, Fax 9896650, albtal@uef-dampf.de
Internet: www.uef-dampf.de
Lokomotiven (1.435 mm):
Dl: 44 1616, 1'Eh3, Krenau 1104/1943, Privateigentum, 1991 ex DR Bautzen (44 1616), abg.
Dl: 50 2740, 1'Eh2, Henschel 26808/1942, 1988 ex DR Nossen (50 2740), abg.
Dl: 50 3539 „Käthchen von Heilbronn", 1'Eh2, Henschel 26604/1942, 1998 ex BEM Nördlingen, bis 1993 DR Nossen (50 3539 / bis 1958: 50 2273), btf.
Dl: 58 311, 1'Eh2, Esslingen 2153/1921, 1984 ex DDM, bis 1978 DR (58 1111 / 58 311), urspr. badische G 12, vsl. btf. ab Sommer 2004
Dl: 86 348, 1'D1'h2t, Floridsdorf 3249/1939, 1972 ex DB (86 346), abg.
Vl: „Gelbe Emma", B-dm, Deutz 46525/1942, 40 PS, OMZ 122R, 2002 ex Chemische Werke Worms-Weinsheim (dort 1981 abg.), urspr. Firma Sinneweh (Weinsheim), i.A.

Fahrzeugmuseum Reichert, Marxzell

Die Familie Reichert eröffnete 1968 das Fahrzeugmuseum Marxzell, das täglich 14-17 Uhr geöffnet ist. Durch die hohen Beschaffungskosten sowie den Tod des Gründers war es bisher nicht möglich, die Exponate angemessen zu präsentieren.
Info: Fahrzeugmuseum Reichert, Albtalstr. 2, 76359 Marxzell, Tel. 07248 6262, eintritt@fahrzeugmuseum-marxzell.de
Internet: www.fahrzeugmuseum-marxzell.de
Triebfahrzeuge:
Dl: Bn2t, Henschel 17833/1920, 1.435 mm, Typ Riebeck, 1978 ex Baufirma Riedmüller, bis 197? Werk Züttlingen/Jagst der Süddeutschen Zucker AG, urspr. Zuckerfabrik Frankenthal (1)
Dl: B-fl, Hanomag 10373/1927, 1.435 mm, 1974 ex Großkraftwerk Mannheim AG (GKM 1)
Dl: 1Bfl, Maffei 3844 oder 3859/1913, 1.435 mm, 1976 ex Richtberg KG (Neuenburg), 1967-72 Sägewerk Hüfingen, urspr. Himmelsbach KG (Freiburg)
Dl: 6, Bn2t, Hanomag 0276/1921, 830 mm, 1965 ex Klöckner-Werke Georgsmarienhütte (6)
Dl: Bn2t, Krauss 7764/1920, 500 mm, 196? ex Ziegelei Ludowici (Jockgrimm)
Vl: B-dm, Gmeinder 2466/1939, 24 PS, 500 mm, ex Ziegelei Bott (Rauenberg)
Vl: B-dm, Gmeinder 2870/1940, 15/18 PS, 600 mm, ex Ziegelei Bott & Eder (Billigheim)
Vl: B-dm, Deutz 1940, OMZ 122F, 600 mm
Vl: B-dm, Deutz, OMZ 122R, 1.435 mm
Et: 6, Bo'Bo', Esslingen 17717/1927, 1.000 mm, 1981 ex SHB Stuttgart, bis 1980 Esslingen-Nellingen-Denkendorf (6)
Et: 12, Bo, Falkenried/SSW 1901, 1.000 mm, 1970 ex Heidelberg (12)
Et: 32, Bo, Schlieren 1912, 1.000 mm, 1970 ex Reutlingen (32), bis 1950 Luzern (27)

Verein zur Erhaltung der Württembergischen Schwarzwaldbahn, Calw

Der 1987 gegründete Verein WSB bemüht sich um den Erhalt der Strecke Calw – Weil der Stadt und erreichte, daß der Landkreis Calw sie im Hinblick auf einen möglichen späteren ÖPNV übernahm. Der WSB kümmert sich um das Freischneiden der Strecke und die museale Ausgestaltung des Bw Calw und richtete im Stellwerk 1 des Bahnhofs Calw Süd ein Museum ein. Vorhanden sind u. a. eine Donnerbüchse (als Museum), ein Güterwagen G10, eine Draisine Klv 11 und einige Loren.
Info: Hans-Ulrich Bay, Altburger Str. 12, 75365 Calw, Tel. 07051 20541, Fax 07033 809191
Internet: www.schwarzwaldbahn-calw.de

Gesellschaft zur Erhaltung von Schienenfahrzeugen (GES) Kornwestheim

Die GES sammelt vor allem württembergische Eisenbahnfahrzeuge und setzt ihren in Kornwestheim stationierten Dampfzug „Feuriger Elias" u. a. auf der stillegungsbedrohten Strohgäubahn Korntal – Weissach (22,25 km) der WEG ein. Zusammen mit dem Förderverein Kgl. Württ. Staatseisenbahnen – Eisenbahnmuseum Kornwestheim e.V. unterstützt sie das im Aufbau befindliche lokale Eisenbahnmuseum.
Strohgäubahn: 1./2.5., 6.6., 4.7., 1.8., 5.9. und 5.12.2004 (Korntal ab 9.05, 12.05 und 15.35 Uhr; Weissach ab 10.45, 14.20 und 17.20 Uhr)
Weitere Termine: 12.4. (Rund um Stuttgart) und 31.5.2004 (Panorama-Express Stuttgart Hbf – Stuttgart-Vaihingen)
Info: GES, Postfach 710116, 70607 Stuttgart, Tel. 0711 446706, Fax 07127 3689, info@ges-ev.de
Internet: www.ges-ev.de
Triebfahrzeuge (1.435 mm):
Dl: 44 1315, 1'Eh3, Krupp 2737/1943, Eigentum Stadt Kornwestheim, bis 1985 Denkmal, 1981 ex DB 043 315, abg.
Dl: 50 3636, 1'Eh2, MBA 13535/1941, 1991 ex DR (50 3636 / 50 996), btf.
Dl: 64 094, 1'C1'h2t, Humboldt 1821/1928, 1999 ex Denkmal Ludwigsburg, bis 1973 DB, abg.
Dl: 86 348, 1'D1'h2t, Floridsdorf 3251/1939, 1999 ex Denkmal Ludwigsburg, bis 1973 DB, abg.
Dl: Cn2t, Esslingen 4092/1923, Eigentum Stadt Kornwestheim, 1992 ex Spielplatz, bis 1968 Werklok der Maschinenfabrik Esslingen, abg.
Vl: 18463, B'B'dh, MaK 2000015/1957, 1997 ex SBB Am 4/4 18463, bis 1986 DB (220 015 / V 200 015), abg.
Vl: 18464, B'B'dh, MaK 2000016/1957, 1997 ex SBB Am 4/4 18464, bis 1986 DB (220 016 / V 200 016), abg.
Vl: V 100 1357, B'B'dh, Esslingen 5293/1960, 1.100 PS, 1995 ex DB (211 357), btf.
Vl: Köf 6169, B-dh, Gmeinder 4798/1954, 128 PS, 1988 ex DB (323 526 / Köf 6169), btf.
Vl: Köf 6524, B-dh, Gmeinder 5158/1960, 128 PS, 1997 ex Salamander (Kornwestheim), bis 1984 DB (323 724 / Köf 6524), btf.
Vl: 1, B-dh, Deutz 56811/1957, A4L 514R, urspr. Salamander Kornwestheim (1), i.A.

BSW-Freizeitgruppe IG Deutsches Krokodil, Kornwestheim

Die IG Deutsches Krokodil ging 2003 aus der IG E 93 07 hervor und betreut beim Bh Kornwestheim die E 93 07 und E 94 279 aus dem Bestand des DB-Museums.
Info: Marcus Herold, Dammstr. 4, 70806 Kornwestheim, Tel. 07154 7340, marcus.herold@bahn.de
Internet: www.deutsches-krokodil.de
Lokomotiven (1.435 mm):
El: E 93 07, Co'Co', AEG 4961/1937, 2.214 kW, Eigentum DB-Museum, ex DB (193 007 / E 93 07), abg.
El: E 94 279, Co'Co', Krauss-Maffei/SSW 18191/1955, 4.680 kW, Eigentum DB-Museum, ex DB (194 579 / E 94 279), btf.
El: E 94 281, Co'Co', Krauss-Maffei/SSW 18193/1955, ex DB (194 581 / E 94 281), abg.

Mit vereinten Kräften waren am 7.9.2003 die GES-Lokomotiven 11 und 16 auf der Strohgäubahn Korntal – Weissach unterwegs (bei Hemmingen).
Foto: Rainer Vormweg

Freundeskreis Feldbahn, Leutenbach

1986 gründete sich in Leutenbach der Freundeskreis Feldbahn. Eine feste Strecke ließ sich zwar noch nicht realisieren, doch unterhält der Verein eine transportable Feldbahn mit 280 m Gleis, einer Lok, fünf Sommerpersonenloren und einem vierachsigen Winterpersonenwagen. Zudem sind zwei Gleisfahrräder, sieben Personenwagen (einer davon vierachsig) sowie 34 weitere Fahrzeuge (Kipp- und Flachloren, Bergbauhunte, Drehschemel, Wurfschaufellader etc.) vorhanden.
Info: Michael Jahnle, Schwalbenweg 30, 71397 Leutenbach-Nellmersbach, Tel. 07195 68480
Lokomotiven (600 mm):
Al: 4, Bo, Bartz 1285/1958, 2 kW, 2000 ex Tonbergbau Braun (Alfter-Witterschlick)
Vl: 5, B-dm, Strüver 1941, 5 PS, Schienenkuli, 1988 ex Ziegelei Armbruster (Aichhalden-Rötenberg), btf.
Vl: 6, B-dm, Diema 2463/1961, 8 PS, 1988 ex Ziegelei Neuschwander (Brackenheim), urspr. Ziegelei Sandrock (Baumbach), btf.
Vl: 7, B-dm, O&K 7157/1936, 15 PS, 1985 ex privat, zuvor Ziegelei Gugel (Neuhausen/Filder), btf.
Vl: 8, B-dm, Diema 2713/1964, 20 PS, 1997 ex Firma Harsch in Bretten (2822), bis 1973 Ziegelei Bott & Eder (Rauenberg), btf.

Feldbahn Ludwigsburg

Eine 2000 zusammengekommen Gruppe von Feldbahnfreunden hat in Pflugfelden ein 2.100 m^2 großes Grundstück für den Bau einer Feldbahn angepachtet. 140 m Gleis, eine Weiche, ein Schienenkuli und ein „Postwagen mit Einstiegsplattform" sind bereits vorhanden.
Info: Alexander Beck, alexander.beck@feldbahn-lb.de, www.feldbahn-lb.de
Diesellok (600 mm):
B-dm, Eigenbau-Schienenkuli, 5 PS, 2002 ex Wedeler Feldbahn (Fredenbeck), btf.

Manfred Schaible's Gartenbahn (MSGB), Spiegelberg

Zur 1985 aufgebauten MSGB gehören 120 m Streckengleis, eine Schiebebühne, drei Abstellgleise und ein zweigleisiger Lokschuppen. Der Wagenpark umfaßt zwei zweiachsige und einen rollstuhltauglichen vierachsigen Personenwagen, einen Packwagen mit Bremserhaus, einen Flachwagen und fünf Kipploren. Die Loks werden weitgehend originalgetreu erhalten und gelegentlich im „Öffentlichen Nahverkehr" eingesetzt.
Info: Manfred Schaible, Sulzbacher Str. 2, 71579 Spiegelberg, Tel. 07194 8422, m.schaible-spi@t-online.de
Internet: www.msgb.de
Lokomotiven (600 mm):
- Dl: 1, Bn2t, Eigenbau 1999, Kessel von Dupuis (Mönchengladbach), Dampfmaschine von Stocker-Engine, nach Vorbild einer Blanc-Misseron 030 der Tramways de la Sarthe/Frankreich, btf.
- Vl: 2, B-dm, Gmeinder 4460/1948, 12 PS, 1983 ex Ziegelei Blattert (Murr/Murr), btf.
- Vl: 3, B-dm, Gmeinder 3620/1941, 20 PS, 1985 ex Ziegelwerk Pfleiderer (Winnenden/Neuenstein), zuvor Spingler (Winnenden), abg.
- Vl: 4, B-dm, O&K 9798/1939, 12 PS, 1991 ex Sandwerk Kiener (Goldshöfe), urspr. Quarzitsandwerk Bau (Ellwangen/Jagst), btf.
- Vl: 5, B-dm, Diema 833/1937, 20 PS, DL 12, 1998 ex IG Feldbahn Franken, btf.
- Al: 6, Bo, Wismut 13011/?, 1985 ex privat (Stuttgart), zuvor Ziegelwerk Gera-Leumnitz, ehem. Bo'Bo'-Doppellok, abg.

Zur Feldbahnsammlung Krause & Zeller gehört auch diese KDL 8 (Schöma 1873/1956) mit Austauschmotor. Foto: Wolfgang Zeller

Feldbahnsammlung Krause & Zeller, Filderstadt

Reinhard Krause und Wolfgang Zeller, die 1984 mit dem Sammeln von Feldbahnmaterial begonnen hatten, errichteten auf dem Grundstück Zeller in Filderstadt-Harthausen eine Feldbahn mit 100 m Strecke, einem Lokschuppen und fünf Weichen. Aus Kipploren wurden vier Personen- und zwei Arbeitswagen umgebaut.
Info: Wolfgang Zeller, Grötzinger Str. 58, 70794 Filderstadt, Tel. 07158 64298, marcuszeller@rtlworld.de
Oder: Reinhard Krause, Frankfurter Str. 47, 70376 Stuttgart, Tel. 0711 5490345
Lokomotiven (600 mm):
- Vl: 1, B-dm, Strüver 60412/1956, 6 PS, Schienenkuli, 1984 ex Ziegelwerk Hecht (Wernau), urspr. J. Noe Nachf. (Stuttgart), btf.
- Vl: 2, B-dm, Kröhnke 251/1955, 6 PS, Lorenknecht LK2, urspr. Hermann Hald (Stuttgart), btf.
- Vl: 3, B-dh, Schöma 3130/1968, 17 PS, CHL 14G, 1990 ex Denkmal Grafenau-Dötzingen, bis ca. 1983 Ziegelei Gugel (Neuhausen), btf.
- Vl: 4, B-dm, Strüver 346872/1937, 5 PS, Schienenkuli, ehemals Ziegelei b. Karlsruhe, btf.
- Vl: 5, B-dm, Schöma 1873/1956, 6 PS, KDL 8, 1991 ex Ziegelei Schwarz & Ungert (Witzighausen), bis 1969 Sandgrube Weber (Bochum-Langendreer), btf.

Vl: 6, B-dm, LKM 260184/1960, 10 PS, Ns1b, 1991 ex Ziegelei Eisenberg (Thüringen), btf.
Vl: 7, B-dm, Strüver 60260/1951, 10 PS, 1992 ex Ziegel Gairing (Unlingen/Riedlingen), i.A.
El: 8, Bo, Eigenbau 1952, 2,5 kW, Güter-Tw, 1992 ex Staatliches Sägewerk Spiegelau, abg.
Vl: 9, B-dm, Eigenbau, 10 PS, Schienenkuli, 1994 ex privat, zuvor Ziegelei Ilshofen, i.A.
Vl: 10, B-dm, Kröhnke 156/1949, 6 PS, 1995 ex privat, urspr. Dolberg AG (Dortmund), i.A.
Vl: 11, B-dm, Diema 2721/1964, 28 PS, DS 28, 1995 ex Ziegelwerk Mühlacker (3), btf.
Vl: 12, B-dm, Jung 7212/1938, 11 PS, EL 110, 1996 ex Torfwerk Haidgau (Bad Wurzach), urspr. M. Eichelgrün (Frankfurt/M), btf.
Vl: 13, B-dm, Diema 2951/1967, 11 PS, DL 6, 1996 ex Torfwerk Höne, zuvor Torfwerk bei Vechta, btf.
Vl: 14, B-dm, Eigenbau, 13 PS, Schienenkuli, 1996 ex Ziegelwerk Kagelmann (Achern)

Straßenbahnmuseum Stuttgart-Zuffenhausen

In Stuttgart gab es bereits in den 30er Jahren Bemühungen, historische Straßenbahnwagen zu retten, und so konnte eine weitgehend vollständige Nahverkehrssammlung entstehen. Nach Gründung des Stuttgarter Historische Straßenbahnen e.V. (SHB) begann 1987 eine kontinuierliche Entwicklung. Einem 1989-94 bestehenden kleinen Museum in Gerlingen folgte das heutige Straßenbahnmuseum Zuffenhausen (Strohgäustr. 1) mit 3.500 m^2 Ausstellungsfläche. Im Ambiente eines Betriebshofs aus den 30er Jahren kommen die 50 Fahrzeuge und sonstigen Exponate gut zur Geltung. Auf zwei Oldtimerlinien (13,6 bzw. 7,3 km) kann man die alte Straßenbahn „erfahren".
Geöffnet: Am zweiten Sonntag des Monats (13-17 Uhr), am letzten Samstag des Monats (13-18 Uhr) sowie am 18./19.9.2004
Fahrbetrieb: Rundlinie 19 am zweiten Sonntag des Monats (Museum – Zuffenhausen – Stammheim – Museum, um 14, 15 und 16 Uhr ab Museum); Oldtimerlinie 23 am letzten Samstag des Monats (Museum – Mineralbäder – Berliner Platz – Hbf – Mineralbäder – Museum, ab Museum um 14.20, 15.50 und 17.20 Uhr; ab Hbf um 13.30, 15.00 und 16.30 Uhr)
Termine: 20.6. („75 Jahre Straßenbahn-Btf Bad Cannstatt", Einsatz von fünf Wagen Bad Cannstatt – Ruhbank), 23.7. (Sommernachtsfahrt), 18./19.9. („100 Jahre Tw 222" vsl. mit Gastwagen, Fahrzeugkorso und Sonderfahrten) und 27.11.2004 (Nikolaus auf der Oldtimerlinie 23)
Info: Stuttgarter Historische Straßenbahnen e.V., Postfach 104412, 70039 Stuttgart, Tel. 0711 822210, Fax 8266490, admin@shb-ev.de
Internet: www.shb-ev.de
Triebfahrzeuge (1.000 mm, wenn nicht anders angegeben):
Pf: SPE 1, Baujahr 1868, urspr. 1.435 mm, Wagen der Stuttgarter Pferde-Eisenbahn-Gesellschaft, nur Untergestell vorhanden
Pf: NSS 20, Baujahr 1887, Reko 1992, Wagen der Neuen Stuttgarter Straßenbahngesellschaft Lipken & Cie., abg.
Et: END 2, Bo'Bo', Esslingen 1926, 4 x 55 kW, bis 1978 Esslingen – Nellingen – Denkendorf (modernisiert), abg.
Et: END 4, Bo'Bo', Esslingen 1926, 4 x 55 kW, ex Esslingen – Nellingen – Denkendorf (Ursprungsform), abg.
Et: ESS 7, Bo, Esslingen 1912, 2 x 29 kW, Typ R500, 1971 ex Reutlingen (Atw 30 bzw. Tw 30), bis 1949 SSB (Tw 561), bis 1944 Esslinger Städtische Straßenbahn (Tw 51, bis 1928 Tw 7), abg.
Et: SSF 15, Bo, Esslingen 1929, 2 x 50 kW, R200, 1974 ex Reutlingen (Tw 35), bis 1962 SSB (Tw 259), abg.
Et: WNB 26, Bo, Herbrand 1912, 2 x 39 kW, R126, 1964 ex SSB (Tw 126), bis 1934 Filderbahn (Tw F126, bis 1928 Tw F26, bis 1925 Tw 26), bis 1920 Württembergische Nebenbahnen (Tw 26), abg.
Et: 104, A1A, Esslingen 1950, 250 kW, Typ R100Z, Zahnradtriebwägen, ex SSB (Tw 104), abg.
Et: 222, Bo, Herbrand 1904, 2 x 22 kW, Typ 08, ex SSB (bis 1968 Atw 2016, bis 1934 Tw 101, bis 1913 Tw 222), abg.
Et: 276, Bo, Esslingen 1952, 2 x 69 kW, R200, ex SSB (Atw 2551, bis 1967 Tw 276), btf.
Et: 340, Bo, Herbrand 1910, Umbau Reutter 1955, 2 x 39 kW, Typ R300, 1988 ex Straßenbahnmuseum Sehnde, bis 1971 Reutlingen (Tw 34), bis 1962 SSB (Tw 340, bis 1928 Tw 240), abg.
Et: 418, Bo, Esslingen 1925, 2 x 39 kW, R400, ex SSB (Atw 2529, bis 1959 Tw 428, bis 1928 Tw 418), btf.
Et: 519, (1A)'(A1)', Esslingen 1959, 2 x 100 kW, GT4, ex SSB (Tw 519), abg.

Et: 610, Bo, Esslingen 1929, 2 x 51 kW, R600, ex SSB (Atw 2002, bis 1962 Tw 610, bis 1930 Tw 480), abg.
Et: 642, (1A)'(A1)', Esslingen 1963, 2 x 100 kW, GT4, ex SSB (Tw 642), abg.
Et: 722, (1A)'(A1)', Esslingen 1964, 2 x 100 kW, GT4, ex SSB (Tw 722), abg.
Et: 749, Bo, Fuchs 1949, 2 x 50 kW, KSW, 1996 ex Heidelberg (Tw 64)
Et: 802, Bo, Esslingen 1957, 2 x 81 kW, Typ T2, ex SSB (Tw 802), btf.
Et: 804, Bo, Esslingen 1957, 2 x 81 kW, Typ T2, ex SSB (Tw 804), abg.
Et: 851, Bo, Uerdingen 1939, 2 x 67 kW, Typ GS (Gartenschau-Tw), ex SSB (bis 1963 Tw 651, bis 1954 Tw 702), btf.
Et: 859, Bo, Esslingen 1939, 2 x 67 kW, Typ GS, 2003 ex Straßenbahnmuseum Sehnde, bis 1972 SSB (Tw 859, bis 1963 Tw 659, bis 1954 Tw 714), abg.
Et: 912, Bo'Bo', Esslingen 1954/65, 322 kW, DoT4, ex SSB (Tw 791/792), abg.
Et: 917, Bo'Bo', Esslingen 1955/65, 322 kW, DoT4, ex SSB (Tw 784/785), btf.
Et: 999, Bo'Bo', Esslingen 1955/65, 322 kW, DoT4, Partywagen, 1979 ex SSB (Tw 929 bzw. Tw 715/716), abg.
Nf: 2033, Bo, Esslingen 1957, 2 x 81 kW, Fahrleitungsmess-Tw, ex SSB (bis 1983 Atw 2503, bis 1973 Tw 819)
Et: 3001, Bo'Bo', MAN/AEG/SSW 1982, 538 kW, DT8.1, 1.435 mm, Stadtbahn-Prototyp-Hälfte, ex SSB (Tw 3001/3002), abg.
Et: 3006, Bo'Bo', MAN/BBC 1982, 538 kW, DT8.3, 1.435 mm, Stadtbahn-Prototyp-Hälfte, ex SSB (Tw 3005/3006), abg.
El: TVB 2023, Bo, Esslingen 5003/1946, 270 kW, ex SSB (Lok 3), bis 1946 Gemeinnützige Gesellschaft für Trümmerverwertung und -beseitigung in Stuttgart mbH (3)
Vl: A1-bm, Daimler-Motorwagen, Daimler-Motorengesellschaft 1894, 1,8 kW, 600 mm, Dauerleihgabe Mercedes-Benz Museum

Blick in die weitläufige Halle des Straßenbahnmuseums Stuttgart-Zuffenhausen (links der SSB-Tw 340, rechts der SSB 804). Foto: Jürgen Daur

FzS Freunde zur Erhaltung historischer Schienenfahrzeuge, Stuttgart

Der seit 1993 bestehende Vereins FzS hat sich die Erhaltung von Nahverkehrstriebwagen aus dem süddeutschen Raum vorgenommen. Seine Aktivitäten begannen mit der Rückholung des 425 120, der seit 1998 in Stuttgart für Sonderfahrten bereitsteht. Die im Stuttgarter Postbahnhof beheimateten Fahrzeuge werden nicht mehr im planmäßigen Sonderverkehr, sondern ausschließlich auf Bestellung eingesetzt. Fünf Bahnpost-, ein Speise- und 18 Reisezugwagen stehen für die Bildung des SVG-Party- und Discozugs bereit.
Info: Roland Meier, Senefelderstr. 1, 70178 Stuttgart, Tel./Fax 0711 5000329, info@partyzug.de
Internet: www.partyzug.de

Triebfahrzeuge (1.435 mm):
Et: 425 120 und 425 420, je Bo'2', MAN 127289/1935, 1994 ex Oensingen – Balsthal (OeBB BDe 4/12 204), bis 1986 DB (425 120 und 420 / ET 25 020a+b / ET 25 103 a+b), urspr. DRG (elT 1810a+b), mit EM 825 020 (Bautzen/SSW 1935), btf.
Et: 427 105 (MAN 150116/1964) und 427 405 (MAN 150117/1964), je Bo'Bo', 1995 ex Jelka (Liechtenstein), bis 1988 DB (427 105 und 405 / ET 27 05a + ET 27 05b), mit 827 005 (MAN 1964), abg.
Et: 432 201, Bo'Bo', LHW/BBC 1936, 1996 ex VM Nürnberg, bis 1993 DB (432 201 / ET 32 201), urspr. DRG (elT 1310a), mit ES 832 201 (ex EM 32 201 / ES 25 003 / elS 2404), abg.
Et: 465 005, Bo'Bo', Esslingen 18800/1933, 1990 ex DB (ET 65 005), urspr. elT 1205, abg.
Vl: 1 „Moritz", B-dh, Deutz 46383/1947, 107 PS, Köf II, 1995 ex Kleinbahn Leeste (1 „Weyhe"), bis 1990 Kraftwerk Bremen-Farge (2), abg.
Vl: 323 599, B-dh, Gmeinder 4982/1957, 128 PS, Köf II, 2003 ex Schrotthandel Neuss (Vaihingen/Enz), bis 1996 BW Rohstoff- und Recycling-GmbH (Stuttgart-Hafen), zuvor Tegometall (Krauchenwies bei Sigmaringen), bis 1979 DB (323 599 / Köf 6282), i.A.
Vt: 798 752, AA-dm, Donauwörth 1292/1960, 2 x 150 PS, 1996 ex Dürener Kreisbahn (VT 2.09), bis 1992 DB (798 752 / VT 98 9752), abg. (mit VS 252, ex DB 998 800, abg.)
Vt: 798 623, AA-dm, Uerd. 61978/1956, 2 x 150 PS, 1997 ex DB (798 623 / VT 98 9623), btf.

BSW-Freizeitgruppe VT 12 „Stuttgarter Rössle", Stuttgart

Nach der Abgabe der E 44 002 nach Koblenz kümmert sich die entsprechend umbenannte BSW-Gruppe vor allem um den Museumstriebwagen VT 12[5], der bundesweit im Charterverkehr eingesetzt wird. Eine neue Untergruppe will sich der 110 228 annehmen.
Termine: 20.-23.5.2004 (Nostalgiereise nach Luxemburg)
Info: Johann Müllen, Hirschbergstr. 62, 71634 Ludwigsburg, Tel. 07141 33423
Internet: www.lok-report.de
Triebfahrzeuge (1.435 mm):
El: 110 228, Bo'Bo', Krauss-Maffei/SSW 18708/1961, 3.620 kW, Eigentum DB-Museum, ex DB (110 228 / E 10 228), btf.
El: 163 001, Co, AEG 1935, 667 kW, ex DB (163 001 / E 63 001), Denkmal im Bh Stuttgart-Rosenstein
Vt: 612 506, B'2'dh, Rathgeber 10.3/1957, 1.000 PS, Eigentum DB-Museum, 1985 ex DB (612 506 / VT 12 506), btf.
Vt: 612 507, B'2'dh, Rathgeber 10.5/1957, 1.000 PS, Eigentum DB-Museum, 1985 ex DB (612 507 / VT 12 507), btf.

Parkeisenbahn „Kleinbahn Killesberg"

Auf einem alten Steinbruchgelände entstand 1939 zur Reichsgartenschau ein Park mit Besucherbahn. Die 2,1 km lange Strecke im Höhenpark Killesberg hat ihre Form seit 1950 und wurde zur Gartenbauausstellung 1993 für Mehrzugbetrieb mit Signalen ausgestattet. Ein Förderverein unterhält im Betriebshof ein Museum über Technik und Historie der Bahn. Neben den Lokomotiven befinden sich 14 Personen- (Görlitz 1937/38), ein Dienst- und ein Containerwagen im Bestand.
Fahrbetrieb: Täglich vom 9.4. bis 15.10.2004 (13.00-17.45 Uhr; mittwochs, sonn- und feiertags sowie täglich in den Ferien ab 10 Uhr), an Wochenenden und Feiertagen mit Dampflok
Info: Freunde der Killesberg-Kleinbahn, Am Kochenhof 16, 70192 Stuttgart, Fax 0711 2560281, kleinbahn@messe-stuttgart.de
Internet: www.kleinbahn-killesberg.de
Lokomotiven (381 mm):
Dl: Tatzelwurm, 2'C1'n2, Krauss-Maffei 17674/1950, 50 PS, Bauart Martens, urspr. Gartenbauausstellung Stuttgart, btf.
Dl: Springerle, 2'C1'n2, Krauss-Maffei 17675/1950, 50 PS, Bauart Martens, urspr. Gartenbauausstellung Stuttgart, btf.
Vl: Blitzschwoab, B-dm, Gmeinder 4610/1950, 35 PS, btf.
Vl: Schwoabapfeil, B-dh, Diema 5198/1992, 48 PS, btf.

Freunde der Zahnradbahn Honau-Lichtenstein (ZHL)

Der Verein ZHL nahm sich vor, die Zahnradbahn Honau – Lichtenstein mit ihrem Gleisanschluß in Kleinengstingen zu reaktivieren. Die Zahnradlok 97 501 wird jetzt als „Neubau aus alten Teilen" restauriert. Für die Arbeiten und als Vereinsheim steht eine Halle am Reutlinger Westbahnhof zur Verfügung. Hier veranstaltet der Verein gelegentlich auch Sonderfahrten auf dem noch als Anschlußgleis dienenden Rest der WNB-Strecke Reutlingen – Gönningen. Solange ungeklärt ist, ob die Trasse der Zahnradbahn für einen Bundesstraßenbau verwendet wird, bleibt ein Wiederaufbau der Bahn ungewiß.

Termine: 20.6. (mobil ohne Auto), 31.8. und 7.9. (jeweils Abendprogramm) sowie 19.12.2004 (Werkstattfest)
Info: Freunde der Zahnradbahn Honau-Lichtenstein e.V., Tübinger Str. 21, 72762 Reutlingen, Tel. 07121 329130, info@zhl.de
Internet: www.zhl.de
Triebfahrzeuge (1.435 mm):

Dl: 97 501, Eh2t(4v), Esslingen 4056/1922, Zahnradlok, 1985 ex Denkmal Obernzell, bis 1978 DB (1972-75 Denkmal Münsingen, 1962 ausgemustert), urspr. DRG (97 501), i.A.
Vl: 1, B-dh, Gmeinder 5320/1963, 50 PS, 1985 ex Bosch (Reutlingen), bis 1964 Textilfabrik Gminder (Reutlingen), i.A.
Vl: 2, B-dh, BMAG 10775/1938, 118 PS, LDE 80, 1995 ex Erdbau Reusch (Riederich), bis 1995 Spedition Betz (Reutlingen), bis 1983 DB (322 150 / 321 080 / Köf 5048 / Kö 5048), bis 1941 PKP (Db 80/1), btf.
Vl: 3, B-dh, Krauss-Maffei 15430/1934, 128 PS, Köf II, 1997 ex Fürstlich Hohenzollerische Hüttenwerke in Laucherthal (3), bis 1976 DB (322 635 / 321 516 / Köf 4294 / Kö 4294), abg.
Vt: 797 502, AA-dm, Uerdingen 68091/1961, 2 x 150 PS, 1996 ex DB (797 502 / VT 97 902), abg.
Vt: 797 503, AA-dm, Uerdingen 68092/1961, 2 x 150 PS, 1996 ex DB (797 503 / VT 97 903), abg.
Vt: 797 505, AA-dm, Uerdingen 68094/1961, 2 x 150 PS, 1996 ex DB (797 505 / VT 97 905), abg.
Vt: 798 790, AA-dm, MAN 146572/1961, 2 x 150 PS, 1996 ex DB (796 790 / VT 98 9790), Ersatzteilspender
Nf: B-dm, IWK 61051-27/1964, 75 PS, Schwerkleinwagen, 1993 ex DB (Klv 51-9192), btf.
Nf: 53-0358, B-dm, WU 17615/1973, Schwerkleinwagen, 2002 ex DB (Klv 53-0358) abg.

Die Lok 2 der Freunde der Zahnradbahn Honau-Lichtenstein (ZHL) befuhr am 15.6.2002 mit dem VS 97 602 die Industriegleise der Stadt Reutlingen.
Foto: Michael Ulbricht

Gesellschaft zur Erhaltung von Schienenfahrzeugen (GES), Neuffen

Die GES setzt ihr Sofazügle seit 1971 auf der Tälesbahn Nürtingen – Neuffen der WEG ein. Die Fahrzeuge sind in Nürtingen und Neuffen untergebracht. Zusammen mit dem Förderverein Württembergisches Privatbahn-Museum Nürtingen e.V. wird der Betrieb rund um das Sofazügle abgewickelt.
Termine: 16.5., 20.6., 18.7., 15.8., 19.9., 17.10. und 12.12.2004 (Nürtingen ab 9.25, 11.05, 12.25, 15.05 und 17.05 Uhr; Neuffen ab 10.10, 11.45, 14.15, 16.15 und 18.15 Uhr)
Info: GES, Postfach 710116, 70607 Stuttgart, Tel. 07025 2300, Fax 7873, info@ges-ev.de
Internet: www.ges-ev.de
Lokomotiven (1.435 mm):
Dl: 11, Dh2t, Esslingen 3630/1911, 1969 ex Hohenzollerische Landesbahn (11), btf.
Dl: 16, Dh2t, AEG 4230/1928, 1972 ex Hohenzollerische Landesbahn (16), bis 1949 DRB (92 442), bis 1941 Kreis Oldenburger Eisenbahn (Lok 11), i.A.
Dl: 930, Cn2t, Heilbronn 455/1905, Leihgabe NWS, bis 1976 Gaswerk Stuttgart-Gaisburg (2), bis 1932 DRG (89 363), urspr. württ. T3 Nr. 930, abg.
Vl: PSO 2, B-dh, Krupp 3593/1956, 220 PS, 1995 ex Papierfabrik Oberlenningen (2), btf.
Vl: B-dm, O&K 1810/1920, ca. 100 PS, 1995 ex Leuze-Textil (Donzdorf), btf.
Vl: C-dh, Krauss-Maffei 18356/1957, 500 PS, ML500C, 2003 ex Papierfabrik Scheufelen (Oberlenningen), bis 1995 NEWAG Duisburg, zuvor Conserves Estayer (Schweiz), bis 1993 Verden-Walsroder Eisenbahn (V 3), bis 1963 DB (V 50 001), bis 1962 Wilhelmsburger Industriebahn (V 30)

Privatfeldbahn Bosch, Altheim (bei Horb)

Gegenüber vom ehemaligen Bahnhof Altheim der Strecke Horb – Freudenstadt steht der Lokschuppen einer privaten Feldbahn, die anläßlich von Sonderfahrten auf der Normalspur über ein „fliegendes Gleis" Anschluß an den Bahnhof erhält.
Info: Peter Bosch, Beim Bahnhof 1, 72160 Horb-Altheim, Tel. 07486 1369
Lokomotiven (600 mm):
Dl: Bn2t, Jung 1552/1911, 40 PS, Typ Rundlich, 1985 ex Schrotthandel (Horb), bis 1947 Friedrichsen (Horb), bis 1946 Baufirma Kiefer (Wildbad-Calmbach), urspr. Gebr. Eichelgrün (Strasbourg/Frankreich), btf.
Dl: Bn2t, Henschel 20330/1924, 50 PS, Typ Fabia, ex Alpines Hartsteinwerk Kässbohrer (Senden bei Ulm), i.A.
Vl: B-dm, Gmeinder (Motor: 4633/1934), 10/12 PS, ex Kieswerk Epple (Kirchentellinsfurt), btf.
Vl: B-dm, Jung, EL 110, 2000 ex Baufirma Germey (Bieringen), btf.
Vl: B-dm, Gmeinder 2869/1940, 15/18 PS, bis 1983 Ziegelei Blattert (Murr), btf.
Vl: B-dm, O&K Nordhausen 5178/1934, Rl 1a, 1985 ex Baufirma K. Gaiser (Baiersbronn), btf.

Achertalbahn Achern – Ottenhöfen

Die DGEG führte 1968 auf der Achertalbahn einen regelmäßigen Dampfzugverkehr ein, zog sich aber 1986 aus Ottenhöfen zurück. Jetzt veranstaltet der Achertäler Eisenbahnverein e.V. (AEV) die Fahrten gemeinsam mit dem SWEG.
Termine: 30.5., 13.6., 27.6., 11.7., 25.7., 8.8., 22.8., 5.9., 19.9., 3.10. und 17.10.2004 (jeweils Ottenhöfen ab 9.45, 13.45 und 17.00 Uhr; Achern ab 10.45, 14.35 und 17.45 Uhr)
Info: Dieter Leist, Riedstr. 18, 79189 Bad Krozingen, Tel. 07633 12688 oder 07842 2231 (Bahnhof Ottenhöfen), tourist-info@ottenhoefen.de
Internet: www.ottenhoefen.de
Lokomotiven (1.435 mm):
Dl: 28 „Badenia", Cn2t, Borsig 4788/1900, ex DGEG, bis 1976 SWEG Achertalbahn (28), bis 1963 DEBG Achertalbahn (28), bis 1984 DEBG Münstertalbahn (28), bis 1947 Vorwohle-Emmerthaler Eisenbahn (28), bis 1946 Münstertalbahn, bis 1941 DEBG Voldagsen – Duingen – Delligsen (28), urspr. Vering & Waechter für Voldagsen – Duingen (1), btf.
Dl: 20, Bn2t, Karlsruhe 2367/1928, 1987 ex Denkmal Oberharmersbach, bis 1968 SWEG/DEBG Biberach – Oberharmersbach (20), urspr. Badische Lokal-Eisenbahn AG für Bruchsal – Hilsbach – Menzingen (20), abg.

Liniendienste erbrachte der 90 Jahre alte Freiburger Tw 45 am 6.9.2003 auf der Oldtimerlinie 3 Stadthalle – Paduaallee, hier in der Möslestraße.

Foto: Andreas Kaufhold

Straßenbahn Freiburg (Breisgau)

Freiburg hat für den Bahnfreund viel zu bieten: Bahnen der Spurweiten 1.435, 1.000, 600, 300 und 180 mm, zwei Seilbahnen sowie historische Fahrzeuge, wie z. B. die alten Straßenbahnen, die auf Absprache besichtigt werden können und gelegentlich planmäßig verkehren. Während der Tw 2 sein Überleben einem Privatmann verdankt, werden die 1992 aus Hannover heimgeholten Tw 38 und 45 vom Freunde der Freiburger Straßenbahn e.V. restauriert. Die Freiburger Verkehrs-AG hält den Tw 56 (mit Bw 142) und zwei GT4 für Sonderfahrten vor.

Termine: 8.5., 5.6., 3.7., 7.8. und 4.9. (jeweils Oldtimerlinie Stadthalle – Paduaallee), 30.10.2004 („10 Jahre FdFS", Tag der offenen Tür)

Info: Freiburger Verkehrs-AG, Besanconallee 99, 79111 Freiburg, Tel. 0761 4511-0

Oldtimerbesichtigung: Lukas Kaufhold, Jahnstr. 34, 79117 Freiburg, Tel. 0761 72626, Fax 71258, lartkauf@aol.com

Oldtimerfahrten: Dietmar Gemander, Beroldinger Str. 14, 79224 Umkirch, Tel./Fax 07665 51551

Internet: www.fdfs.de

Triebwagen (1.000 mm):
- Et: 2, Bo, HaWa/SSW 1901, 18 kW, Zustand von 1942, seit 1965 Htw, bis 1961 Reklamewagen, bis 1954 Liniendienst, abg.
- Et: 38, Bo, MAN/SSW 1909, 2 x 37 kW, 1992 ex Straßenbahnmuseum Sehnde, bis 1978 Kärntner Eisenbahnfreunde, bis 1972 Freiburg (zuletzt Atw), abg.
- Et: 45, Bo, MAN/SSW 1914, 2 x 37 kW, 1992 ex Straßenbahnmuseum Sehnde, bis 1978 Kärntner Eisenbahnfreunde, bis 1972 Freiburg (zuletzt Atw), btf.
- Et: 56, (A1)'(1A)', Rastatt/SSW 1927, 2 x 60 kW, Maximumwagen, seit 1979 Htw, btf.
- Et: 109, (1A)'(A1)', Esslingen 1962, 2 x 100 kW, GT4, bis 1994 Liniendienst, bis 1967 Tw 103, btf.
- Et: 121, (1A)'(A1)', Rastatt 1968, 2 x 100 kW, GT4, bis 1994 Liniendienst, Partywagen
- Nf: 414, AA, Schörling 1929, 2 x 37 kW, Schleifwagen (ex 203), abg.

Kameradschaftswerk der Eisenbahner Freiburg

1979 holte das heutige Kameradschaftswerk der Eisenbahner Freiburg gemeinsam mit der Stadt die 85 007 aus Konstanz zurück, richtete sie ausstellungsfähig her und kümmert sich auch weiterhin um deren Unterhalt. Aus der BSW-Freizeitgruppe ist inzwischen der Verein Freiburger Minidampfbahn hervorgegangen, der eine fest verlegte Bahn bei der 85er und eine mobile Bahn für Bahnhofsfeste betreibt.
Termine: Am 4.4. (10-13 Uhr), 18.7. (10-17 Uhr), 29.8. (10-13 Uhr) und 26.9.2004 (10-17 Uhr) ist die 85er öffentlich zugänglich (vom Hbf Gleis 8 Fußweg nach Süden)
Info: Wolfgang Wiegand, Basler Landstraße 19B, 79111 Freiburg, Tel./Fax 0761 4702915
Dampflok (1.435 mm): 85 007, 1'E1'h3t, Henschel 22116/1932, Denkmal

Dampfzug „Rebenbummler" auf der Kaiserstuhlbahn

Der 1949 gegründete Modelleisenbahnclub Freiburg, aus dem 1987 der Eisenbahnfreunde Breisgau e.V. hervorging, nahm 1978 die Kaiserstuhl-Dampflok 384 wieder in Betrieb. Der Museumszug „Rebenbummler" stellt einen SEG-Personenzug im Stil von 1950 dar.
Dampfzugfahrten: 23.5., 20.6., 18.7., 15.8., 19.9. und 17.10.2004 (jeweils Riegel DB ab 10.06 – Endingen 10.21 – Breisach 11.20/16.20 – Endingen 17.31 – Riegel DB 17.45 Uhr)
Erlebnisfahrt: 15.5., 19.6., 17.7., 11.9., 18.9., 2.10. und 16.10.2004 (jeweils Riegel DB ab 10.15 – Breisach 13.45/16.20 – Riegel DB 17.45 Uhr)
Genießerfahrten: 22.5., 14.8. und 3.10.2004 (Riegel DB ab 14.00 – Breisach 16.00/17.15 – Riegel DB 18.25 Uhr), „Wein und Kultur" am 10.9.2004 (Riegel DB ab 14.35, Riegel an 18.45 Uhr)
Info: Eisenbahnfreunde Breisgau e.V., Lorettostr. 24a, 79100 Freiburg, Tel. 07641 53845 (Werkstatt Emmendingen), info@rebenbummler.de
Internet: www.rebenbummler.de
Lokomotiven (1.435 mm):
Dl: 384, Dh2t, Henschel 20870/1927, 1972 ex SWEG Kaiserstuhlbahn (384), bis 1963 MEG Bregtalbahn, bis 1943 SEG Worms – Offstein, bis 1940 Kaiserstuhlbahn, btf.
Vl: V 34.04, C-dh, Henschel 26747/1956, 360 PS, 1994 ex SWEG Kaiserstuhl (V 34.04), abg.
Vt: T 21, AA-dm, Werdau 31599/1929, 200 PS, 1973 ex SWEG (T 21), bis 1972 MEG Bregtalbahn Hüfingen – Furtwangen (VT 21), abg.

„Touristenbahn Elsaß" Volgelsheim – Marckolsheim

Gegenüber von Breisach besteht auf der französischen Rheinseite zwischen Volgelsheim und Marckolsheim die Chemin de Fer Touristique du Rhin/Alsace (CFTR), die Touristenbahn Elsaß. Der 1983 gegründete Verein bietet gemeinsam mit einer deutschen Reederei Kombifahrten Bahn/Schiff an.
Fahrbetrieb: Sonntags vom 16.5. bis 3.10. sowie am 31.5., 14.7., 14.8., 21.8., 11.9., 18.9., 25.9. und 2.10.2004 (jeweils ab 15 Uhr) sowie am 29.8.2004 (Fahrt zum Breisacher Weinfest, mit Bahn-/Schiffspendel Volgelsheim – Rheinhafen stündlich 11-19 Uhr)
Info: Hermann A. Nein, Laitschenbach 26, 79244 Münstertal, Tel. 07636 7170, info@drnein.de
Internet: www.touristenbahn-elsass.de
Lokomotiven deutscher Herkunft (1.435 mm):
Dl: 030 TB130, Cn2t, Grafenstaden 5015/1900, 1982 ex Eisenbahnfreunde Vernery, bis 1970 Acieries d'Audincourt (Sarrebourg), bis 1978 SNCF (030 TB130), urspr. Alsace-Lorraine AL 682 „Berthold", elsässische T 3 Nr. 2073 bzw. 6130, abg.
Dl: 030 TB134, Cn2t, Grafenstaden 5026/1900, 1982 ex Eisenbahnfreunde Vernery, bis 1970 Acieries d'Audincourt (Sarrebourg), bis 1978 SNCF (030 TB134), urspr. Alsace-Lorraine AL 693 „Theodor", elsässische T 3 Nr. 2113 bzw. 6134, btf.
Dl: Bn2t, Henschel 5844/1901, 1982 ex Chemin de Fer Touristique de la Vallee de la Doller CFTVD (Sentheim/Frankreich), zuvor Carrieres Gatty à Fletty (3), urspr. Henschel-Werklok
Vl: 310 700, B-dm, Jung 5853/1935, 1993 ex DR (310 700 / 100 800 / Kö 4800)
Vl: 262411, B-dh, LKM 262411/1972, V22B, 1992 ex Walzwerk Hettstedt
Nf: B-dm, Schöneweide 10886/1975, Kl, 1995 ex Romonta

Museumsbahn Kandertalbahn („S'Chanderli"), Kandern

Mit der Lok 30, der letzten Dampflok der Kandertalbahn, richtete die Eurovapor bereits 1970 einen Museumsverkehr auf der Strecke Haltingen – Kandern (12,9 km) ein. Die Fahrten belebten den Fremdenverkehr derart, daß die Anliegergemeinden 1985 den Zweckverband Kandertalbahn bildeten sowie die von der SWEG nach einem Dammrutsch eingestellte Strecke übernahmen und instandsetzten. Somit halten seit 1986 wieder Museumszüge vor dem schmucken Empfangsgebäude von Kandern.
Fahrbetrieb: Sonntags vom 2.5. bis 24.10. und am 1. und 20.10.2004 (jeweils Kandern ab 9.10, 13.00 und 16.00 Uhr; Haltingen ab 10.15, 14.15 und 17.00 Uhr), 12.9. (Sonderfahrplan) sowie 25./26.9.2004 („100 Jahre T 3")
Info: Zweckverband Kandertalbahn, Waldeckstr. 39, 79400 Kandern, webmaster@kandertalbahn.de
Internet: www.kandertalbahn.de
Triebfahrzeuge (1.435 mm):
Dl: 30 „Chanderli", Cn2t, Borsig 5528/1904, 1968 ex SWEG Kandertalbahn (30), urspr. DEBG (2), btf.
Dl: 8532 „Tigerli", Cn2t, SLM Winterthur 2544/1915, 1972 ex SBB (E 3/3 Nr. 8532), abg.
Dl: 93 1378, 1'D1'h2t, StEG 4797/1927, 1999 ex Wutachtalbahn, bis 1990 Kärntner Museumsbahnen, bis 1982 ÖBB (93.1378), urspr. BBÖ (378.78), i.A.
Vl: Em 3/3 Nr. 345, C-dh, Krupp 3324/1954, 350 PS, 2002 ex Eurovapor (Sulgen/CH), zuvor Gießerei Sulzer (Winterthur), btf.
Vl: 7, B-dh, Deutz 56511/1957, 130 PS, 1992 ex Chemische Werke Uetikon in Full/Schweiz (7), btf.
Vt: VT 3, B-dh, Werdau 30949/1928, 2 x 154 PS, 1985 ex SWEG Kandertalbahn (VT 3), btf.
Nf: Skl 53 0183 (Robel 1970) und 53 0367, B-dm, 116 PS, ex DB (mit Kla 03 0881)

BSW-Freizeitgruppe Historische Schienenfahrzeuge Haltingen

Die Bemühungen zur Erhaltung eines Museumsfahrzeugs im Bw Haltingen führten 1984 zur Übernahme des 425 115 samt Anhang und zur Bildung einer BSW-Gruppe. Der Zug wurde 1985 im Aw Cannstatt hauptuntersucht und erhielt bis 1988 in Haltingen wieder seine alte Kopfform mit neuen Führerständen. In den Jahren 1985-99 leistete der Triebwagen 155.000 km, dann erlitt er einen Rangierunfall. Der im April 2003 gegründete Förderverein „Interessengemeinschaft elT 1801a/b e.V." bemüht sich jetzt gezielt um Spenden und Fördermittel für die Reparatur.
Info: Wolfgang Hugenschmidt, Dichleweg 11, 79588 Efringen-Kirchen, Tel. 07628 2428, Fax 940799
Internet: www.et25.de und www.webtester.ch
Triebwagen (1.435 mm): ET 25 015a+b, Bo'2' + 2'Bo', Esslingen 18906/18907/1935, Eigentum DB-Museum, ex DB (425 015 + 425 415 / ET 25 015a+b), i.A.

Club 41 073, Haltingen

Aus der Eurovapor-Sektion Basel/Haltingen ging 2000 der in Freiburg ansässige Club 41 073 hervor, um die gleichnamige Lok betriebsfähig herzurichten und sie vor allem für den Nostalgie-Rhein-Express der Eurovapor vorzuhalten.
Info: Josef Hipp, Kreuzstr. 1, 79106 Freiburg, josef.hipp@club41073.de
Internet: www.club41073.de
Lokomotiven (1.435 mm):
Dl: 41 073, 1'D1'h2, Borsig 14794/1939, 2001 ex Eurovapor (ab 1986 in Haltingen), bis 1977 DB (042 073 / 41 073), i.A.
Vl: Reinhardle, B-de, Henschel/SSW 24424/3516/1939, 180 PS, DEL 110, 2002 ex Kraftwerk Marbach/Neckar der Energieversorgung Schwaben AG (2), btf.

Abkürzungen

abg.	abgestellt
AEG	Allgemeine Elektrizitäts-Gesellschaft (Berlin)
ä.r.	äußerlich restauriert
Dr. Alpers	Draisinenbau Dr. Alpers (Hamburg)
Al	Elektrospeicher- bzw. Akkulokomotive
Ardelt	Ardelt-Werke GmbH (Eberswalde)
At	Akkumulatorentriebwagen
Atw	Arbeitstriebwagen
Aw	Ausbesserungswerk
Bartz	Heinrich Bartz KG (Dortmund-Körne)
Bautzen	Waggonbau Bautzen GmbH (vorm. Waggon- und Maschinenfabrik AG)
BBA	Betrieb für Bergbau-Ausrüstungen (Aue) der SAG/SDAG Wismut
BBC	Brown, Boveri & Cie. (Mannheim)
Beilhack	Maschinenfabrik Martin Beilhack (Rosenheim)
BEW	Bergmann Elektrizitäts-Werke AG (Berlin)
Bh	Betriebshof (DB AG)
Bm	Bahnmeisterei
BMAG	Berliner Maschinenbau-AG, vorm. Louis Schwartzkopf (Wildau bei Berlin)
Borsig	A. Borsig Lokomotivwerke GmbH (Berlin-Tegel, Hennigsdorf)
Breslau	Maschinenbauanstalt Breslau (ab 1897 Breslauer AG für Eisenbahn-Wagenbau; ab 1912 LHW)
Breuer	Maschinen- und Armaturenfabrik vorm. H. Breuer & Co. (Höchst am Main); später Breuer-Werke GmbH (Frankfurt-Höchst)
BSW	Stiftung Bahn-Sozialwerk
btf.	betriebsfähig
Btf	Betriebshof (Straßenbahn)
Busch	Waggon- und Maschinenfabrik vorm. Busch (Bautzen)
Bw	Bahnbetriebswerk
Cegielski	Lokomotivfabrik H. Cegielski (Poznan/Posen, Polen)
Chrzanow	Pierwsza Fabryka Lokomotyw x Polsce SA (Chrzanow/Krenau, Polen)
CKD	Ceskomoravsk-Kolben-Danék a.s. (Praha/Prag, CR); Tatra-Werke Praha (Vagonka Tatra Smichow); Trakce Praha (Z vod Lucenec)
Credé	Waggonfabrik Gebr. Credé & Co. (Kassel)
Deceauville	Societé Anonyme Deceauville (Corbeil/Frankreich)
Demag	Deutsche Maschinenfabrik AG (Duisburg)
Dessau	Dessauer Waggonfabrik AG (Dessau)
Deutz	Motorenfabrik Deutz AG; ab 1930: Humboldt-Deutz-motoren AG; ab 1938 Klöckner-Humboldt-Deutz AG (Köln)
Diema	Diepholzer Maschinenfabrik Fritz Schöttler GmbH (Diepholz)
Dl	Dampflokomotive
Donauwörth	Waggon- und Maschinenbau GmbH (Donauwörth)
Düwag	DUEWAG AG bzw. Düsseldorfer Waggonfabrik AG (Düsseldorf)
DWA	Deutsche Waggonbau AG
DWK	Deutsche Werke Kiel AG (Kiel)
DWM	Deutsche Waffen- und Munitionsfabriken AG (Berlin-Charlottenburg und Posen); nach 1945: Deutsche Waggon- und Maschinenfabriken GmbH (Berlin-Borsigwalde); später Waggon-Union
El	Elektrolokomotive
Elze	Niedersächsische Waggonfabrik Joseph Graaf (Elze bei Hannover)
Esslingen	Maschinenfabrik Esslingen AG (Esslingen am Neckar)
Et	Elektrotriebwagen
Falkenried	Waggonfabrik Falkenried GmbH (Hamburg)
FKF	Frankfurter Karosserie-Fabrik (Frankfurt/Main)
Fuchs	Waggonfabrik H. Fuchs AG (Heidelberg)
Glbm	Gleisbaumeisterei
Gmeinder	Gmeinder & Co. GmbH (Mosbach/Baden)
Görlitz	VEB Waggonbau Görlitz
Gotha	Gothaer Waggonfabrik AG bzw. VEB Waggonbau Gotha
Grafenst.	Elsässische Maschinenbau-Gesellschaft (Grafenstaden bei Straßburg)
Hanomag	Hannoversche Maschinenbau AG vorm. Georg Egestorff (Hannover-Linden)
Hansa	Hansa Waggonbau GmbH (Bremen)
Hartmann	Sächsische Maschinenfabrik AG vorm. Richard Hartmann AG (Chemnitz)
Hatlapa	Uetersener Maschinenfabrik Hatlapa GmbH & Co. (Uetersen)
HaWa	Hannoversche Waggonfabrik AG (Hannover-Linden)
Heilbronn	Maschinenbau-Gesellschaft AG (Heilbronn)
Henschel	Henschel & Sohn AG (Kassel)
Herbrand	Herbrand Waggonfabrik AG (Köln), vorm. P. Herbrand & Cie. (Köln-Ehrenfeld)
Hohenz.	Hohenzollern AG für Lokomotivbau (Düsseldorf-Grafenberg)
Hwst	Hauptwerkstatt
i.A.	in Aufarbeitung
IWK	Industriewerke Karlsruhe (Lübeck)
Jenbach	Jenbacher Werke AG (Jenbach/Tirol)
Jung	Arnold Jung Lokomotivfabrik GmbH (Jungenthal bei Kirchen an der Sieg)
Kaluga	Maschinenfabrik Kaluga (SU)
Karlsruhe	Maschinenbau-Gesellschaft Karlsruhe/Baden
Kiepe	Kiepe Elektrik (Düsseldorf)
Klb.	Kleinbahn
Krb.	Kreisbahn
Krauss	Lokomotivfabrik Krauss & Comp. AG (München und Linz/Donau)
KrM	Krauss Maffei AG (München)
Krenau	Oberschlesische Lokomotivwerke AG (Krenau/Chrzanow, Polen)
Kröhnke	Maschinenfabrik Rudolf Kröhnke KG (Buxtehude)
Krupp	Lokomotivfabrik Friedrich Krupp AG (Essen)
LEW	VEB Lokomotivbau-Elektrotechnische Werke „Hans Beimler" (Hennigsdorf)
LHB	Linke-Hofmann-Busch Waggon-Fahrzeug-Maschinen GmbH (Breslau)
LHL	Linke-Hofmann Lauchhammer
LHW	Linke-Hofmann-Werke, Breslauer AG für Eisenbahn-wagen-, Lokomotiv- und Maschinenbau
Lilpop	Lilpop, Rau i Loewenstein (Warschau)
Lindner	Waggonfabrik Gottfried Lindner AG (Ammendorf bei Halle/Saale)
LKM	VEB Lokomotivbau „Karl Marx" (Potsdam-Babelsberg)
LOWA	VEB Lokomotiv- und Waggonbau Werdau
LTS	Diesellokfabrik Lugansk bzw. Woroschilowgrad
Maffei	J.A. Maffei AG (München)
MaK	MaK Maschinenbau GmbH (Kiel-Friedrichsort)
MAN	Maschinenfabrik Augsburg-Nürnberg AG (Nürnberg)
MBA	Maschinenbau- und Bahnbedarf AG Berlin (Babelsberg, Drewitz)
Nf	Nebenfahrzeug
Niesky	Waggonfabrik Christoph & Unmack AG (Niesky/Oberlausitz)
Oberursel	Maschinenfabrik Oberursel AG
O&K	Orenstein & Koppel AG (Dortmund, Drewitz, Nordhausen, Berlin)
Pl	Preß- bzw. Druckluftlokomotive
Rastatt	Waggonfabrik Rastatt
Rathgeber	Waggonfabrik Josef Rathgeber AG (München)
Raw	Reichsbahnausbesserungswerk
Robel	Maschinenfabrik Robel (München)
Ruhrthaler	Ruhrthaler Maschinenfabrik Schwarz & Dyckerhoff KG (Mülheim/Ruhr)
Schalke	Gewerkschaft Schalker Eisenhütte GmbH (Gelsenkirchen-Schalke)
Schichau	F. Schichau Lokomotivbau GmbH (Elbing, Danzig, Königsberg)
Schöma	Maschinenfabrik Christoph Schöttler GmbH (Diepholz)
Schöndorff	Waggonfabrik Gebr. Schöndorff (Düsseldorf)
Schwartzk.	Berliner Maschinenbau-AG vorm. Louis Schwartzkopf (Wildau bei Berlin)
SDAG Wismut	Sowjetisch-Deutsche Aktiengesellschaft Wismut (vorm. SAG = Sowjetische Aktiengesellschaft)
SGP	Simmering-Graz-Pauker AG (Wien, Graz)
S&H	Siemens & Halske (Berlin)
SIG	Schweizerische Industrie-Gesellschaft (Neuhausen am Rheinfall/Schweiz)
Skoda	Skoda koncern (Plzen/Pilsen, Tschechien)
Spoorijzer	N.V. Spoorijzer (Delft/Niederlande)
SSW	Siemens-Schuckert-Werke AG (Berlin, Erlangen, München)
StEG	Lokomotivfabrik der Staatseisenbahngesellschaft (Wiener Neustadt)
Strüver	Aggregatebau AG. Strüver KG (Hamburg)
TAG	Triebwagen- und Waggonfabrik Wismar AG
Talbot	Waggonfabrik Talbot (Aachen)
Tw	Triebwagen
Uerdingen	Waggonfabrik Uerdingen AG (Krefeld-Uerdingen)
Unio	Unio Werke (Satu-Mare/Rumänien)
v.d.Zypen	Waggonfabrik van der Zypen & Charlier GmbH (Köln)
Vt	Verbrennungstriebwagen
Vulcan	Lokomotivfabrik Vulcan (Stettin)
Werdau	Waggonfabrik Schumann bzw. Sächs. Waggonfabrik GmbH (Werdau)
Westwaggon	Vereinigte Westdeutsche Waggonfabriken (Köln, Mainz)
Weyer	Düsseldorfer Eisenbahnbedarf vorm. Carl Weyer & Co. (Düsseldorf-Oberbilk)
Windhoff	Rheiner Maschinenfabrik Windhoff KG (Rheine/Westfalen)
Wismar	Waggonbau AG Wismar
WLF	Wiener Lokomotivfabrik AG (Floridsdorf)
Wumag	Waggon- und Maschinenbau AG (Görlitz)

Bahnbücher des Verlags Kenning

Borkener Hof 1, 48527 Nordhorn, Tel. 0 59 21 7 69 96, Fax 7 79 58
www.verlag-kenning.de   ludger.kenning@web.de

Schmalspurbahn Zell – Todtnau
96 S. A4 geb., 210 Abb., 24,80 €
Das Todtnauerli, eine landschaftlich, betrieblich und fahrzeugtechnisch sehr reizvolle Meterspurbahn, führte bis 1967 durchs südbadische Wiesental.

Kleinbahn Merzig – Büschfeld
108 S. 21/21 cm geb., 174 Abb., 17,80 €
Die bewegte Chronik einer nur noch teilweise bestehenden, heute als Museumsbahn betriebenen saarländischen Kleinbahn.

Die Muskauer Waldeisenbahn
112 S. A4 geb., 269 Abb., 24,80 €
Auf 600 mm Spurweite wickelte die Gräflich von Arnimsche Kleinbahn einst auf ihrem bis zu 152 km umfassenden Netz einen regen Güterverkehr rund um Weißwasser und Bad Muskau ab.

Schmalspurbahn Steinhelle – Medebach
104 S. A4 geb., 236 Abb., 24,80 €
Vor 100 Jahren war im Hochsauerland eine außergewöhnliche 750-mm-Kleinbahn vollendet.

Die Moselbahn Trier – Bullay
272 S. A4 geb., 571 Abb., 42,80 €
Die faszinierende Dokumentation des unvergessenen Saufbähnchens, einst Deutschlands längste und teuerste Kleinbahn.

Straßenbahn in Cottbus
144 S. A4 geb., 344 Abb., 29,80 €

Straßenbahn Hohenstein-Ernstthal – Oelsnitz (Erzgebirge)
112 S. 17/24 cm geb., 171 Abb., 21,– €

Schmalspurbahn Amstetten – Laichingen
96 S. A4 geb., 223 Abb., 23,– €

Bottwartal- und Zabergäubahn
ca. 128 S. A4 geb., ca. 25,80 €

Schmalspurbahnen um Thum
192 S. A4 geb., 523 Abb., 34,80 €

Heeresfeldbahnen der Kaiserzeit
200 S. A4 geb., 450 Abb., 34,80 €

Die Drachenfelsbahn
64 S. A4 geb., 117 Abb., 19,– €

Delmenhorst-Harpstedter Eisenbahn
104 S. A4 geb., 256 Abb., 23,– €

Die Plettenberger Kleinbahn
96 S. A4 geb., 273 Abb., 19,80 €

Die Usedomer Bäderbahn
96 S. 21/21 cm geb., 132 Abb., 19,– €

Kleinbahnen im Westharz
96 S. A4 geb., 202 Abb., 21,– €

Spiekerooger Inselbahn
96 S. 21/21 cm geb., 189 Abb., 19,– €

Bahnen der Stadt Monheim
128 S. 17/24 cm geb., 207 Abb., 21,– €

Lokalbahn Müllheim – Badenweiler
84 S. 21/21 cm geb., 106 Abb., 19,– €

Nebenbahn Reichenbach – Lengenfeld
84 S. 21/21 cm geb., 161 Abb., 15,80 €

Straßenbahn in Staßfurt
120 S. 17/24 cm geb., 192 Abb., 21,– €

Straßenbahn in Stralsund
120 S. 17/24 cm geb., 150 Abb., 21,– €

**Harzpoem –
Bahnreise durch den Ostharz**
60 S. 21/21 cm geb., 59 Fotos, 15,80 €

Die Klingenthaler Schmalspurbahn
96 S. 21/21 cm geb., 154 Abb., 19,– €

Schmalspurbahn Grünstädtel – Rittersgrün
96 S. A4 geb., 217 Abb., 21,– €

Weiter in Vorbereitung:

Wilkau-Haßlau – Carlsfeld
ca. 192 S. A4 geb., ca. 34,80 €

Nebenbahn Niederwiesa – Roßwein
ca. 112 S. A4 geb., ca. 25,– €

Gaschwitz-Meuselwitzer Eisenbahn
ca. 96 S. 21/21 cm geb., ca. 17,80 €

Eisenbahnkreuz Wasserburg am Inn
ca. 96 S. 21/21 cm geb., ca. 17,80 €

Von Krozingen ins Münstertal
ca. 96 S. 21/21 cm geb., ca. 17,80 €

Hannover-Altenbekener Eisenbahn
ca. 152 S. A4 geb., ca. 30,– €

Straßenbahn in Hannover
ca. 280 S. A4, 600 Fotos, ca. 42,80 €

Obusse und Omnibusse in Kapfenberg und Bruck a.d. Mur
ca. 112 S. 17/24 cm geb., ca. 24,80 €

Die S-Bahn in Rostock
ca. 80 S. 17/24 cm geb., ca. 17,80 €

Straßenbahn in Zittau
ca. 96 S. 17/24 cm geb., ca. 17,80 €

Die Flensburger Kreisbahn
ca. 128 S. A4 geb., ca. 27,80 €

Werdau – Weida – Mehltheuer
ca. 112 S. A4 geb., ca. 24,80 €

Feld- und Grubenbahnen in Nordbayern
ca. 96 S. 17/24 cm geb., ca. 19,80 €

Die Müglitztalbahn
ca. 128 S. A4, ca. 24,80 €